汽车维修与服务高技能人才培养丛书

汽车自动变速器原理与检修

第2版

主　编　徐家顺　郑志中
副主编　谢计红

自动变速器论坛及综合文档

二维码总目录

机　械　工　业　出　版　社

本书根据汽车维修企业实际操作流程及要求，以自动变速器维修案例为主线，将汽车维修技术人员必须掌握的自动变速器结构与检修的理论知识融合在各个项目、任务和案例中，破解了理论知识与实践操作脱节，以及没兴趣、学不懂、用不上的难题，提高了学习的目的性和成就感，能够大大提高读者的学习兴趣。本书设有“知识拓展”“综合练习”，供自学及实训使用。本书配有20多幅二维码，可以随时扫描观看动画视频学习；配有涵盖二维及三维动画的教学课件，课件中还包含体现教学重点、难点的操作视频和实物照片，使学习过程如同维修车间实操再现，真实易懂。

本书详细介绍了辛普森式、拉维娜式、复合式自动变速器及CVT、DSG、平行轴式自动变速器的结构、工作原理、拆装检修及故障排除。书中结合实际维修案例，强调职业导向与动手能力培养，体现在学中做、做中学的理念。

本书是高职及应用型本科院校汽车类专业项目一体化示范教材，也可供汽车维修技术人员学习参考。

图书在版编目（CIP）数据

汽车自动变速器原理与检修/徐家顺，郑志中主编．—2版．—北京：机械工业出版社，2015.6（2017.8重印）
（汽车维修与服务高技能人才培养丛书）
ISBN 978-7-111-50396-5

Ⅰ．①汽…　Ⅱ．①徐…②郑…　Ⅲ．①汽车—自动变速装置—理论—教材②汽车—自动变速装置—车辆修理—教材　Ⅳ．①U463.212②U472.41

中国版本图书馆CIP数据核字（2015）第114821号

机械工业出版社（北京市百万庄大街22号　邮政编码100037）
策划编辑：齐福江　责任编辑：齐福江
版式设计：霍永明　责任校对：闫玥红
封面设计：路恩中　责任印制：李　飞
北京机工印刷厂印刷（三河市南杨庄国丰装订厂装订）
2017年8月第2版第2次印刷
184mm×260mm·21.75印张·4插页·549千字
3 001—4 500册
标准书号：ISBN 978-7-111-50396-5
定价：57.00元

凡购本书，如有缺页、倒页、脱页，由本社发行部调换

电话服务	网络服务
服务咨询热线：010-88379833	机 工 官 网：www.cmpbook.com
读者购书热线：010-88379649	机 工 官 博：weibo.com/cmp1952
	教育服务网：www.cmpedu.com
封面无防伪标均为盗版	金 书 网：www.golden-book.com

前言

Foreword

近年来，我国的汽车保有量急剧增加，配置自动变速器的车越来越多。自动变速器是集机电液一体化的关键传动装置，对整车性能的影响至关重要。目前，自动变速器类型多，结构复杂，维修难度大，掌握自动变速器的结构和检修技术已经成为汽车维修技术人员的重要课程。

本书以新型汽车自动变速器为对象，以自动变速器维修典型工作任务为主线，结合具体车型将汽车自动变速器的理论与维修操作有机融合，并且通过笔者多年工厂维修实践总结及自动变速器维修案例，以及实拍视频和实物照片将教学过程中的重点、难点进行展现，使利用本书的学习过程如同维修车间实操再现，真实易懂。本书详细介绍了辛普森式、拉维娜式、复合式自动变速器及CVT、DSG、平行轴式自动变速器的结构、工作原理、拆装检修及故障排除。书中结合实际维修案例，强调职业导向与动手能力培养，体现在学中做、做中学。

本书以实际维修案例为牵引，将自动变速器的结构与检修知识融合在各个项目、任务和案例中，破解了理论知识与实践操作脱节，以及没兴趣、学不懂、用不上的难题，提高了学习的目的性和成就感，能够大大提高学生的学习兴趣。书中重要知识点介绍到位又避免重复，并设有“知识拓展”“综合练习”，供自学及实训使用。我们为采用本书作为教材的老师配有精彩的教学课件，课件内容包括自动变速器故障判断、检测和维修过程的实拍视频和图片，将有些难以理解的原理采用彩色图片或做成二维或三维动画来呈现，以帮助读者理解。内封的自动变速器论坛及综合文档二维码用于与主编交流，并随时更新附赠有关学习资料。

本书是职业学校汽车类专业任务驱动式项目一体化示范教材，也可供汽车维修企业的维修技术人员学习参考。

本书由广州市白云工商技师学院汽车系徐家顺、郑志中任主编，武汉交通职业学院谢计红任副主编，参编人员有朱德乾、周麟、黎柱鸿、袁灿权、江毅、冯开齐、李孔棣、陈淑纪、杨英、杨青云。此外，还有很多同志对本次编写提供方便和大力支持，在此表示衷心的感谢！

由于编者水平有限，书中难免有遗漏、错误和不妥之处，诚望读者批评指正！

读者建议及课件申请可发送邮件至编辑邮箱502135950@ qq. com；也可登录教材服务网www. cmpedu. com，注册后下载相关课件。

编　者

目 录

Contents

综合练习

项目一
汽车自动变速器维护与重点小修

任务一 维修接待与自动变速器概述

案例链接（一）某汽车修理厂招聘接车员

[**经过**] 广州某汽车修理厂招聘一名接车员。上午9时许，一名姓张的先生前来应聘。张先生是某知名大学汽车专业毕业生，没有多少工作经验（但有驾驶证）。正巧有一辆奥迪车开来要维修自动变速器，于是厂长问："张先生能否试车，帮助看一下是什么故障？"张先生满口答应并去试车。张先生与车主说明来意，车主回应张先生说："钥匙就在车上，你去试吧。"（当时发动机处于熄火状态）张先生打开点火开关并起动发动机，结果发动机一点动静都没有。于是，张先生透过车窗问车主，"你的起动机是否有故障？"车主一听气不打一处来，刚才还好好的，怎么现在起动机就有故障呢？车主当然心知肚明，说："你出来，我再看看？"车主上车将发动机起动，掉头深踏加速踏板扬长而去了。这一幕被厂长看得一清二楚，当即叫来张先生说："你留下电话回去等通知吧。"接下来，张先生等的通知犹如石沉大海般杳无音信。

[**反思**] 你读到了这里知道其中原因吗？如果你是一名汽车销售员，你的客户来买搭载自动变速器的车，你怎样向客户介绍自动变速器车辆操作要领呢？请看下面介绍。

[**案例小结**]

① 根据图1-1-1可以看出，张先生试车失败的原因是，车主将车开进来时，发动机熄火后，并没有把变速杆置于N位或P位。

② 对于一名汽车销售或维修职业人员来说，很多时候碰到的客户对自动变速器汽车的操作要领并不是十分了解，那么，就应该耐心地向客户解释清楚。

在自动变速器汽车使用中，有的车主对自动变速器的认识不足，沿用手动变速器的操作方法驾驶自动变速器车，造成车辆受损、性能下降、寿命缩短。那么自动变速器有哪些使用诀窍呢？下面我们来了解一下：

1）P位（驻车档）使用。发动机运转时只要变速杆在行驶位置上，自动变速器汽车就很容易行走。而停放时（特别在坡道），变速杆必须换入P位，从而通过变速器内部的停车

制动装置将输出轴锁住，并拉紧驻车制动，防止汽车移动。

“在P位或N位以外档位，误起发动机”。有些驾驶人在P位或N位以外档位起动发动机，虽然发动机不能运转（因为连锁机构保护，只能在P位和N位才能起动），但有可能烧坏变速器的空档起动开关。自动变速器上装有空档起动开关，使得变速器只能在P位或N位才能起动发动机，避免在其他档位误起动时使汽车立刻起步往前窜。因此，起动发动机前一定要确认变速杆是否在P位或N位，如图1-1-1所示。

图1-1-2是上海大众帕萨特（搭载01V自动变速器）变速杆各个档位的作用和使用方法。

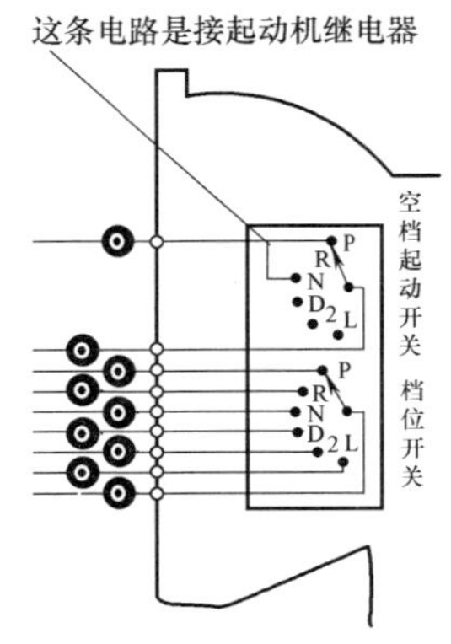

图1-1-1 P位、N位起动电路

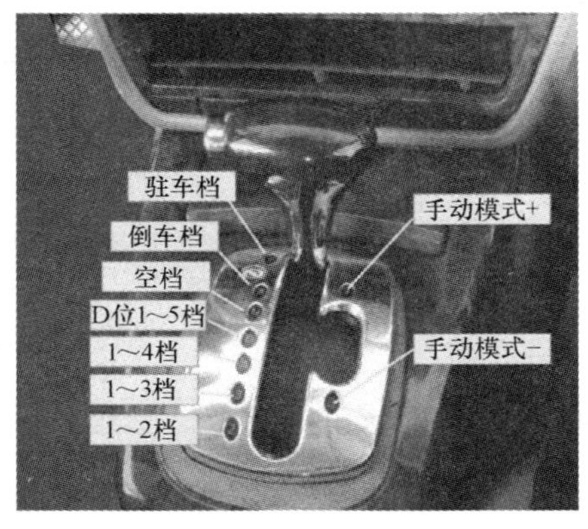

图1-1-2 帕萨特搭载01V变速器

2）R位（倒档）使用。R位为倒档，使用中要切记，自动变速器汽车不像手动变速器汽车那样能够使用半联动，故在倒车时要特别注意加速踏板的控制，防止变速器内部齿轮“打架”。

3）N位（空档）使用。N位即空档，可在起动时或拖车时使用。在等待信号或堵车时也常常将变速杆保持在D位，同时踩下制动。若时间很短，这样做是允许的，若停止时间长时最好换入N位，并拉紧驻车制动。防止自动变速器在运行，会有微弱的行驶趋势，而长时间踩住制动等于强行制止这种趋势，使得变速器油温升高，油液容易变质。尤其在空调器工作、发动机怠速较高的情况下更为不利。

有些驾驶人为了节油，在高速行驶或下坡时将变速杆换到N位滑行，这很容易烧坏变速器，因为这时变速器输出轴转速很高，而发动机却在怠速运转，油泵供油不足，润滑状况恶化，易烧坏变速器。而且对变速器内部的多片离合器来说，虽然动力已经切断，但从动片在车轮带动下高速运转，容易引起共振和打滑现象，产生不良后果。当下长坡确需滑行时，可将变速杆保持在D位滑行，但不可使发动机熄火。

4）D位（前进档）使用。正常行驶时将变速杆放在D位，汽车可在1档至高档（或直接档）之间自动换档。D位是最常用的行驶位置。需要掌握的是，自动变速器是根据节气门大小与车速高低来确定车速与档位的，所以加速踏板操作方法不同，换档时的车速也不相同。如果起步时迅速将加速踏板踩下，升档晚，加速能力强，到一定车速后，再将加速踏板很快松开，汽车就能立即升档，这样发动机噪声小，舒适性也好。

D位的另一个特性是强制降档，便于高速时超车。在D位行驶中迅速将加速踏板踩到底，（节气门开度超过95%）就会触动强制降档开关使其自动减档（汽车短暂积蓄力量很快加速），超车之后松开加速踏板又可自动升档。

有些驾驶人认为只要D位起步，一直深踏加速踏板就可以换到高速档，殊不知这种做法是错误的。因为换档操作应是“松加速踏板提前升档，踩加速踏板提前降档”。也就是在D位起步后，保持节气门开度5%，加速到40km/h，快松加速踏板，能提高到一个档位，再加速到75km/h，松加速踏板又能提高一个档位。降低时按行车车速，稍踩加速踏板，即回到低档。但必须注意，加速踏板不能踩到底。否则，会强行换入低速档，可能造成变速器损坏。

5）S位、L位、1位低档使用。陡坡档：自动变速器在S位或L位上，处于低档范围，可以在坡道等情况下使用。下坡时换入S位或L位能充分利用发动机制动，避免车轮制动器过热，导致制动效能下降。但是从D位换入S位或L位时，车速不能高于相应的升档车速，否则发动机会强烈振动，使变速器油温急剧上升，甚至会损坏变速器（大众车只有一个2位，根据节气门与车速自动切换1-2档）。在上下非常陡峭的坡路时选用此档，换入2档后，汽车总处于1档行驶状态，而不会换入其他4个前进档位。这样，一方面可以保证在爬坡时有足够的动力；另一方面在下陡坡又急转弯的情况下可最大限度地利用发动机的制动效果，并且有利于导向轮转弯（俗称安全档）。变速杆位置解释如图1-1-3所示。

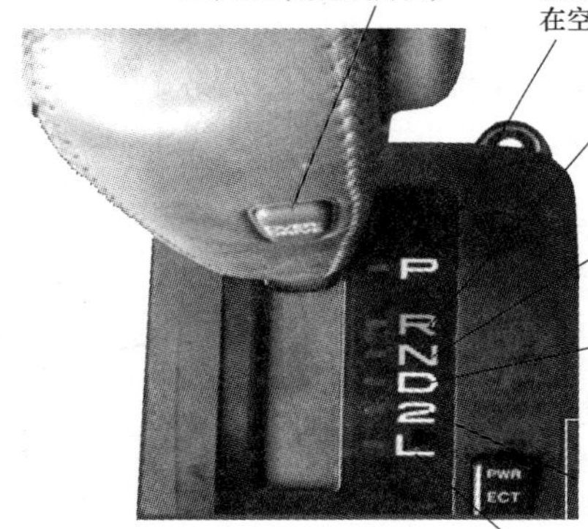

OD/OFF(超速档开关)

P/停车档/驻车档
坡度停车用，接通启动电路，不能被拖车。自动变速器的停车锁定机构将变速器的输出轴锁住，使驱动轮不能转动，可防止车辆移动，这时换档执行机构使变速器处在空挡状态。

R/倒档
必须踩住制动挂倒档。以拉杆式为例：自动变速器变速杆在R挡位置时，自动变速器处在倒档，这时液压系统倒档油路被接通，驱动轮反转，实现倒档行驶。

N/空档
临时停车用，接通启动电路，可以被拖车，但时速和距离都应小于40km/h，变速杆处于N档位置时，换档执行机构的动作和停车档相同，自动变速器行星齿轮系统空转，处于空档状态。

D/前进自动档
当变速杆处于D档位置时，液压系统根据节气门位置信号和车速信号等自动接通相应的前进档油路，随着阻力的变化，在前进档中自动升降档。

2档为高速时发动机制动档
上、下长坡，泥地、沙地、坏路面使用。自动变速器变速杆处在2档位置时，液压系统只能接通前进档中的1、2档油路，自动变速器只能在这两个档位间自动换档，无法引入更高的档位，使汽车获得发动机的帽动效果。

S和L前进低档
上、下陡坡使用。有些自动变速器换档位置设有S和L档位，L档又叫作闭锁1档，有发动机制动效果。

P R N D 2 L
PWR ECT

图1-1-3 自动变速器变速杆位置解释

S—有些厂家生产的汽车用S键来代替手动2或手动3档键。也就是说，有S键的车辆就包括2或3键。

另外，在雨雾天气时，若路面附着条件差，可以换入S位或L位，固定在某一低速档行驶，不要使用能自动换档的位置，以免汽车打滑。同时必须牢记，打滑时可将变速杆推入N位，切断发动机的动力，以保证行车安全。

案例链接（二）使用自动变速器的六大误区

误区一：自动变速器车辆长时间停车时，变速杆仍挂在D位。

在等待通过信号或堵车时，有些驾驶人喜欢将变速杆保持在D位，同时踩下制动踏板，若时间很短，这样做是允许的。但若停车时间长最好换入N位（空档），并拉紧驻车制动。

误区二：自动变速器车辆高速行驶或下坡时，把变速杆拨在N位滑行。

当下长坡确需滑行时，可将变速杆还保持在D位也可以滑行，但不可使发动机熄火

（因下长坡滑行将发动机熄火会减少车轮制动助力）。

误区三：自动变速器在P位或N位以外档位来起动发动机。

自动变速器只能在P或N位才能起动发动机，避免在其他档位误起动时，使汽车立刻起步往前、后窜动。因此，起动发动机前一定要确认变速杆是否在P位或N位。

误区四：装备自动变速器或三元催化转换器的汽车用外力来推动车辆来起动发动机。

搭载自动变速器和三元催化转换器的汽车因发动机在熄火状态下，在任何档位是不能将车轮滚动惯性力反传给发动机的，而采用人推或其他车辆拖拽的方法起动，是非常错误的。因为，采用上述方法不但不能把动力传递到发动机上，反而会损坏三元催化转化器。

误区五：自动变速器车辆坡道停车时不使用驻车制动。

装有自动变速器的汽车在坡上停车时，有些驾驶人只是使用P位，而不使用驻车制动，这样做极容易引发事故。虽然装有自动变速器的汽车在P位设有停车锁止机构，一般是很少失效的，但一旦失效就会造成意外事故。因此，在坡道停车时，还是应该同时使用驻车制动器，也叫“双管齐下”。

误区六：自动变速器汽车在D位可以起步，一直踩加速踏板就可以换到高速档。

正确的换档操作应是“松加速踏板提前升档，急踩加速踏板提前降档”。也就是说，在D位起步后，保持节气门开度5%，加速到40km/h，快松加速踏板，能使汽车提高到一个档位，再加速到75km/h，再松加速踏板又能提高一个档位。但必须注意，加速踏板不能踩到底。否则，会强行挂入低速档，长期如此有可能造成变速器损坏。

总之，自动变速器汽车相对于手动变速器汽车而言，省去了离合器踏板，不必频繁地踩踏板，使汽车驾驶变得简单、轻松。但若操作不当，也会人为地增加自动变速器的故障发生频率，降低其使用寿命。正确使用自动变速器，不仅可以避免或减少故障的发生，还会降低油耗，减少污染。

案例链接（三）小孔购买自动变速器配件

[经过] 小孔是个汽车修理学徒工，一天带着一大包拆散的自动变速器旧零件去买新配件，到了配件公司将一大包旧件抖了出来，并说“我要购买宝马和奔驰两个车的这一堆自动变速器配件，这些都是样品”，请销售人员给他拿货。销售人员不但不给小孔拿货反而慢条斯理地说“我们无法给你配货，请把你这些旧件拿到别的地方去配吧”。接下来小孔又找了几家配件公司大多同出一辙。

[反思] 请问小孔是在哪个环节出了问题呢？配件公司为什么不给小孔配货？请寻找答案。

[案例小结] 看来小孔买自动变速器配件到处碰壁是事出有因，因为小孔根本就不知道有报给配件公司自动变速器型号这事！人家配货也无从下手。后来小孔买了一本汽车自动变速器型号的书（图1-1-4）在书上找到了相应车款搭载的自动变速器型号。

图1-1-4 自动变速器型号速查手册

原来小孔要买的是宝马3系SERIES 05—11 DEU ZAF 6速后驱/四驱63.0L ZF—6HP—26 。奔驰CL 03—11 DEU 7速后驱/四驱 V85.0L5.5L6.3L W7A700 722.9的型号。再

去配件公司，人家一五一十给他配齐了货。

一、维修接待表

在现实维修工作中，每一次接车后都必须填写维修接待表格（本书以后的任务中不再重复填写内容基本相同的维修接待表格，只在这里举例填写），见表 1-1-1。

表 1-1-1 接车问诊表

维修接待，准确填写接车问诊表
1. 通过询问客户了解汽车自动变速器发生故障情况，填写接车问诊表。
2. 车间检测初步确认结果及主要故障零部件。

接 车 问 诊 表

车牌号：×××××× 车架号：LSUV C××× 自动变速器型号：××× 行驶里程：该车已行驶 ×××（km）
用户名：××× 电话：×××××××× 来店时间：201×年×月×日

用户陈述及故障发生的状况：该车在 D 位行驶，不能升上超速档行驶，出现故障后过了几天有空才来修理厂进行维修

故障发生状况提示：行驶速度、发动机状态、发生频度、发生时间、部位、天气、路面状况、声音描述

接车员检测确认建议：需进行拆解修理

车间检测确认结果及主要故障零部件：需进行拆解修理

车间检查确认者：____________

外观确认：	功能确认√：（工作正常 不正常×） √D 档起步 □1 档 □2 档 □R 档故障灯 □信号灯 □变速器噪声 □主油压 □发动机能否发动 □变速器有无漏油	
	物品确认：（有√ 无×）	
汽车外部是否有刮伤和汽车轮胎的磨损度，检查主油路的油压，检查油位，检查变速器油的状况，检查空档开关，检查制动开关，检查强制档开关等	F E 燃油存量记录：1/2	贵重物品提示： □皮具与现金 □笔记本与手机 □工具 □备胎 □灭火器 □其他（旅游用品若干） □旧件是否交还用户 是 用户是否需要洗车 是√

- 检测费说明：本次检测的故障如用户在本店维修，检测费包含在修理费用内；如用户不在本店维修，请您支付检测费。本次检测费：¥ ________元。
- 贵重物品：在将车辆交给我店检查修理前，已提示将车内贵重物品自行收起并保存好，如有遗失恕不负责。

接车员：____________ 用户确认：____________

二、自动变速器概述

1. 变速器分类

本书介绍行星齿轮、平行轴、CVT（无级）、DCT/DSG（双离合器/直接换档）等变速机构。目前小轿车仍然广泛采用行星齿轮变速机构自动变速器。自动变速器形式分类见表 1-1-2。

表 1-1-2 自动变速器形式分类

项 目	特点/说明				
根据变速方式分类	1	行星齿轮变速机构	1	典型辛普森式	辛普森式行星齿轮机构的每一个行星排都是单行星轮式行星齿轮机构
			2	辛普森改进型	主要是将辛普森行星齿轮机构中之带式制动器用片式制动器代替，并增加一个单向超速离合器（自由轮机构），使得从 2 档换到 3 档时，换档平稳性得以改善
			3	典型拉维娜式	拉维娜式行星齿轮机构是由一个单行星轮式行星排和一个双行星轮式行星排组合而成
			4	拉维娜改进型	主要是在拉维奈尔赫行星齿轮机构基础上增加换档自由轮机构，使得从低档换到 2 档时，换档平稳性得以改善
			5	复合式	前、后行星排是由两排行星齿轮机构共用一个太阳轮组成的复合式行星齿轮机构。也就是说，两排或多排行星齿轮机构连接在一起用以满足汽车行驶及各种工况下所需要的多种传动比
	2	DCT（DSG）双离合			直接换档器定轴斜齿轮变速机构
	3	定轴斜齿轮变速机构（平行轴式）			
	4	CVT 摩擦带轮变速机构			
	5	环形无级变速器			
根据液力变矩器类型分类	1	普通液力变矩器式			
	2	综合液力变矩器式			
	3	带锁止离合器的液力变矩器			

2. 自动变速器型号

下面将几个主要公司的自动变速器（辛普森、辛普森改进型、拉维娜、复合式）具体型号含义举例说明如下：

1）德国采埃孚（ZF）公司，世界著名汽车自动变速器专业生产厂家之一，专门为世界各大汽车厂家生产配套自动变速器，只要是汽车自动变速器型号标识为“× × HP × ×—× ×”的均为德国 ZF 公司生产，如图 1-1-5 所示。

图 1-1-5 德国采埃孚（ZF）公司

例如：宝马 ZF—5HP—19—EH。德国 ZF 公司生产，前进档位数为 5，控制类型“H”表示液压控制，齿轮类型“P”表示行星齿轮，额定转矩 19N · m。末尾的“EH”表示电液控制类型。又例如 ZF—6HP—22、8HP—30/45/70/90、9HP—28/48 等。今年 ZF 还将推出 10HP。

宝马车自动变速器型号有 5HP — 18、5HP — 19、5HP — 22/24、5HP — 30、6HP — 19、6HP — 26、A4S310R（GM 4L30—E）、A5S360R（GM 5L40—E 和 GM 6LA0—E）宝马 M5 AMT、捷豹 8HP—70 等。

2）通用公司自动变速器型号。该公司自动变速器的型号主要有 4T60E、4L60E、5L40/45E、6L45E 等。第一位阿拉伯数字表示前进档的个数，“4”表示有 4 个前进档。第二位字母表示驱动方式，“T”表示自动变速器横置（横向的）；“L”表示纵置后驱动。第三、四位数字表示自动变速器的额定驱动转矩。第五位字母表示控制类型，“E”表示电子控制。

3）丰田公司自动变速器型号。丰田自动变速器大部分为（AISIN）AW 日本爱信公司生产的，型号分为 A 系列和 U 系列：

型号中有 2 ~ 3 位阿拉伯数字的自动变速器，比较早期的有 A43DL、A46E、A340E、A340H、A341E 等，左起第一位阿拉伯数字分别为“1”“2”“5”，则表示该自动变速器为前驱动车辆用，即自动变速器内含主减速器与差速器。若左起第一位阿拉伯数字分别为“3”“4”“6”“7”“9”则表示该自动变速器为后驱动车辆用。左起第二位阿拉伯数字表示生产序号。数字后附字母的含义“H”或“F”表示该自动变速器用于四轮驱动车辆；“D”表示该自动变速器有超速档；早期“L”表示该自动变速器在液力变矩器内有锁止离合器；后来锁止离合器都装备化了，所以也不再标有字母“L”。

“E”表示该自动变速器为电控式自动变速器（2005 年以后世界搭载轿车上的自动变速器几乎全是电控换档自动变速器，液控换档自动变速器已淘汰）。型号中有三位阿拉伯数字的自动变速器。A 系列如 A340E、A340H、A341E 、A340F、A341F、A140E、A141E、A240E、A241E、A540E、A540H、A650E 等。左起第一个字母“A”表示自动变速器，左起第一位阿拉伯数字以及后附字母的解释同上。左起第二位阿拉伯数字表示该自动变速器前进档的个数。左起第三位阿拉伯数字表示生产序号。还需说明的是，上述各型自动变速器中，A340H、A340F、A540H 型自动变速器，其后面均省略了“E”。

丰田公司近年来升级版本的自动变速器型号有 A750E、A760/761E、A960 和 AA80E 等。U 系列有 U151、U241、U250、U340/341E、U540、U660、U760/761E 等型号。

2007 款雷克萨斯 LS 460（世界第一款搭载 8AT 车型），虽然现在一提到 8AT 几乎所有人想到的都是采埃孚 ZF，但实际上最先推出 8AT 的厂家是日本的爱信（Aisin AW），代号为 AA80E。而第一款搭载 8AT 的车型则是 2007 款雷克萨斯 LS460。然而赢在起跑线，并不意味着能一直领先，这位强势逆袭的后来者便是 ZF。截止 2013 年底，世界几乎 90% 的 8AT 变速器均来自 ZF 供应商，而这其中的 90% 均提供给了宝马。

特别说明：

在当今的 6 速自动变速器市场上，爱信公司产品占有很大的市场份额，其中国内最常见的就是爱信的 TF—60SN，大众将它安装于多种车型中，将它称为 09G，09M 以及 09K。而用于奥迪、途锐及保时捷卡宴的 09D 也是爱信的 6 速后驱变速器，爱信的名称为 TR—6SN。此外，还有爱信的 TF— 80SC，整车厂叫它 AF40，在欧系车中，比如 VOLVO，SAAB，OPEL，路虎，标致等车型使用广泛，而国内上海通用公司新近生产的新款君威 2.0T 用的也是这款 AF40 爱信 6 速变速器。而爱信的 TF—81SC 变速器被福特称为 AWF21，

特别说明：

被用于新款福特蒙迪欧等车型上，这些爱信6速的自动变速器在今后几年中将在维修市场越来越常见，尤其是大众09G，此变速器已被用来完全取代早先的大众01M和01N的4速变速器而使用于各种国产的大众车型中，比如大众途安，POLO，新宝莱，朗逸，速腾，迈腾，斯柯达等，其今后的维修保养量可见一般。然而爱信公司对于维修市场采取了一贯的技术资料和零配件的封锁，维修人员除了一些基础的整车厂培训资料外，缺乏深入的技术资料以及需要更换的零配件，维修市场除了能出高价更换变速器总成或者小总成外，要想以低成本来维修这些爱信6速变速器似乎困难重重。

4）德国奔驰公司自动变速器型号为722.4、(4个前进档）722.5、722.6（5个前进档）722.7（5档平行轴式）、722.9（7个前进档两个倒档）等。

5）德国大众公司自动变速器型号分为两大系列即09系列和01系列。

09系列有096、097、098、099、09G、09E、09L、09D（09G系列有日本爱信公司生产）等。

01系列有01M、01N、001、01V（是大众服务号，实为ZF公司生产的ZF—5HP—19）01J（无级系列）

DCT/DSG双离合器直接换档系列有02E为6档湿式离合器、OAM为7档干式离合器、0B5为7档湿式离合器。

3. 自动变速器的优点

尽管自动变速器存在结构复杂，价格昂贵，低速行驶时传动效率低及维修难等缺点，但它的优点则远大于它的不足，而且随着科学技术的发展，自动变速器电控系统的技术含量日益增加，一定程度上弥补了它的不足，自动变速器的优势更加突出地表现出来。汽车自动变速器具备手动变速器不可替代的以下优点：

1）摆脱了驾驶人操作离合器和频繁的手动换档，减轻了驾驶人的劳动负担，提高了汽车行驶的安全性。

2）由于适时升降档，延长了发动机及传动系统的使用寿命，减少了传动过程的冲击，既改善了乘坐的舒适性，又可大约延长传动零部件寿命的两倍以上。

3）能根据道路状况和发动机的负荷状况，在一定的范围内，恰到好处地升降档，从而提高了汽车的动力性和经济性，当汽车在公路上行驶时，装备自动变速器的汽车一般可比手动变速器车型节油5%~20%（2006年后生产的部分新车型）。

4）汽车起步加速平稳，通过液力变矩器又可吸收和衰减升降档过程中的振抖和冲击，提高了汽车行驶的平稳性。

5）通过ECU控制，可与发动机的工况恰当配合，降低排气污染。

6）能够适应汽车智能化的需要，如图1-1-6所示。

4. 自动变速器的基本组成

自动变速器的厂牌型号很多，外部形状和内部结构也有所不同，但它们的组成基本相同，都是由液力变矩器和齿轮式自动变速器组合起来，前驱动自动变速器结构如图1-1-7、图1-1-8所示。常见的组成部分有液力变矩器、行星齿轮变速机构、离合器、制动器、油泵、滤清器、管道、控制阀体、速度调压器等，按照这些部件的功能，可将它们分成液力变矩器、变速齿轮机构、供油系统、自动换档控制系统和换档操纵机构等五大部分。

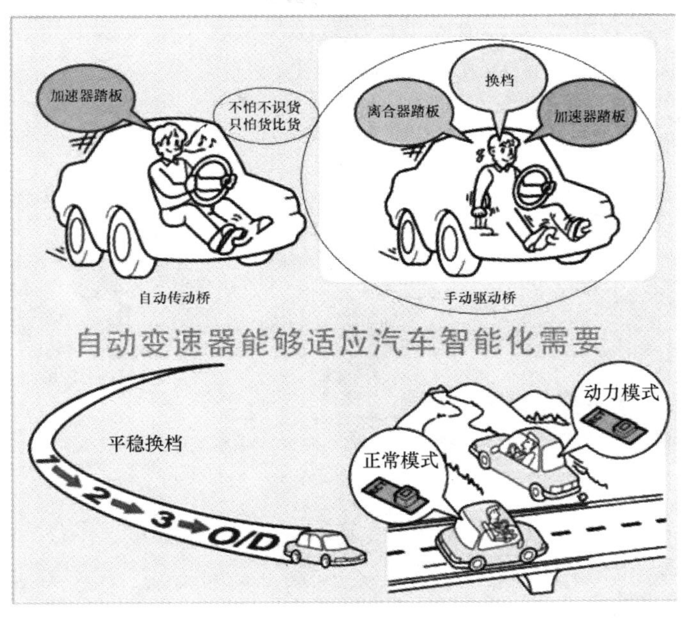

图 1-1-6 自动变速器优点

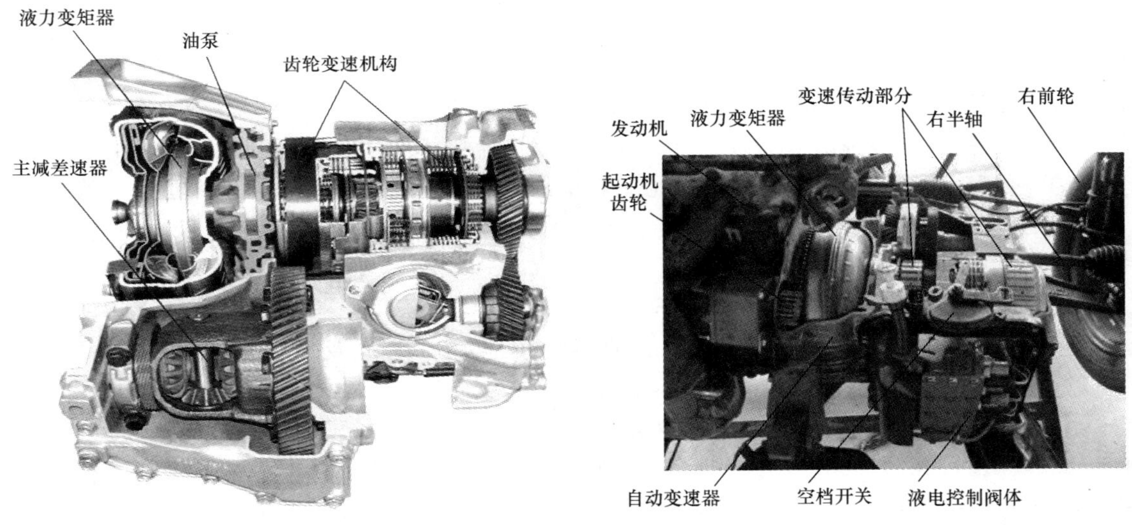

图 1-1-7 前驱动自动变速器结构图

图 1-1-8 自动变速器与发动机连接

（1）液力变矩器

液力变矩器位于自动变速器的最前端，安装在发动机的挠性板上，采用液力传递动力。液力变矩器实物剖视图与组成如图 1-1-9 所示。流动过程中动能的变化将发动机的动力传递给自动变速器的输入轴，并能根据汽车行驶阻力的变化，在一定范围内自动地、无级地改变传动比和转矩比，具有一定的减速增矩功能。

（2）齿轮变速机构

自动变速器中的齿轮变速机构所采用的形式有普通齿轮式和行星齿轮式两种。采用普通

齿轮式的变速器，由于尺寸较大，最大传动比较小，只有少数车型采用。目前，绝大多数轿车自动变速器中的齿轮变速器采用的是行星齿轮式。

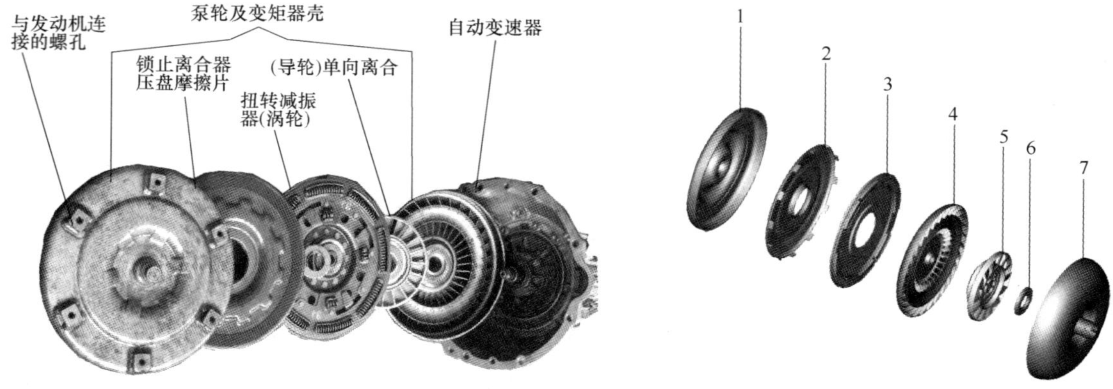

a) 液力变矩器实物剖视图　　b) 液力变矩器的组成

图 1-1-9　液力变矩器实物剖视图与组成

1—前盖　2—锁止离合器片　3—减振器　4—涡轮　5—导轮　6—推力轴承　7—泵轮

行星齿轮式变速机构主要包括行星齿轮机构和换档执行机构两部分。

1）行星齿轮机构是自动变速器的重要组成部分之一，主要由太阳轮（也称中心轮）、内齿圈（也称环齿圈）、行星架和行星轮等元件组成。行星齿轮机构是实现变速的机构，速比的改变是通过以不同的元件作主动件和限制不同元件的运动而实现的。在速比改变的过程中，整个行星轮组还存在运动，动力传递没有中断，因而实现了动力换档。

2）换档执行机构主要是用来改变行星轮中的主动元件或限制某个元件的运动，改变动力传递的方向和速比，主要由多片式离合器、制动器和单向离合器（只在起步 1 档起作用）等组成。

(3) 供油系统

自动变速器的供油系统主要由油泵、油箱、滤清器、调压阀及管道所组成。

(4) 自动换档控制系统

自动换档控制系统能根据发动机的负荷（节气门开度）和汽车的行驶速度，按照设定的换档规律，自动地接通或切断某些换档离合器和制动器的供油油路，使离合器结合或分开、制动器制动或释放，以改变齿轮变速器的传动化，从而实现自动换档。

自动变速器的自动换档控制系统有电液压（电磁阀）控制。

(5) 换档操纵机构

自动变速器的换档操纵机构包括手动阀的操纵机构和节气门阀的操纵机构等。驾驶人通过自动变速器的变速杆改变阀板内的手动阀位置，控制系统根据手动阀的位置及节气门开度信号电压、车速信号电压、控制开关信号的状态等因素，利用电子自动控制原理，按照一定的规律控制齿轮变速器中的换档执行机构的工作，实现自动换档。

5. 自动变速器控制开关的使用

自动变速器除了操纵变速杆，选择不同的档位对它进行控制以外，还可以操纵安装在变速杆上或仪表板上的一些控制开关来对它进行其他控制，不同厂家生产的自动变速器的控制开关名称和作用不完全一样。现介绍常见的几种变速杆和控制开关，如图 1-1-10 所示。

a)奥迪A8驾驶室和变速杆

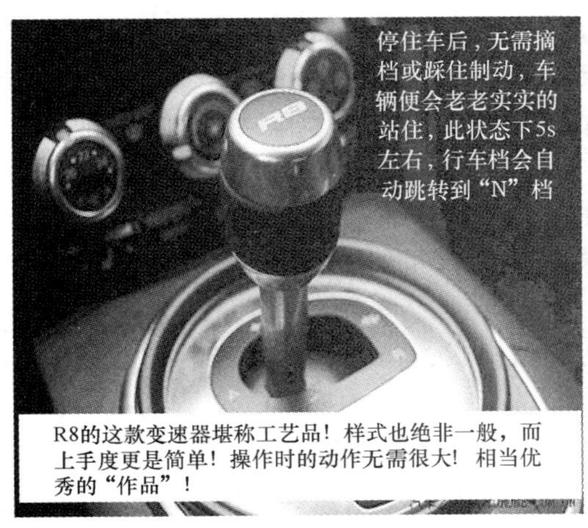

b)宝马变速杆

c)宝马变速杆

图 1-1-10 奥迪和宝马自动变速器变速杆

（1）超速档开关

超速档开关用来控制自动变速器的超速档，它一般安装在变速杆或仪表板上。以 4 速变速器为例：4 档通常是传动比小于 1 的超速档。当把超速档开关打开后，如果变速杆在 D 位，自动变速器随车速的提高而升档时，最高可升 4 档，即超速档；当超速档开关处在关闭位置时，自动变速器最高也只能升到 3 档。超速开关关闭，超速档断开，仪表板上的 OD/OFF 指示灯随之亮起，表示已经限制超速档的使用。当变速杆在 D 位时，自动变速器能否升入 4 档，除了超速控制开关外，还与发动机冷却液温度、节气门开度、车速等因素有关。在坡道上行驶时，应注意根据情况关闭超速档开关。

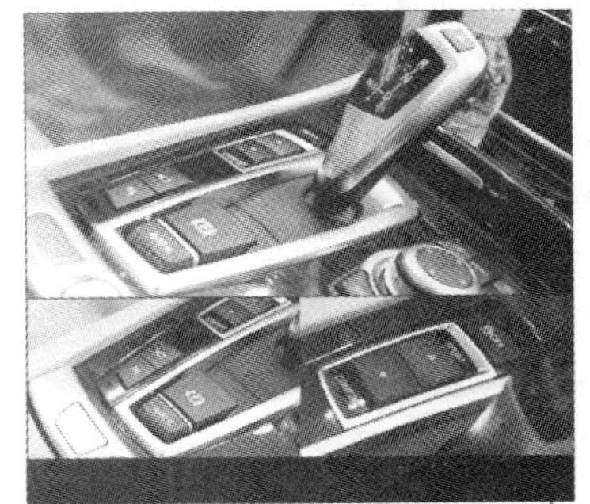

图 1-1-11 宝马的主流配置电子变速杆

新 7 系上采用了目前宝马的主流配置电子变速杆，即便是 6 速手自一体的变速器，实际的驾驶感受也绝对超过老款组合。这些改变都让我们看到了宝马 7 系考虑乘坐舒适性，同时，更又偏向驾驶人的操控感受，如图 1-1-11

所示。

（2）换档模式选择开关

为了适应不同的行驶道路条件，发挥车辆本身的动力性、经济性，电控自动变速器都装有换档模式选择开关。这些开关安装在变速杆上或地板上。自动变速器换档模式选择开关一般有以下几种：

1）ECONOMY 经济模式。车辆在城市道路行驶，接通经济模式时，可以降低油耗，这时自动变速器的换档规律能使发动机在汽车行驶过程中经常在经济转速范围内运转，因此燃油经济性好。在使用经济模式时，若具有相同的节气门开度，升档车速较高，液力变矩器锁定离合器工作范围宽，在较低档位上也可实现接合。由于液力变矩器锁定离合器的接合，使液力变矩器的涡轮和泵轮接合起来直接传动，减少了液力损失，提高了传动效率，发动机的燃油经济性也得到了提高。

2）POWER 动力模式。当车辆在上坡时或在山路上行驶或希望发动机在高转速下工作时可选择动力模式。这时自动变速器的换档规律能使发动机在车辆运行过程中经常处在大功率范围运转，可大大发挥它的动力性和爬坡能力，汽车在动力模式下行驶，它的加速能力很强。

3）NORMAL 标准模式。标准模式的换档规律介于经济模式和动力模式之间。当选择 NORMAIL 标准模式时，既可兼顾车辆的动力性和经济性，又可保证一定的动力性，但又有较好的燃油经济性。

4）手动换档模式。现在很多车辆设置有手动换档模式，当变速杆置于手动换档位置时，自动变速器不再自动换档。也可以利用手动换档来起步，因为模拟手动变速器换档功能，行驶中只能逐个“+”或“-”档位，如果节气门开度、路面阻力与所选档位不匹配，发动机也会熄火。手动换档的优点在于提供了驾驶乐趣和高速公路防止驾驶疲劳。

（3）CC 巡航控制开关

CC 巡航控制开关安装在转向柱上或仪表板上，在行驶时，当加速到规定车速以上时接通此开关。汽车会以稳定车速持续行驶，使驾驶操作方便，节省燃油。当按下巡航控制取消开关或踩制动等操作时，可使巡航控制自动解除。

（4）保持开关

保持开关安装在变速杆锁定按钮的下方。HOLO 保持开关实际上是一个定档行驶控制开关，当开关接通时，D 位高速时自动变速器会固定在 3 档行驶，低速时也固定在 3 档行驶；S 位时固定在 2 档；L 位固定在 1 档，当车辆在冰雪路面起步、行驶或在山区行驶就很便利。例如，D 位 4 档下坡时，如果需要发动机制动，可接通保持开关，则变速器由 4 档自动降到 3 档；如果再把变速杆从 D 位换至 S 位，可使自动变速器在 2 档行驶，可得到强有力的发动机制动效果，当车速降到预定车速后，解除保持开关，汽车又能换至 3 档正常行驶。

（5）强制降档开关

对电子节气门发动机，强制降档电路与节气门开关连为一体，位于加速踏板位置传感器内，若驾驶人触发此开关，自动变速器会降低一个档位，增加汽车的加速性能。

（6）制动灯开关

制动灯开关信号的作用是，当车辆停止时踩下制动踏板，变速杆锁定被打开。如果踩下制动踏板并且汽车正在下坡，自动变速器会自动换入低速档，即强制降低一个档位。

任务二 自动变速器保养与重点小修

一、自动变速器维护与检查

搭载自动变速器的轿车因为开起来轻便、省事，现在越来越多地受到车主的青睐。由于自动变速器维修、保养、装配的精度要求都非常高，包括动态检测设备、阀体检测设备、零件加工设备等，这就需要非常专业的技术人员和技术设备，因此自动变速器对大多修理工来说是个很大的挑战。

对于自动变速器的拆卸和安装、拆解和装配操作，应在充分了解正确的维修程序和报修故障，并且对故障进行诊断之后。在拆卸零件之前，检查总成的总体状况以确认是否有变形和损坏。对于比较复杂的总成，要做记录。例如，记录拆下的电气连接、螺栓或软管的总数。还要加上装配标记，以确保将各部件重新装配到其原来位置上。需要时，可对软管及其接头作临时标记。如有必要，清洗拆下的零件，彻底检查后，再装配这些零件（自动变速器打开后不能用纤维丝头纱布清洁，因为丝头会阻碍阀芯运动）。

1. 自动变速器油（ATF）的分类与质量鉴别

（1）自动变速器油（ATF）的分类

自动变速器的型号较多，对应各型号的自动变速器油的规格也较多，就算是同一厂家同一车型，如果自动变速器型号不同，生产年代不同自动变速器油的规格也会不一样。这是一个需要认真对待的问题，哪怕只有一点点疏忽大意都会带来不可想象的严重后果。自动变速器油（ATF）分类如下：

国际通用推荐用油（ATF）采用美国通用和福特公司规定，DEXRON、DEXRON—Ⅱ、DEXRON—Ⅲ、DEXRON—Ⅳ型。欧洲代用油（ATF）DEXRON—B（GMC）；ESW—M2C—33E/F（Ford）。原厂要求的自动变速器油则是按照配件号。例如：桑塔纳2000、卡罗拉、威驰、凯越自动变速器油选择，见表1-2-1所示。

表1-2-1 桑塔纳2000、卡罗拉、威驰、凯越自动变速器油选择

车　型	变速器型号	原厂要求用油配件号及（代用品）	自动变速器油加注量
卡罗拉、	U340	原厂：ATF WS（ATFJWS3324或NWS9638） 代用：ATF—A/ATF—D/ATF—DEXRON VI	3.1L
新花冠1.5L、威驰	U340	原厂：ATF WS（ATFJWS3324或NWS9638） 代用：ATF—A/ATF—D/ATF—DEXRON VI	6.8L
桑塔纳2000	01N	原厂：G 052 162 A2 代用：ATF—A	5.5L
凯越1.6L	AW81—40LE	T—IV［SHGM93730314（4L）93730313（1L）］ 代用：ATF—A/ATF—D/ATF—DEXRON—Ⅲ（H）	5.6L
凯越1.8L	ZF—4HP—16	ESSO LT 71141或TOTAL ATF H50235 代用：ATF—A/ATF—E	6.9L

维修人员应当首选原厂用油。只有在原厂油买不到的情况下才考虑代用油。如图1-2-1所示。

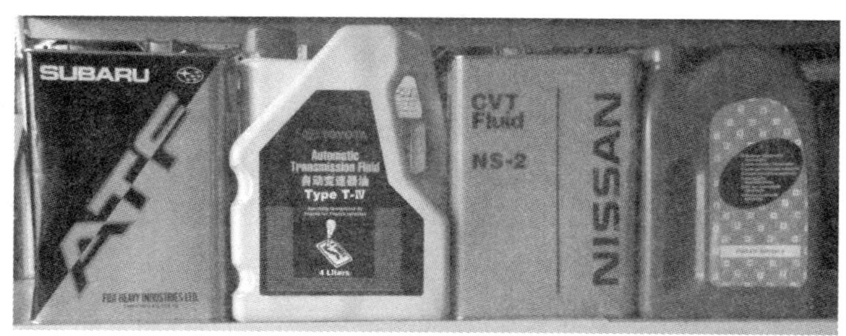

a) 原厂自动变速器油

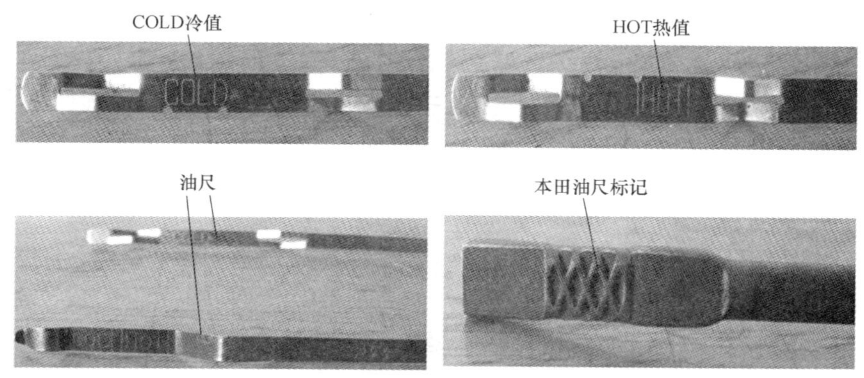

b) 油尺上的标记

图 1-2-1 自动变速器油和油尺上的标记

2. 对机油的环境保护和安全措施

（1）环境保护

1）自动变速器油会对水体形成污染，不允许排入地表水域和下水道，作业只能在防渗的地面上进行。

2）废弃的机油要单独盛装，并妥善保管和回收利用。沾上机油的抹布或物品，不得作为生活垃圾处理。

（2）安全措施

1）自动变速器油对人皮肤有损害，务必身着清洁的工作服。必须戴好帽子，穿好安全鞋。作业时应戴上防护手套。沾上机油的衣服或鞋子，必须立即更换。

2）不能用铁锤、普通工具、金属零件直接敲打自动变速器的任何部位。

3）开始操作前，准备好工作台、SST、仪表、机油和更换零件。

(3) 自动变速器油质量鉴别

大部分自动变速器油为樱红色的，像红葡萄酒的颜色。要求自动变速器油：耐高温，且流动性好。正常使用一般两年或4万km更换。变质后的自动变速器油颜色为凉茶色。新鲜和超过使用期限或高温故障的自动变速器油（ATF）对比如图1-2-2所示。

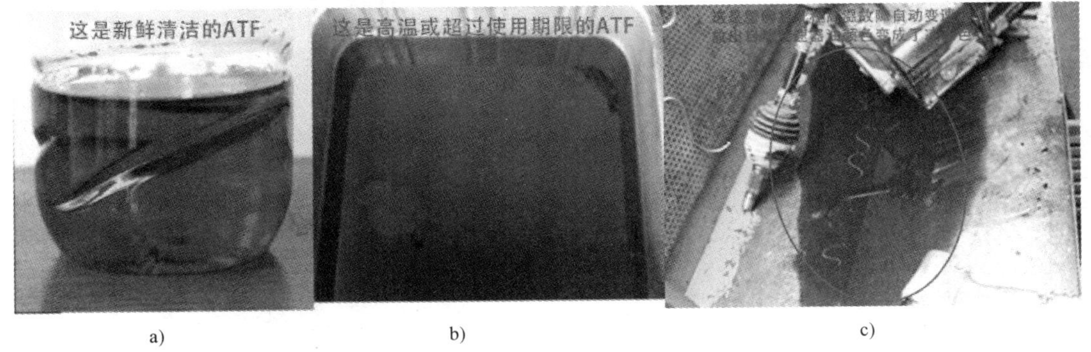

a) b) c)

图1-2-2 新鲜和超过使用期限或高温故障的自动变速器油（ATF）对比

3. 检修与维护作业需要的条件

工欲善其事，必先利其器。由于自动变速器维修、保养、装配的精度要求都非常高，包括动态检测设备、阀体检测设备、零件加工设备等，这就需要非常专业的技术人员和技术设备。检修与维护作业需要的条件见表1-2-2。

表1-2-2 自动变速器检修与维护作业需要的条件

序号	说明		实物对照示意图
1	人身安全防护、车辆安全防护、环境卫生防护	1）穿防护工作服、工作鞋、戴工作帽，防护硅胶手套 2）车辆防范安全：车凳、卧式千斤顶、三角木 3）地面防护措施，油水不落地，工具、零件不落地	保护罩 防护工作服 零件容器 工具车 车凳和枕木
2		4）在汽车的中风和两边翼子板两边垫上防护垫	在两边翼子板和中风挡垫上防护垫

（续）

序号	说明		实物对照示意图
3	人身安全防护、车辆安全防护、环境卫生防护	5）举升机托架，安全支撑车辆，先放自动变速器油并注意回收	
4	干净整洁的工作环境让人心情愉悦以保证服务质量		
5	拆下来的零部件要放在超声波清洗机内清洗干净并用压缩空气吹干		
6	a 图为常用工具、专用工具。工具要摆放整齐，拿取方便。避免随手用随手丢，工具垃圾成堆 要闲时准备，急时用。避免有时工作一半，为一个小小的工具到处翻箱倒柜浪费时间 b 图为专用工具花角。花角又分 T 型号和 M 型号。T 型号为内 6 花角，有 10 个规格（T10、T15、T20、T25、T27、T30、T40、T45、T50、T55） M 型号为内 12 花角，有 10 个规格（M10、M15、M20、M25、M30、M40、M45、M50、M55）		a) b)

（续）

序号	说　　明	实物对照示意图
7	自动变速器行驶一定里程后需要做维护保养换油，对大多数自动变速器而言，换油时间一般有4万km或两年、5万~8万km或3~4年。但也有少数自动变速器是终生不换油的（故障车除外）这应根据维修手册规定。最好是用机器更换自动变速器油，机器换油是循环式的，可以更换得比较彻底。采用人工换油在液力变矩器内的油就换不到，就算把自动变速器拆下来也很难放干净	自动变速器换油清洗机1 自动变速器换油清洗机2
8	传统的汽车自动变速器维修故障判断方法已经不太奏效了，现在越来越离不开电子检测仪器。为了准确而有效地判断故障，这些仪器成了我们“克敌制胜”的法宝	奔驰原厂检测仪 大众原厂检测仪 宝马原厂检测仪 实车诊断连接(一) 实车诊断连接(二)

4. 自动变速器溢流孔油平面的换油方法

现在有很多新车自动变速器找不到油尺，是通过专门的加油口或通风口加注，如通用6T40E自动变速器和大众09G自动变速器；也有通过油底壳的加注口加注，如大众奥迪01V和01J自动变速器。前一种方式比较简单。下面介绍通过油底壳加注方式。

1）拧下放油螺栓，放掉自动变速器油（ATF）。

2）用40N·m的力矩拧紧新的ATF放油螺栓。

3）拧下检查螺栓，将专用工具V. A. G1924用油管导入屏蔽罩的开口。

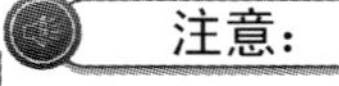
注意：

不要将屏蔽罩向上顶入。

4）加注自动变速器油，直到油从观察孔中溢出，见表 1-2-3。

5）将变速杆置于 P 位，起动发动机。

6）将变速杆挂各个档位并停留 10s。

7）执行自动变速器油位检查程序。

表 1-2-3　自动变速器的维护

维护方法	维护图例
1）自动变速器的维修保养最好在四柱举升机上进行，可避免空气悬架气囊爆炸。另外，四柱举升机有利于自动变速器的千斤顶在地面方便移动。而两柱举升机地面通常有个横档条，千斤顶在地面移动不方便 2）调整好举升机高度后别忘了拉保险栓	四柱举升机
ZF—5HP—19（01V）自动变速器 1—放油螺栓 2—检查螺栓	
ZF—5HP—19 自动变速器 1—放油螺栓 2—检查螺栓 3—ATF 4—屏蔽的开口	
丰田 A760/A761E 自动变速器。拆卸自动传动桥油底壳分总成步骤： 1）先回收自动变速器油。 2）拆下 19 个螺栓、油底壳和油底壳衬垫	

（续）

维护方法	维护图例
油品加注和检测的位置	填充塞 正常的油位 溢流塞
变速器油集滤器的选择采用质量较轻的毛毡型变速器油集滤器，能极好地清除污垢，其性能更加可靠	阀体 油位 油底壳 塑料盒 毛毡集滤器
以丰田 A760/A761E 自动变速器为例： 1）举升车辆，先放净油底内旧 ATF 2）拆下注液塞和溢流塞 3）从注液孔处注入 ATF 直到液从溢流塞流出 4）按规定加注 ATF 5）装上并紧固溢流塞 6）装上注液塞 7）放下车辆	
警告：当变速器使用 ATF WS 时，不要在使用 ATF WS 的自动变速器上使用 ATF T—IV 注意：如果不遵循以上要求，可能导致无法充分发挥其性能。具体操作在项目五任务一中详述	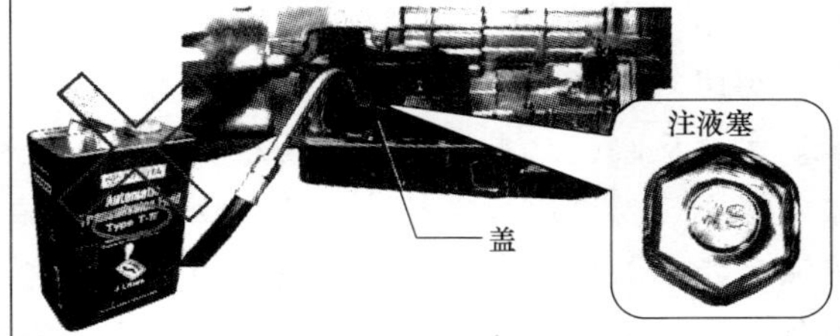
1）从油底壳上拆下两个机油滤清器磁铁，检查油底壳中的微粒及油质 2）用拆下的磁铁收集所有钢屑 仔细查看油底壳内及磁铁上的异物和微粒，判断传动桥中可能存在的磨损类型 钢（磁性）：轴承、齿轮和离合器片磨损 铜（非磁性）：轴承磨损	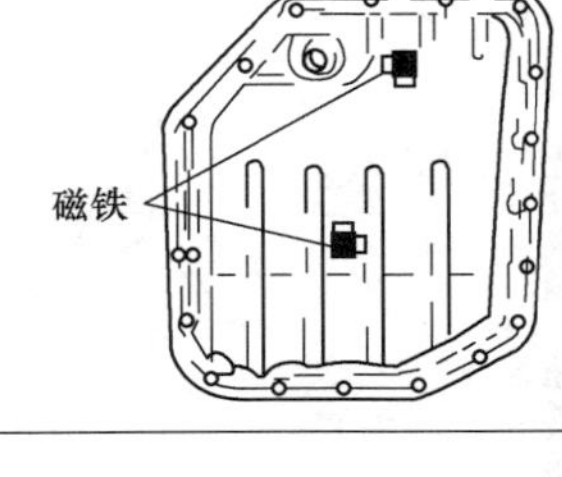 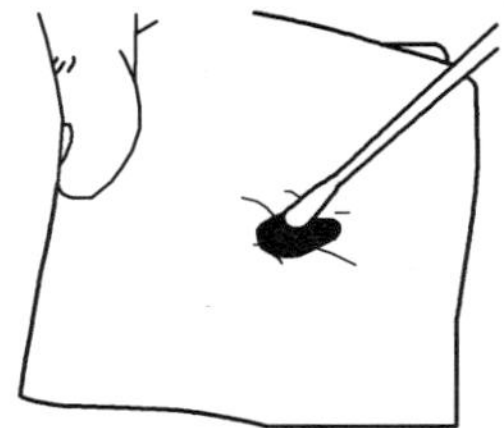

（续）

维护方法	维护图例
处理好废机油，进行集中管理并与回收公司联系	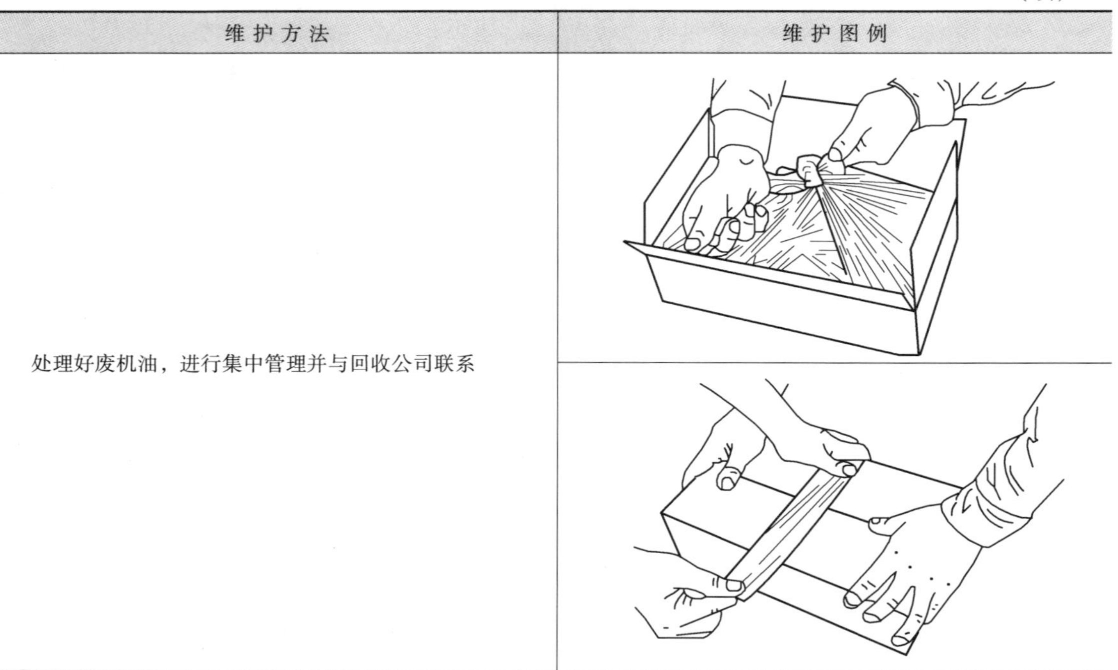

二、自动变速器拆卸及检修

案例链接（四）奥迪 A4 行驶无力、进档缓慢

2014 年 8 月 18 日，一辆奥迪 A4 轿车（搭载 01J 自动变速器）进厂维修，如图 1-2-3 所示。客户反映，此车故障现象为行驶无力、进档发抖且缓慢。经路试果然如此。通过失速试验发现失速转速比标准转速高 1 000r/min 左右，有发动机空转的感觉，偶尔有发动机冷却液温度指示灯闪烁一下又马上消失的现象。这里仅介绍从车上拆下自动变速器和外表清洁、解体为止，至于故障排除结果在以后的项目任务里解答。

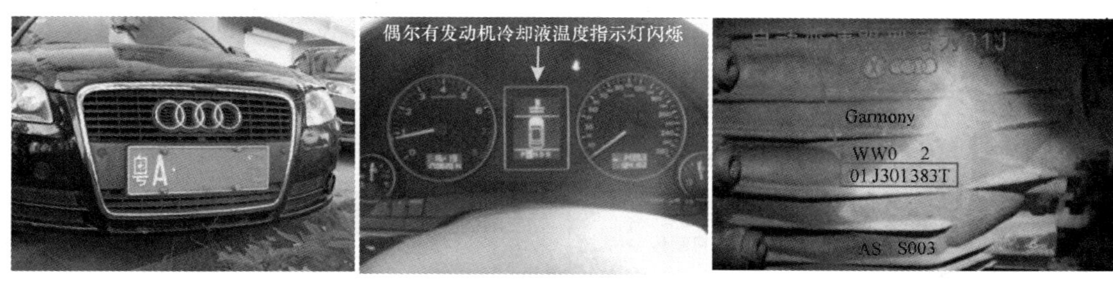

图 1-2-3 奥迪 A4 及其 01J 自动变速器

1. 维修前的工作

1）检测该自动变速器，进行故障分析，确定维修部件和重点。包括油的质量、油面高度、目视检查。

图 1-2-4　黑乎乎的液体漫出来了

打开发动机舱、打开冷却液补偿罐发现黑乎乎的液体漫出来了，发动机后部外表也有很多脏油水，如图 1-2-4 所示。

2）制定维修方案和维修步骤，原则是先易后难。

3）根据车型、车辆 VIN 编号和变速器型号准备好配件，遵循“配件不落实不维修”的原则。

4）准备好工具和检测仪器。

5）准备好清洁的场地和工作台

6）准备好相关技术资料，如图 1-2-5 所示。

图 1-2-5　相关技术资料举例

7）准备好记录用品和标签、彩色油漆笔、白色胶带（纸）或胶布等，用于记录重要事项，如零件的拆装顺序、特殊零件的安装特点（方向、位置等）、做记号并区别类似零件等。

8）检查蓄电池电压，标准电压为 11 ~ 14V。如果电压低于 11 V，在继续操作前，对蓄电池充电或更换蓄电池。实际测得电压为 12.07V，将智能检测仪 VAS5054 连接到连接器上，如图 1-2-6 所示。

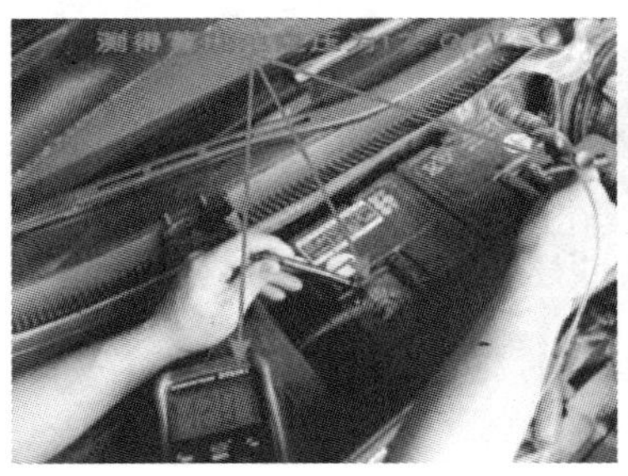

图 1-2-6　实际测得电压为 12.07V/将 VAS5054 连接到连接器上

9）有节气门拉线的应做间隙和怠速检查。

10）噪声检查，发动机工况检测，底盘传动、驱动及阻滞力检测，轮胎气压检查。

11）检查漏油。检查壳配合面、轴和拉索伸出区、油封、排放塞和加注口、管件和软管连接处。

12）检查并调出或清除故障码和定格数据，结果没有存在故障码，如图 1-2-7 所示。

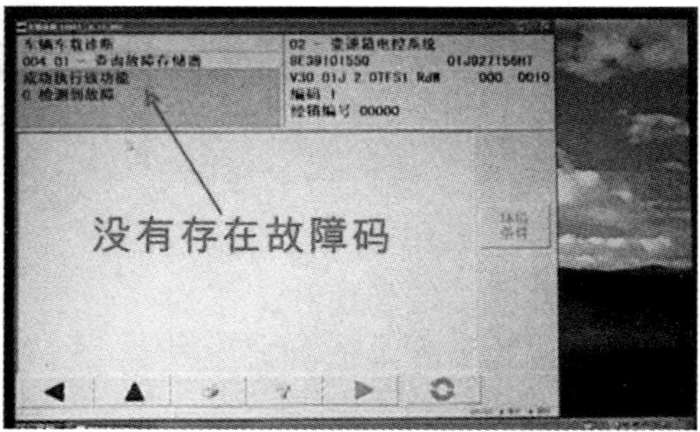

图 1-2-7　智能检测仪 VAS5054 并没有检出故障码

13）设置检测模式诊断故障症状确认（维护车不用）。
14）症状模拟（维护车不用）。
15）机械系统测试。
16）手动换档测试。
17）电路检查。
18）液压测试。
19）零件检查。
20）故障识别。
21）测试确认。

2. 从车上拆下自动变速器

（1）前驱式

1）在两柱举升机上作业应注意托架脚的安全支撑，如图 1-2-8 所示。

图 1-2-8　注意托架脚的安全支撑

2）拆除蓄电池。
3）拆除空气滤清器、进气管。
4）拆除左、右前轮和左、右半轴。
5）拆除起动机、操纵手柄拉杆、连接螺栓。
6）拆除变速器支架和护板。
7）用专用支架将发动机吊住。
8）用变速器托架将变速器托住，松开变速器和发动机的连接螺栓，将变速器和变矩器一同拆下，降低托架，将托架移出车下。

9）适量降下变速器拖架，沿轴向向后将变速器整体（带变矩器）与发动机分离，托稳后再下降，将变速器从车身下移出。注意，将变速器与发动机分离时，防止变矩器滑落伤人。

从车上拆下自动变速器确认被举升的车辆可靠稳定并拉好保险。举升前确认各方面安全到位并扣好防护垫，防护垫可以防止钥匙、纽扣、零件、随身工具等划伤油漆。还可以防止油污、制动液等污染油漆造成不必要的经济损失。

（2）自动变速器总成外表清洁

1）当变速器总成从车上拆下后应先做外表清洁，避免油泥、沙、灰尘进入下道工序。

2）用胶袋包扎好空档开关、插座电气端子等，防止进水长霉。

3）用高压水枪先将变速器外表喷湿，然后喷洒上泡沫清洁剂并保持 30min 左右，再用高压水枪冲净，并用压缩空气吹干，如图 1-2-9 所示。将变速器移至翻转架上或工作台上进入下道解体工序。

图 1-2-9 自动变速器总成外表清洁

3. 拆检注意事项

1）按维修手册中提供的维修方法对于汽车自动变速器维修非常有效。在遵循维修手册中的步骤进行维修操作时，必须使用指定和推荐的工具。若使用非指定或推荐的工具和维修方法，则在开始操作前要确保维修技术人员的安全，并确定不会造成人员伤害或客户车辆损坏。

2）如果需要更换零件，则必须换上具有相同零件号的零件或相当的零件。切不可采用劣质零件。为了有效避免在维修或维护期间可能造成的人身伤害，以及由于操作不当而造成的车辆损坏或导致车辆不安全等隐患，必须认真遵守维修手册中各种强调“注意”和“小心”事项。还应该注意的是，维修手册中的“注意”和“小心”部分的内容并非夸张，而是违反这些说明将导致危险的后果。

3）自动传动桥由表面经过高精度加工的零件构成，在重新装配前必须，对这些零件进行仔细检查。即使是轻微划伤也可能导致漏油或影响性能。一些操作说明是按维修人员每次只操作一个零件组来编排的。这有助于避免因外观相似但属于不同分总成的零件同时出现在

维修工作台上而引起混淆。应从变矩器壳一侧对这些零部件组进行检查和维修。尽可能在对下一组零部件进行操作之前完成检查、维修和重新装配。如果在重新装配过程中发现某个零部件组有缺陷，则立即检查和维修此零部件组。如果由于某些零件尚在订购中而无法装配某个零部件组，则在继续拆解、检查、维修和重新装配其他零部件组时，一定要将该零部件组的所有零件存放在单独的容器中并严格保管。

① 所有拆解的零件均应使用压缩空气吹通。

② 用压缩空气吹干所有零件。不要使用棉丝抹布或其他布来擦干它们。

③ 使用压缩空气时，一定不要将气枪对准自己或他人，以防 ATF 或煤油意外喷到脸上。另外，高压气体也会伤人。

④ 工作场所禁止打闹，追逐戏嬉。

⑤ 清洗时，只能使用推荐的 ATF 或煤油（禁止用汽油清洗零件）。

4）变速器解体的一般原则

① 先外后内。先拆下外部机件、油管、线缆、插座和连接件。

② 先两头后中间。先拆前壳、后壳，再拆中间。

③ 先电液后机械。先拆电、液元件再拆机械元件。

④ 先部件后零件。先将部件整体取出，如：阀板总成、各离合器总成、制动器总成、油泵总成等，再各自分解。图 1-2-10 是 01J 自动变速器解体后的摆放。

图 1-2-10　01J 自动变速器解体后的摆放

5）注意事项

① 解体过程中涉及的所有密封件（油封、密封垫、O 形密封圈、密封环等）一般都应更新。

② 严禁用利器剥、刮密封基面或密封槽，应注意不要伤及密封座或密封面。

③ 严禁用螺钉旋具等硬器撬接合面。

④ 严禁用利器在配合零件上凿印装配记号。

⑤ 严禁用手钳、螺钉旋具等抽取阀芯和阀套。

⑥ 在对不熟悉的自动变速器进行解体时，应做好记录。特别注意以下几点：

a. 各运转元件间的塑料或钢质止推垫的位置和方向。

b. 平面止推轴承、滚针轴承及滚道的位置和方向。

c. 离合器的装配位置和方向。

d. 各离合器和片式制动器的压紧弹簧及弹簧座不要相互混淆。

e. 分解阀体的注意事项另列。

4. 部件分解及检查*

（1）油泵（变量叶片泵别克自动变速器）的分解与检查

1）按顺序松开螺栓分离泵盖和泵体。

2）在转子和偏心环上做记号后取下转子和叶片。

3）用软布条包住螺钉旋具头，稳住偏心环并取下支承销。

4）取出偏心环和弹簧。

5）检查

① 油泵壳体后轴头密封环槽与环的侧隙，标准值 0.10 ~ 0.15mm，最大允许 0.15 ~ 0.20mm。环在自由状态开口端隙为 2 ~ 4mm。叶片在转子槽内应滑动自如。

② 检查偏心环、叶片与转子端面与泵盖间隙，标准值 0.03 ~ 0.04mm，最大允许 0.05mm。

（2）片式离合器和制动器的分解与检查

片式离合器和制动器分解前应先用塞尺检查档板与卡环之间的间隙（按原车各自标准检查），测量前应压紧主从动片，排出片间残油。

1）取出卡环。

2）依次取出护板、摩擦片、钢片和碟片，按顺序放好。

3）用专用工具压下弹簧座，取出卡环。

4）取下弹簧和座。

5）用压缩空气（0.04MPa）吹出活塞（当摩擦片被确认为不可用时进行）。

6）检查

① 摩擦片是否翘曲变形、烧蚀或过度磨损，增磨槽是否清晰可见。

② 钢片是否平整无翘曲变形，无烧蚀拉伤。

③ 活塞内外的 O 形密封圈及工作表面有无积胶及拉痕，检查止回阀功能是否正常。

（3）带式制动器的分解与检查

1）分解前应检查顶杆行程是否符合要求。

2）松开锁帽，退出定位螺杆，取出制动带及支销。

3）松开螺栓，取下制动带伺服机构的盖及垫。

4）依次取出促动活塞、密封环、活塞及托座、回位弹簧及弹簧座、伺服活塞、活塞杆、伺服弹簧及座等。

5）检查

① 弹簧的自由长度。

② 更换所有密封圈。

③ 顶杆行程不够应更换顶杆。

④ 检查制动带内表面，如有烧焦、裂纹、表层脱落、过度磨损应更换。

（4）单向离合器的检查（无单向离合器变速器不在此例）

1）注意单向离合器的安装方向。

2）检查单向离合器楔块或滚柱是否磨损，内外滚道是否磨损。

3）按正确方向安装单向离合器，检查是否按规定方向锁止可靠，另一方向运转自如。

（5）阀体的分解与检查

1）拆下机油滤清器。

2）拆下电磁阀等的接线器。

3）取下油管（做好标记）。

4）松开上下阀板连接螺栓，从阀板上方向下轻轻敲打，使单向球阀钢珠落到下阀板底部，将上阀板连同隔板和上下密封垫一同拿下。

5）检查油道内钢珠位置，然后从油道中取出（不要丢失），用拓印法记下钢珠的大小和位置。

6）将上阀板连同隔板一同翻过来，再向下敲打，使钢珠落到上阀板底部，拿下隔板及密封垫（防止油道内阀球或其他小零件掉出）。

7）检查油道内钢珠位置，然后从油道中取出（不要丢失），用拓印法记下钢珠位置。

8）上下阀板的分解。用旋具取出卡板或锁销（用手堵住阀孔端部），防止零件弹出。再让柱塞、滑阀及回位弹簧等自由落出（不能自由落出时，可用木锤或橡皮锤敲击阀板，将其震出，不要损坏阀孔内径及阀心），将其按顺序摆放在折叠好的瓦楞形薄钢板槽内。大众 6HP/爱信 09G 变速器油路板拆开示意图如图 1-2-11 所示。

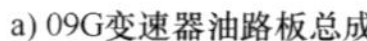

a) 09G变速器油路板总成

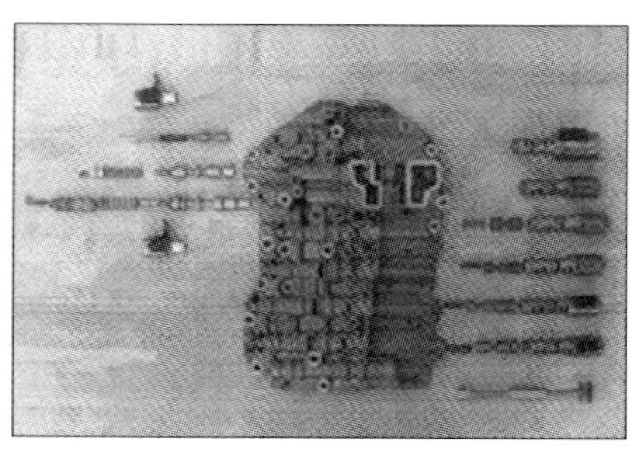

b) 09G变速器油路板拆开摆放

图 1-2-11 大众 6HP/爱信 09G 变速器油路板拆开示意图

9）阀板清洁及检查。将阀板、零件用清洁煤油清洗并用压缩空气吹干净，组装前应浸油处理。检查滑阀各段轴颈表面是否磨损，对轻微擦伤或胶垢，可在车床上套上衬套防止夹伤滑阀，用 1200 号砂纸轻微旋转抛光。滑阀与座孔的正常配合间隙为 0.01 ~0.012mm，间隙大于 0.10mm 必须更换，否则会陷入无穷无尽的返工当中。关于具体修理方法后面还会讨论。检查弹簧的自由长度，如图 1-2-12 所示。更换上下密封垫及塑胶阀球。如控制阀卡死应更换阀板总成。

5. 自动变速器总成组装及维修要点（简述）

做好自动变速器的基础检查和性能测试，解体过程中对元件的进一步检查和测试，必要的换件，仔细的清洁及严格的装配和调整是确保维修质量的关键。

（1）自动变速器装合的“八字方针”

1）位置。各零部件安装要到位（离合器与制动器的毂与摩擦片、钢片的装合等），位置与方向要正确（各止推垫、推力轴承及轴承滚道、卡环、单向离合器等），有些配对零件应按拆时所作记号对应装合。

2）清洁。组装前应用煤油清洗所有零部件和机体（不耐油橡胶件和线缆除外），吹通壳体、

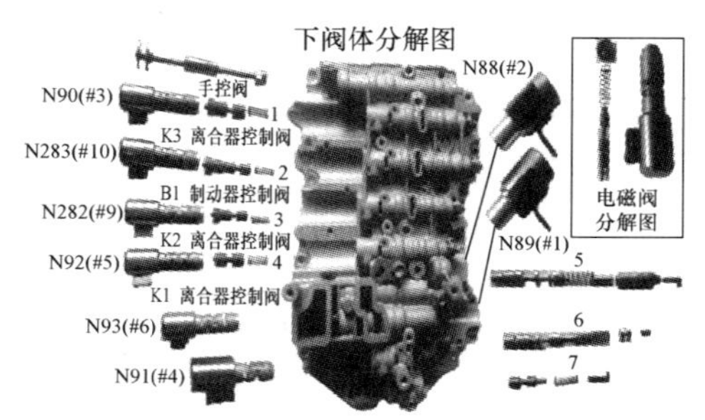

序号	长度/mm	长度/mm	长度/mm	圈数	颜色
1	21.5	8.3	1.06	10.4	绿色
2	20	6.4	0.99	10.4	红色
3	19.9	6.6	0.99	11.4	白色
4	20.5	8.3	0.99	9.9	粉色

图 1-2-12 大众 09G 变速器油路板下阀板、电磁阀、滑阀和弹簧识别

输入、输出轴上的油道，煤油挥发后及时涂上 ATF 油液。不许用抹布擦拭机件。

3）润滑。组装前所有机件运动表面应再次涂以 ATF 油液或润滑脂，非运动机件的密封面应均匀涂以密封胶。

4）紧固。按规定（按顺序、分 3 次、按力矩）紧固所有连接螺栓。

（2）换件原则

1）自动变速器的必换件。拆卸过程中所涉及到的所有密封件（油封、各型密封圈、密封环、密封垫等）都属于必换件。在备件缺乏时，可对技术状况较好的密封件再慎用一次。

2）自动变速器的易损件。离合器和制动器的摩擦片、钢片，各种卡环、轴承及止推环、制动带，油泵齿轮或转子，各种线缆插接件等都属于易损件。对于卡环变形，止推环磨损、翘曲，轴承运转发卡，噪声，松旷，制动带磨损过量、裂纹，摩擦片、钢片磨损过量、碟片变形等，均应成组更换。有两个以上组件中的摩擦片、钢片需要更换时，应更换全部组件的摩擦片和钢片。齿轮应成对更换。

3）装合顺序。按解体相反顺序进行，先拆后装，后拆先装。以组件形式拆下来又解体成零件的，应先装合成组件再进行总装。

4）浸油处理。新换的离合器、制动器摩擦片、制动带、至少应浸泡在 ATF 油液中 30min 以上。油泵工作腔、轴承、单向离合器、行星齿轮架、小齿轮、旧摩擦片钢片、阀板及控制阀等均应浸入 ATF 油液。新换的液力变矩器应加注 1/2 的 ATF 油液。

5）关于敲击。严禁使用铁锤或硬工具直接敲打零件和壳体，需要敲击时应使用塑料棒、或木棒、橡皮锤。

6）检查与调整。组装过程中和结束前，应对重要部位进行检查和调整。

① 油泵的装配间隙。齿轮的啮合间隙、齿顶间隙、齿轮（转子、叶片）与壳体端面间隙、油泵轴头密封环的侧隙等。

② 片式离合器和片式制动器工作间隙（卡环与法兰之间的间隙）的检查和调整。

③ 活塞运动情况的检查。

④ 带式制动器活塞顶杆行程的检查和调节。

⑤ 总轴向端隙的检查和调整。

三、液力变矩器检修

案例链接（五）汉兰达 RX270 轿车起步无力

汉兰达 RX270 轿车搭载的是 U760 自动变速器。该车起步无力，高速行驶正常。通过失速试验发现失速转速比标准转速低 700r/min。查找 RX270 轿车维修手册，故障原因为液力变矩器单向离合器打滑。将液力变矩器从车上拆下，检查液力变矩器中单向离合器，发现单向离合器在锁止方向打滑。由于当地没有维修条件，更换一个新的液力变矩器，故障排除。

1. 在自动变速器前安装液力变矩器

液力变矩器内是由泵轮、导轮、涡轮和锁止离合器组成。工作时内部充满了油液，发动机带动泵轮旋转液体沿内壁扭曲叶片提供的通道向外圆甩出油冲击涡轮，涡轮与泵轮相对安装内壁也由反扭曲叶片组成的通道承受了泵轮传来的液体冲击力也于相同方向旋转起来。如

图 1-2-13 所示。

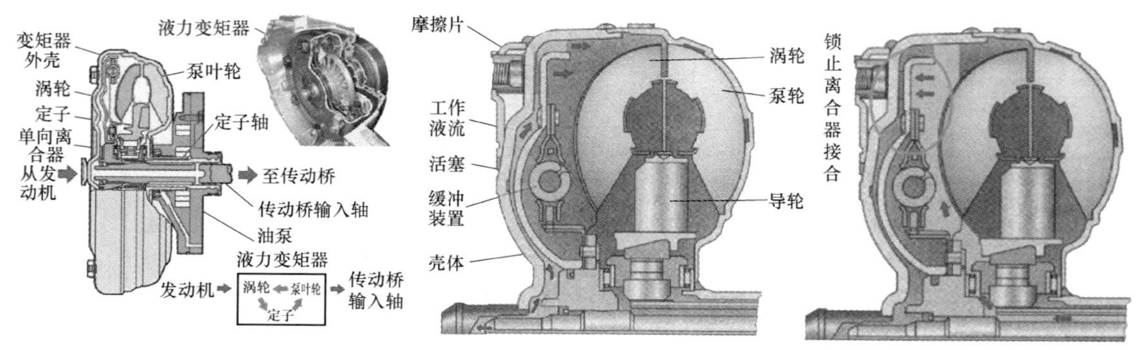

图 1-2-13 液力变矩器剖面结构

由于涡轮中心与变速器输入轴是花键连接并将动力输出给变速器。从动力转换过程来看，发动机产生了机械力，泵轮将机械力转换为液体冲击力，俗称“软传动”。液体的冲击力将动力传给涡轮，涡轮再将液动力变成机械力向变速器输出。涡轮的转速永远也不可能达到泵轮的转速，也就是说，在某个区间泵轮不能将动力百分之百地传给涡轮。如此说来，我们还不如在自动变速器的前端安装一个机械离合器省事，因为机械离合器可以百分百传递动力，省掉那一来二去的动力转换过程岂不是更好。汽车是一个载重质量变化大，行驶路况复杂的交通工具，一旦遇上上陡坡、超重、障碍等情况机械离合器不能给车轮增力，此时的液力变矩器则不同，它可以向车轮提供 2 ~3 倍的驱动力，正是因为液力变矩器可以变矩，所以液力变矩器和自动变速器早期是在大型工程机械上使用。我们应该想象得到，当一台推土机的钢铲前方碰到了超过自己几倍驱动阻力时，驾驶人只有深踏加速踏板，换最低档位会怎样呢？如果是装备了液力变矩器的车辆当然是“轻松拿下了”，这也就是在自动变速器前安装液力变矩器的原因之一吧。

液力变矩器的作用是传递来自发动机的转矩，并且将转矩成倍增大后传给变速器。它安装在变速器齿轮传动系的输入端，壳体用螺栓固定在发动机的飞轮上。

通过图 1-2-14 可以看出液力变矩器的优缺点：

（1）液力变矩器动力传递装置的优点

1）起到飞轮的作用使发动机运转平稳（自动变速器大多没有飞轮，利用变矩器代替飞轮）。

2）起到自动离合器的作用，传送或不传送发动机转矩至变速器当中（车辆在原地静止状态下制动入动力档发动机不会熄火，也称无级变速）。

3）在某种程度上能够使发动机产生的转矩成倍增长并传递至自动变速器行星齿轮机构中。

4）缓冲和吸收因发动机传输载荷及传动系统在承载载荷时引起的扭转振动，保护发动机及传动系统的某些部件（俗称防止传动系统过载）。

5）驱动液压控制的油泵为自动变速器提供压力源。

6）锁止离合器能够将发动机输出功率 100% 传递给变速器，从而提高发动机燃油经济性，促进环保，降低排放，降低变速器温度，提供良好的发动机制动功能。

（2）液力变矩器动力传递装置的缺点

1）液力变矩器是个密封器物，若出现故障看不见，摸不着，易对 AT 的其他部件进行误判。

2）液力变矩器主要用于起步和大负荷增力。其实汽车大部分时间是不需要增力的，如果低速时间长（传动效率只有 80% ~95%），会造成发动机燃油浪费。

3）现在有些车辆智能化控制锁止离合器（当锁止离合器处于半接合状态时），解决了发动机燃油浪费问题，但同时也减少了液力变矩器使用寿命。

因此看来，要想汽车跑得快又省油，起步平稳，上坡和大负荷有力，而在自动变速器前安装液力变矩器是鱼和熊掌不可兼得的。

锁止离合器的发明是自动变速器重大的科技进步。在 20 世纪 90 年代前，液力变矩器内是没有设计锁止离合器的，车速在 80km/h 以上很难再提升，而且伴随着发动机加速发闷，有力使不出和大量燃油浪费。锁止离合器是自动变速器的一项重大的科技进步。

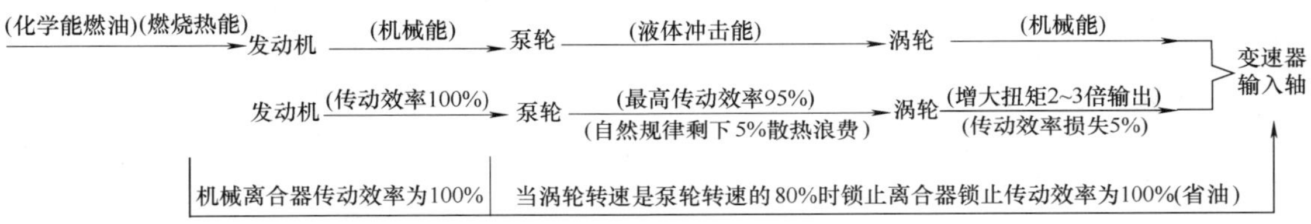

图 1-2-14 液力变矩器工作效率

2. 液力变矩器连接关系

发动机与液力变矩器连接总体结构示意图如图 1-2-15 所示。从图可知，它由“三轮二器”组成。“三轮”是指泵轮、导轮和涡轮；“二器”是指单向离合器和锁止离合器。变矩器内充满油泵提供的自动变速器油。变速器油被泵轮甩出，成为一股强大的油流，推动变矩器的涡轮转动。

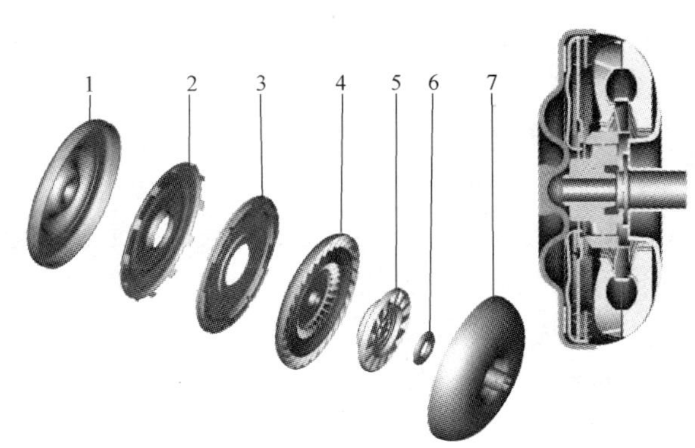

图 1-2-15 发动机与液力变矩器连接总体结构示意图
1—前盖 2—锁止离合器片 3—减振器 4—涡轮 5—导轮与单向离合器 6—推力轴承 7—泵轮

液力变矩器与发动机及自动变速器之间的安装位置与结构见表 1-2-4。

表 1-2-4　液力变矩器的安装位置与结构

序号	说　明	实物对照示意图
1	1）液力变矩器的前端与发动机的曲轴相连还有用于起动的齿轮，与手动变速器的离合器飞轮安装位置相似 2）液力变矩器内装满自动变速器油（ATF）它的标准质量应等于手动变速器飞轮加离合器的质量，当然也是发动机的组成部分之一（飞轮）	
2	1）液力变矩器内涡轮中心的内花键与后端变速器的输入轴相连。外套筒上缺口用来驱动安装在变速器上的油泵 2）在液力变矩器内还有一个单向离合器的内花键与油泵壳体上的固定外花键相连（导轮中心固定不动）	

液力变矩器结构如图 1-2-13 所示。

液力变矩器内充满具有一定压力的变速器油，当泵轮旋转时，液体的实际流动是由涡流和环流叠加而成的。

涡流就是泵轮泵出的液流通过涡轮和导轮，然后再回到泵轮的液流。车辆起动时，泵轮和涡轮的转速差越大，涡流就越大。

环流就是变矩器内与变矩器转动方向相同的液流。当泵轮与涡轮转速差较小时，环流就大，车辆以恒速行驶时就是如此。环流随泵轮与涡轮转速差增大而成比例地变小。

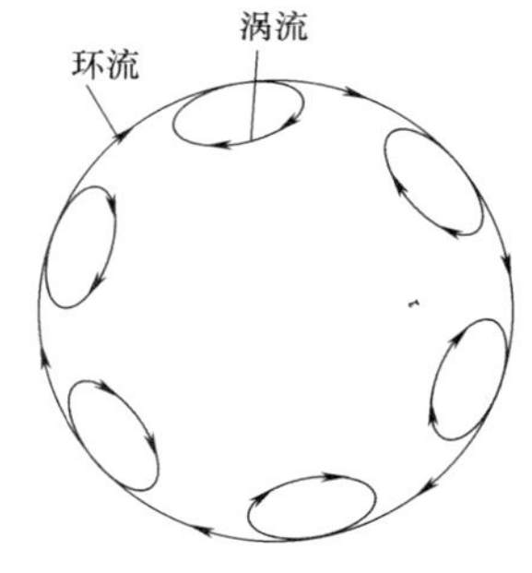

图 1-2-16　液力变矩器的液流

液力变矩器内部实际的液流方向是涡流与环流合成的螺旋状，如图 1-2-16 所示。

3. 锁止离合器工作状态

在耦合区（即没有转矩成倍放大的情况），变矩器以接近 1∶1 的比例将来自发动机的输入转矩传递至变速器。但在泵轮与涡轮之间存在着至少 4%～5% 的转速差。所以，变矩器并不是将发动机的动力 100% 地传递至变速器，而是有一定的能量损失。为了防止这种现象发生，也为了降低油耗，当车速在大于 60km/h 时，锁止离合器会通过机械摩擦将泵轮与涡轮相连接。这样，使发动机产生的动力几乎 100% 地传递至变速器。

液控自动变速器液力变矩器内的锁止离合器的控制阀控制油路与电控自动变速器内的锁止离合器的控制阀控制油路有所不同。但锁止离合器的工作过程是一样的。

如图 1-2-15 所示，锁止离合器装在涡轮转轮毂上，位于涡轮转轮前端。减振弹簧在离合器接合时，吸收扭力，防止产生振动。在变矩器壳体或变矩器锁止活塞上粘有一种摩擦材料，用以防止离合器接合时打滑。

锁止离合器的接合和分离由变矩器中的液压油的流向改变来决定，其工作过程如下：

（1）锁止离合器分离状态

液力变矩器锁止离合器的分离状态，其实就是发动机至自动变速器之间是以液压方式连接为主的。在传统型电控自动变速器中只有最高档位才能实现发动机与自动变速器之间刚性连接，其他档位均为液力传动，同时液力与机械传动的改变是 ECU 通过指令一个开关电磁阀来完成的。而在新款车型上，变矩器锁止离合器的控制明显提前了（低速档也可实现刚性连接），同时为了保证液力传动与机械传动交替转换过程当中的平稳过渡性能在锁止离合器的控制形式也改变了，由原来的开关电磁阀控制油路变为可调节线性电磁阀控制油路，如图 1-2-17 所示，这样更进一步增加了自动变速器使用的舒适性。

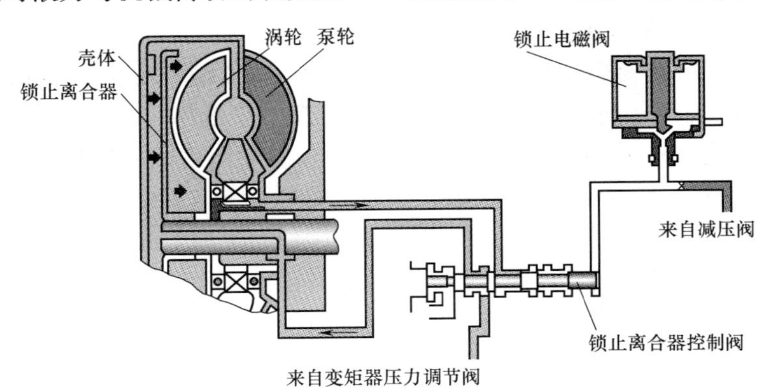

图 1-2-17　变矩器锁止离合器分离状态

根据图 1-2-17 不难看出，当液力变矩器锁止离合器处于分离状态时，变矩器工作油路的走向。由主油路过来的油液经过压力调节阀调节后经变矩器锁止离合器控制阀左侧进油道流入（该阀门右侧无控制压力，因此在左侧弹簧力的作用下保持在最右端，阀门的右端进油道由 ECU 通过指令锁止离合器电磁阀来进行调节控制，电磁阀处作用的是来自减压阀送过来的衡压，由于 ECU 没有控制电磁阀工作，来自减压阀的油压被电磁阀截止或释放掉，此时锁止离合器控制阀门不会动作），经自动变速器输入轴前端又经锁止离合器活塞的前端进入（相当于将锁止离合器活塞向后推开），经变矩器做功后从变矩器锁止离合器活塞后端流出去往散热器进行散热，此时的工作过程便是锁止离合器处于分离状态时的油路。

（2）锁止离合器接合状态

为了满足发动机输出功率尽可能不受损失，同时，为使自动变速器温度不再进一步升高，ECU 在满足锁止离合器接合条件时便向锁止离合器电磁阀发出工作指令，如图 1-2-18 所示，电磁阀工作后，逐渐将来自减压阀的衡压接通到锁止离合器控制阀没有弹簧侧（右侧），当阀芯右侧的减压压力大于左侧弹簧压力时，阀芯便克服弹簧压力向左侧移动，此时变矩器的进油油道发

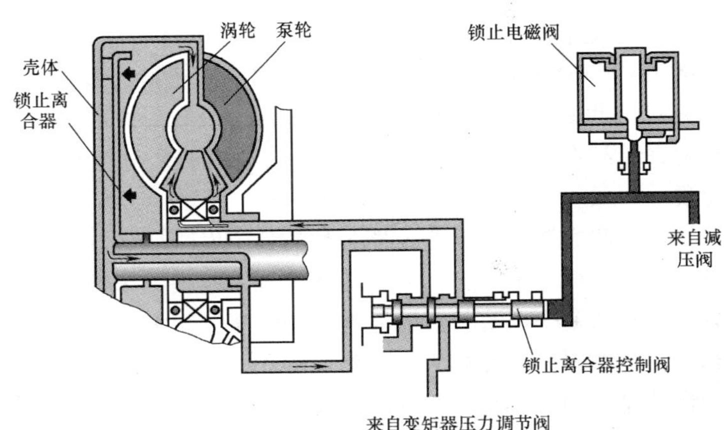

图 1-2-18　变矩器锁止离合器接合状态

生改变，同时锁止离合器活塞两端的压差也发生改变，来自液力变矩器压力调节阀的 ATF 不再从输入轴前端进入而是通过输入轴和导轮轴中间的油道进入，也就相当于从变矩器锁止离合器活塞的后端进入，从锁止离合器活塞前端流回。这样锁止离合器（活塞）压盘端面便紧紧地压在变矩器壳体端面上，锁止离合器压盘端面上的摩擦片便与变矩器壳体之间形成一个足以使泵轮与涡轮达到同步转速的摩擦力矩，此时变矩器泵轮与涡轮转速相等（无转速差），发动机输出功率 100% 地传递到自动变速器中，同时变速器工作温度也随之降低。

4. 液力变矩器常见故障

液力变矩器是连接发动机和自动变速器输入轴的重要元件之一，在工作过程当中主要是以“液压传递”和“机械传递”以及“半液压半机械”3 种方式来完成发动机动力的传输功能，特别是在“半液压半机械”状态时出现的故障比例较多。因此，当其发生故障时发动机和变速机构的性能都会受到严重的影响，所以理解和分析变矩器所引起的各种故障是我们学习和掌握自动变速器常见故障中的一项重要的内容。

变矩器的作用及工作原理大家都已经有所了解，但是在维修中我们对它的使用寿命似乎却是不太注意，同时在判断其故障时往往都是靠无根据的怀疑，因为我们一般往往无法从直观地观察到里面的好与坏，在早期的传统变速器中由于其控制方式（开关油路）及控制过程（只有一个最高档位具有锁止控制功能）的因素，在某些变速器的故障概率中变矩器的原因造成的故障还是远远要小于其他故障原因的，因此就会延长了变矩器的使用寿命。所以在早期的维修过程中，大家对变矩器的检查或维修不怎么重视，只要解决其内部清洁问题就足够了，一般不会形成因变矩器问题导致的返修。

但现在绝大部分变矩器的控制过程及控制类型改变了，低速档即可以实现锁止控制而且还是靠占空比形式来控制的，这样在半锁止（半液压半机械）过程中就有了一定程度的微量打滑时间，因此，对变矩器的使用要求就更高了，在原材料耐磨程度和散热形式以及摩擦系数上有了较高的技术要求。现代新款轿车对变矩器在锁止控制方面越来越讲究闭锁时的舒适性，因此就增加闭锁控制的频率，而舒适性能的改善只能以牺牲其使用寿命为代价。其实我们通过一些维修信息知道德国 ZF 公司早在 1998 年的一次技术通报中就建议车辆行驶 8 万 km 可以更换 01V 的变矩器，随之数月后又改为 10 万 km 建议更换。当然在我们实际的维修中并没有这么过早地提前更换或修理，但大众奥迪 01V 型自动变速器的变矩器确确实实一般在 15 万 km 以后会出现不同程度的问题，有些车型因使用原因故障还会提前出现。就这些原因导致了近几年维修或更换变矩器的数量逐年攀升，加之在国内对自动变速器的维护及材料的选用上没有形成规范化标准，也因此导致一些变矩器的使用寿命持续在下降，故障提前出现，这些问题不是反映在个别车型上，在其他车型也陆续出现。

近几年在维修自动变速器各种故障中发现变矩器故障而引发的各种各样的其他故障越来越明显，数量越来越多。而且还发现越来越多的车辆造成自动变速器提前进入维修的一大部分原因都跟变矩器有关。同时在维修的统计数据上看，欧洲车型的变矩器故障率相对比美国和日本车型要高，比如大众、奥迪的 01M、01N 和 01V 等变速器。这主要跟车辆的自重和发动机的排量以及发动机与变速器的匹配等因素有关。所以当进行自动变速器大修时一定检查或修理变矩器，无修理条件的则需委托有能力维修变矩器的厂家进行修理，以提高维修质量。液力变矩器工作特性如图 1-2-19 所示。

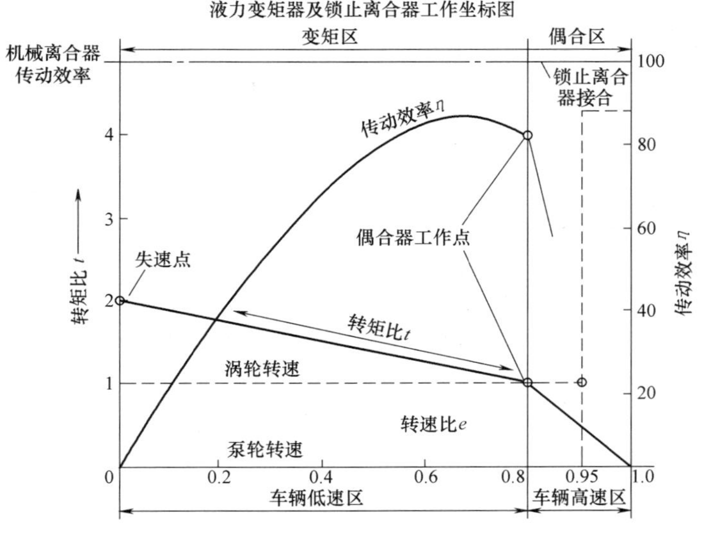

图 1-2-19 液力变矩器工作特性

占空比——在维修资料上关于电磁阀的说法有很多个版本，例如占空比、线性、赫尔式、比例阀、步进电动机等，工作原理是一样的。大部分控制油压为 0～35% 或 5%～50%，油压从 5% 至 50% 缓慢上升然后又缓慢下降。详细见配套课件内的电磁阀检测视频介绍。

重点提示： 1992～2005 年还有部分自动变速器采用（老式）继动阀控制油路，自 2006 年后生产的自动变速器改为电磁阀控制锁止离合器接合与分离，电磁阀控制锁止离合器油路又分开关和占空比两种，不再采用继动阀控制油路。

5. 液力变矩器的检修

（1）导轮单向离合器的故障诊断

汽车在低速行驶时的加速性能差，即汽车起步困难，没有爬行，同时低速加速无力。任何一款自动变速器在起步 1 档时都会有一个爬行过程，这是因为变矩器具有发动机增矩功能。当然遇到这种问题时，一定要看该变速器在起步时是否以 1 档行驶，同时还要检查发动机在车辆低速时的加速动力性能。这种情况极有可能是变矩器导轮单向离合器打滑造成的，对于一般未带有电子节气门的早期车型，可以通过作变速器的“失速试验”来验证变矩器导轮单向离合器是否存在打滑。损坏的单向离合器如图 1-2-20 所示。

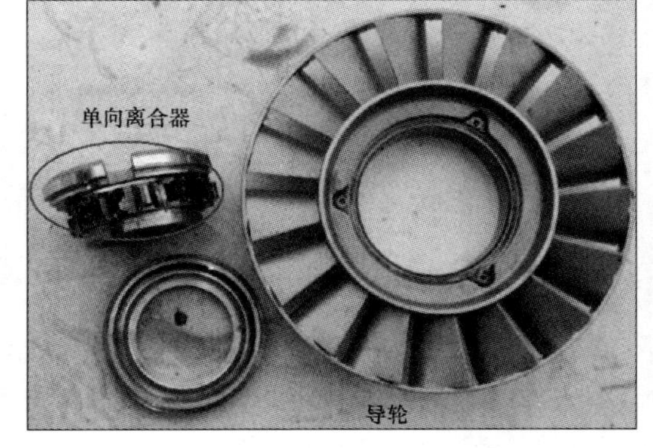

图 1-2-20 损坏的导轮单向离合器

单向离合器如果在锁止方向上出现打滑，则使导轮变矩增矩作用消失，这样，会在汽车

起步或低速时加速性能变坏，即在低速区域发动机发闷，车速迟钝。如果单向离合器卡住，在汽车进入偶合区，即涡轮转速接近泵轮转速，汽车进入中高速行驶时，由于导轮卡住不转，从涡轮流出的涡流在导轮上受阻，使汽车中、高速时动力性能变差。如果单向离合器在非锁止方向上出现半卡滞故障，则不仅影响发动机动力输出，而且会因半卡滞摩擦生热使变矩器油温升高。

另外，汽车中、高速加速无力，导轮单向离合器打滑的几率要少于卡死的几率。当导轮单向离合器卡死时，不会影响汽车的低速增矩功能，但会影响中、高速。中、高速行驶时，导轮外圈受紊流影响不能自由滑转，从而对泵轮又施加一个反作用液压力，最终影响发动机的加速。

判断单向离合器是否卡滞，在未剖开时还可以用以下方法检查：

1）用手指沿单向离合器旋转方向旋转导轮花键应畅通无阻，反方向旋转应卡住，但本田车的单向离合器与此相反。

2）使用专用工具检查导轮单向离合器，如图1-2-21所示。

使单向离合器内座圈不动，在外座圈上施加可变转矩，在单向离合器旋转方向上的转矩应小于2.5N·m，否则说明单向离合器有卡滞现象，应更换变矩器总成。

（2）测量液力变矩器轴套的径向圆跳动

变矩器的漏油是比较常见的问题，虽然此类问题看似简单但往往有些时候操作起来还是有一定难度的。在检查变速器漏油部位时发现，ATF是从发动机和变速器连接部位漏出的，很多人在这种情况下就会直接更换变矩器油封。有些时候更换油封是能够解决问题的。但有些时候反复更换多个油封也不能解决漏油问题，那么就要检查变矩器轴外套（脖颈）是否有拉伤、油封的回油道是否堵塞、变矩器轴外套与油泵接合处的定位铜套或铝套是否有严重磨损现象包括铜套或铝套有松旷现象，同时最重要的还要检查变矩器与发动机曲轴相连接的接合盘的摆动偏差是否过大超出差值。比较常见的有大众奥迪01V型变速器，在严重漏油时，可发现油泵上的铜套粘在变矩器脖颈上了，如图1-2-22所示。对这种故障一定要查出其真正的原因来。

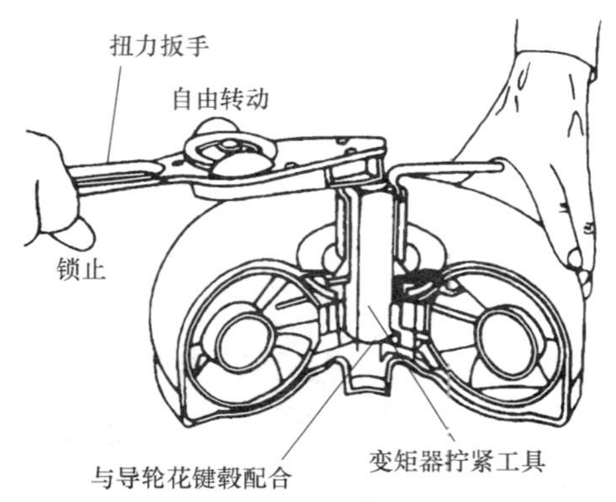

图1-2-21 用专用工具检查导轮单向离合器

图1-2-22 油泵铜套粘在变矩器脖颈后导致严重漏油

将百分表架固定在发动机后壳体上，将液力变矩器所在位置作个标记，暂时装到飞轮上，先测曲轴和变矩器的连接装置挠性板的端面圆跳动。如果挠性板的端面圆跳动大于0.20mm，必须更换挠性板；如挠性板合格，将变矩器在挠性板上固定好，再检测变矩器驱动毂端面圆跳动。驱动毂端面圆跳动大于0.30mm，必须更换变矩器。现在有许多维修厂家修理变矩器时，采用车床分解变矩器清洗或换件，部分厂家重新焊接时缺乏焊胎定位，导致驱动毂端面圆跳动过大，如图 1-2-23 所示。

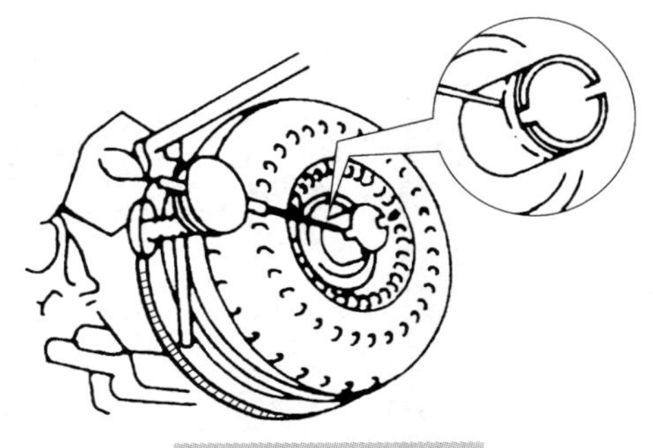

图 1-2-23 装千分表

（3）锁止离合器的故障诊断

锁止离合器发生故障时，会引起超速档时车速超速不明显，或锁止离合器振动、有噪声；锁止离合器打滑时，又易造成液力变矩器高温；液力变矩器锁止离合器锁止不分离，造成紧急制动时发动机熄火等故障。

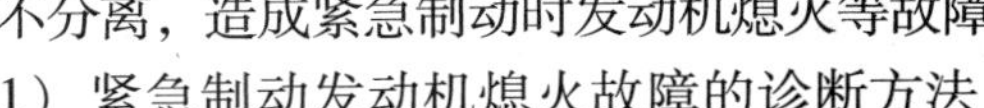

1）紧急制动发动机熄火故障的诊断方法

① 汽车高速行驶，紧急制动时锁止离合器应分离，以使泵轮和涡轮脱离硬性连接，避免紧急制动时熄火，在全液压式自动变速器中，当紧急制动车速降低时，调速器油压的降低会使锁止离合器的继动阀动作，使锁止离合器解锁，若锁止继动阀或其控制油压等出问题，会使锁止离合器不能及时打开。对电控液压式自动变速器，是在紧急制动时，与制动踏板连动的制动开关向电控系统提供制动信号，电控系统接到制动信号后便向锁止电磁阀发出指令，电磁阀的动作又驱动锁止阀动作，使锁止离合器解锁。

② 对电控液压自动变速器，检查时可将点火开关接通，当踩下制动踏板时，变速器壳体处应听到电磁阀“咔”的一声动作声，如听不到响声，应检查电路，电控系统及电磁阀是否损坏或卡住。

2）液力变矩器杂音（变矩器异响）诊断方法

① 液力变矩器杂音可用踏动和放松制动踏板的办法判断，当轻踩制动踏板后，杂音立刻消失，放松踏板后，杂音又立刻出现，反复测试现象依旧，则可断定锁止离合器有故障，造成杂音的原因有变矩器泄油，锁止压力不足，噪声是由打滑引起；锁止离合器锁止压盘与变矩器壳体因变形接触不良造成打滑，或变矩器壳体端面摆动或失去动平衡造成旋转时共振引起噪声，检查变矩器壳体是否偏摆时，可先将变速器拆下，然后将千分表架固定在发动机上，而表针指在变矩器壳体外端面上，转动变矩器壳体一周，观察千分表的摆动量，摆动量若大于 0. 20mm 时，应更换新变矩器总成。

② 对电控锁止电磁阀控制锁止离合器的，若锁止电磁阀回位弹簧因使用时间过长而疲劳，也会因锁止油压不良而产生噪声。

③ 异响一定来源于发动机与变速器的连接部位。同时要分清响声是液体声音还是金属声音。如果响声是液体声音，大多是变矩器供油压力偏低造成的，比如美国道奇捷龙 41TE 自动变速器这种问题就比较多，一般情况下，通过改变变矩器供油控制滑阀弹簧硬度或更换液压控制阀体即可。如果是金属声音，它有两种可能：一是内部元件相互干涉引起只能更换变矩器来解决此问题；二是在变矩器锁止离合器在实现刚性连接时发出的摩擦声音，这主要是锁止离合器摩擦片磨损所致，严重时摩擦片完全磨光而直接就是金属与金属之间的摩擦，如图 1-2-24 所示。因此，当变矩器锁止离合器在实现刚性连接时即会发出响声。目前，如果这种情况不是很严重，可以到专业自动变速器维修厂作变矩器的翻新即可。严重时只能更换变矩器总成，但同时要找到损坏变矩器的真正原因。

3）锁止离合器是否工作的判断

① 锁止离合器出现故障，不仅会产生噪声，而且会影响锁止离合器的锁止和解锁，若

图 1-2-24 变矩器锁止离合器摩擦片磨光后带来异响

判断闭锁离合器是否解锁时，可将车速稳定在 80km/h 范围，在保持车速稳定的同时，轻踩制动踏板，使踏板臂和制动开关刚刚脱离接触止，此时应解除锁止，即发动机转速和进气管真空度都有所增加，如果无任何变化，则锁止离合器没有正常工作，可能根本就没锁止，也可能根本就不解除锁止。

② 若汽车保持稳定的 80km/h 车速，突然紧急制动，发动机熄火，说明锁止离合器不能解除锁止。

③ 换档品质故障与变矩器锁止控制故障的关系。目前在一些新型变速器中，变矩器锁止离合器的故障比例是比较高的，同时会影响的换档品质。诸如类似发动机断油或断火以及耸车现象的出现，更多来源于变矩器锁止控制方面的半液压半机械控制阶段即半锁止状态。例如大众奥迪 01V 型变速器就是一个典型的例子，在轻踏加速踏板驾驶车辆负载较大时，这种现象最为明显，这就需要通过更换全新变矩器来解决。但最主要是遇到此类故障时如何进行科学的故障诊断。此类故障在诊断中一定要通过观察变矩器锁止离合器工作时的动态数据来锁定故障点，因为发动机转速是泵轮转速而输入轴转速则是涡轮转速，这样，当锁止离合器工作后（CLOSED—锁止离合器完全锁死）可以精确地读到它们之间的转速差即锁止滑移率，如图 1-2-25 所示。在该数据中有变速器油温度信息（如锁止离合器工作良好，则工作温度会在正常范围内）、锁止离合器电磁阀的工作电流（ECU 对执行器的指令）、变矩器的工作状态（液压、半液压半机械、机械连接）及锁止滑差转速（利用发动机转速减去输入轴转速的结果），通过电流的变化来观察锁止滑差转速的变化，最后确定故障原因。如有变矩器锁止离合器压力检测孔的可以借助压力测试功能来确定故障原因。

Read measured value block 007			
85℃	0.736A	CLOSED	0r/min

图 1-2-25 变矩器锁止离合器工作动态数据

4）挂档熄火或紧急制动熄火。我们知道变矩器具有自动离合器的功能也就是软连接功能，因此在挂档或紧急制动时发动机是不应出现熄火现象的，这种故障现象在大众 01M/01N 变速器表现尤为明显（其实是液压锁止阀导致的）。当然这种故障不能排除发动机问题，所以在正常情况下（除发动机问题外）如果发动机与自动变速器之间实现的是液体连接发动机就不会熄火，因此只有变矩器锁止离合器在接合时（机械连接）才会有此结果。一旦出现这种问题，首先要检查变矩器锁止离合器控制系统，包括 ECU 指令、线路、TCC 锁止控制电磁阀、液压控制阀体、液压锁止控制油路，最后再考虑变矩器锁止离合器是否不能分离。

5）汽车在行驶中突然没有任何动力档。一些 1993～1997 年的三菱太空车系和韩国现代车系，使用的自动变速器型号分别是 F4A232 或 KM175 系列等。使用这些型号变速器的车辆，通常会出现在行驶过程中停车后再次起步时发现没有任何动力档（D、R）的现象。当车辆牵引至修理厂进行检修时发现，油面高度和油质正常、油压正常，而且分解变速器后所有机械元件良好。故障是变矩器涡轮轴花键磨损所致，如图 1-2-26 所示，更换变矩器或重新修复即可解决问题。

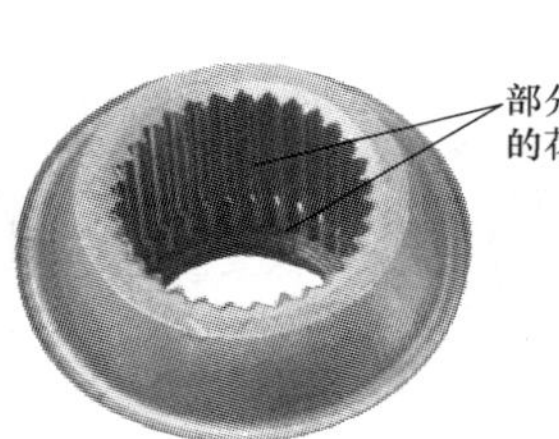

图 1-2-26 磨光的变矩器涡轮花键

6）其他人为故障。在日常维修中经常会出现一些人为因素的故障，比如说大众奥迪的 01V 型变速器变矩器固定螺栓在拆卸时有一定的难度（原因是螺栓结构及专用工具使用情况），在拆卸过程中易导致螺栓损坏。当再次安装时替换的螺栓与原来的长度不同，由于螺栓太长将变矩器壳体端面向内顶出一个高的凸点，最终导致锁止离合器在工作中影响到换档品质，如图 1-2-27 所示。还有在维修时由于没有专用变矩器清洗设备，在清洗过程中选用了错误的清洗剂，结果导致锁止离合器上的摩擦片脱落，最终影响到变矩器锁止离合器的正常工作，如图 1-2-28 所示。

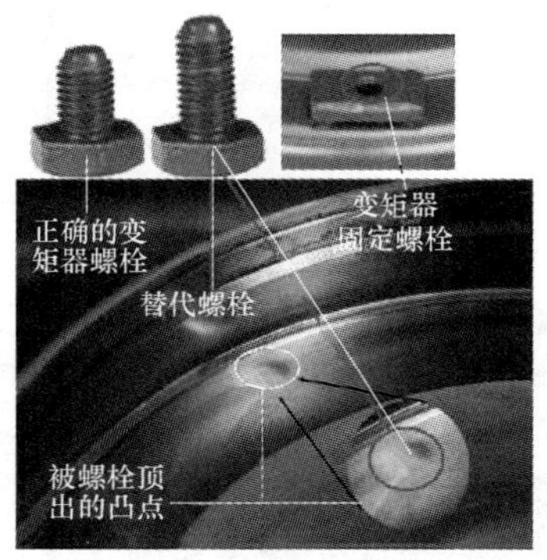

图 1-2-27 错用变矩器螺栓带来的结果

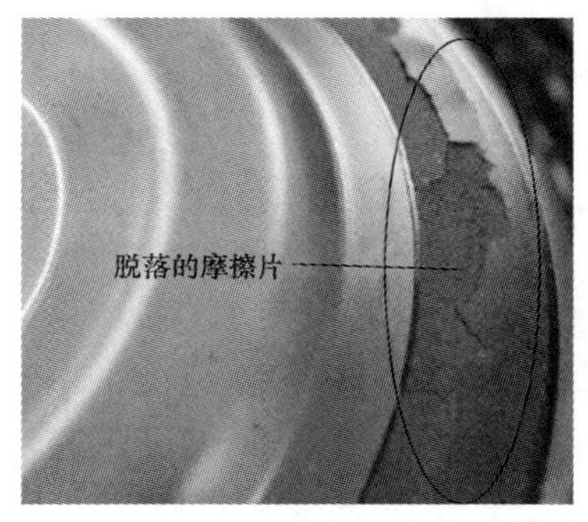

图 1-2-28 脱落的变矩器锁止离合器摩擦片

（4）液力变矩器解剖大修

液力变矩器解剖大修需要专用设备，即液力变矩器翻新机（广东地区称大力鼓翻新机）。下面对液力变矩器大修作一些简单介绍，见表 1-2-5。

表 1-2-5 液力变矩器解剖大修

序号	说　明	实物示范
1	右图是剖、压、焊、装一体机。先将液力变矩器安装在机器上，并用百分表调校好中心定位。在外壳上、下盖处打上标记。从外壳中间焊缝处用车刀切成两半，注意切刀宽度 3mm 左右，刀刃两边各留 0.10mm 退刀余量。转速不要太快，要用手动进刀，自动走刀（危险） 当然，这种机加工（安全技术）只有通过专业培训人员才能进行	将液力变矩器安装在机器上

（续）

序号	说　明	实物示范
2	将切开后的液力变矩器放到工作台上，仔细检查每一个零件，将损坏的零件做好记录，重点要检查锁止离合器摩擦衬片、轴承、轴承滚道、单向离合器等 正常间隙：轴承之间的配合间隙，装合后为0.2～0.4mm。泵轮与涡轮叶片之间，装合后为3～4mm间隙	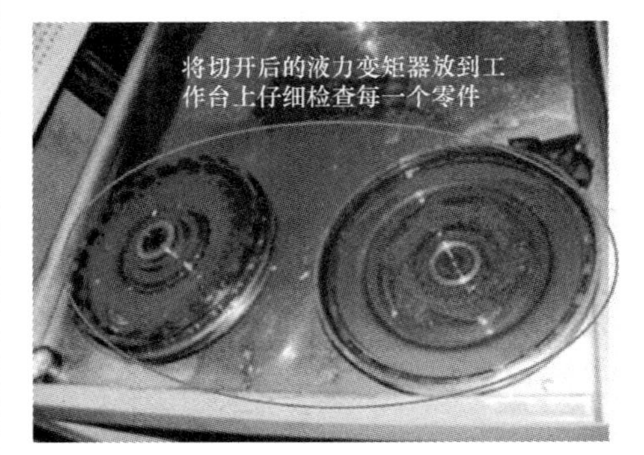
3	如果发现锁止离合器摩擦衬片有磨损、烧蚀、脱落等现象，必须重新换新片热焊压（新摩擦衬片上涂有胶，必须将底板处理干净才能热焊压）	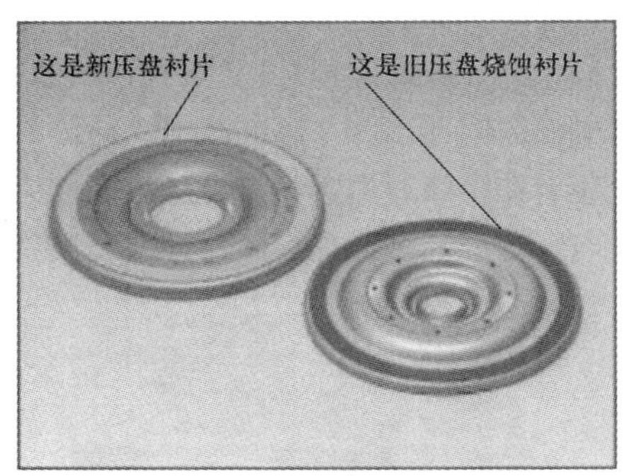
4	如图a所示，宝马有几款液力变矩器需要将中间的台阶切开才能更换摩擦衬片 如图b所示，重新固定涡轮上的叶片。早期车辆的液力变矩器泵轮及涡轮叶片也容易松动（叶片是铆压上的）继而出现“异响”。这主要原因可能是在过去排量较大的车型中其增矩效果非常好，当车辆陷在泥泞路面中时驾驶人会强行加速（由于泵轮与涡轮转速差较大，此时变矩器输出力矩较大），导致泵轮或涡轮叶片松动。还有就是当车辆出现故障时，修理人员在判断故障时往往用做“失速试验”的方法来判断故障所在，频繁的操作此项试验时，由于涡轮不转泵轮又达到最高转速，同时发动机达到最大的输出转矩，因此很容易导致涡轮叶片的松动。在这种情况下，不必需要更换变矩器总成，完全可以切开重新修复即可	 a)  b)

（续）

序号	说　明	实物示范
5	更换变矩器驱动油泵的脖颈。变矩器驱动油泵的脖颈通常容易磨损或出现拉痕而导致变速器前油封处漏油。如果只是简单的漏油而其内部元件并没有任何问题的情况下更换变矩器总成又不划算，此时可以通过专用设备来更换新的变矩器脖颈	
6	如图a所示，组装摩擦衬片之前，先用专用工具将弹簧压平，再用扭力扳手检查扭转减振器预紧角度符合要求，开始在中间台阶上3个点定位焊固定，然后松开专用工具焊一圈 如图b所示，更换推力轴承或导轮单向离合器 在维修变矩器过程中，其内部推力轴承的损坏也很常见，一般情况下出现这种问题时，变矩器首先表现的就是“异响”，因为一旦这些轴承损坏会形成内部元件的运动干涉，继而会出现“异响”等故障。还有就是导轮单向离合器的故障。通常情况下，导轮单向离合器容易卡死，但不容易出现打滑，当变速器内部机械元件磨损下来的金属屑经ATF流到导轮上时就很容易使导轮单向离合器卡死，既不能顺转又不能逆转，此时不会影响低速的增矩功能，但会影响汽车的中、高速，因为汽车在中、高速行驶时，变矩器内泵轮与涡轮速度逐渐拉近。根据其工作原理知，此时变矩器将失去增矩功能（导轮单向离合器开始滑转），相当于偶合器功能，但如果导轮单向离合器卡死不能滑转，导轮则又把涡轮回来的液流施加在泵轮叶片的正方向，阻碍了泵轮的旋转，又相当于阻碍了发动机的旋转，因此出现这类故障时，其故障现象表现为车辆在中、高速行驶时会出现加速无力的现象	 a)  b)
7	更换锁止离合器活塞上的密封圈和油封。切开变矩器则必须更换变矩器锁止离合器中的密封圈和油封，无论摩擦片有没有烧损都要更换。变矩器内部的油封及密封圈是变速器内部质量最可靠，耐高温程度最高的密封元件，如果其密封性能下降就会直接导致变矩器在机械传递过程当中出现较大的滑移，从而导致其烧损	

（续）

序号	说　明	实物示范
8	将所有零件清洗干净，组装、调整。找到原先在外壳上、下盖上打的标记，对齐标记，先在切口上6个点定位焊固定，然后焊一圈，焊接过程都是机器自动进行，当然焊枪和焊丝的角度、与焊缝的距离要正确，否则会形成蜂窝，漏油、破坏动平衡	用焊枪将切口重新缝合

（5）液力变矩器安装到变速器

案例链接（六）自动变速器前部漏油

[车型] 日产Q45轿车，发动机V84.5/4.1L搭载RE4R01A/JR404E型变速器。

[故障现象] 据驾驶人介绍，这辆车的变速器前部漏油，换过几次油封，但行驶不久又漏油了。顶起车检查，发现漏油比较严重，而且都是变速器油。

[诊断与排除] 拆下变速器检查，油封无明显损坏。换一个新油封装回，该车出厂两天后，又因变速器漏油回厂返修。

拆下变速器后检查，油封完好，但发现变矩器后端与油封接触的轴颈磨损不均匀（一侧磨痕迹较宽）。于是怀疑是与轴颈偏摆有关，使用千分表接触轴颈部位检查，偏摆量达到0.55mm，超过了允许最大值（0.30mm）。

于是采取在变矩器与飞轮接合的螺孔间增减垫片（薄铜皮）的方法，调整轴颈的偏摆量，最后达到只有0.20mm的偏摆量，然后记好垫片的位置和数量。安装好以后，解决了漏油问题，故障排除。

案例链接（七）卡罗拉2ZR—FE轿车更换变速器后发动机不能转动

[车型] 丰田卡罗拉轿车，装用U340E型自动变速器。

[故障现象] 更换自动变速器后，发动机不能转动。

[诊断与排除] 该车为某修理厂接修车辆，故障是自动变速器损坏。该厂过去没修过自动变速器，解体后零件弄乱，安装不上。于是将变速器单独送他厂修理。第二家修理厂将变速器修好后，将变速器装到车上。几天后这辆车的发动机不能转动，遂将整车拖入第二家修理厂检修。驾驶人反映，先是发动机无力，变速器温度太高，最后因发动机被卡住而不能转动。

先在曲轴前部转动曲轴，根本无法转动。决定拆下变速器，进一步检查发动机和变速器。拆下变速器后，发动机能转动了。再仔细检查变速器，油泵壳体已过热变色。解体变速器，油泵外壳胶圈因过热而与壳体胶合在一起，以至于拆出油泵非常困难。再解体检查油泵，内齿轮与泵壳已烧结到一起无法拆开，变速器壳体也变形。

究其原因，是原修理厂将变速器往车上安装时（应该先将变矩器拆下，将变矩器的轴套上的两缺口与油泵内齿轮的两个凸键对好，将变矩器安装到位后再与变速器一起装上飞轮壳，最后再将变矩器与发动机飞轮紧固到一起），未将变矩器轴套的两个缺口与油泵内齿轮的凸键对好，这样就造成变速器外壳不能与发动机飞轮壳对合，造成变矩器与油泵之间产生巨大压力，而使油泵齿轮与油泵壳烧在一起。因变速器外壳已变形，只好更换一台新变速器总成。正确安装好后试车，故障排除。

1）在安装液力变矩器之前，将清洁的（ATF）倒进液力变矩器内，油量在1/2左右，目的是试车时防止油底壳内无油而烧坏变速器内部元件，如图1-2-29所示。

检修液力变矩器注意事项：

只要拆下自动变速器，油就会从液力变矩器内跑出来，为了你的声誉和客户的车辆安全请别忘了先做这一步！否则会造成严重后果。若因变速器离合器或制动器片磨损而需更换或检修变速器时，应特别注意变矩器内残留杂质。若不清洗干净，总装后杂质从变矩器内流出后有可能堵塞滤网，造成变速器再次损坏。为此应注意对旧变矩器的清洗，为清洗彻底，应在对称方向上钻两个8mm的孔，用清洗剂彻底冲出内部杂质，然后再用两块铁皮焊封，但千万注意变矩器的动平衡，尽量不要破坏原有的动平衡。

图1-2-29 向液力变矩器内倒油

2）用卡尺和直尺测量从液力变矩器的安装面到变速器前表面的距离。以雷克萨斯搭载的A340E和760/761E自动变速器为例，其安装距离如下

雷克萨斯（Lexus）ES300为13.7mm

雷克萨斯（Lexus）GS300为0.1mm

雷克萨斯（Lexus）SC300为26.4mm

雷克萨斯（Lexus）SC400为17.1mm

还有一种安装方法更快捷简单，雷克萨斯自动变速器出厂时自带的安装板，安装到位后，检查4个点无间隙，如图1-2-30所示。拆卸变矩器时，最好打上装配相互位置记号，装复时按原位装回，以免影响动平衡。

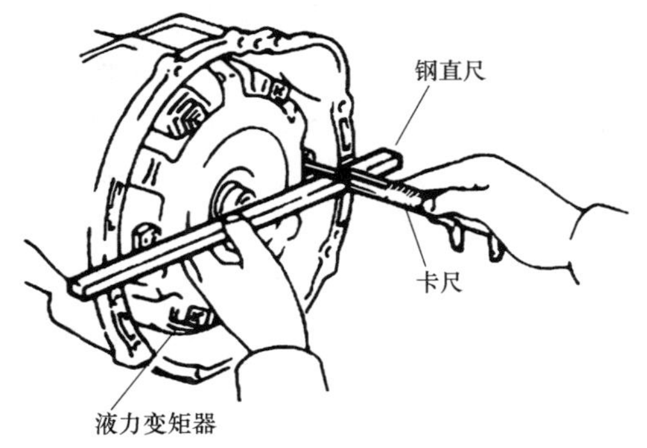

a) 检查安装尺寸

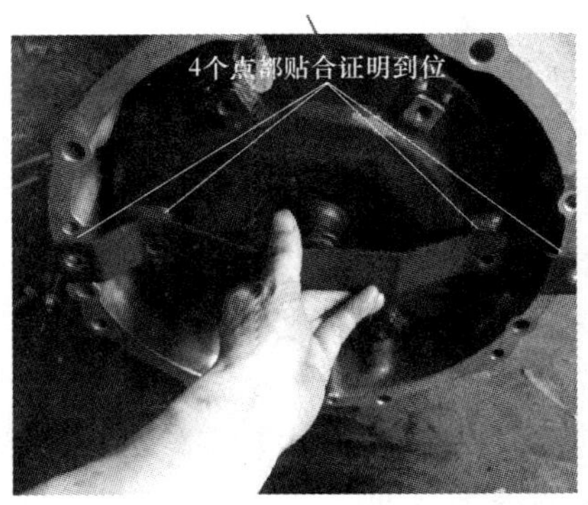

b) 检查4个点贴合

图1-2-30 检查安装尺寸和4个点

更换新液力变矩器时，一定注意其型号要相同。将变速器总成与变矩器组合时，要注意油泵驱动轴与油泵主动轮之间的配合键槽应确实对齐，插靠，否则在紧固固定螺栓时，必造成变矩器或油泵的损坏。

四、离合器、制动器、单向离合器检修

1. 离合器结构与检修

（1）离合器的结构

在自动变速器内安装有多片湿式离合器，其结构如图 1-2-31 所示。

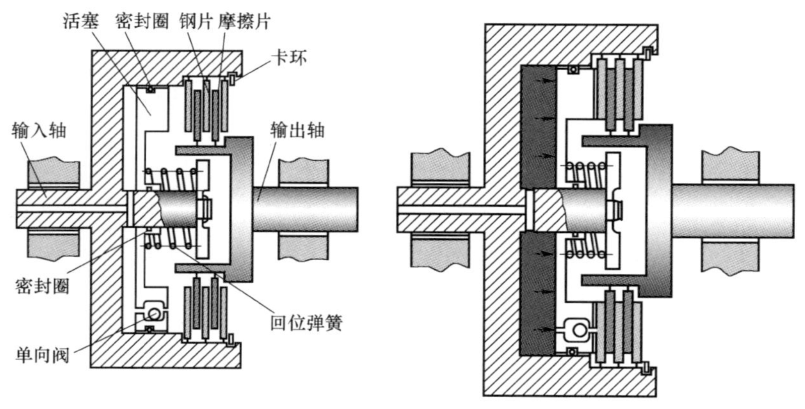

图 1-2-31　离合器结构图

从图 1-2-31 可知，多片湿式离合器是由离合器壳、离合器毂及与毂鼓键配合的钢片、摩擦片、离合器液压活塞、液压活塞的回位弹簧等组成的。离合器摩擦片两面涂有摩擦材料，摩擦片的内花键与离合器毂的外花键槽键配合，摩擦片可在毂的键槽内轴向移动，但不能相对转动。离合器钢片外圆上的键与离合器壳上的键槽键配合，钢片在壳上可轴向移动，但不能相对运动。

离合器的钢片与摩擦片相间排列，钢片与摩擦片的结合或分离，完全受离合器的液压活塞控制。离合器液压活塞装在离合器鼓内，由橡胶密封圈将液压油密封在离合器壳的腔内。

（2）离合器的工作原理

1）离合器结合。当控制油液流至活塞缸时，推动单向阀钢球，使其关闭单向阀。活塞克服回位弹簧力的作用将摩擦片与钢片压紧，产生摩擦力，动力从输入轴传递到输出轴。

2）离合器分离。当控制油压减小时，活塞缸内的液压就下降，使单向阀钢球在离心力的作用下离开阀座，活塞缸外缘的油液经单向阀流出。这样，由于回位弹簧的作用，活塞返回到原来的位置，离合器分离。离合器的接合与分离如图 1-2-32 所示。离合器分离过程中单向阀的动作如图 1-2-33 所示。

综上可知，多片湿式离合器的作用是起将变速器内的两个元件连接起来，它可以把转矩由一个元件传递给另一个元件，也可以使行星齿轮机构的三元件进行不同的组合，即将行星齿轮机构中的某两个元件连接或脱开连结。

离合器活塞的回位弹簧有几种不同的形式，即圆周均布螺旋弹簧式；活塞上压有中央螺旋弹簧式；波形弹簧式和膜片弹簧。四种回位弹簧示意图如图 1-2-34 所示，其中螺旋弹簧应用较多。

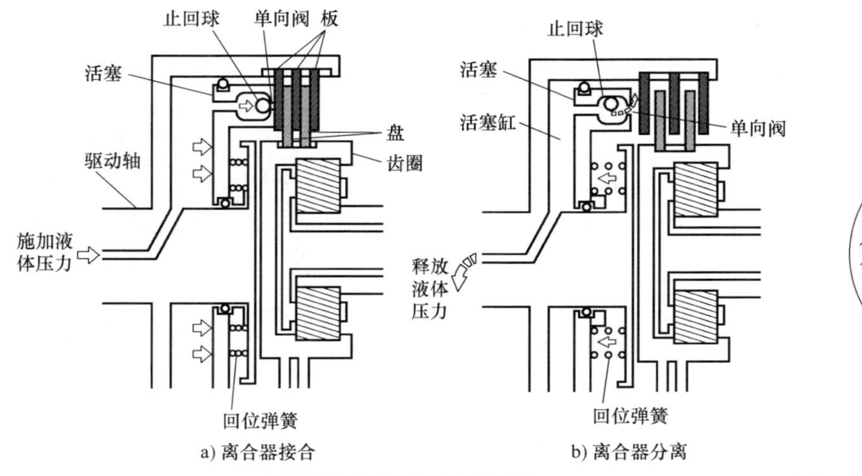

图 1-2-32 离合器的结合与分离

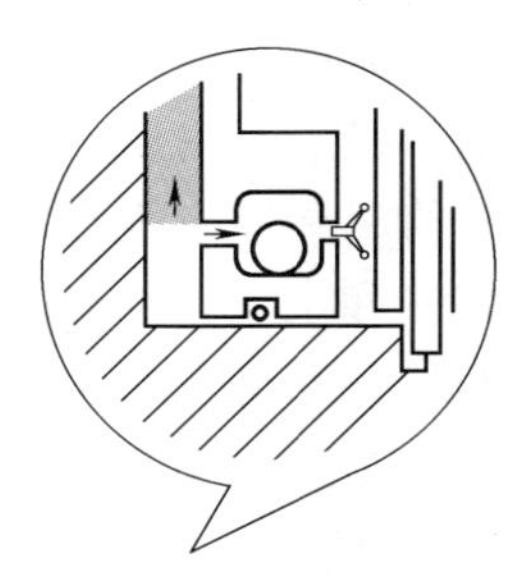

图 1-2-33 离合器分离单向阀的动作图

有些离合器或制动器的液压缸内装有内外两个活塞，即内活塞和外活塞。两个活塞可对同一个离合器或制动器加压，但两个活塞腔互不相通，分别与各自的油道相通。因此两活塞可以分别动作，也可以同时动作。带有两个活塞的制动器或离合器，工作示意如图 1-2-32 所示。图 1-2-35a 是液压油作用在内活塞，由于内活塞与液压油接触面积较大，因此传递的转矩较大。当液压油作用在外活塞上时，如图 1-2-35b 所示，活塞与液压油接触面积较小，传递的转矩较小。在内活塞工作后，外活塞再工作，如图 1-2-35c 所示。传递的转矩相续增大，这样可减轻离合器或制动器接合时的冲击，使换档柔和。

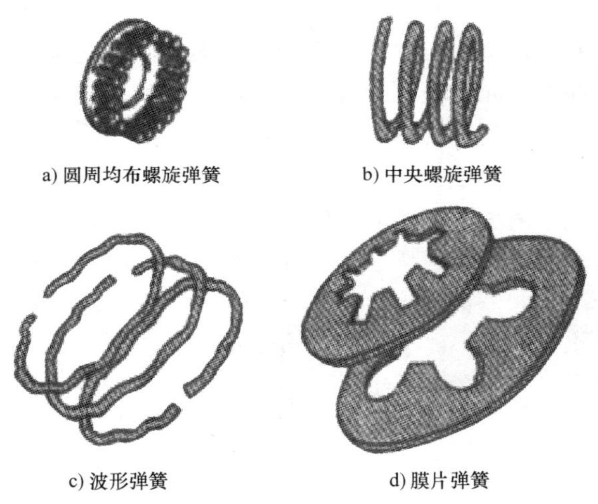

图 1-2-34 离合器回位弹簧示意图

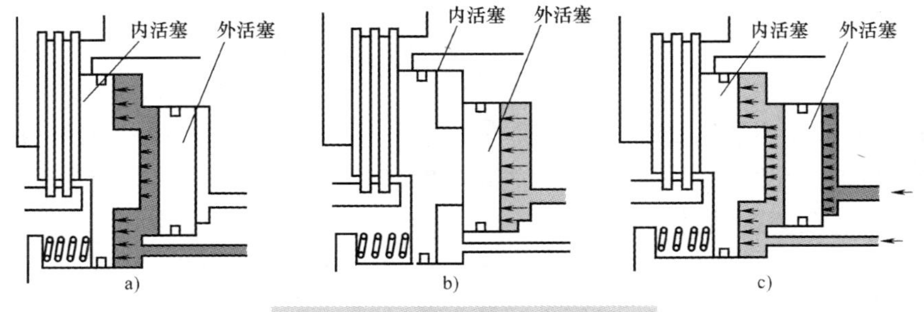

图 1-2-35 双液压活塞工作示意

(3) 离合器检修

离合器常易出现的故障有摩擦片烧蚀或磨损严重，液压活塞密封泄漏。离合器片可通过

观察检查摩擦片的摩擦材料是否有烧焦或剥落，如有应更换。检查离合器片是否磨损严重，检查时可测量装配后的总自由间隙，各型自动变速器因摩擦片的数量不同，因此总自由间隙也不相同，一般应留有 0.3 ~0.5mm 的自由间隙。离合器装配卡簧后的总间隙可用塞尺检测，如不符合标准，有的用压盘调换，有的用卡环调整如图 1-2-36 所示。

图 1-2-36 检查离合器总间隙

检修时，还应细心检查液压活塞及活塞缸壁的表面是否有划伤和拉毛，如有应小心修复或更换，检查液压活塞上的密封胶圈是否老化变形或拉伤，如有应更换。

检查离合器回位弹簧是否有变形、扭曲、弹力是否减弱。

离合器摩擦片在装配前，新片应在变速器油内浸泡至少 2h 以上，旧片应使其浸泡 30min，使其充分膨胀和含油。

2. 制动器检修

制动器是将变速器中行星排中的太阳轮，行星架或齿圈三者之一制动、以便和离合器或单向离合器配合，完成行星齿轮机构中不同元件的连接，制动组合，实现变速器不同档位的输出。目前常用的制动器有多片湿式制动器和带式制动器。多片湿式制动器的结构与离合器的结构基本相同，但它与离合器不同点是制动器的鼓是变速器的壳体，因此它不是把两个元件连结起来使两个元件一起旋转，而是把某一元件制动在变速器的壳体上。除此之外，其构造、组装及检修均与离合器相同，这里不再重复。

（1）多片湿式制动器的检修

多片湿式制动器的构造与多片湿式离合器的构造完全相同，如图 1-2-37 所示，只不过制动器的鼓与变速器的壳体相连。因此其检修与离合器相同，不再重述。

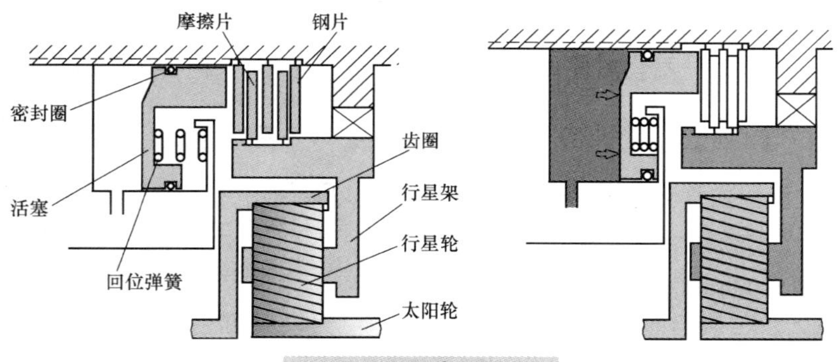

图 1-2-37 制动器结构

1）制动器制动。当活塞受到控制油压的作用时，活塞在活塞缸内运动，使摩擦片与钢片相互接触，结果，在每个摩擦片与钢片之间产生很大的摩擦力，使行星齿轮机构某一元件或单向离合器锁定在变速器壳体上。

2）制动器解除。当控制油压降低时，由于回位弹簧的作用，活塞回至原位，使制动解除。

（2）带式制动器

1）带式制动器的结构。许多自动变速器内除安装湿式多片离合器外，还装有带式制动器，带式制动器结构示意如图 1-2-38 所示。

从图 1-2-38 可知，带式制动器由制动鼓、制动带和伺服缸组成。伺服缸内装有液压活塞，密封圈、回位弹簧和推杆等。

2）带式制动器的工作原理

① 制动时。当控制油压加在活塞上时，活塞向左移，压缩回位弹簧，推杆推动制动带的一端，由于制动带的另一端固定在变速器壳体上，制动带的直径变小，箍紧在转鼓上，在制动带与转鼓之间产生很大的摩擦力，使之无法转动。

② 解除制动时。当活塞缸中没有控制油压时，活塞和推杆在回位弹簧的作用下被推回，制动带松开，转鼓解除制动。

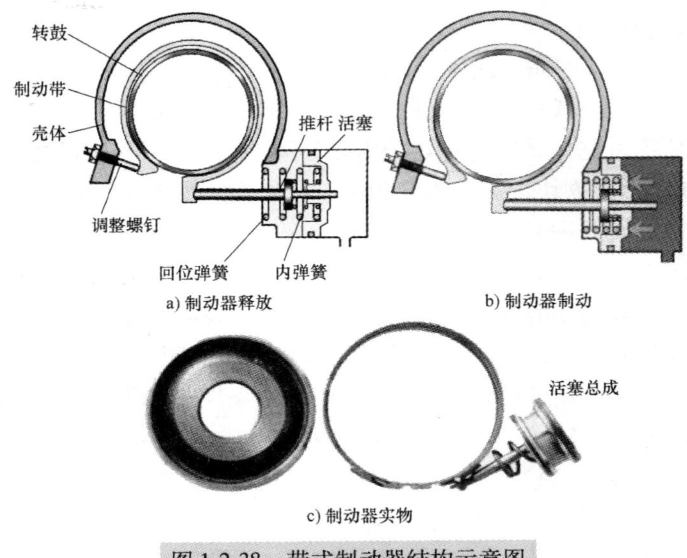

图 1-2-38 带式制动器结构示意图

 注意：

更换新制动带时，要先将新制动带在自动变速器油液中浸泡 1h 以上。

③ 内弹簧的功能。一个是吸收转鼓的反作用力；另一个是减少制动带箍紧转鼓时所产生的振动。

3）带式制动器的检修

① 外观检查。检查制动带摩擦片表面是否有剥落、烧蚀等缺陷，检查制动带磨损是否均匀，检查摩擦材料上印刷的数字足否磨掉，如有上述现象之一，应更换制动带。

② 检查制动带摩擦表面含油能力。擦净制动带摩擦片上的油，然后用手指轻压制动带摩擦面，应有油汪出。如轻压后无油汪出，说明制动带摩擦表面含油能力下降，应更换，否则易烧蚀和造成制动鼓干磨。拆检修理带式制动器时，不要将制动带随意展平或叠压，以免造成摩擦表而的裂纹剥落等，不要将制动带随意弯曲或扭转，以免造成制动带变形，安装时不能复位，使配合间隙发生变化，造成制动器工作不良。

③ 制动鼓的检查。检查制动鼓表面是否磨损严重，是否有烧蚀，如磨损严重或有烧蚀，应更换制动鼓。

④ 安装制动带时一定要检查自由间隙。间隙过小会造成换档冲击和摩擦片和制动鼓之间分离不彻底，间隙过大易造成制动带打滑，因此间隙的调整在检修制动器重新安装时是十分必要的，调整时可将调整螺钉松开，先使制动带完全抱死，然后将调整螺钉退回 1.5 ~ 2.5 圈锁死。对倒档的制动带，因油压较高，制动带与制动鼓的间隙应稍大些，一般是扭紧后将调整螺钉退回 5 圈锁死。

⑤ 带式制动器组装后检查。可用 400 ~ 800kPa 的气压向伺服缸内施压，此时制动带应抱紧制动鼓。

3. 单向离合器的结构、原理

为实现自动变速器的自动升降档和改善自动变速器的换档质量及延长自动变速器的使用寿命，自动变速器内安装有单向离合器。目前，自动变速器内安装的单向离合器常见有楔块

式和滚柱式两种。

（1）楔块式单向离合器

楔块式单向离合器是在内环与外环间夹着一个形状不规则的楔块，如图 1-2-39 所示。从图可见，单向离合器的内外环间距为 l，不规则的楔块的最小跨度为 l_1，l_1 小于内外环的间距 l，楔块的最大跨度为 l_2，l_2 大于内外环的间距，因此，当内外环相对转动时，若使楔块卧倒，则其最小距离 l_1 小于内外环的间距 l，因此楔块不干涉内外环的相对运动，如图 1-2-39a 所示。当外环顺时针转动时，外环和内环的相对运动使楔块卧倒，因此楔块不干涉外环的顺时针旋转。若内外环之间的相对运动使楔块立起，则楔块的跨度 l_2 大于内外环之间的间距，因此楔块被挤在内外环间，如图 1-2-39b 所示。此时因外环逆时针旋转，内外环的相对运动使楔块立起，对内外环的相对运动便产生干涉。可见这种装置只允许内环或外环单方向旋转，否则楔块便把内外环锁成一体。

（2）滚柱式单向离合器

滚柱式单向离合器是在单向离合器的内环外环之间夹有滚柱，但内外环间所形成的安装滚柱的空间是一个楔形，如图 1-2-40 所示。从图可知，在内外环无相对运动时，滚子被弹簧推至楔形空间的最大处，当内外环产生相对运动时，若内外环相对运动时的摩擦力使滚柱压缩弹簧滚至楔形空间的宽敞处，滚柱不对内外环的相对运动产生干涉，内环或外环可以自由相对运动，但如果内外环相对运动对滚柱产生的摩擦力使滚柱压缩弹簧滚至楔型空间的狭窄处，滚柱便被挤住而对内外环的相对运动产生干涉，可见，这种结构起到了单向离合的作用。

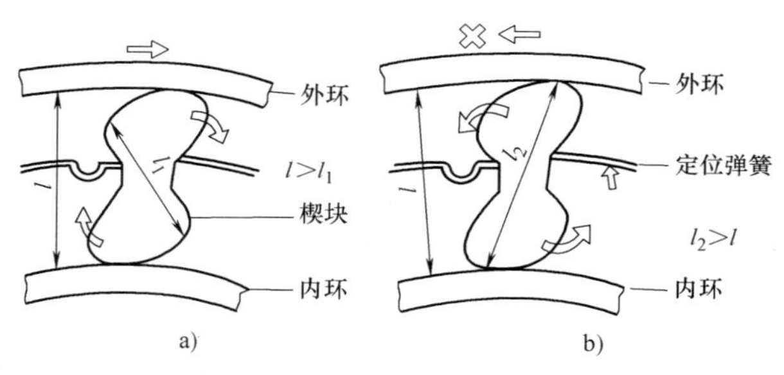

图 1-2-39　楔块式单向离合器结构示意图

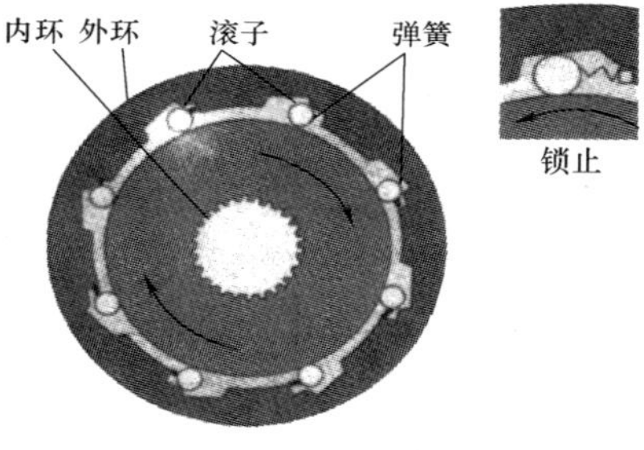

图 1-2-40　滚柱式单向离合器

综合练习一

（一）填空题

1. 自动变速器的汽车，上下陡坡时应用________档。
2. 自动变速器的汽车，上下较长缓坡时应用________档。
3. 在 P、R 、N 、D 、2 、L 档位中，可以起动发动机的是________。

（二）问答题

1. 自动变速器有什么优点？
2. 自动变速器由哪些部分组成？
3. 自动变速器的组成部分各起什么作用？
4. 变速杆各位置提供的功能有什么不同？

5. ZF—6HP—26、6L45E、A341E、U760E 的含义是什么？

6. 与手动变速器比较哪一种更有发展？

7. 接待客户时，怎样以最快的速度掌握自动变速器的相关信息并与客户交流？

重点提示：

1）只有变速杆置于 P 位、N 位时，方可起动发动机，在点火开关打开状态下，若想移出这两个档位，必须先踏下制动踏板，同时按下变速杆手柄按钮，才可将变速杆移入其他档位。

2）P 位可作为驻车制动的辅助制动器有利于坡度停车，但不可替代驻车制动器。

3）车辆被牵引时变速杆须置于 N 位，牵引时车速不可超过 50km/h，牵引距离也不能超过 50km，若需牵引更长的距离，需将驱动车轮升离地面。

4）若自动变速器的控制单元因电气故障而导致其进入应急状态，此时只有 3、1、R 位可以工作，不要认为尚有档位可用，就不去修理，应及时查明故障并排除，否则会损坏自动变速器内的多片离合器，有造成自动变速器报废的危险。

5）自动变速器车无法用牵引或推动起动的方法起动发动机，因为 ATF 油泵不工作，自动变速器无法建立起正常的工作油压。

6）在寒冷的冬季，行车前先起动发动机预热 1min 后再挂档行驶。当发动机冷却液温度低于 50℃，自动变速器油温低于 60℃时，变速器 ECU 自动限制进入超速档行驶（这并不是故障），当这两项温度恢复正常后汽车自动恢复有超速档，如习题图 1-1 所示。

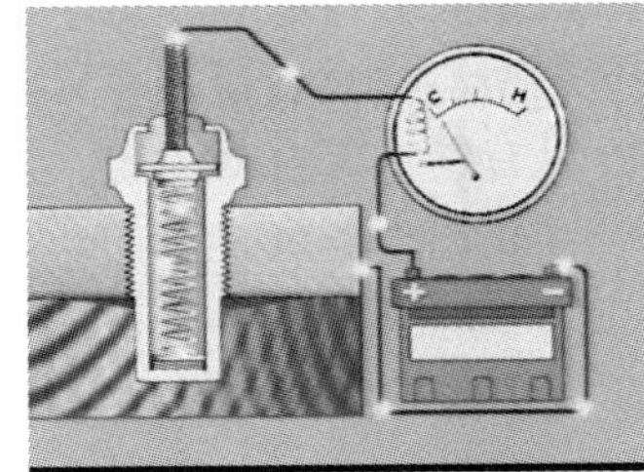

a) 发动机冷却液温度传感器

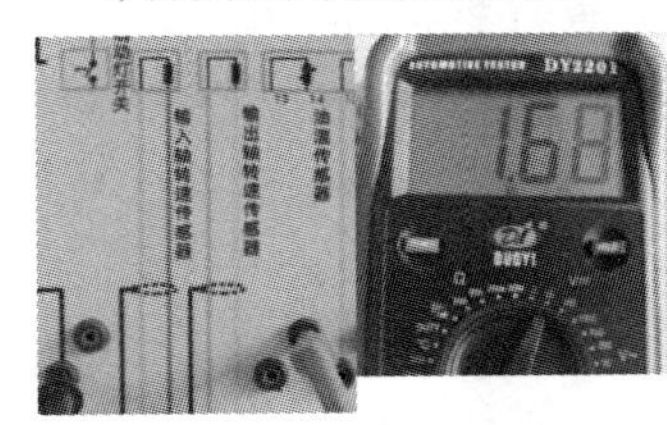

b) 自动变速器油温传感器

习题图 1-1 发动机冷却液温度传感器和自动变速器油温传感器

综合练习二

（一）填空题

1. 液力变矩器有“三轮二器”，“三轮”是________、________和________；“二器”是指____________和____________。

2. 液力变矩器“三轮”中，主动轮是____________，从动轮是____________。

3. 液力变矩器中单向离合器的作用是单向固定____________轮。

4. 液力变矩器中，液体由泵轮到涡轮再到导轮，然后回到泵轮的循环叫____________；沿液力变矩器旋转方向的液流叫____________。

5. 锁止离合器接合一般在________档以上，车速在________ km/h。

6. 紧急制动时，锁止离合器不能解锁，会造成发动机________。

7. 涡轮不动，泵轮的最高转速叫________，此转速低于标准值，可能的原因是____________打滑。

8. 变矩器内单向离合器________________会造成汽车低速时加速不良，单向离合器

__________会造成汽车中、高速时加速不良。

（二）选择题

1. 下列不属于液力变矩器内的是（　　）。

A. 泵轮和导轮　　B. 锁止离合器和单向离合器

C. 涡轮和导轮　　D. 接合套和制动器

2. 锁止离合器是把（　　）连起来。

A. 泵轮和导轮　　B. 涡轮和泵轮　　C. 导轮和涡轮　　D. 导轮与壳体

3. 下列说法正确的是（　　）。

A. 锁止离合器磨损与油的质量无关

B. 锁止离合器磨损，试车，60～80km/h，轻踏加速踏板车有窜动感，深踏加速踏板不窜动，松开加速踏板再踩窜动明显

C. 只有锁止离合器锁止，才有发动机制动效果

D. 锁止离合器就是单向离合器

（三）问答题

1. 变矩器最主要的功能是什么？
2. 如何判断锁止离合器进入锁止状态？
3. 液力变矩器中单向离合器打滑，为什么会造成汽车起步困难和低速加速不良？
4. 为什么装有自动变速器的车辆制动挂入动力档时发动机不会熄火？
5. 综合式变矩器由哪些元件组成？各元件的作用是什么？
6. 变矩器转矩放大功能如何实现？增矩的效果与哪些因素有关？
7. 为什么要在自动变速器变矩器中加装 TCC 控制？
8. 如何利用诊断仪器检测变矩器锁止功能的好于坏？

综合练习三

（一）填空题

1. 离合器的作用是__________，制动器的作用是__________，单向离合器的作用是__________。

2. 制动器分为__________和__________两种。

3. 离合器的工作原理为离合器__________结合，离合器__________分离。

（二）问答题

1. 新摩擦片为什么要浸泡以后才能安装？
2. 离合器摩擦片间隙过小会产生什么问题？
3. 如何检查制动带摩擦表面含油能力？
4. 离合器中单向阀有什么作用？
5. 4S 店服务接待人员常用话术有多少条？你学会了其中的哪几条？

（三）实物演示

1. 根据各档位对单向离合器的要求进行内、外圈受力分析。
2. 根据提供的单向离合器实物判断安装方向。

项目二

辛普森式自动变速器检修

案例链接（一）某自动变速器专修厂大工走过的弯路

［经过］2014 年 3 月某一天，笔者朋友的雷克萨斯 RX270 自动变速器故障灯亮，换档冲击（进入保护状态，能开）。于是，开到广州某自动变速器专修厂修理，故障码检测结果如图 2-0-1 所示。

DTC No.	检测项目	U760E	U151E
P2714	压力控制电磁阀"D" 性能(换档电磁阀 SLT)	O	←
P2716	压力控制电磁阀"D" 电路 (换档电磁阀 SLT)	O	←
P2757	变矩器 离合器压力控制电磁阀性能(换档电磁阀 SLU)	×	←
P2759	变矩器 离合器压力控制电磁阀控制电路 (换档电磁阀 SLU)	×	←
P2769	变矩器离合器电磁阀电路短路 (换档电磁阀 SL)	O	←
P2770	变矩器离合器电磁阀电路断路 (换档电磁阀 SL)	O	←
P2808	压力控制电磁阀"G" 性能(换档电磁阀 SL4)	×	←
P2810	压力控制电磁阀"G" 电路 (换档电磁阀 SL4)	×	←
U0100	和 ECM 失去通信/ PCM "A"	×	←

图 2-0-1　故障码检测结果

那天笔者刚好也在场。当天上午某大工师傅（简称：大工）接待并负责维修此车，很快自动变速器从车上拆下，并查得型号为 U760E（清洁解体过程省略，解体后机械部分并未发现烧坏、严重磨损等现象）。

［反思］在制定维修方案时，笔者问大工："U760E 是几档变速器？" 回答："是 6 个前进档一个倒档"。回答正确。再问："你看这些执行元件（指几组离合器和制动器）哪些管 1、2、3 档，哪些又管几档呢？"。大工此时低下了头一声不吭。接下来笔者把传动零件"一字长蛇阵"，摆开给大工上了生动的自动变速器档位分析课。见表 2-0-1。

表 2-0-1　自动变速器档位分析一览表

过程内容	图　例
雷克萨斯、汉兰达、凯美瑞等车型搭载 U760E 为前驱动紧凑轻质和高性能 6 速超级电控变速器（ECT）	U760E

（续）

<table>
<tr><th>过 程 内 容</th><th>图　　例</th></tr>
<tr><td>识别码信息变速器号码被印制在右图所示的变速器壳体上</td><td>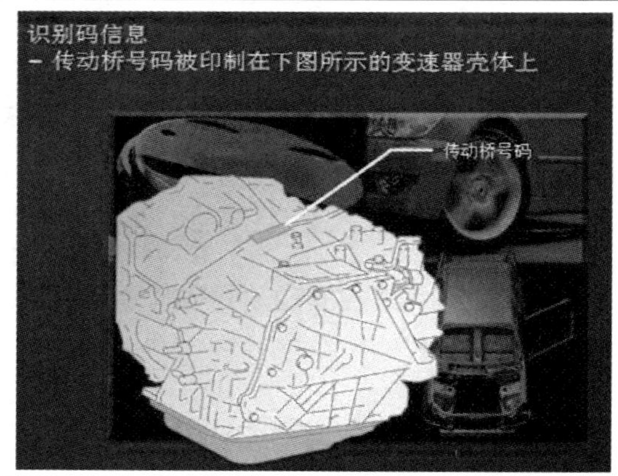
</td></tr>
<tr><td>画图前把 U760E 实物拆开后的传动零件按顺序，从左到右分传动、离合器、制动器在工作台上“一字长蛇阵”地摆开</td><td>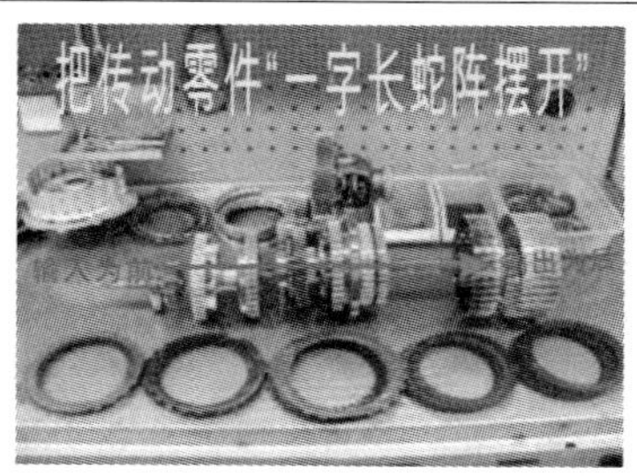
</td></tr>
<tr><td>用一张白纸、一支铅笔、一个小三角尺现场画图。可以看出画面很脏，那是零件上有很多油渍积炭的原因，为了了解结构需要经常一边翻动零件看一边在纸面上去画，虽然手上也有一块抹布，但很难避免在纸留下这些“五彩斑斓”的迹印。现场画图在第一次接触新变速器时特别有效，留下记录以备下次再用。如果是有现成的传动图就不用做这件事情了。多年的自动变速器修理经验表明，同一个型号也会出现各个版本，看不懂和误导的情况也时有发生，关键单向离合器的内、外座圈的受力方向、轴与套筒之间相互穿插的连接关系稍不注意就会搞错！总之，画一遍传动图顶你看十遍书！你只要肯下决心去练习，会收到事半功“百”的效果。关于画图的技巧在后面雷克萨斯搭载的 A341E 里还会讨论</td><td>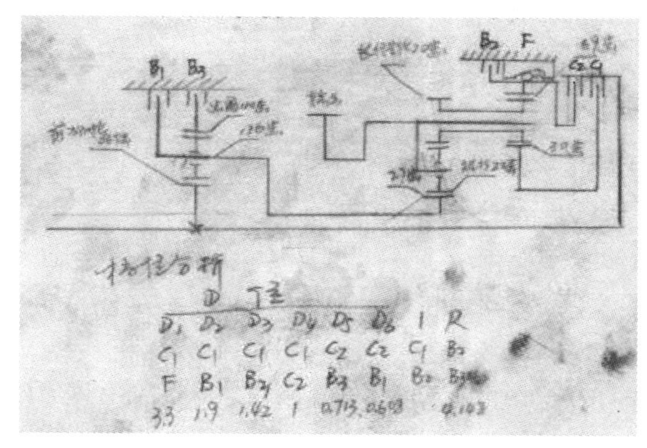</td></tr>
<tr><td>变速器控制系统多模式自动变速器当选择了 S 位，默认档域是 S 4 或 S5（由车速决定）。当在“+”位置保持变速杆 1s 或以上时，那么档域直接升至 S 6</td><td>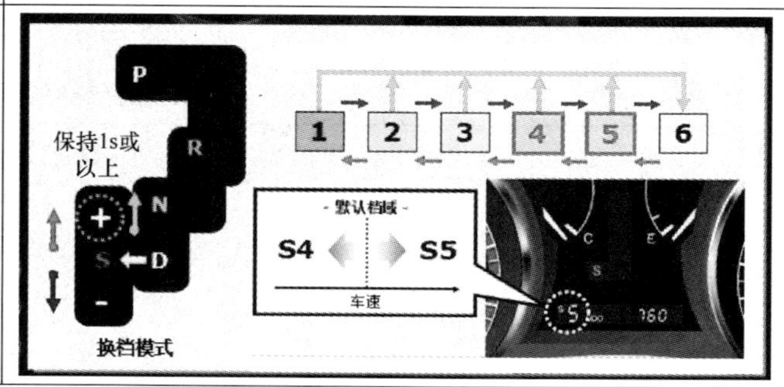
</td></tr>
</table>

（续）

过程内容	图　例
变速器控制系统直接降挡控制。当迅速踩下加速踏板，此控制跳跃不必要的档位以提高换档响应	自动传动桥输入转速 2nd 3rd 4th 5th 加速踏板运作 驱动力 时间 换档时间（响应） ：直接降档控制 ：传统的降档控制

U760E——复合式自动变速器，由3个行星轮排组成前面是一个单行星排 + 后面一个拉维娜式（实际为两个行星排）。实现6个前进档和1个倒档。

A341E——1998～2005年间的典型辛普森式自动变速器。3个行星轮排只能实现4个前进档和一个倒档，市场上基本淘汰。那为什么在前面案例是用U760E而在后面画图技巧却以A341E来举例呢？因为辛普森式行星轮变速机构是所有行星轮变速机构的“鼻祖”，其中包括辛普森式。随着科技进步，后来又诞生了辛普森改进型、拉维娜式和复合式，也是行星轮变速机构档位分析的入门和基础，所以从辛普森式这里开始学习会感到比较容易切入。另一个原因是近年来国家技能等级的高级工、技师、高级技师的考核内容有辛普森式自动变速器故障等。

[案例小结] 看来大工低头不语是事出有因，其实大工做自动变速器修理已有8年，但多年来，一直是“跟着感觉走”。如手上有维修资料还好办些，如没有维修资料就只能做大量的无用功了。抬上抬下、拆开装合、不行再抬上抬下、拆开看看又装合，多次返工无效果。运气好时，故障排除了，但不知是怎样弄好的；运气不好时……那么，怎样才能做到把返工率控制在最低或不返工呢？请看下面修车举例。

案例链接（二）雷克萨斯轿车1档不能起步

雷克萨斯轿车搭载A341E自动变速器在1档不能起步，连接解码器检查车辆已进入2档保护状态，经过自动变速器的检测，发现是离合器传动毂烧坏，造成在1档时无法起步。将变速器解体后，更换离合器传动毂，重新组装变速器，故障排除。烧坏了的离合器传动毂如图2-0-2所示。

图2-0-2　烧坏了的离合器传动毂

任务一　丰田 A341E 自动变速器概述

一、A341E 自助变速器行星轮变速机构与检修

自动变速器故障判断的重要依据是传动原理图。

1. 行星齿轮变速机构

单排三元件关系如图 2-1-1 所示。

a) 太阳轮

b) 行星架与行星轮

c) 齿圈

图 2-1-1　单排三元件关系

只要将行星轮机构中的三元件以不同的方式组合（设计理论），便可得到不同的档位。单排行星轮机构的运动情况见表 2-1-1。

表 2-1-1　单排行星轮机构的运动情况

序号	太阳轮 z_1	行星架 z_3	齿圈 z_2	传动比 i	档位说明
1	输入	输出	制动	$n_2=0$　$i=1+a$	减速传动前进抵档
2	制动	输出	输入	$n_1=0$　$i=(1+a)/a$	减速传动前进高档
3	制动	输入	输出	$n_1=0$　$i=a/(1+a)$	前进超速传动
4	输出	输入	制动	$n_2=0$　$i=1/(1+a)$	前进超速传动
5	输入	制动	输出	$n_3=0$　$i=-a$	改变方向、倒档
6	输出	制动	输入	$n_3=0$　$i=-1/a$	改变方向、升速
7	三元件任何两个连成一体第三元件与前两个转速相等			$i=1$	直接档传动
8	所有元件都不受约束			自由转动	机构失去传动作用

单排单级行星轮变速机构组合见表2-1-2。

表2-1-2 单排单级行星轮变速机构

图例说明	图例
1）行星轮机构。行星轮机构是由太阳轮及均布在太阳轮周围的几个行星轮及与行星轮相啮合的齿圈组成的。几个行星轮又都同时装在一个公用的行星架上 2）行星轮机构中，要形成档位，必须有输入、输出和约束。所有行星轮变速机构中的动力输入/输出方式归纳为3种： ① 离合器接合输入/输出 ② 制动器制动输入/输出 ③ 根据三元件之间的阻力大小，动力从阻力小的元件输出 3）行星架固定，无论其他两元件中哪个输入或输出都为改变旋转方向传动 4）行星架输入，无论其他两元件中哪个输出或固定都为升速传动 5）行星架输出，无论其他两元件中哪个输入或固定都为降速传动 6）3个元件中，任意两元件用离合器连为一体，只要存在运动，输出的转速与方向相同 7）上述的几个结论是对单一行星排而言的，虽然一个单排行星轮系可以演变出8个不同的传动比（其中包括空档），但实际上却很少全部用到。一个原因是在变速时要经常交叉变换地使用离合器和制动器，这给设计制造带来麻烦。另一个原因是单排行星轮受力平衡性较差。在一个自动变速器内，行星排的多少取决于自动变速器档位的多少。自动变速器就靠这些行星排中的元件不同组合来实现不同档位的输出 8）目前，利用行星轮系的自动变速器大概有如下： ① 一个单排行星轮系，完成一个1∶1输出和一个超速档 ② 两个行星轮排，并联+串联完成3个前进档和一个倒档，这种形式称为辛普森式 ③ 两个行星轮排，并联+串联+换联完成4个前进档和一个倒档，这种形式称为改进型辛普森式 ④ 一个半行星轮排（就是两排公用一个齿圈，一个行星架的）完成4个前进档和一个倒档，这种形式称为拉维奈尔赫（简称拉维娜）式 ⑤ 3~4个行星轮排，并联+串联+换联完成5~9个前进档和1~2个倒档，这种形式称为复合式 9）单排行星轮变速传动比计算：（根据各人喜好不同不必强求一律）	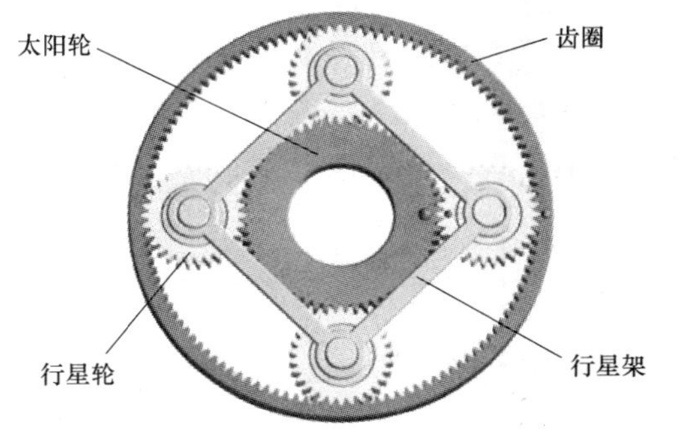 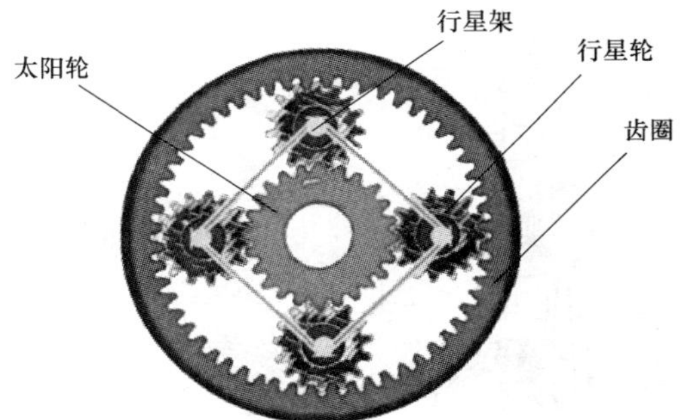 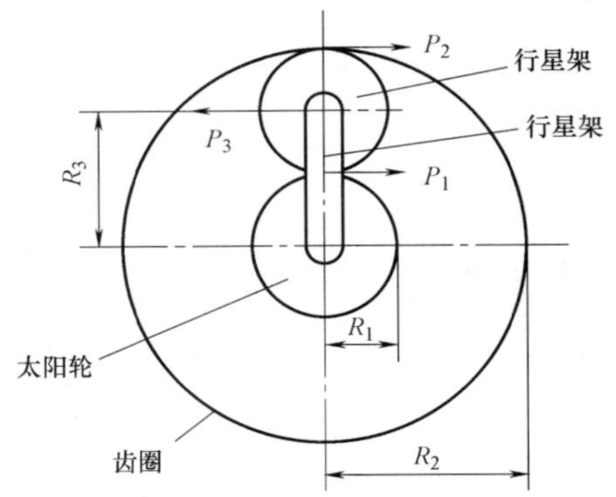 传动比：$i=\dfrac{\text{主动轴转速 } n_{主}}{\text{从动轴转速 } n_{从}}=\dfrac{\text{从动齿轮齿数 } z_{从}}{\text{主动齿轮齿数 } z_{主}}$ 传动比的计算： $\alpha=\dfrac{\text{齿圈齿数}}{\text{太阳轮齿数}}=\dfrac{z_2}{z_1}$ $\dfrac{n_{主}}{n_{从}}=\dfrac{n_1-n_3}{n_2-n_3}=-\alpha$ 整理，单排单级行星轮的运动方程为 $n_1+\alpha n_2-(1+\alpha)n_3=0$

2. 行星齿轮机构的检修

1）检查太阳轮、行星轮、齿圈的齿面，如有磨损或疲劳剥落，应更换整个行星排，如图 2-1-2 所示。

2）检查行星轮与行星架之间的间隙，应为 0.2 ~ 0.6mm，最大不得超过 1.0mm，否则应更换止推垫片或行星架和行星轮组件，如图 2-1-3a 所示。

3）检查太阳轮、行星架、齿圈等零件的轴颈或滑动轴承处有无磨损，如有异常，应更换新件，如图 2-1-3b、c 所示。

图 2-1-2　行星齿轮机构三元件实物

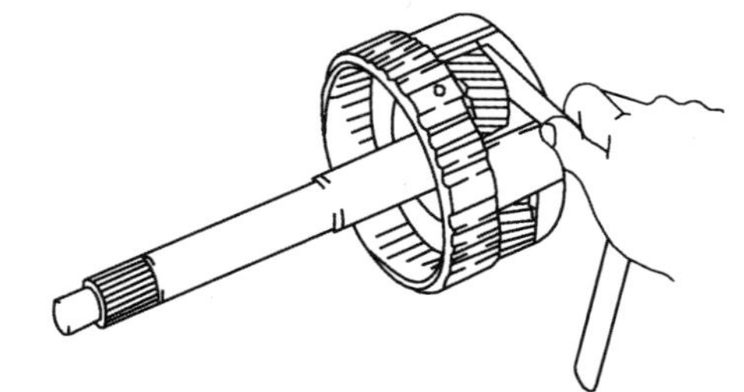

a) 检查行星轮与行星架之间间隙

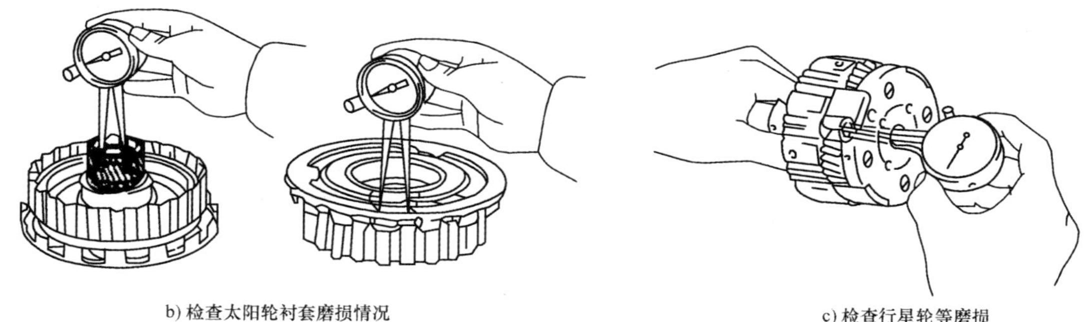

b) 检查太阳轮衬套磨损情况

c) 检查行星轮等磨损

图 2-1-3　检查太阳轮、行星架、齿圈的磨损情况

二、A341E 自动变速器的结构

图 2-1-4 是丰田 A341E 自动变速器解剖图。

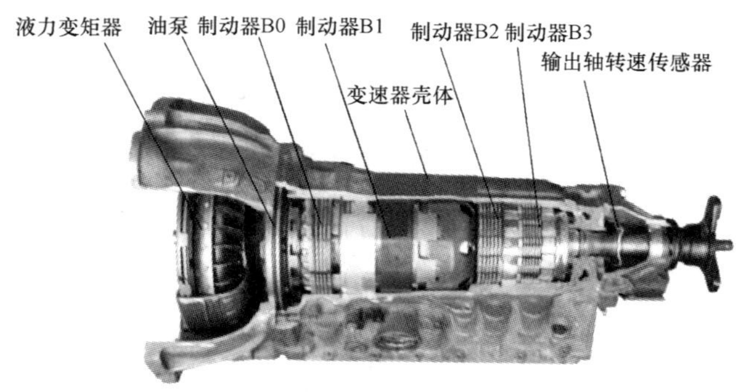

图 2-1-4　解剖丰田 A341E 自动变速器

丰田 A341E 自动变速器的结构如图 2-1-5 所示。传动整体结构如图 2-1-6 所示。

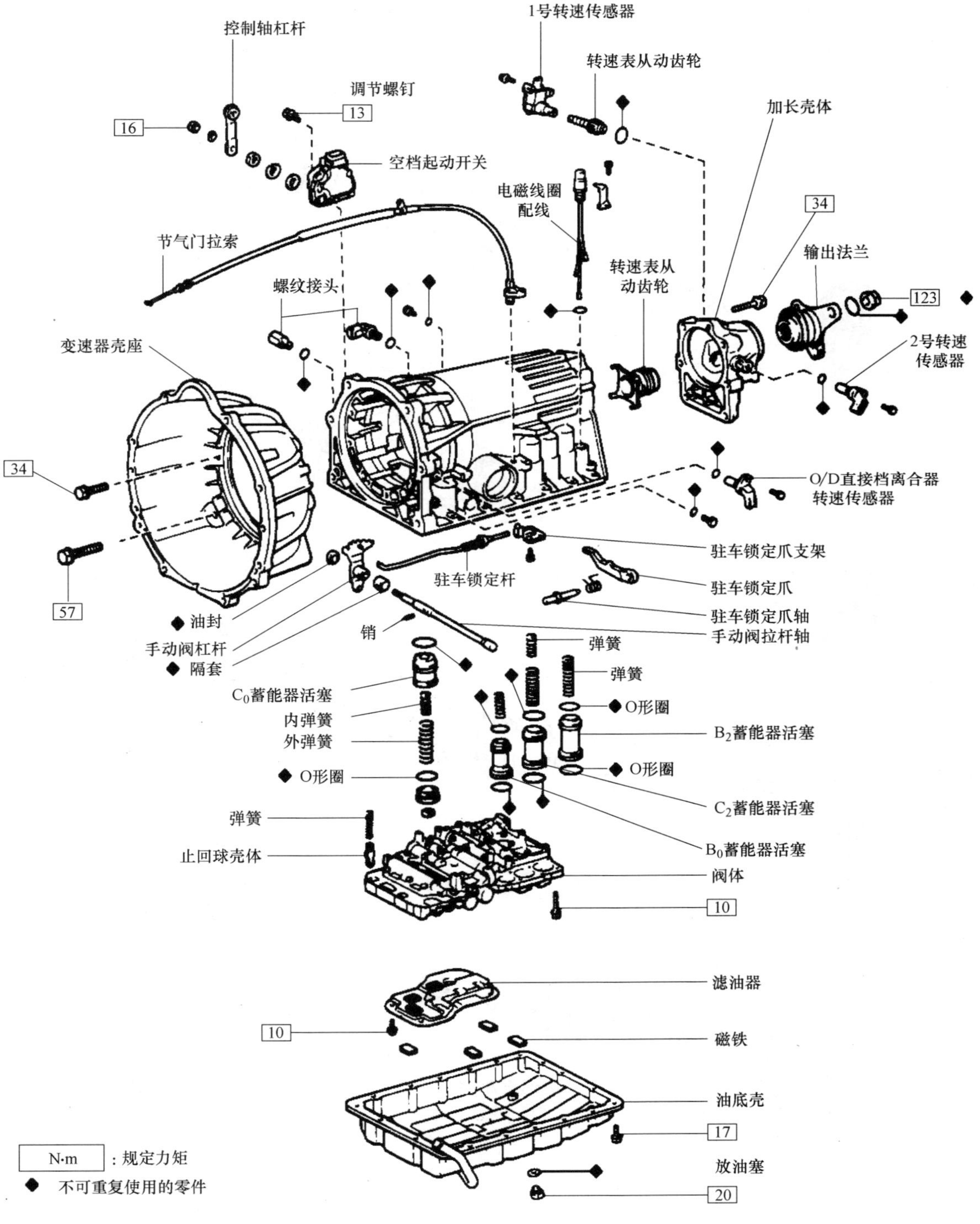

图 2-1-5 A341E 自动变速器结构

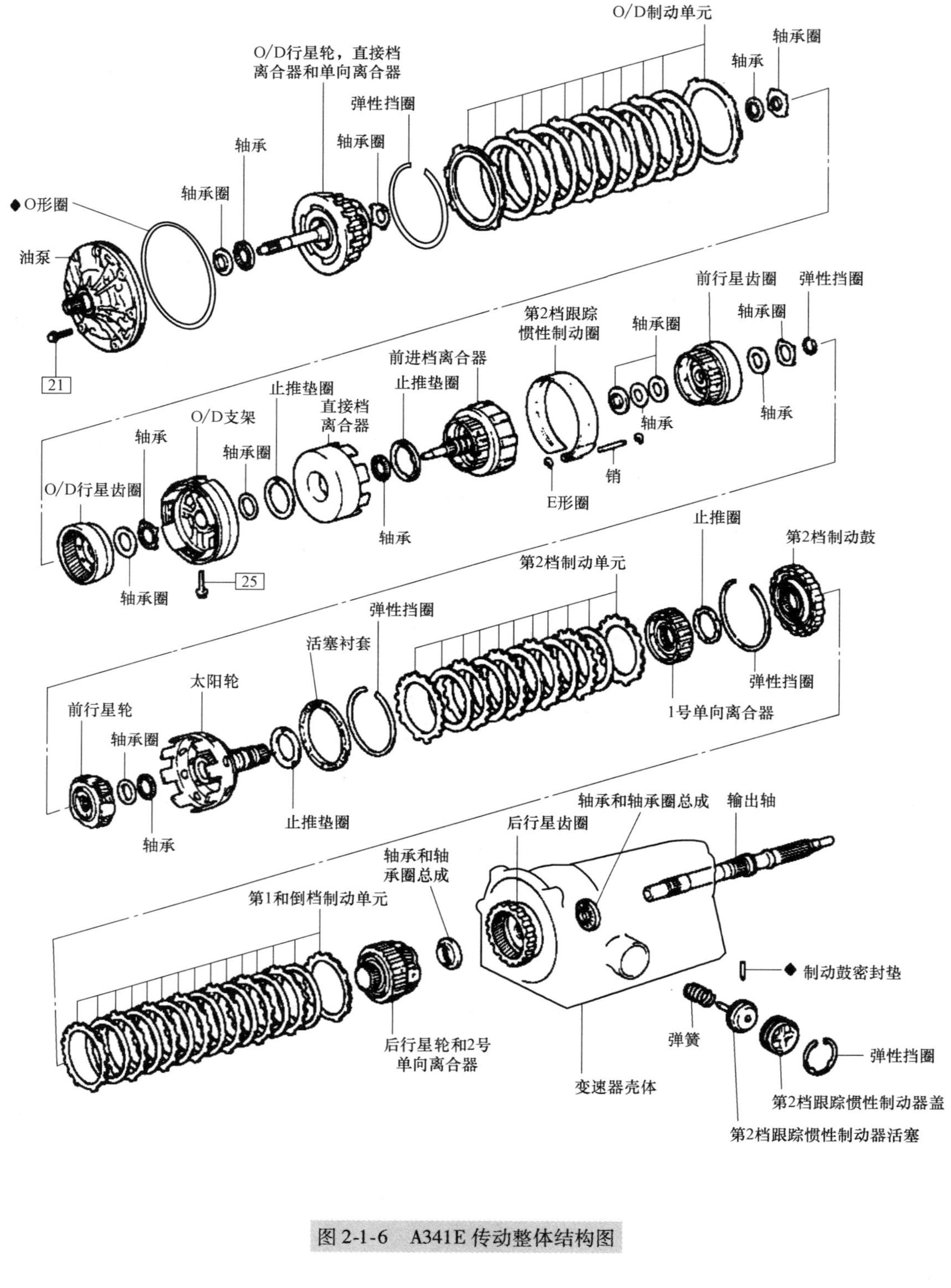

O/D制动单元
轴承圈
轴承
O/D行星轮，直接档
离合器和单向离合器
弹性挡圈
轴承
轴承圈
◆O形圈
轴承圈
油泵
21

前行星齿圈
弹性挡圈
第2档跟踪
惯性制动圈
轴承圈
轴承圈
前进档离合器
止推垫圈
轴承
轴承
止推垫圈
直接档
离合器
O/D支架
轴承
轴承圈
销
O/D行星齿圈
E形圈
轴承
轴承圈
25

止推圈
第2档制动鼓
第2档制动单元
弹性挡圈
活塞衬套
太阳轮
弹性挡圈
前行星轮
1号单向离合器
轴承圈
止推垫圈
轴承

轴承和轴承圈总成
输出轴
后行星齿圈
轴承和轴
承圈总成
第1和倒档制动单元
◆制动鼓密封垫
弹簧
弹性挡圈
后行星轮和2号
单向离合器
变速器壳体
第2档跟踪惯性制动器盖
第2档跟踪惯性制动器活塞

图 2-1-6 A341E 传动整体结构图

图 2-1-7 是 A341E 变速器执行器位置图。

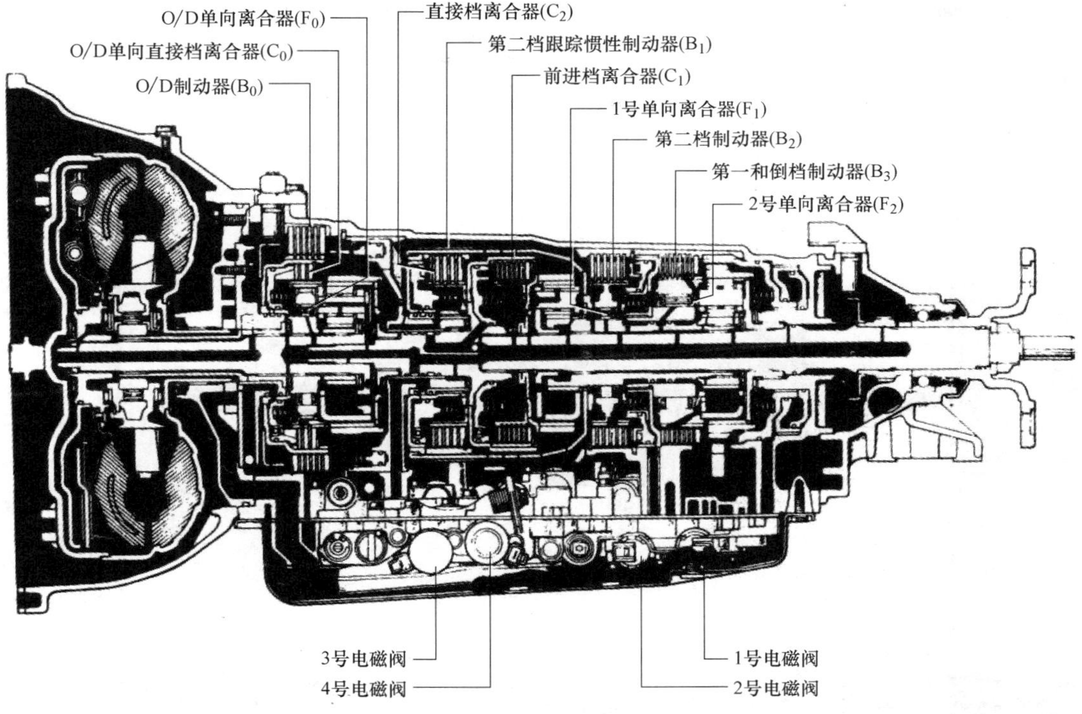

图 2-1-7　A341E 执行器位置图

图 2-1-8 是 A341E 变速器壳体油道口位置。

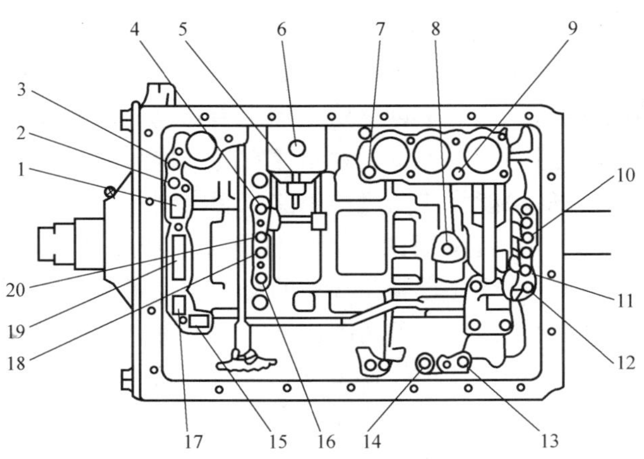

图 2-1-8　A341E 变速器壳体油道口位置

1—油泵出油口油道　2—变矩器（锁止离合器分离腔）油道　3—超速档机构直接离合器油道　4—超速档机构制动器油道　5—2 档滑行制动器活塞通气平衡孔（油道）　6—2 档滑行制动器油道　7—蓄能器 B0 肩压腔油道　8—2 档制动器油道　9—蓄能器 B2 和 C2 肩压腔油道　10—低倒档制动器油道　11—空置油道　12—润滑油道　13—压力测试孔油道　14、15—散热器油道　16—前进档离合器油道　17—变矩器（锁止离合器接合）油道　18—直接档离合器油道　19—油泵进油口油道　20—超速档机构润滑油油道

图 2-1-9 是典型辛普森传动部分的双排 4 个构件的一种输入方式。后面两排为辛普森结构，在前面加上一个单行星排（共 3 排）可以完成 4 个前进档和一个倒档。

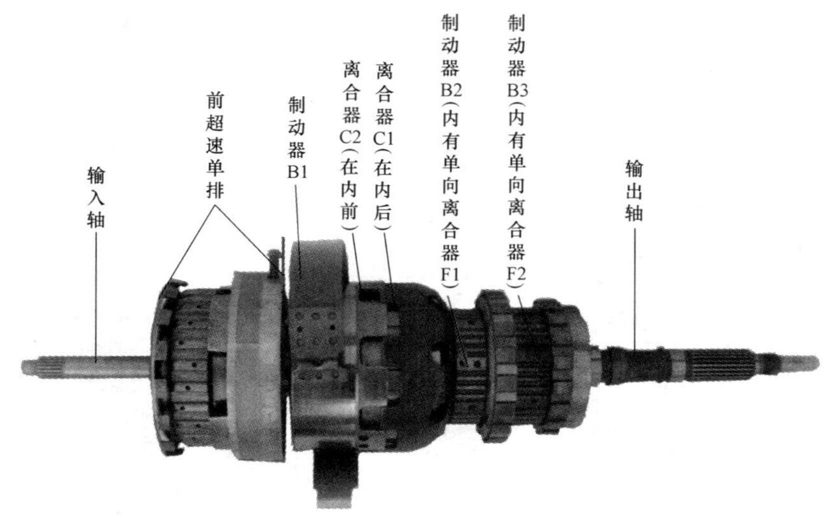

图 2-1-9 A341E 双排 4 个构件

任务二 丰田 A341E 自动变速器档位分析与传动原理画图技巧

一、根据实物画传动原理图

（1）自动变速器行星轮传动简图的画法

有人这样形容，能够根据实物画出传动原理简图，就算手头无资料，也算找到了一把检修自动变速器进门的万能钥匙。这话不算全对，但也有些道理。汽车自动变速器型号很多，很多人对自动变速器解体后感到束手无策，看不懂它的结构布置和档位分析，也更谈不上对其进行故障判断了。此时，如果能将传动机构由前到后绘制一个传动简图，这将对档位分析和故障判断有很大帮助。另外，传动简图不管零件有多厚或多薄都可由相等宽度的线条组成，也不太讲究比例和透视，但要注意避免线条的交叉和位置、尺寸相对合理性，这有一点象机械安装草图。当然，画出了传动原理简图也并不能解决自动变速器维修过程中的所有问题（例如：故障码、电路图、油路图、拆卸要求、装配间隙要求、检验、试车等）。画传动原理简图作为检修的基础很有必要，因此，要学会画传动原理图。这是笔者在多年的自动变速器检修工作中的心得体会。刚学画图时很枯燥，“要爱它、喜欢它，只有爱它、喜欢它，才能产生感情”！

虽然有些厂家在维修资料中提供传动图，但都是“五花八门”，各有各的表示方法。因此我们得总结一套自己的绘图方法。

（2）单排行星轮简图画法

传动图可以参照实物从输入轴开始，先画最中间的内容，然后沿径向逐层向外延伸，注意各零件之间要预留一定的间隙。自动变速器单排行星轮传动简图画法如图 2-2-1 所

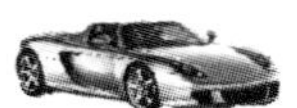

示。图 2-1-1a 是一个单排行星轮的立体图，它有一个太阳轮、一个齿圈、4 个行星轮用钢板连接在 4 条销上，即行星架（以后只称呼行星架，而不再称呼行星轮）。太阳轮、齿圈、行星架，我们称之为单排三元件。图 2-2-1c 是根据图 a、b 画出来的传动简图。图 2-2-2 是只画了一半的单排行星轮画法（行星轮机构的变速器可以画一半）。

太阳轮
齿圈
行星轮
行星架
齿圈画法
行星架画法
行星轮画法
太阳轮画法
齿圈画法
行星架画法
行星轮画法
太阳轮画法

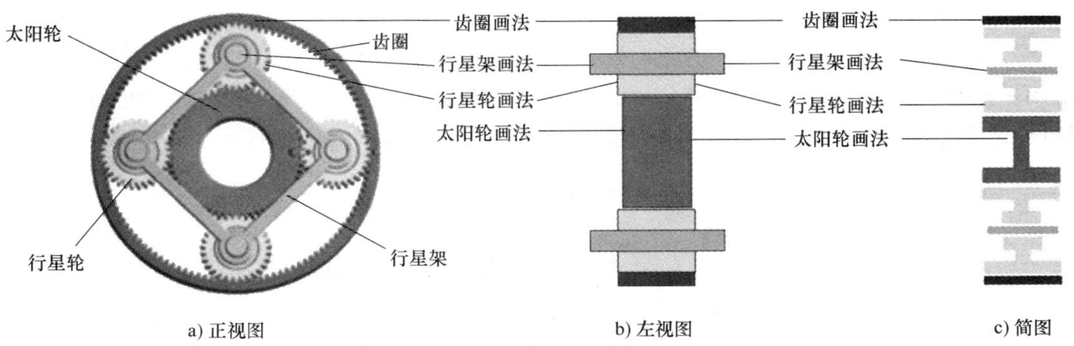

a) 正视图　　b) 左视图　　c) 简图

图 2-2-1　单排行星轮传动简图画法衍变过程

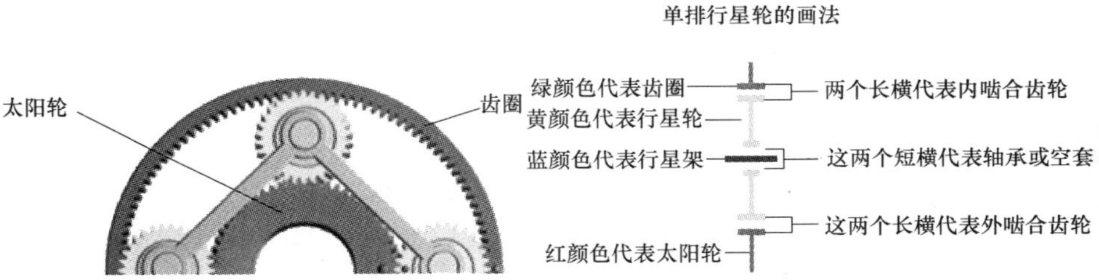

单排行星轮的画法
太阳轮
齿圈
绿颜色代表齿圈
黄颜色代表行星轮
蓝颜色代表行星架
红颜色代表太阳轮
两个长横代表内啮合齿轮
这两个短横代表轴承或空套
这两个长横代表外啮合齿轮

图 2-2-2　单排行星轮传动简图画法

（3）多排行星轮简图画法

把自动变速器拆开，将拆开的变速器按照“一字长蛇阵”摆开。如果是两排的就需要摆两行（可以利用小木条控制它们滚动），如图 2-2-3 所示。

油泵
一字长蛇阵一行摆开

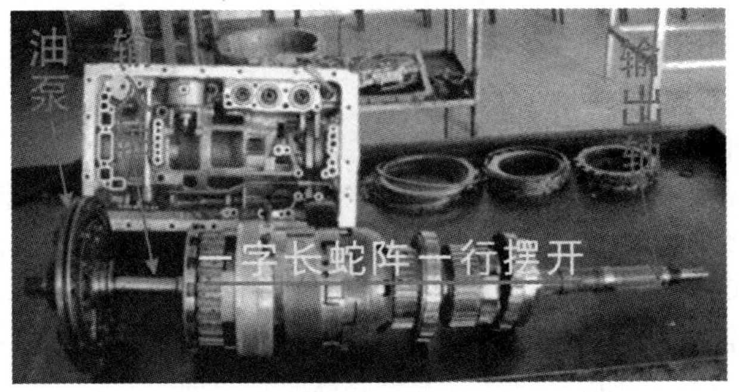

图 2-2-3　“一字长蛇阵”一行摆开

对于多排行星轮变速机构应考虑如下问题：

1）输入轴与什么件相连？

2）有几个行星排？它们之间有什么联系？

3）有几组制动器？都分别制动什么元件？

4）有几组离合器？分别是怎样连接的？

5）有几个单向离合器？在什么元件上？外圈管什么？内圈管什么？

弄清楚了上述问题之后，可根据实物画出传动原理简图。

1）准备。一张白纸、一支铅笔、一块小三角尺，最好还备一个橡皮擦可以修改。只画简图不需要画立体图。液力变矩器内的涡轮连输入轴，可以画也可以不画。从输入轴开始。A341E 自动变速器液力变矩器内涡轮连接前单排传动关系如图 2-2-4 所示。

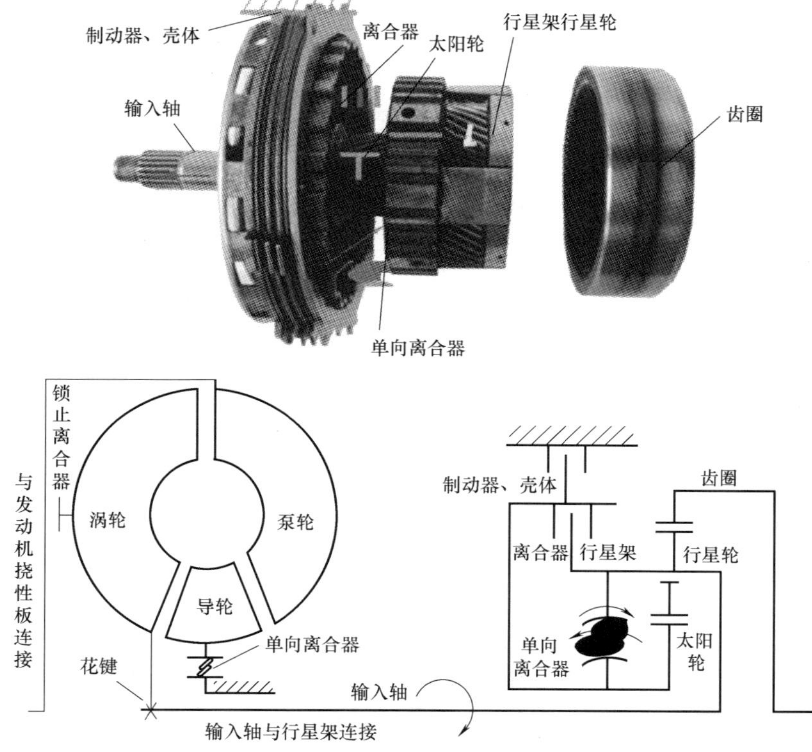

图 2-2-4 液力变矩器内涡轮连接前单排传动关系

2）单向离合器有一个主要功用就是防止换档冲击，改善换档品质。另外、根据自动变速器不同工况的要求也会设计成如图 2-2-5 的某一种形式。单向离合器楔块打滑方向和卡住方向都有用。单向离合器在汽车起步和发动机燃油经济性方面都有很多优点。

在画单向离合器时，一定要注意楔块的倾斜方向，与输入轴同轴由前向后看，有些前驱动变速器第二条轴与输入轴平行地由后向前看，内、外圈各控制什么？一定要分析清楚，这个问题过去不被人们重视，所以在自动变速器解体时将单向离合器装反，人为造成不必要的故障。单向离合器的画法如图 2-2-5 所示。

A341E 自动变速器传动关系立体图如图 2-2-6 所示。

3）制动器钢片、制动带与壳体相连，摩擦片与某个组件相连。在画片式制动器和离合器时，两块钢片夹紧一块摩擦片，钢片的片数总比摩擦片要多一块。制动器、离合器钢片画在外径上，摩擦片则画在内径上。传动简图如图 2-2-7 所示。

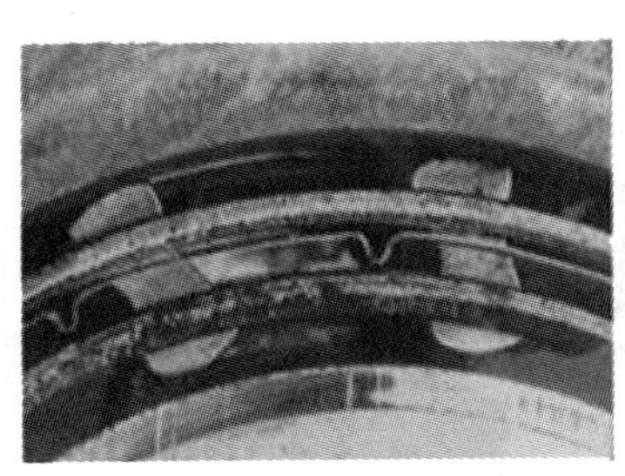
楔块式单向离合器实物

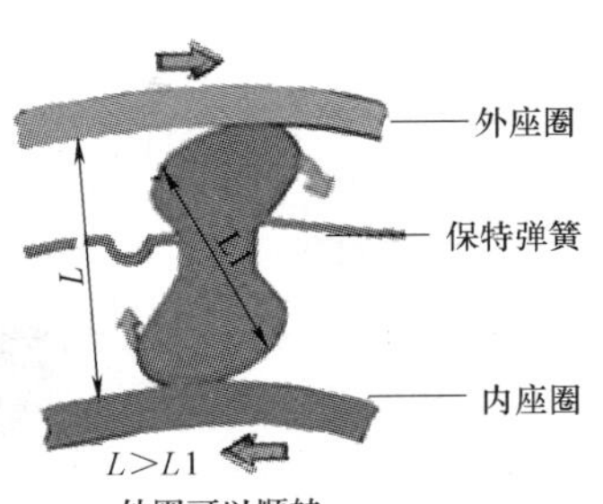

外圈可以顺转
内圈可以反转

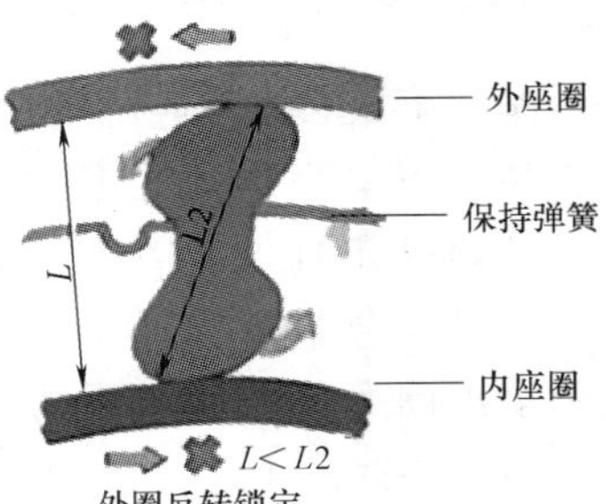

外圈反转锁定
内圈顺转锁定

滚柱式单向离合器实物

外座圈固定，内座圈可以反转

内座圈固定，外座圈可以顺转

外座圈固定，内座圈可以顺转

内座圈固定，外座圈可以反转

图 2-2-5 单向离合器的画法

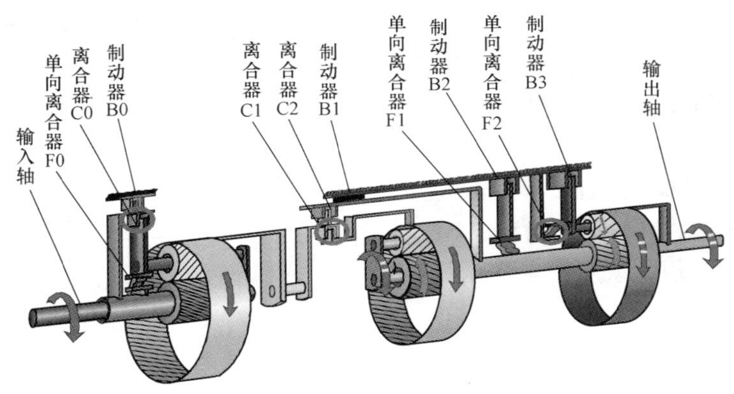

图 2-2-6 丰田 A341E 自动变速器传动关系

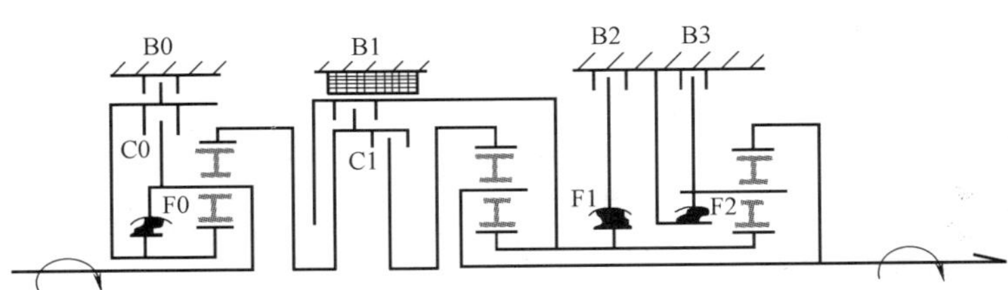

图 2-2-7 传动简图

二、根据传动原理图进行档位分析

辛普森式自动变速器的档位分析，因1档比较复杂，所以这里只是以1档为例介绍，其他档位不再单独分析，只在表中列出。

变速杆在D位、D1档，发动机带动泵轮转，泵轮带动涡轮转，涡轮带动输入轴转，前超速单排离合器C0结合，离合器C0结合的目的是把行星架和太阳轮连接起来实现1∶1向后面输出动力（F0主要是防止换档冲击和帮助C0工作，防止C0早期磨损。因为C0摩擦片较少，平时的1、2、3、倒档都要靠它传力，比较“辛苦”）。

前超速单排理解关键：三元件连在一起公转。离合器C1结合直接带动前齿圈输入，前行星架受车轮阻力，汽车起步时行星轮自转向太阳轮顺时针转传力，太阳轮外啮合逆时针转，由于是公共太阳轮，后排太阳轮也逆时针转，后行星轮外啮合顺时针转，但以行星架为支点的杠杆力却是反的，此时行星架想逆时针转，由于单向离合器F2自然起作用卡住它不让它逆时针转（如果F2严重磨损或装反，汽车不能起步，原因是行星架逆时针转将动力消掉、齿圈无动力输出），此时齿圈与行星轮内啮合顺时针转。太阳轮逆时针转向齿圈顺时针转传力，实现一级减速。

后排理解关键：太阳轮逆时针转、行星轮自转、行星架不动、单向离合器自然起作用、齿圈顺时针转，输出由于前架后圈输出轴是一个整体，后圈在克服车轮阻力向前滚动的同时带动前排行星架也顺时针转，前排齿圈本来就在顺时针转输入，现在前行星架也在由后排带动顺时针转减少了后齿圈的输入速度实现二级减速。

前排理解关键：齿圈顺时针转，行星轮自转，太阳轮逆时针转、行星架二次减速顺时针转。这是一个典型辛普森1档传动，是一个双排双级减速关系。

D1档的主要执行、控制元件有C0、F0、C1、F2。

L档的主要执行、控制元件有C0、F0、C1、B3。

1档传动比计算：（按双排双级减速计算）固定元件=0

1）前超速行星排1∶1向后顺时针转输出。

前超速行星排齿圈=79个齿，太阳轮=33个齿。

则，超速排为

$$\alpha_3 = 79/33 = 2.39$$

2）后排齿圈=79个齿，（后公共太阳轮）=33个齿。

则，后排为

$$\alpha_1 = 79/33 = 2.39$$

3）中排齿圈=79个齿，（前公共太阳轮）=42个齿。

则，中排为

$$\alpha_2 = 79/42 = 1.88$$

因此，$i_1 = \dfrac{1+\alpha_1+\alpha_2}{\alpha_2} = \dfrac{5.27}{1.88} \approx 2.8$

丰田A341E自动变速器传动简图见图2-2-7，执行元件—制动器、离合器、单向离合器的名称、代号如图2-2-6所示。

执行元件代号用英文字母大写：B—表示制动器。C—表示离合器（德国车 K—表示离合器）。F—表示单向离合器。字母后面的阿拉伯数字为第几号执行元件；例如：C1—表示第一号离合器、B2—表示第二号制动器、F1—表示第一号单向离合器……等。

A341E 自动变速器档位分析见表 2-2-1。

表 2-2-1 丰田 A341E 自动变速器档位分析表

档 位	排 档	1 号电磁阀	2 号电磁阀	C1	C2	C0	B1	B2	B3	B0	F1	F2	F0
P	驻车档	接通	关断			○							
R	倒档	接通	关断		○	○			○				
N	空档	接通	关断			○							
D	1 档	接通	关断	○		○						○	○
	2 档	接通	接通	○		○		○			○		○
	3 档	关断	接通	○	○	○		○					○
	O/D 档	关断	关断	○	○			○		○			
2	1 档	接通	关断	○		○							○
	2 档	接通	接通	○		○	○	○			○		○
L	1 档	接通	关断	○		○			○				○

注：○表示工作。

三、根据分析出的档位来查找故障根源

根据所画图形进行档位分析。根据分析出的档位来查找故障根源。当把传动简图画出来后就在相应的执行元件上标注名称，也就是几号离合器、制动器、单向离合器等。至于是第几号并不重要，自己理解就行。将这个变速器归类→属于辛普森类（辛普森类是一个单排 + 辛普森双排可实现 4 个前进档和一个倒档），保留笔记下次不用再画。

四、根据查找出的故障来制定维修方案

根据档位分析查找对应故障。例如：前面提到雷克萨斯轿车搭载 A341E 自动变速器在 1 档不能起步的故障，查找到对应的执行元件有 C1 和 F2 或与之有关的电路油路。这样就可以“跟踪追击”了。如图 2-0-2 所示的，烧坏了的离合器传动毂连接 C1 就正好是管 1 档的。

五、根据维修方案实施维修作业

变速器各零部件的功能见表 2-2-2。

表 2-2-2 丰田 A341E 自动变速器各零部件功能

零部件名称		功 能
C1	前进档离合器	连接输入轴和前行星齿圈
C2	直接档离合器	连接输入轴和前、后太阳齿轮
C0	O/D 直接档离合器	连接超速档太阳齿轮和超速档行星轮支架
B1	2 档跟踪惯性制动器	防止前、后太阳齿轮顺时针和逆时针方向转动
B2	2 档制动器	防止 F1 的外圈顺时针或逆时针方向转动，以防止前、后太阳轮逆时针方向转动
B3	1 档和倒档制动器	防止后行星轮支架顺时针或逆时针转动
B0	O/D 档制动器	防止超速太阳轮顺时针或逆时针转动
F1	1 号单向离合器	当 B2 工作时，此离合器防止前、后太阳轮逆时针方向转动

（续）

零部件名称		功　能
F2	2号单向离合器	防止后行星轮支架逆时针方向转动
F0	O/D档单向离合器	当变速器开始被发动机驱动时，该离合器连接超速档太阳齿轮和超速档行星轮支架
行星轮		这些齿轮改变行迹并经其根据每个离合器和制动器的工作情况传递驱动力以提高或降低输入和输出转速

知识扩展：根据实物画神龙富康传动简图

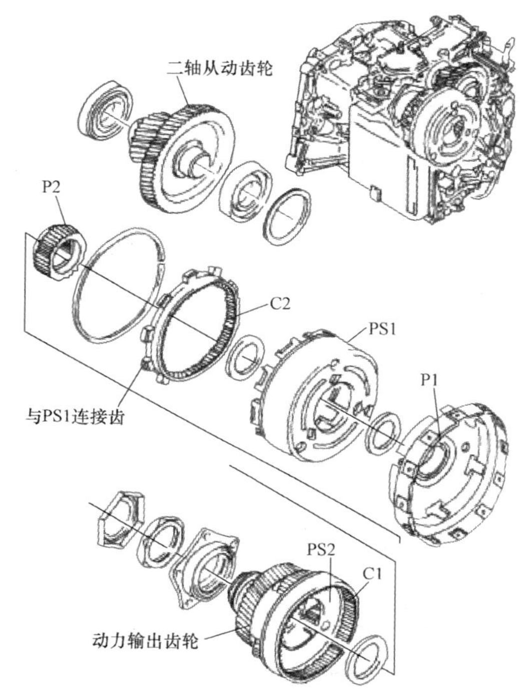

a) 实物图

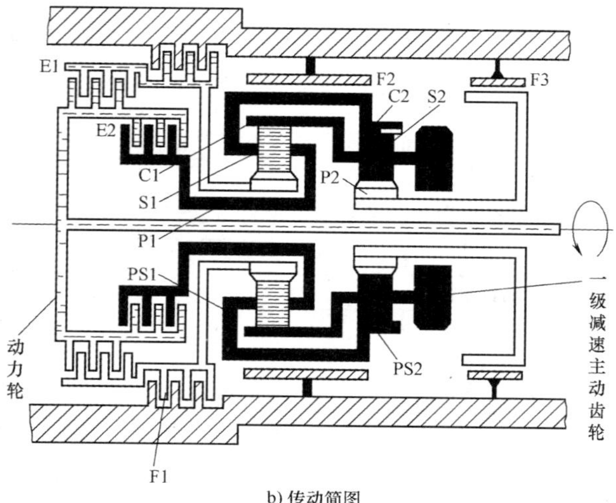

b) 传动简图

E1、E2—摩擦片式离合器
F1—摩擦片式制动器
F2、F3—带式制动器
S1—第一排行星轮
S2—第二排行星轮
PS1—第一排行星轮架
PS2—第二排行星轮架
P1—第一排太阳轮
P2—第二排太阳轮
C1—第一排齿圈
C2—第二排齿圈

图2-2-8　根据实物画传动简图

综合练习一

(一) 填空题

1. 单排行星齿轮机构，只要行星架输入，无论哪个输出必为________，只要行星架输出无论哪个输入必为________，只要行星架固定，输入与输出转向必________。

2. 行星齿轮机构由________、________、________组成。

3. 行星齿轮机构中，太阳轮的齿数________、齿圈的齿数居中，行星架齿数________。

(二) 简答题

1. 简述单排行星齿轮机构的运动规律。

2. 简述单排行星齿轮机构中，行星架输入必为超速档。

(三) 实物演示

用行星轮三元件实物演示它们的运动规律（分小组做记录、评分）。修理厂人员可以自由组合。

1. 旋转方向。

2. 传动比。

(四) 实物练习

1. 检查离合器间隙

2. 检查制动器间隙

制动器的间隙检查见习题表2-1。

习题表 2-1 离合器的间隙检查

序号	检查结果	检查
1	离合器 C0 检查：	
2	离合器 C1 检查：	
3	离合器 C2 检查：	

制动器的间隙检查见习题表 2-2。

习题表 2-2 制动器的间隙检查

序号	检查结果	检查
1	制动器 B0 检查：	
2	制动器 B1 检查：	
3	制动器 B2 检查：	
4	制动器 B3 检查：	

综合练习二

（一）填空题

1. A341E 自动变速器共有________个轴承，________个止推垫片（查维修资料或在课件内找）。

2. A341E 自动变速器共有________个行星轮机构。

3. A341E 自动变速器离合器 C0 只有________片摩擦片。

4. A341E 自动变速器中单向离合器 F1 装反，自动变速器没有________档。

5. 所有行星轮变速机构中的动力输入/输出方式归纳为 3 种：

（1）________接合输入/输出。

（2）制动器________输入/输出。

（3）根据三元件之间的阻力大小，动力从________输出。

（二）填空题

1. A341E 自动变速器中 C1 离合器严重打滑，会没有（　　）。

A. 倒档　　B. 前进档　　C. 3 档、4 档

2. A341E 自动变速器中 C2 离合器严重打滑，会没有（　　）。

A. 倒档　　B. 前进档　　C. 3 档、4 档、倒档

3. A341E 自动变速器中 B3 制动器严重打滑，会没有（　　）。

A. 倒档与 L 位 1 档　　B. 前进档　　C. 倒档

4. A341E 自动变速器中 B0 制动器严重打滑，会没有（　　）。

A. 倒档　　B. 前进档　　C. 超速档

5. 有一台 A341E 自动变速器在变速杆处于“2”位置时没有发动机制动效果，应是（　　）出现问题。

A. B0　　B. B1　　C. B2

（三）问答题

1. A341E 自动变速器单向离合器 F2 装反，变速器会有什么故障现象？

2. A341E 自动变速器单向离合器 F1 装反，变速器会有什么故障现象？

3. A341E 自动变速器单向离合器 F0 装反，变速器会有什么故障现象？

4. 为什么要画传动原理简图？传动原理简图有什么用？

（四）A341E 自动变速器实物练习

找出辛普森 4 个构件见习题图 2-1。

a) 前进离合器C1接合的输入齿圈

b) 前排行星架、后排齿圈、输出轴连在一起

c) 前、后排公共太阳轮

d) 单独一个行星架并有一个制动器和单向离合器*

习题图 2-1　辛普森 4 个构件

单独一个行星架有些型号的自动变速器只有一个制动器而没有单向离合器的也算 4 个构件之一。

3

项目三 辛普森改进型自动变速器检修

案例链接（一）一辆别克 GL8 轿车行驶中突然不能加速

[经过] 一辆别克 GL8 轿车搭载 4T65E 自动变速器在高速公路上以 100km/h 的速度行至一小坡路时突然降到 30km/h 左右，然后再怎样踩下加速踏板发动机空转车速就是上不来。驶离高速公路，开到 4S 店检查，确认需要拆开变速器将其彻底分解。经查发现 3 号离合器片和 2 号单向离合器及其他一些部件已损坏。清洗后换件，装复试车，一切正常。

[反思] 你看了这个案例，知道案例中谈到的这个 3 号离合器片和 2 号单向离合器损坏是怎么一回事吗？3 号离合器片和 2 号单向离合器在几档起作用？他与其他零件之间连接关系是怎样的呢？安装在哪里？下面一起来学习 4T65E 自动变速器的结构与检修。

任务一 上海通用 4T65E 自动变速器结构与检修

1. 4T65E 自动变速器概述

图 3-1-1 是通用别克发动机与 4T65E 自动变速器连接图。4T65E 是一种前驱动式自动变速器，传动部分与 4T60 基本相同，由美国通用汽车公司生产。它也用于凯迪拉克、庞蒂克、奥兹莫比、雪佛兰和上海别克君威等前驱动车系。4T65E 也是一款改进型辛普森、具有两个行星排（前两排）完成 4 个前进档和一个倒档的自动变速器。

图 3-1-1 横置式 4T65E 自动变速器

1、2、3 档既有经济模式又有动力模式。因此，它对发动机燃油消耗经济性、换档的平顺性均较好。目前配置此自动变速器的在用车有较大的保有量。

图 3-1-2 是 4T65E 自动变速器两个不同角度示意图。

图 3-1-2 4T65E 自动变速器两个不同角度示意图

图 3-1-3 是 4T65E 自动变速器实物零件图。

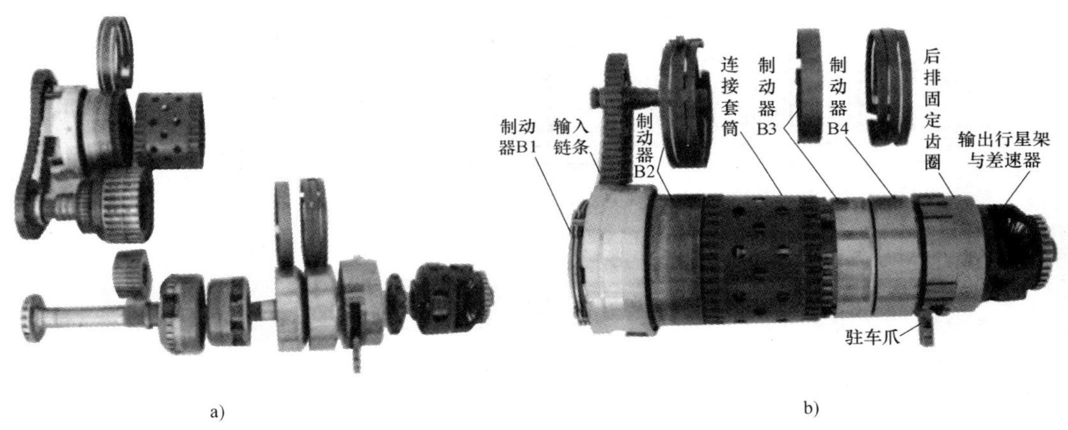

图 3-1-3 4T65E 自动变速器实物零件图

2. 4T65E 自动变速器传动路线与档位分析

4T65E 是一种前驱动式自动变速器。它有两个行星排，3 个离合器（后排为减速输出，行星排不算在内），4 个制动器（其中 B1 为片式制动器，其他 3 个为带式制动器），3 个单向离合器都是滚柱式（为了方便理解我们把它说成楔块式单向离合器）。可以实现 4 个前进档和 1 个倒档。在前进档中、每个档位都有动力模式和经济模式。

所有的输出动力由后排太阳轮输入，后排齿圈与壳体固定在一起，利用后排行星架减速输出，减少了直径较大的主减速器齿轮，节省了安装空间。发动机带动液力变矩器顺时针转、将动力传给主动链轮，主动链轮再传给从动链轮（也就是变速器输入链轮，或称牙盘或齿盘）此时从动链轮的旋转方向变为逆时针转输入，然后再由 3 个离合器 C1、C2、C3 分别接合输入实现不同传动比的各个档位（其中 C3/F2 是一个反力离合器/和反力单向离合器，目的是防止车轮反衬时打滑）。4T65E 自动变速器传动立体图如图 3-1-4 所示。图 3-1-5 是其传动简图。

表 3-1-1 是 4T65E 电磁阀 A、B 和各换档执行元件的工作情况表。图 3-1-6 是 4T65E 零部件分布。

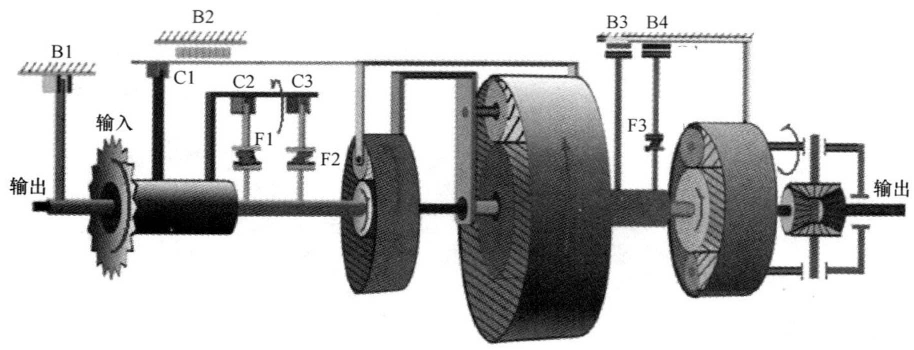

图 3-1-4 传动立体图

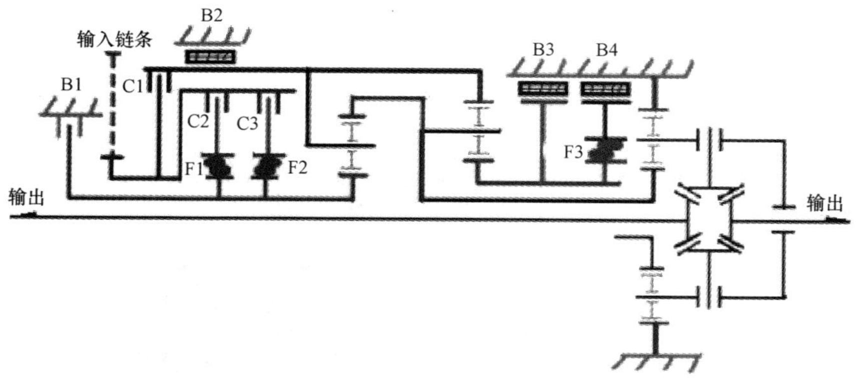

图 3-1-5 传动简图

表 3-1-1 4T65E 电磁阀 A、B 和各换档执行元件的工作情况

档位		A	B	C1	C2	C3	B1	B2	B3	B4	F1	F2	F3
P		ON	ON			●						●	
R		ON	ON			●		●				●	
N		ON	ON										
D4	1	ON	ON			●				●		●	●
	2	OFF	ON	●		○				●			●
	3	OFF	OFF	●	●					○	●		
	4	ON	OFF	●			●			○			
D3	3	OFF	OFF	●	●					○	●		
	2	OFF	ON	●						●			●
	1	ON	ON			●				●		●	●
2	2	OFF	ON	●					●	●			●
	1	ON	ON			●			●	●		●	●
1	1	ON	ON		●	●			●	●	●	●	●

注：●—元件工作；○—不工作。

［案例小结］通过图3-1-4、图3-1-5和表3-1-1知道；原来案例中谈到的这个3号离合器就是C3，2号单向离合器就是F2，他们都是用来管1档和倒档的。既然是管1档，那为什么没有1档汽车还能以30km/h速度开回去呢？那是因为汽车已进入保护状态，所以能开，但不能开快。

3. 4T65E自动变速器构造及拆装

图3-1-6是4T65E自动变速器零部件的分布图。

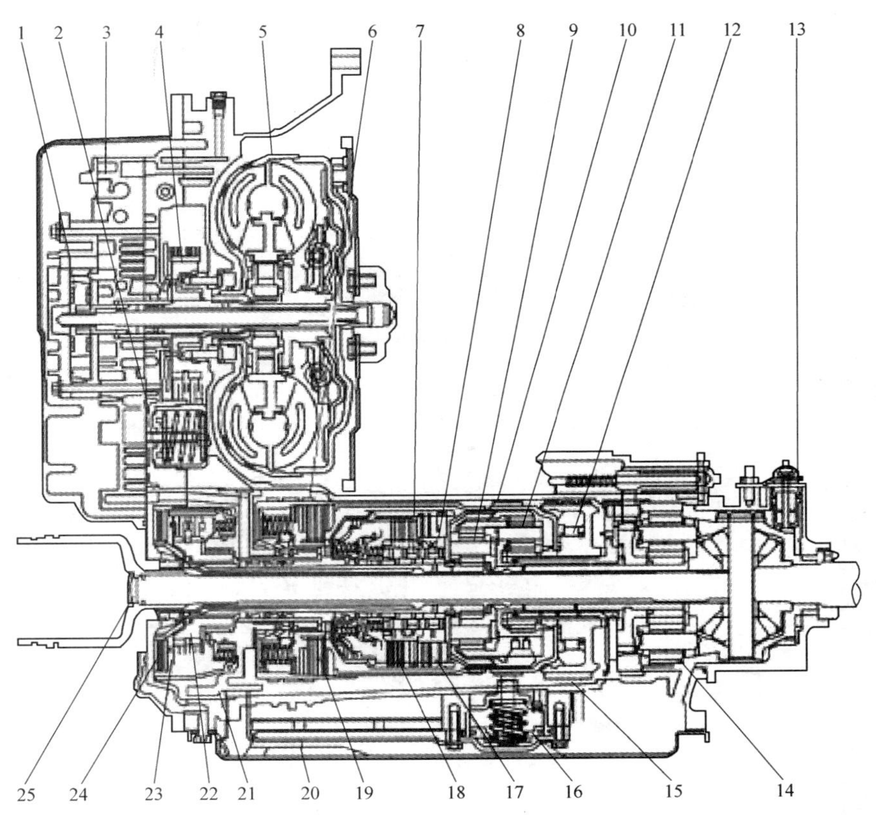

图3-1-6 4T65E零部件分布

1—油泵总成 2—壳体盖总成 3—控制阀体总成 4—主动链轮 5—变矩器离合器 6—倒档制动带 7、8—单向离合器 9—托架总成 10—2/1制动带总成 11—板动托架 12—1/2单向离合器总成 13—车速传感器 14—差速器壳总成 15—前进档制动带 16—2/1带式伺服机构 17—输入离合器 18—第三离合器 19—第二离合器 20—滤清器 21、22—从动链轮 23—驱动连接装置 24—第四离合器 25—输出轴

案例链接（二）一辆别克GL8轿车，行驶动力不足，伴随换档不良

［经过］别克GL8动力不足且换档不良。车型：配置3.0L发动机搭载4T65E型自动变速器。在不踩加速踏板的情况下起步时，车辆没有缓慢行驶（蠕行功能），行驶时车速很难提升起来，换档迟缓或无法自动换档，遇到陡一点的坡路，车辆就很难上去了。使用

TECH2 诊断仪对动力系统进行自诊断，结果有两个故障码，其内容均为 2-3 档换档电磁阀电路及功能不良。拔下自动变速器的线束插头，按照电路图对电磁阀组件进行检测，结果为 2-3 档换档电磁阀的控制线路断路。2-3 档换档电磁阀安装在自动变速器内部的槽板/阀体上，需要打开自动变速器才能排除故障，因此将自动变速器拆下来，进行分解检查，发现自动变速器油有焦味。在槽板/阀体上找到 2-3 档换档电磁阀，取下后用万用表进行检测，结果为 2-3 档换档电磁阀的线圈断路。继续检查槽板/阀体，发现 2-3 档换档电磁阀的工作腔内有杂质。取出杂质，清洗槽板/阀体，更换 2-3 档换档电磁阀，安装好自动变速器，更换自动变速器油。试车故障症状消失，检修工作结束。

[反思] 在这个案例中，故障是 2-3 档换档电磁阀的工作腔内存在杂质造成阀芯卡滞导致的。那么，哪一个是 2-3 档换档电磁阀的工作腔呢？请看下面解释。

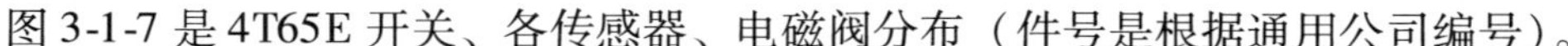

图 3-1-7 是 4T65E 开关、各传感器、电磁阀分布（件号是根据通用公司编号）。

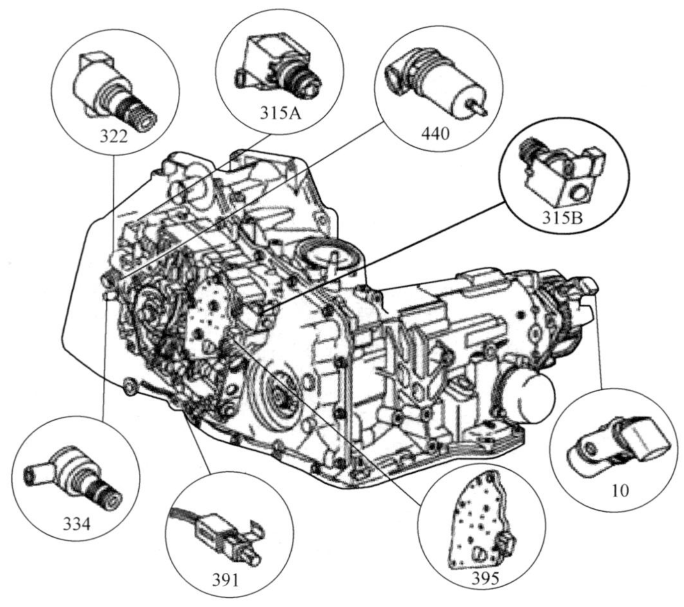

图 3-1-7 开关、各电磁阀、传感器分布

10—车速传感器（VSS）总成 315A—1-2/3-4 换档电磁线圈 315B—2-3 换档电磁阀总成 322—压力控制器（PC）电磁阀 334—（TCC PWM）电磁阀总成 391—变速器油液温度（TFT）传感器 395—（TFP）手动阀位置压力开关总成 440—输入轴速度（A/T ISS）传感器总成

[案例小结] 根据图 3-1-4 看到当 2-3 档换档电磁阀损坏之后，自动变速器的自动换档功能失效，故障保护模式被激活。自动变速器处于 3 档（直接档）运行。接合本例故障而言，故障原因是 2-3 档换档电磁阀的工作腔内存在杂质造成阀芯卡滞，使 2-3 档换档电磁阀一直处于接通状态，最后造成线圈工作电流过大而烧断。

4T65E 壳体及其部件如图 3-1-8 ~ 图 3-1-11 所示。

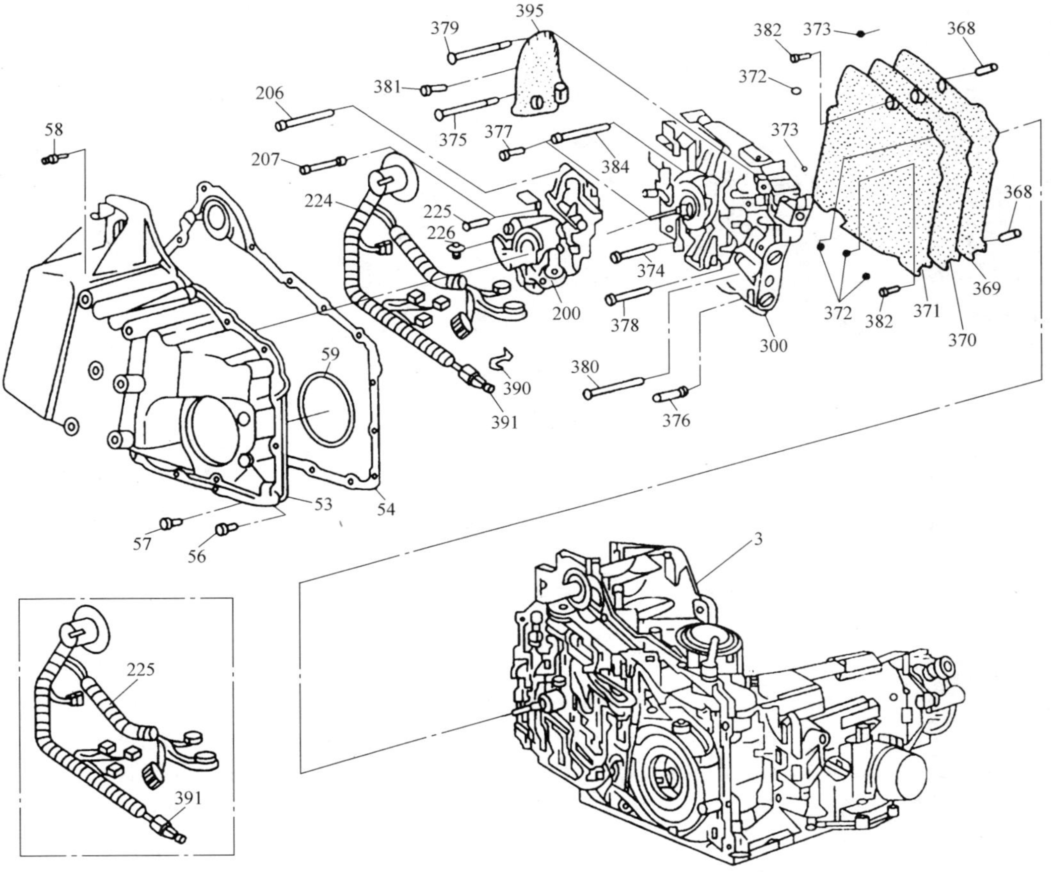

图 3-1-8 4T65E 壳体及其部件（一）

3—变速器壳体总成 53—壳体侧盖 54—壳体侧盖衬垫 56—壳体侧盖螺栓 57—侧盖 TORX® 头螺栓 58—侧盖至壳体双头螺柱 59—侧盖至壳体盖密封件 200—油泵总成 205—泵盖至泵体螺栓 206—泵体至壳体螺栓 207—泵盖至壳体盖螺栓 224、225—导线束总成 226—导线束夹子 300—控制阀体总成 368—隔板和衬垫/螺栓 369—壳体盖/隔板衬垫 370—控制阀体隔板总成 371—控制阀体至隔板衬垫 372—1/4 单向球阀 373—单向阀 374—控制阀体螺栓 375、376—阀体至壳体螺栓 377、378—控制阀体至壳体盖螺栓 379、380—控制阀体至壳体螺栓 381—阀体至壳体螺栓 382—TCC 电磁阀滤网/密封总成 384—阀体至壳体螺栓 390—温度传感器夹子 391—变速器油液温度传感器 395—（TFP）压力开关

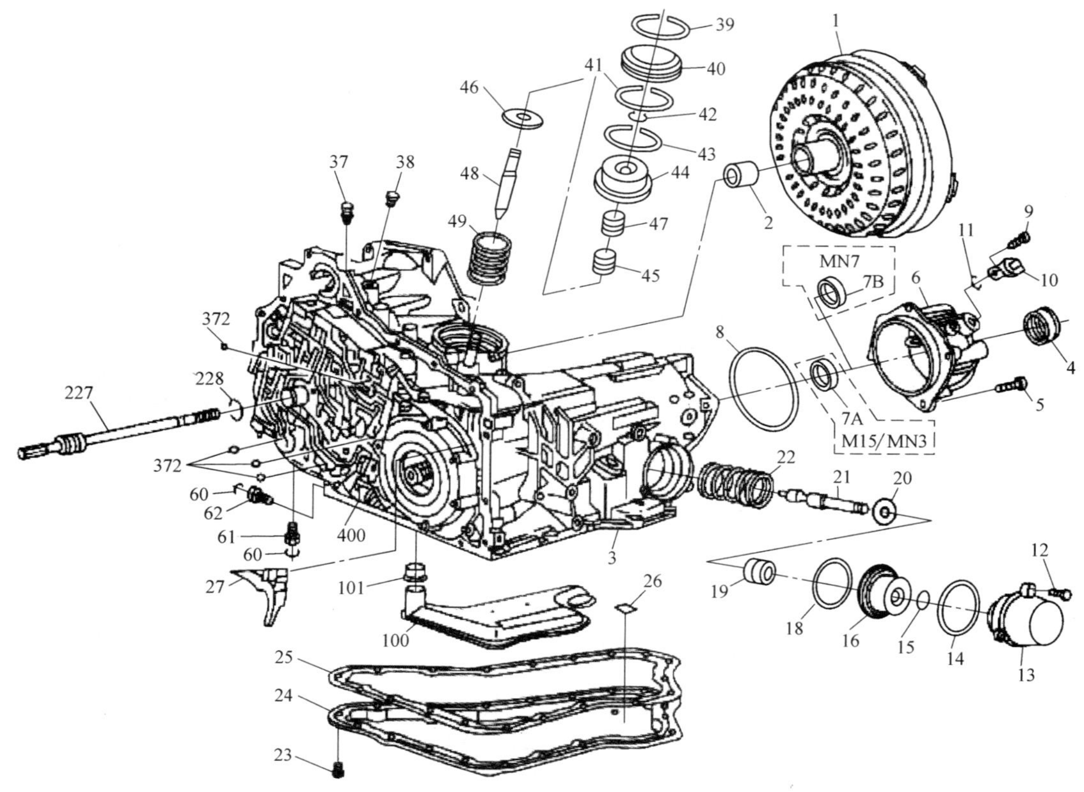

图 3-1-9 4T65E 壳体及其部件（二）

1—变矩器总成 2—变矩器轴套 3—变速器壳体 4—右轴油封总成 5—壳体延伸件螺栓
6—壳体延伸件总成 7A—前差速器托架轴套 7B—输出轴轴承总成 8—壳体延伸件密封
9—车辆速度传感器螺栓 10—车辆速度传感器总成 11—车速度传感器 O 形密封圈
12—前进档伺服盖螺栓 13—前进档制动带伺服盖 14—前进档制动带伺服盖密封
15—前进档制动带伺服销固定环 16—前进档制动带伺服活塞
18—前进档制动带伺服活塞油封环 19—前进档制动带伺服活塞垫弹簧
20—前进档制动带伺服垫子弹簧夹持器 21—前进档制动带伺服活塞作用销
22—前进档制动带伺服活塞回位弹簧 23—变速器储油盘螺栓
24—变速器储油盘 25—变速器储油盘衬垫 26—变速器储油盘磁铁
27—机油隔板 37—变速器通风孔总成 38—油压测试孔塞
39—倒档制动带伺服盖固定环 40—倒档制动带伺服盖
41—倒档制动带伺服盖 O 形密封圈 42—倒档制动带伺服销固定环
43—倒档制动带伺服活塞油封环 44—倒档制动带伺服活塞
45—倒档制动带伺服活塞垫块弹簧 46—倒档制动带伺服活塞弹簧夹持器
47—倒档制动带伺服活塞垫块内部弹簧 48—倒档制动带伺服活塞作用销
49—倒档制动带伺服活塞回位弹簧 60—夹子机油冷却器快速连接
61—接头机油冷却器快速（3/8—18NPSF 带定位钢球）
62—接头机油冷却器快速 100—变速器机油滤清器总成
101—变速器机油滤清器密封总成 227—油泵驱动轴总成
228—油泵驱动轴密封 372—壳体盖单向球阀
400—整个壳体盖总成

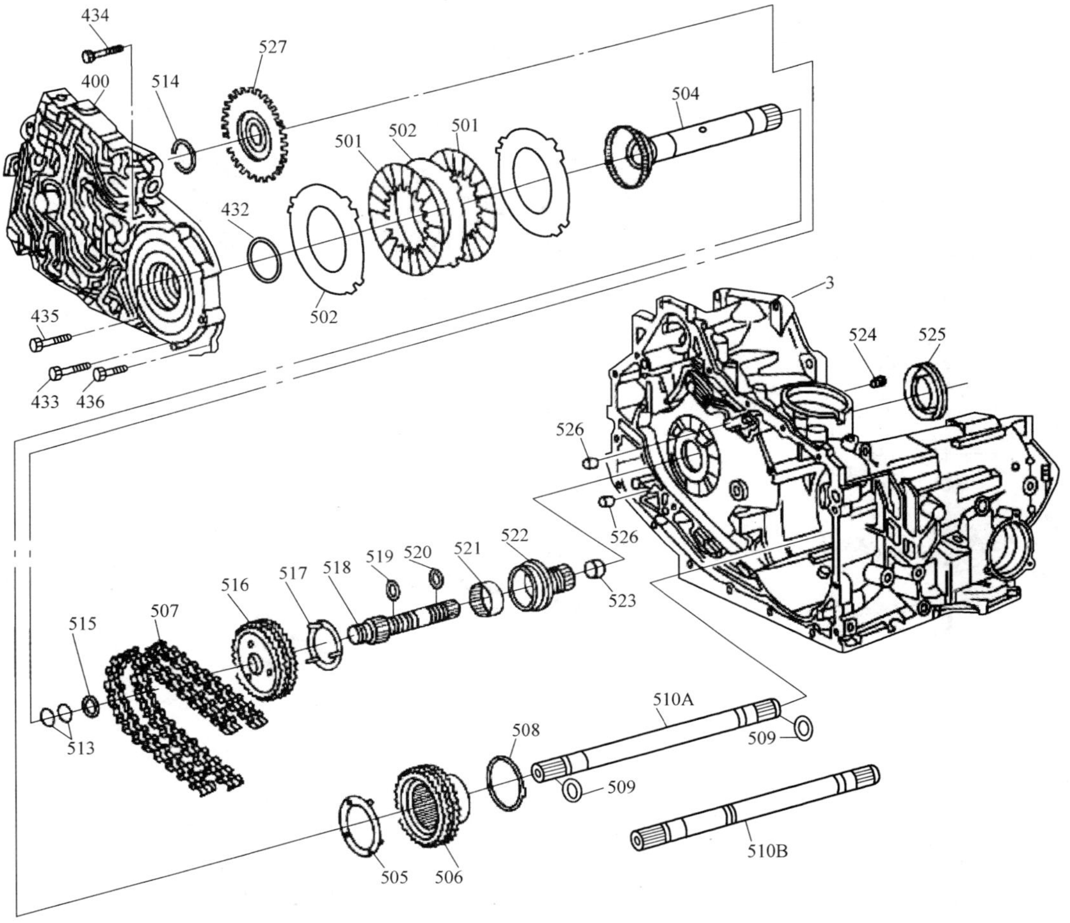

图 3-1-10　4T65E 壳体及其部件（三）

3—变速器壳体　400—整个壳体盖总成　432—第 4 档离合器轴止推垫圈
433、434、435、436—壳体盖螺栓　501—第四级离合器纤维片总成
502—第四级离合器钢片　504—第四级离合器轴总成
505—第四级离合器轴止推垫圈　506—从动链轮
507—驱动连杆总成　508—从动链轮止推垫圈
509—驱动轴固定环　510A—输出轴（标准）
510B—输出轴（重型）　513、519—涡轮轴油封环
514、517—驱动链轮止推垫圈　515—驱动链轮固定环
516—驱动链轮　518—涡轮轴　520—涡轮轴 O 形密封圈
521—驱动链轮轴承总成　522—驱动链轮支座
523—驱动链轮支座轴套　524—驱动链轮支座螺栓
525—变矩器油封总成　526—定位销

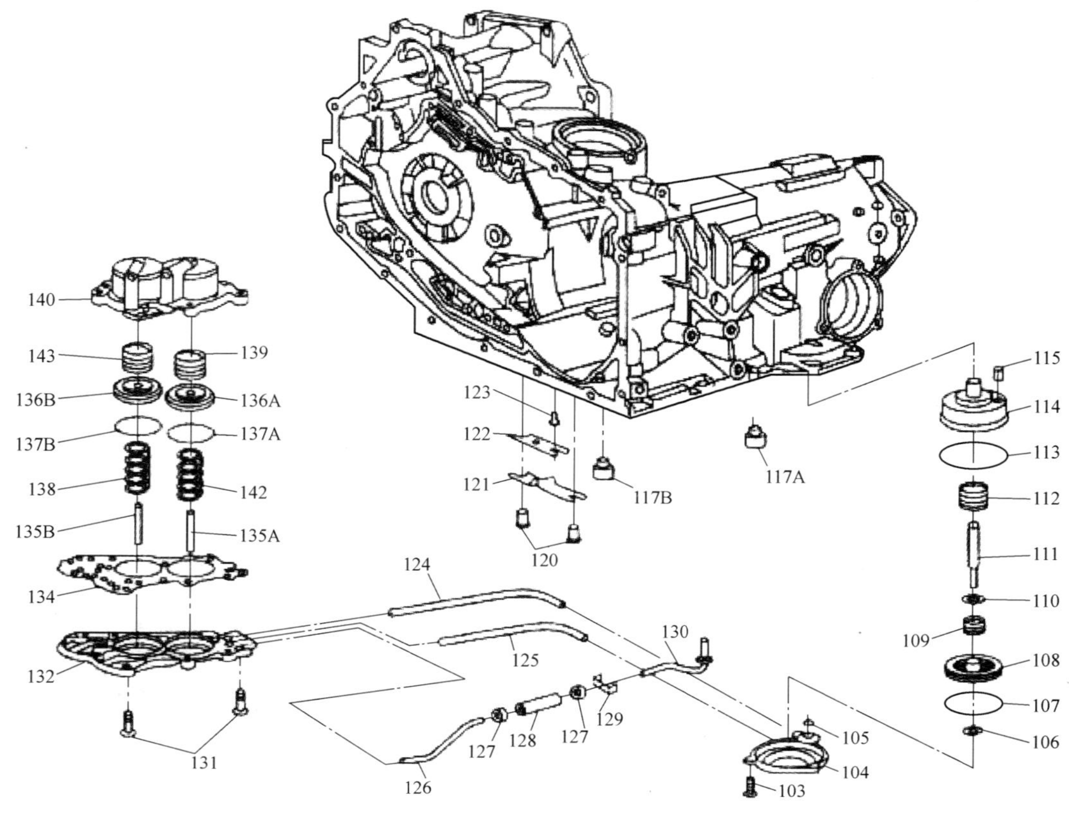

图 3-1-11 4T65E 壳体及其部件（四）

103—2-1 档手动制动带伺服盖螺栓 104—2-1 档手动制动带伺服盖
105—2-1 档手动制动带伺服盖密封 106—2-1 档手动制动带伺服活塞销固定环
107—2-1 档手动制动带伺服活塞密封 108—2-1 档手动制动带伺服活塞
109—2-1 档手动制动带伺服活塞垫子弹簧 110—2-1 档手动制动带伺服活塞弹簧座圈
111—2-1 档手动制动带伺服活塞销 112—2-1 档手动制动带伺服活塞弹簧
113—2-1 档手动制动带伺服活塞气缸密封圈 114—2-1 档手动制动带伺服活塞气缸
115—2-1 档手动制动带伺服排气滤网总成 117A—前进档制动带固定销
117B—倒档制动带固定销 120—热敏元件板销 121—热敏元件 122—热敏元件板
123—热敏元件板中心销 124—前进档制动带伺服油管 125—2-1 档手动制动带伺服油管 126—润滑油管 127—润滑油软管卡箍 128—润滑油软管
129—润滑油管夹持器 130—润滑油管和垫圈总成 131—蓄能器盖螺栓
132—蓄能器盖 134—蓄能器盖隔板总成 135A—1-2 档蓄能器活塞销
135—2-3 档蓄能器活塞销 136A—1-2 档蓄能器活塞 136B—2-3 档蓄能器活塞
137A—1-2 档蓄能器活塞油封圈 137B—2-3 档蓄能器活塞油封圈
138—2-3 档蓄能器活塞外部弹簧 139—1-2 档蓄能器活塞缓冲弹簧
140—1-2 档和 2-3 档蓄能器壳体
142—1-2 档蓄能器活塞外部弹簧
143—2-3 档蓄能器活塞缓冲弹簧

4T65E 内部各传动件如图 3-1-12 和图 3-1-13 所示。

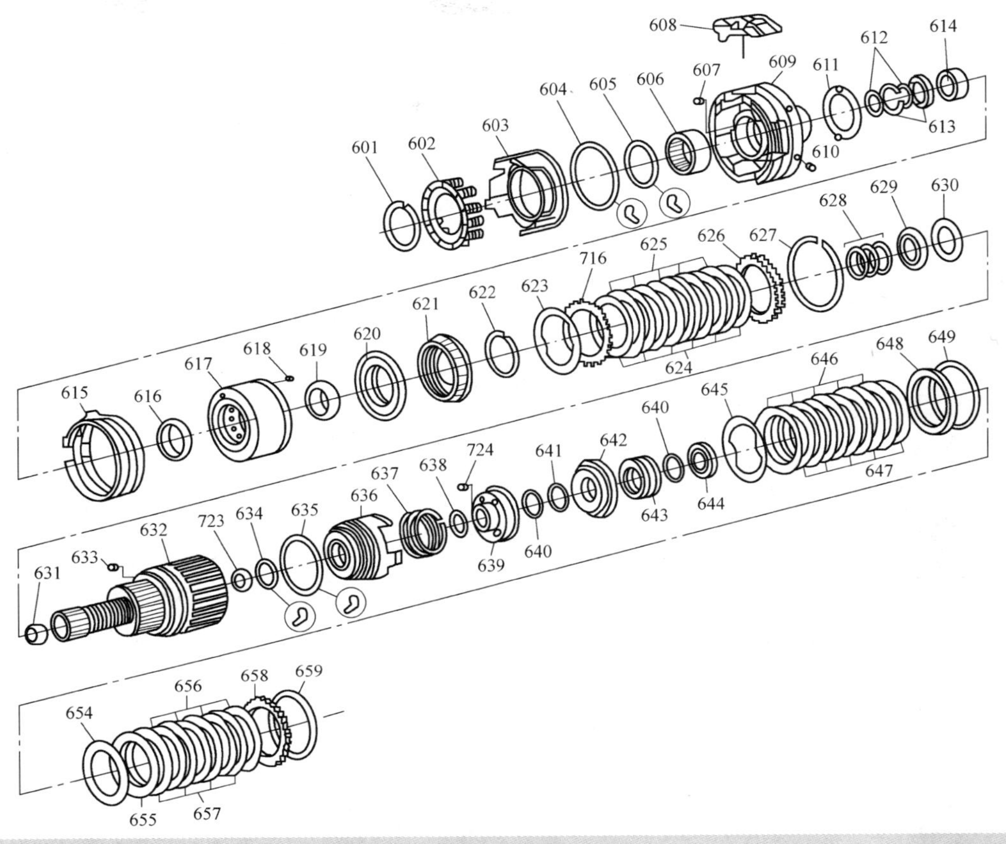

图 3-1-12 4T65E 内部各传动件（一）

601—第四级离合器弹簧固定环 602—第四级离合器活塞回位弹簧总成 603—第四级离合器活塞总成 604—第四级离合器活塞密封（外部） 605—第四级离合器密封（内部） 606—延展杯轴承总成 607—孔杯塞 608—驱动器连接件润滑油铲 609—从动链轮支座总成 610—杯塞 611—止推垫圈 612—环形四叶密封圈 613—油封圈 614—从动链轮支座轴套 615—倒档制动带总成 616—75.5（外径）×8.0 轴套 617—第二级离合器壳体 618—单向阀夹持器和钢球总成 619—70.0（外径）×11.0 轴套 620—带模铸密封的第二级离合器活塞 621—第二级离合器作用环和释放弹簧总成 622—固定环 623—第二级离合器片（波状） 624—第二级离合器片总成（纤维） 625—第二级离合器反应片（钢） 626—衬背支座环片（钢） 627—第二级离合器固定环（外部） 628—油封圈（输入轴） 629—推力轴承（支承链轮/止推垫圈） 630—选择止推垫圈（轴承/输入离合器毂） 631—输入轴轴套 632—输入壳体套管和轴总成 633—单向阀夹持器和钢球总成 634—输入离合器活塞密封（内部） 635—输入离合器活塞密封（外部） 636—输入离合器活塞 637—轴入离合器弹簧和护圈总成 638—O 形密封圈 639—第三级离合器活塞壳体 640—固定环（第三离合器活塞/输入轴） 641—第三级离合器活塞密封（内部） 642—第三级离合器活塞和密封总成 643—第三级离合器弹簧夹持器和导向总成 644—推力轴承总成 645—第三级离合器片（波状） 646—第三级离合器片总成（外径花键） 647—第三级离合器片总成（内径花键） 648—第三级离合器倒档片 649—第三级离合器倒档片固定环 654—输入离合器接合片 655—输入离合器片（波纹形） 656—输入离合器片总成（纤维） 657—输入离合器片（钢） 658—输入离合器背衬片（钢） 659—输入离合器背衬片固定环 716—第三级离合器作用反应片（锥形） 723—第四级离合器轴输入壳体轴承 724—第三级离合器活塞壳体单向球阀总成

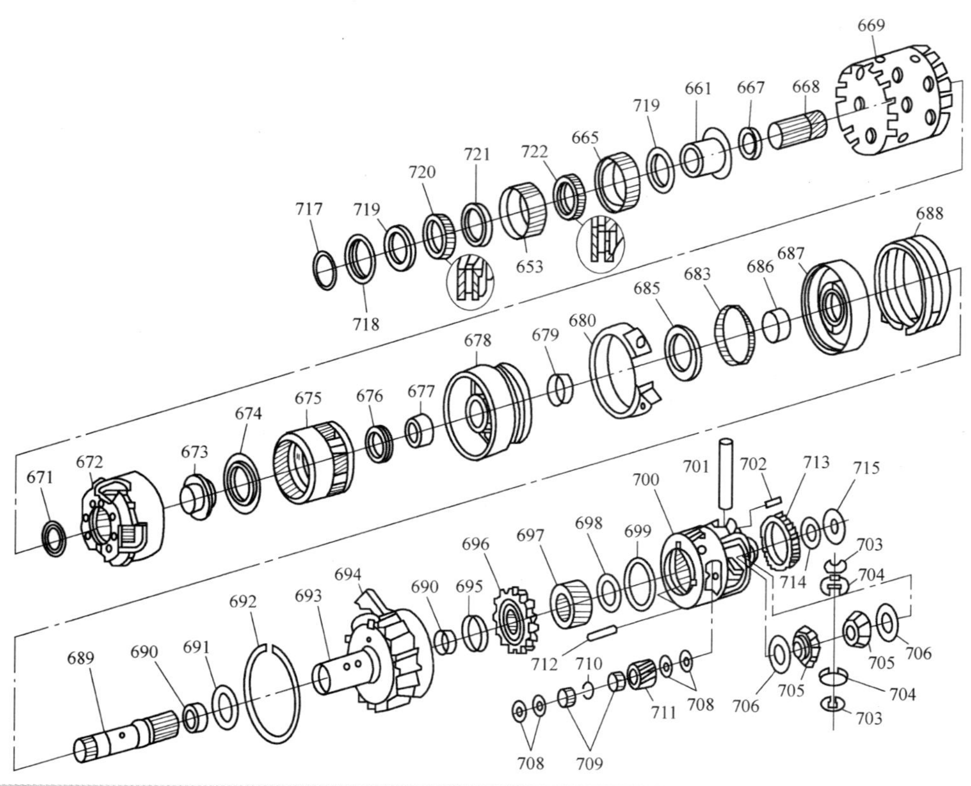

图 3-1-13 4T65E 内部各传动件（二）

653—第三级离合器楔块外座圈 661—输入和第三级离合器楔块内座圈 665—输入离合器楔块外座圈 667—输入太阳轮垫圈 668—输入太阳轮 669—倒档反作用鼓 671—输入太阳轮推力轴承总成 672—输入整套支座总成 673—输入支座/反作用支座润滑油隔板 674—输入/反作用支座推力轴承总成 675—反作用整套支座总成 676—反作用支座/太阳轮推力轴承总成 677—左侧反作用太阳轮轴套 678—反作用中心/鼓齿轮总成 679—右侧反作用太阳轮轴套 680—2/1 手动制动带总成 683—1/2 支座滚柱离合器总成 685—推力轴承总成 686—1/2 支座轴套 687—1/2 支座和鼓 688—前进档制动带总成 689—最后驱动太阳轮轴 690—最后驱动内齿轮轴套 691—止推垫圈（1/2 支座/内齿轮） 692—固定环（最后驱动内齿轮） 693—最后驱动内齿轮 694—驻车棘爪总成 695—推力轴承总成（内齿轮/驻车齿轮） 696—驻车齿轮 697—最后驱动太阳轮 698—支座/太阳轮推力轴承总成 699—螺旋小齿轮销固定环 700—差速器/最后驱动托架总成 701—差速器小齿轮轴 702—差速器小齿轮轴固定销 703—止推垫圈差速器小齿轮 704—差速器小齿轮传动 705—差速器侧面齿轮 MN7 独有的左/右齿轮 706—铜止推垫圈差速器侧面齿轮 708—小齿轮止推垫圈（钢） 709—滚柱滚针轴承 710—小滚针轴承垫圈 711—最后驱动小行星轮 712—小行星轮销 713—车速传感器变磁阻转轮 714—差速器托架/壳体止推垫圈 715—推力轴承总成 717—螺旋锁定固定环 718—第三级离合器楔块外部滚道夹持器 719—输入和第三级离合器楔块弹簧端头轴承 720—第三级离合器楔块总成 721—输入和第三级离合器楔块中心轴承 722—轴入离合器模块

4T65E 驻车手动轴及空档开关如图 3-1-14 所示。止推垫圈如图 3-1-15 所示。

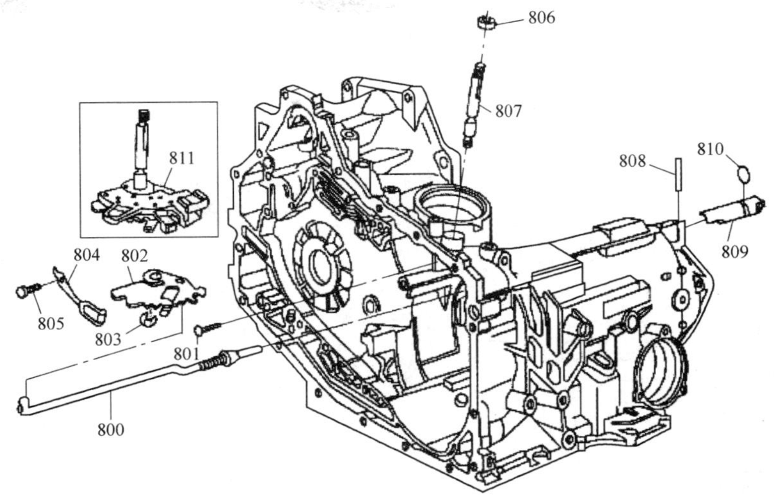

图 3-1-14 驻车手动轴及空档开关

800—驻车棘爪执行器总成 801—手动换档轴销 802—手动换档传动板总成 803—手动换档止动杆螺母 804—手动换档止动总成 805—手动换档止动螺栓 806—手动变速杆密封总成 807—手动变速杆 808—驻车棘爪执行器导销 809—驻车棘爪执行器导管 810—驻车棘爪执行器导管 O 形密封圈 811—杆总成—带内模式开关 IMS 的手动杆止动器

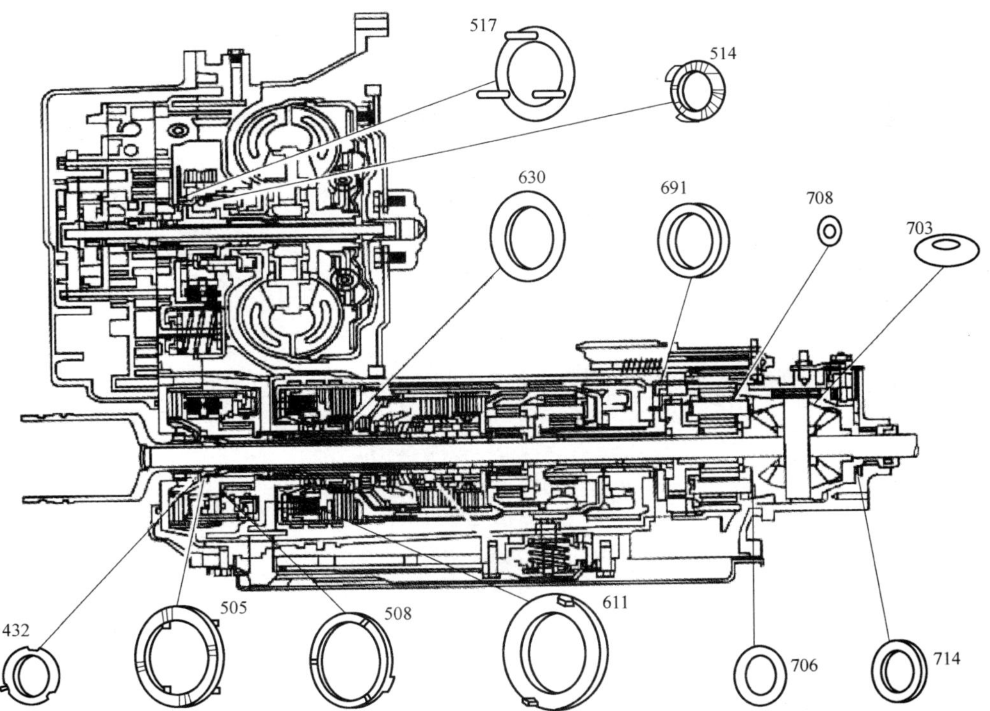

图 3-1-15 止推垫圈

432、505—第四级离合器轴止推垫圈 508—从动链轮止推垫圈 514、517—驱动链轮止推垫圈 611—第二级离合器壳体止推垫圈 630—输入离合器壳体止推垫圈(可选) 691—最后驱动齿轮内止推垫圈 703—差速器小齿轮止推垫圈(铜) 706—止推垫圈 708—小行星轮止推垫圈（钢） 714—差速器托架/壳体止推垫圈

4T65E 轴套位置如图 3-1-16 所示。控制阀如图 3-1-17、图 3-1-18 所示。自动变速器壳体盖总成如图 3-1-19 所示。

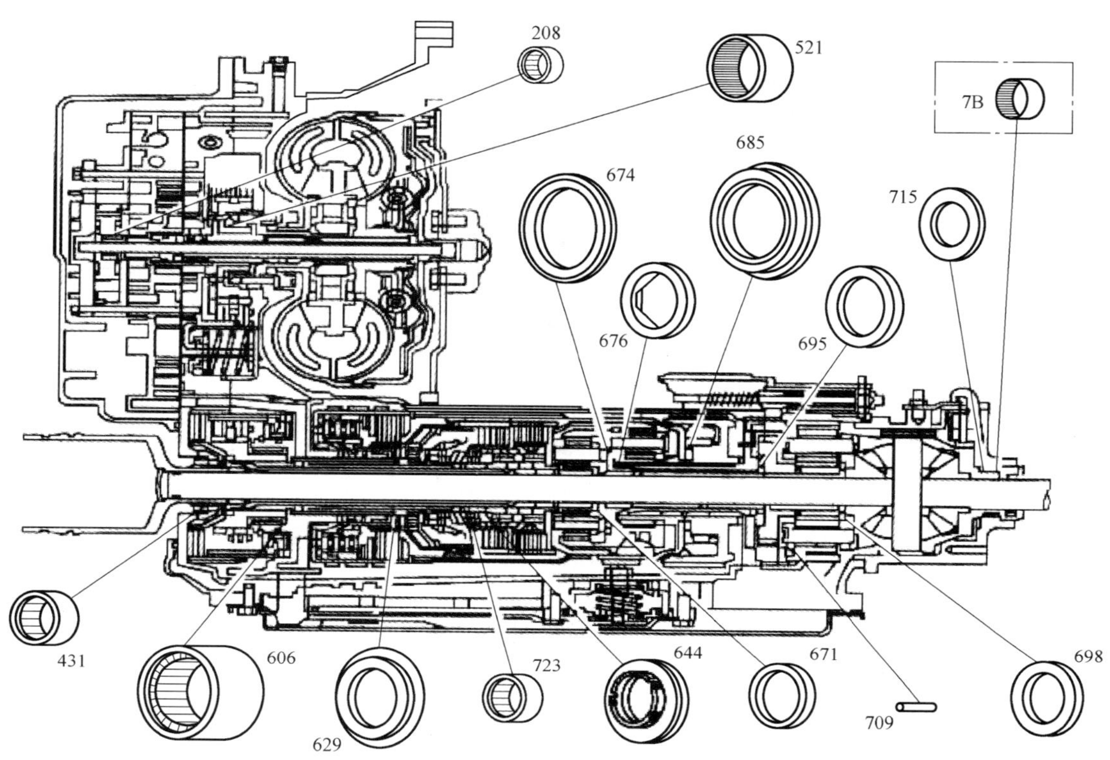

图 3-1-16 轴套位置

7B—输出轴轴承总成（仅 MN7 型） 208—机油泵驱动轴轴承
431—前轮驱动轴轴承 521—驱动链轮轴承总成
606—从动链轮轴承总成
629—输入离合器壳体推力轴承总成 644—输入轴推力轴承总成
671—输入太阳轮推力轴承总成
674—反作用支座推力轴承总成
676—反作用太阳轮推力轴承总成
685—1-2 鼓支座推力轴承
695—前差速器托架内齿轮推力轴承
698—前差速器托架太阳轮推力轴承
709—前差速器托架小行星轮轴承
715—前差速器托架推力轴承
723—输入离合器壳体推力轴承

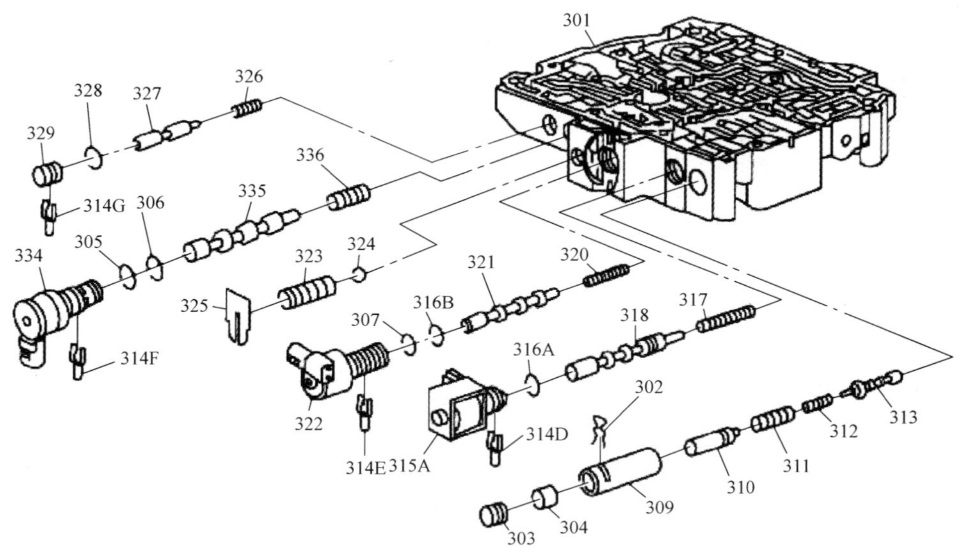

图 3-1-17 控制阀（一）

301—控制阀休（机加工） 302—管路助力阀和轴套夹持器 303—管路助力阀孔塞

304—管路助力阀 305、306—变矩器离合器电磁阀 O 形密封

307—压力控制电磁阀 O 形密封 309—倒档助力阀轴套

310—倒档助力阀 311—压力调节阀外部弹簧

312—压力调节阀内部弹簧 313—压力调节阀

314D—1-2、3-4 档换档电磁阀夹持器

314E—压力控制电磁阀夹持器

314F—变矩器离合器电磁阀夹持器

314G—变矩器离合器阀孔塞夹持器

315A—1-2、3-4 档换档电磁阀总成

316A—1-2、3-4 档换档电磁阀 O 形密封圈

316B—压力控制电磁阀 O 形密封圈

317—1-2 档换档阀弹簧 318—1-2 档换档阀

320—转矩信号调节器阀弹簧

321—转矩信号调节器阀 322—压力控制电磁阀总成

323—管道泄压阀弹簧 324—管道泄压阀

325—管道泄压阀弹簧夹持器

326—变矩器离合器调节器作用阀弹簧

327—变矩器离合器调节器作用阀

328—变矩器离合器阀孔塞 O 形密封

329—变矩器离合器调节器作用阀孔塞

334—变矩器离合器电磁阀总成

335—变矩器离合器控制阀

336—变矩器离合器控制阀弹簧

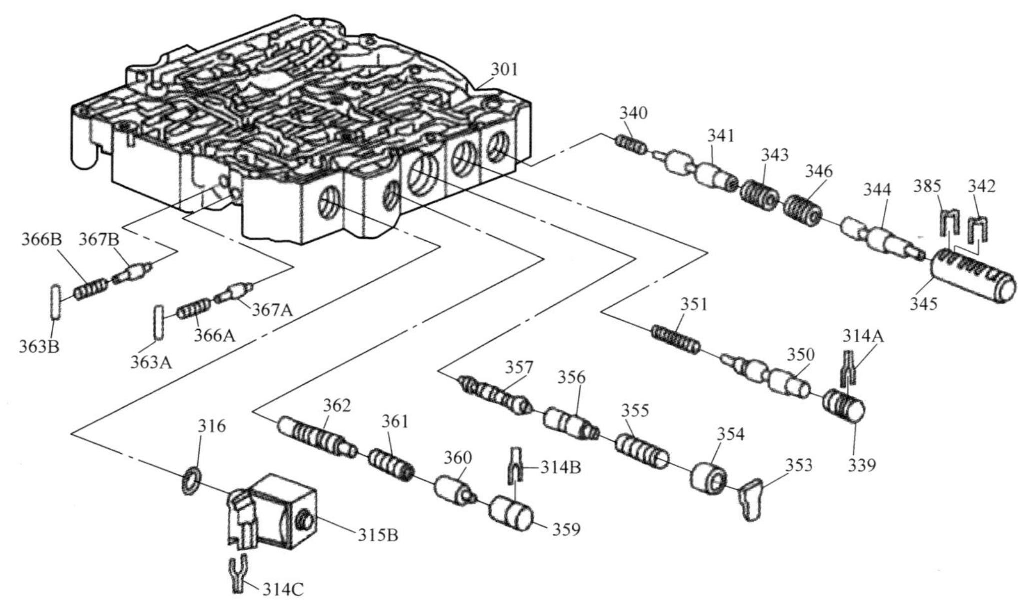

图 3-1-18 控制阀（二）

301—控制阀体（已加工） 314A—1-2 档蓄能器阀夹持器 314B—4-3 档手动挂低档阀夹持器
314C—2-3 档换档电磁阀夹持器 315B—2-3 档换档电磁阀总成 316—O 形密封圈
339—1-2 档蓄能器阀孔塞 340—3-4 档蓄能器阀弹簧 341—3-4 档蓄能器阀
342—2-3 档蓄能器阀孔塞夹持器 343—2-3 档蓄能器阀孔塞 344—2-3 档蓄能器阀
345—2-3 档蓄能器阀轴套 346—2-3 档蓄能器阀弹簧 350—1-2 档蓄能器阀
351—1-2 档蓄能器阀弹簧 353—3-2 档手动挂低档阀夹持器
354—3-2 档手动挂低档阀孔塞 355—3-2 档手动挂低档阀弹簧
356—3-2 档手动挂低档阀 357—2-3 档换档阀 359—4-3 档手动挂低档阀孔塞
360—4-3 档手动挂低档阀 361—4-3 档手动挂低档阀弹簧
362—3-4 档换档阀 363A—倒档伺服助力阀孔销
363B—前进档伺服助力阀孔销 366A—倒档伺服助力阀弹簧
366B—前进档伺服助力阀弹簧 367A—倒档伺服助力阀
367B—前进档伺服助力阀 385—2-3 蓄能器阀轴套总成夹持器

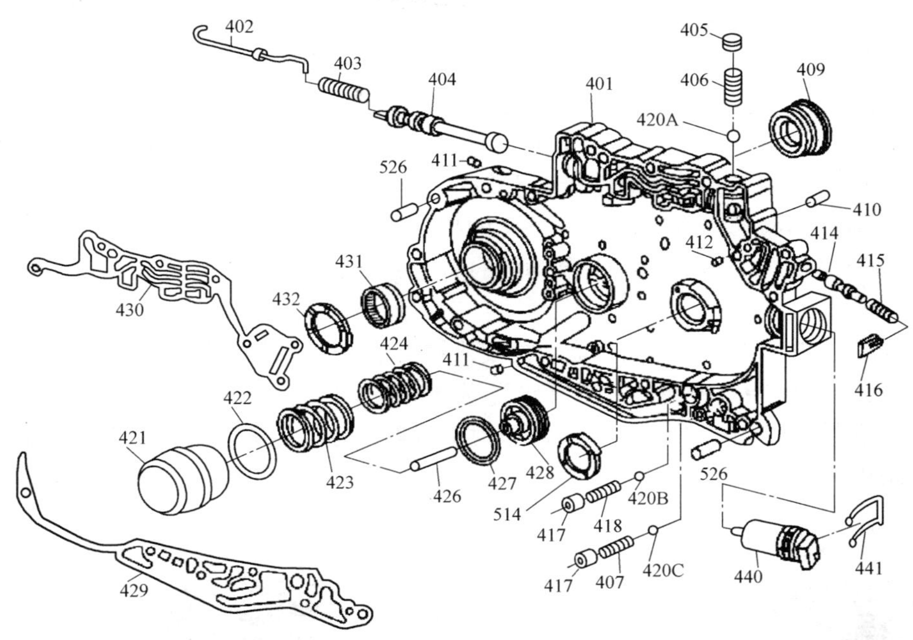

图 3-1-19 壳体盖总成

401—壳体盖 402—手动阀连杆 403—手动阀连杆夹持器 404—手动阀 405—低排气球阀孔塞 406—低排气球阀弹簧 407—冷却器球阀弹簧 409—左侧轴油封总成 410—控制阀体校正套管 411—孔塞 412—孔杯塞 414—执行器进给量极限阀 415—执行器进给量极限阀弹簧 416—执行器进给量极限阀弹簧座圈 417—球阀孔塞 418—变矩器离合器排气球阀弹簧 420A—低排气球阀 420B—变矩器离合器排气球阀 420C—冷却器球阀 421—3-4 档蓄能器活塞气缸 422—3-4 档蓄能器活塞气缸 O 形密封圈 423—3-4 档蓄能器活塞外部弹簧 424—3-4 档蓄能器活塞内部弹簧 426—3-4 档蓄能器活塞销 427—3-4 档蓄能器活塞油封圈 428—3-4 档蓄能器活塞 429—壳体盖下端衬垫 430—壳体盖上端衬垫 431—前轮驱动轴轴承总成 432—第四级离合器轴止推垫圈 440—输入速度传感器总成 441—输入速度传感器夹子 514—驱动链轮/壳体盖止推垫圈 526—壳体盖定位销

4. 4T65E 自动变速器检修

（1）自动变速器解体后的检修

1）液力变矩器检修。液力变矩器的外壳不能分解，只能进行一些检查与清洗。如果变速器内有严重烧片或有金属部件损坏且大量金属碎屑进入变矩器时，建议更换变矩器。如果无法购到该型号的变矩器，可以委托专门的自动变速器翻新维修厂家进行维修，因为他们有切割机床、自动焊接、动平衡测试、密封性实验等设备。

2）油泵的检修。4T65E 的油泵是个高压油泵，应重点检查叶片及座是否磨损或裂纹，复位弹簧是否断裂或弹力不足，叶片与转子之间的间隙是否正常，滑动套与叶片的接合面是否有划伤，滑动套是否移动灵活，叶片、滑动套、壳体三者间隙是否正常等。

3）离合器和片式制动器的检修。检查摩擦片的颜色，正常应是暗红或浅褐色，如果颜

色发黑或表面的摩擦材料脱落，表明已烧蚀，需更换，对于烧损摩擦片的变速器，还应检查离合器的间隙是否过小，工作油压是否过低及单向球阀是否发卡。检查钢片是否磨损过度或翘曲变形。检查活塞或壳体上的单向球阀是否发卡或脱落。检查活塞及密封圈是否损坏，检查活塞复位弹簧有无损坏，自由行程是否正常，如图 3-1-20 所示。新的摩擦片装配前，应在 ATF 中浸泡 1h 左右，离合器装配后，有条件的话最好做一下气压密封试验或油压试验。

4）带式制动器检修。带式制动器常见的损坏形式是摩擦材料烧蚀、脱落，制动带变形，出现这种情况时应检查制动带与制动鼓的间隙是否太小，工作压力是否太低及制动鼓变形等。

5）单向离合器检修。单向离合器的检查比较简单，但有两点应注意：一是装配时应注意内、外圈受力（安装）方向；二是有些磨损严重的单向离合器在车下检查正常，但装到车上带有负荷时就会打滑，所以，经过故障现象与理论分析能够确诊为单向离合器故障的，应试换，如图 3-1-21 所示。

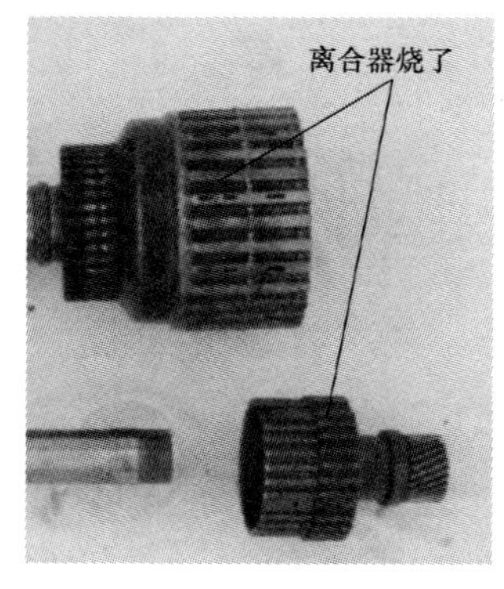

图 3-1-20 已经烧坏了的离合器

图 3-1-21 在车下检查单向离合器

6）行星齿轮机构。行星齿轮机构的常见故障是齿轮碎裂及折断，齿轮表面剥落，平面推力轴承损坏、内部滚针轴承损坏、行星轮转动发卡或松旷、间隙过大等。

7）阀体检修。阀体在拆卸时，要注意拧松螺钉的顺序。安装时要注意拧紧顺序和力矩，拆卸不当可能造成阀体变形，柱塞发卡，产生新的故障。一般修理厂是没有能力检修阀体的，如果判断是阀体故障可以整体更换。如果购不到同样型号新阀体，也可委托专业的自动变速器翻新厂进行检修。翻新厂将阀体全部解体。解体时，在阀体下面放一块带有许多沟槽板块，把每个阀芯、柱塞和弹簧取出后，按顺序放在有相应标号的槽中，然后把阀体、隔垫放到专门的清洗液中清洗，清洗干净后吹干；再检查每个柱塞是否有划伤，柱塞弹簧是否在其他修理厂装反或漏装；检查单向球阀是否漏装、错装，阀座是否磨损；检查隔垫是否损坏；检查滤网是否损坏或堵塞；检查泄油孔是否堵塞，油道是否腐蚀、变形检查确认后进行装配，装配时先将各零部件浸上 ATF。翻新厂有自动变速器生产厂家提供的针对某种型号、某档位专用油路隔板检查油路。

8）自动变速器主要部件的拆装与更换。

① 自动变速器油滤清器的更换。拆卸储油盘和衬垫。拆卸滤清器，需要取出压入壳体的唇边密封圈，检查滤清器的是否有金属颗粒、离合器摩擦材料、橡胶颗粒、发动机冷却液

等异物，如果发现异物则确定并排除污染源，如图 3-1-22 所示。

② 自动变速器油滤清器的安装。如滤清器密封圈已经拆卸，则应安装新密封件，安装新滤清器，安装衬垫和储油盘，紧固储油盘螺栓至 14N · m。

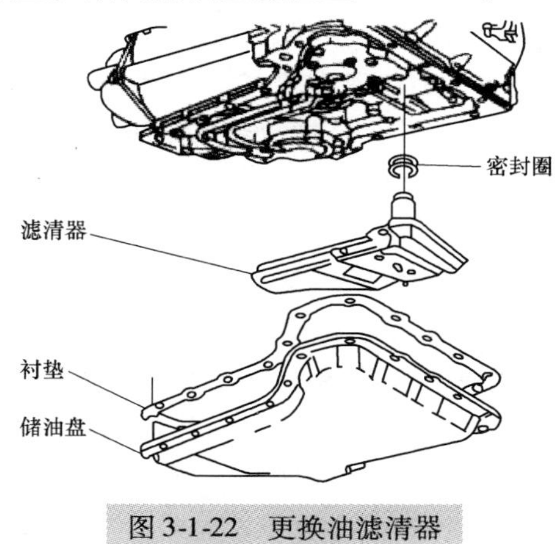

图 3-1-22 更换油滤清器

任务二 神龙富康 AL4 自动变速器检修

案例链接（三）神龙富康爱丽舍有时有档有时无档

[经过] 神龙富康爱丽舍，装备 l. 6L—16V 发动机 AL4 自动变速器。行驶里程为 174 000km。用户反映车辆的自动变速器最近一段时间不正常，感觉自动变速器档位时有时无。车辆来厂后对车辆进行路试，发现当发动机的两个冷却风扇开始工作以前，自动变速器一切正常。如果两个风扇开始运转，当踩下制动踏板停车后，如果此时再踩加速踏板，车辆根本不动，此种情况下如果挂倒档，车辆又能正常倒车。如果风扇运行一段时间，自动变速器的液压油温度降低后，自动变速器的运行又恢复正常。于是，先用诊断仪 PROXIA3 对车辆的发动机控制单元和自动变速器控制单元进行故障读取操作，没有发现任何故障信息存在。用 AL4 自动变速器专用诊断线束和接线盒将自动变速器控制单元的各工作端子并联引出，在点火开关打开和关闭两种情下，用万用表测量各主要工作端子的电压值，没有发现任何异常情况存在。接下来测量与多功能开关相关线路有关的各个工作端子的电压值，将自动变速器的变速杆分别置于各档位（P、R、N、D、3、2 位）的情况下测量各个工作端子的电压值，并将测量得到的结果与正常情况下的标准值进行对比，没有发现任何问题。于是更换一个新的自动变速器控制单元总成和多功能开关总成，然后进行路试操作，发现故障现象依然存在。以上操作表明，故障的产生与自动变速器控制单元、多功能开关以及相关工作线路无关。检查自动变速器油的液面高度和品质。按以下步骤检查：

1）车辆停放于水平地面。

2）用诊断仪对自动变速器控制单元进行故障读取操作，没有任何故障信息存在控制单元内部。

3）拆下自动变速器壳体上部的加油螺塞，加入指定牌号的 0. 5L AL4 自动变速器专用油，拧上加油螺塞。

4）起动发动机，踩下制动踏板，将变速杆拨到各档位停留片刻。

5）将变速杆放在P位上让发动机怠速运转。

6）通过诊断仪在自动变速器控制单元菜单内进行参数测量操作，以读取自动变速器的油温值，当油温值处于58～68℃时进行下步操作。

7）拆下位于自动变速器壳体下部的液面螺塞，此时有少量油流出，不一会儿就开始一滴一滴往下滴，拧上液面检查螺塞，表明此自动变速器的液面是正常的。

接下来又对自动变速器油进行目视检查，颜色状态等都完全符合要求。这样就排除与自动变速器油的液面高度和品质有关的可能性。

用诊断仪对液力控制盒上的6个电磁阀（EVS1、EVS2、EVS3、EVS4、EVS5、EVS6）进行状态检查（变速器控制单元根据换档规律精确地控制电磁阀的通断电，从而让液力控制盒内部相应管路油压建立或泄压，阀芯轴向移动改变液压系统油路，最终让不同的离合器、制动器液压缸供油或泄油实现换档），将各个档位情况下6个电磁阀的工作状态记录下来，并将其和正常情况下的标准状态进行仔细比较，表明这6个电磁阀的工作状态是没有任何问题的。拆下液力控制盒总成，对装在其油路板上的每个电磁阀的密封圈进行状态检查，着重检查密封圈表面有无裂纹、破损等情况，检查结果表明无任何异常情况存在。

［**反思**］既然前面的检查都没有问题，那么就更换一个新的液力控制盒总成，并进行相关初始化和调整，最后进行路试，发现故障现象已经完全消失，于是将拆下的液力控制盒总成进行拆解清洗并重新装车进行路试，故障没有再出现。

［**案例小结**］根据故障排除的过程和AL4自动变速器的运行原理，当踩下制动踏板车辆停下后，自动变速器控制单元会自动控制相关部件，此时自动挂入1档，但是此时车辆能否1档行驶还要检查变速器内部的C1离合器、B3制动器摩擦片上工作情况是否正常，油温不太高时能行驶，说明C1离合器摩擦片和B3制动器摩擦片没有问题。油温高时，1档不能行驶，说明C1离台器和B3制动器其中有一个工作不正常，此时液缸内油压不够。油温高时倒档正常，说明离合器C1工作正常，因此可以初步判断制动器B3高温异常，因为变速器油温高，黏度降低而出现内部泄漏，导致制动器B3不能完全将太阳轮制动，所以1档不能起步。

更换一个新的液力控制盒后故障消失。之后进行相关的清洗，将制动器B3及其液缸状态恢复，故障也就完全排除了，这个结果最终验证了对故障具体原因的准确判断。下面进行AL4自动变速器传动和档位分析。

1. AL4自动变速器概述

AL4变速器是一款改进型辛普森齿轮变速机构自动变速器，具有4个前进档和一个倒档，5个执行件即3个制动器、两个离合器（这款自动变速器没有单向离合器）。这款变速器是由法国PSA集团与雷诺公司联合研发，目前主要用于富康988、浪潮、爱丽舍、塞纳和萨拉毕加索雷诺、标致等车款上，市场保有量较大。AL4变速器变速杆如图3-2-1所示。AL4变速器外形和主减差速器如图3-2-2所示。

AL4变速器的传动特点如下：

输入轴与输出齿轮为同一端向多级套筒式。输入轴由中心通孔贯通并由两个离合器C1、C2接合可输出动力。C1接合从后排太阳轮输入动力，C2接合从后排行星架输入动力。如果C1、C2都接合为直接档。制动器B1工作时可固定后排太阳轮。制动器B2工作时可固定前排齿圈和后排行星架。

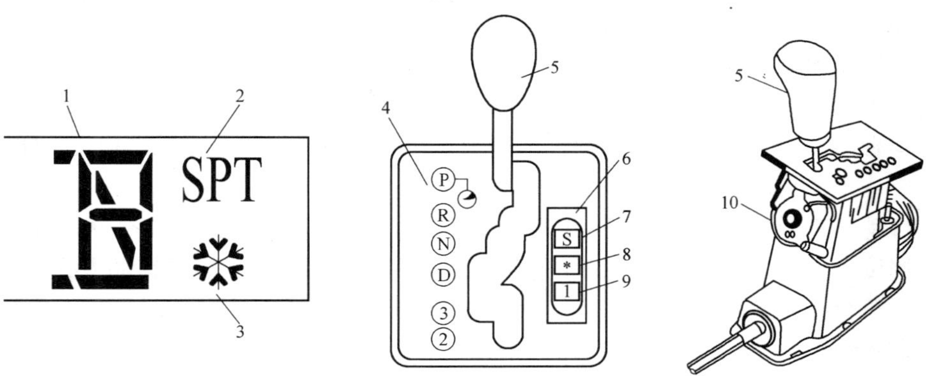

图 3-2-1 AL4 变速器变速杆示意图

1—仪表液晶显示屏 2—“运动”模式显示 3—“雪地”模式显示 4—变速杆位置显示板 5—变速杆 6—程序选择器 7—“运动’模式按键 8—雪地模式按键 9—1 档按键 10—变速杆锁止电磁阀

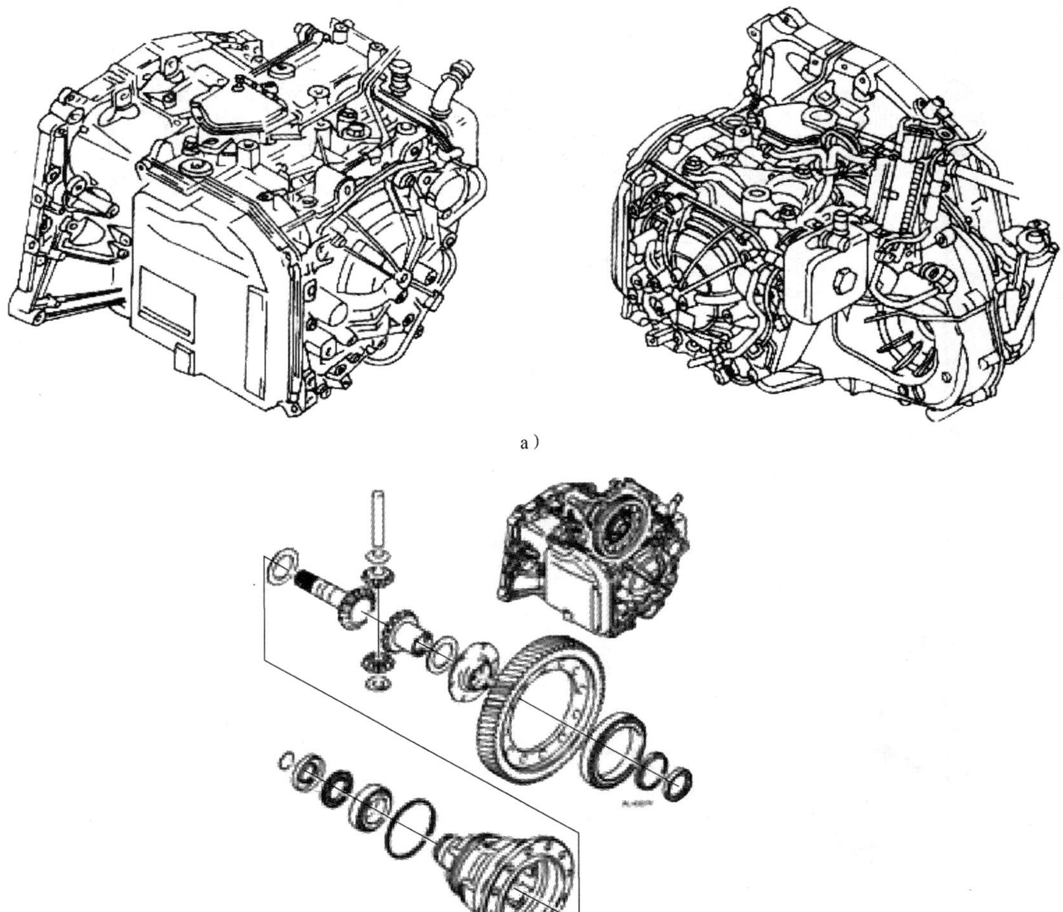

a）

b）

图 3-2-2 AL4 变速器外形和主减差速器

制动器 B3 工作时可固定前排太阳轮。

AL4 自动变速器可分为前、后两排，前、后排为两个独立太阳轮，前排太阳轮用来固定和空转，后排太阳轮用来传递动力和空转。后排齿圈前排行星架和输出主动减速齿轮是连在一起的，离合器 C2、后排行星架和前排齿圈也是连在一起的。两个行星排相互换联，构成4个前进档和一个倒档。输入和输出在同一方向。

AL4 自动变速器巧妙地利用了两个行星排相互换联的机会，将 C2 接合从后排行星架输入变成 2 档传动，实在是一个大胆的构想，也是前面没有提到过的一种传动方式。这种自动变速器由于执行组件较少（只有 5 个），所以整体质量较小，质量轻，拆装和维修都较为方便。如图 3-2-3 所示。

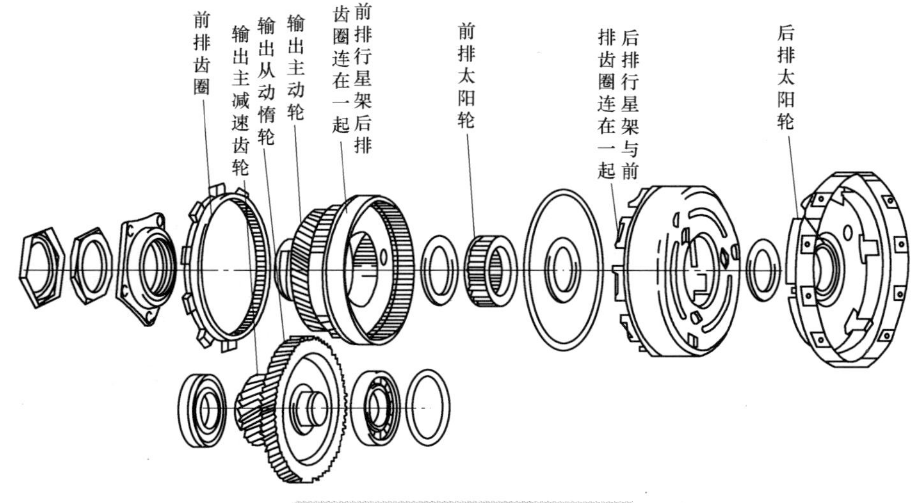

图 3-2-3 AL4 变速器解剖示意

2. D1 档的传动路线和档位分析

图 3-2-4 是变速杆在 D 位 D1 档的传动立体图，图 3-2-5 是其传动简图。

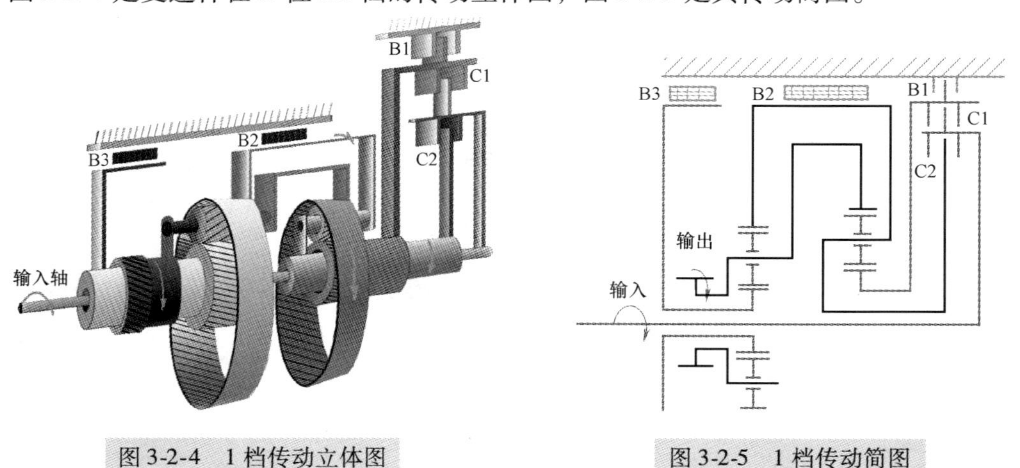

图 3-2-4 1 档传动立体图

图 3-2-5 1 档传动简图

离合器 C1 接合，动力从后排太阳轮输入（顺时针转），动力从后排行星架向前排齿圈输入（一级减速），前排太阳轮被 B3 固定，前排齿圈推动前排行星架克服车轮阻力（二级减速），顺时针转输出实现 1 档。

D1 档理解关键：后太阳轮顺时针转输入—后行星架减速向前齿圈输出—前齿圈输入—前太阳轮固定—前行星架再次减速输出。

传动比计算：

前排太阳轮 = 40 个齿

前排齿圈　= 80 个齿

前排行星架 = 40 + 80 = 120 个齿

后排太阳轮 = 33 个齿

后排齿圈　= 81 个齿

后排行星架 = 33 + 81 = 114 个齿

则前排传动比 $\alpha_1 = 80/40 = 2$

则后排传动比 $\alpha_2 = 81/33 \approx 2.45$

1 档由后排输入串联前排输出，是一个双排双级减速传动。

1 档的传动比

$$i_1 = \frac{1 + 2.455 + 2}{2} \approx 2.728$$

1 档的关键执行组件是 C1、B3。

3. D2 档的传动路线和档位分析

图 3-2-6 是变速杆在 D 位 D2 档的传动立体图。图 3-2-7 是其传动简图。

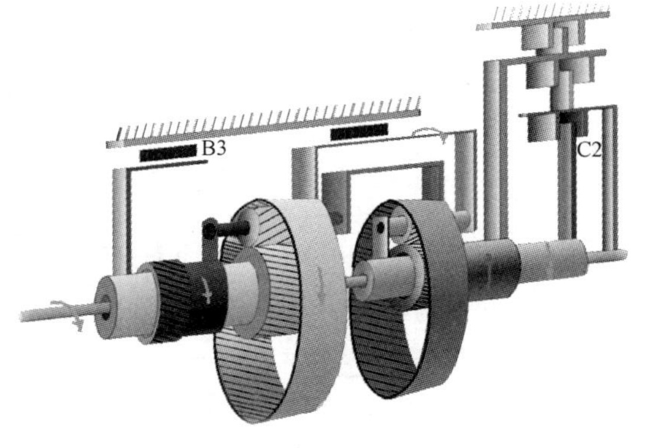

图 3-2-6　2 档传动立体图

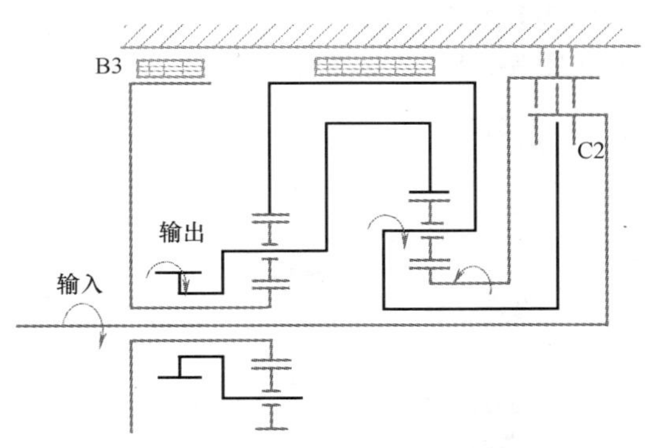

图 3-2-7　2 档传动简图

2 档是离合器 C2 接合动力由后排行星架顺时针转输入，因为后排行星架又与前排齿圈连在一起也顺时针转输入，此时，B3 固定了前排太阳轮，所以后排行星架（克服车轮阻力）减速顺时针转输出。需要说明的是，后排行星架输入、后排太阳轮在逆时针空转。从表面现象上看，后排行星架输入好像是一个超速，其实不然；后行星架虽然在输入，动力不会从后排齿圈输出，也不会从后排太阳轮逆时针转输出，因为后行星架刚性连接到前齿圈上，前排太阳轮固定，动力只能从前排行星架克服车轮阻力顺时针转输出。

由前排实现 2 档，传动比按单排单级减速计算。2 档的传动比

$$i_2 = \frac{1 + \alpha_1}{\alpha_1} = \frac{1 + 2}{2} = 1.5$$

2 档的关键执行组件是 C2、B3。

4. D3 档的传动路线和档位分析

图 3-2-8 是变速杆在 D 位 D3 档的传动立体图。图 3-2-9 是其传动简图。

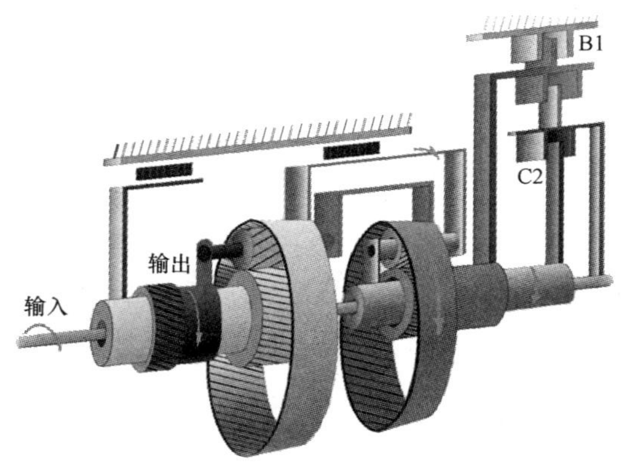

图 3-2-8　3 档传动立体图

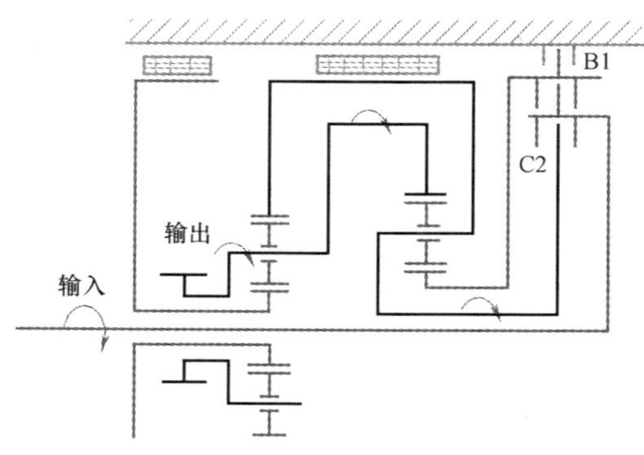

图 3-2-9　3 档传动简图

3 档是两个离合器 C1、C2 同时接合，将动力传给前后排大小各不相同的齿轮上相互锁定。实行 1∶1 公转输出。所以 3 档的传动比 $i_3 = 1/1 = 1$。

3 档的关键执行组件是 C1、C2。

5. D4 档的传动路线和档位分析

如图 3-2-10 是变速杆在 D 位 D4 档的传动立体图。图 3-2-11 是其传动简图。

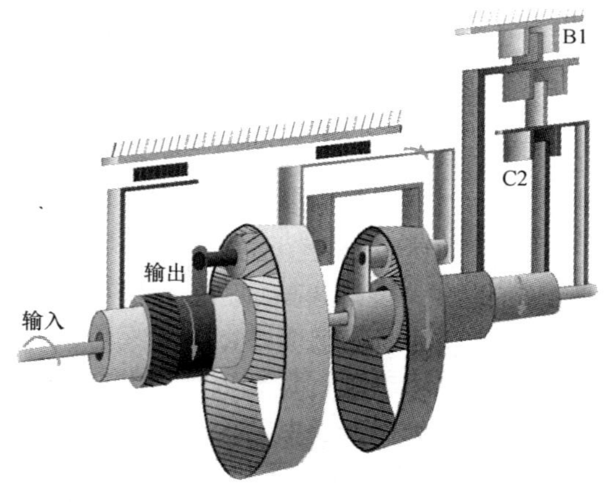

图 3-2-10　4 档传动立体图

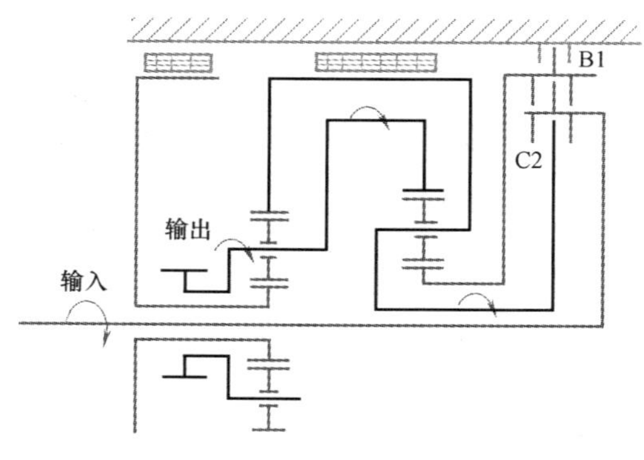

图 3-2-11　4 档传动简图

4 档是在后排实行的。离合器 C2 接合动力由后排行星架顺时针转输入，制动器 B1 制动了后排太阳轮，后排齿圈超速向前排行星架输出，传动比小于 1。4 档的传动比为

$$i_4 = \frac{2.455}{1 + 2.455} \approx 0.711$$

4 档的关键执行组件是 C2、B1。

6. 倒档传动路线和档位分析

图 3-2-12 是变速杆在 R 位（倒档）的传动立体图。图 3-2-13 是传动简图。

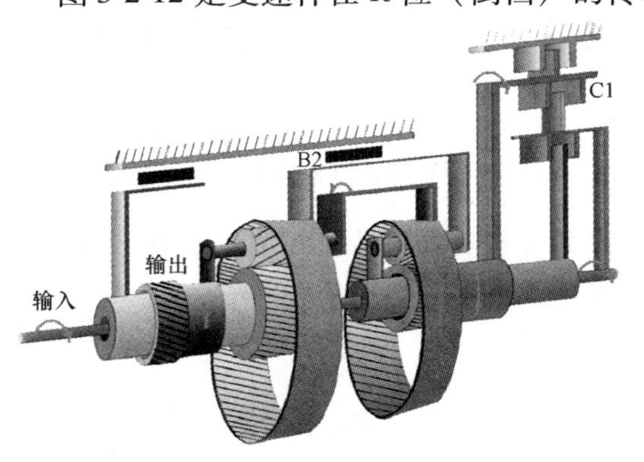

图 3-2-12 倒档传动立体图

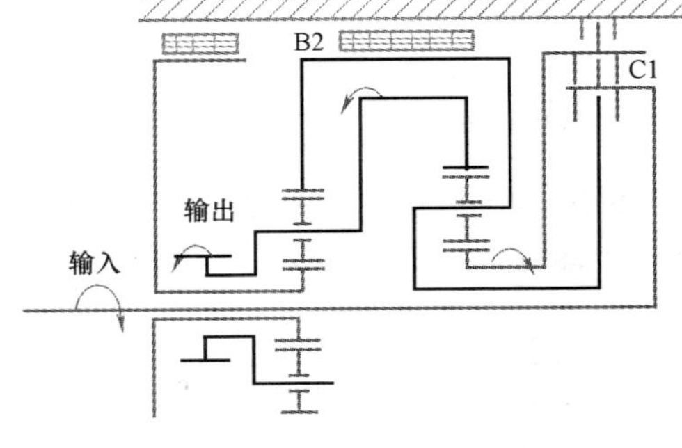

图 3-2-13 倒档传动简图

倒档是在后排实行的，离合器 C1 接合动力由后排太阳轮顺时针转输入，制动器 B2 制动了后排行星架，后排齿圈减速逆时针转向前排，行星架逆时针转输出，传动比大于 1。前排齿圈也不动，前排太阳轮跟着行星架一起逆时针空转。

倒档的传动比

$i_R = -\alpha_2 = -2.455$（因为是逆时针转所以用负号表示）

倒档的关键执行组件是 C1、B2。

各档位执行元件工作情况见表 3-2-1，各档传动比见表 3-2-2。

表 3-2-1 各档位执行元件工作情况

变速杆位置	档 位	换档执行元件				
		C1	C2	B1	B2	B3
D	1	○				○
	2		○			○
	3	○	○			
	O/D		○	○		
3	1	○				○
	2		○			○
	3	○	○			
2	1	○				○
	2		○			○
强制 1 档	1	○				○
R	倒档	○			○	

注：○—工作元件。

表 3-2-2 各档传动比

1 档传动比	2.728	3 档传动比	1	倒档传动比	2.455
2 档传动比	1.5	4 档传动比	0.711		

任务三 东风日产阳光、千里马 RE4F02A 自动变速器的传动路线

案例链接（四） 日产千里马（MAXMA）轿车在行驶过程中换档迟缓

［经过］一辆日产千里马（MAXMA）轿车在行驶过程中换档迟缓。该车装备 VG30E 电喷发动机和 RE4F02A 型电控自动变速器。其电控系统结构原理如图 3-3-1 所示。

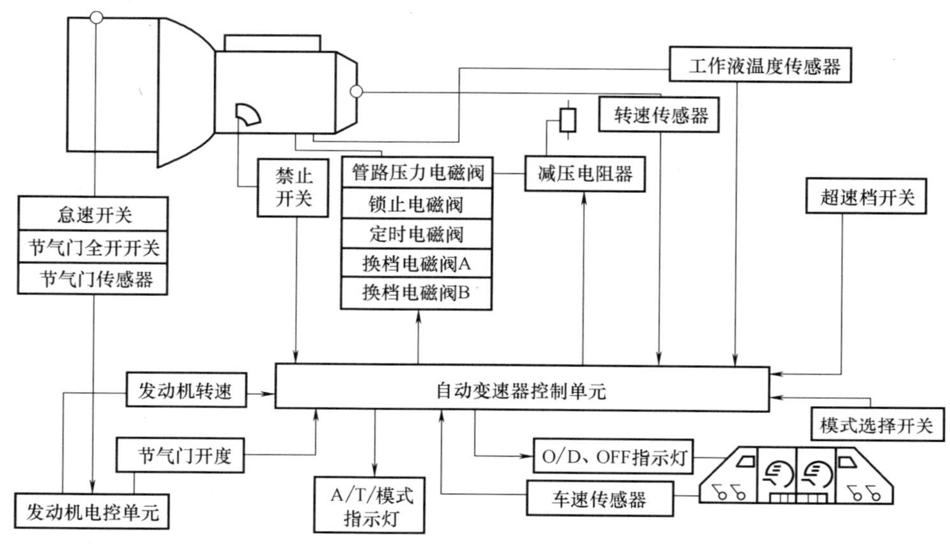

图 3-3-1 电控系统结构原理

车辆行驶中自动变速器前进档升档慢、加速性能差、动力不足。仪表板上的 POWER 指示灯点亮。

［故障诊断与排除］

1）“POWER”指示灯为该车电控自动变速器的故障指示灯。汽车在行驶中点亮，表明自动变速器 ECU 已检测出电控系统有故障，按照日产车系自动变速器故障自诊断测试。

① 预热发动机至正常工作温度（85～95℃）。

② 将点火开关置 OFF，自动变速器模式选择开关置于 AUTO 位置，超速档开关（O/D）置于 ON 位置，变速杆置于 P 位。

③ 接通点火开关于 ON 位，POWER 指示灯将闪亮 2s，说明指示灯电路工作正常。

④ 关闭点火开关于 OFF 位，将变速杆置于 D 位，超速档开关（O/D）关闭。

⑤ 点火开关置于 ON，将变速杆置于 2 挡位，超速档开关（O/D）置于 ON。

⑥ 将变速杆置于 1 挡位，O/D 开关置于 OFF，加速踏板踩到底后再松开。

⑦ 检查动力 POWER 指示灯闪烁情况，第三次闪烁比其他几次长，说明节气门位置传感器及其电路有故障，如图 3-3-2 所示。

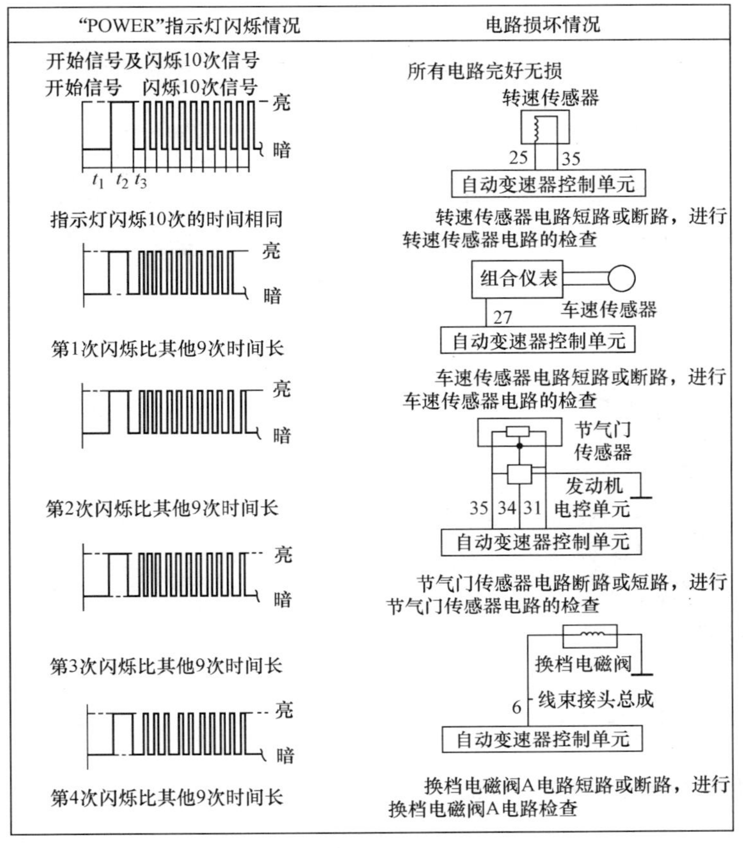

图 3-3-2 故障码显示方法和说明

2）检测节气门位置传感器，并发现信号输出端子与搭铁端子电阻随节气门开度变化而断续，其信号电压呈非线性变化。更换一只新件，安装试车，故障排除。

下面以日产 RE4F02A 为例介绍其特点。这是一款配备在日产蓝鸟前驱动车上的自动变速器。

1）输入轴直接连接到后太阳轮上，1 档、2 档动力由后太阳轮输入，另外在输入轴的前端还连有一个离合器毂，分别有离合器 C1、（前排行星架）和离合器 C2（前排太阳轮）。

2）离合器 C1 单独接合为前排行星架输入，实现超速档。

3）离合器 C2 单独接合为前排太阳轮输入，实现倒档。

4）离合器 C1、C2 同时接合，可以实现 3 档 1∶1 的动力传递。

5）制动器 B1 用来制动前排太阳轮。

6）单向离合器 F 是起步单向离合器，在 D1 档起作用。

7）制动器 B2 用来制动前排行星架。

8）离合器 C3 接通动力是将前排行星架和后排齿圈连接起来，在 1 档、2 档、3 档时起作用。

9）前、后太阳轮是分开的，可以各自传递动力。

10）前圈、后架、输出轴、主动惰轮是连在一起的。

11）从动惰轮、驻车块、减速器主动斜齿轮也是连在一起的。

12）由电磁阀控制换档执行组件油路。

图 3-3-3 是日产 RE4F02A 自动变速器实物。图 3-3-4是带前壳体的自动变速器。图 3-3-5 是自动变速器传动部分实物。

图 3-3-3 日产 RE4F02A 自动变速器实物

图 3-3-4 带前壳体的自动变速器

图 3-3-5 自动变速器传动部分实物

图 3-3-6 是自动变速器传动原理图。

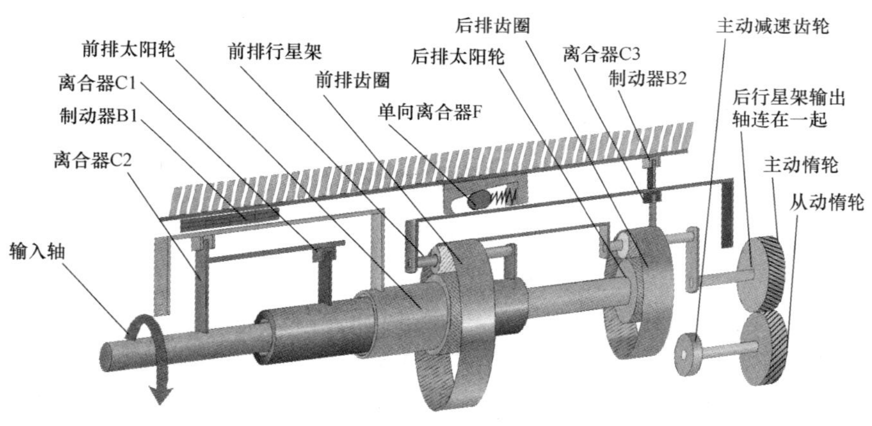

图 3-3-6 传动原理图

说明：

1）为了避免引起误解，所列举的各种车款车型只是证明配备了自动变速器，有部分车款车型与自动变速器立体图的型号、前驱动或后驱动并不能一一“对号入座”，除非在小节里有说明。

说明：

2）有些自动变速器是通过链条输入的，链条输入的输入轴为逆时针转，这样，在分析档位时的单向离合器与图形单向离合器安装方向不符，以实物为准，仔细推敲。

3）有些前驱动自动变速器出现第二排传动，应按照自动变速器的传动旋转方向去分析单向离合器内外圈的受力方向。

1. D1 档的传动路线和档位分析

图 3-3-7 是变速杆在 D 位 D1 档的传动立体图。图 3-3-8 是 D1 档的传动简图。因为发动机带动泵轮转，泵轮带动涡轮转，涡轮带动输入轴转，输入轴与后排太阳轮是连在一起的，所以后排太阳轮直接顺时针转输入。此时的后排三组件中，太阳轮输入，行星架受车轮阻力，齿圈想逆时针转（由于离合器 C3 的接合）并将反力传给前排行星架，前排行星架又受到单向离合器 F 的限制，不让逆时针转（不动），动力只有驱动行星架和克服车轮阻力顺时针旋转输出实现 1 档车速。

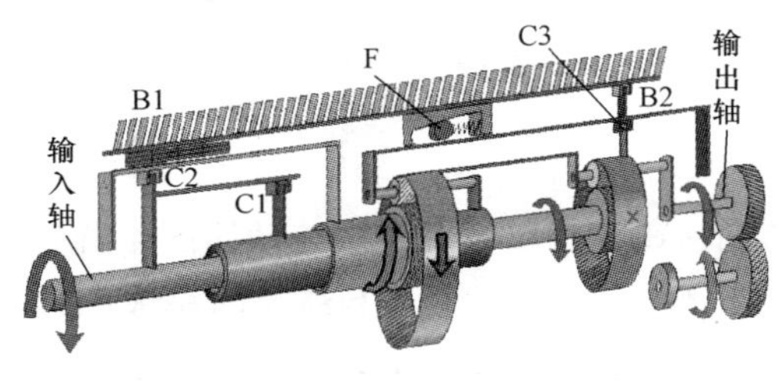

图 3-3-7 D1 档传动立体图

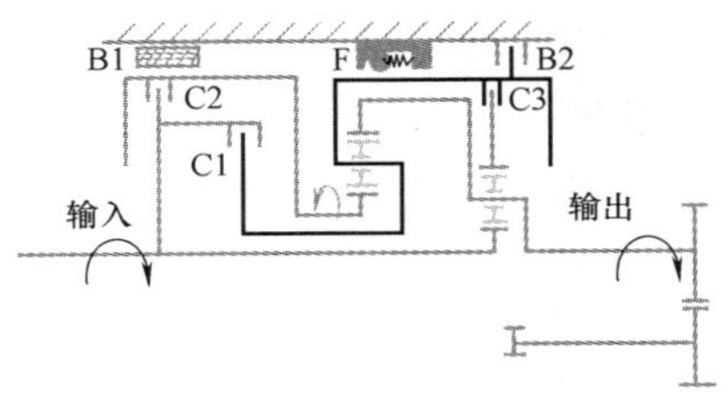

图 3-3-8 D1 档传动简图

必须提到的是，1 档的输出已经由后排实现了，但由于后排行星架与前排齿圈输出轴是连在一起以 1 档的速度顺时针转。前排齿圈顺时针转、前排行星架不动、前排太阳轮逆时针转（空转），为后一步 2 档的分析提供依据。

关键组件：后排太阳轮 – C3 – F。

后排太阳轮输入，后排齿圈固定，后排行星架输出。当汽车的车轮向前产生惯性，速度大于发动机的传动速度时，此时的后齿圈会顺时针方向受力，也推动前行星架顺时针方向受力转动。这样，车轮向前的滑行动力会在前排行星架与单向离合器 F 的内圈之间消掉，而发动机还在向后排太阳轮顺时针传力，由于太阳轮是小齿轮，速度也慢，因此，是感觉不到它的外圆上的行星轮在顺时针快速空转的。也就是发动机控制不了车速，如果是在条件较好的下坡或平路行驶是一个较为节省燃油的经济模式，但在下陡坡时不利。在汽车起步时，单向离合器 F 可以使两个大小不同的齿轮转速摩擦接近，让起步和换档都比较平顺舒适。

2. 手动 1 档的传动路线和档位分析

图 3-3-9 是变速杆在 1 位 1 档的传动立体图。图 3-3-10 是手动 1 档的传动简图。手动 1 档的传动路线，传动比与 D1 档基本相同，这里不再重复。有区别的地方是汽车在 D 位 1 档行驶时，如果车轮向前滚动的惯性速度大于发动机向车轮的传递速度，此时的后齿圈会顺时针方向受力，也推动前行星架顺时针方向受力，单向离合器 F 的内圈就是前行星架（顺时针方向受力打滑）将车轮动力消掉。发动机对车轮无制动控制。

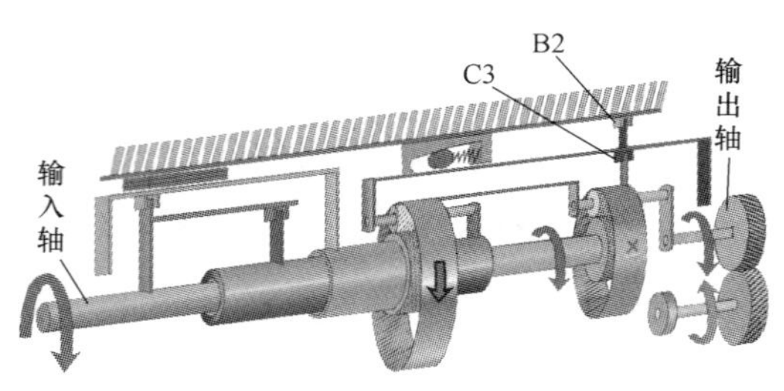

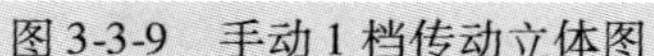
图 3-3-9 手动 1 档传动立体图

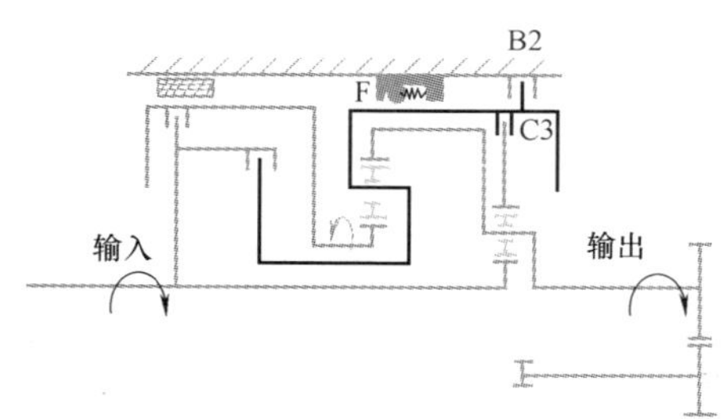

图 3-3-10 手动 1 档传动传动简图

汽车在 1 位 1 档行驶时，如果车轮向前滚动的惯性速度大于发动机向车轮的传递速度；当驾驶人将变速杆放入 1 位时，制动器 B2 就将前排行星架制动，前行星架虽然顺时针受力被 B2 制动（固定）不能顺时针转，因此车轮向前滑行动力只能沿着原来的动力路线一直向前顶至发动机。发动机的工作循环不可能被车轮的反衬动力推动转快，在下陡坡时发动机相当于一个“制动器”对车轮的滑行速度有所控制，成为安全动力模式，

关键组件：后排太阳轮 – C3 – B2。

3. D2 档的传动路线和档位分析

图 3-3-11 是变速杆在 D 位 D2 档的传动立体图。图 3-3-12 是 D2 档传动简图。首先动力还是由输入轴顺转输入，这些与 D1 档没有变化，不同之处在于；D1 档时前排太阳轮是在（逆时针空转）；D2 档时前排的太阳轮被 B1 制动了；这样前排齿圈又以前排太阳轮为杠杆支点得到一个顺时针方向的推动力、并同时推动前排行星架作减速顺时针旋转、前排行星架现在变成了主动力。由于 C3 的接合前行星架会以 2 档的加速度带动后齿圈顺转向后排行星架再次顺转输出实现 2 档传动。因为 2 档的传动关系是由前、后排共同实现的。

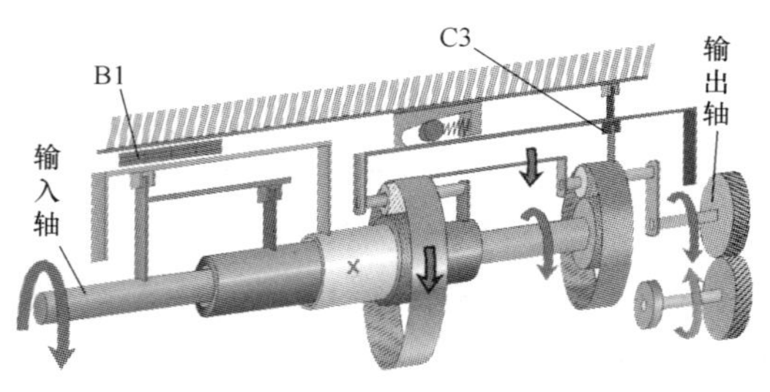

图 3-3-11 D2 档的传动立体图

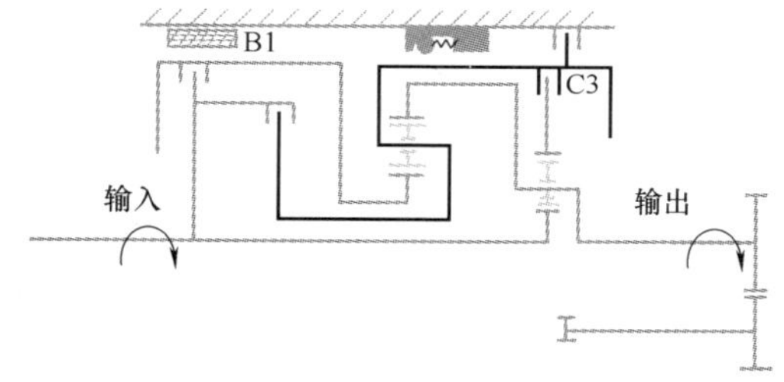

图 3-3-12 D2 档传动简图

4. D3 档的传动路线和档位分析

图 3-3-13 是换档手柄在 D 位 D3 档的传动立体图。图 3-3-14 是 D3 档传动简图。当汽车的行驶速度由 D2 档升 D3 档时，B1 松开，C2 接合。输入轴由后排太阳轮直接顺转输入，C3 接合将前行星架、后齿圈连接起来，C2 的接合又将输入动力与前行星架连接起来，由于输入的力矩是连接在几个大、小、齿数各不相同的齿轮上，因此相互锁定，以 1 ∶ 1 的速度顺转（公转）输出实现 D3 档也就是直接档。两个行星排一起公转在各个啮合齿轮之间是没有加减速磨合运动的，所以齿轮没有磨损。

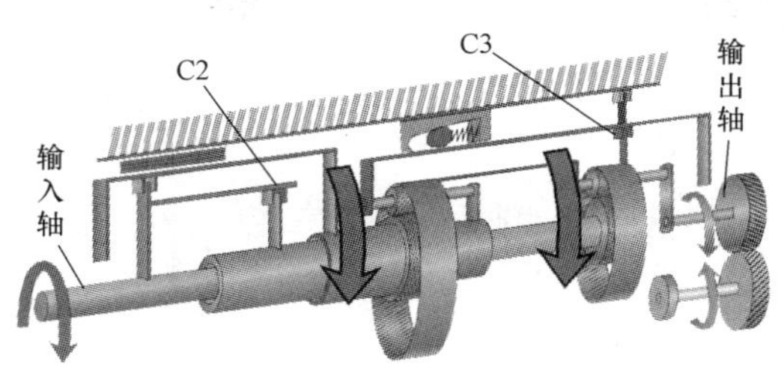

图 3-3-13 D3 档的传动立体图

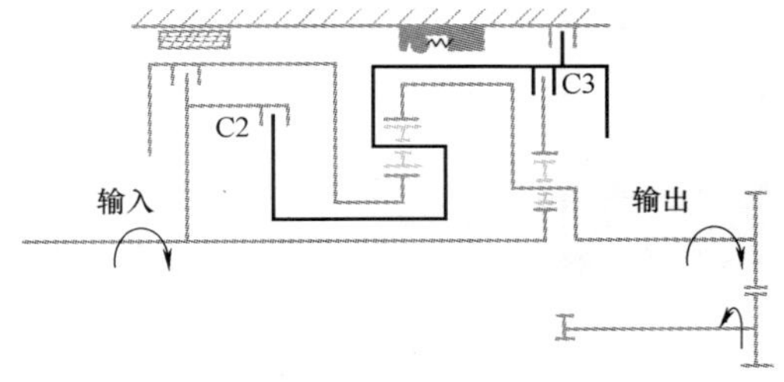

图 3-3-14 D3 档传动简图

5. D4 档的传动路线和档位分析：

图 3-3-15 是变速杆在 D 位 D4 档的传动立体图。图 3-3-16 是 D4 档传动简图。当汽车的行驶速度由 D3 档升 D4 档时，离合器 C3 松开，离合器 C1 接合，由前行星架顺时针转输入，制动器 B1 制动前太阳轮，动力从前齿圈超速顺时针转输出。此时的后行星排太阳轮也在与输入轴同速顺时针转，由于 C3 没有接合，后齿圈处于自由状态（也就是说，动力已经从前排齿圈输出了）。

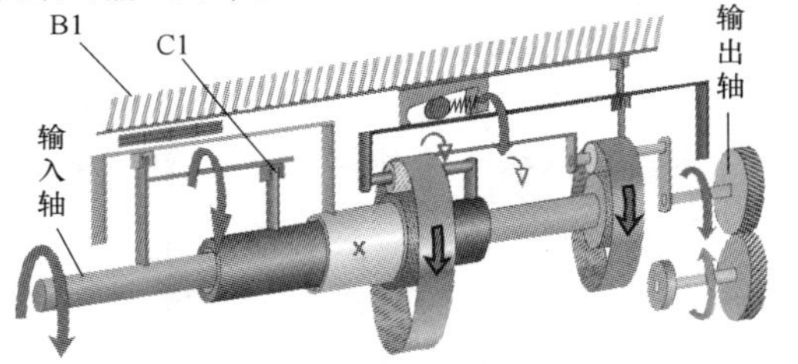

图 3-3-15 D4 档的传动立体图

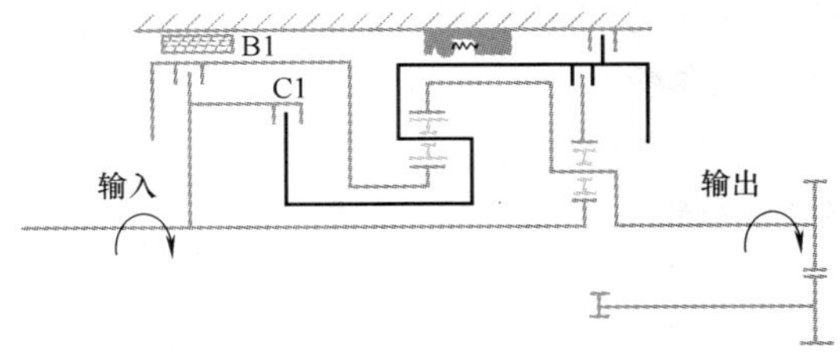

图 3-3-16 D4 档传动简图

6. 倒档的传动路线和档位分析

图 3-3-17 是变速杆在 R 位（倒档）的传动立体图。图 3-3-18 是倒档传动简图。当汽车准备挂倒档时，离合器 C2 接合动力从前排太阳轮顺时针转输入，由于制动器 B2 制动了前排行星架（不动），前排行星轮与太阳轮外啮合（自转、并改变旋转方向、反转），将动力传给前齿圈，前齿圈与行星轮内啮合也逆时针转将动力传出。

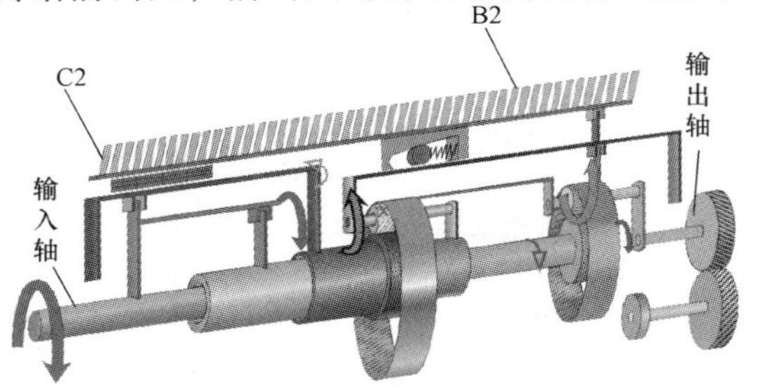

图 3-3-17 倒档的传动立体图

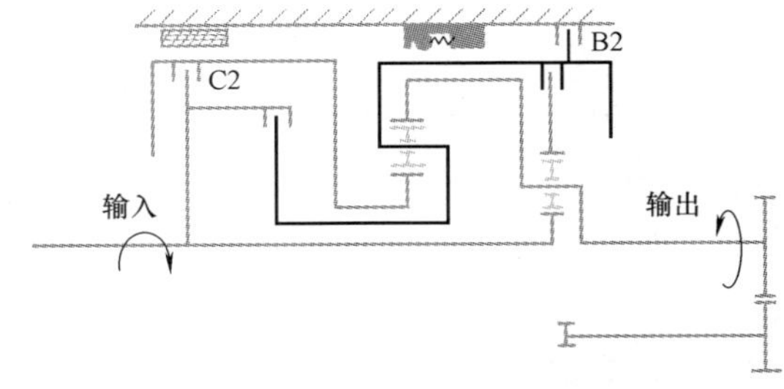

图 3-3-18 倒档传动简图

注意：

驾驶模式选择开关分普通模式 N—NOR—Normal；动力模式 P—PWR—Power；经济省油模式 E—ECO—Economic 和雪地起步防滑模式 S—Snow。这里的单个大写字母 N、P 不表示空档、停车档的意思。

后排太阳轮与输入轴相连（顺时针转）但没有动力干涉，因为后排行星轮和齿圈处于自由状态。

任务四 一汽花冠、卡罗拉 U340/341E 自动变速器结构与检修

案例链接（五）丰田卡罗拉行驶无力

［经过］某汽车修理厂接待了一辆丰田卡罗拉轿车，搭载的是 U340E 自动变速器。车主反映该车行驶无力，踩加速踏板没多大反应，车速只能上升到 30km/h 左右。

［故障诊断］

1）试车发现故障现象与车主反映一样，停车后发现发动机怠速转速高达 900r/min，明显高于正常数值。

2）首先分析车辆加速不良。从原理上讲，加速时发动机 ECU 采集加速踏板位置传感器信号和节气门位置传感器信号，控制节气门执行电动机，使节气门打开较大角度，提供大的进气量，在气缸内形成的可燃混合气量也大，点燃时产生的能量也大，活塞的做功频率也加大，曲轴的转速加快，从飞轮端输出的转矩加大，变速器再根据转速传感器等信息，将大转矩最终传递至车轮，车辆提速。

3）该车加速不良会不会是加速踏板位置传感器或节气门位置传感器出了问题，发动机控制 ECU ECM 接收到了错误的信息或没接到信息，不执行接下来的控制了呢？还是发动机进入失效保护模式了呢？失效保护模式即，当 ECM 内部存储了某些故障码后，ECM 便进入失效保护模式，ECM 再根据其他信号控制喷油和点火，调整发动机的输出，以确保车辆维持最低车速行驶。分析至此，感觉此车目前状况就是进入了失效保护模式。如果是传感器损坏会有相关的故障码被存储。用 KT600 调取故障码，故障码有 P2102 节气门执行器控制电动机电路低电位、P2111 节气门执行器控制系统卡在打开位置、P2112 节气门执行器控制系统卡在关闭位置、P2118 节气门执行器控制电动机电流范围/性能，且都清除不掉。故障码显示的是节气门执行器的故障码，检查节气门体总成。查维修手册故障码，见表 3-4-1。

表 3-4-1 故障码

DTC	零部件	失效保护操作	失效保护解除条件
P0120、P0121、P0122、P0123、P0220、P0222、P0223、P0604、P0606、P0607、P060A、P060D、P060E、P0657、P2102、P2103、P2111、P2112、P2118、P2119 和 P2135	节气门电控系统	ECM 切断节气门执行器电流，且节气门在回位弹簧的作用下恢到 6°节气门位置。ECM 根据加速踏板开度来控制燃油喷射（间歇切断燃油）和点火正时，从而调节发动机输出功率，使车辆保持在最低行驶速度①	检测到“通过”条件然后点火开关置于 OFF 位置。

① 当平稳而缓慢地踩下加速踏板时，车辆可以缓慢行驶。如果加速踏板被快速踩下，车辆可能会无规律地加速和减速。

首先拔下节气门体插头，检查节气门体 5 号端于是否有 5V 电压，用万用表测得电压为 5V。插上插头，用引线测量节气门位置传感器信号线 6 号端子电压，同时踩加速踏板，发

现6号端子的电压并没随之增大仍保持在0.8V，而且意外发现节气门保持在一个位置并没有动。再用电流档分别测量节气门执行器两端子，没有电流。难道是节气门执行器损坏了，使节气门保持在一个很小开度的位置，造成了节气门位置传感器信号线电压恒定在一个值？还是节气门执行器到ECM间的导线断路了呢？拔开节气门体插头和ECM—B31插头，根据电路图用万用表测量B25-2号端子与B31-42号端子间的电阻，为0.53Ω，说明这段导线是正常的，没有断路。用万用表测量B25-2号端子间的电阻，为0.53Ω，说明这段导线是正常的，没有断路。用万用表测量B25-1号端子与B31-41号端子间的电阻，为0.52Ω，说明这段导线也是正常的。会不会是节气门执行器损坏了呢？因为节气门执行器集成在节气门体内，只能更换节气门体总成试试，可谁知，换上好的节气门体后故障还是依日，难道是ECM内部某些元件损坏了？更换ECM后故障依旧存在。这时突然想到某些元件之间是有连带关系的，共用电源线或搭铁线，但从电路图上看不出来还有其他元件与节气门体总成有关联。节气门执行器有独立的供电线，即电源从蓄电池出来，经过ETCS熔丝，再经ECM的+BM端子，传给节气门执行器。+BM不供电，节气门执行器就不会工作。

[故障排除] 测量ETCS熔丝是否烧损。打开集成继电器盒盖，找到ETCS熔丝，测量电阻为无穷大，拔下一看，熔丝确实烧损了，更换新的熔丝，故障彻底排除。

[问题思考] 案例丰田卡罗拉行驶无力检修效率低留下的思考问题：

1）已经知道在排除自动变速器故障之前应该首先排除发动机与底盘其他故障最后才能排除自动变速器故障。这个故障现象在变速器，它的根源却是发动机的电路熔丝盒。前面学的知识忘了，没用上。

2）丰田卡罗拉轿车有了故障后，判断故障用到了多种检查方法和手段，虽然最终故障排除，但给人的感觉是一个常规的、简单的、小故障却围绕故障兜了一个大圈子。检修自动变速器应该由简到繁，先外后内，先电路后油压再解剖的原则；现实中很多修理单位也是怎么做的。在电路检修的初期阶段就应该检查相关电路的熔丝。另外，自动变速器故障检修的规律是由简到繁、先外后内、先电路、后油压和机械最后解剖。这次的故障判断和检查显然是违背了这个规律。

3）现在社会节奏这么快，修车行业在保证质量的前提下也要讲究效益，如果除去生产成本后，这么低的效益会造成企业亏损的。

下面还是了解一下U340/341E自动变速器吧。

U340/341E是一汽花冠轿车上搭载的前驱动自动变速器，不同于A340/341E型自动变速器，因为A340/341E是典型辛普森后驱动式自动变速器，而U340/341E则为改进型辛普森前驱动式自动变速器。U340/341E型自动变速器有两个行星齿轮排。为了理解方便，还是称左方向的行星齿轮排为前排，右方向的行星排称为后排。输入轴连接到3个离合器毂上，其内部有3个离合器、3个制动器、两个单向离合器一共8个执行组件。实现4个前进档和一个倒档，几乎所有前进档都有经济模式和动力模式，经济性和动力性较好。U340/341E自动变速器控制如图3-4-1所示，图3-4-2是实物和拆开后零件按“一字长蛇阵”摆放。

图3-4-3是U340/341E传动立体图，图3-4-4是其D1档传动简图。

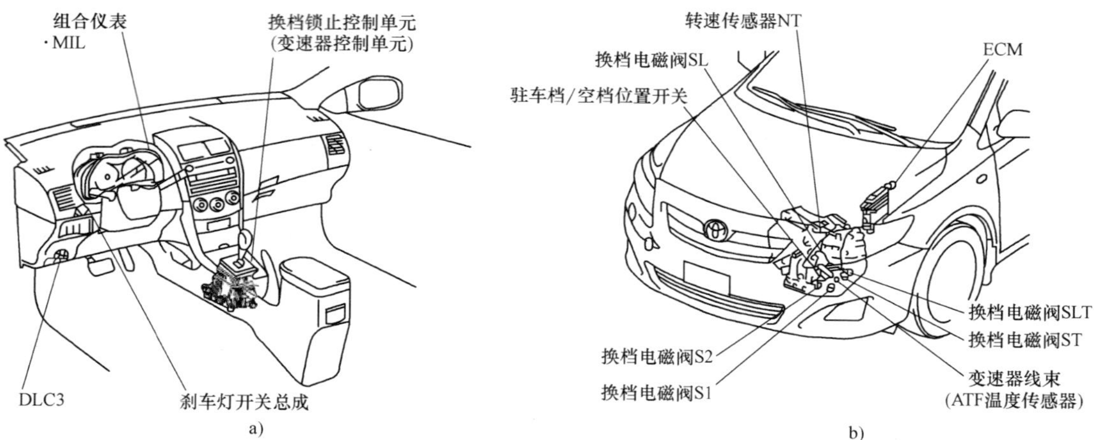

图 3-4-1 U340/341E 控制

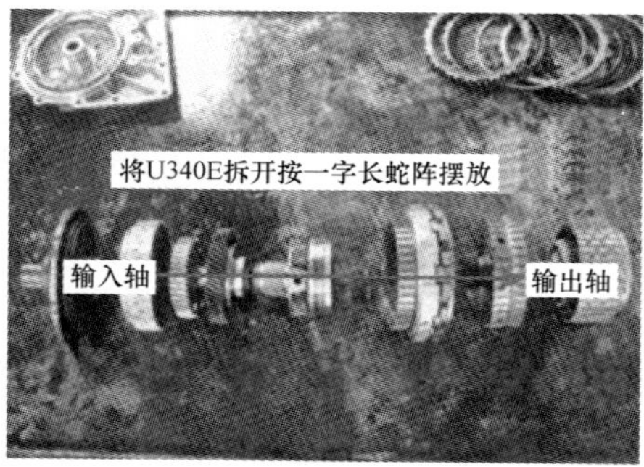

a) 实物 b) 零件按“一字长蛇阵”摆放

图 3-4-2 实物和拆开后零件按“一字长蛇阵”摆放

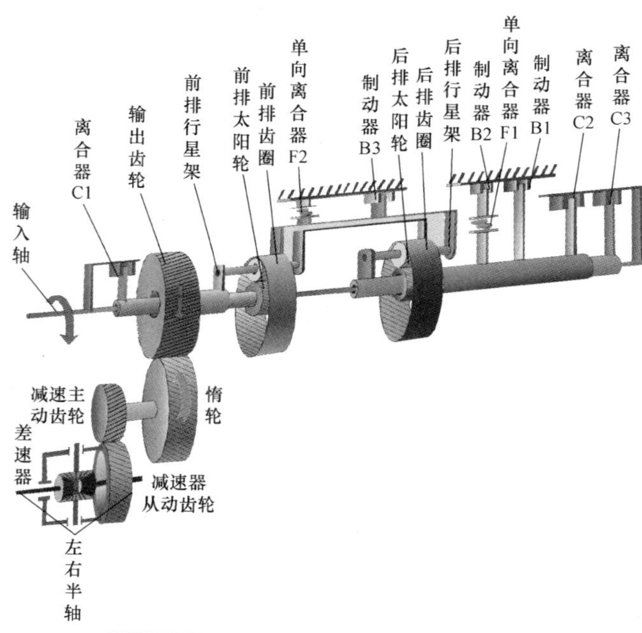

图 3-4-3 U340/341E 控制和传动立体图

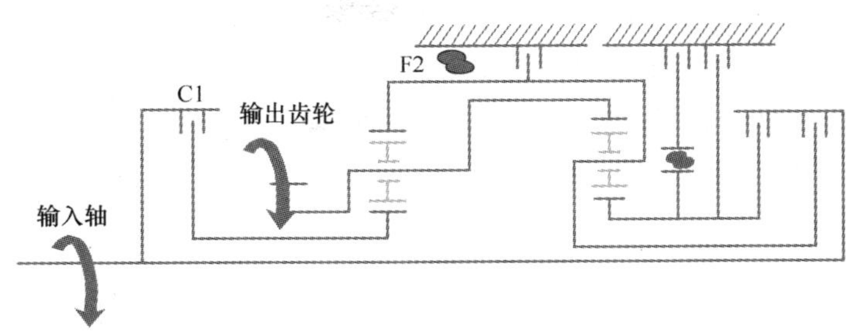

图 3-4-4 U340/341E D1 档传动简图

U340/341E 关键执行组件工况见表 3-4-2。

表 3-4-2 关键执行组件工况

D位				L位	2	R
D1	D2	D3	D4	1	2	倒
C1	C1	C1	C3	C1	C1	C2
F2	B2	C2、B2、F1	B1、B2、F1	B3、F2	B1、B2、F1	B3
	F1	C3				

注：表中小号字体为不工作组件，但有利于动力模式与经济模式的切换。

各档传动比见表 3-4-3。

表 3-4-3 U340E 各档传动比

1 档传动比	2.847	3 档传动比	1	倒档传动比	2.343
2 档传动比	1.552	4 档传动比	0.7	主减速比	3.850

1. 失效保护

当各传感器和电磁阀中出现任何故障时，该功能将把 ECT 功能损失减至最小。

1）车速信号（SPD）。当车速信号出现故障时，禁止 4 档加档。

2）涡轮输入转速传感器 NT（转速传感器 NT）。当涡轮输入转速传感器出现故障时，禁止 4 档加档。

3）ATF（自动变速器油）温度传感器。当 ATF 温度传感器出现故障时，禁止 4 档加档。

4）换档电磁阀 SL。如果 ECM 检测到电磁阀 SL 中有故障时，将关闭电磁阀。

5）换档电磁阀 SLT。当电磁阀 SLT 出现故障时，禁止 4 档加档。

6）发动机冷却液温度传感器。当发动机冷却液温度传感器出现故障时，禁止 4 档加档。

7）爆燃传感器。当爆燃传感器出现故障时，禁止 4 档加档。

8）节气门位置传感器。当节气门位置传感器出现故障时，禁止 4 档加档。

9）换档电磁阀 S1 和 S2。

2. 失效保护功能

如果任意一个换档电磁阀电路出现断路或短路故障，ECM 将打开和关闭其他换档电磁

阀，以切换至表3-4-4中所示的档位。ECM还会同时关闭换档电磁阀ST。如果两个电磁阀同时出现故障，液压控制系统不能采用电子控制方式，而必须手动执行。必须执行表3-4-4中所示的手动换档（在短路的情况下，ECM停止对短路电磁阀供电）。在失效保护模式下，即使起动发动机，档位仍保持在原来的位置。失效保护见表3-4-4。

表3-4-4　失效保护表

位　置	正　常			换档电磁阀S1故障		
	电磁阀		档　位	电磁阀		档　位
	S1	S2		S1	S2	
D	ON	ON	1档	×	ON→OFF	3档
	ON	OFF	2档	×	OFF	3档
	OFF	OFF	3档	×	OFF	3档
	OFF	ON	4档	×	ON	4档
2	ON	ON	1档	×	ON→OFF	3档
	ON	OFF	2档	×	OFF	3档
	OFF	OFF	3档	×	OFF	3档
L	ON	ON	1档	×	ON→OFF	3档
	ON	OFF	2档	×	OFF	3档

位　置	换档电磁阀S2故障			两个电磁阀同时故障
	电磁阀		档　位	手动换档时的档位
	S1	S2		
D	ON	×	2档	3档
	ON	×	2档	3档
	OFF	×	3档	3档
	OFF	×	3档	3档
2	ON	×	2档	3档
	ON	×	2档	3档
	OFF	×	3档	3档
L	ON	×	2档	3档
	ON	×	2档	3档

① X：OFF（ECM停止对故障电磁阀供电）。

② →：电子故障的情况如“→”左侧所示；失效保护模式的情况如“→”右侧所示。

3. 故障排除

重点提示：

该系统的ECM连接到CAN和多路通信系统。因此进行故障排除前，务必检查并确认CAN与多路通信中无故障。使用智能检测仪。

根据客户故障分析的结果，设法重现症状，以对故障症状的确认。如果故障为变速器不能加档、减档或换档点太高或太低，则参照自动换档规范进行路试，并模拟故障症状。

路试在 ATF（自动变速器油）的正常工作温度为 50～80℃下进行测试。

（1）D 位置测试

变速杆换至 D 位置，并完全踩下加速踏板，然后检查。

1）检查加档操作。检查并确认 1—2、2—3、3—4 档可加档，且换档点与自动换档规范一致。

提示：

4 档加档禁止控制。

① 发动机冷却液温度为 60℃或更低，车速为 70km/h 或更低。

② ATF 温度为 10℃或更低。

③ 踩下制动踏板。

④ 松开加速踏板。

⑤ 发动机冷却液温度为 60℃或更低。

2）检查是否出现换档冲击和打滑。检查 1—2、2—3 和 3—4 档加档时的冲击和打滑。

3）检查是否出现异常噪声和振动。行驶时变速杆置于 D 位并进行 1—2、2—3 和 3—4 档加档，以及在锁止状态期间行驶时，检查是否存在异常噪声和振动。

提示：

必须彻底检查引起异常噪声和振动的原因，因为这可能是由于差速器、变矩器离合器等失衡造成的。

4）检查强制降档操作。行驶时变速杆置于 D 位，检查从 2—1 档、3—2 档和 4—3 档强制降档时的车速。确认各速度都处于自动换档规范指示的适用车速范围内。

5）检查强制降档时的异常冲击和打滑。

6）检查锁止机构。变速杆在 D 位（4 档）时，以稳定的速度行驶（锁止打开）。轻踩加速踏板，检查并确认发动机转速不急剧变化。

提示：

如果发动机转速出现较大跳跃，则不能锁止。

（2）3 位测试

变速杆换至 3 位并完全踩下加速踏板，然后检查。

1）检查加档操作。检查并确认 1—2 和 2—3 可加档，且换档点与自动换档规范一致。

提示：

在 3 位时不能加档至 4 档。

2）检查发动机制动。在 3 位和 3 档下行驶时，松开加速踏板，并检查发动机制动效果。

3）在加速和减速期间，检查是否存在异常噪声，并在加档和减档时检查是否存在冲击。

（3）2 位测试

变速杆换至 2 位并完全踩下加速踏板，然后检查。

1）检查加档操作。检查并确认 1—2 可加档，且换档点要与自动换档规范一致。

提示：

在2位时不能加档至3档并锁止。

2）检查发动机制动。在2位和2档下行驶时，松开加速踏板，并检查发动机制动效果。

3）在加速和减速期间，检查是否存在异常噪声，并在加档和减档时检查是否存在冲击。

（4）L位测试

变速杆换至L位并完全踩下加速踏板，然后检查。

1）检查是否不能加档。在L位下行驶时，检查是否不能加档至2档。

提示：

在L位时不能加档至2档并锁止。

2）检查发动机制动。在L位下行驶时，松开加速踏板，并检查发动机制动效果。

3）在加速和减速期间，检查是否出现异常噪声。

（5）R位测试

变速杆换至R位，轻踩加速踏板，并检查车辆向后移动时是否出现任何异常噪声或振动。

注意：

在进行上述检测之前，请确保检测区域无闲杂人员且道路畅通无阻。

（6）P位测试

将车辆停在斜坡（大于5°）上，变速杆换至P位后松开驻车制动器。然后检查并确认驻车锁爪能使车辆保持在原地。

（7）上坡/下坡控制功能测试

1）检查车辆在上坡时，是否不能加档至4档。

2）检查车辆在下坡时，踩下制动器后，是否从4档自动减档至3档。

4. 执行机械系统测试

（1）测量时滞

1）时间滞后试验。如图3-4-5所示，时滞试验的目的是测定发动机怠速时，自动变速器自变速杆从N位换到R位，直至感觉到换档冲击为止的这一段时间，换言之也就是说从N位换到D位或R位，中间经历液压控制系统和行星齿轮装置起动，一直到将发动机驱动力矩传至汽车驱动轮这一段完整的时间。

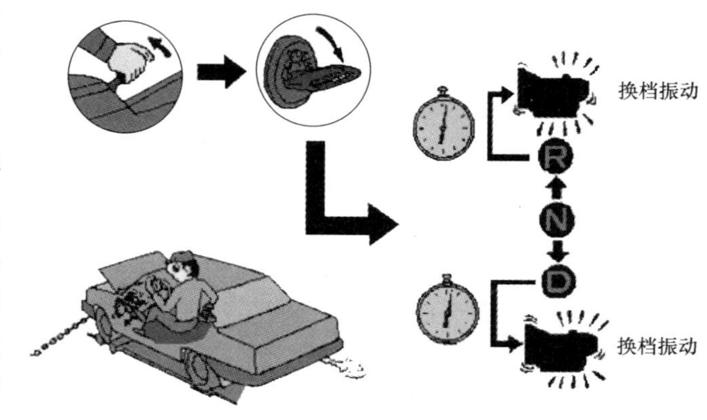

图3-4-5 时滞试验

2）其实也可以完全理解为计算机已经计算好了在发动机怠速工况下的起动油路压力从开启到元件的完全接合所需的标准时间，一般情况下大多数自动变速器的前进档接合时间不超过1.2s。而倒档的接合时间不超过1.5~2s。因此就可以把检测的结果数据与标准数据进行比较并分析出故障原因。假如说前进档和倒档的接合时间都超出标准数值时，则有可能是一个共性的问题：那可能是滤清器堵塞、油泵问题、主油路控制系统或者是前进档和倒档工作元件的间隙都超出差值，一般来说，把这种故障叫“慢冲”；如果是某一个档位（前进档或倒档）接合时间超长，则说明跟滤清器、油泵、主油路控制等无关，则极有可能是这个档位的油路存在泄漏或元件的间隙过大。反之，如果在特殊情况下变速器表现出接合过快的的现象（这种情况不多），一般在维修中把这种故障叫“快冲”，可能的原因从两方面分析：如果是维修过的变速器，则可能是把离合器或制动器的间隙调整的太小了；如果不是维修后的变速器，则可能是液压方面的缓冲油路没有节流。

在发动机怠速运转的情况下变换变速杆时，在感觉到冲击之前将有一定的时延或时滞。这可用于检查离合器和制动器的状态。

（2）液压试验

1）油压试验。自动变速器档位的变换（传动比的变换）由液压控制系统控制，而液压控制系统则是借助于液压来实现的，因此自动变速器在任何时候都必须要有正常的工作液压。自动变速器工作液压的正常与否又取决于各液压装置（如油泵、各调节控制阀）的工作状态和配合间隙。因此液压试验的目的就是通过检查自动变速器各种工作液压是否正常，来判断液压装置的工作状态。因此有人说油压试验是检查自动变速器冲击、打滑、不能行驶等故障最好的检测方法。通过对压力表参数变化的数值可分析出液压控制系统的故障原因来。如图 3-4-6 所示。

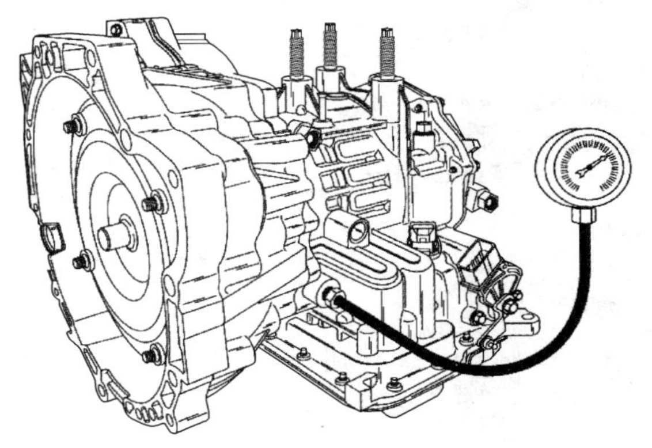

图 3-4-6　油压试验

2）加压试验。加压试验是测试从供油开始，至用油元件（离合器或制动器）间的压力大小和密封性能。这种试验非常实用，它至少可以验证机械方面密封性能 90% 的可靠性，在过去传统维修中，修理工大多利用压缩空气来代替液压测试方法，这种方法准确程度不高。一般情况下，在测试过程中大家都会将气压调得很高，通过听元件的接合声音来判断其泄漏及密封情况，这样的操作可能还会因“误判”而带来再次拆解总成。如果利用加压机进行测试，可以先把每一个元件的工作压力调整好然后进行加压，通过观察元件的保持压力即可验证元件及元件至压力源间的整个油路的密封性能，这样可以提高变速器的一次性修复率，保证变速器装配的可靠性避免各种浪费和反复拆装的无用功。

目前，大部分自动变速器专业维修厂都在采用这种检测方法。它方便实用，有些加压机还带有加温功能，可以将 ATF 经过加温后再实现加压测试，这是因为有些时候的泄漏跟温度有关，因此更加体现出测试的可靠性，如图 3-4-7 所示。

图 3-4-7　加压试验

3）管路压力测量。具体操作如下：

① 使 ATF 变暖。

② 拆下传动桥壳左前侧的检测螺塞并连接 SST 09992-00095（09992-00231、09992-00271）

③ 完全拉紧驻车制动器并塞住 4 个车轮。

④ 将智能检测仪连接到 DLC3。

⑤ 起动发动机并检查怠速转速。

⑥ 用左脚踩住制动踏板并将变速杆换至 D 位置。

⑦ 在发动机怠速运转时测量管路压力。

⑧ 将加速踏板踩到底。发动机转速达到失速转速时，迅速读取最高管路压力。

⑨ 用同样的方法在 R 位进行测试。规定的管路压力及故障判断见表 3-4-5。

表 3-4-5　规定的管路压力及故障判断

条　件	D 位	R 位
怠速运转时压力/kPa	372～412	553～623
失速测试压力/kPa	1120～1230	1660～1870
故　障		可 能 原 因
如果在所有位置测量值都偏高		• 换档电磁阀 SLT 故障 • 调压器阀故障
如果在所有位置测量值都偏低		• 换档电磁阀 SLT 故障 • 调压器阀故障 • 机油泵故障
如果仅在 D 位压力偏低		• D 位油路漏油 • 前进档离合器故障
如果仅在 R 位压力偏低		• R 位油路漏油 • 倒档离合器故障 • 1 档和倒档制动器故障

注意：

① 在 ATF（自动变速器油）的正常工作温度为 50～80℃下执行测试。

② 管路压力测试务必由两人一起完成。一名技师进行测试时，另一名技师应在车外观察车轮或车轮挡块的状况。

③ 注意不要使 SST 软管妨碍排气管。

④ 本检测必须在检查和调整发动机之后进行。

⑤ 检测应在空调关闭的情况下进行。

⑥ 失速测试时，测试的持续时间不得超过 5s。

（3）自动变速器总成台架试验

在一些专业自动变速器修理厂里目前还有一项实验，就是总成台架试验，其目的是未维修前对故障进行检测和维修后的整体情况的检测，不过一般情况下 90% 以上的都是经过维修的变速器总成进行相关项目的测试。目前一些智能型检测台架都是把车上的电控程序复制到操控台上，因此，通过测试可以得到正确的换档正时曲线、换档时的系统油压、变速器机

械元件的异响、包括振动等。所以在维修中大家经常会讲台架试验的测试主要在于测试的人，完全靠“看”“听”“摸”来总结一些台架的测试经验。虽然说目前的台架试验已经达到更多的测试要求，但还是不能真正模拟有驾驶人的驾驶情景，同时也不能百分之百模拟所有道路下的工况条件。这样通过“看数据的变化”“听变速器内部的噪声”“摸变速器在运行中的振动感觉”等来评估测试结果。图 3-4-8 是变速器总成的台架试验。进行变速器总成测试时，一定要按照测试流程和测试项目来执行。

图 3-4-8 变速器总成的台架试验

1）安全性。将变速器总成安装在台架上的过程中，一定要注意安全性，一个是操作人员的安全性，另一个是对设备使用的安全性。

2）正确组装。对于不同形式的变速器总成，在台架装配中一定要按照正确步骤来完成每一项装配任务。

3）规范操作。无论是在组装过程中，还是在测试过程中，测试人员一定要规范操作，不能野蛮操作。

4）测试项目。在测试过程中，一定要通过自动和手动两种模式把换档曲线、油压调节曲线、转速信息、变矩器闭锁控制、润滑系统的流量、负载等项目都要一一测试出来。

5）模拟测试（工况测试）。对特殊故障的变速器还要进行模拟工况下的测试，并查出故障原因来。

6）数据分析。这一点非常重要，当变速器总成在台架运行中我们一定要对主油压及换档油压、冷却控制流量、输入转速和输出转速、每一个档位的传动比、变矩器 TCC 闭锁等数据的分析。

7）分析打印报告。各项试验进行完以后，再把变速器整个运行时的动态数据信息打印出来并分析打印报告，各数据信息在没有任何问题的情况下方可下架。

8）竣工检验出厂。如果是单纯来修变速器总成而不是整车的，此时可以通过检验出厂。

知识扩展：根据实物画 01V（5HP—19）自动变速器传动原理简图

如图 3-4-9 所示，画大众 01V（5HP—19）自动变速器传动简图。

图 3-4-9 01V（5HP—19）型自动变速器实物

综 合 练 习

（一）填空题

1. RE4F02A 辛普森改进型行星轮仍然采用________行星轮，其中前齿圈与后行星架一

体作为动力输出元件，但不再共用________。

2. RE4F02A 辛普森改进型行星齿轮机构有 3 个动力输入路径，______、______、______。

3. 日产 RE4F02A 变速器 D1 档时，后__________输入、后__________齿圈固定、后________输出。

（二）问答题

1. 日产 RE4F02A 变速器在 D2 档时，为什么要使用制动器 B1？当 B1 打滑时，变速器会出现什么样的故障现象？

2. 日产 RE4F02A 变速器的 D2 档速度为何比 D1 档快？

3. 辛普森改进型行星齿轮机构的连接有什么特点？动力如何输入？

4. 4T65E 自动变速器的 3 档传动路线是怎样的？

（三）日产 RE4F02A 自动变速器实物与档位演示

1. RE4F02A 自动变速器实物 D1 档演示。

如习题图 3-1 所示，用实物演示时，左手抓住输入轴，由前向后看施加一个顺时针方向旋转的力（离合器 C3 通油接合无法模拟），单向离合器 F 的外圈固定在壳体上，会发现前排太阳轮在逆时针转，这就是 D1 档传动关系。汽车在 D1 档起步或行驶，当驱动轮的滑行速度快于输入轴的驱动速度时，后行星架通过齿圈会推动前行星架顺时针转，前行星架顺时针转就会打滑，动力也不能反传给发动机（就是没有发动机制动）。其实我们在理解单向离合器 F 的逆时针转锁定和顺时针受力打滑的两个工况时，都是有用的，主要看它的内、外圈控制目的是什么。

2. RE4F02A 自动变速器实物 1 档（也就是手动 1 档）演示。

用实物演示时，左手抓住输入轴，由前向后看施加一个顺时针方向旋转的力（离合器 C3 通油接合无法模拟），用右手模拟离合器 C3 和制动器 B2 将前行星架制动，传动关系与 D1 档基本一样，只不过当驱动轮的滑行速度快于输入轴的驱动速度时，此时后行星架通过齿圈也会推动前行星架顺时针转方向受力。由于 B2 的作用，前行星架现在就不会顺时针转了（也就是有发动机制动）。这是手动 1 档传动，如习题图 3-2 所示。

习题图 3-1　D1 档实物演示

习题图 3-2　手动 1 档演示

3. RE4F02A 自动变速器实物 D2 档演示。

用实物演示时，左手抓住输入轴，由前向后看，施加一个顺时针方向旋转的力（离合器 C3 通油接合无法模拟），右手模拟制动器 B1 将前太阳轮制动。此时会发现，刚才在 D1 档逆时针转的前排太阳轮被 B1 制动后，输出速度快了很多，前面讲过 2 档的变速关系比较复杂，实物演示只能观察到表面现象，真正理解和消化必须借助理论知识帮助，如习题图 3-3 所示。

4. RE4F02A 自动变速器实物 D3 档演示。

用实物演示时，左手模拟离合器 C2 接合，动力从前排行星架输入，右手模拟离合器 C3 接合，将后圈与前行星架连接起来，后太阳轮还有一个输入转速，这样两个离合器接合，将动力传到两个齿数不相同的齿轮上实现 1∶1 同步公转输出，这是 3 档的实物演示（当然无法模拟离合器的通油接合），如习题图 3-4 所示。

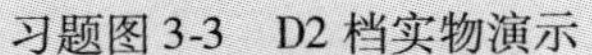
习题图 3-3　D2 档实物演示

习题图 3-4　D3 档实物演示

5. RE4F02A 自动变速器实物 D4 档演示。

用实物演示时，左手抓住输入轴，由前向后看，施加一个顺时针方向旋转的力（离合器 C1 通油接合无法模拟），另外把前排太阳轮模拟 B1 制动，右手在前排行星架上施加一个顺时针方向的旋转力，即：前排行星架输入，太阳轮固定，齿圈输出实现 4 档（也就是超速档），如习题图 3-5 所示。

6. RE4F02A 自动变速器实物 R 档演示。

用实物演示时，左手模拟离合器 C2 接合，给前排太阳轮一个顺时针方向的旋转力，右手模拟制动器 B2 将行星架制动。这样前排太阳轮顺时针转输入、行星架固定、齿圈就会逆时针转输出（当然，离合器、制动器的通油接合是无法模拟的），如习题图 3-6 所示。

习题图 3-5　D4 档实物演示

习题图 3-6　R 档实物演示

项目四

拉维奈尔赫式自动变速器检修

案例链接（一）帕萨特 3000 轿车油底壳碰撞后无倒档

［经过］车主反映，车速度较快，驶过一中间高两边低的坏路面时，将变速器油底壳碰坏，当时变速器油从油底壳的破损处流出，到一修理厂修补好变速器油底壳破损处后，重新加入自动变速器油，试车，发现该车没有倒档，但其余档位均正常。

［故障诊断与排除］后经拆开检查离合器 K2 活塞及弹簧，发现活塞及弹簧支承板在离合器壳体内无法自由转动，均有受热膨胀变形的可能性，说明离合器 K2 已经损坏，应更换离合器 K2。更换了倒档离合器 K2，重新正确组装自动变速器，加注自动变速器油。安装完毕后上路试车，倒档工作正常，故障排除。

任务一 拉维娜式自动变速器结构及检修

一、帕萨特 3000 轿车 01V 自动变速器检修

案例链接（二）帕萨特 01V 变速器 5-4 档冲击及入档冲击

［经过］车型帕萨特 3000 搭载 01V（5HP—19）自动变速器。图 4-1-1 是 01V 自动变速器。这种组合故障往往发生在变速器维修以后（也有变速器解体以前发生的）。同行的朋友也能很快地将故障点指向油路，多数是多次的清洗油路，因为机械的装配不会有问题。清洗油路不能解决问题，那么只能换变速器总成。

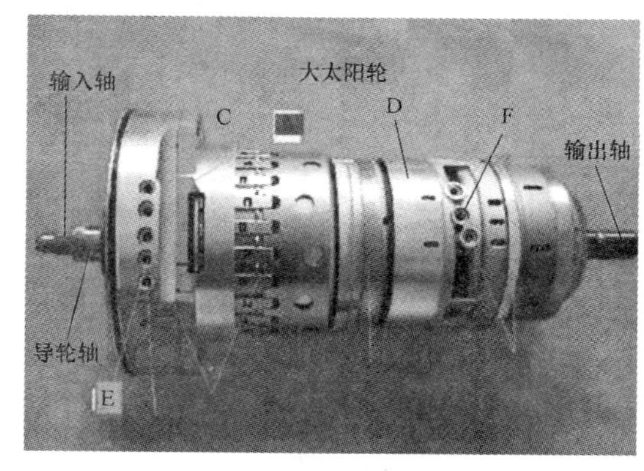

图 4-1-1　01V 自动变速器

［故障分析］没有把握，只能更换自己认为有问题的零件，有换电磁阀的、有换油路板总成的、还有换变速器 ECU 的。问题肯定是解决了，出现这种组合故障的原因是什么呢？可以肯定该现象是通过 A 离合器的工作所表现出来的。A 离合器的接合在入 D 位和 5-4 档，因

为A离合器的工作引起的冲击，是否就一定是A离合器的控制出问题了呢？

通过对有故障的油路总成测试分析发现，主油压振幅过大，A离合器工作油压偏高、工作延时。这是一起由于主油压升高引起的组合冲击。是什么原因引起的油压升高呢？EDS1首当其冲。EDS1承担着油压调节的重任，所以油压的异常EDS1难逃干系。测试EDS1发现，EDS1方波形态失真，波峰高出正常值，电磁阀工作异常。更换EDS1电磁阀一切恢复正常。

那么，有人要问："电磁阀的异常肯定在维修以前形成的，变速器维修以前为什么没有这样的故障现象？"大家知道，电磁阀的性能下降是逐渐形成的，性能下降所产生的缺陷是由ECU来修正的。等修好了变速器、变速器的机械性能得以恢复、匹配了ECU及所有信号以后，却忽视了电磁阀性能的检测。同样道理，电磁阀的性能也是应该恢复的。

还有人又要问："既然是主油压升高那么受到影响的不应该只是A组离合器，为什么故障现象只出现在A离合器工作的区域？"是的，一旦主油压升高所有的用油元件都将受到影响，只是对其他离合器的影响不被我们所感知，而A离合器工作区域的负载状态和传动比不同于其他离合器，表现得比较突出罢了。

[**维修建议**] 到这里，大家应该明白其中的道理了。建议同行遇到此类组合冲击在没有检测条件时，可以先换EDS1电磁阀试试，不要盲目地换油路总成或其他总成。

1. 大众01V自动变速器标识

图4-1-2是发动机与01V自动变速器连接。图4-1-3是01V自动变速器外观的两个不同角度。大众车系搭载的01V编号自动变速器是大众公司的服务号，其实它是一款由德国ZF公司生产配套型号为5HP—19的自动变速器。ZF—5HP—19自动变速器有前二驱和四驱两种，大众公司的服务号01V是一张纸片标识，时间一长要么就模糊不清，要么丢掉了根本就找不到，这样给维修配件带来困难。只有ZF公司的标识还清晰可见，如图4-1-4所示。所以大家要知道这个信息。

图4-1-2 发动机与01V自动变速器连接

图4-1-3 01V自动变速器外观的两个不同角度

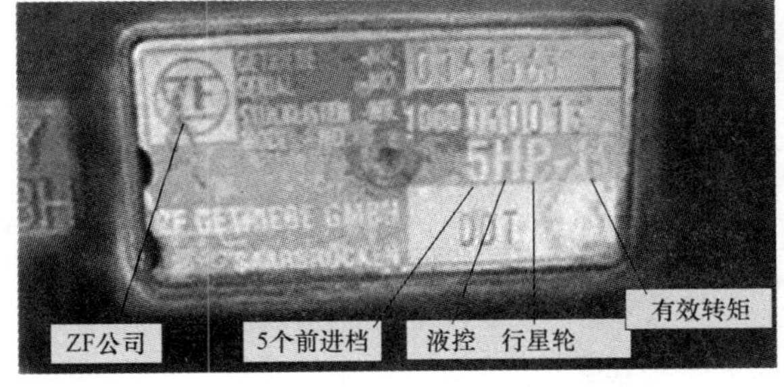

图4-1-4 01V自动变速器另一个标识(ZF—5HP—19)

2. 大众01V自动变速器结构特点

大众车系奥迪A6、捷达、帕萨特B5轿车等都有搭载01V（ZF—5HP—19）自动变速器。这款自动变速器是一款电子控制手动/自动一体化式自动变速器，液力变矩器内的锁止

离合器可在 3 档、4 档、5 档时接合。传动部分由一个拉维娜和一个输出行星排组成，具有 5 个前进档和一个倒档，是 4 档拉维娜的换代产品。ZF—5HP—19。自动变速器解体实物如图 4-1-5 所示。

图 4-1-5 ZF—5HP—19 自动变速器解体实物

4 个离合器的执行元件分别，为 C1、C2、C3、C4，3 个制动器的执行元件分别为 B1、B2、B3，1 个起步单向离合器 F。01V 自动变速器传动立体图和传动简图如图 4-1-6 所示。

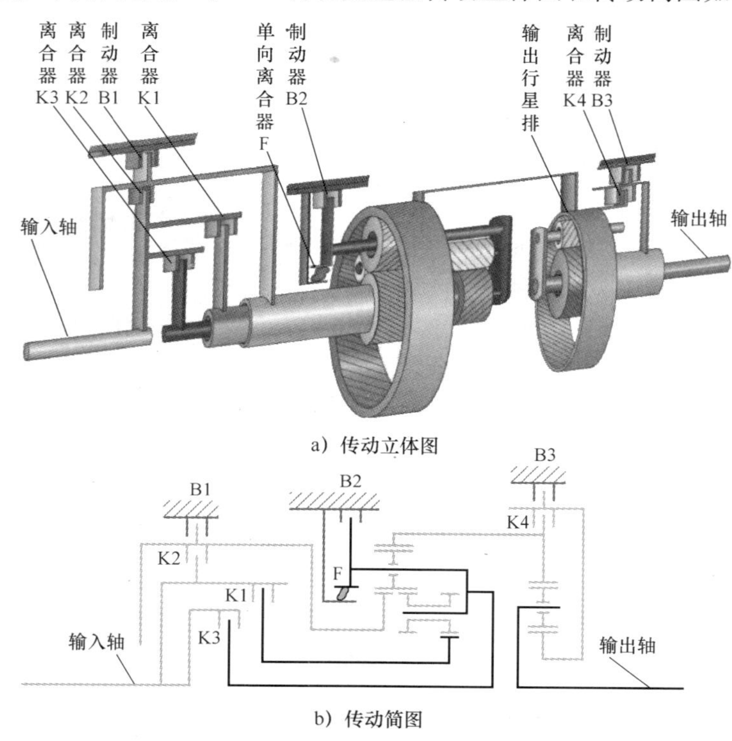

a）传动立体图

b）传动简图

图 4-1-6 01V 自动变速器传动立体图和传动简图

01V 自动变速器传动的各档关键执行元件工况见表 4-1-1。

表 4-1-1 关键执行元件工况

变速杆位置	D 位					L 位	R 位
变速器档位	D1	D2	D3	D4	D5	1	倒
执行元件	K1	K1	K1	K1	B1	K1	K2
	B3	B3	K4	K4	K4	B2	B2
	F	B1	B1	K3	K3	B3	B3

二、自动变速器诊断与检测

1. 自动变速器故障诊断流程

传统的自动变速器修理方法已经过时（图 4-1-7），新型自动变速器的故障诊断与维修离不开以下几个重要环节。涉及较多的是规范操作，关键的是故障诊断过程。因此整个作业过程需要由两类人员来进行操作，故障诊断由汽车诊断技师来完成，车间操作由维修技师来完成即可。无论是故障诊断还是故障维修都需要一些软硬件的支持，如齐全且方便查询的维修资料库、相关的诊断和维修设备，当然还包括符合维修环境的现代化维修车间等。同时还要给维修技术人员营造一个工作和再学习环境的培训教室，这一点很重要，汽车技术在不断更新，维修服务应后继有人。一个只顾眼前利益的企业是不会长久和没有发展前途的。

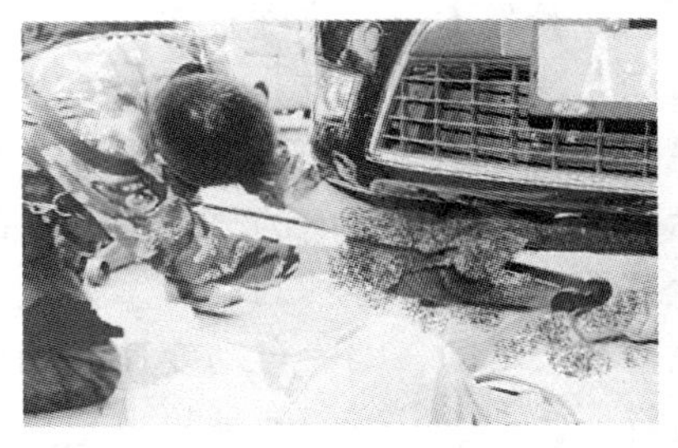

图 4-1-7 传统的自动变速器修理方法

（1）故障划分

当接到一辆怀疑是自动变速器出问题的车时，首先应对故障范围进行划分。即①发动机→②底盘→③自动变速器。

发动机：蓄电池电压是否正常，将气缸断火、断油看看发动机的转速是否有明显跌落，如果没有明显跌落说明故障在发动机。查看冷却液温度、进气真空度是否正常。

底盘：传动轴、主减速器、差速器是否振动、发热。车轮制动器是否摩擦阻滞、轮毂轴承是否过紧、轮胎气压是否正常等。能够彻底分清自动变速器与发动机之间的关系以及自动变速器与其他系统的连带关系，这样才能进行自动变速器的故障判断。

最后才是检查自动变速器，不是万不得已不要轻易将自动变速器解体，因为自动变速器解体后有很多密封件需要更换，造成不必要的浪费。

进厂诊断是整个自动变速器故障维修中确定维修项目最关键的环节，它关系着整个的维修方向与维修结果的成败。因此故障判断环节对诊断者的要求特别高：它不但应具备一定的扎实的理论基础，同时还要具备一定实践维修经验，熟悉使用相关诊断检测工具、设备和数据分析能力。

诊断，首先要做到使用汽车专用检测 ECU 进行全系统 ECU 检测，消除与自动变速器有关的其他系统故障。当然，最为关键的是在判断一个故障原因时，必须遵循科学的诊断流程。利用诊断工具进行变速器故障诊断，如图 4-1-8 所示。

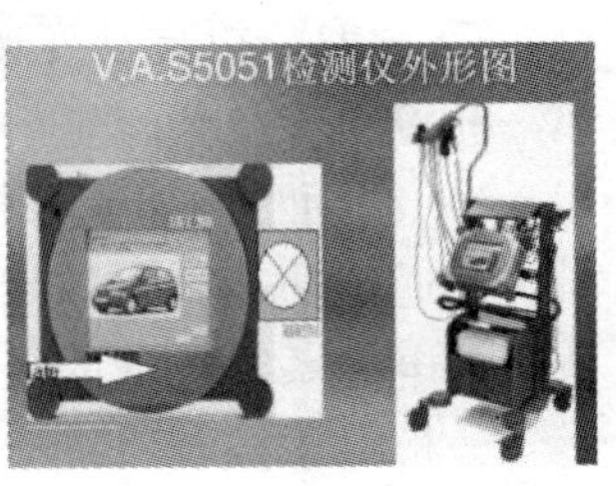

图 4-1-8 利用诊断工具进行变速器故障诊断

（2）主动问诊

随着汽车新技术的不断应用，现代电控自动变速器，集中了机械、电子、液力传动、微机控制等多种新技术，其功

能日趋完善，工作性能更加可靠，自动化控制程度在不断提高，逐渐成为当今汽车的主要装备。自动变速器维修涵盖的知识面广，包括的技术种类多，自动变速器维修时的难度、装配技术要求的精度以及对维修人员综合素质的要求都越来越高。

如果自动变速器出现故障，在故障原因不明确，又无相关维修资料的情况下，仅凭一般性的经验是不能完成维修任务的，因而绝对不能盲目拆装自动变速器，而应根据具体车型和自动变速器型号，充分做好相关准备工作。维修人员应当首先了解和掌握机、电、液以及微机控制等基础理论知识，运用科学的维修程序，按正确方法维修自动变速器。如图 4-1-9 所示，询问故障发生前的故障征兆及故障发生过程、时间、各种因素等。详细问诊是完全有必要的，因为自动变速器的使用者绝对不会把所发生的各种故障现象描述得非常的完美，但基本能够描述出一些大概而又笼统的特征来，即便是这样也有可能通过这种问诊，寻求一些解决问题的蛛丝马迹了，它给初检“破案”奠定了基础。以便做到对症下药。

图 4-1-9 主动问诊

(3) 常规检查

很小的问题会导致某个系统或汽车整体工作不正常。通过常规的检查也可发现一些故障内容，这样就避免了走一些弯路。毕竟进行常规检查花费不了太多的时间。如果电子控制系统记录了相关的故障内容，则首先记录下这些故障信息后再进行故障内容清除，并通过路试来看故障内容能否重新再现。

1) 常规检查中包括了外围部分的 ATF 油量及油质的检查、变速杆的正确位置检查、制动灯开关及强制降档开关的检查等。

2) 利用诊断仪进行以下检测：

① 发动机的标准怠速。

② 节气门全关和全开情况。

③ 空气流量的标准数值。

④ ATF 温度及冷却液温度。

⑤ 多功能开关位置。

⑥ 其他相关参数检测。

⑦ 读取分析自动变速器的动态数据流。

⑧ 波形的分析。

3) 利用示波器来分析各转速信息（发动机转速、输入轴及输出轴转速等）以及网络数据线的通信功能。霍尔传感器、线性及脉冲式电磁阀、执行器在汽车上广泛应用，波形分析是诊断电控系统故障的最有效的方法之一。

分析电子控制系统里的每一组数据的准确性和可变性，通过各数据来分析各输入传感器、各开关以及 TCM 对执行器的监测指令的工作性能等，特别是自动变速器在执行换档时、换档品质控制时以及执行变矩器锁止离合器控制时的数据，当然还有变速器在不同状态下的工作温度、压力等。

(4) 道路试验

1) 道路试验。基本确认故障信息。正因为自动变速器的使用者不能完美地将变速器的各种故障现象描述出来，因此只要能够行驶的车辆势必要进行初期的道路试验，但试验的过程和要求比较高。首先在路试时，一定要连接诊断仪以便分析故障状态下的动态数据，因此严格意义上讲，路试需要两个技术人员（一个开车一个读取并分析动态数据），同时在路试过程中需要驾驶人一同前往，原因是有些时候的特殊性故障由于驾驶习惯和驾驶方式不一样就会不容易暴露出来，因此有可能驾驶人的驾驶条件就会体现出来，以便找到故障现象出现的规律，给故障判断和分析打下基础。继而锁定故障部位，也就是区分了各系统间的故障依赖关系。最终决定维修方案。

2) 通过路试，判断变速器内部机械故障。

2. 大众自动变速器检测仪 V. A. S 5053 的使用

(1) 读取故障码并对故障码的解释含义进行分析

必须掌握和理解 TCM 设置故障码的条件及范围。以大众检测仪为例，如图 4-1-10 所示。

分析故障码前，需要知道故障码提供了哪些诊断参考信息，也就是说，一个故障码不能百分之百地指出真正的故障点或某一个元器件的好与坏。它只是提供了一定的范围，同时也有可能是一个“假码”，它能够对故障诊断提供一定帮助，当然，有些时候也能直接确定故障点。当电控系统的故障存储器中一旦记录了某一故障码时，一定要找出故障码出现的规律，是软性的还是硬性的。故障码的出现有可能是电控系统问题，也有可能是机械或液压系统问题，因此一定要做到循序渐进，先简后难最终找到故障部位。

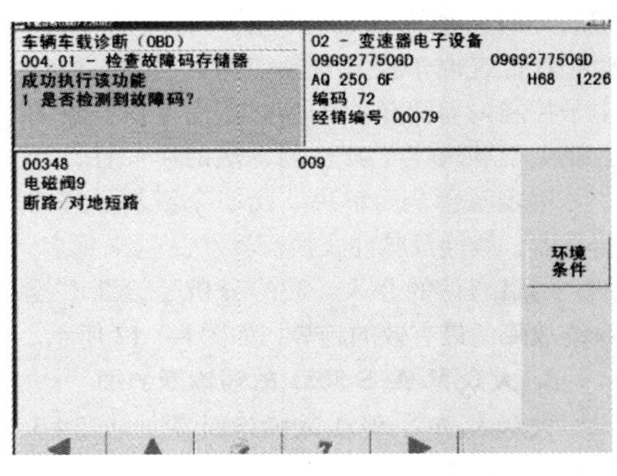

图 4-1-10　故障码

(2) 读取分析自动变速器的动态数据流

分析电子控制系统里的每一组数据准确性和可变性，通过各数据来分析各输入传感器、开关以及 TCM 对执行器的监测指令的工作性能等，特别是自动变速器在执行换档时、换档品质控制时以及执行变矩器锁止离合器控制时的数据，当然还有变速器在不同状态下的工作温度、压力等，如图 4-1-11 所示。

图 4-1-11　动态数据流

当进行自动变速器电控系统诊断时，大多数人都会依赖故障码，有了故障码就好像找到了“救命稻草”，一旦系统没有记录故障码，就

会感觉维修没有方向感，不知从何下手。没有故障码记录进行故障分析时，动态数据流就显得相当重要，但往往在监测数据流时又难以知晓正确信息，除非极其明显的错误动态数据信息很容易发现，更多的的确比较模糊。所有的信息都具备一定的范围，如果在没有达到极限点，ECU 是不会记录故障内容的，因此就很难界定和区分标准数据和故障数据之间所存在的差异。但往往就是在这个时候，某些动态数据信息已经接近不正常值，影响到了自动变速器的正常运转，随即表现出自动变速器的故障现象。因此掌握方法日积月累不断地进行经验总结，做好工作日记，分析动态数据的标准，从而提供专业化的诊断水准，也增进了确诊速度。

（3）波形的分析

利用示波器来分析各转速信息（发动机转速、输入轴及输出轴转速等）、执行器（脉冲式及线性电磁阀）以及网络数据线的通信功能。自动变速器的波形数据分析越来越显得特别重要。这是因为科技的进步，汽车技术的变革，特别是网络通信功能的实现，信息的传输效率提高了，运行速度变快了，当电子控制系统出现故障时，利用波形分析是最有效的手段。过去在传统电子控制自动变速器当中，由于电子控制内容简单、传感器结构及执行器的控制类型等决定了其检测方法的单一性，有了万用表就会全面解决。现如今霍尔形式的传感器、线性及脉冲式执行器产品越来越多，加之网络通信的介入，波形分析是诊断电控系统故障的最有效的趋势，如图 4-1-12 所示。

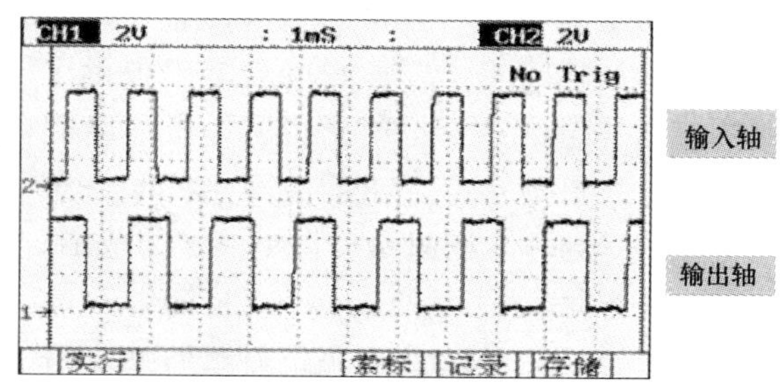

图 4-1-12 波形分析

3. 大众 V. A. S 5051 故障诊断界面

大众 V. A. S 5051 故障诊断界面见表 4-1-2。

表 4-1-2 大众 V. A. S 5051 故障诊断界面

项目		内容
车辆自诊断	图示/示意	
	说明	以上海大众帕萨特 3000 搭载的 01V（ZF—5HP—19）自动变速器为例： 1）用三角垫木挡住 4 个车轮。如果做数据流分析，最好在测功机上进行 2）将驻车制动器手柄拉到底 3）用左脚牢牢踩住制动踩板 4）先找到检测插座并连接上。确定蓄电池电压大于 11.5V，并关闭附属设施，打开点火开关，变速杆先置 P 位 5）起动发动机然后熄火

（续）

项目		内容
车辆自诊断	图示/示意	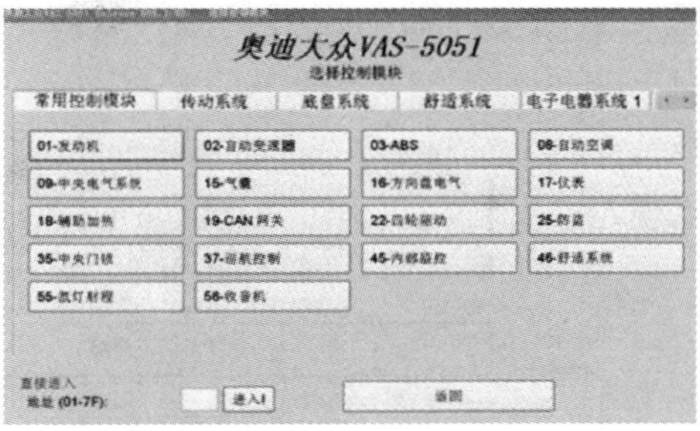
	说明	① 操作“车辆自诊断”进入车辆诊断 ② 通过触摸屏，可以选择任意一个汽车系统
故障读取	图示/示意	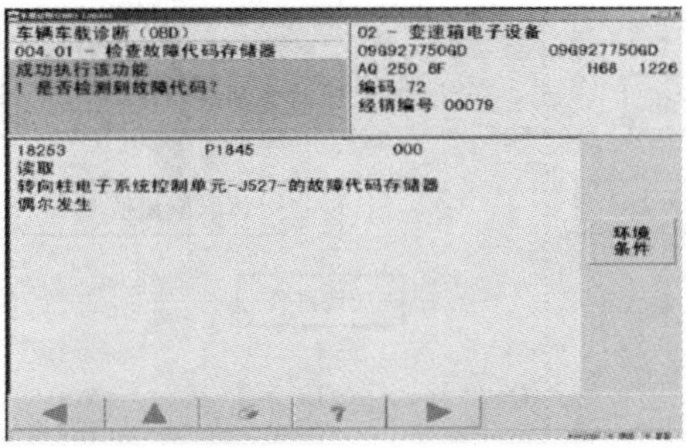
	说明	例如：自动变速器控制单元和转向柱控制单元有故障；查询故障，发现都显示同一故障：转向柱控制单元 J527 故障码
	图示/示意	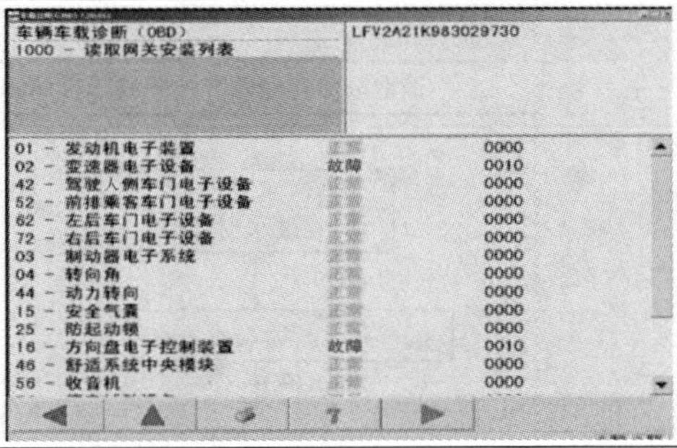
	说明	自动变速器控制单元和转向柱控制单元有故障
	图示/示意	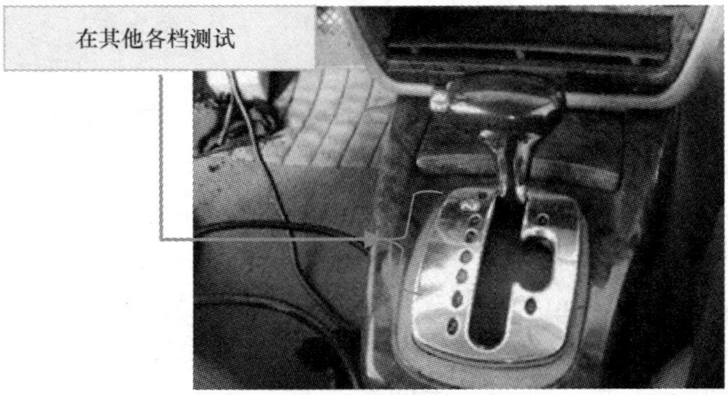
	说明	检测过程中要将变速杆由 P 位移出，在其他各档测试，特别停留在有故障的档位

4. 执行故障诊断与操作技巧

用故障阅读器 V.A.S 1551 对自动变速器进行故障诊断，可按图 4-1-13 的框图步骤进行。如果自诊断结束后，自动变速器的运行仍然有故障，应根据故障查找程序继续进行故障查找。

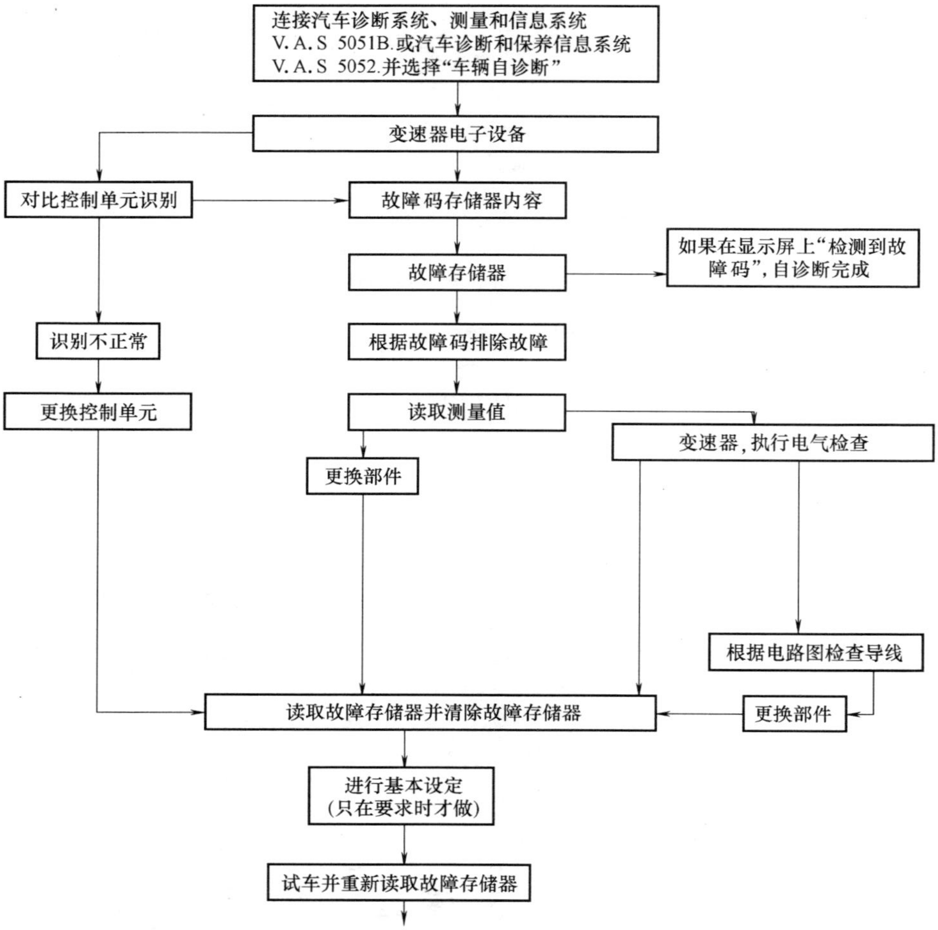

连接汽车诊断系统、测量和信息系统 V.A.S 5051B.或汽车诊断和保养信息系统 V.A.S 5052.并选择“车辆自诊断”

变速器电子设备

对比控制单元识别

故障码存储器内容

故障存储器

如果在显示屏上“检测到故障码”，自诊断完成

识别不正常

根据故障码排除故障

更换控制单元

读取测量值

变速器，执行电气检查

更换部件

根据电路图检查导线

读取故障存储器并清除故障存储器

更换部件

进行基本设定（只在要求时才做）

试车并重新读取故障存储器

图 4-1-13 诊断框图

（1）自诊断功能

1）自动变速器控制单元 J217。换档时刻通过行驶状态与行驶阻力自动确定。

① 换档经济节能。

② 始终提供最大发动机功率。

③ 根据各种不同的行车状态确定相应的换档时刻。

④ 换档时刻任意改变；Tiptronic 开关。

2）上坡和下坡时换档时刻变化通过附加换档特性曲线，按加速踏板位置和行驶速度在上坡或下坡时可实现自动换档。换档特性曲线在车下极陡坡时适应发动机制动性要求。

3）带数据总线的汽车。

① 在控制单元间可快速传递数据。

② 减少汽车上线束。

4）变速器控制单元安全功能。自动变速器控制单元 J217 接收与换档元件有关的信号，并将该信号传给电磁阀，电磁阀控制滑阀箱内滑阀运动。

诊断依据：

控制单元装备一个故障存储器，当电子/电气元件有故障或导线断路时故障被迅速确定，根据电子信号识别并储存在故障存储器内。

如果被监控的传感器或元件有故障，那么该故障连同故障类型说明一同存入故障存储器中。

只是偶尔出现的故障显示为“偶发性故障”，特指孤立地、随机地出现的故障，这种偶发性故障作为附加故障被识别。

自动变速器控制单元经过分析信息区分是偶发性故障还是永久性故障。

诊断提示：

如果故障在下列区间没有出现，它们将作为偶发故障存储：

① 最小：5km 或 6min；最大：20km 或 24min。

② 偶发故障在汽车行驶 1000km 或 20h 后自动消除。

5）变速器控制单元的安全功能。如果行驶过程中 D 位或 S 位出现故障，变速器进入应急状态，以 3 档工作。如果 P 位、N 位或 R 位出现故障，进入应急状态，但行车档仍可工作。

车辆进入应急状态并重新起动后，若变速杆位于 D 或 S 位时，这时出现故障，则变速器由液压控制以 3 档工作，直至故障消除。

诊断技巧：

当出现导致进入应急状态的故障时，变速器进入应急状态直到过一定时间后，控制单元不再识别该故障为止。

可能导致进入应急状态的故障：

① 电子/液压元件失效。

② 导线断路、短路或数据总线短路。

6）变速器控制单元对故障的识别。如果出现故障，该故障就作为永久故障存入存储器，经过一定时间或行驶一定距离后，若故障不再出现，则变为偶发故障。

带有数据总线的车上，无效的数据总线信号能被控制单元检测，失效的数据总线如开路能被直接检测，直到所有的控制单元故障存储器被读取之后，方可得出数据线在哪里损坏。

故障诊断仪执行诊断操作技巧（一）

连接汽车诊断系统（选择功能）、测量和信息系统 VAS 5051B 并选择功能。

检测条件：

① 发动机电控系统熔丝正常。

② 蓄电池电压至少为11.5V。

③ 发动机与变速器的搭铁连接正常。

① 连接故障诊断仪（汽车诊断系统、测量和信息系统VAS 5051B或汽车诊断和保养信息系统VAS 5052）。

② 打开点火开关或起动发动机。

③ 按下诊断仪显示屏车辆自诊断键。

④ 在1选择区按车载诊断OBD键，按→键确认。

⑤ 在1选择区按编辑服务键，按→键确认。

⑥ 在1选择区按检查故障码存储器-整个系统键，按→键确认。

诊断提示：

系统将运行自动检测程序并查询系统可执行诊断的全车各系统的故障记忆。

⑦ 如有故障记忆，清除记忆。

⑧ 按←键返回。

⑨ 在1选择区按变速器电子设备键，按→键确认。

诊断提示：

这时屏幕显示：变速器电子设备识别码及诊断功能选项。

（2）查询故障记忆

1）连接故障诊断仪（汽车诊断系统、测量和信息系统VAS 5051B或汽车诊断和保养信息系统VAS 5052）。

2）依次选择：车辆自诊断；车载诊断（OBD）；变速器电子设备。

3）进入变速器电子设备。

4）在2选择区按故障码储存内容键，按→键确认。这时，显示屏显示如图4-1-14所示内容。

5）选择检查故障码存储器键1，按→键确认。这时，显示屏显示如图4-1-15所示内容。

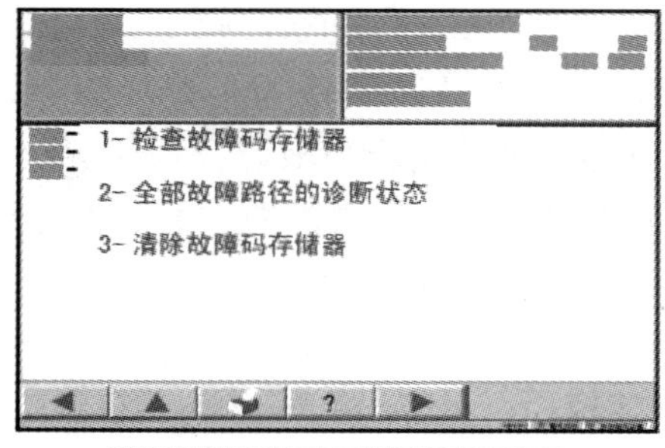

图4-1-14 显示内容（一）

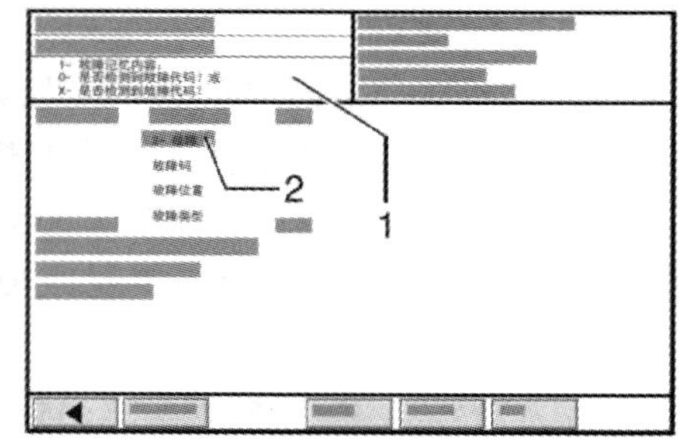

图4-1-15 显示内容（二）

诊断提示：

如果查询到故障记忆，打印屏幕内容或自诊断记录：
按←键返回。
排除故障后，清除故障记忆。
再次查询故障记忆检查有无故障存储。
确认无任何故障后按←键返回。
如果未查询到故障记忆，按←键返回。

（3）清除故障记忆

诊断提示：

如果未能清除故障记忆，再次查询故障记忆并排除故障。

1）查询故障记忆完成后按←键返回。
2）按清除故障码存储器键 3，按→键确认。这时，显示屏显示如图 4-1-16 所示内容。
3）按下 2 显示区的正常键，确认删除故障记忆。
4）按←键返回。
5）在 2 选择区按终止输出键，按→键确认。

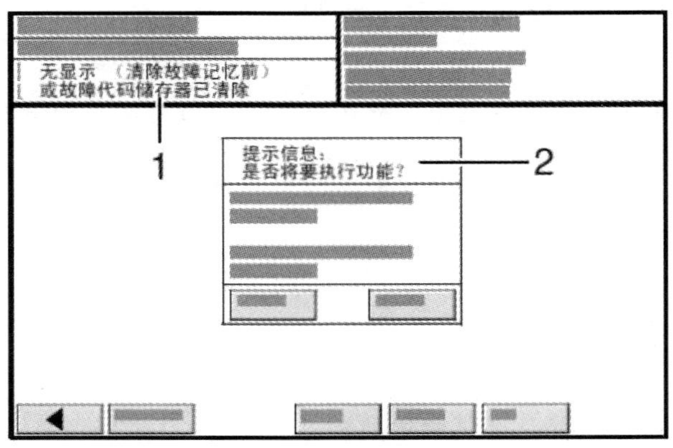

图 4-1-16 显示内容（三）

故障诊断仪执行诊断操作技巧（二）

诊断提示：

进行下述修理后须对“强制降档换档点”进行基本设置。
① 更换发动机控制单元。
② 更换节气门。
③ 更换自动变速器控制单元 J217。

① 连接故障诊断仪。

② 进入发动机电子装置。

③ 在 2 选择区按基本设定键，按→键确认。这时，显示屏显示如图 4-1-17 所示内容。图中“1”为输入显示组号，最大输入值为 254。

④ 在键区 2 输入显示组号 63，按→键确认。如图 4-1-17 所示，这时，显示屏显示如图 4-1-18所示内容。

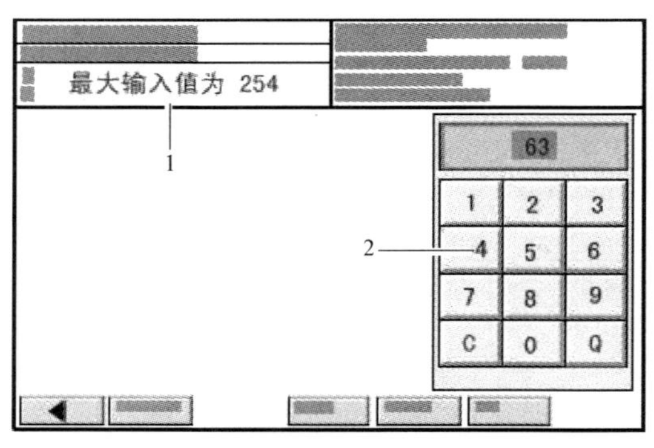

图 4-1-17　显示内容（四）

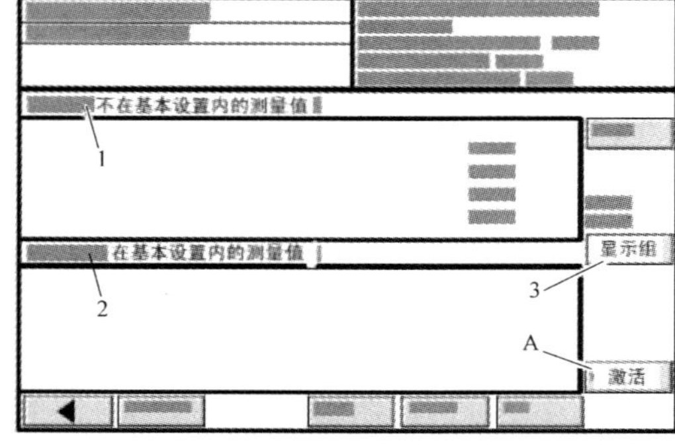

图 4-1-18　显示内容（五）

⑤ 按下 A 键，基本设置进行初始化。

⑥ 将加速踏板踩到底并保持住，学习“强制降档换档点”。

诊断提示：

未及时踩加速踏板或在踩的过程中突然松开，学习过程将会因故障而中止。

⑦ 基本设置完成后按←键，结束“基本设置”功能。

(4) 读取数据块测量值

1) 连接故障诊断仪。

2) 进入发动机电子装置。

3) 在 2 选择区按测量值键，按→键确认。

4) 在键区 2 输入显示组号，按 Q 键确认。

5) “读取测量值”功能结束后按下←键，退出“读取测量值”功能。

数据块测量值见表 4-1-3 ~ 表 4-1-15。

表 4-1-3　显示组一

读取测量数据块 1	◢ 屏幕显示 ◢ 显示区	规定参数
4	变速杆位置（实际值）	1H、1M、2H、2M、3H、3M…6M、R、0
3	变速器输出转速传感器	0
2	变速器输入转速传感器	0…7 650
1	发动机转速	0…7 650

表 4-1-4　显示组二

读取测量数据块 2	◢ 屏幕显示 ◢ 显示区	规定参数
	变速器输出转速电压	0～5.15V
	变速器输出转速	0～7650
	变速器输入转速电压	0～5.15V
	变速器输入转速	0～7650

表 4-1-5　显示组三

读取测量数据块 3	◢ 屏幕显示 ◢ 显示区	规定参数
	变速杆位置（实际值）	1H、1M、2H、2M、3H…6M、R、0
	车速	0～255
	加速踏板数值	0～99.2%
	驱动状态	DS、SO、TT、WU、A C、AS、故障

表 4-1-6　显示组四

读取测量数据块 4	◢ 屏幕显示 ◢ 显示区	规定参数
	变速杆位置（实际值）	1H、1M、2H、2M、3 H…6M、R、0
	道路轮廓（当前值）	（等级）
	加速踏板数值	0～99.2%
	变速杆位置	P、R、N、D、S 手动故障

表 4-1-7　显示组五

读取测量数据块 5	◢ 屏幕显示 ◢ 显示区	规定参数
	加速踏板数值（PWG 油门）	0～99.2%
	运动（性能）系数	0～100%
	山地（性能）系数	0～100%
	驱动阻力	-32%～32%

表 4-1-8　显示组六

读取测量数据块 6	◢ 屏幕显示 ◢ 显示区	规定参数
	锁止离合器打滑转速	0
	液力变矩器离合器（TCC）状态 0：打开 1：关闭 2：滑动	0～100%
	电磁阀 4（电流值）	0～1A
	变速器油液温度	-50～205℃

表 4-1-9 显示组七

读取测量数据块 7	◢ 屏幕显示 ◢ 显示区	规定参数
电磁阀 10（B2）电流值		0~2.550A
电磁阀 3（K3）电流值		0~2.550A
电磁阀 9（K2）电流值		0~2.550A
电磁阀 5（K1）电流值		0~2.550A

表 4-1-10 显示组八

读取测量数据块 8	◢ 屏幕显示 ◢ 显示区	规定参数
电压		14.3V
——		——
电磁阀 4（TCC）电流值		0~2.550A
电磁阀 6（HD）电流值		0~2.550A

表 4-1-11 显示组九

读取测量数据块 9	◢ 屏幕显示 ◢ 显示区	规定参数
档位开关开关位置（F125） （分析结果：开关未操作，开关操作）		P 00001001 R 00001100 N 00000101 D 00000110 S 00001111
变速杆位置（分析结果：手动故障）		P、R、N、D、S
kickdown 开关位置 （分析结果：开关未操作，开关操作）		000010 000000
制动开关位置（分析结果：开关未操作，开关操作）		000000 000011

表 4-1-12 显示组十

读取测量数据块 10	◢ 屏幕显示 ◢ 显示区	规定参数
电压（端子 15）		0~22.5V
——		——
ATF 电压		0~5V
ATF 温度		-50~205℃

表 4-1-13 显示组十一

读取测量数据块 11			◢ 屏幕显示 ◢ 显示区	规定参数
			变速杆位置	P、R、N、D、S 手动故障
		车速		0
	换档锁（分析结果：SL—换档锁锁止—换档锁打开）			SL
制动灯开关（分析结果：制动灯开关切断/接通 Bls. Ein. AUS 制动灯开关状态：制动灯开制动灯开关开启，制动灯关制动开关关闭）				Bls. Ein/AUS

表 4-1-14 显示组十二

读取测量数据块 12			◢ 屏幕显示 ◢ 显示区	规定参数
			Torque limitation	0 ~ 100%
		转矩限制		0
	Tiptronic 开关（手动模式）			M-开关升档按钮降档按钮
变速杆位置				P、R、N、D、S 手动故障

表 4-1-15 显示组十三

读取测量数据块 13			◢ 屏幕显示 ◢ 显示区	规定参数
			手动自动一体开关位置（F189）（分析结果：开关未操作开关操作）	00000000 空闲模式 00001000 手动换档模式 00011000 升档模式 00001100 降档模式
		手动 TIPTRCONIC 档位状态 （分析结果：升档按钮，降档按钮）		M-开关
	档位开关开关位置（F125） （分析结果：开关未操作开关操作）			P 00001001 R 00001100 N 00000101 D 00000110 S 00001111
变速杆位置 （分析结果：手动故障）				P、R、N、D、S

三、进行自动变速器的“匹配”和“自适应”

目前，由于汽车新技术的不断变化导致各系统之间、软件与硬件之间的相互匹配越来越重要。

匹配，简单理解就是配对，对于汽车而言，就是各个系统间在认识程度上的关系。同时还可以理解为两个或某两个以上系统建立沟通所搭载的“桥梁”。当某一系统发生变化时，还可以通过某种程序来激活与其他系统的认识并重新建立必要的联系。自适应就是自学习。通过某些方法或手段来完成自身系统的自学习过程。

ECU 控制机械元件（电磁阀）时，由于元件本身在加工时存在精度上偏差，当其工作时工作特性肯定与 ECU 预期设置的理想控制数据存在差异，因此 ECU 在这些机械零件未工作前就发出一些相关指令并促使其按 ECU 预期的理想方式运行，然后再根据反馈信息适时监控。

汽车由于在运行时机械零件一定存在着机械磨损（如摩擦片），磨损后一些运行参数会改变，因此 ECU 为了保证汽车的正常运行并适时改变调整自身的输出数据以符合汽车正常的运行工况。当将汽车零件磨损错误改正时，ECU 并不会知道，此时用仪器指令 ECU 做一次基本数据设定时，ECU 就回到最初的运行程序，并以最初的运行程序对各机械零部件进行重新学习修正。

那么，为什么对维修后的车辆要进行匹配和自适应呢？任何零部件在出厂时多少都会存在一定的制造差异，都不能 100% 达到最佳的使用要求，同时随着使用时间的“磨合”，一些参数会不时地发生变化。因此匹配和自适应就是为了补偿和修正制造上的误差以及因使用“磨合”而带来的变化。

对于自动变速器而言其意义就是，为了能在所有工况下和在离合器的使用寿命内都能舒适地控制或调节离合器接合力矩，必须对上述这些因素进行补偿。离合器的自适应（适配）过程追求的就是这个目标。

制造过程中产生的误差与使用过程中的磨损是物理量变化的自然规律，不可避免，如电磁阀、各阀门、弹簧、离合器和制动器摩擦材料磨损后产生的间隙等，以及密封元件的老化、ATF 性能的变化、电磁线圈的老化、正向压力的变化等。因此大家能够看到额定数值和实际数值有所不同。

软件的匹配实际上就是一种程序的激活功能或某个系统间的相互认识程度。在日常生活中所谓自适应定义，是指生物能改变自己的习性，以适应新环境的一种特征（应变能力）。因此直观地说，汽车电控系统的自适应控制器（ECU 智能化），就应当是具备这样自我完善功能的一种控制器。当外界因素变化时，它能自动修正自己的控制特性，以适应控制对象和扰动因素的动态特性变化。比如在维修自动变速器时调整了一些部件的工作间隙（更换新的摩擦片），更换了一些密封元件等后，电控单元必须要适应新的信息并改变控制程序的变化。

汽车各电控系统的自适应控制研究对象，也是具有一定程度不确定性的某个工作系统，这里所谓的“不确定性”，是指为描述被控对象及其环境的特征，而建立的数学参考模型（类似于脉谱图形式），其变化过程不是完全确定的，其中包含一些未知因素和随机因素。任何一个实际系统都具有不同程度的不确定性，这些不确定性有时表现在系统内部，有时表现在系统的外部。若从系统内部来讲，描述被控对象的数学模型的结构和参数，设计者事先并不一定能全部精确知道（重点在理论测算）。而作为外部环境对系统的影响，可以等效地用许多扰动来表示。这些扰动通常也是不可完全预测的（可通过假设来模拟实况）。这也是我们在实际维修中所预料不到的一些问题。

此外还有一些测量时产生的不确定因素也会进入系统。面对这些客观存在的、各式各样的不确定性因素，如何设计适当的控制系统？使得某一指定的性能达到规定指标（控制曲线），能达到并保持最优或者近似最优，这就是自适应控制所要研究和解决的三大重点问题。

常规的反馈控制系统，对于系统内部特性的变化和外部扰动的影响，都具有一定抑制能力。但是由于设计时的控制参数是相对固定的（不可能任意改变），所以当系统内部特性变化，或者有外部扰动的变化，且变化幅度很大时，系统的性能常常会大幅度下降，甚至是不稳定的（无法确认自适应控制范围）。

所以对那些对象特性或扰动特性变化范围很大，同时又要求经常保持高性能控制指标的各类系统，采取自适应控制是合适的，也是最有效的。但是同时也应当指出，自适应控制比常规反馈控制要复杂得多，设计、制造成本也高得多，还需要通过长时间的时效验证，可能是长期行为。

综上所述，可以把“匹配”理解为计算机的“格式化”或“程序激活”“清除原始记忆值”，而把“自适应”理解为“自学习”。当然在绝大部分新款车型中“匹配”在前“自适应”在后。因此在实际维修中就出现这样的问题：维修后的自动变速器反复路试（按照自适应要求）仍然存在换档质量的问题，这是因为没有激活其“匹配”程序，无论怎样自适应都适应不过来。当然“匹配”是一种方法，它可能要求“在线匹配”，有可能需要专用的“设备”，也有可能需要特殊的“步骤”等。因此就表现出各汽车生产厂在这方面的技术信息垄断。作为维修人员如果不知道或不了解这些信息，又不知道这些方法，包括一些硬性条件等，故障车即便是恢复了其机械或液压功能后也依然会存在一些问题。例如，前不久一家综合修理厂更换一辆新款车型的全新自动变速器后，换档时冲击感还是比较强，后来经过长时间的路试最后只剩下换前进档冲击一个故障点了，但始终找不到真正的原因就是迟迟解决不了，加上车主整天跟在屁股后面逼提车，搞得“心慌意乱，神魂颠倒”。后来又更换和调整了车身连接部件等，方方面面的工作“兴师动众”地做了一大堆。最后车主叫冤，厂家叫苦。其实就是一个信息、一个方法的问题，如果知道了，5min 即可搞定。还有就是目前在国内一些一、二类综合修理厂通常将自动变速器维修业务委托给专业自动变速器修理厂来做，因此就经常出现维修后的变速器交给修理厂装车以后存在一些换档品质故障，其实这些维修后的故障都跟“匹配”和“自适应”有关，后来经过这方面的操作都会很容易解决。这样的案例举不胜举，而且在维修中越来越突出。这就是自动变速器新技术给维修带来的麻烦。当然不同厂家的“匹配”和“自适应”方式也不一样。只要具备各种条件掌握这些信息和方法修理依然还是很简单的。

下面介绍几种简易快速法。

① 丰田厂家的自动变速器的匹配。清除 ECU 记忆；自适应：静态摩擦（制动停车挂档学习）和动态摩擦（路试学习）。

② 大众/奥迪自动变速器的匹配。通过基本设定；自适应：动态摩擦（按要求路试学习）。

③ 通用（GM）自动变速器的匹配。清除 TAP 数值；自适应：动态摩擦（按要求路试学习）。

④ 富康 AL4 自动变速器的匹配。初始化设定；自适应：动态摩擦（按要求路试学习）。

⑤ 奔驰、宝马自动变速器的匹配。重新设定（利用原厂诊断仪）；自适应：动态摩擦（按要求路试学习）。

有了信息，有了方法，有了条件也并不意味着什么问题都可以解决。这主要跟科学的诊断方法和规范化维修有关，前提就是做好一切的维修可能才能进行所谓的“匹配”和“自适应”。也就是说，在维修中的某个环节出现问题时即便知道如何“匹配”操作，也知道如何进行“自适应”运行，那也不会100%成功。因此倡导科学诊断、规范维修是有着极其重要意义的。

自动变速器修理竣工需要进行道路试验、匹配和自适应，依据所修车型的维修数据验证维修结果，包括换档点、换档品质、油温、工作油压、强制降档、发动机制动及变矩器锁止离合器功能等。

完成台架试验后，如满足各项测试要求后，应将变速器装车进行道路试验。路试前应完成如下工作：

① ATF 标准量的检查。

② 连接诊断 ECU 确定电控系统无存储故障记忆。

③ 油压表的连接。

④ 利用诊断仪清除 ECU 的原始记忆（匹配工作）。

⑤ 确保满足路试要求的所有准备工作。

一切准备就绪后，要按照路试要求和路试标准来进行路试。路试要求和项目如下：

① 首先要确保在道路和车辆的安全性下进行路试。

② 按照要求根据不同发动机工况进行换档正时曲线的确认（1/4、1/2、2/3 节气门行驶）。

③ 利用诊断 ECU 来读取变矩器 TCC 控制参数和工作要求。

④ 路试过程中，要时时观察变速器工作温度的变化非常重要，以避免变速器因工作温度过高而烧损变速器。

⑤ 观察油压表指针油压数值的变化，这一点也很重要，特别是对于烧片的变速器，不稳定的油压可能会导致冲击和打滑故障的出现。

⑥ 通过路试来验证换档质量好坏（结合动态参数的变化）。

⑦ 确保以上项目均正常的情况下，还要测试发动机制动和强制降档功能有无实现。

⑧ 路试过程中，注意自动变速器内部有无异响。

⑨ 在所有路试项目当中，要观察动态数据的变化并对数据进行分析。

⑩ 按照所维修自动变速器的要求进行相关的“匹配”和“自适应”以使全部项目都达到使用要求。路试后还要进行全方位检查，确信无误后方可交车使用。

变速器 J217 诊断说明如下：

a. 09L 变速器的控制单元 J217 与阀体作为一个总成出现，称之为机电一体控制单元。出现故障时，ECU 与阀体必须同时更换

b. A6L 变速器自 2006 年起参与防盗，即更换变速器控制单元后必须上网解除防盗系统，否则系统会锁止变速器使车辆虽然可以起动，但仪表显示 SAFE（防盗状态），同时车辆无法行驶，最高车速仅为 20km/h

匹配条件及需要匹配情况见表 4-1-16。

表 4-1-16 匹配条件及需要匹配情况

匹配条件	需要执行的匹配情况
① 换档不平顺或换档冲击比较明显	① 充油压力（预充油）
② 修理过离合器后	② 快速充油时间（预充油）
③ 更换机械电子单元或变速器	③ 换档压力（离合器接通和关闭）
④ 软件更新后	④ 保持压力

维修提示：

自适应要满足相应的冷却液温度、油温及变速器油温的条件，其中冷却液温度、油温要在80℃以上，而变速器油温在不同的步骤中有不同的要求。在执行自适应时，要保证有较长的平直路段用于加速和滑行而不受其他车辆的干扰。

执行诊断与匹配的步骤如下

① 首先读取自适应值：02—08—075，076、077、078、079，这 5 个数据块分别表示A、B、C、D、E5 个离合器（其中也包括制动器，德国有把制动器统称为离合器的习惯）压力自适应值，清除前先将其记录下来。

特别注意：

切记，一旦执行下一步清零后，必须按照下列步骤将自适应完成，否则反而有损坏变速器的危险。

② 清除自适应值。用 02-10-01-0 数据块清除自适应值，并进行确认。该步骤将自适应通道 1 的值清零；此时再次读取 075—079 数据块，数值应该变为零。

③ 保证变速器油温在 40℃以上，匹配离合器 B、C 和 E 的加注压力。以非常低的转矩（大约 100N · m）将车辆从静止加速到 4 档（D 位），然后让车辆在不施加制动的情况下减速到 40km/h，然后缓慢制动直至车辆静止。在静止状态下等待 5s。这一操作重复 3 次。

④ 变速器油温至少为 70℃，匹配离合器 B 和 C：以大约 100N · m 的转矩使发动机转速保持在 1 600 ~ 2 800r/min 范围内。以 Tiptronic6 档（手动档模式）行驶 3 ~ 4km，然后加速并继续保持发动机转速在 1 600 ~ 2 800r/min 范围内，以 Tiptronic6 档（手动）行驶 3 ~ 4km。

⑤ 匹配离合器 A 和 C：以 Tiptronic5 档（手动）保持发动机转速在 1 400 ~ 2 100r/min 行驶 1min（牵引），然后让发动机转速降至 1 400r/min（超速）；运行整个程序，直到离合器 A 和 C 已被匹配一次（总数最多不能超过 3 次）。

⑥ 匹配离合器 D 和 E：以 60r/min 的转矩保持发动机转速在 1 400 ~ 2 100r/min 范围内，以 Tiptronic3 档（手动）行驶 1min，然后缓慢制动到停止，并保持停车 5s；运行程序，直到离合器 D 和 E 已被匹配一次（总数最多不能超过 3 次）。

⑦ 匹配行驶结束。进行路试，逐渐加速和减速通过所有档位，评估静止时和行驶时的换档冲击。再次检查 075—079 各离合器自适应值是否均已完成。

四、典型自动变速器的匹配和学习方法

1. 大众 AG4 系列 01M/01N 自动变速器的匹配方法

1）加速踏板处于静止状态。

2）选择基本设定 04 功能。

3）输入 001 通道号。

4）将加速踏板踩到底并保持 3s，同时最好执行节气门的匹配。

2. 大众 AG5 系列 01V 自动变速器的匹配方法

1）01-04-060 匹配节气门。

2）01-04-063 同时将加速踏板完全踩下，数据显示 ADP OK 之后松开加速踏板，退出，如图 4-1-19 所示。

图 4-1-19 利用大众专用诊断仪进行匹配操作

3. 速腾 09G 自动变速器恢复初始设置方法

用 5053 连接 ECU，进入 02 自动变速器—基本设定—通道 01，点开始，完成。再次进入基本设定—通道 02—开始。完成退出，关闭钥匙重新打开。变速器初始设置完成。ECU 重新学习你的驾驶习惯。此方法同样可以修复系统检测变速器初始数据丢失，导致所有档位都被选中，跳档延迟的问题。

09G 自动变速器自适应方法如下：

1）挂档学习。油温高于 60℃，怠速 N—D，N—R 每个档位停留 5s，不能踩制动踏板，重复 5 次以上。

2）换档学习。节气门开度分别大于 25%、35%、50%，由 1 档升至 6 档升档全过程车速小于 120km/h，重复 10 次；在 D 位不动，由 6 档降至 1 档，在 1min 内完成，重复 10 次。

4. 09E 和 09L 自动变速器自适应方法

1）让发动机以较小功率运行，行驶中观察 ATF 的温度达到 60～90℃。

2）在车辆停住、发动机怠速运转、踏下制动踏板时，从 N 位换到 D 位并保持这个状态约 3s。将这个过程重复 5 次。随后以同样的方法从 N 位换到 R 位。

3）车在静止时挂入 D 位，以小负荷（加速踏板位置 15%～25%，测量数据块 02/2）将车加速到 4 档（约 80km/h）。然后让车滑行到约 40km/h（不要踩制动踏板），随后用中等力度踏下制动踏板使车停住。当车辆已经停住时，必须让车继续停留在 D 位约 10s（踏下制动踏板）。将此步骤重复 6 次（6 次 0km/h→80→40→0）。

4）将车加速到约 70km/h，并手动（Tip）挂入 5 档。然后以 80～100N·m 的发动机转矩（见测量数据块 09）保持这个恒定车速行驶 3～4min。

5）将车加速到约 90km/h，并手动（Tip）挂入 6 档。然后以 80～100N·m 的发动机转矩（见测量数据块 09）保持这个恒定车速行驶 2～3min。

6）车在静止时以小负荷（加速踏板位置 15%～25%，测量数据块 02/2）将车加速到约 100km/h。然后让车滑行到约 40km/h（不要踩制动踏板），随后用很小的力踏下制动踏板使车停住。将此步骤重复5次（5次0km/h→100→40→0）。

5. 奥迪01J无级变速器匹配方法

方法一：起动车辆使发动机与变速器达到正常工作温度（60℃以上），挂前进档行驶20m，慢踩制动踏板，直至车速为0保持档位10s，同时观看10组数据流，然后挂R位行驶20m，慢踩制动踏板，直至车速为0保持档位，同时观看11组数据流，两项结束了，完成自适应学习。

方法二：起动车辆使发动机与变速器达到正常工作温度。挂前进档使车速达到70km/h以上（手动模式要升至6档），然后踩制动踏板10次或在档停车10s以上；挂倒档行驶20m以上，最后在档停车10s以上，即完成自适应学习。

方法三：起动车辆使发动机与变速器达到正常工作温度。挂前进档不踩加速踏板，ECU会提高发动机转速使车速提高，向前行驶20m，慢踩制动踏板，使之车速为0，要保持档位，等待10s，然后挂R位，行驶20m，方法同前进档。以上几种方法。不管用哪种，此时用仪器观察变速器数据流第10组和第11组应显示“OK”。若显示“RUN”则需重新进行学习。

6. 北京现代F4A42系列匹配方法

（1）停车状态下

N—D位或者是N—R位时出现换档冲击。

1）消除变速器控制单元记忆：拔掉蓄电池线束，过15s后重新安装。

2）重复实施N—D位及N—R位，在N位停留3s以上。

3）学习之前检查怠速转速、发动机及变速器的固定垫状态以及驱动系统间隙等。

（2）行驶中

行驶中出现换档冲击，例如在2—3档时出现冲击。

1）消除变速器控制单元记忆。拔掉蓄电池电缆，过15s后重新安装。

2）节气门开度电压值保持一定程度的情况下，实施学习操作。将加速踏板踩到一定程度，连接故障检测仪查看，使节气门开度电压值保持在1 650mV，从2档进入3档后保持2s以上，这个过程一直重复至换档冲击消失为止（约重复5次）。

3）将加速踏板踩到底的情况下实施学习操作。将加速踏板踩到底，从2档进入3档后保持2s以上，这个过程一直重复至换档冲击消失为止（约重复5次）。实施学习操作初期出现换档冲击为正常现象，每次重复，换档冲击会有所减小，学习过程中换档冲击即使减小，也要一直坚持重复操作5次为止。

4）其他档位出现换档冲击时，也按照同样的方法实施学习操作即可。注意：应严格遵守操作顺序。

7. 荣威750 55—51SN自动变速器的自适应方法

1）进档自适应——热车，起动发动机，踩住制动踏板，将变速杆从N—R—N（中间停留时间3～5s）5次，然后再将变速杆从N—D—N5次，关闭点火开关10s以上。

2）升降档自适应——热车，起动发动机，将变速杆拉入D位，以小节气门开度（1/4左右）加速至4档，速度在50km/h以上，然后制动减速直至停车（时间大于15s以上），重复5次。

8. 奔驰722.6自动变速器的学习程序

升档过程：1档→2档4次；2档→3档4次；3档→4档3次；4档→5档3次。

滑行降挡：5 档→4 档 3 次；4 档→3 档 3 次。

在执行学习程序时，必须注意不要超过规定的发动机转矩值，若超过额定的发动机转速，变速器将无法执行学习程序，必须再重复操作一次。完成上述学习程序后，发动机必须运转 10min 以上。

9. 蒙迪欧致胜及现代维拉克斯 AWF21 变速器的学习方法

1）发动机加速运转或进行路试提升 ATF 温度，利用故障诊断仪检查 ATF 油温在 66 ~ 110℃。

2）利用升降机举起车辆，踩下制动踏板，将变速杆移入 N 位并保持 3s。接着将变速杆从 N 位移至 D 位，同样保持 3s，重复此操作 5 次。然后再以同样的方式对 R 位重复操作 5 次。

3）将变速杆置于 D 位进行换档控制学习。节气门开度保持在 25% ~30%，驱动车辆直至升至 6 档。当车速达到 80km/h 或更高时松开加速踏板，滑行至少 60s 后停车。重复此项操作 10 次。

4）检查学习结果，检查车速变化时的冲击及换档冲击是否比学习之前有所改善。

10. 欧兰德 W6AJA 变速器 A/T—ECU 初始化

1）将变速杆换至 P 位并关闭点火开关。连接 MUT-Ⅲ。

2）打开点火开关，操作制动器和加速踏板。

3）然后换至 R 位。并清除自动变速器故障码。

11. 奥迪 Q7 09D 变速器匹配方法

1）加速踏板踩到底（启动强制降档开关）。

2）松一点加速踏板保持不动持续 5s（强制降档开关未工作）。

3）彻底松开加速踏板，起动发动机，变速杆 N—D 和 N—R（各重复 6 次，在每个位置保持 3s）。

4）从静止状态以 25% ~30% 的节气门开度加速行驶 1—6 档，松开加速踏板 1min，慢踩制动踏板降 1 档后停车保持 5s（重复 4 次）。

5）必须连续成功才会有效。

12. 本田飞度无级变速器的匹配方法

（1）车辆停止时的设定

1）将驻车制动来起。

2）将发动机运转到正常温度，风扇转两次。

3）确定电控系统没有故障码。

4）关闭点火开关。

5）用本田的 ECU 或 HDS 跨接 SCS 线连接。

6）踩下制动踏板不动，直到设定完毕。

7）在无负荷的情况起动发动机，然后打开前照灯（设定时前照灯一直亮着）。

8）将变速杆推到 N 位，然后换之 D、S、1，20s 后再推到空档，重复两次。

9）如果 D 位指示灯闪烁或亮 1min 重复 5）再做一次。

（2）行使状态下的设定

1）起动、打开前照灯；

2）使车速达到 60km/h，然后不要踩制动，让车辆减速，直至停止。

13. 宝马迷你无级变速匹配方法

连接宝马原厂检测 ECUOPS。

1）删除匹配值，大家留意到在档位显示前面多了一个字母“X”。

2）打着车挂到 N 位 10s，然后挂到 D 位 10s，再挂到 N 位 10s，再 R 位 10s，挂回 P 位。

3）挂 N 位 3s，再挂 D 位 3s——重复 10 次。

4）挂 N 位 3s，再挂 R 位 3s——重复 10 次。

5）上路行驶，让车速达到 80km/h，松加速踏板让车滑行（不能踩制动踏板），直到车子停下，再重复 2）。档位显示前面的字母消失，匹配完成，车辆减速直至停止。

注意：

如有必要，在断开蓄电池接线和/或 DME 发动机控制单元前，至少等待 10min。

14. 沃尔沃车系变速器换档时机设定程序

说明：

该诊断模式只有自动变速器才具有此功能。当变速器大修后，或曾经拆过蓄电池后，变速器 ECU 会清除记忆，必须重新设定 ECU 检测节气门信号及计算变速器换档时机，因此必须依下列步骤重新设定 ECU 记忆程序。

1）跨接诊断线到 A1 端子，然后将点火开关 Key-On。

2）按诊断键 5 次，先进入诊断“模式五”，此时必须等 LED 灯亮。换档时机重新学习设定。

3）再按一下放开后，等 LED 灯熄、再亮后，再按 3 下；放开后，等 LED 灯熄、再亮后，再 5 下放开（即为 1-3-5）。如果 LED 灯闪 1-5-5，表示变速器换档时机正常，不需重新设定；若 LED 灯闪 2-2-5，则表示必须重新设定换档记忆，此时在 30s 内必须按 6 次按键，使 ECU 进入“模式六”；当 LED 灯再亮着时，输入 1-5-5，即重新设定变速器换档时机记忆。

4）节气门信号重新记忆设定同程序 2），然后输入 1-2-5 后，若 LED 灯显示 1-4-5，表示不需要重新设定节气门信号记忆，当 LED 灯显示 2-1-5 时，表示必须重新设定节气门信号，在 30s 内，按 6 次按键使 ECU 进入“模式六”，等 LED 灯再度亮起时，输入 1-4-5 即可重新设定节气门信号。

15. 别克新君越及新君威 6 速变速器 GF6 自适应值程序重设

“维修快速读入自适应值”是一个 6 速自动变速器的程序，进行一系列测试使得变速器控制模块（TCM）读入单独的离合器特性。一旦读入离合器数据，“维修快速读入自适应值”将它转换为自适应数据单元，用于换档期间变速器控制模块控制离合器。故障诊断仪可启动“维修快速读入自适应值”程序。此程序在变速器维修后使用。只有当车辆进行了以下维修中的一项时，才必须执行“维修快速读入自适应值”程序。完成以下维修之一后，若未执行本程序，可能会造成变速器性能不良，并设置变速器故障码。

① 变速器内部维修/大修。

② 阀体修理或更换。

③ 控制电磁阀（带阀体和变速器控制模块）总成的更换。

④ 变速器控制模块软件/校准更新。

⑤ 针对换档质量问题的任何维修。

注意：

执行“维修快速读入自适应值”程序之前，确保满足以下条件：

① 阻挡驱动车轮。

② 使用驻车制动器。

③ 使用行车制动器。

④ 0% 节气门且无外部发动机转速控制。

⑤ 变速器油液温度（TFT）在 70～100℃之间。

⑥ 变速器变速杆从驻车档(P)挂到倒档(R)，并循环 3 次，以排出倒档离合器中的空气。

1）使用故障诊断仪通过选择以下命令，选中“维修快速读入自适应值”选项：

F1：变速器控制模块。

F5：模块设置。

F0：快速读入自适应值程序。

注意：

如果程序执行期间遇到所需的条件未满足，“维修快速读入自适应值”可能会异常中断，程序需要从起点处重新开始运行。

2）使用故障诊断仪执行“维修快速读入自适应值”程序。

注意：

成功完成“维修快速读入自适应值”程序包括 3 个阶段：驻车档测试设置、前进档模式、倒档模式。这些阶段由故障诊断仪自动启动和控制。程序执行时，故障诊断仪数据显示将提供操作说明。必要时按照故障诊断仪的说明操作。参见以下“驻车档测试设置”“前进档模式”和“倒档模式”，以获得每个阶段的简要说明。一旦程序完成，关闭发动机并将变速器控制模块断电。您将与故障诊断仪失去通信。重新起动发动机。这将完成“维修快速读入自适应值”程序。

下面简单介绍 3 个不同阶段。

a. 驻车档测试。设变速器挂驻车档（P）时，“维修快速读入自适应值”准备测试循环。测试准备将包括诊断标准检查、安全性检查、车辆状态检查，然后将执行内部变速器测试准备功能，例如离合器空气吹洗。故障诊断仪将仅指示操作者选择驻车档（P）并踩下制动器。

b. 前进档模式。警告：选择前进档（D）之前用楔块挡住车轮。在前进档（D）时，如果故障诊断仪失去通信或断开，车辆可能向前移动。未用楔块挡住车轮可能造成人身伤害或财产损坏。一旦完成驻车档（P）设置，故障诊断仪将指示驾驶人选择前进档（D）。一旦选择前进档（D），变速器控制模块接合独立的离合器以读入离合器容积、全满阈值和压力补偿。变速器控制模块将仅循环此测试一次。多次运行“维修快速读入自适应值”程序将得到相同的结果，这是不必要的。

c. 倒档模式。警告：选择倒档（R）之前用楔块挡住车轮。挂倒档（R）时，如果故障诊断仪失去通信或断开，车辆可能向后移动。未用楔块挡住车轮可能造成人身伤害或财产损坏。

3）故障诊断仪将指示驾驶人选择倒档（R）。变速器控制模块接合独立的离合器以读入离合器容积、全满阈值和压力补偿。变速器控制模块将仅循环此测试一次。多次运行“维修快速读入自适应值”程序将得到相同的结果。

注意：

当“维修快速读入自适应值”程序完成时，变速器将保持在空档状态。

如果“维修快速读入自适应值”不运行，且上述条件已满足，确保以下条件：

① 变速器油温度在 70～100℃之间。

② 制动系统和制动开关运行正常。

③ 未启动故障码。

④ 当在“驻车档测试设置”或在测试模式开始时，关闭节气门并将发动机转速增加到1 500r/min 以上。

⑤ 驻车档/空档位置开关正确调整且功能正常。

⑥ 管路压力控制可以达到 1 000kPa 且在规定范围之内。

⑦ 车辆未移动或没有过度振动。

⑧ 离合器装配正确。

16. 大众 02E DSG 变速器的自适应方法

1）ATF 油温达到 30～100℃，看测量数据块 19）。

2）把变速杆放到 P 位，点火开关打开，起动发动机怠速运转，踩下制动踏板，保持整个过程，节气门不要操作，进入变速器，基本设定 04，传动公差设定（校准及测量）。通道号 61，按提示进行基本操作。[ON/OFF/Next]，离合器自适应。若控制模块版本低于 0800，进入通道号 60，按提示进行基本操作。[ON/OFF/Next] 控制模块版本高于于 0800，进入通道号 67，进行基本操作，清除自适应值（离合器安全）。进入通道号 68，按提示进行基本操作，清除自适应值（压力自适应）。进入通道号 65，进行基本操作，清除自适应值（转向装置）。进入通道号 63，清除自适应值（ESP 和巡航装置）。进入通道号 69，做完关闭点火开关，等候 10s，再打开点火开关查看有没有故障码。

五、传感器诊断与检查

1. 变速器多功能档位（TR）开关 F125

变速器多功能档位 01M（TR）开关 F125 如图 4-1-20 所示。变速杆电缆把多功能档位开关连接到变速杆上。多功能档位开关把变速杆的机械运动转换为电信号，并把这些信号传送到变速器控制模块（TCM）J217。

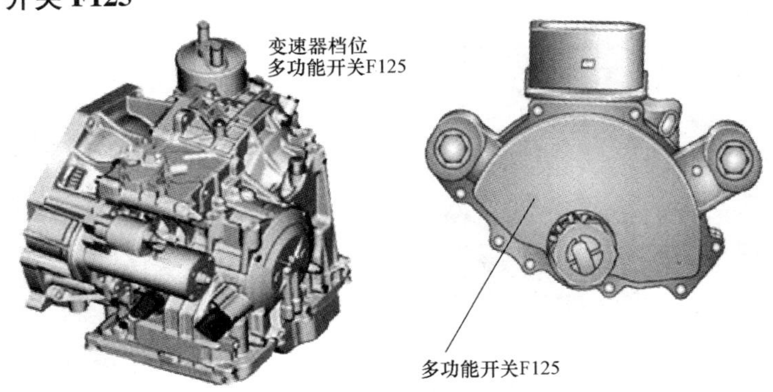

图 4-1-20 变速器多功能档位开关 F125

（1）多功能档位开关

多功能档位开关是有 6 个滑动触点的机械组合开关。如

图 4-1-21 所示。

1）4 个开关用于变速杆的滑动触点位置。

2）一个开关用于 P 位或 N 位，可以控制起动。

3）一个开关用于倒档的倒车灯开关 F41。

（2）信号利用

变速器控制模块（TCM）J217 触发自动换档程序，确认多功能开关的位置，控制以下功能：

1）起动机联锁。

2）倒车灯。

3）变速杆锁止 P/N。

如果发生下列情况，必须调节多功能开关：

1）更换多功能开关。

2）安装新变速器。

3）仪表板上的档位指示灯显示不正确。

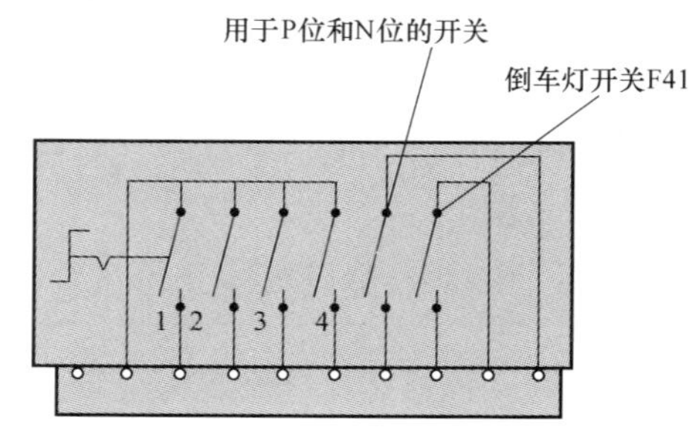

图 4-1-21 用于变速杆位置的开关

2. 变速器输入/输出传感器

（1）变速器输入转速传感器 G182

1）功能原理。变速器输入转速传感器 G182 记录位于多片式离合器 K2 外行星架处的变速器输入转速，如图 4-1-22 和图 4-1-23 所示。它根据霍尔原理工作。自动变速器输入轴转速传感器 G182 是一个电磁式传感器，安装在阀体上侧，用于检测自动变速器的输入轴转速，自动变速器控制单元利用输入轴转速信号控制换档平顺，如果信号中断，自动变速器进入应急状态。

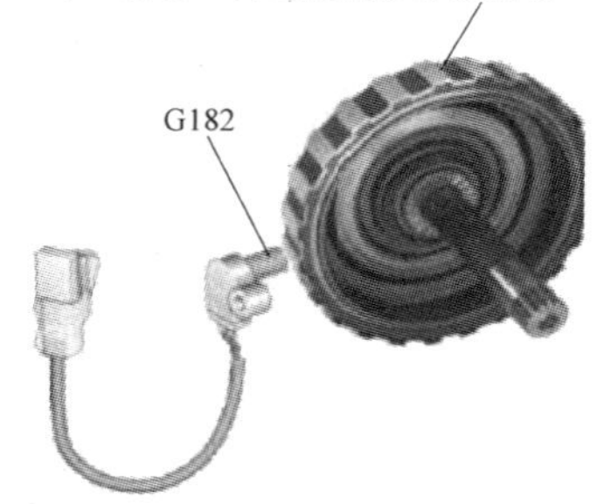

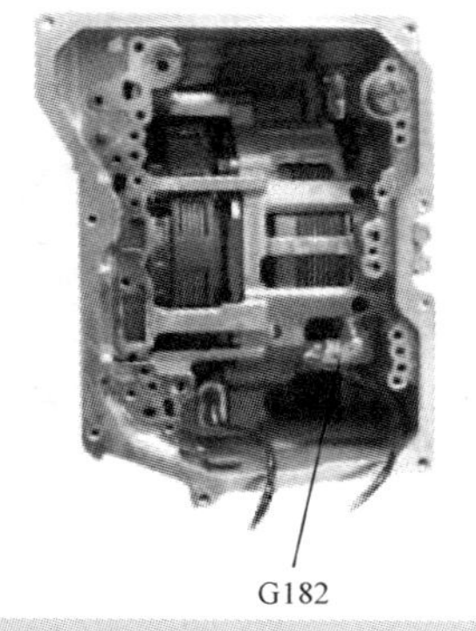

图 4-1-22 输入转速传感器 G182

图 4-1-23 输入转速传感器 G182 实物

2）信号利用。对于下列功能，变速器控制模块（TCM）J217 需要精确的变速器输入转速。

① 换档的控制、适应和监测。

② 变矩器锁止离合器调节和监测。

③ 诊断换档元件，检查发动机转速和变速器输出转速的可信度。

3）信号故障的影响。变矩器锁止离合器闭合。发动机转速用来替换变速器输入转速。

（2）变速器输出转速传感器 G195

1）功能原理。变速器输出转速传感器 G195 记录驻车锁止轮处的变速器输出转速。它也是根据霍尔原理工作的。

驻车锁止轮与中间轴的从动轮一体。由于输出行星轮和中间轴之间的传动比，两转速分别按各自的比例。

根据变速器的编程传动比，变速器控制模块（TCM）J217 计算出实际变速器输出转速。如图 4-1-24、图 4-1-25 所示。

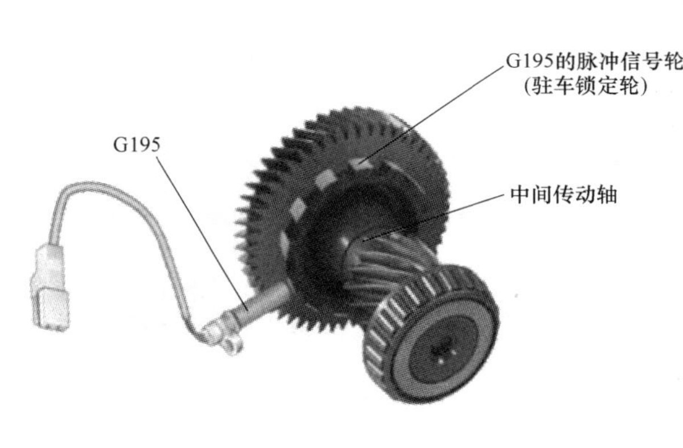

图 4-1-24 输出转速传感器 G195（一）

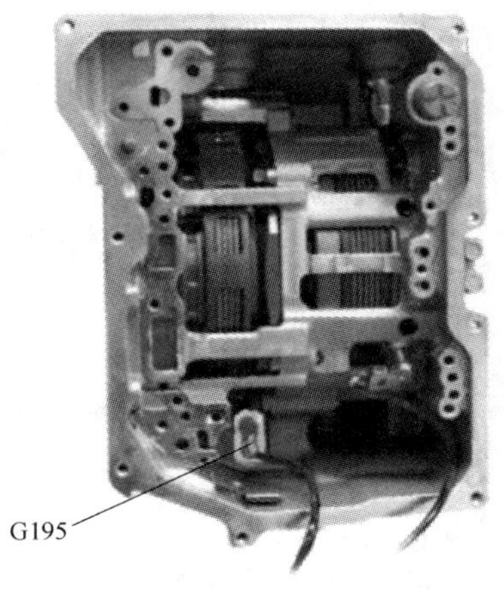

图 4-1-25 输出转速传感器 G195（二）

2）信号利用。对电子控制变速器而言，变速器输出转速是最重要的信号之一。下列功能需要这个参数：

① 选择换档点。

② 驾驶工况评估等到动态换档程序 DSP 功能。

③ 诊断换档元件，检查发动机转速和变速器输出转速的可信度。

3）信号故障的影响。ABS 控制模块 J104 的转速信号替换变速器输出转速。

3. 变速器油温传感器 G93

变速器油温传感器 G93 位于阀体内，浸泡在变速器油中。它用来测量变速器油温，并把油温测量值传送到变速器控制模块（TCM）J217。

变速器油温传感器 G93 由一块安装板固定。它是阀体总成的一个部件，作为一个热敏电阻工作。如图 4-1-26 所示。

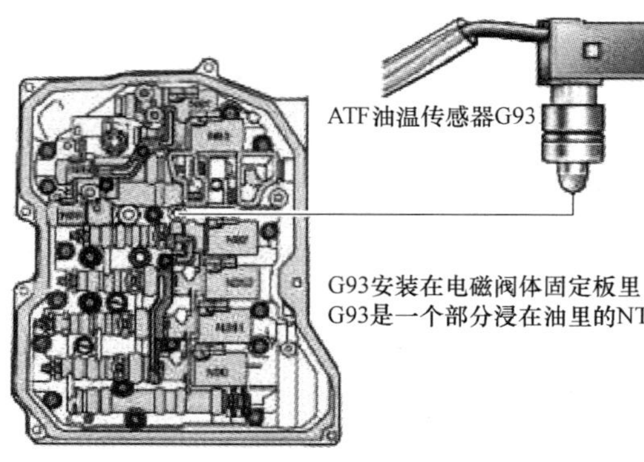

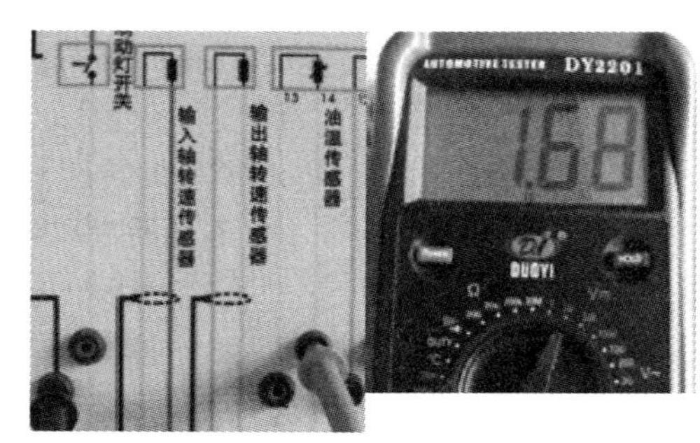

图 4-1-26　变速器油温传感器 G93

1）信号利用。下列功能需要变速器油温度信号：

① 适应系统换档压力和换档过程中建立压力和释放压力。

② 激活或解除暖机程序和变矩器锁止离合器等的温度依赖功能。

③ 在热车模式，变速器油温高时，激活变速器的保护功能。

2）信号故障的影响。见表 4-1-17。

表 4-1-17　变速器油温传感器 G93

项目	维 修 知 识	示 意 图
信号故障的影响	① 变矩器锁止离合器没有调节操作，只能打开或闭合；没有适应的换档压力，这通常会导致难以换档 ② 变速器油温传感器 G93 的负温度系数（NTC）热敏电阻特性曲线如右图所示 ③ 温度升高时，传感器电阻减小 ④ 为了防止变速器过热，超出定义的变速器油温范围时，触发相应的对策 ⑤ 对策 1（约 127℃）：利用动态换档程序（DSP）功能，换档特性曲线在更高转速下换档。变矩器锁止离合器较早闭合，不再进行调整 ⑥ 对策 2（约 150℃）：发动机转矩减少	电阻/Ω（10^1～10^5） 温度/℃（−40、0、40、80、120、160）

4. Tiptronic 升档开关和降档开关

转向盘上的 Tiptronic 升档开关 E438 和 Tiptronic 降档开关 E439，这些选择配置的按钮在转向盘的左右可以找到。通过操作按钮，自动变速器可以实现升档和降档，如图 4-1-27 所示。换档信号直接进入变速器控制模块（TCM）J217 中。

1）信号故障的影响。如果信号发生故障，转向盘按钮就没有 Tiptronic 功能。

2）Tiptronic 换档策略。达到最高转速时，自动升档；低于最低转速时，自动降档。强制降档；起步之前，如果选择2档，就从2档开始起步；升档保护或降档保护。

5. 节气门位置传感器和功能加速踏板位置传感器

节气门位置（TP）传感器G79和加速踏板位置传感器G185，都位于踏板总成的加速踏板模块内，如图4-1-28所示。

图4-1-27　升档开关和降档开关

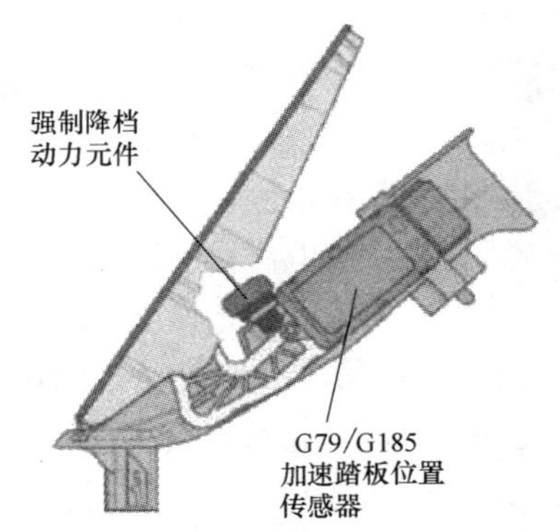

图4-1-28　节气门位置传感器和功能加速踏板位置传感器

强制降档信息：

1）告知驾驶人正处于强制降档的阶段。

维修技能：

如果驾驶人主动激活强制降档，通过强制降档开关，就会发出一个超出节气门位置传感器G79和加速踏板位置传感器G185全开（WOT）位置的电压值给ECM，使ECM控制强制降档。

2）发动机控制模块（ECM）J220收到这个电压值后，将通过动力系统CAN总线给变速器控制模块（TCM）J217传递信息。

6. 电磁阀与控制阀诊断

在电控自动变速器中，电磁阀作为电液换档元件使用。开关式电磁阀与作为调节阀或计量阀的电子压力控制阀有区别。

（1）电磁阀

1）电磁阀N88。电磁阀N88作为一个开关式电磁阀工作，打开或关闭自动变速器油通道。电磁阀N88在4档到6档打开。此外，这个电磁阀改进了5档到6档的换档质量。如果没有电流，电磁阀N88关闭。如果N88的信号或执行器发生故障，就不可能从4档换到6档。

2）电磁阀N89。电磁阀N89作为一个开关式电磁阀工作，打开或关闭自动变速器油通道。电磁阀N89打开时，变矩器锁止离合器的变速器油压升高。如果同时打开电磁阀N88和电磁阀N89，制动器B2闭合，在Tiptronic模式下的1档，激活发动机制动。没有电流时，这个电磁阀关闭。

如果到电磁阀N89的信号发生故障，变矩器锁止离合器不再加压到最大变速器油压，发动机制动就不可能实现。

（2）电子压力控制阀

1）电磁阀 N90。电磁阀 N90 调节到多片式离合器 K1 的自动变速器油压。

没有电流时，电磁阀关闭。在这个换档工况，最大自动变速器油压影响离合器的工作。如果电磁阀 N90 有故障或不能激活，1 档到 4 档换档就困难。

2）电磁阀 N91。电磁阀 N91 调节到变矩器锁止离合器的压力。如果电磁阀 N91 没有电流，变矩器锁止离合器打开。如果电磁阀 N91 发生故障，变矩器锁止离合器一直打开。

3）电磁阀 N92。电磁阀 N92 调节到多片式离合器 K3 的自动变速器油压。没有电流时，电磁阀关闭，变速器在最大油压下操作。

4）电磁阀 N282。电磁阀 N282 调节到多片式离合器 K2 的油压。如果没有电流，电磁阀关闭，在这个换档工况，最大自动变速器油压作用在离合器上。电磁阀 N282 或线路中发生故障，4 档到 6 档的所有档位换档困难。

5）电磁阀 N283。电磁阀 N283 调节到多片式制动器 B1 的油压。电磁阀是否关闭取决于电流值。如果没有电流，制动器闭合，变速器油压最大。由于 N283 电磁阀或线路中发生故障，2 档到 6 档的所有档位换档困难。

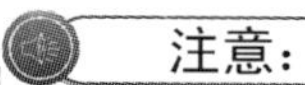

注意：

如果变速器型号为 01M/01N（096/097），则 7 个电磁阀实物静态检测有区别。

6）检查电磁阀实物电阻值。自动变速器在解体之后也可以用万用表对其电阻进行检测，其中电磁阀 N88、N89、N90、N92、N94 正常的电阻值应在 55 ~ 65Ω 之间。电磁阀 N91、N93 电阻值应在 4.5 ~ 6.5Ω 之间。如果测得某电磁阀不在正确范围内，将该电磁阀更换，见表 4-1-18。如果变速器型号为 01V（5HP-19），电磁阀实物电阻值见表 4-1-19。

表 4-1-18 01M/01N（096/097）7 个电磁阀实物电阻值的检查

序号	内容说明	图例
1	N88 电磁阀电阻值 62.9Ω	
2	N89 电磁阀电阻值 63.7Ω	

（续）

序号	内容说明	图例
3	N90 电磁阀电阻值 62.7Ω	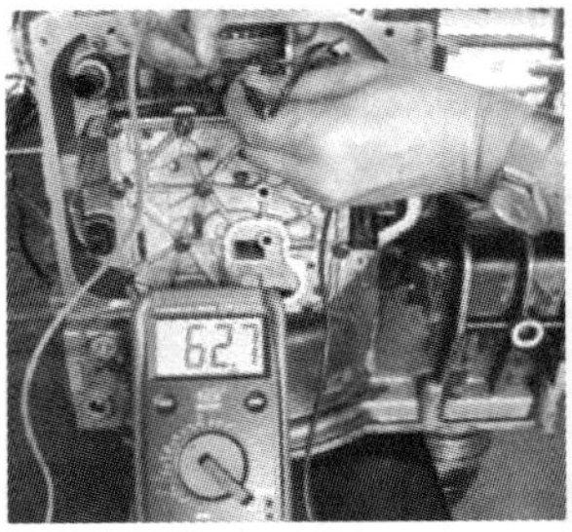
4	N91 电磁阀电阻值 5Ω 注意：096/097 此电磁阀电阻值为 64Ω	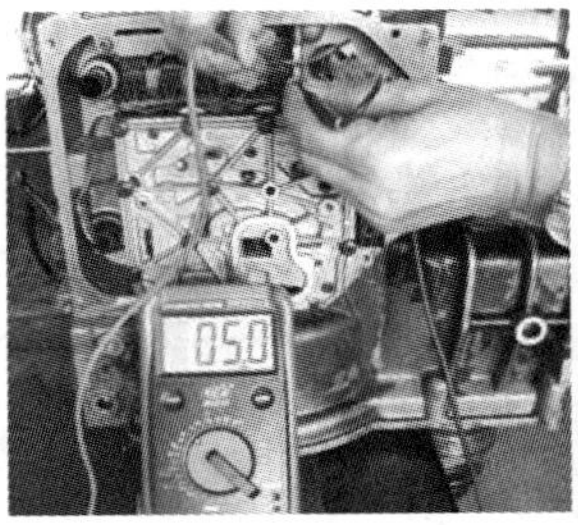
5	N92 电磁阀电阻值 63.1Ω	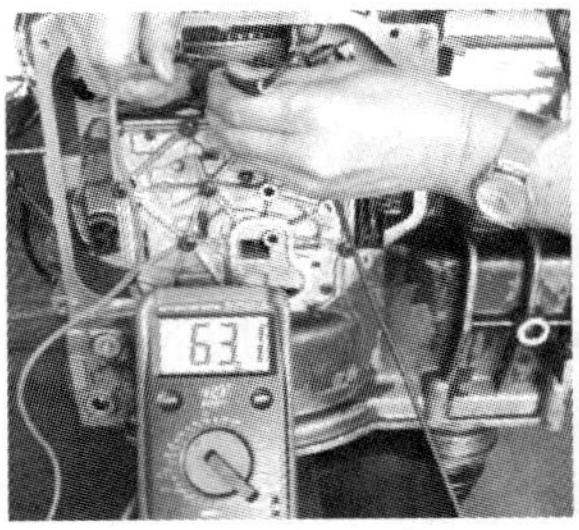
6	N93 电磁阀电阻值 5Ω	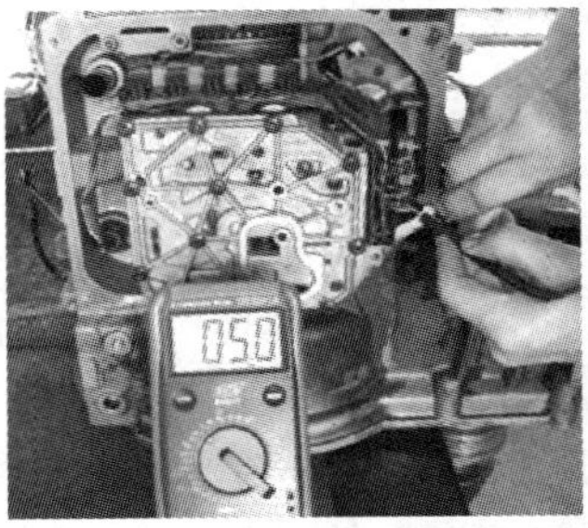
7	N94 电磁阀电阻值 63.2Ω	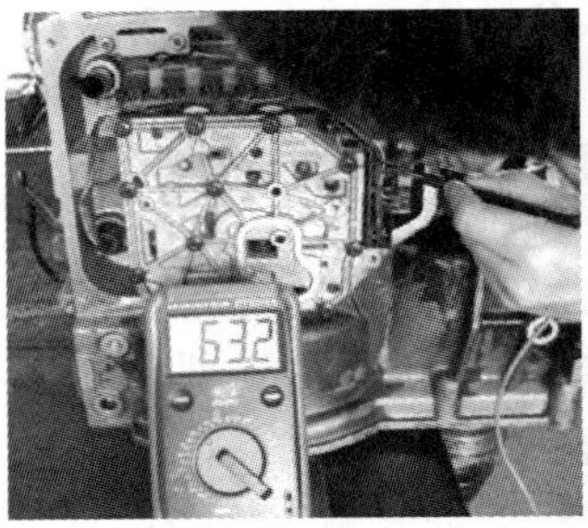

表 4-1-19 01V（5HP—19）的电磁阀实物电压值

内容说明	图例
测量换档与开关电磁阀正极与搭铁间电压，应在11.5~11.9V之间	

7）换档锁止电磁阀N110。电磁阀位于变速杆支撑物上，它是一块电磁铁，打开点火开关时，防止变速杆离开P位和N位。

特别注意：

在断电情况下，变速杆已经锁止。要操作变速杆，必须使用紧急释放功能。

01V 自动变速器常见故障分析（一）

大众、奥迪车辆所选用的01V自动变速器绝大部分故障都是可以排除的，大部分故障都是通过更换各种配件来解决（因01V自动变速器配件供应良好），极少有靠真正维修来解决问题。但随着维修市场的激烈竞争，在提高维修质量的同时，还要降低维修成本，所以少数专业维修厂通过采取维修的方法来解决问题，比如变矩器的修复、阀体的修复以及电磁阀的修复等（这些部位的修理需要一定的相关专用设备）。

综合01V自动变速器的各种故障，发现故障较多的是“漏油”和“换档品质问题”。下面就这些故障排除进行总结。“漏油故障”是01V自动变速器常见故障之一。对于自动变速器漏油故障，大家似乎感觉是容易解决的问题，但有些时候多次返工未果也比较棘手，因此值得重视。就01V自动变速器而言，漏油处基本可确定在两个部位上：一个是发动机与自动变速器的连接部位；一个是变速器的右后方（有时还以为是油底壳在漏油）。无论从哪里漏油，都要先确定漏的油是ATF还是齿轮油。这两种油都是黄颜色的，可以通过气味和油的黏稠度来辨别。通常，变矩器油封处最易漏油，但有些时候并不是这个地方漏出的油，而是其中的一个半轴油封漏出的。

第一，在过去的几年时间，一些大众维修站由于判断前端漏油的问题失误，花费了不少人工、物料。问题是01V变速器有两处各使用了一大一小双唇面油封，彼此将两种润滑油隔开。同时，又设计了两个漏油报警孔（或称通气孔，相当于“人的鼻孔”约 ϕ6mm），以提示要进行修理，其中一个在变速器的前方，另一个在差速器后方右机爪下方。过去有的修理工发现该处漏油时想直接堵死它，这种想法是错误的，也是不可行的。不管它漏的是什么油，都需要利用规范的手段来解决。一旦堵死后，两种油就会形成交叉渗漏，其后果就不言而喻了（这样的案例已经出现过多次）。

第二，还有一个比较难办的是换档品质故障（冲击问题）。例如：挂档冲击、升档冲击、降档冲击、强迫降档冲击、制动降档冲击、TCC 接合冲击、TCC 释放冲击、不同载荷下的换档冲击、连续换档冲击、个别档位换档冲击等。这些故障的原因除先天性的“设计缺陷”外，而更多的是后天使用问题，零配件使用寿命达到极限以及电控系统与液压系统间的匹配达到极限等问题。就换档冲击的故障根源，虽说涉及面较广，但最重要的是如何锁定是哪一个点引起了换档冲击。其实各种冲击涉及的范围都比较广。严格讲，它属于一个综合故障：既体现在电子控制方面，也离不开机械与液压方面，还涉及其他系统（比如说发动机动力问题就在电子控制方面，目前国内可能还没有在软件上做改进（所谓的升级都是改变发动机 ECU 芯片程序）。在机械方面主要还是通过调整间隙、加装缓冲元件等。液压方面的问题比较多，如弹簧的疲软、密封元件的老化、阀门的磨损等，都靠换件来解决。

在解决换档冲击故障时，电磁阀的问题也不容忽视，因为更换整个液压阀体，客户往往接受不了，没有办法只能更换电磁阀组，但有时对于电磁阀好坏的判断没有一个标准数据。关于电磁阀，一般都是简单地测量其线圈的阻值，但它又不是真正的纯电阻元件，按其线圈的结构应该称之为电感元件，因此测得的线圈阻值是线圈导线单位长度电阻系数的和。同时，在测试时还会发现在不同温度下所测得的阻值是不同的，最关键的是电磁阀的密封性能及响应速度。电磁阀性能的好坏直接影响换档品质。除了自身性能外，电磁阀的匹配也很重要。更换新的电磁阀组后，不但原来的问题得不到解决，可能还会出现新的问题，这主要是更换的配件有区别。原因是 01V 变速器的电磁阀分为新旧款两大类：老款（E17 型阀体）电磁阀和新款改进型（E18—2 型阀体）电磁阀。新旧两款油压调节类电磁阀是不允许互换的，可以通过零件号来鉴别，见表 4-1-20。

表 4-1-20 电磁阀品质与零件号

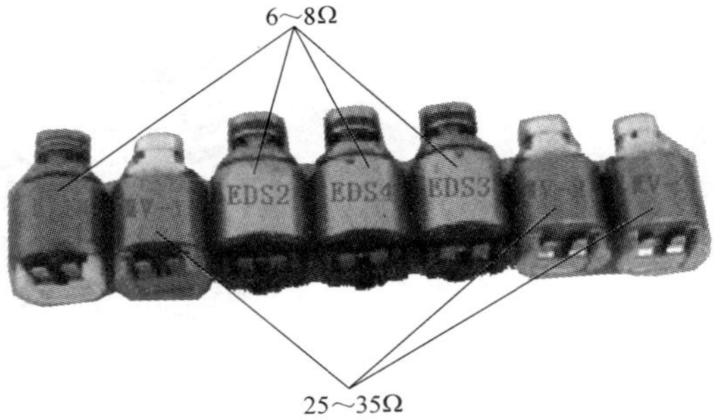

6～8Ω

EDS2 EDS4 EDS3

25～35Ω

盖子颜色	绿	绿	黑	黑	黑	绿	黄
代号	N88	N89	N93	N94	N92	N90	N91
代号含义	MV1	MV2	EDS3	EDS4	EDS2	MV3	EDS1

01V 自动变速器常见故障分析（二）

01V 自动变速器常见故障见表 4-1-21。

表 4-1-21　01V 自动变速器常见故障

故障与检修	图　例
（1）01V 油泵、变矩器损坏故障现象： 通过试车先期表现为冷车状态下变速器会发出异响。中期表现为变速器异响明显并且发动机与变速器连接处会出现漏油现象；后期为车辆无法正常行驶 原因： 由于自动变速器油泵杯士与变矩器轴颈处磨损，从而导致变速器异响、漏油，最后无法正常行驶	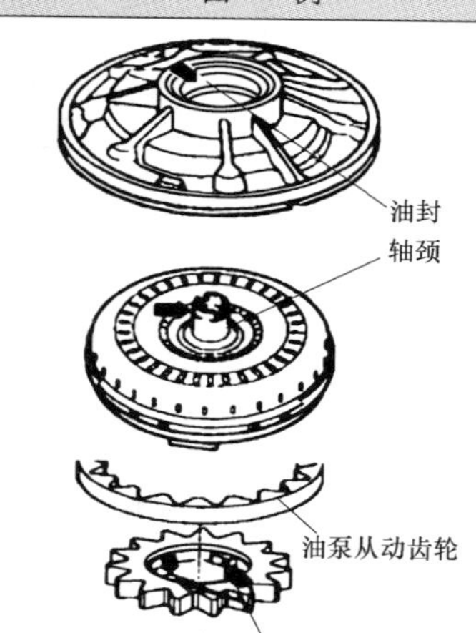
（2）变矩器安装 将变矩器轻轻向里旋转，直到变矩器套筒上缺口插进到油泵主动齿轮的凸起上，如果变矩器安装正确，则变速器固定面到槽面距离最小 23mm 如果变矩器没有装好，则此距离大约 11mm 注意：如果变矩器安装错误，会造成变矩器的接合套筒及油泵损坏，而且把变速器和发动机粘连在了一起难以分开	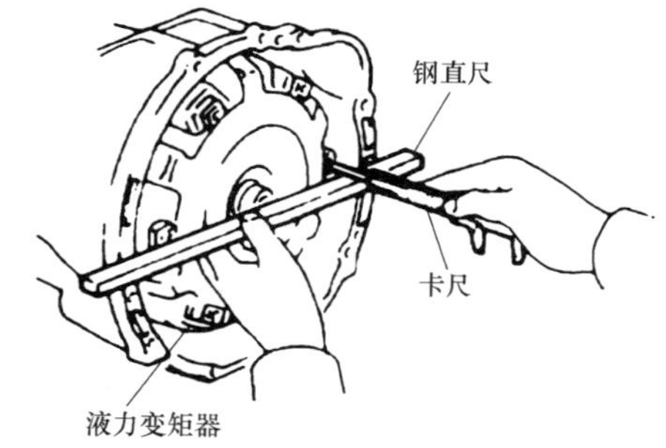
（3）E 离合器损坏 故障现象： 4—5 或 5—4 档换档冲击 可能的原因： 发动机特性改变，空气流量传感器损坏，变矩器锁止离合器失效，发动机冷却液温度传感器损坏	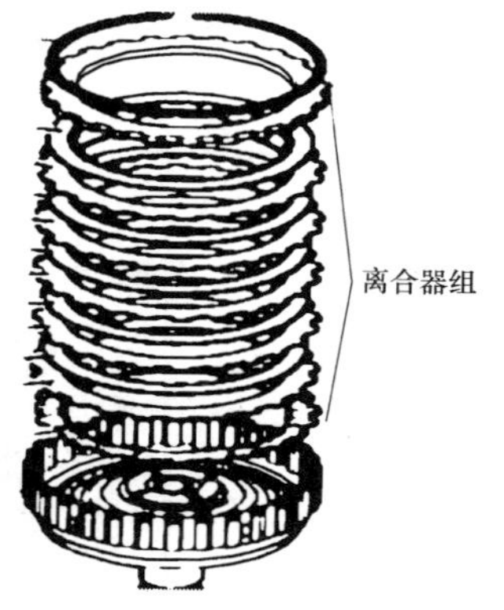
（4）橡胶柱塞开裂 故障现象： 换档冲击，档位缺失，换档时间过长 处理措施： 更换新款柱塞	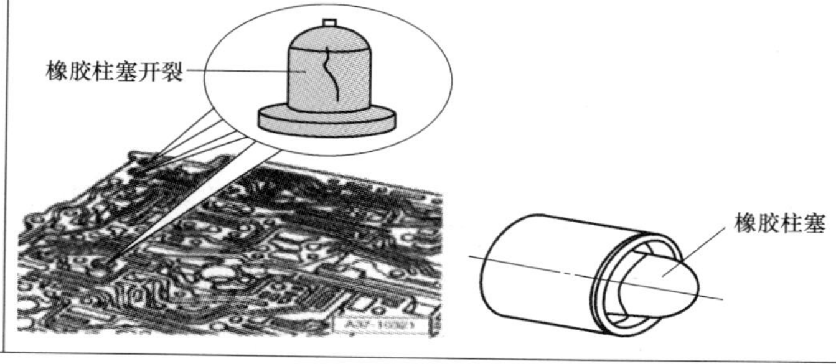

（续）

故障与检修	图　例
（5）变矩器的（锁止离合器）闭锁控制	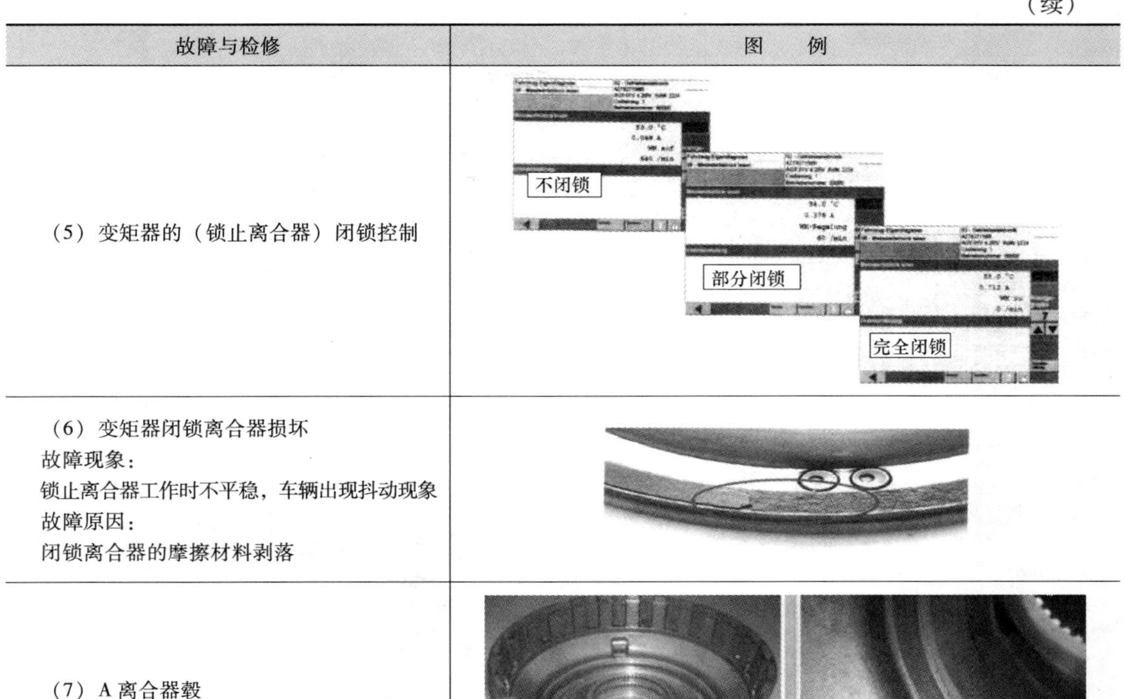
（6）变矩器闭锁离合器损坏 故障现象： 锁止离合器工作时不平稳，车辆出现抖动现象 故障原因： 闭锁离合器的摩擦材料剥落	
（7）A 离合器毂 故障现象：打滑、变速器进入应急模式 故障原因：A 离合器毂液压缸出现裂缝	
（8）01V 变速器异响的判断 分析：首先要判断变速器是否异响，需要通过路试和台试，同时借助听诊器来判断。前提要排除变速器意外的异响，如前轮轴承异响、球笼异响、轮胎异响、底盘异响等 变速器型号：5HP—19FL（01V） 零件名称：副轴 故障现象：异响	
（9）01V 倒档无力 故障现象： 挂入倒档后松开制动，车辆爬行较慢，踩加速踏板车辆不走 故障原因： D—G 离合器壳体开裂	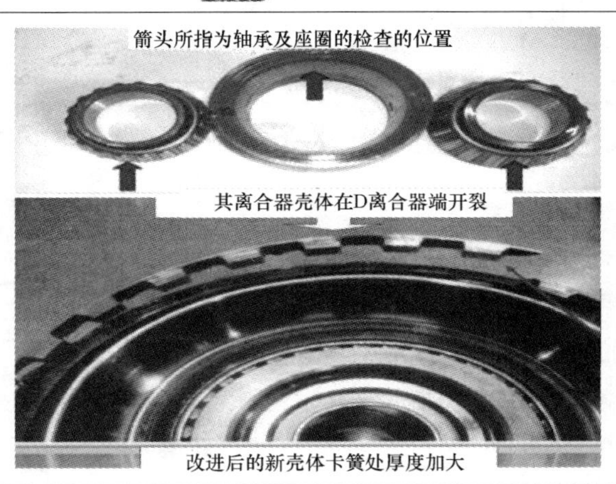

（续）

故障与检修	图　　例
（10）车辆无法正常行驶 故障现象： 无倒档、不换档、不能行驶 故障分析： 变速器润滑系统不良 故障原因： 行星轮烧损 解决方法： 更换变速器配件的同时需要更换冷却液散热器	行星齿轮烧坏
（11）01V 变速器 5—4 档冲击 故障现象： 车辆行驶至 80km/h，变速器升至 5 档，轻踩制动踏板使车速降至 55km/h 时，车辆出现冲击感，此时变速器为 5—4 档。有时候出现了入档冲击的现象 数据分析： 通过检测设备读取发动机数据流，读取空气流量传感器信息 数据显示可能为①大于正常值；②0～2g 故障原因： 空气流量传感器损坏	空气流量传感器损坏
（12）胶垫损坏 故障现象： 1）发动机在怠速状态下感觉车身明显振动 2）挂档时冲击感明显	发动机机胶　发动机机胶　变速器机胶
（13）差速器漏油	部分01V差速器漏油判断位置
（14）差速器油封损坏、油泵前端轴承异常磨损	差速器易损坏的油封位置 油泵前端异常磨损的轴承

任务二 01N 自动变速器结构及检修

一、01N 自动变速器概述

01N 自动变速器为前驱型自动变速器，因为该型号自动变速器中包含了差速器装置，所以很多维修资料中也称之为变速驱动桥。01N 自动变速器装备在大众公司的多种轿车上，包括上海帕萨特 B5、桑塔纳 2000Gsi-AT（俊杰）等车型。01N 自动变速器如图 4-2-1 所示。01N 自动变速器采用了拉维娜式行星齿轮机构，具有包括超速档在内的 4 个前进档和 1 个倒档。

01N 自动变速器的内部结构由行星齿轮机构、制动器 B1 与 B2、离合器 K1、K2 和 K3、以及单向离合器 F 组成。图 4-2-2 为 01N 自动变速器的结构原理图。

图 4-2-1 01N 自动变速器总成

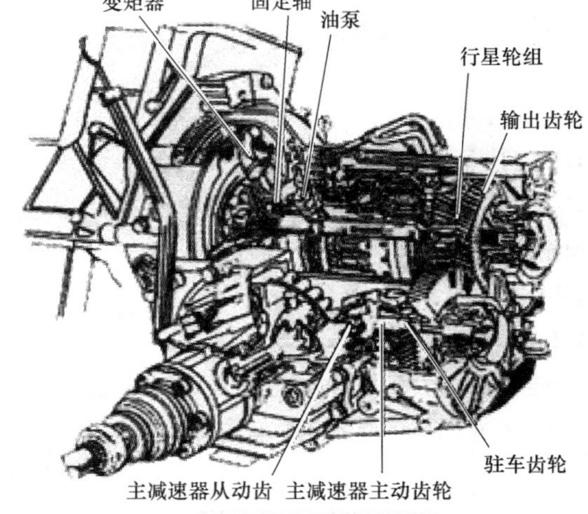

图 4-2-2 结构原理图

二、01N 自动变速器各档位工作原理

01N 自动变速器的内部结构由行星齿轮机构、制动器（B1 与 B2）、离合器（K1、K2 和 K3）、以及单向离合器 F 组成。图 4-2-3 为 01N 自动变速器传动结构图。

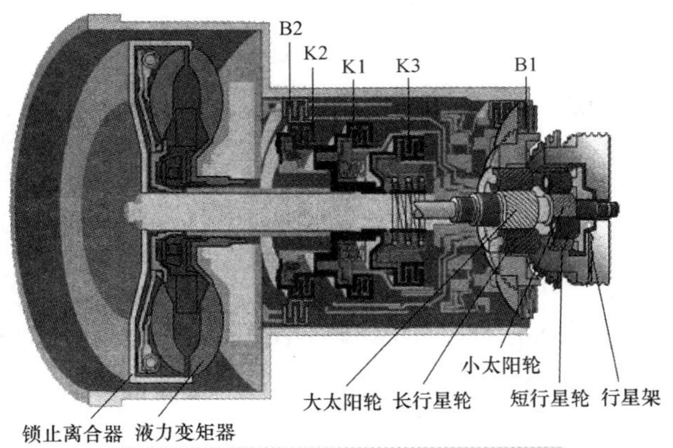

图 4-2-3 01N 自动变速器传动结构图

图 4-2-4 是 01N 自动变速器立体示意图。图 4-2-5 是 01N 自动变速器传动简图。

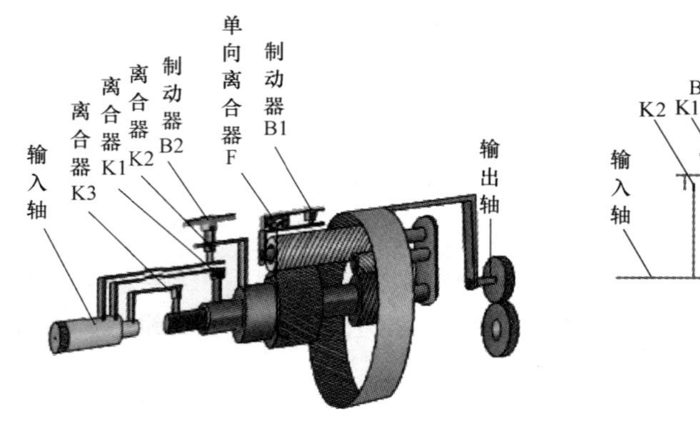

图 4-2-4 立体示意图

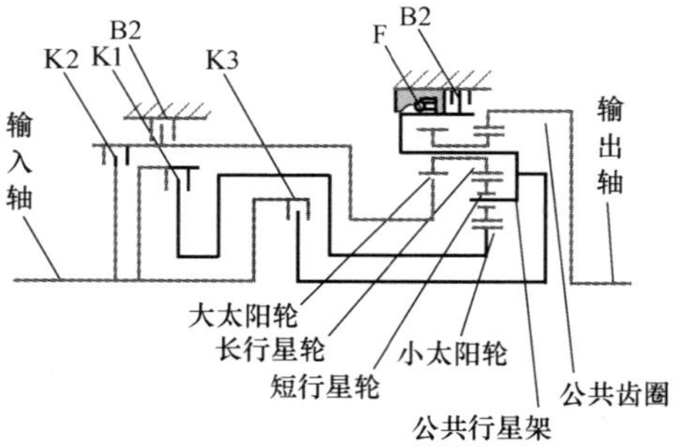

图 4-2-5 传动示意简图

（1）D1 档

D1 档执行元件：K1、F。

D1 档的动力传动路线：输入轴→离合器 K1→小太阳轮→短行星轮→长行星轮（F 限制行星架逆时针转）→齿圈→输出齿轮。

（2）D2 档

D2 档执行元件：K1、B2。

D2 档的动力传动路线：输入轴→离合器 K1→小太阳轮→短行星轮→长行星轮→行星架（B2 制动大太阳轮）→齿圈→输出齿轮。

（3）D3 档

D3 档执行元件：K1、K2、K3。

D3 档的动力传动路线：

输入轴 {离合器 K1→小太阳轮顺时针转；离合器 K2→大太阳轮顺时针转；离合器 K3→行星架顺时针转} 行星齿轮机构一起转→齿圈→输出齿轮。

（4）D4 档

D4 档执行元件：K3、B2。

D4 档的动力传动路线：输入轴→离合器 K3→行星架→长行星轮（大太阳轮制动）→齿圈→输出齿轮。

（5）L 档

L 档执行元件：K1、B1。

L 档的动力传动路线：输入轴→离合器 K1→小太阳轮→短行星轮→长行星轮（B1 限制行星架逆转）→齿圈→输出齿轮。

（6）R 档

R 档动作元件：K2、B1。

R 档的动力传动路线：输入轴→离合器 K2→大太阳轮→长行星轮（行星架制动）→齿圈→输出齿轮。

01N 自动变速器换档执行元件的工作情况见表 4-2-1。在不同档位，行星齿轮机构各部件的状态见表 4-2-2。

表 4-2-1 01N 自动变速器换档执行元件的工作情况表

变速杆位置	档位	换档执行元件					
		K1：1 档/3 档离合器	K2：倒档/直接档离合器	K3：高档离合器	B1：低倒档制动器	B2：2、4 档制动器	F：D1 档单向离合器
D	1	○					○
	2	○				○	
	3	○	○	○			
	4			○		○	
3	1	○					○
	2	○				○	
	3	○	○	○			
2	1	○					○
	2	○				○	
1	1	○			○		
R	倒档		○		○		

表 4-2-2 不同档位行星轮机构各部件的状态

档 位	驱动部件	固定部件	输出部件
1	小太阳齿轮	单向制动行星架	齿圈
2	小太阳齿轮	大太阳轮	齿圈
3	小太阳齿轮 + 行星架 + 大太阳轮		齿圈
4	行星架	大太阳轮	齿圈
R	大太阳轮	行星架	齿圈

三、电子控制系统的组成与工作原理

01N 自动变速器电控系统如图 4-2-6 所示，其核心是自动变速器电控单元（J217），其他部件包括各传感器（输入信号）和执行器（输出信号）。传感器包括变速器转速传感器（G38）、车速传感器（G68）、发动机转速传感器（G28）、节气门位置传感器（G69）、油温传感器（G93）、强制降档开关（F8）、多功能开关（F125）、制动灯开关（F）、巡航控制装置等。执行器包括变速杆锁止电磁阀 N110、阀体电磁阀、起动/倒车灯继电器及电控系统诊断插头等。

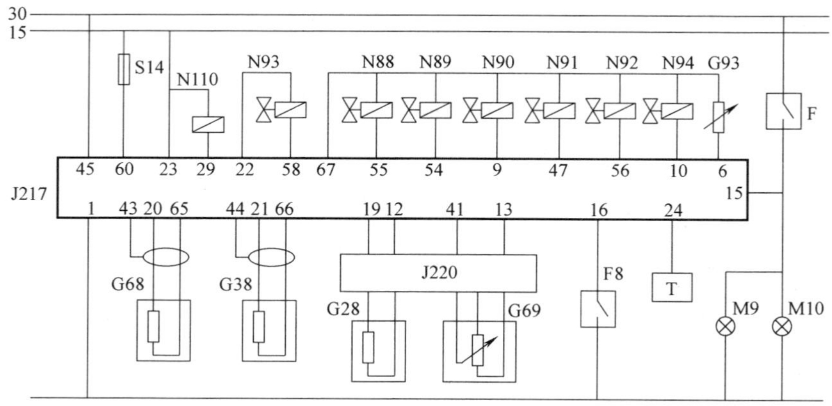

图 4-2-6　01N 自动变速器电控系统

J217—自动变速器电控单元　N110—变速杆锁止电磁阀　N88、N89、N90、N91、N92、N93、N94—电磁阀　G93—油液温度传感器　F—制动灯开关　G68—车速传感器　G38—自动变速器转速传感器　J220—发动机电控单元　G28—发动机转速传感器　G69—节气门位置传感器　R—强制低速档开关　T—自诊断插头　M9、M10—制动灯

1. 节气门位置传感器（G69）

节气门位置传感器位于节气门体内部，它是一个滑动电阻，其动片随节气门轴一起运动，根据节气门位置不同，向发动机电控单元（J220）输出一个电压信号，发动机电控单元再将此信号传递给自动变速器电控单元（J217），自动变速器控制单元不仅通过此信号得知节气门开度，还可以得知节气门开度的变化速度，即踩下加速踏板的加速度。该信号的作用有二：一是确定换档曲线；二是进行油压控制。如果节气门信号中断，油压将按照节气门全开的程度调节；同时电控单元不再执行换档程序。

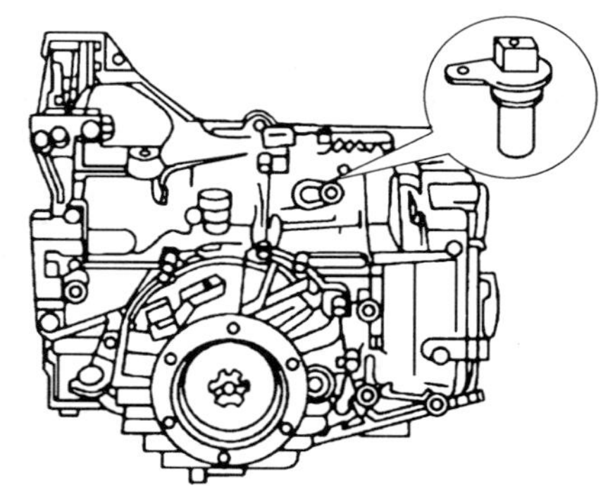

图 4-2-7　变速器转速传感器

2. 自动变速器转速传感器（G38）

自动变速器转速传感器是电磁式传感器，用以感应变速器内大太阳轮的转速，位置如图 4-2-7所示。自动变速器转速传感器信号的作用有二：一是识别换档时刻，在换档过程中推迟点火提前角，降低发动机转矩，以减小换档冲击；二是在换档过程中控制相关离合器的油压，其作用也是使换档平顺。

3. 车速传感器（G68）

车速传感器是电磁式传感器，它感应变速器内主动齿轮（即齿轮圈，行星轮机构的输出端）的转速，位置如图 4-2-8 所示。车速传感器的作用有二：一是与节气门位置传感器（G69）一起确定换档时刻；二是感知变矩器锁止离合器的滑差。对于装有自动定速巡航装置的车辆，它还用于速度调节。如果车速信号中断，控制单元使用发动机转速信号代替车速信号进行换档，但变矩

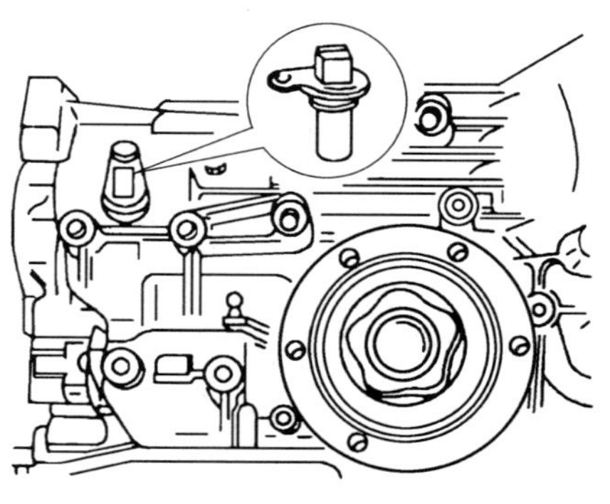

图 4-2-8　车速传感器

器失去锁止功能。

4. 发动机转速传感器（G28）

发动机转速传感器（G28）将发动机转速信号先传递给发动机电控单元（J220），再由J220传给自动变速器电控单元（J217）。自动变速器电控单元（J217）将发动机转速信号和车速信号进行比较，根据转速差识别出锁止离合器的打滑状态，如果滑动过大，即转速差过大，J217将增大锁止离合器压力，使滑动相对减小。

5. 自动变速器油液温度传感器（G93）

自动变速器油温传感器用于感应自动变速器内的油液温度，如图4-2-9所示。它是一个负温度系数电阻，随着温度的升高，其电阻值降低。其作用是检测自动变速器的工作温度。

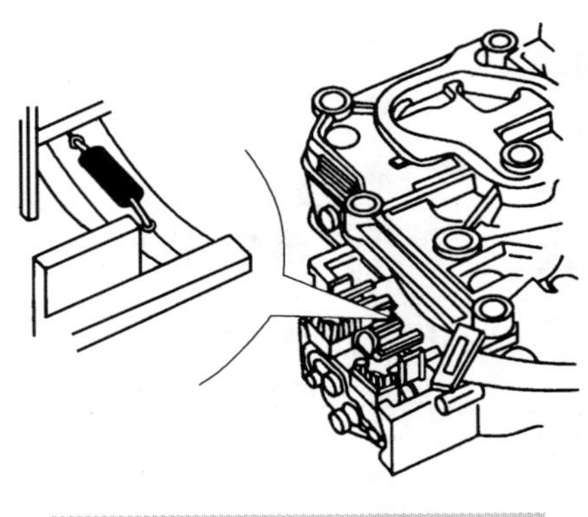

图4-2-9 自动变速器油温传感器

如果自动变速器油液温度过高，自动变速器控制单元控制锁止离合器接合，如果油温还降不下来，自动变速器电控单元控制变速器降一个档位。自动变速器油液温传感器（G93）短路后，V. A. G1551检查显示温度过高，自动变速器无法升入高档；如果断路，显示温度低，换档迟缓。

6. 制动开关F

制动开关安装在制动踏板臂上，如图4-2-10所示。当自动变速器电控单元（J217）收到制动信号后，控制变速杆锁止电磁铁（N110）接通，变速杆解除锁止，方可从P位移出，挂入其他档位。制动信号还用于变矩器锁止离合器的释放，对于装有自动定速巡航装置的车辆，该信号用于解除定速巡航。信号中断后，变速杆不能移出，故障存储器中无故障记录。

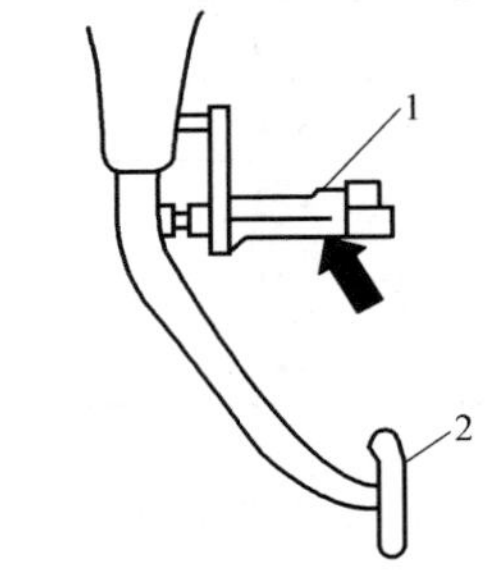

图4-2-10 制动开关F
1—制动开关 2—制动踏板

7. 强制低速档开关F8

强制低速档开关也称强制降档开关，与节气门拉线为一体，固定在发动机舱横隔板上，位置如图4-2-11所示。当加速踏板踩到一定角度时，触动此开关，自动变速器电控单元收到此信号后，当车速低于某值时，自动变速器会降低一个档位，以增大输出转矩；当车速低于某值时，切断空调工作几秒钟，具体数据与自动变速器电控单元设定程序有关。如果强制低速档开关F8信号中断，当加速踏板达到节气门开度95%时，启动此功能，用V. A. G1551查询故障记忆，会显示强制低速档开关F8“不可靠信号”

8. 多功能开关F125

多功能开关F125位于自动变速器壳体内，如图4-2-12所示。多功能开关由变速杆拉线控制，其作用是感知变速杆的位置，并将状态信号送给自动变速器电控单元（J217）和起动倒车继电器（J226）。起动倒车继电器的作用有二：一是在变速杆位于R位时，接通倒车灯；二是变速杆位于P位或N位以外的档位时，控制起动机不工作。对于装有自动定速巡航装置的车辆，它还用于速度调节。如果多功能开关信号中断，自动变速器电控单元认为变速杆处于D位，当用V. A. G1551查询故障记忆时，会显示“多功能开关F125—开关状态不稳定”。

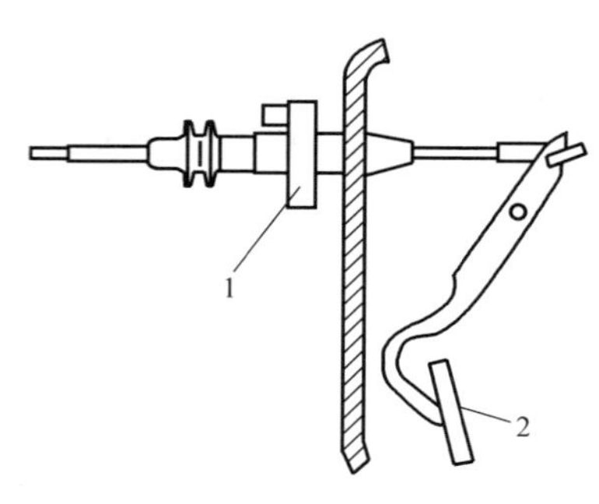

图 4-2-11 强制低速档开关
1—强制低速档开关 2—加速踏板

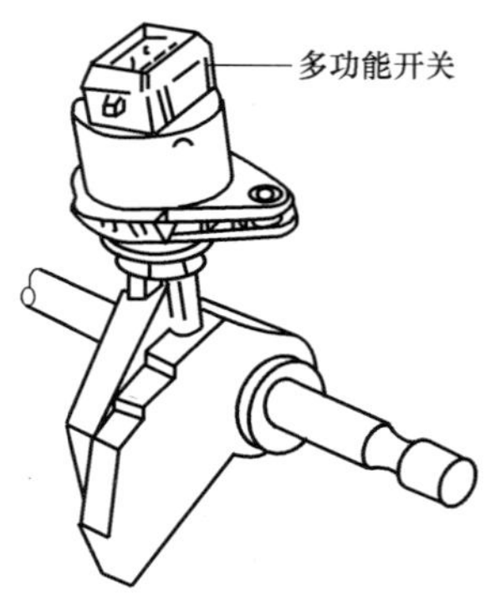

图 4-2-12 多功能开关

9. 电磁阀 N88 ~ N94

电磁阀用螺栓固定在自动变速器底部的阀体上，其位置如图 4-2-13 所示。各电磁阀的作用、类型、工作条件见表 4-2-3。

表 4-2-3 各电磁阀的作用与类型

电 磁 阀	作 用	类 型	作用条件
N88	控制离合器 K1	开关阀	断电
N89	控制离合器 B2	开关阀	供电
N90	控制离合器 K3	开关阀	供电
N91	控制锁止离合器	渐进阀	供电
N92	控制换档平顺	开关阀	供电
N93	控制主油压	渐进阀	供电
N94	控制换档平顺	开关阀	供电

如果电磁阀接线中断，控制单元进入后备程序。另外，在 01N 自动变速器中，手动阀用来控制 B1、K2。

10. 变速杆锁止电磁阀 N110

锁止电磁阀位于变速杆上，其位置如图 4-2-14 所示，与点火系统连接，起锁止变速杆的作用，踩下制动踏板时，变速杆的锁止解除，变速杆可以移动。

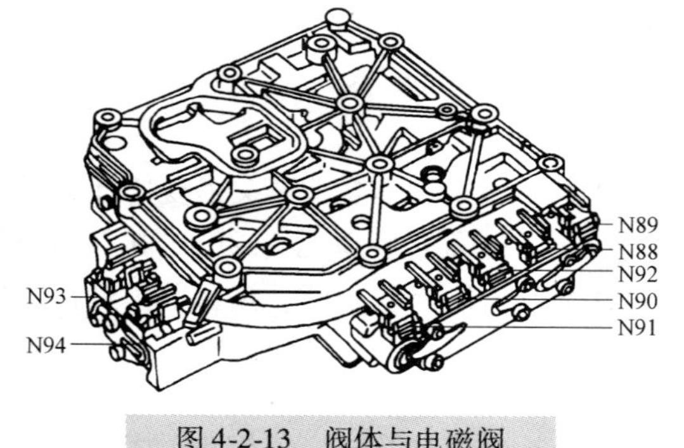

图 4-2-13 阀体与电磁阀

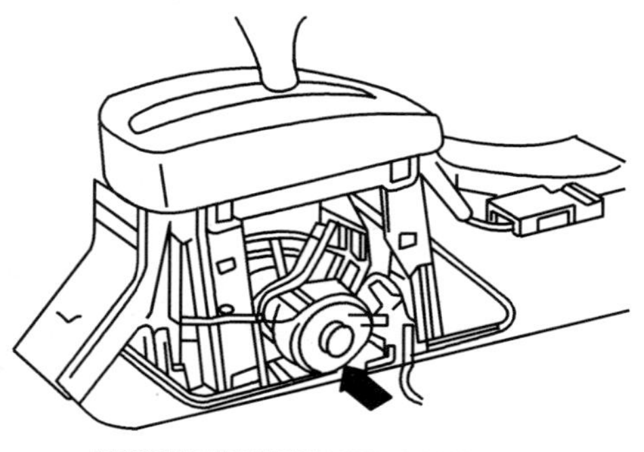

图 4-2-14 变速杆锁止电磁阀

四、01N 自动变速器拆装

1. 01N 自动变速器结构

01N 自动变速器的内部结构由行星齿轮机构、制动器（B1 与 B2）、离合器（K1、K2 和 K3）、以及单向离合器 F 组成。具体结构如图 4-2-15 所示。

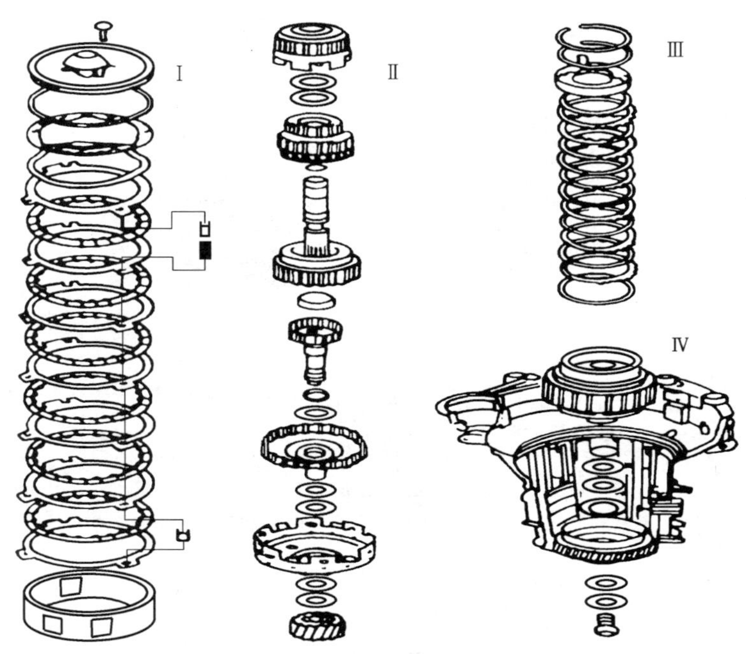

图 4-2-15　自动变速器分解图
Ⅰ—油泵与制动器 B2　Ⅱ—离合器 K1、K2、K3 与大太阳轮
Ⅲ—制动器 B1 与单向离合器 F　Ⅳ—行星齿轮机构与变速器壳体

2. 2 档/4 档制动器 B2 的结构

2 档/4 档制动器 B2 的结构的示意图，如图 4-2-16 所示。

3. 倒档离合器 K2 和大太阳轮的结构

倒档离合器 K2 和大太阳轮分解如图 4-2-17 所示

4. 单向离合器 F 和低档/倒档制动器的结构

单向离合器和低档/倒档制动器的分解如图 4-2-18 所示。拆卸单向离合器前，应先拆下滑阀箱和密封塞。安装碟形弹簧时，凸起面朝向单向离合器。安装压盘 B1 时，扁平面要朝向制动片。按所装内片数量不同，厚度也不同，其中 4 个内片厚 13.5mm，5 个内片厚 10.5mm，内片安装前应浸入自动变速器油 15min。

5. 行星轮支架及带主动齿轮和端盖的变速器壳体结构

行星轮支架及带主动齿轮和端盖的变速器壳体结构，如图 4-2-19 所示。推力滚针轴承垫圈光滑面装入主动齿轮，主动齿轮分解行星轮系时主动齿轮不用拆下。

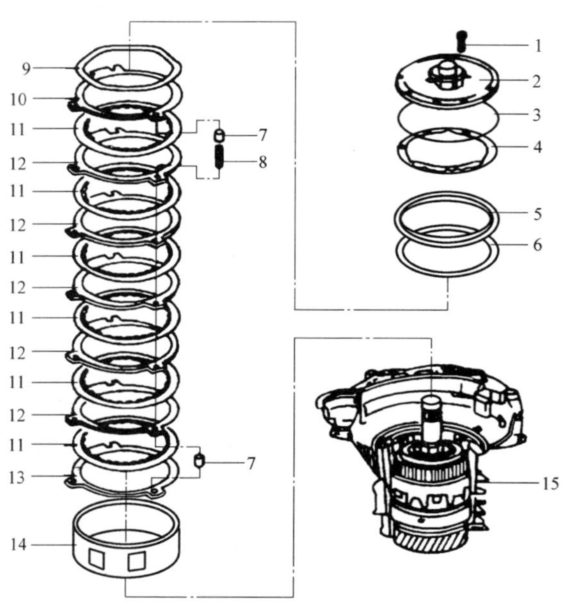

图 4-2-16 2 档/4 档制动器 B2 的元件图

1—螺栓(7 个，8N · m +90°) 2—带 B2 活塞的自动变速器油泵 3—O 形密封圈 4—密封垫 5—止推环 6—调整垫片 7—弹簧盖（6 个） 8—弹簧（3 个） 9—波形弹簧垫圈 10—外片 B2 11—内片 B2（新内片在安装前应在自动变速器油内浸 15min） 12—外片 B2（必须用 2mm 厚的外片） 13—装在隔离管上外片 B2（厚 3mm） 14—制动器 B2 的片组隔离管(5 块内片长 68.6mm，6 块内片长 64.9mm) 15—装有离合器的变速器壳体

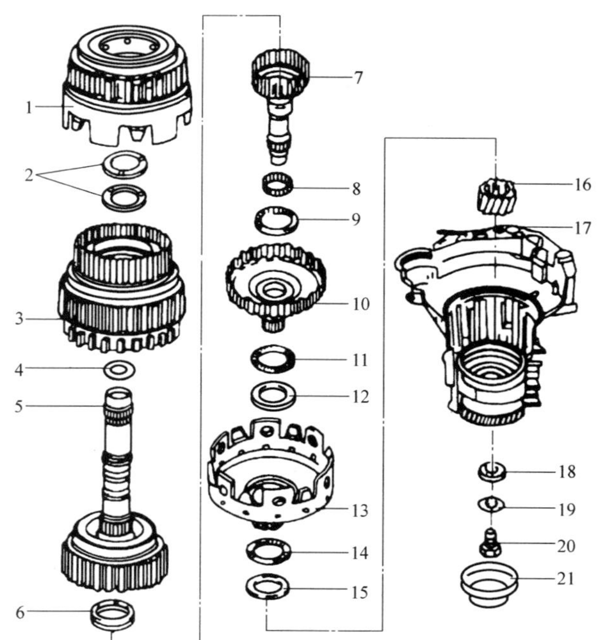

图 4-2-17 倒档离合器 K2 和大太阳轮分解图

1—倒档离合器 K2 2—调整垫圈(可装一个或两个调整垫圈) 3—1 档/3 档离合器 K1 4—O 形密封圈 5—带蜗轮轴的 3 档/4 档离合器 K3 6—带垫圈的推力滚针轴承 7—输入轴(小) 8—滚针轴承 9、11、14—推力滚针轴承 10—输入轴(大) 12—带台肩的推力滚针轴承垫圈 13—大太阳轮 15—推力滚针轴承垫圈 16—小太阳轮 17—变速器壳体（带有已装好的单向离合器和弹性挡圈） 18—行星轮架调整垫片 19—垫圈 20—螺栓（30N · m） 21—盖板

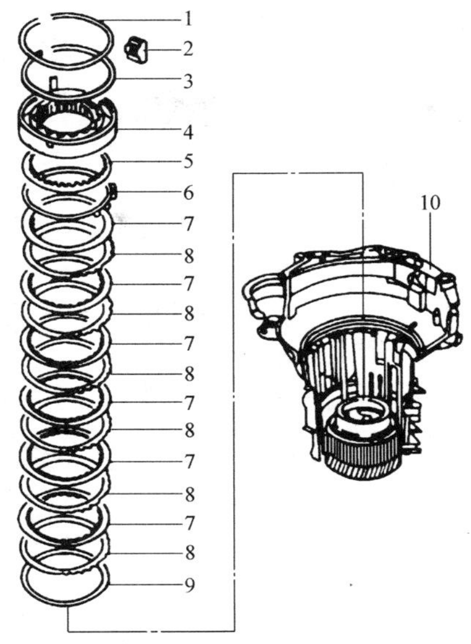

图 4-2-18 单向离合器和低档/倒档制动器 B1 的分解图

1—隔离管 B2 弹性挡圈 2—导流块 3—单向离合器弹性挡圈 4—单向离合器(带 B1 活塞) 5—碟形弹簧 6—压盘 7—内片 8—外片 9—调整垫圈 10—变速器壳体（装有行星轮支架）

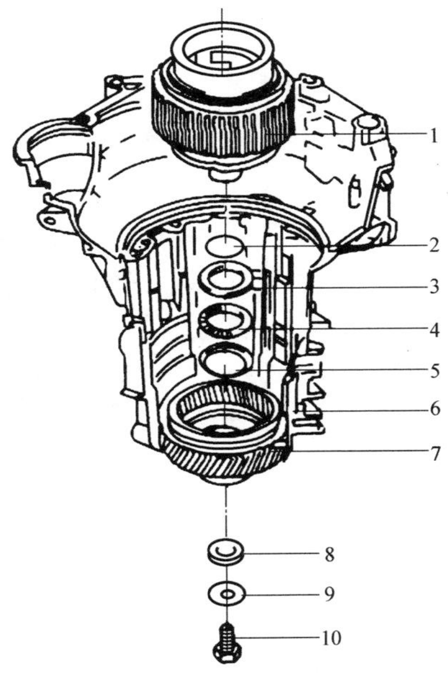

图 4-2-19 行星轮支架及带主动齿轮和端盖的分解图

1—行星轮支架 2—装在行星轮支架内的 O 形密封圈 3、5—推力滚针轴承垫圈 4—推力滚针轴承 6—变速器壳体（带主动齿轮） 7—主动齿轮 8—行星轮支架调整垫片 9—垫圈 10—小输入轴螺栓(30N · m)

6. 按步骤将 01N 自动变速器进行分解

01N 自动变速器的分解步骤见表 4-2-4。

表 4-2-4 自动变速器的分解步骤

序　　号	具体内容	图　　示
1	拆下自动变速器密封塞和 ATF 溢流管，排除 ATF	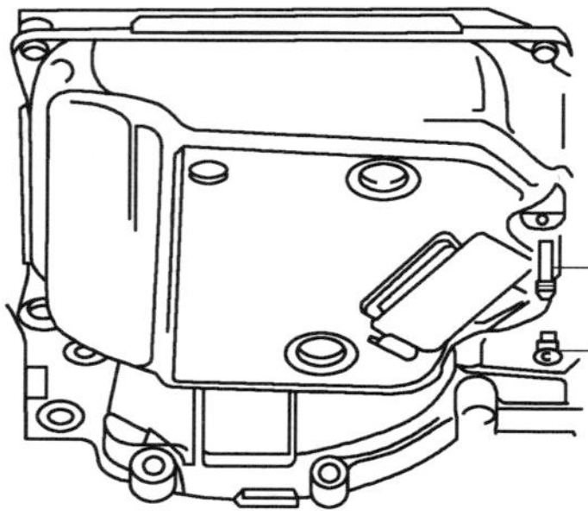 1—溢流管　2—螺栓
2	拆下液力变矩器	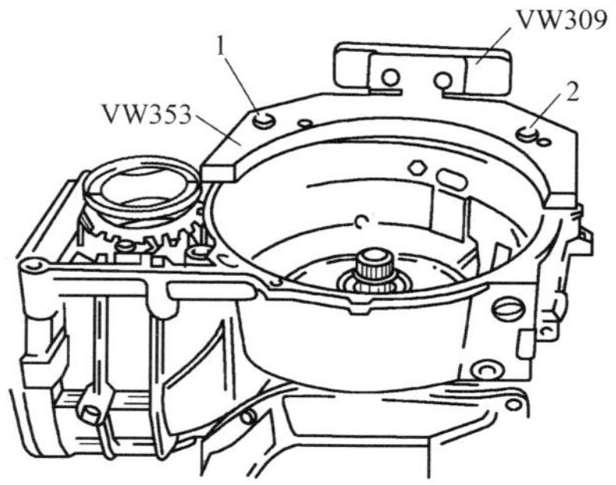
3	用螺栓 1 和 2 将自动变速器固定到安装架上	
4	拆下变速器壳体上带密封垫的端盖	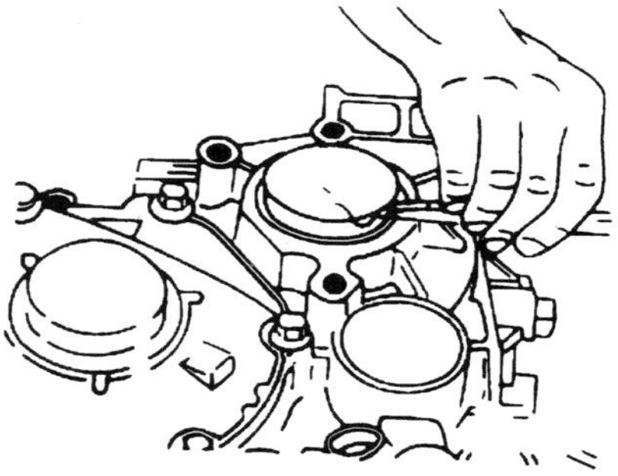
5	拆下油底壳，拆下自动变速器油滤网	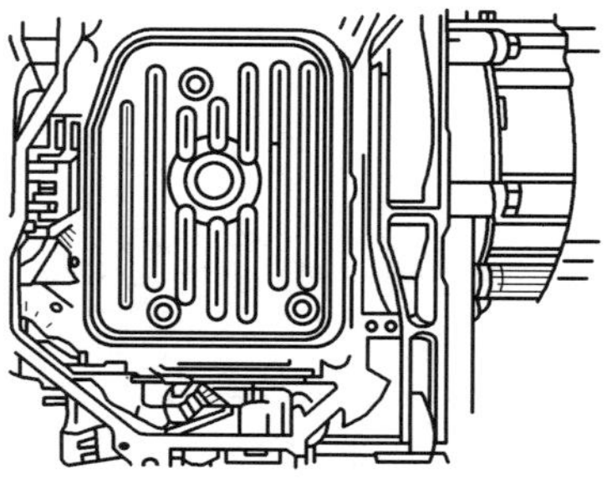

（续）

序　号	具体内容	图　示
6	拆下阀体上的传输线	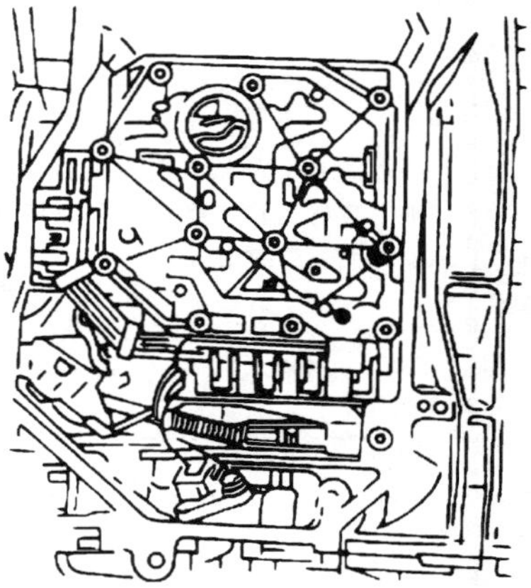
7	拆卸阀体/脱钩操作杆 注意：拆下阀体时，手动换档阀仍然保留在阀体中，拨手动换档阀，直至它与操作杆脱钩，固定手动换档阀，使它不脱落	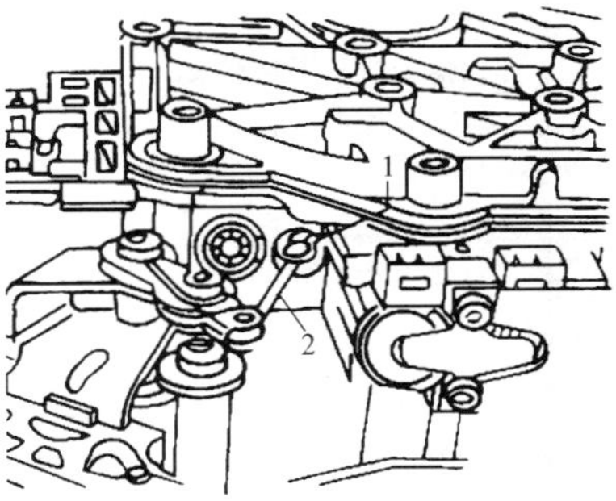 1—手动换档阀　2—操作杆
8	拆下 B1 的密封圈 注意：拆装单向离合器前，应从变速器壳体上拔下密封塞，否则会损坏密封塞和 O 形密封圈	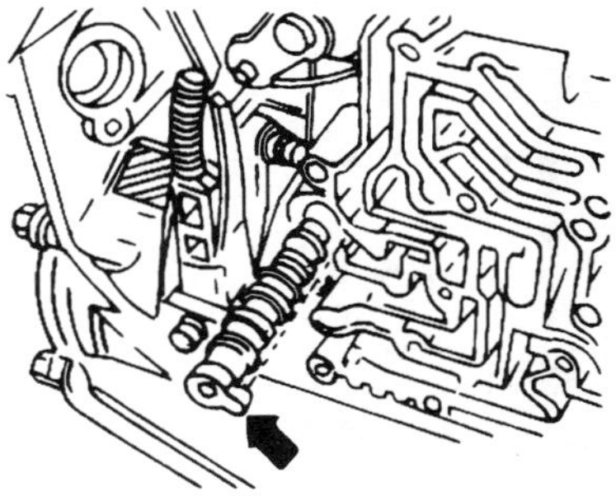
9	拆下自动变速器油泵螺栓	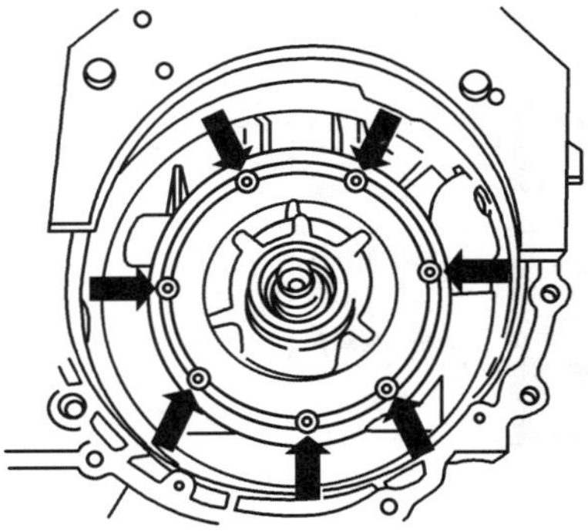

（续）

序　号	具体内容	图　示
10	将螺栓 A（M8）均匀拧入自动变速器油泵螺栓孔内，将自动变速器油泵从变速器壳体中压出	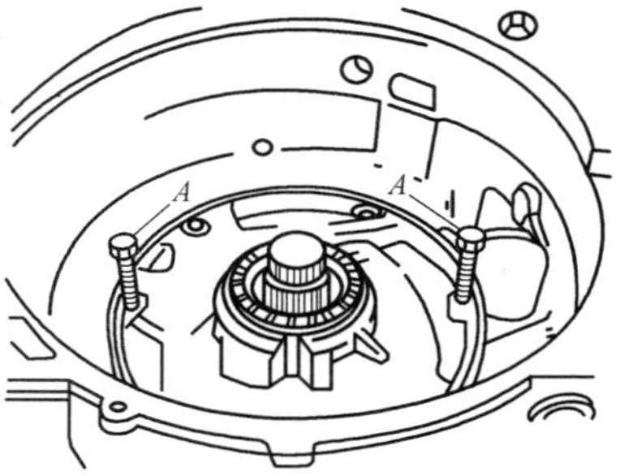
11	将带有隔离管、B2 制动片、弹簧和弹簧盖的所有离合器拔出	
12	将螺钉旋具插入大太阳轮的孔内，防止齿轮机构转动，以松开小输入轴螺栓	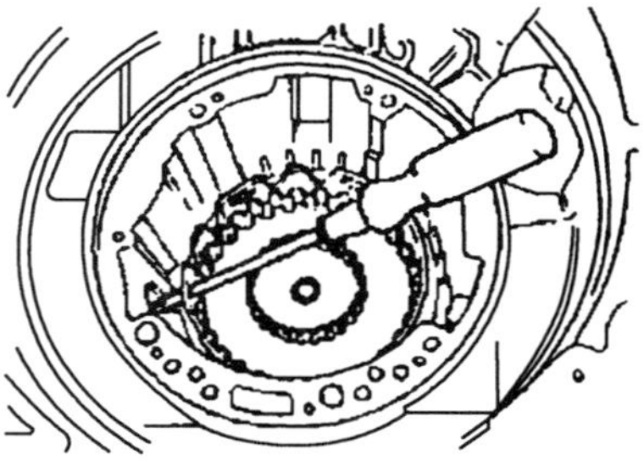
13	拆下小输入轴上的螺栓和调整垫圈，行星轮支架的推力滚针轴承留在变速器/主动齿轮内	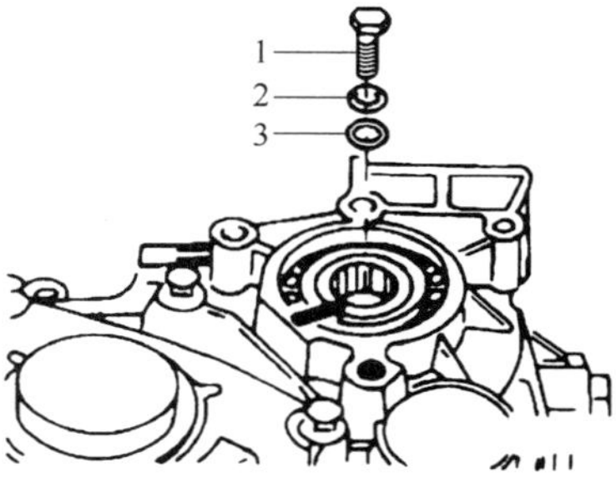 1—螺栓　2—垫圈　3—调整垫片
14	拔下小输入轴	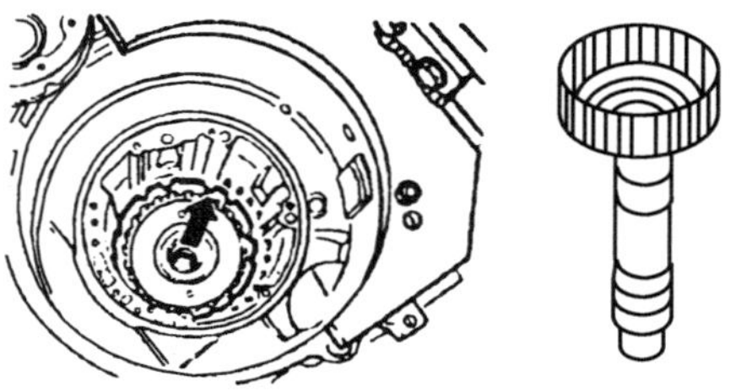

（续）

序　号	具体内容	图　示
15	拔出大输入轴和大太阳轮	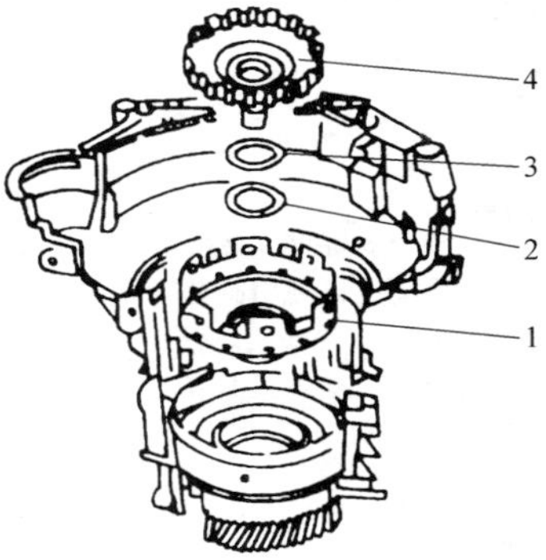 1—大太阳轮　2—推力滚针轴承垫圈（台肩朝向大太阳轮） 3—推力滚针轴承　4—大输入轴
16	拆卸单向离合器前，应先拆下变速器转速传感器 G38	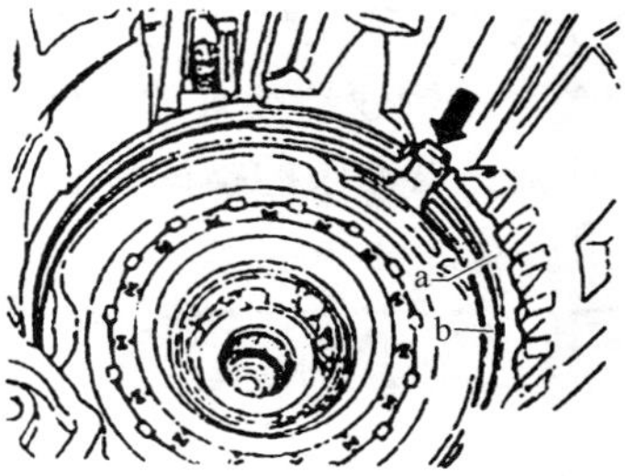 a、b—弹性挡圈
17	拆下隔离管弹性挡圈 a	
18	拔出导流块和拆下单向离合器弹性挡圈 b	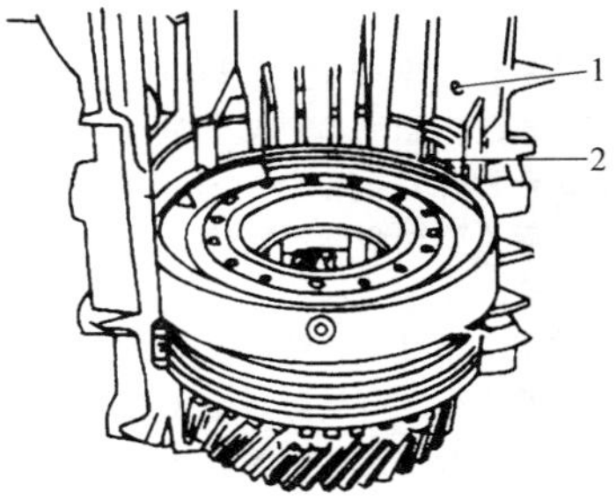 1—ATF 通气孔　2—导流块
19	用钳子从变速器壳体上拔下在定位楔上的单向离合器	
20	把小太阳轮以及垫圈和推力滚针轴承从行星轮架中抽出	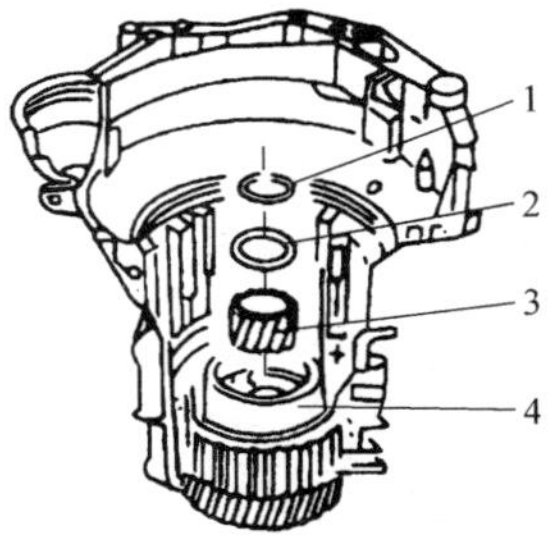 1—推力滚针轴承　2—推力滚针轴承垫圈 3—小太阳轮　4—行星轮架

（续）

序　号	具体内容	图　示
21	拔下带碟形弹簧的行星轮支架 拆下倒档制动器 B1 的摩擦片。取出推力轴承和垫圈。需要说明的是分解行星齿轮系不需拆下主制动轮	1—主动齿轮（装在变速器壳体上）　2—推力滚针轴承垫圈 3—推力滚针轴承　4—推力滚针轴承垫圈　5—行星轮支架

7. 01N 自动变速器零件检修

（1）01N 自动变速器油泵的检修

01N 自动变速器油泵的检修步骤见表 4-2-5。

表 4-2-5　油泵检修步骤

序　号	具体内容	图　示
1	分解和组装自动变速器油泵 活塞的密封唇口已硫化处理，安装前，密封唇需要用自动变速器油浸润，安装后，要稍微转动活塞。外齿轮上的生产厂标记（箭头所示）应指向导轮支座、如果外齿轮安装错误，自动变速器油泵在安装好后会出现运动困难现象。内齿轮孔的大面应朝向导轮支座。所有 O 形密封圈一旦拆下，必须更换	自动变速器油泵结构图 1—活塞环　2—活塞环　3—活塞环　4—止推垫片　5—活塞 6—螺栓（10N · m + 45°）　7—导轮支架　8—外齿圈 9—内齿圈孔大面朝向导轮支架　10—自动变速器油泵壳体 11—O 形密封圈　12—液力变矩器密封圈
2	检查活塞环位置 注意：在油泵上共有 3 道活塞环	

（续）

序 号	具体内容	图 示
3	活塞环接口应相互钩住安装并挂上活塞环	

（2）带 B1 活塞的单向离合器的检修

图 4-2-20 为带 B1 活塞的单向离合器结构图。图 4-2-21 是带 B1 活塞的单向离合器实物。

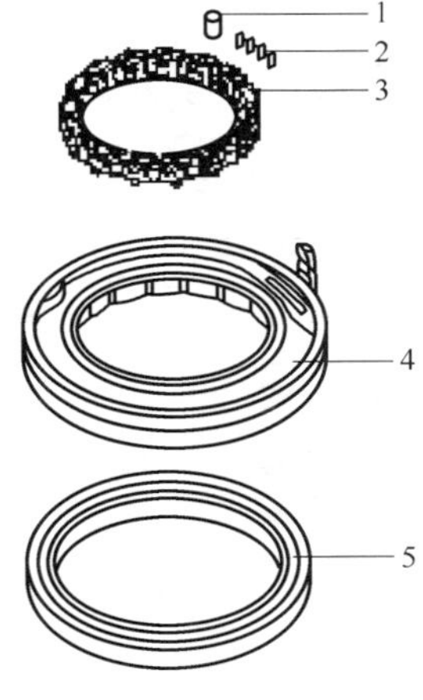

图 4-2-20 带 B1 活塞的单向离合器结构图
1—辊子 2—弹簧 3—保持架 4—外环 5—活塞

图 4-2-21 带 B1 活塞的单向离合器实物

带 B1 活塞的单向离合器的检修步骤见表 4-2-6。

表 4-2-6 带 B1 活塞的单向离合器的检修步骤

序 号	具体内容	图 示
1	安装辊子和弹簧 安装弹簧时，应将弹簧（箭头所示）牢固装入保持架内，然后，将辊子装入保持架的弹簧之间	

（续）

序　号	具体内容	图　　示
2	安装带弹簧和辊子的保持架 装入弹簧，使得较长的弹簧端啮合在保持架内，使大凸缘（箭头所示）应朝向上面	
3	锁定保持架 紧固保持架时，按箭头方向将保持架转靠到台肩上，以固定保持架	
4	安装活塞 按图示安装活塞 A。活塞的密封唇口已硫化处理，安装前密封唇需要用自动变速器油浸润，安装后要稍微转动活塞	A

（3）1 档/3 档离合器 K1 的结构

离合器弹性挡圈因厚度不同，拆下后要做上标记，重新安装时应保证其在同一位置。压盘的光滑面朝向内片，与内片支架一同安装。活塞和活塞盖密封唇口已硫化处理，安装前应用自动变速器油浸润密封唇口，安装时应稍微转动活塞与活塞盖。安装内片支架前，先将波形弹簧垫圈（件 8）、内、外片装入离合器壳。离合器检修的具体内容与 A341E 基本相同，在此不再叙述。1 档/3 档离合器 K1 结构如图 4-2-22 所示。

（4）直接档/倒档离合器 K2 的结构

修理离合器时，应注意不要损坏球阀（箭头所示），离合器检修的具体内容与 A341E 基本相同，在此不再叙述。直接档/倒档离合器 K2 结构如图 4-2-23 所示。

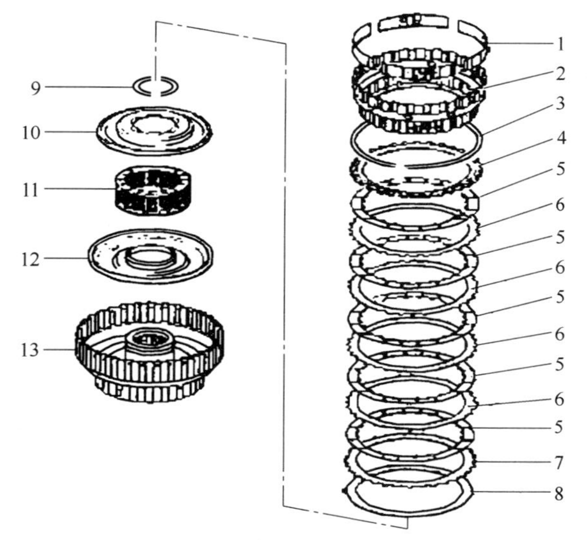

图 4-2-22　1 档/3 档离合器 K1 分解图

1—支撑环　2—内片支架　3—弹性挡圈　4—压盘　5—内片　6—外片（必须是 1.5mm 厚）　7—外片（必须是 2.0mm 厚）　8—波形弹簧垫圈　9—弹性挡圈　10—活塞盖　11—弹簧垫圈（带弹簧支承罩和压力弹簧）　12—活塞　13—离合器壳

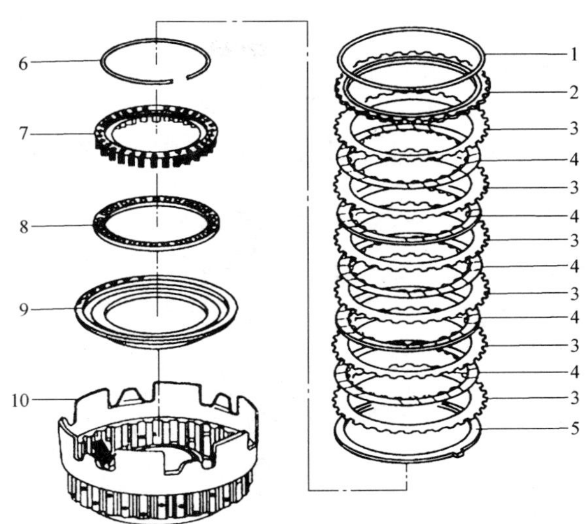

图 4-2-23 倒档离合器 K2 分解图

1—弹性挡圈 2—压盘 3—外片 4—内片 5—波形弹簧垫圈 6—弹性挡圈 7—弹簧支承板（带弹簧） 8—弹簧支承圈 9—活塞 10—离合器壳

（5）带蜗轮轴的 3 档/4 档离合器 K3 的检修

带蜗轮轴的 3 档/4 档离合器 K3 结构，如图 4-2-24 所示。所有 O 形密封圈一旦拆下，必需更换。

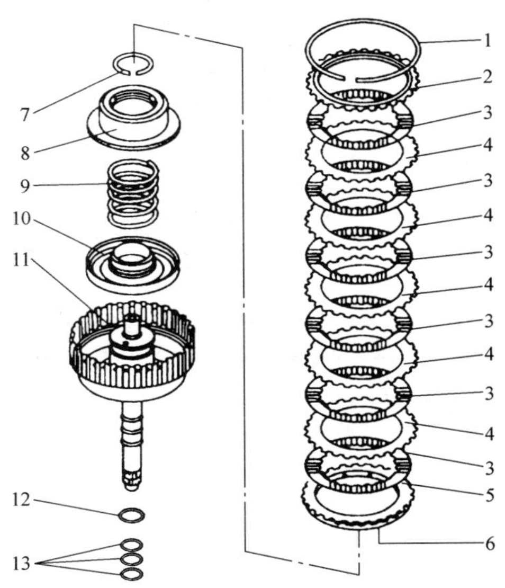

图 4-2-24 带蜗轮轴的 3 档/4 档离合器 K3 分解图

1—弹性挡圈 2—压盘 3—内片 4—外片 5—压板 6—波形弹簧垫圈 7—弹性挡圈 8—活塞盖 9—弹簧 10—活塞 11—带蜗轮轴的离合器壳，按内、外片数量不同，高度也不同 12—O 形密封圈 13—活塞环

（6）滑阀箱的检修

注意拆下油底壳或未加自动变速器油时不可起动发动机和拖走车辆。滑阀箱或传输线可在装好变速器时拆下。重新装上油底壳后，需检查和补充自动变速器油量。滑阀箱变脏或损坏必须更换。所有O形密封圈一旦拆下，必需更换。滑阀箱结构如图4-2-25所示。

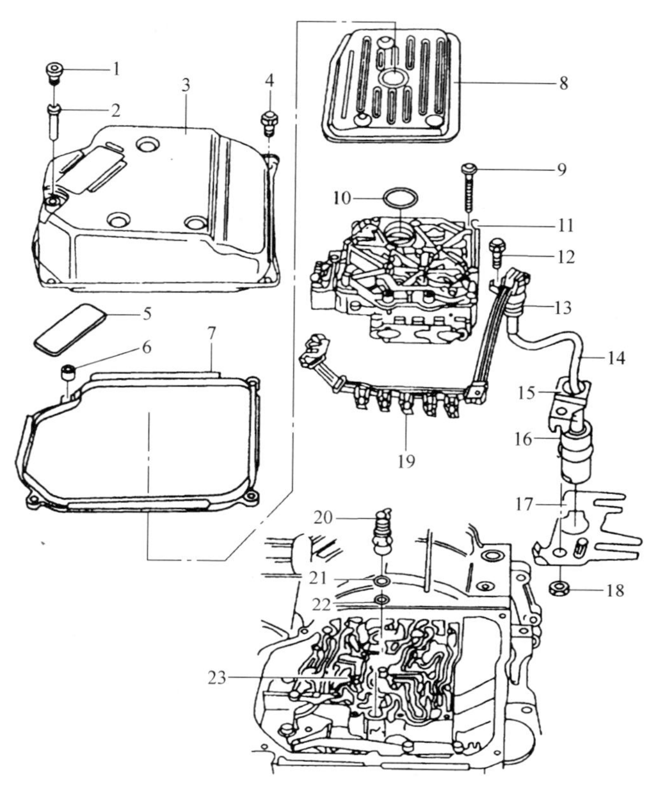

图4-2-25 滑阀箱结构分解图

1—螺塞 2—溢流管 3—油底壳 4—螺栓（12N·m） 5—磁铁 6—隔套（在密封垫内）
7—密封垫 8—自动变速器油滤网 9—螺栓（5N·m） 10—密封圈（滑阀箱内）
11—滑阀箱 12—螺栓（10N·m） 13—电线套管O形密封圈
14—传输线（带有电线套管和连接插头） 15—固定夹
16—电线输入插头 17—固定夹 18—螺母（10N·m）
19—电磁阀插头 20—密封塞 21—O形密封圈
22—O形密封圈 23—手动滑阀操纵杆

（7）停车锁止装置的检查

停车锁止装置结构如图4-2-26所示。多功能开关F125、变速器转速传感器G38和车速传感器G68可由自诊断在车上检查。分解和组装停车锁止装置前，须拆下从动齿轮，分解停车锁止装置时不需拆下主动齿轮。所有O形密封圈一旦拆下，必需更换。

（8）自动变速器的组装

自动变速器的组装步骤见表4-2-7。

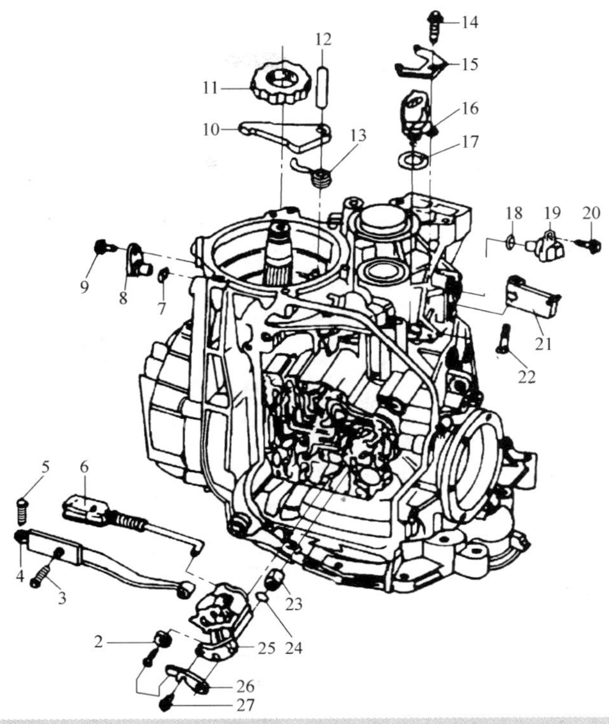

图 4-2-26 停车锁止装置的分解图

1、3、5、9、14、20、22—螺栓（10N·m） 2—锁止垫圈 4—定位弹簧 6—动作杆 7、17、18、24—O 形圈 8—发动机转速传感器 G38 10—定位杆 11—驻车闭锁轮 12—定位杆轴 13—复位弹簧 15—支撑板 16—多功能开关 19—车速传感器 G68 21—手柄 23—安装衬套 25—换档轴 26—手动换挡阀控制器 27—螺栓（5N·m）

表 4-2-7 自动变速器组装步骤

序 号	具体内容	图 示
1	将 O 形密封圈装入行星轮支架，更换行星轮支架时，需要调整该支架	
2	将带垫圈的推力滚针轴承和行星轮支架装入主动齿轮	1—主动齿轮（装在变速器壳体上） 2—推力滚针轴承垫圈 3—推力滚针轴承 4—推力滚针轴承垫圈 5—行星轮支架

（续）

序　号	具体内容	图　　示
3	将小太阳轮、垫圈和推力滚针轴承装到行星轮支架上	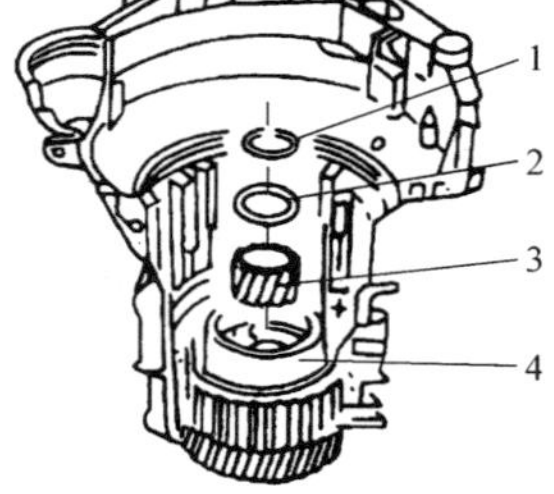 1—推力滚针轴承　2—推力滚针轴承垫 3—小太阳轮　4—行星轮架
4	使垫圈和推力滚针轴承与小太阳轮中心对齐	
5	装入倒档制动器 B1 的内、外片，装入压板，扁平面朝向片组。压板厚度按制动片数量不同有所不同 装入碟形弹簧，凸起面朝向单向离合器。如果更换变速器壳体、单向离合器、倒档制动器 B1 活塞和摩擦片，则需要调整倒档制动器 B1	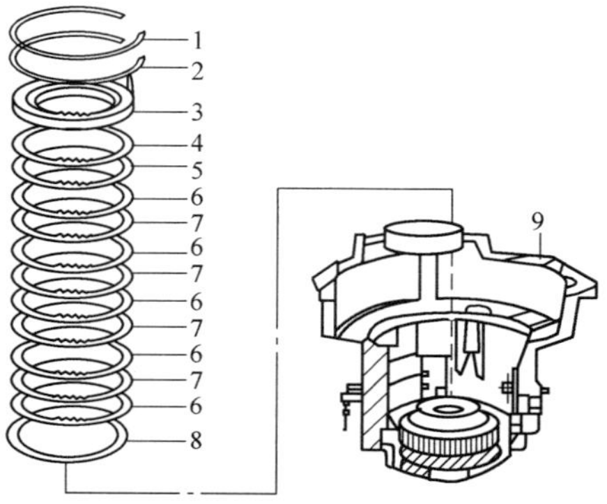 1—隔离管 B1 弹性挡圈　2—单向离合器弹性挡圈 3—单向离合器（带 B1 活塞）　4—碟形弹簧 5—压盘　6—内片　7—外片　8—调整垫圈 9—变速器壳体（装有行星轮支架）
6	用专用工具 3267 张开单向离合器滚子并装上单向离合器	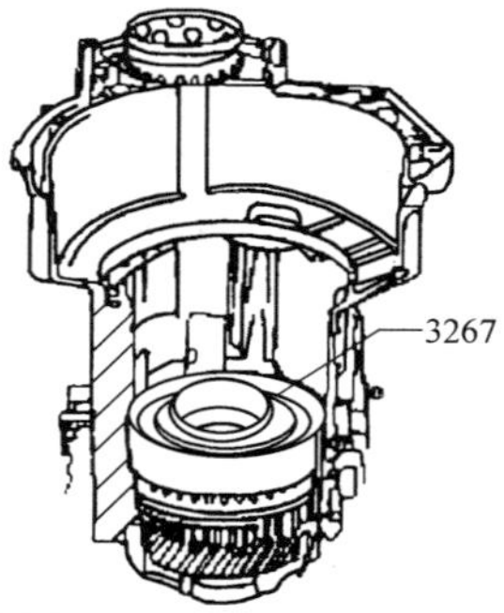 3267
7	安装单向离合器弹性挡圈 b 注意：装弹性档圈时开口装到定位楔上（图中箭头所示）	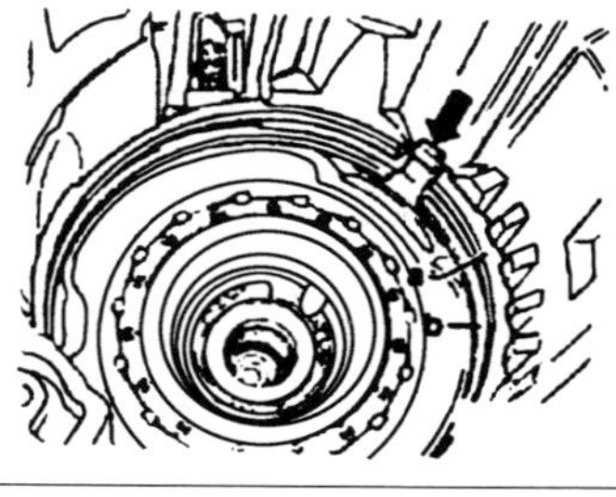

（续）

序号	具体内容	图示
8	将导流块装入变速器壳体上具有ATF通气孔的槽内，卡在两弹性挡圈之间	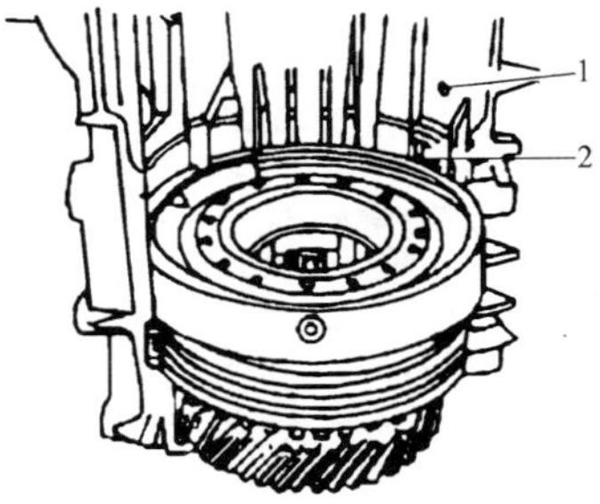 1—ATF通气孔　2—导流块
9	将隔离管弹性挡圈a开口装到单向离合器定位楔上	
10	安装变速器转速传感器G38	
11	测量制动器B1	
12	将大太阳轮到小输入轴部件装入变速器壳体	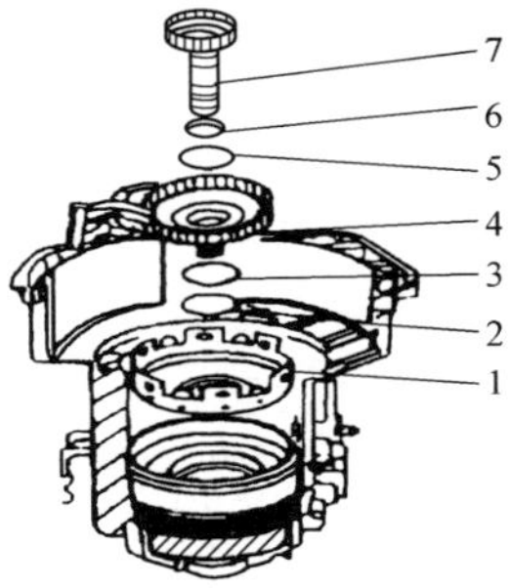 1—大太阳轮　2—推力滚针轴承垫圈（台肩朝向大太阳轮） 3、5—推力滚针轴承　4—大输入轴 6—滚针轴承　7—小输入轴
13	安装带有垫圈2和调整垫圈3的小输入轴螺栓1。螺栓的拧紧力矩为30N·m。将调整垫圈3装到小输入轴台肩上（箭头所示），确定调整垫圈厚度，调整行星轮支架	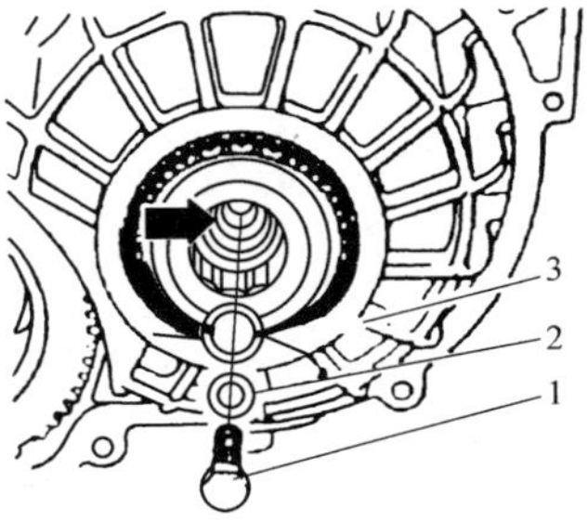 1—小输入轴螺栓　2—垫圈　3—调整垫圈
14	将带垫圈的推力滚针轴承装到3档/4档离合器K3上。用自动变速器油沾湿推力滚针轴承垫圈，以便安装时轴承粘到K3上	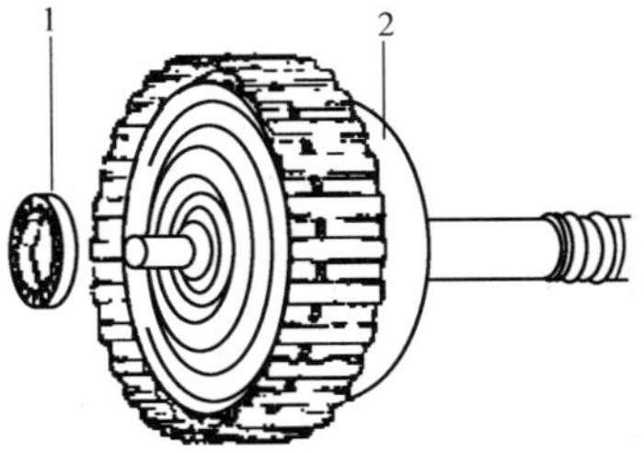 1—带垫圈的推力滚针轴承　2—3档/4档离合器K3

（续）

序 号	具体内容	图 示
15	保证活塞环正确地坐落在 K3 上及活塞环的两端相互钩住	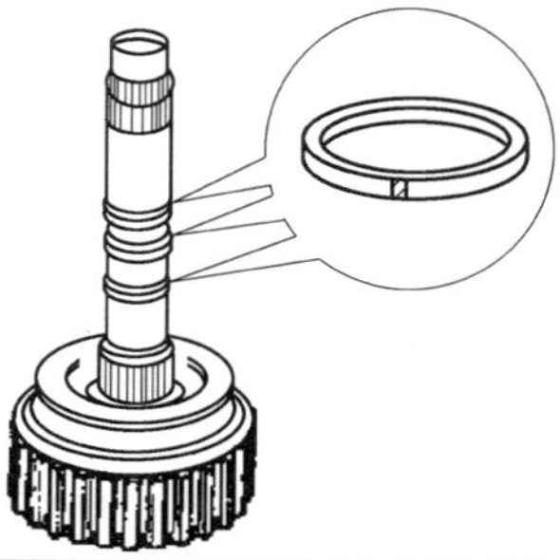
16	安装 3 档/4 档离合器 K3	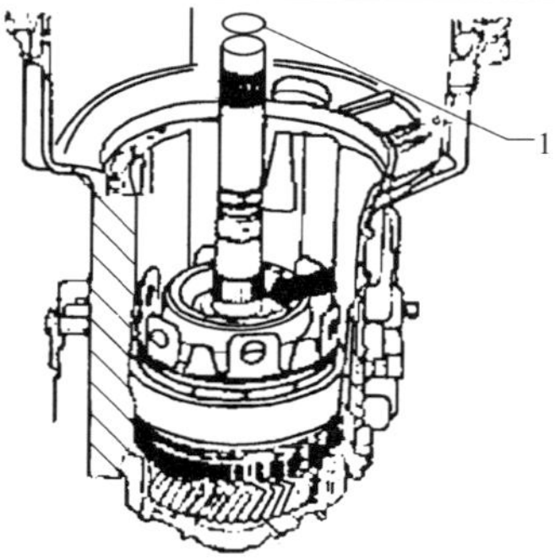 1—密封圈
17	将 O 形密封圈装入槽内	
18	装入 1 档至 3 档离合器 K1	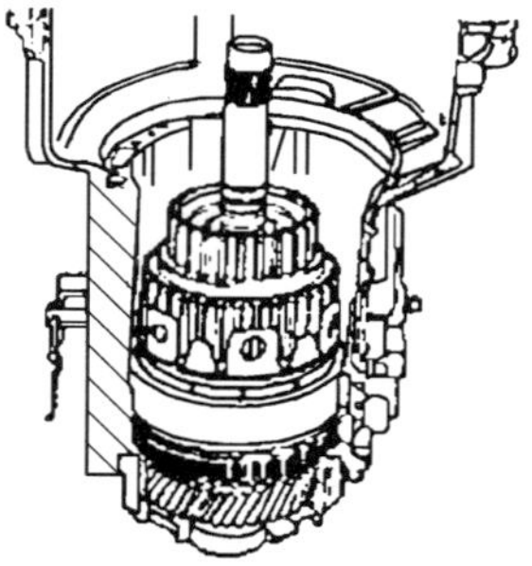
19	将调整垫圈（图中箭头所示）装入 K1 注意：更换 K1、K2 或自动变速器油泵后，需重新测量调整垫片厚度，可用 1 个或 2 个调整垫圈	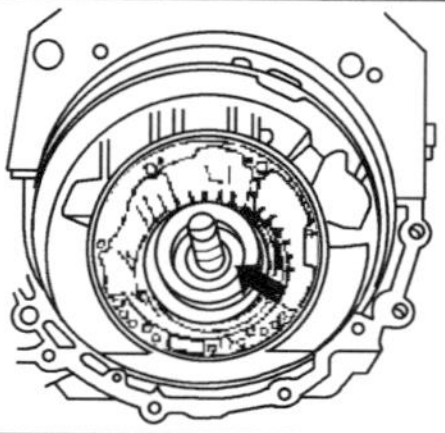
20	装入倒档离合器 K2	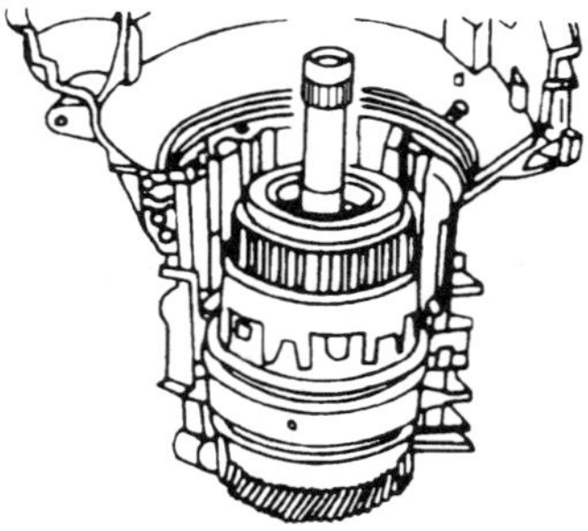

（续）

序 号	具体内容	图 示
21	装入制动器 B2 片组的隔离管，安装时应使隔离管上的槽进入单向离合器的楔	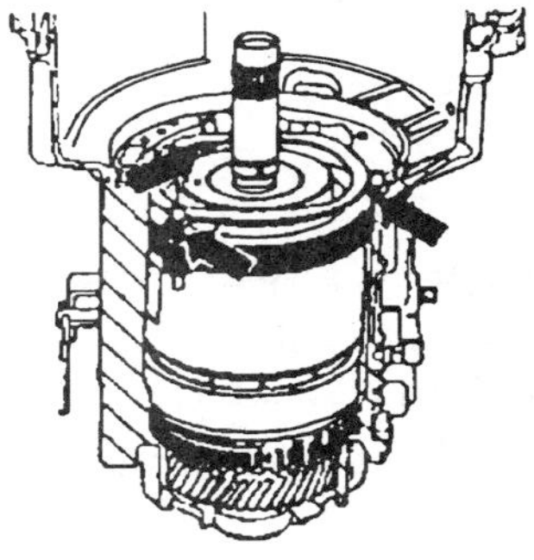
22	安装 B2 的制动片。先装上一个 3mm 厚外片；将 3 个弹簧盖装入外片；插入压力弹簧（箭头所示）；直到把最后一个外片装上。安装最后一片已测量的外片前，应先把 3 个弹簧盖装到压力弹簧上，装上波形弹簧垫片	
23	装入最后一个 3mm 厚度的外摩擦片。装入调整垫片，把止推环放到调整垫片上，光滑侧朝着调整垫片。如果更换了隔离管、自动变速器油泵、制动片，则应调整 2 档/4 档制动器 B2	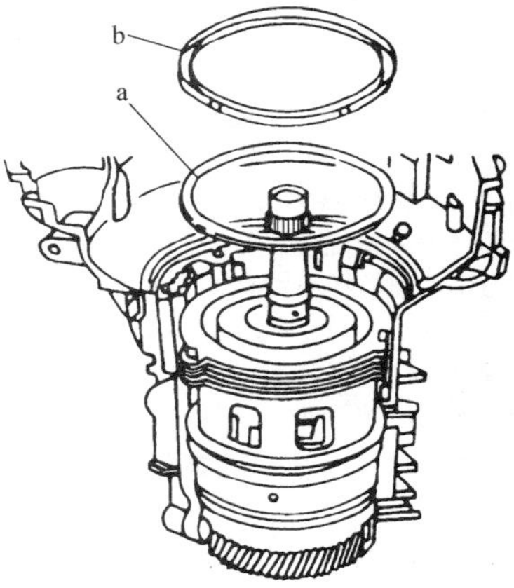 a—调整垫片　b—止推环
24	安装自动变速器油泵密封垫	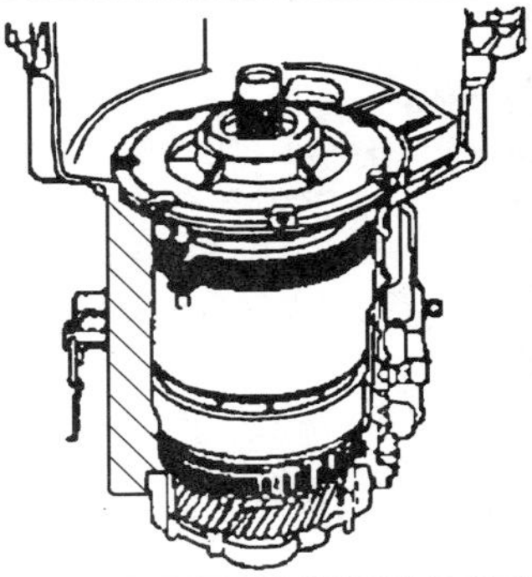
25	将 O 形密封圈装到自动变速器油泵上	
26	安装自动变速器油泵	
27	均匀交叉拧紧螺栓。注意不要损坏 O 形密封圈，螺栓拧紧力矩为 8N·m，螺栓拧紧后再拧 90°，此时可分几步进行	
28	测量离合器间隙	
29	安装密封塞 注意：安装时需使凸缘进入变速器壳体槽内，将 O 形密封圈装到密封塞上，将密封塞装入变速器壳体孔中（箭头所示）	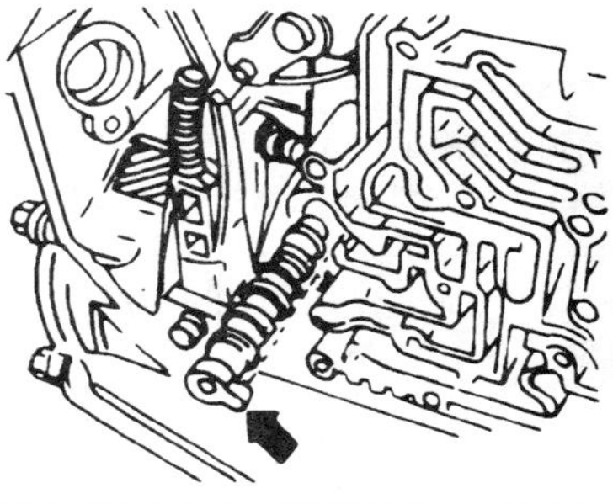

（续）

序　号	具体内容	图　　示
30	将操纵杆装到手动滑阀上，手动阀1带阶梯面朝向操纵杆并转动，将带手动阀的操纵杆2装入滑阀箱	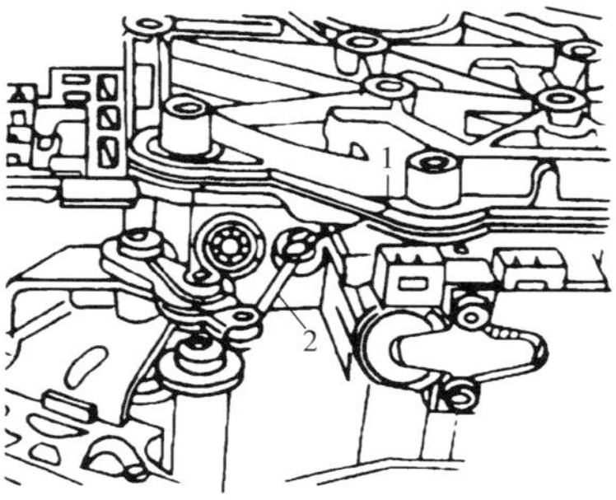 1—手动换档阀　2—操作杆
31	手动阀操纵杆的调整 将选档换档轴置于变速杆位置P，将带手动阀的操纵杆插入滑阀箱并插到底（箭头方向）并用4N·m力矩拧紧螺栓。注意手动阀必须靠紧台肩。拧螺栓时应按箭头方向打牢靠。必须更换手动滑阀上带固定卡箍的螺栓	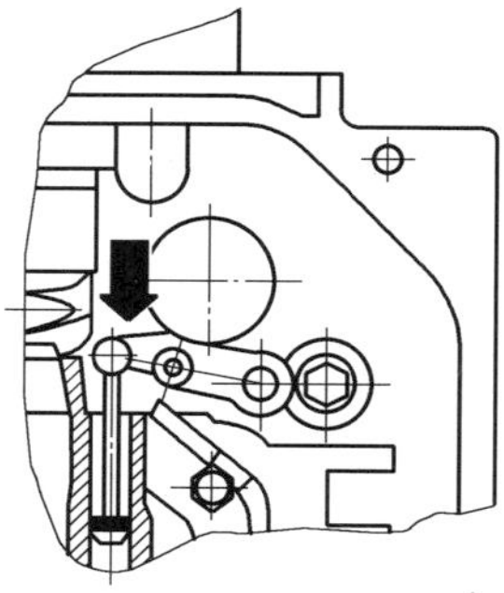
32	安装阀体 先用手拧紧阀体的螺栓，然后交叉地从外侧至内侧将螺栓拧紧至5N·m。整理扁状导线，整理时不要弯折或扭转导线。将导线的薄膜插头插入变速器壳体内并且拧紧螺栓1	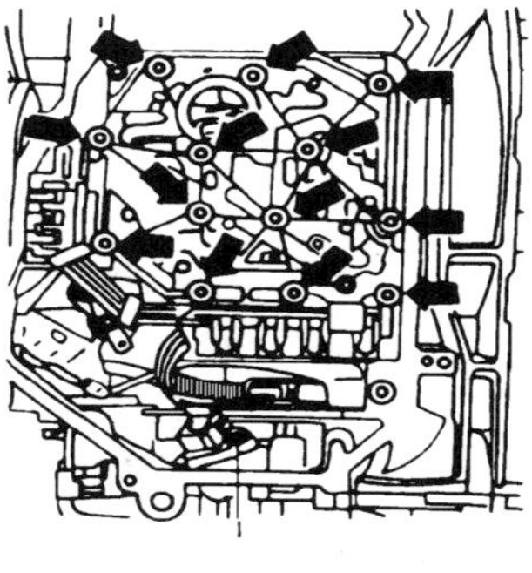
33	安装ATF过滤网 将油密封圈压到ATF过滤网的吸入颈圈上，将ATF过滤网按入阀体约3mm（不要按到底），当安装油底壳时，ATF过滤网会被推到正确的安装位置	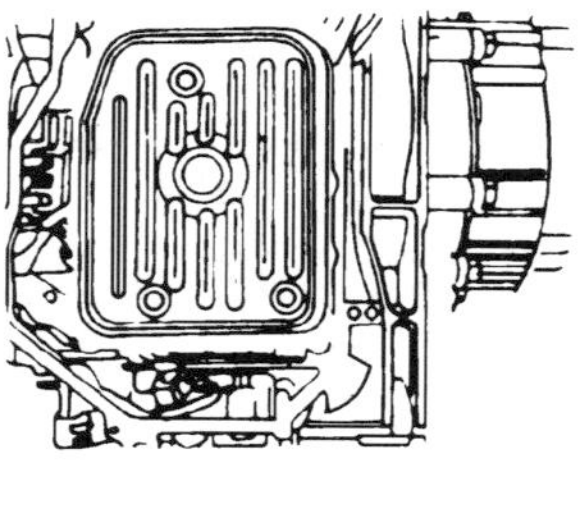

（续）

序 号	具体内容	图 示
34	用撞击套管 40-20 敲入盖板	
35	装上自动变速器溢流管和螺塞	1—溢流管 2—螺栓

任务三 大众 097、01F、01K 自动变速器传动

案例链接（三）捷达车自动变速器没有倒档，而其他档位正常

［**经过**］一辆捷达都市先锋 AT 轿车，装用 AHP 型发动机，装用 01M 型 4 速电控液压自动变速器，行驶里程为 72 000km。驾驶人反映，开车时不小心将变速器油底壳碰坏，当时变速器油从油底壳的破损处流出，到一修理厂修补好变速器油底壳破损处，重新加入自动变速器油，试车，发现该车没有倒档，但其余档位均正常。

［**故障诊断与排除**］首先上路试车，将变速杆置于前进档，各前进档工作良好。将变速杆置于 R 位，踩下加速踏板，车辆不能倒退，显然没有倒档。

根据 01M 型自动变速器倒档工作原理，分析该车无倒档的故障原因如下：

1）倒档离合器故障，导致大太阳轮不工作。

2）电磁阀 N92 故障或其控制的油路堵塞。

3）制动器 B1 故障，导致行星轮支架无法固定，一直处于旋转工作状态，大太阳轮的旋转动力无法传至环齿圈。

4）相关油路堵塞，根据所分析的故障原因，先分解自动变速器，拆卸自动变速器油泵，取出并分解倒档离合器 K2，检查倒档离合器 K2 的内片和外片有无受热变形。检查后发现内、外片均已因高温而变形，有退火现象，并有焦糊味。检查离合器 K2 活塞及弹簧，发现活塞及弹簧支承板在离合器壳体内无法自由转动，均有受热膨胀变形的可能性，说明离合器 K2 已经损坏，应更换离合器 K2。

然后检查倒档制动器 B1。拆卸倒档离合器 K2 及大太阳轮，拆卸滑阀箱和密封塞，然后取出倒档制动器 B1。检查制动器 B1 的内片和外片的工作情况，基本正常。检查 B1 活塞，

确定倒档活塞裙部没有断裂泄油处，其他零件位置装配正确，没有错位、变形和松脱现象，确定倒档制动器 B1 没有故障，不需要更换。最后检查滑阀箱内的电磁阀 N92，没有故障。清洗有关油路，确定没有堵塞现象。更换倒档离合器 K2，重新正确组装自动变速器，加注自动变速器油。安装完毕后上路试车，倒档工作正常，故障排除。

案例链接（四）捷达轿车自动变速器没有高速档

［**经过**］一辆捷达都市先锋 AT 轿车，装用 AHP 型发动机，装用 01M 型 4 速电控液压自动变速器，行驶里程为 39 400km。驾驶人反映，该车自动变速器的油底壳曾碰坏过，导致自动变速器油大量渗漏。修理之后试车，发现该车最高时速只能达到 110km/h 左右，与以前的最高车速 170km/h 相差较大。

［**故障诊断与排除**］检查后，排除发动机存在故障的可能性，故障原因为变速器有故障。根据高速档的工作原理分析，引起没有高速档的可能故障原因如下：

1）电磁阀 N89、N90、N91 存在故障或其控制油路堵塞，导致制动器 B2 不工作，大太阳轮不制动，或者是离合器 K3 不接合，无法驱动行星轮支架以及锁止离合器不接合，导致离合器打滑，发动机输出功率下降。

2）制动器 B2 存在故障，大太阳轮不制动。

3）变速器油泵磨损，间隙变大，油压低。

4）自动变速器油面偏低。

5）锁止离合器打滑。

根据所分析的故障原因，先检查自动变速器油量。拆下变速器油底壳上用于检查自动变速器油的螺栓，放出溢流管处的自动变速器油。检查后确定该车自动变速器油量正常。对自动变速器进行失速试验。试验结果是 D 档位失速时发动机转速为 2 000r/min 左右，正常，因此排除锁止离合器故障的可能性。

检查自动变速器油泵的工作情况。 检查油泵活塞环接口是否锈蚀，活塞是否破裂以及内外齿轮之间啮合间隙，检查后确定油泵没有故障。

检查大太阳轮制动器 B2 的内片（6 片）、外片（5 片）有无变形、烧蚀处，检查弹簧有无脱落。检查后确定内、外片良好，弹簧没有脱落处。

检查 4 档离合器 K3，发现 4 档离合器内、外片各缺少 1 片（正常时内片为 6 片，外片为5 片）；活塞环接口错位（正确安装方法如图 4-3-1 所示）；涡轮槽中的 O 形密封圈不到位。

更换 4 档离合器 K3 的内、外片，正确安装活塞环及涡轮槽中的圆形密封圈。正确组装自动变速器，重新加注变速器油，之后对该车进行路试，高速档工作正常，故障排除。

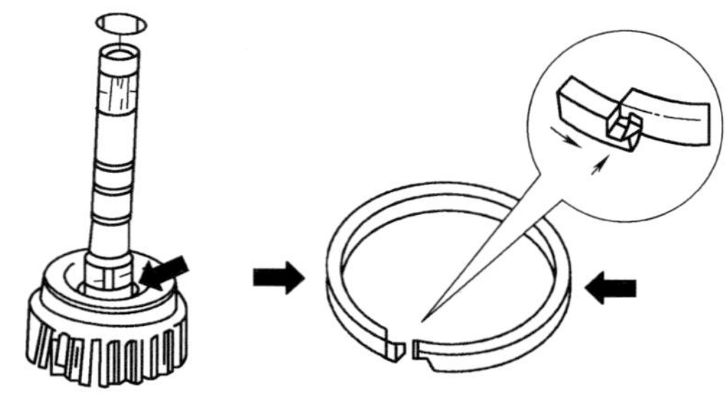

图 4-3-1 活塞环的正确安装

一、大众捷达王 097 自动变速器

1. 097 自动变速器传动结构

20 世纪 90 年代后的大众奥迪、捷达王、高尔夫等轿车搭载 096、097 型号的拉维娜式

自动变速器，德国大众公司将轿车自动变速器分为两大系列，即09系列和01系列。后来096升级为01M，097升级为01N，虽然型号不一样但它们的传动大部分基本相同，有一点不同的是096、097采用两条输入轴，01M、01N采用的是一条输入轴。它们都是4个前进档和一个倒档，3个离合器，两个制动器和一个起步单向离合器。

097自动变速器传动结构简图如图4-3-2所示。

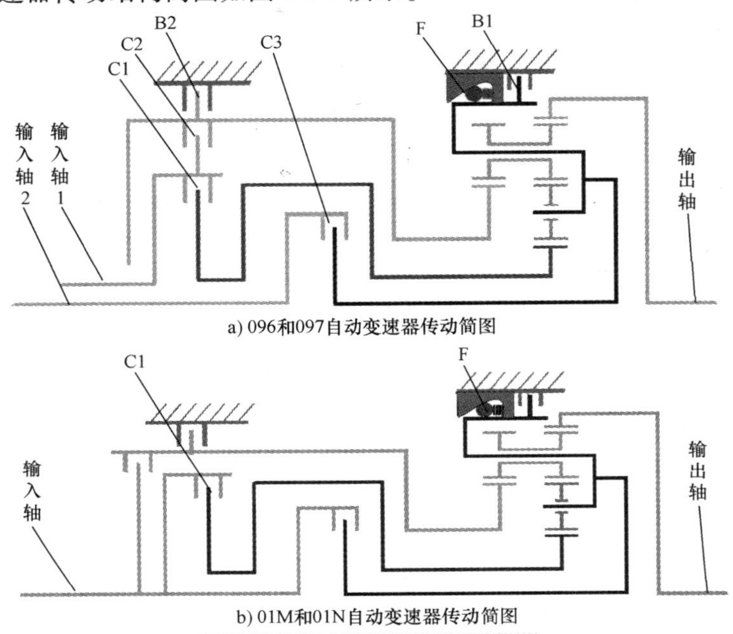

a) 096和097自动变速器传动简图

b) 01M和01N自动变速器传动简图

图4-3-2 自动变速器传动简图

2. 097自动变速器的分解

097自动变速器的分解，如图4-3-3所示。

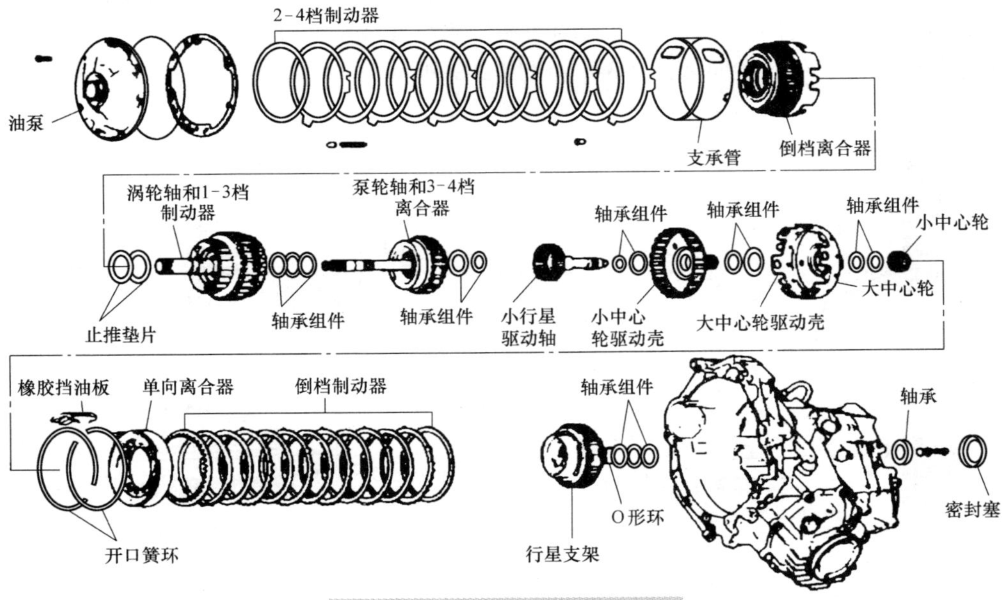

图4-3-3 097自动变速器分解图

3. 097 自动变速器的工作情况

097 自动变速器的工作情况见表 4-3-1。

表 4-3-1 097 自动变速器换档执行元件的工作情况

变速杆位置	档 位	换档执行元件					
		K1：1 档-3 档离合器	K2：倒档-直接档离合器	K3：高档离合器	B1：低档-倒档制动器	B2：2 档-4 档制动器	F：1 档单向离合器
D	1	○					○
	2	○				○	
	3	○	○	○			
	4			○		○	
3	1	○					○
	2	○				○	
	3	○	○	○			
2	1	○					○
	2	○				○	
1	1	○			○		
R	倒档		○		○		

4. 液压控制系统

变速器内的离合器、制动器等元件在液压的作用下分离或接合，实现档位切换。自动变速器控制模块通过控制换档/锁止电磁阀的通断，来打开或切断油路。

在各个档位，油路的走向如图 4-3-4 至图 4-3-9 所示。

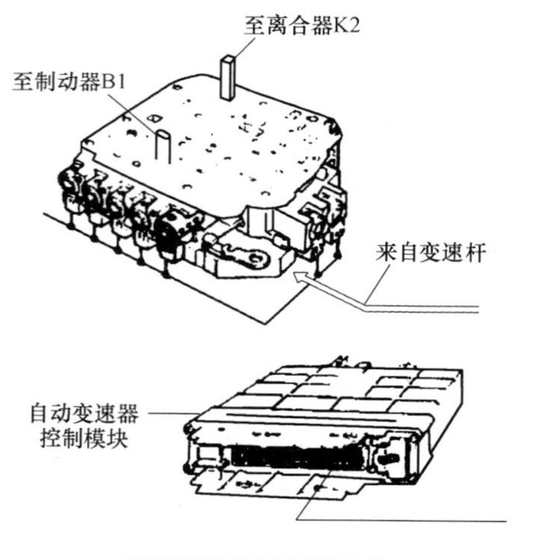

图 4-3-4 倒档油路

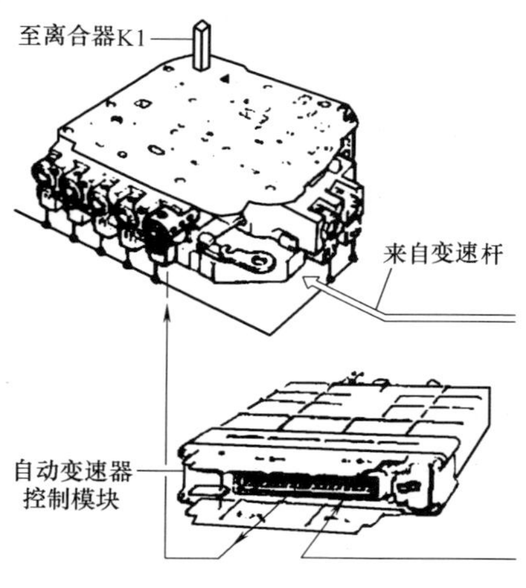

图 4-3-5 1 档（D 位 1 档）油路

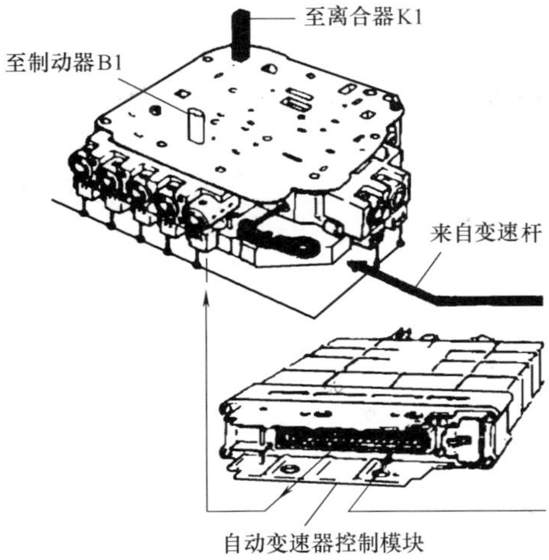

图 4-3-6 1 档（1 位 1 档）油路

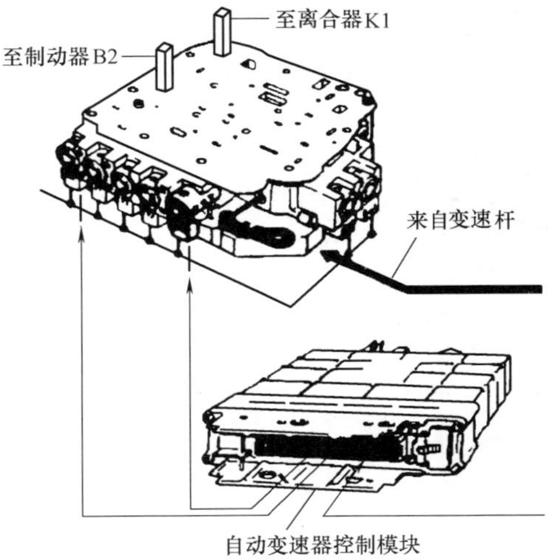

图 4-3-7 2 档油路

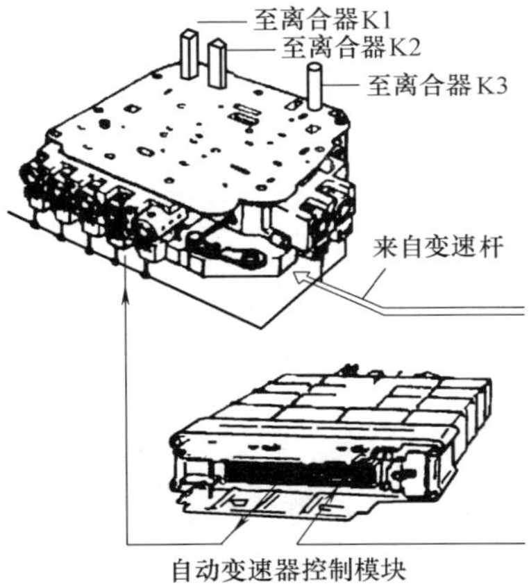

图 4-3-8 3 档油路

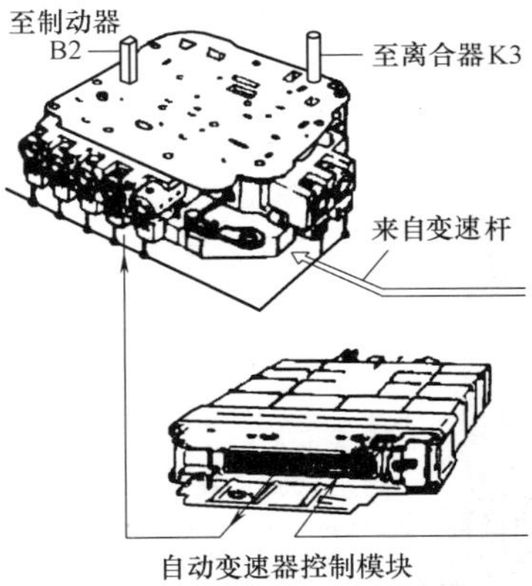

图 4-3-9 4 档油路

二、奥迪 01F、01K 自动变速器

1. 奥迪 01F、01K 自动变速器传动结构

奥迪 01F、01K 自动变速器传动结构简图如图 4-3-10 所示。

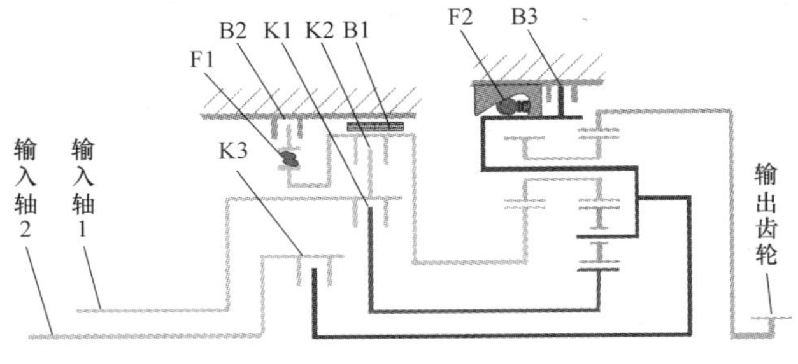

图 4-3-10 奥迪 01F、01K 自动变速器传动简图

2. 奥迪 01F、01K 自动变速器的工作情况

奥迪 01F、01K 自动变速器的工作情况见表 4-3-2。

表 4-3-2 奥迪 01F、01K 自动变速器换档执行元件的工作情况

变速杆位置	档位	执行元件							
		K2	K1	K3	B1	B2	B3	F1	F2
R	倒档	○					○		
D	1		○						○
	2		○			○		○	
	3		○	○		●		●	
	4			○	○				
3	1		○						○
	2		○		○	●		●	
	3		○	○		●		●	
2	1		○				○		
	2		○		○	●		●	
1	1		○				○		

注：○表示执行机构作用。●表示执行机构不起作用。

知识拓展：画宝马 8HP70—8 档自动变速器传动简图

如图 4-3-11 所示，画宝马 8HP70 自动变速器传动简图。

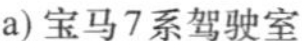

a) 宝马 7 系驾驶室

b) 宝马 8HP70 自动变速器剖视图

图 4-3-11 宝马 7 系驾驶室和宝马 8HP70 自动变速器剖视图

综合练习

（一）填空题

1. 大众 01N 变速器中，C3 离合器将泵轮动力传给________。
2. 大众 01N 变速器变速机构采用________式行星齿轮机构。
3. 01N 自动变速器的离合器 K1 严重打滑，会造成变速器________档。
4. 01N 自动变速器的离合器 K2 严重打滑，会造成变速器________档。

5. 01N 自动变速器的单向离合器 F 在锁止方向出现打滑，该自动变速器在 D 位、3 位、2 位汽车________起步。

（二）选择题

1. 关于 B1 制动器说法正确的是（　　）。

A. 波形片装在最内层　　B. 3.0mm 的钢片紧挨油泵安装

C. B1 活塞安装在油泵上　　D. 安装好钢片后，最后装卡环

2. 01N 变速器（　　）需要单向离合器工作。

A. 1 档　　B. 2 档　　C. 3 档　　D. 4 档

3. 以下不属于同一类型的变速器是（　　）

A. 丰田 A340E　　B. 帕萨特 B501N　　C. 宝来 01M

（三）问答题

1. 01N 自动变速器车速传感器的作用是什么？

2. 01N 自动变速器各电磁阀的作用是什么？

3. 奥迪 01F、01K 自动变速器与 01N 自动变速器在传动和档位分析上哪里不同？

4. 01V 自动变速器有几个前进档？几个倒档，倒档怎样传递？

（四）4 速拉维娜式自动变速器实物档位演示

实物各档位演示见习题表 4-1。

习题表 4-1　各档位实物演示

序号	说　明	档位演示
1	D1 档： 用木条或液力变矩器（下面加块胶垫）垫在制动器 B2 活塞（也就是单向离合器 F 的外圈）上，右手握住变速器输入 1 套筒，（右手为输入前方向）顺时针转动，用粉笔在固定件、输入套筒和输出齿圈上做 3 个标记对齐，这时你会发现输入套筒转动圈数为齿圈 2.7 倍左右。有意思的是，如果将分度圆进行得较准的话还可以知道 1 档传动比的具体数字。不过有一点要提醒大家注意：做档位演示最好将离合器前面一截拿开（因为离合器没有液压不能传动），用一把尖嘴钳夹着旋转，防止旋转的套筒划伤手指	D1档演示
2	动力 1 档：（手动 1 档） 动力 1 档与 D1 档相似，只不过用左手模拟制动器 B2 将行星架制动，行星架既不能逆时针转也不能顺时针转，就是前面讲过的有发动机对车轮的制动效果	手动1档演示

（续）

序号	说　明	档位演示
3	D2 档： 左手模拟制动器 B1 将前排大太阳轮的外罩固定、右手顺时针转输入动力，齿圈的输出，传动比为 2 档。演示方法与 1 档相同	 2档演示
4	D3 档： 两个离合器都接合，动力从小太阳轮、行星架同时输入，实现 1：1 公转	 3档演示
5	D4 档： 右手握住离合器 C3 的小套筒，动力从行星架输入顺时针转动，左手模拟制动器 B1 将前排大太阳轮制动，传动比小于 1 实现 4 档。注意：小心划伤手指	 4档演示
6	R 档： 右手模拟离合器 C2 接合后动力从前排大太阳轮顺时针转输入，左手模拟制动器 B2 将行星架制动，齿圈减速逆时针转输出，实现倒档传动	 R档演示

项目五 复合式自动变速器检修

3 个以上行星齿轮排、5 个以上前进档（包括 5 个档）的 AT 称为复合式自动变速器。

案例链接（一）锐志车没有 5 档、6 档

[经过] 锐志车变速器是 A960E 型超级智能 6 速自动变速器（机械部分与 A760/761E 相似）。车主反映，此车在半年前冷却液散热器水管漏过冷却液且高温过。在修理厂修完后，行驶时发动机转速在 3 000～4 000r/min 时，车速才能达到 100km/h，后来在修理厂换过一次变速器油也没有解决问题。

[故障判断与排除] 首先与车主一起试车，在高速公路上发现此车从 1 档到 4 档跳档正常，之后再不能跳档，于是回到修理厂用举升机举起后，没有做常规检查，直接把油放掉，发现变速器油已变黑，告诉车主必须分解变速器检查。分解后发现，7 组摩擦片有 2 组已烧得变黑。车主自己从配件商店买来摩擦片帮他换好后，开到高速公路试车，结果还是从 1 档到 4 档跳档正常，没有 5 档和 6 档。于是接好诊断仪读取变速器数据流，无论变速器工作多长时间变速器油温始终是 0℃，是不是变速器油温传感器出现了问题。找来电路图查看油温传感器的线直接接到发动机 ECU 上。从前向后数第五个插头的 26 端子、27 端子，分别是紫色 N 和蓝色 L 线，如图 5-0-1 所示。在 ECU 这端测量线没有断路，发现 ECU 外壳有坏的痕迹。

于是把 ECU 从车上拆下来分解，发现电路板中有很多处修过的痕迹，并且 26 端子在电路板中已开焊，26 端子正好是油温传感器信号输入端，把 26 端子用电烙铁焊好后试车一切正常。

[案例小结] 在这次维修过程中，总是往一个方向上想问题，总认为变速器里的摩擦片一定出现了问题，如果在车刚来时接好诊断仪读取数据流，就会发现变速器没有油温，先把 ECU 修好后，或许变速器能有 5 档、6 档。即使没有 5 档、6 档再拆变速器分解也不晚。下面学习 A760、761E 自动变速器。

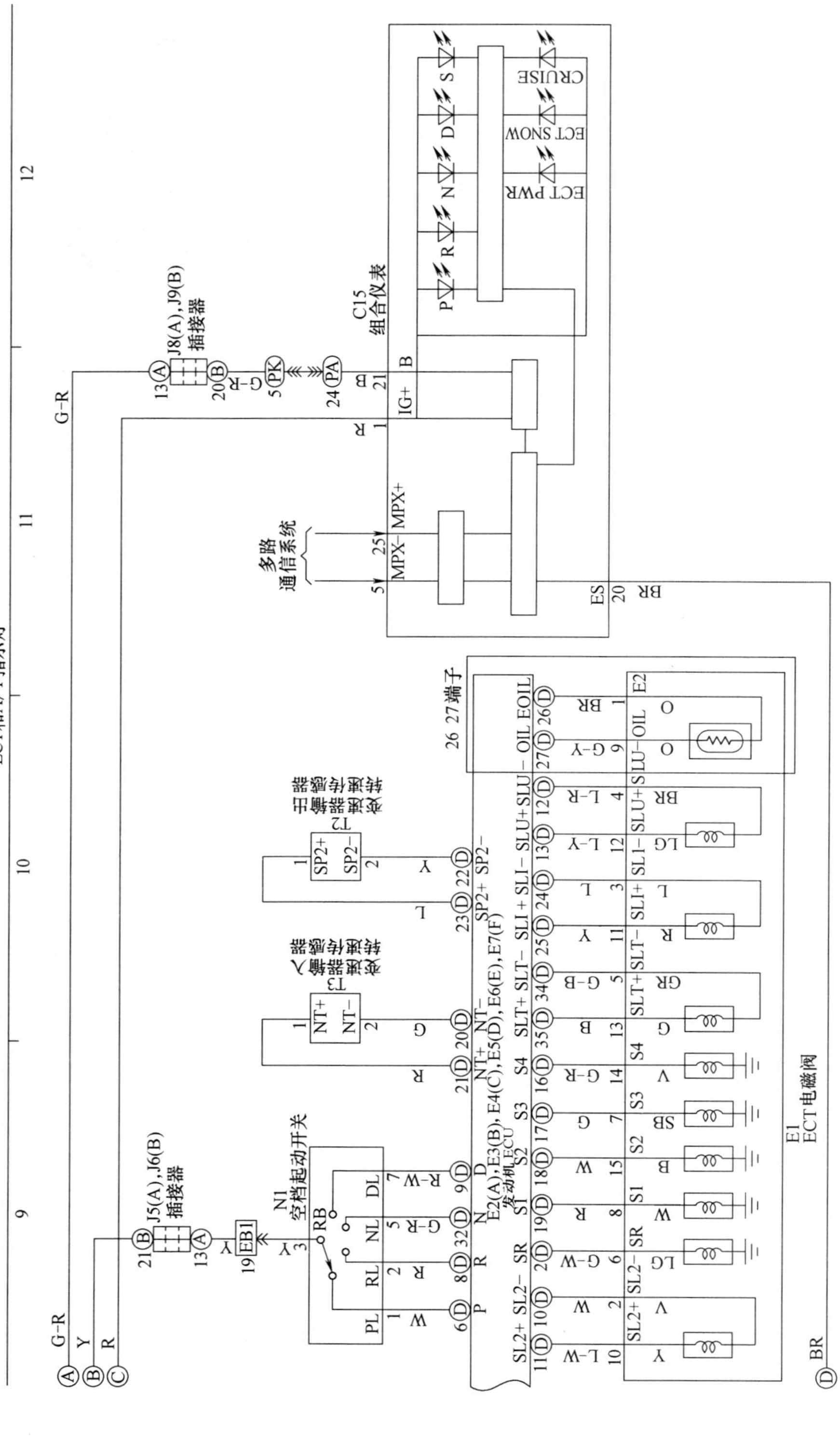

图 5-0-1　电路板中的 26、27 端子

任务一 丰田 A761E 自动变速器的传动路线与检修

一、丰田 A761E 自动变速器概述

日本丰田公司新款雷克萨斯、皇冠等有几个版本车搭载 A760、761E 自动变速器。这款自动变速器是 6 个前进档、一个倒档，电子控制手/自动一体化式自动变速器。4 个离合器，4 个制动器，4 个单向离合器，共计 12 个执行元件。按照维修资料的顺序将执行元件进行排列，从左至右为 C2、C3、C4、C1、F4、B3、F2、F1、B1、B2、F3、B4。A761E 整体外观如图 5-1-1 所示。零件分布如图 5-1-2 所示。

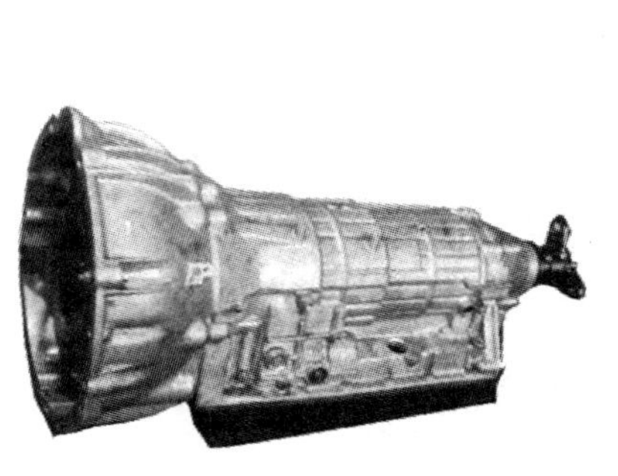

图 5-1-1 整体外观

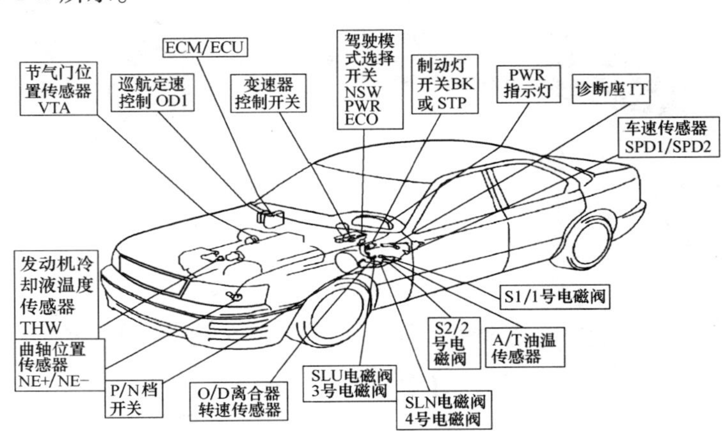

图 5-1-2 零件分布图

A761E 自动变速器有 3 个行星轮排，即：前排、中排和后排。

前排是一个双级行星排（两个行星轮）。行星架被单向离合器 F1 和制动器 B1 控制。

中排与后排是公共太阳轮（并联），中排齿圈与前排齿圈并联，中排行星架与后排齿圈串联，B4、F3 可以控制。

后排行星架为被动输出轴。

离合器 C1 和 C4 接合都是向中、后排公共太阳轮输入动力，不过 C1 中间有一个单向离合器 F4 输出轴反衬动力时内圈可以打滑，为经济模式。C4 是直接的输出轴反衬动力时不会打滑，为动力模式。A761E 传动实物如图 5-1-3 所示。

图 5-1-3 A761E 传动实物

这款自动变速器的 1、2、3、4 档既有经济模式又有动力模式，在档位和行驶模式之间切换的可靠性与平顺性都较好，燃油经济性、动力性也好。A761E 立体图如图 5-1-4 所示。A761E 传动简图如图 5-1-5 所示。各档工况见表 5-1-1。

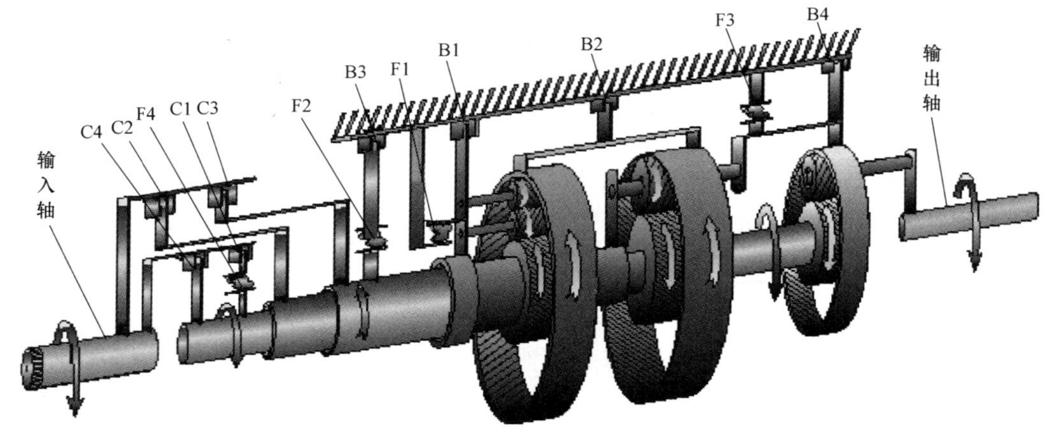

图 5-1-4 A761E 立体图

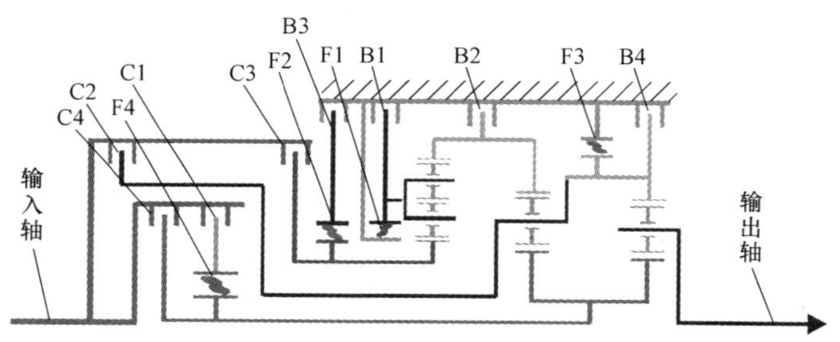

图 5-1-5 A761E 传动简图

表 5-1-1 A761E 各档工况

变速杆在 D 位						动 力 档 位				
D1	D2	D3	D4	D5	D6	1	2	3	4	R
C1	C1	C1	C1	C2	C2	C4	C4	C4	C4	C3
F4	F4	F4	F4	C3	B2	B4	B2	C3	C2	B1
F3	B3	C3	C2	B1				B1		B4
	F2	F1								
	F1									

二、丰田 A761E 自动变速器构造与检修

A761E 各执行元件用途见表 5-1-2。

表 5-1-2 各执行元件用途

组件		功能
C1	1 号离合器	连接输入轴和中间轴
C2	2 号离合器	连接输入轴和行星轮架
C3	3 号离合器	连接输入轴和前太阳轮
C4	4 号离合器	连接输入轴和中间轴
B1	1 号制动器	防止前行星架顺时针或逆时针转动
B2	2 号制动器	防止前齿圈和中齿圈顺时针或逆时针转动
B3	3 号制动器	防止 F2 的外座圈顺时针或逆时针转动
B4	4 号制动器	防止中行星轮和后齿圈顺时针或逆时针转动
F1	1 号单向离合器	防止前行星轮架逆时针转动
F2	2 号单向离合器	当 B3 工作时防止前太阳轮逆时针转动
F3	3 号单向离合器	防止中、前行星轮架和后齿圈逆时针转动
F4	4 号单向离合器	防止中间轴逆时针转动
行星轮		这些齿轮通过传递过来的驱动力，按照每个离合器和制动器的工作情况转换动力的传递路径，而使输出的转速提高或降低

离合器的取消装置用于离合器 C1、C2、C3、C4，如图 5-1-6 所示。离合器不仅受阀体控制压力的影响，还受加在离合器活塞残余油压的影响。离合器的取消装置是利用 B 腔来降低 A 腔的影响，如图 5-1-7 所示。

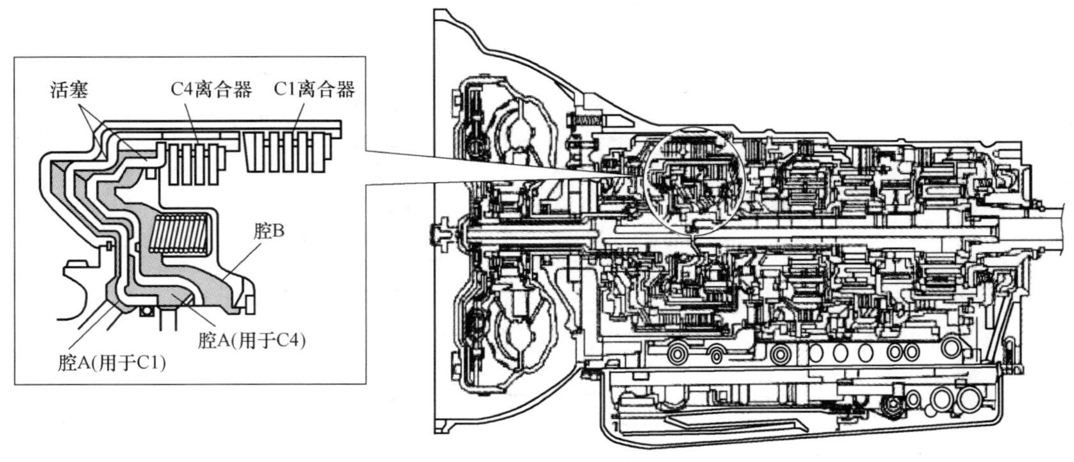

图 5-1-6 离合器的取消装置

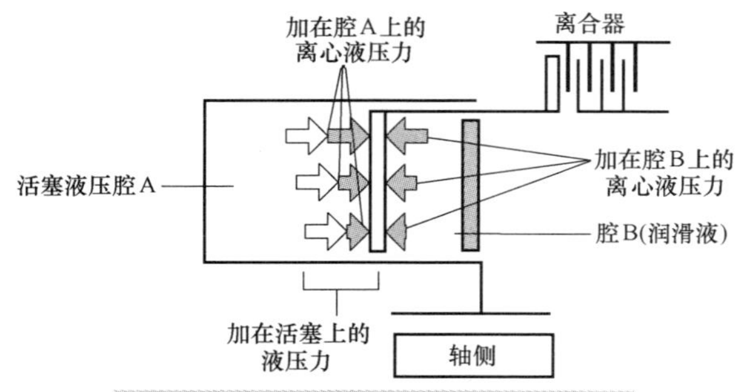

图 5-1-7 利用 B 腔来降低 A 腔的影响

三、自动变速器电路控制系统检修

1. 电路控制系统的结构

电路控制系统结构如图 5-1-8 所示。组件位置如图 5-1-9 所示。

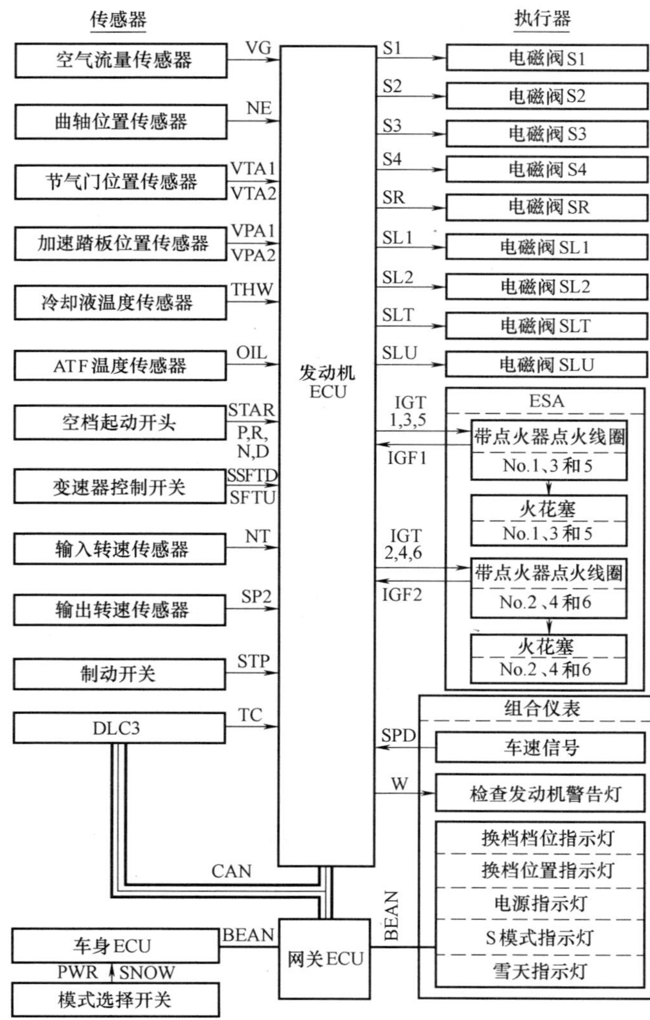

图 5-1-8 电路控制系统结构

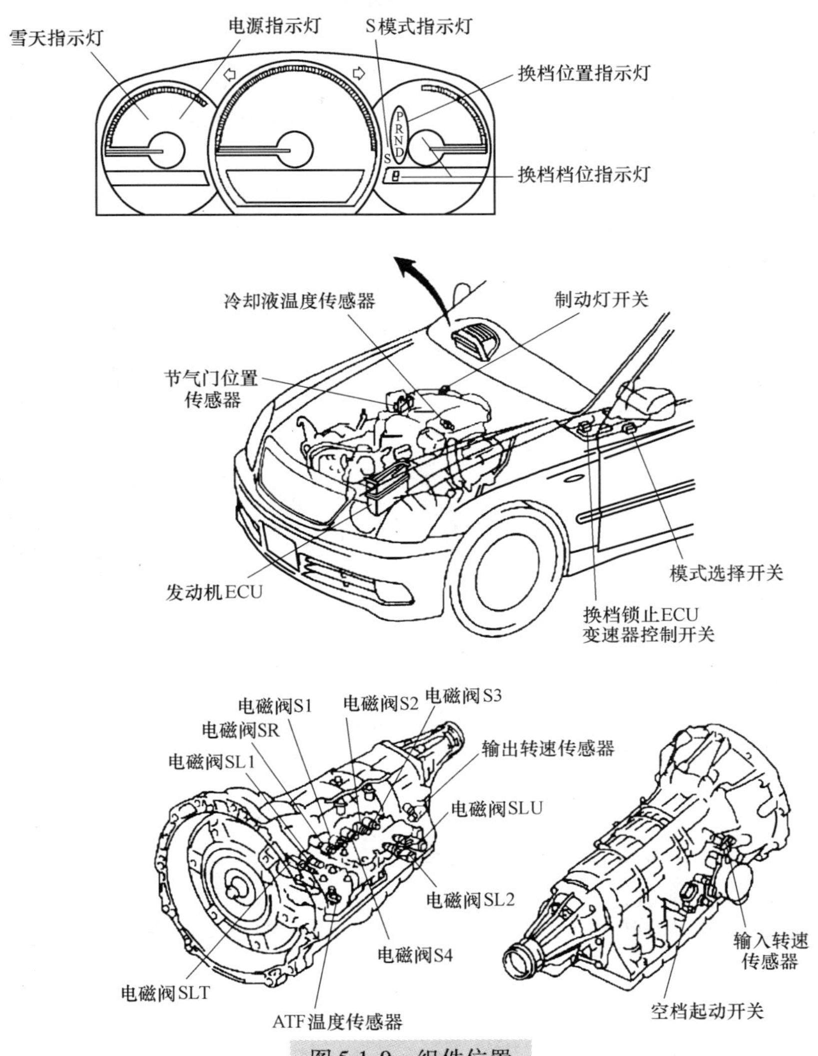

图 5-1-9 组件位置

2. 电磁阀

9 个电磁阀 S1、S2、S3、S4 和 SR、SLU、SL1、SL2、SLT 的位置如图 5-1-10 所示。S1、S2、S3 和 SR 电磁阀的结构和工作状态如图 5-1-11 所示。S4 电磁阀的结构和工作状态如图 5-1-12 所示。

S1、S2、S3、S4 和 SR 的功能见表 5-1-3。

表 5-1-3 S1、S2、S3、S4 和 SR 的功能

电磁阀	类型	功能	电磁阀	类型	功能
S1	3 向	切换 1—2 换档电磁阀 切换 SL1 继电器阀	S4	3 向	切换 SL1 继电磁阀 切换换向序列阀
S3	3 向	切换 3—4 换档阀	SR	3 向	切换 C4 继电器阀 切换 B1 继电器阀
S4	3 向	切换 4—5 换档阀			

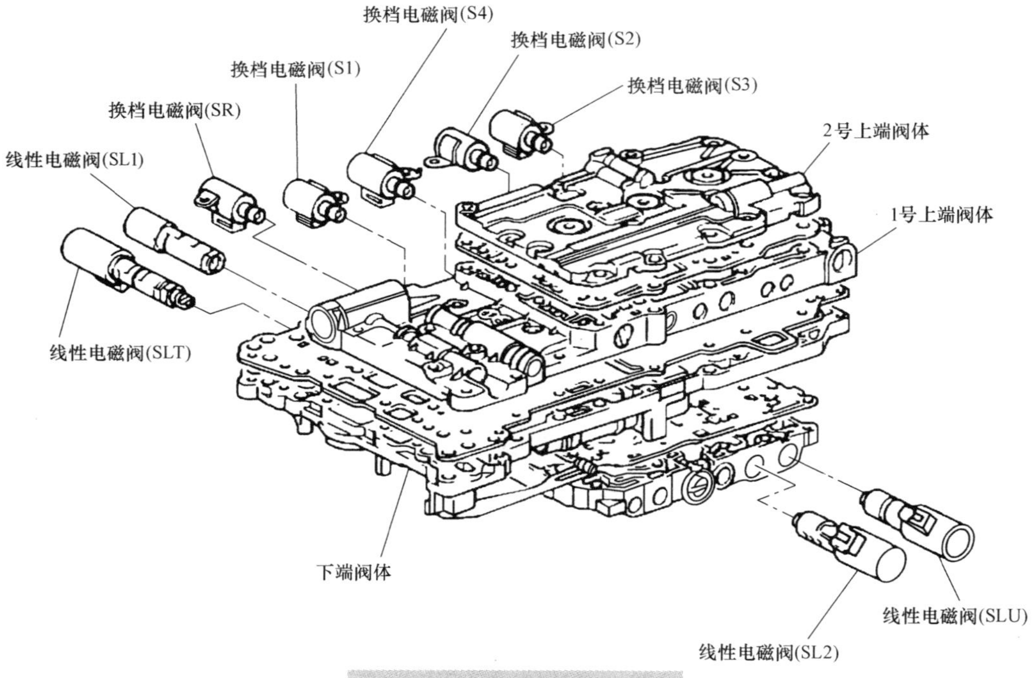

图 5-1-10 9 个电磁阀的位置

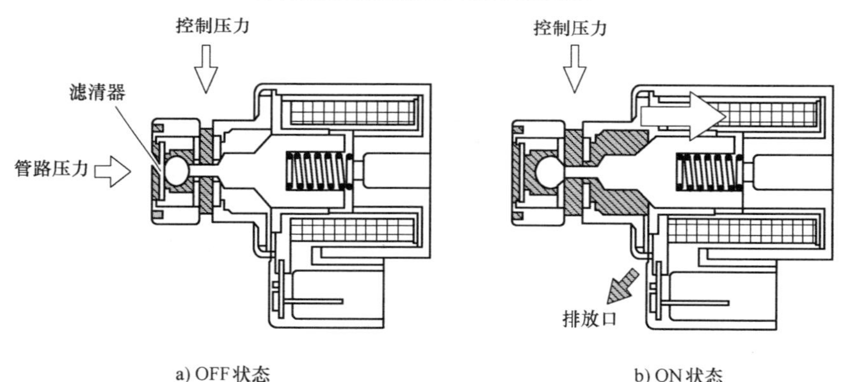

图 5-1-11 S1、S2、S3 和 SR 电磁阀的结构和工作状态

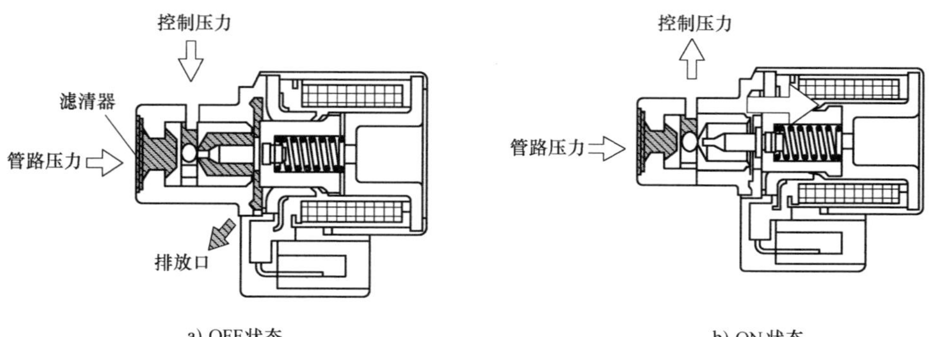

图 5-1-12 S4 电磁阀的结构和工作状态

SL1、SL2、SLT 和 SLU 电磁阀的结构和特性如图 5-1-13 所示。

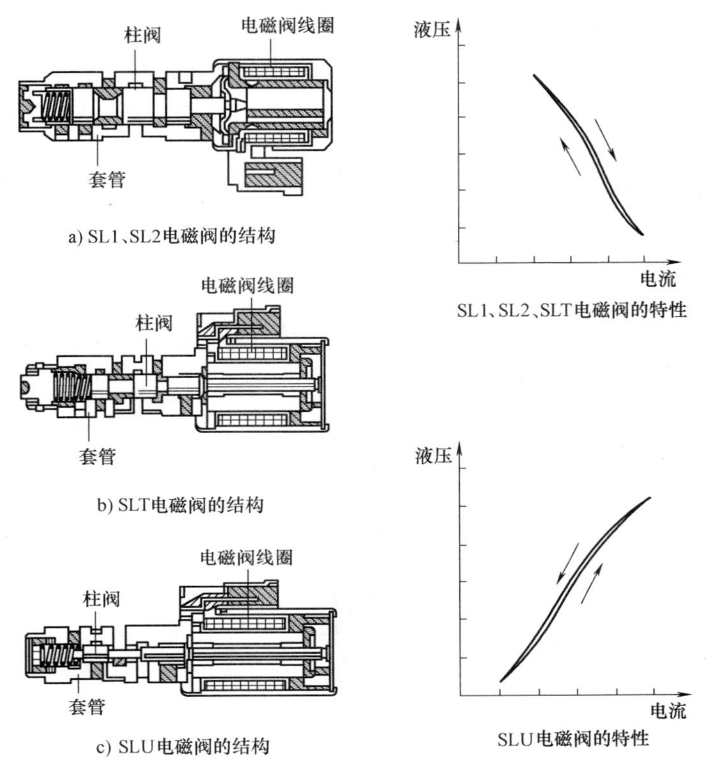

图 5-1-13 SL1、SL2、SLT 和 SLU 电磁阀的结构和特性

SL1、SL2、SLT 和 SLU 电磁阀的功能见表 5-1-4。

表 5-1-4 SL1、SL2、SLT 和 SLU 电磁阀功能

电 磁 阀	功 能	电 磁 阀	功 能
SL1	离合器压力控制 储能器背压控制	SLT	管路压力控制 储能器背压控制
SL2	制动压力控制	SLU	锁止离合器压力控制

3. ECU 控制功能

1）离合器的压力控制。控制单元激活相应的电磁阀，将油压力传向执行元件，实现快速和极佳的换档特性，如图 5-1-14 所示。

2）离合器的优化控制。电控单元监控各自传感器的信号，并根据发动机的输出和驱动情况精确控制离合器的油压，如图 5-1-15 所示。

3）主油路的油压控制。通过主油压电磁阀 SLT，根据发动机转矩信息和变矩器与变速器的内部工作情况，主油压得到精确控制，可实现滑动换档特性和优化油泵负载，如图 5-1-16 所示。

4）锁止正时的控制。在高速档时，电控单元为了提高经济性能，精确控制锁止正时，如图 5-1-17 所示。

5）锁止离合器智能控制。在中低速档时，电控单元为了提高能量的传递效力，灵活控制电磁阀 SLU，在锁止离合器的 ON/OFF 之间提供一个中间模式，既增加了锁止离合器的锁止范围又提高了燃油的经济性，如图 5-1-18 所示。

锁止离合器智能控制程序如图 5-1-19 所示。

6）换档模式智能控制。除模式开关转换换档模式外，为了自动选择最佳换档模式，AI-SHIFT 控制能使电控单元估计出路况和驾驶人的意图，实现汽车的最佳舒适性控制，如图 5-1-20所示。

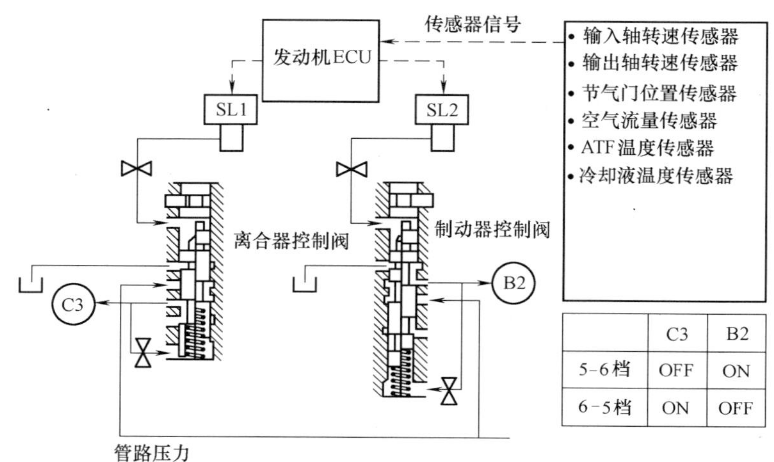

	C3	B2
5-6档	OFF	ON
6-5档	ON	OFF

图 5-1-14 离合器压力控制

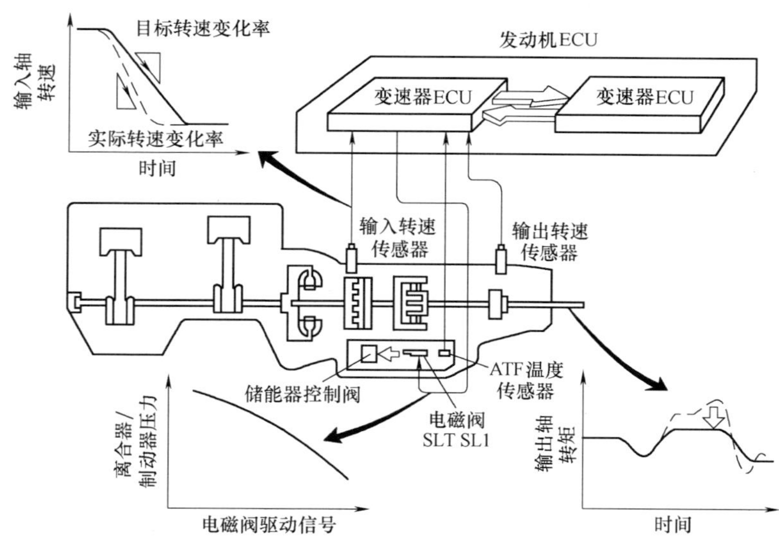

图 5-1-15 离合器优化控制

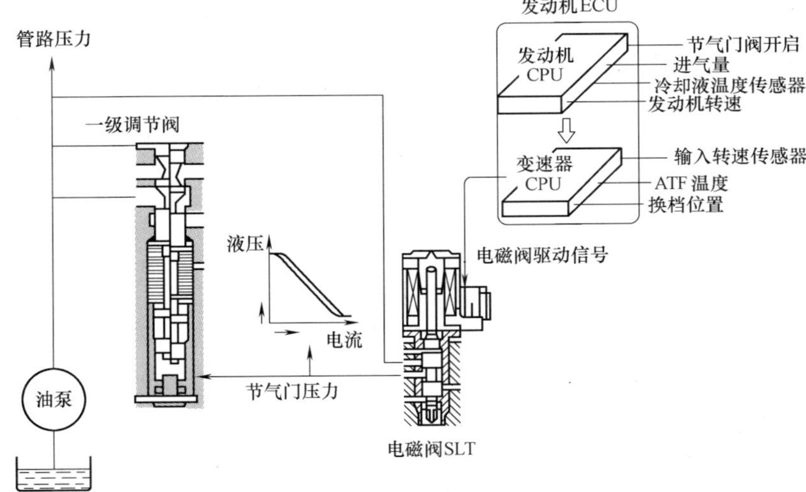

图 5-1-16　主油路油压控制

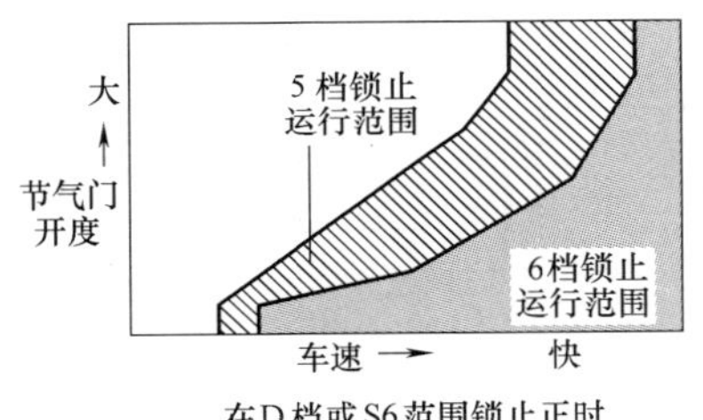

	D　S6	S5	S4
1档	×	×	×
2档	×	×	×
3档	×	×	×
4档	×	×	○
5档	○	○	—
6档	○	—	—

注：○— 工作；　　×— 没有工作。

图 5-1-17　锁止正时的控制

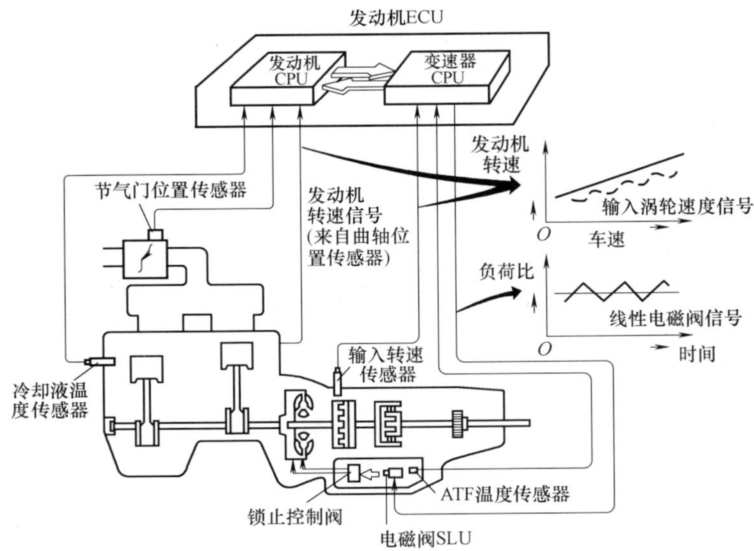

图 5-1-18　锁止离合器智能控制

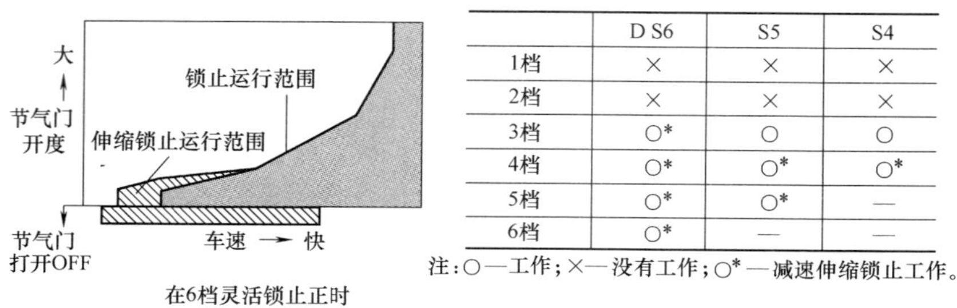

	D S6	S5	S4
1档	×	×	×
2档	×	×	×
3档	○*	○	○
4档	○*	○*	○*
5档	○*	○*	—
6档	○*	—	—

注：○—工作；×—没有工作；○*—减速伸缩锁止工作。

图 5-1-19 锁止离合器智能控制程序

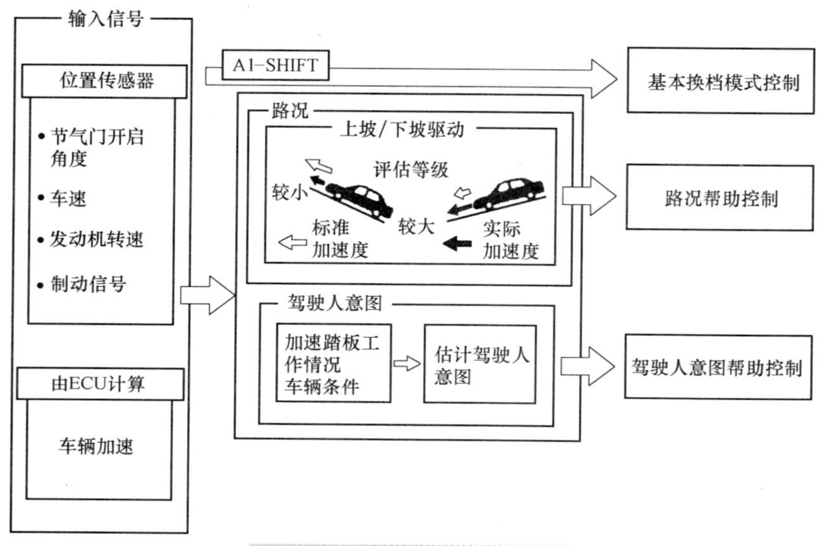

图 5-1-20 换档模式智能控制

7）路况帮助智能控制。电控单元根据负荷和车速判断汽车是在上坡或下坡，上坡时为获得最佳的驱动力，会控制降档同时换档点迟后；下坡时为获得最佳的发动机制动效果，会根据路况控制降档，充分利用发动机制动的作用，如图 5-1-21 所示。

8）驾驶人意图智能控制。根据加速踏板情况和车辆运行情况估计驾驶人的意图并选择适合每个驾驶人的换档模式，即经济模式或动力模式。

9）节流开关控制。在极低温度下，ATF 黏度变大，油泵易于吸进空气。因此，为防止油泵吸进空气，节流开关控制减少变速器中 ATF 油量。

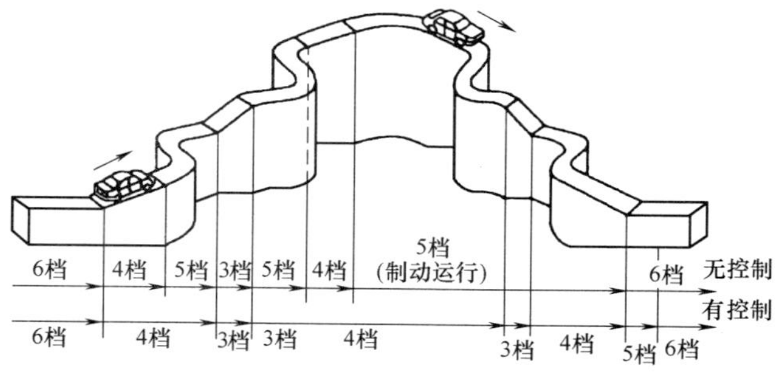

图 5-1-21 路况帮助智能控制

当停在 1 档时，为给 1—2 换档阀和 SL1 继电器阀施加管路压力，发动机 ECU 关闭(OFF)电磁阀 S1 并打开(ON)电磁阀 S4。1—2 换档阀和 SL1 继电器阀为来自二级压力关闭机油通道，这样可使二级压力通过节流孔 A。结果，变速器中机油量减少。

当停在除1档外的其他档位时，润滑来自二级调压阀的二级压力经过1-2换档阀和SL1继电器阀中的一个或全部，并通过节流孔B。结果，变速器中ATF油量不会减少，如图5-1-22所示。

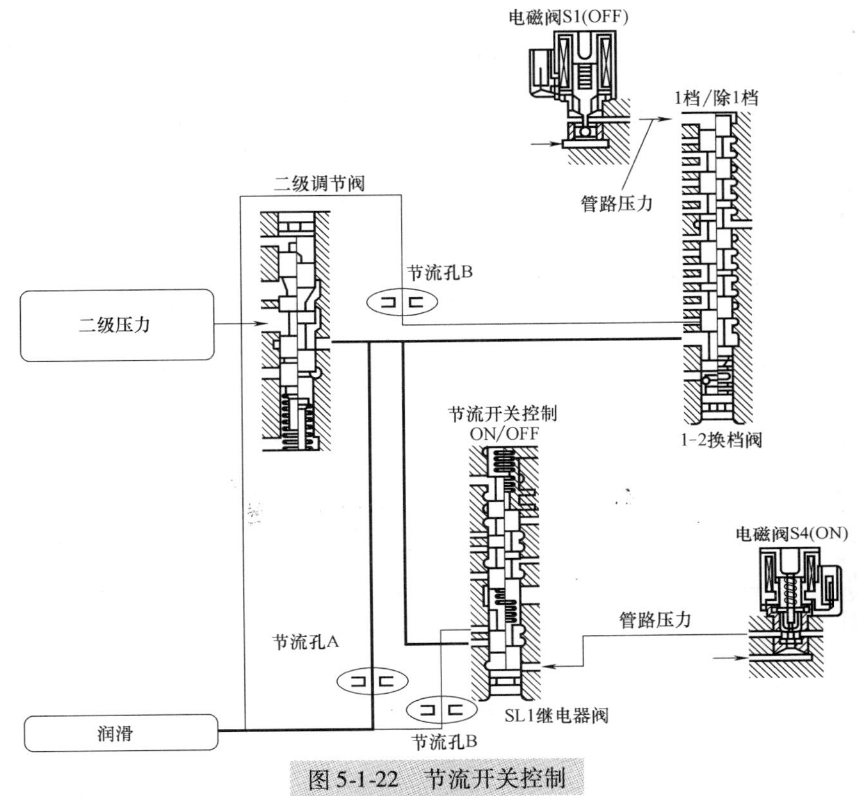

图5-1-22 节流开关控制

10）手动换档模式控制。驾驶人通过手动换档模式开关，进行手动换档可选择想要的档位，如图5-1-23所示。通过仪表提供S模式（图5-1-24）的指示和换档范围指示灯显示相应的档位。

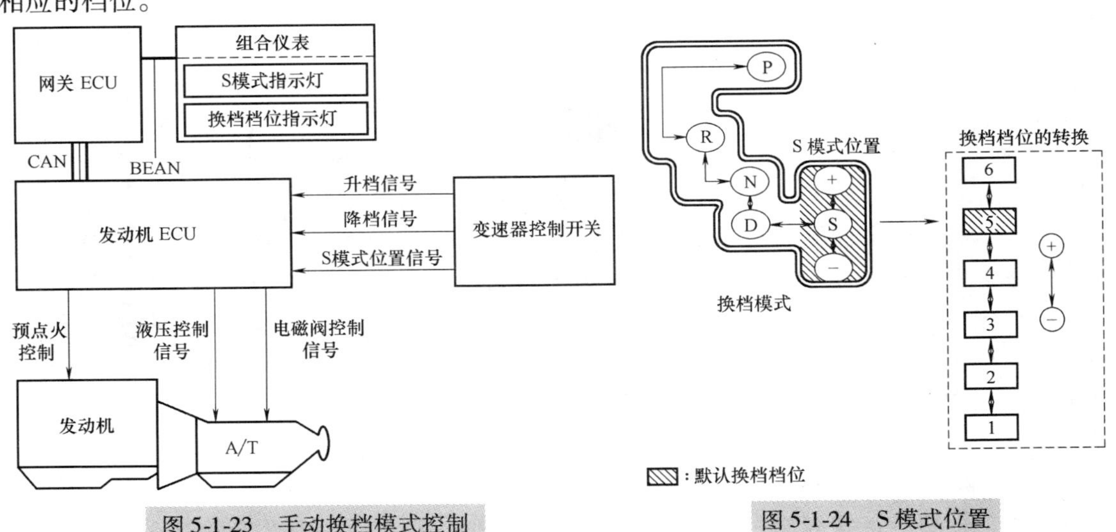

图5-1-23 手动换档模式控制

图5-1-24 S模式位置

11）安全保护模式。当一个传感器或电磁阀出现异常时，该功能把损失降到最小，见表 5-1-5。

表 5-1-5　安全保护功能

故障部位	功　能
输入转速传感器 NT	通过输出传感器（SP2）影响换档控制 禁止由低速档转到 5 档和 6 档，并禁止 AISHIFT 和伸缩锁止离合器控制
输出转速传感器(SP2)	通过输入传感器(SP2)影响换档控制 禁止由低速档转到 5 档和 6 档，并禁止 AISHIFT 和伸缩锁止离合器控制
ATF 温度控制	禁止由低速档转到 5 档和 6 档，并禁止伸缩锁止离合器控制
S1、S2、S3、S4 和 SR 电磁阀	有故障的电磁阀的电流被切断，通过操作其他电磁阀影响控制
SL1 和 SL2	禁止由低速档转到 5 档和 6 档，并禁止伸缩锁止离合器控制
SLU 电磁阀	电流不能流过电磁阀。禁止锁止离合器的工作，降低了燃油的经济性
SLT 电样阀	电流不能流过电磁阀。管路压力升高，通过正常驻车机构离合器压力控制影响换档

油温传感器如图 5-1-25 所示。输入轴和输出轴上安装的转速传感器如图 5-1-26 所示。

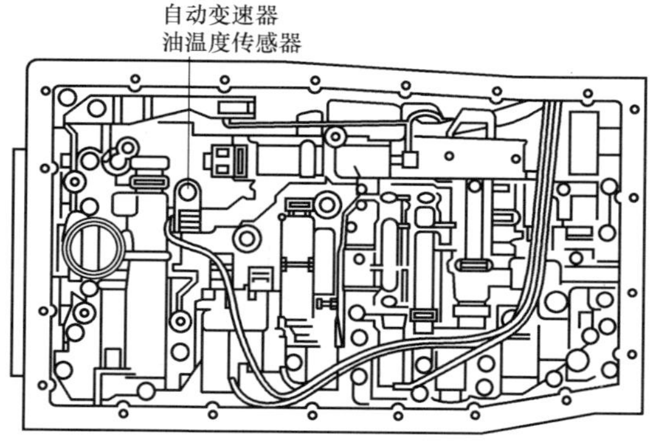

图 5-1-25　油温传感器

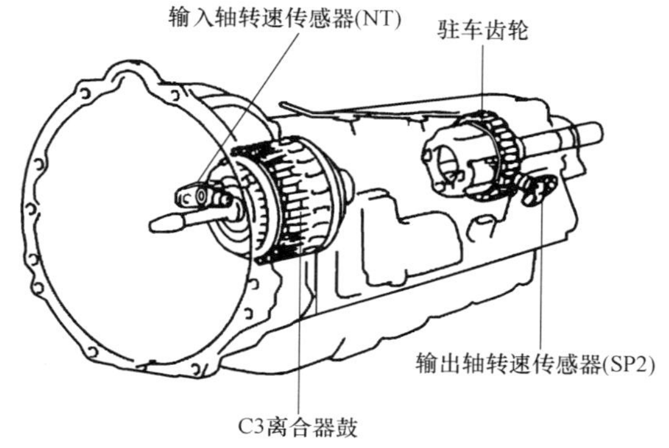

图 5-1-26　转速传感器

① 控制阀体。控制阀体包括上、下阀体和阀体上的控制电磁阀。1 号上阀体中的滑阀如图 5-1-27 所示。2 号上阀体中的滑阀如图 5-1-28 所示。1 号下阀体中的滑阀如图 5-1-29 所示。2 号下阀体中的滑阀如图 5-1-30 所示。

② 油泵。A760E 自动变速器采用转子式油泵，如图 5-1-31 所示。

③ 自动变速器油预热与冷却。自动变速器油（ATF）预热装置安装在变速器壳体上，如图 5-1-32 所示。在发动机节温器打开前，冷却液直接从发动机流向自动变速器油预热装置，以使自动变速器油快速加热，提高自动变速器油温度，这样可提高燃油经济性。热车后正常行驶过程中，

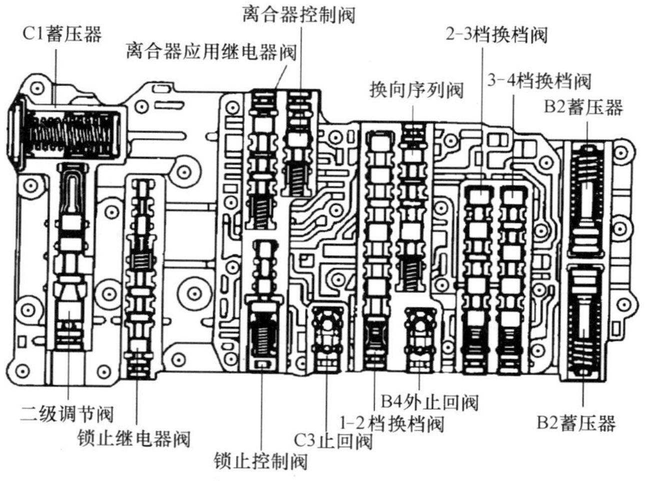

图 5-1-27　1 号上阀体中的滑阀

发动机冷却液流入自动变速器油冷却装置，给自动变速器油散热。

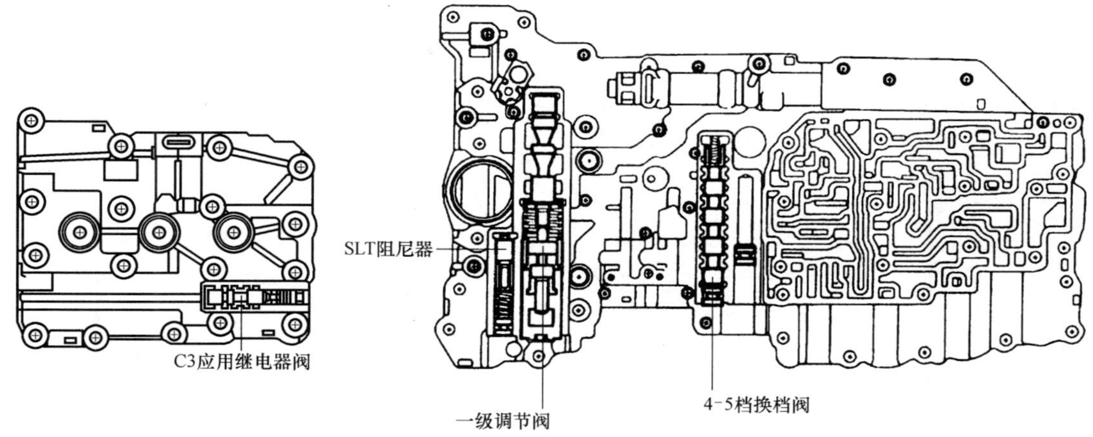

图 5-1-28　2 号上阀体中的滑阀

图 5-1-29　1 号下阀体中的滑阀

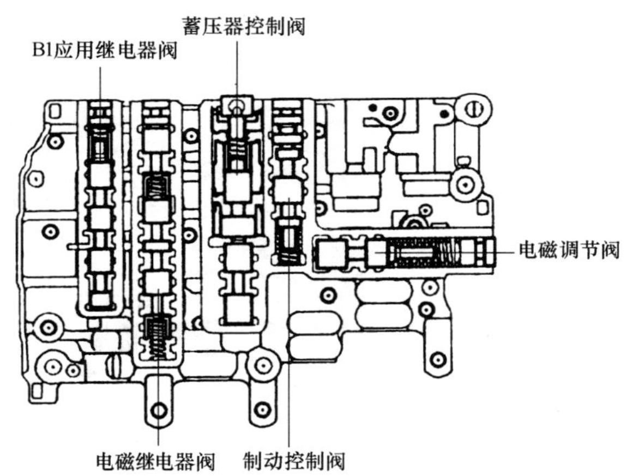

图 5-1-30　2 号下阀体中的滑阀

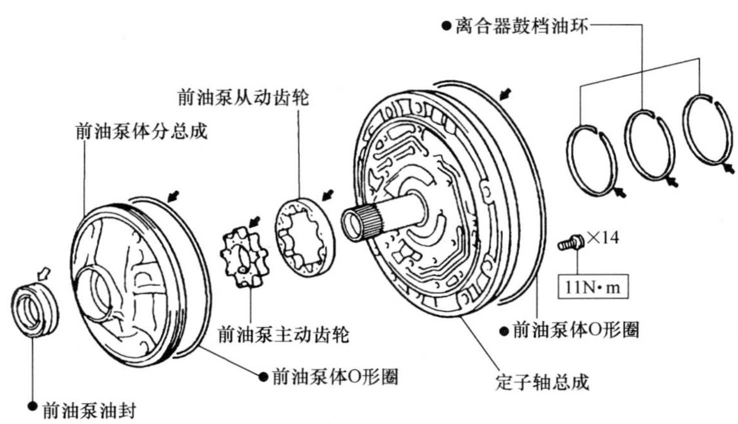

图 5-1-31　转子式油泵

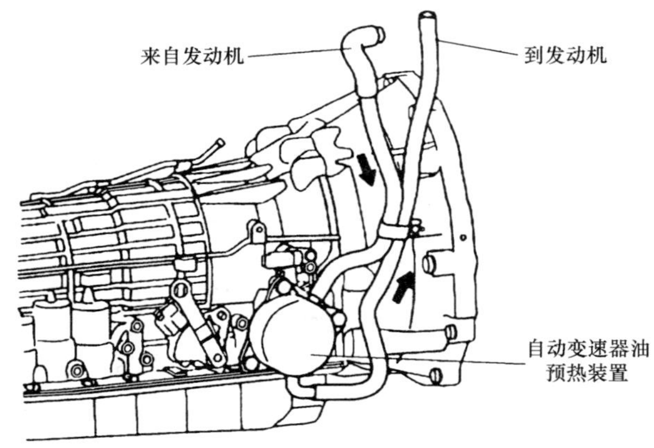

图 5-1-32 （ATF）预热装置

4. 电控系统故障码

A760E 自动变速器故障码含义及可能的故障部件见表 5-1-6。

表 5-1-6 故障码表

故障码	故障码含义	可能的故障部位
P0500	车速传感器 A	1）输出轴转速传感器（SP2）电路断路或短路 2）输出轴转速传感器（SF2）故障 3）自动变速器总成 4）ECM
P0705	变速器档位传感器电路故障（PRNDL 输入）	1）驻车档/空档位置开关电路断路或短路 2）驻车档/空档位置开关 3）ECM
P0710	自动变速器油温度传感器 A 电路	1）自动变速器油温度传感器电路断路或短路 2）变速器线束（自动变速器油温度传感器） 3）ECM
P0711	自动变速器油温度传感器 A 性能	变速器线束（自动变速器油温度传感器）
P0712	自动变速器油温度传感器 A 电路输入太低	1）自动变速器油温度传感器电路短路 2）变速器线束（自动变速器油温度传感器） 3）ECM
P0713	自动变速器油温度传感器 A 电路输入太高	1）自动变速器油温度传感器电路开路 2）变速器线束（自动变速器油温度传感器） 3）ECM
P0717	输入轴转速传感器电路无信号	1）输入轴转转速传感器电路断路或短路 2）输入轴转速传感器 3）ECM 4）自动变速器（离合器、制动器或齿轮等）
P0724	制动器开关 B 电路高电位	1）制动灯开关电路短路 2）制动灯开 3）ECM

（续）

故障码	故障码含义	可能的故障部位
P0729	6 档传动比不正确	1）阀体堵塞或卡滞（顺序阀） 2）换档电磁阀 SLT 一直打开或关闭 3）自动变速器总成（离合器、制动器或齿轮等）
P0748	压力控制电磁阀 A 电气系统（换档电磁阀 SL1）	1）换档电磁阀 SL1 电路断路或短路 2）换档电磁阀 SL1 3）ECM
P0751	换档电磁阀 A 性能（换档电磁阀 S1）	1）换档电磁阀 S1 一直打开或关闭 2）换档电磁阀 SLT 一直打开或关闭 3）阀体阻塞 4）2 号制动器故障（驱动困难） 5）自动变速器总成（离合器、制动器或齿轮等）
P0756	换档电磁阀 B 性能（换档电磁阀 S2）	1）换档电磁阀 S2 一直打开或关闭 2）阀体阻塞 3）自动变速器总成（离合器、制动器或齿轮等）
P0761	换档电磁阀 C 性能（换档电磁阀 S3）	1）换档电磁阀 S3 一直打开或关闭 2）换档电磁阀 SLT 一直打开或关闭 3）阀体阻塞 4）自动变速器总成（离合器、制动器或齿轮等）
P0766	换档电磁阀 D 性能（换档电磁阀 S4）	1）换档电磁阀 S4 一直打开或关闭 2）换档电磁阀 SL2 一直打开或关闭 3）换档电磁阀 SLT 一直打开或关闭 4）阀体阻塞 5）自动变速器总成（离合器、制动器或齿轮等）
P0778	压力控制电磁阀 B 电气系统（换档电磁阀 SL2）	1）换档电磁阀 SL2 电路断路或短路 2）换档电磁阀 SL2 3）ECM
P0781	1—2 换档（1—2 换档阀）	1）阀体阻塞或卡滞（1—2 换档阀） 2）换档电磁阀 SLT 一直打开或关闭 3）自动变速器总成（离音器、制动器或齿轮等）
P0973	换档电磁阀 A 控制电路太低（换档电磁阀 S1）	1）换档电磁阀 S1 电路短路 2）换档电磁阀 S1 3）ECM
P0974	换档电磁阀 A 控制电路高电位（换档电磁阀 S1）	1）换档电磁阀 S1 电路断路 2）换档电磁阀 S1 3）ECM
P0976	换档电磁阀 B 控制电路低电位（换档电磁阀 S2）	1）换档电磁阀 S2 电路短路 2）换档电磁阀 S2 3）ECM
P0977	换档电磁阀 B 控制电路高电位（换档电磁阀 S2）	1）换档电磁阀 S2 电路断路 2）换档电磁阀 S2 3）ECM
P0979	换档电磁阀 C 控制电路低电位（换档电磁阀 S3）	1）换档电磁阀 S3 电路短路 2）换档电磁阀 S3 3）ECM

（续）

故 障 码	故障码含义	可能的故障部位
P0980	换档电磁阀 C 控制电路 高电位（换档电磁阀 S3）	1）换档电磁阀 S3 电路断路 2）换档电磁阀 S3 3）ECM
P0982	换档电磁阀 D 控制电路 低电位（换档电磁阀 S4）	1）换档电磁阀 S4 电路短路 2）换档电磁阀 S4 3）ECM
P0983	换档电磁阀 D 控制电路 高电位（换档电磁阀 S4）	1）换档电磁阀 S4 电路断路 2）换档电磁阀 S4 3）ECM
P0985	换档电磁阀 E 控制电路 低电位（换档电磁阀 SR）	1）换档电磁阀 SR 电路短路 2）换档电磁阀 SR 3）ECM
P0986	换档电磁阀 E 控制电路 高电位（换档电磁阀 SR）	1）换档电磁阀 SR 电路断路 2）换档电磁阀 SR 3）ECM
P0714	压力控制电磁阀 D 性能（换档电磁阀 SLT）	1）换档电磁阀 SLT 一直打开或关闭 2）换档电磁阀 S1、S2、S3、S4 或 SL2 一直打开或关闭 3）6 档传动比不正确（倒档顺序阀）或 1—2 换档阀卡滞 4）阀体阻塞 5）自动变速器总成（离合器、制动器或齿轮等）
P0716	压力控制电磁阀 D 电气 系统（换档电磁阀 SLT）	1）换档电磁阀 SLT 电路断路或短路 2）换档电磁阀 SLT 3）ECM
P2757	变矩器离合器压力控制电磁阀 性能（换档电磁阀 SLU）	1）电磁阀 SLU 一直打开或关闭 2）阀体阻塞 3）变矩器离合器 4）自动变速器总成（离合器、制动器或齿轮等） 5）管路压力过低
P2759	变矩器离合器压力控制电磁阀控制 电路电气系统（换档电磁阀 SLU）	1）电磁阀 SLU 断路或短路 2）电磁阀 SLU 3）ECM

5. 基本检查与诊断

1）道路测试。D 位测试应在自动变速器油温度正常（50～80℃）的工作情况下进行测试。变速杆置于 D 位，将加速踏板完全踩下，并进行以下检查：

① 检查 1—2、2—3、3—4、4—5 和 5—6 换高速档是否发生，并且换档点是否符合自动换档车速表。

② 6 档升档禁止控制。发动机冷却液温度等于或低于 60℃，并且车速等于或低于 55km/h。

③ 5 档升档禁止控制。发动机冷却液温度等于或低于 55℃，并且车速等于或低于 51km/h。

④ 4 档升档禁止控制。发动机冷却液温度等于或低于 40℃，并且车速等于或低于 45km/h。

⑤ 锁止禁止控制。踩下制动踏板；松开加速踏板；发动机冷却液温度等于或低于60℃。

⑥ 检查是否有换档冲击或打滑。检查在1→2、2→3、3→4、4→5和5→6换档时是否存在振动和打滑。

2）检查是否有异常噪声和振动。在变速杆处于D位时，检查从1→2、2→3、3→4、4→5和5→6换档时是否存在异常噪声和振动。注意：检查异常噪声和振动的起因时，必须要非常彻底，因为这种情况也可能是由于差速器、变矩器离合器等组件中的不平衡所致。

3）检查降档操作。行驶时检查变速杆在D位，从6→5、5→4、4→3、3→2、2→1降档时的车速，确认每个速度是否均在自动换档车速表指出的范围之内。

4）检查降档时是否有异常振动和打滑。

5）检查锁止机构。在D位（4档、5档或6档）行驶，保持匀速（TCC锁止ON）；轻轻踩下加速踏板，并检查发动机转速有无急剧变化。若发动机转速有急剧变化，则无锁止。注意：在1档、2档和3档时不锁止。

6）S位测试。变速杆换到S位，踩下加速踏板，并且检查以下几点：

① 当变速杆在D位6档行驶时，换档至S位再退回至D位，检查并确认可以进行6→5换档操作和5档换档操作。

② 当变速杆在S位（车辆静止）时，换至“+”位置，检查确认组合仪表上显示的变速杆位置变化如下：1→2、2→3、3→4、4→5和5→6档。

③ 当变速杆在5（S）位，车速为55~65km/h行驶时，换至“-”位置，检查是否发生4档降档，发动机制动是否正常。

④ 当变速杆在4（S）位，车速为30~40km/h行驶时，换至“-”位置，检查是否发生3档降档，发动机制动是否正常。

⑤ 当变速杆在3（S）位，车速为20~30km/h行驶时，换至“1”位置，检查是否发生2档降档，发动机制动是否正常。

⑥ 当变速杆在2（S）位，车速大约10~20km/h行驶时，换至“-”位置，检查是否发生1档降档，发动机制动是否正常。

⑦ 当降档操作可能导致发动机转速过高时，不可进行手动换档操作。如果驾驶人连续换档，可能不会降至1档。

⑧ 检查加速和减速时有无异常噪声，及换高速档和换低速档时有无振动。

7）R位测试。换到R位轻踩加速踏板，然后检查车辆向后移动时是否有噪声和振动。

8）P位测试。将车辆停在斜坡上（大于5°），换入P位后，松开驻车制动器。然后，检查驻车锁止爪是否将车辆保持在原地。

6. 测量失速转速

（1）测量注意事项

通过测量D位的失速转速来检查变速器和发动机的总体性能，测量时注意以下几点：

1）行驶测试必须在铺装的路面上进行（不滑的道路）。

2）自动变速器油在正常工作温度（50~80℃）进行测试。

3）此项测试的连续进行时间不要超过5s。

4）为确保安全，应在宽阔、干净、平坦且可提供良好摩擦力的路面上进行此项测试。

（2）测量步骤

失速测试应由两个人来完成。一名技术人员在进行测试的同时，另一名技术人员应在车外观察车轮或车轮挡块的工作情况。

1）用垫木挡住 4 个车轮。

2）将智能测试仪连接到 DLC3 上。

3）完全拉紧驻车制动器。

4）保持左脚踩住制动踏板。

5）起动发动机。

6）变速杆置于 D 位。用右脚将加速踏板踩到底。

7）快速读出此时的失速转速。测量失速转速如图 5-1-33 所示。

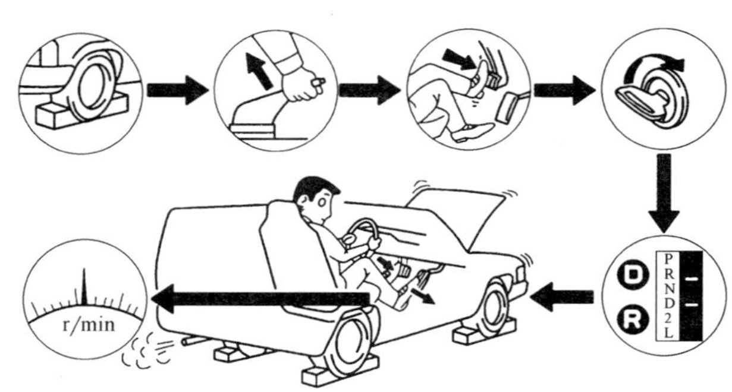

图 5-1-33 测量失速转速

（3）测量结果分析

失速转速规定值为(2470 ± 150) r/min。不正确的失速转速原因分析见表 5-1-7。

表 5-1-7 不正确的失速转速原因分析

失速转速	原因分析
D 位发动机失速转速低	• 发动机动力输出可能不足 • 单向离合器工作异常 • 如果读数低于规定值 600r/min 或以上，变矩器可能有故障
D 位发动机失速转速高	• 管路压力太低 • 1 号离合器（C1）打滑 • 3 号单向离合器（F3）工作异常 • 4 号单向离合器（F4）工作异常 • 液位不正确

（4）测量时滞时间

在发动机怠速时，将变速杆换到 R 位或 D 位，在感觉到振动前会有一段时差或时滞，这个时滞可以用于检查离合器和制动器的状况。正常运行，自动变速器油温在 50 ~ 80℃时测量，确保两次测试之间有 1min 的间隔。执行 3 次这个测试，并且测量时滞，计算 3 次时滞的平均值。如图 5-1-34 所示。

1）将智能测试仪连接到 DLC3 上。

2）完全拉紧驻车制动器。

3）起动并温暖发动机，然后检查怠速转速，怠速大约 700r/min（在 N 位并且空调关闭）。

4）将变速杆从 N 位换至 D 位，用秒表测量从变速杆开始切换至感觉到振

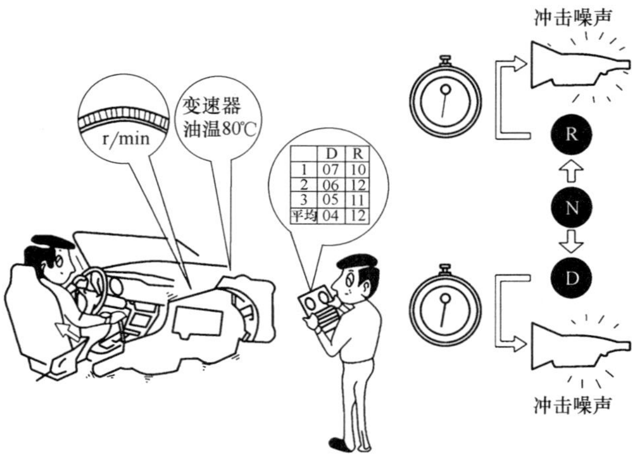

图 5-1-34 测量时滞时间

动的时间。时滞时间规定值应小于1.2s

5）用同样的方式，测量N位换至R位的时滞，时滞规定值为小于1.5s。

6）不正确的时滞时间原因分析见表5-1-8。

表5-1-8 不正确的时滞时间原因分析

时滞时间	原因分析
N→D时滞较长	• 管路压力太低 • 1号离合器（C1）打滑 • 3号单向离合器（F3）工作异常 • 4号单向离合器（F4）工作异常
N→R时滞较长	• 管路压力太低 • 3号离合器（C3）磨损 • 4号离合器（C4）磨损 • 1号单向离合器（F1）工作异常

7. 油压测试

（1）测量注意事项

测量管路压力应在自动变速器油温度为50～80℃时进行，管路压力测试（主油压）应由两个人来完成。一名维修人员在进行测试的同时，另一名维修人员应在车外观察车轮或车轮挡块的工作情况。测试主油压如图5-1-35所示。测量时注意以下几点：

1）测量时小心防止SST软管影响到排气管。

2）该项检查必须在检查和调整发动机后进行。在空调关闭时执行。

3）在进行失速测试时，不要持续超过5s。

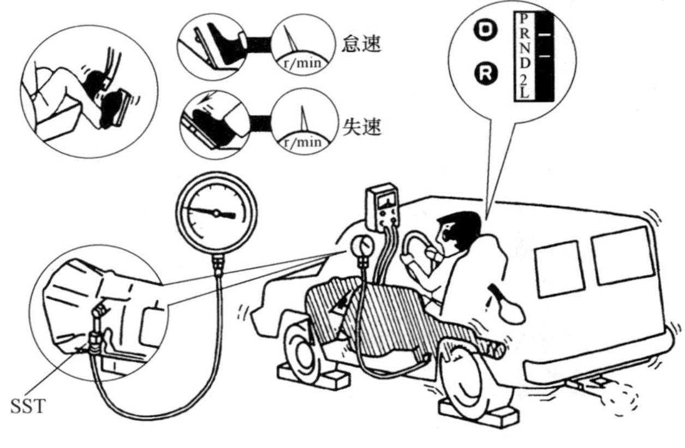

图5-1-35 测试主油压

（2）测量步骤

油压测试孔位置如图5-1-36所示。油压测试如图5-1-37。测量步骤如下：

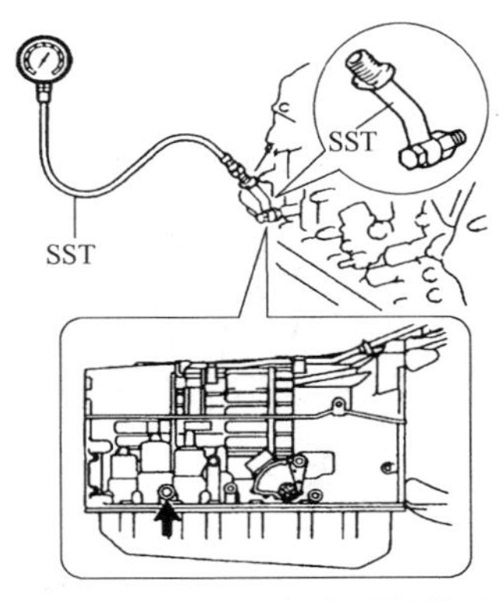

图5-1-36 油压测试孔位置

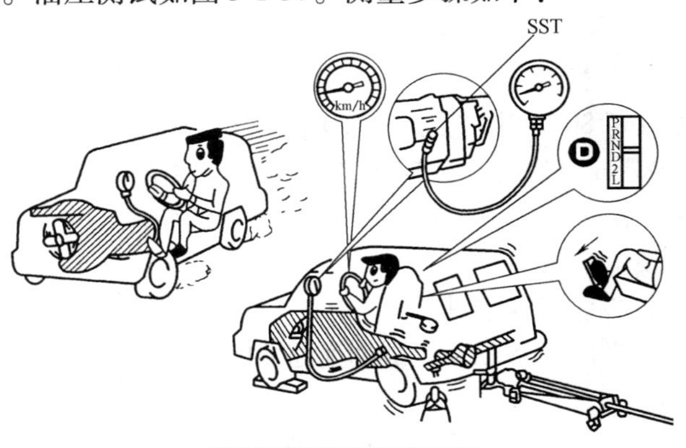

图5-1-37 油压测试

1）暖机使自动变速器油升温。

2）举升车辆。

3）拆卸变速器中央右侧的测试塞，并连接专用油压测试工具 ssT。

4）降下车辆。

5）完全拉紧驻车制动器，并用挡块挡住 4 个车轮。

6）起动发动机并检查怠速。

7）左脚紧紧踩住制动踏板，并变速杆置于 D 位。

8）测量发动机怠速时的管路压力。

9）将加速踏板踩到底。当发动机转速达到失速转速时，迅速读出管路最高压力。

10）用相同的方法，进行 R 位测试。

油压规范见表 5-1-9。不正确油压原因分析见表 5-1-10。

表 5-1-9　油压规范

测试条件		油压值/kPa
D 位	怠速	355～425
	失速	1 156～1 266
R 位	怠速	485～585
	失速	1 426～1 670

表 5-1-10　不正确油压原因分析

测试油压值	原因分析
在所有档位上的测量值都较高	• 管路压力控制电磁阀（SLT）故障 • 调节阀故障
在所有档位上的测量值都较低	• 管路压力控制电磁阀（SLT）故障 • 调节阀故障 • 油泵有故障
在 D 位时压力低	• D 位油路泄漏 • 1 号离合器（C1）故障
只在 R 位时压力低	• R 位油路泄漏 • 3 号离合器（C3）故障 • 4 号制动器（B4）故障

8. 油位检查

建议每 80 000km 更换 A760E 的自动变速器油（ATF），如果在恶劣条件下使用，建议每 40 000km 更换自动变速器油。变速器没有油尺，采用溢流孔的方式检查油位。检查油位时，车辆必须保持水平。

（1）加注变速器油

1）如图 5-1-38 所示，拆卸变速器侧面的 2 只螺栓及盖。

2）如图 5-1-39 所示，拆卸加油螺塞和溢流管。

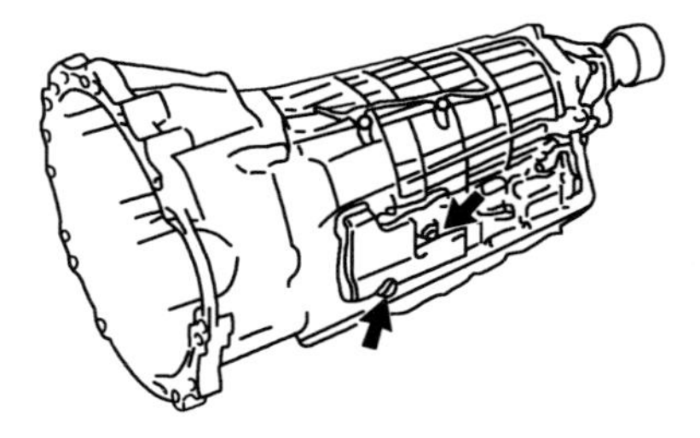

图 5-1-38　拆卸变速器侧面的 2 只螺栓及盖

3）通过加油孔加注变速器油，直到变速器油开始从溢流管流出。如图 5-1-40 所示，溢流管的高度就是油面的正确位置。

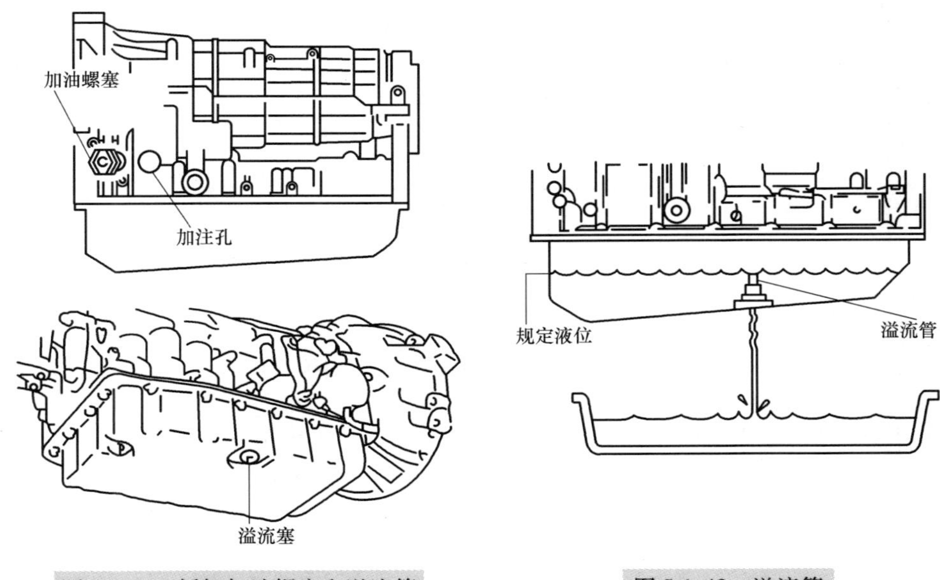

图 5-1-39 拆卸加油螺塞和溢流管

图 5-1-40 溢流管

4）重新安装溢流管堵塞。

5）重新安装加油螺塞。

6）放下车辆

（2）自动变速器油加注量

A760E 的自动变速器油加注量见表 5-1-11。如果不能加注规定油液，执行以下操作。

表 5-1-11 自动变速器油加注量

修理操作	加油量/L
拆卸变速器油底壳或放油螺塞	1.3
拆卸变速器阀体	3.9
拆卸变速器	4.4
拆卸变速器总成	7.7

1）安装加油螺塞。

2）在空调关闭的状态下，发动机怠速运转。

3）将变速杆移遍所有档位。

4）发动机怠速 30s。

5）关闭发动机。

6）拆下加油螺塞并加注油液。

7）重新安装加油螺塞。

（3）检查自动变速器油温度

油面高度应在规定温度下执行，开始检查自动变速器油温度前，自动变速器油温度应低

于30℃。使用智能检测仪的检查方法如下：

1）如图5-1-41所示，在诊断插头DLC3的端子CG（4）和TC（13）间连接专用工具SST 09843—18040。

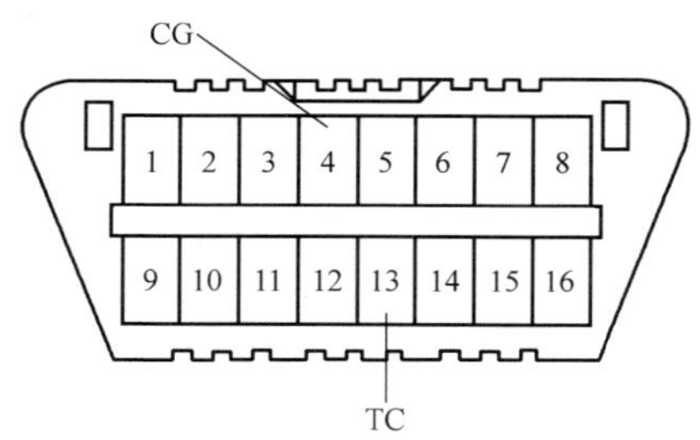

图5-1-41 DLC3的端子CG（4）和TC（13）

2）在1.5s内，将变速杆在N位和D位之间移动，执行该程序6s。

3）组合仪表上的D位指示灯亮起2s，这表明自动变速器油温度检查模式已启动。

4）拆下检查线。

5）在诊断插头DLC3连接智能检测仪。

6）选择检测仪数据流功能。

7）检查“自动变速器油温度”这项。

8）使发动机怠速运行，直到自动变速器油温达到38℃。也可以不用智能检测仪检测自动变速器油温度，使用D位指示灯也可执行油位检查程序，方法如下：

① 如图5-1-41所示，在诊断插头DLC3的端子CG（4）和TC（13）间连接专用工具SST09843—18040。

② 在1.5s内，将变速杆在N位和D位之间移动，执行该程序6s。

③ 组合仪表上的D位指示灯亮起2s，这表明自动变速器油温度检查模式已启动。

④ 当油温达到38℃时，D位指示灯将再次点亮；当自动变速器油温超过46℃时，D位指示灯将闪烁。

⑤ 在D位指示灯点亮而非闪烁且发动机运转时，才能准确检查油位。

（4）油位检查

1）在规定的油温且发动机运转时拆下溢流塞。

2）如果油液不流出，重新加注变速器油0.4L，使发动机怠速运行10s后，重新检查油位。

3）如果有油液流出，等到溢油减缓为滴流时，使用一个新垫安装溢流塞，拧紧力矩为20N·m。

4）关闭发动机。

5）使用一个新O形圈安装加油螺塞，拧紧力矩为39N·m。

6）安装变速器盖的两只螺栓，拧紧力矩为5.4N·m。

9. 部件分解图

A760E自动变速器部件分解图如图5-1-42～图5-1-45所示。

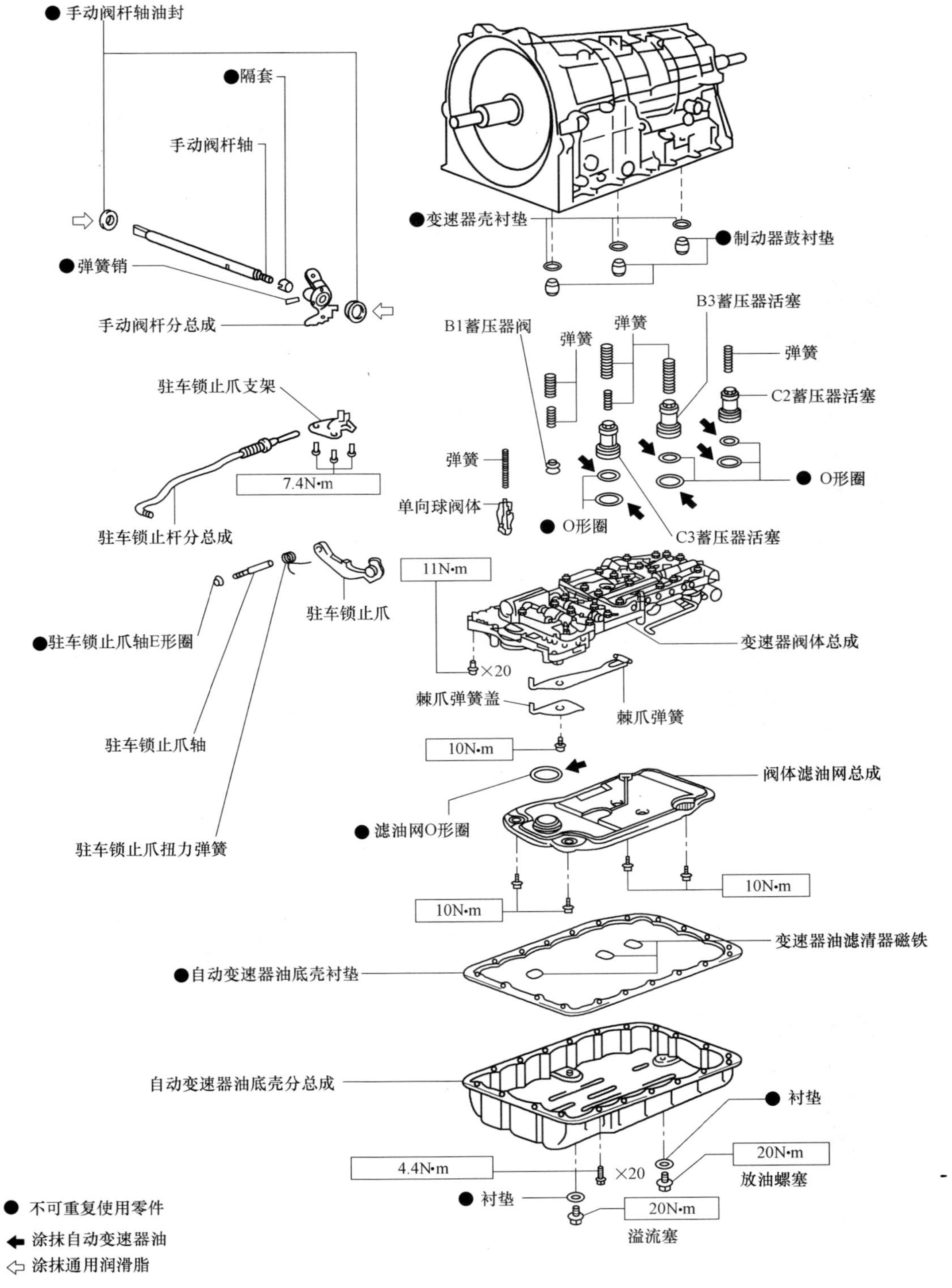

●手动阀杆轴油封

●隔套

手动阀杆轴

●弹簧销

手动阀杆分总成

驻车锁止爪支架

7.4N•m

驻车锁止杆分总成

驻车锁止爪

●驻车锁止爪轴E形圈

驻车锁止爪轴

驻车锁止爪扭力弹簧

●变速器壳衬垫

●制动器鼓衬垫

B3蓄压器活塞

B1蓄压器阀

弹簧

弹簧

弹簧

C2蓄压器活塞

弹簧

单向球阀体

● O形圈

● O形圈

C3蓄压器活塞

11N•m

变速器阀体总成

×20

棘爪弹簧盖

棘爪弹簧

10N•m

阀体滤油网总成

●滤油网O形圈

10N•m

10N•m

变速器油滤清器磁铁

●自动变速器油底壳衬垫

自动变速器油底壳分总成

●衬垫

20N•m

放油螺塞

4.4N•m

×20

●衬垫

20N•m

溢流塞

● 不可重复使用零件

涂抹自动变速器油

涂抹通用润滑脂

图 5-1-42 A760E 自动变速器部件分解图（一）

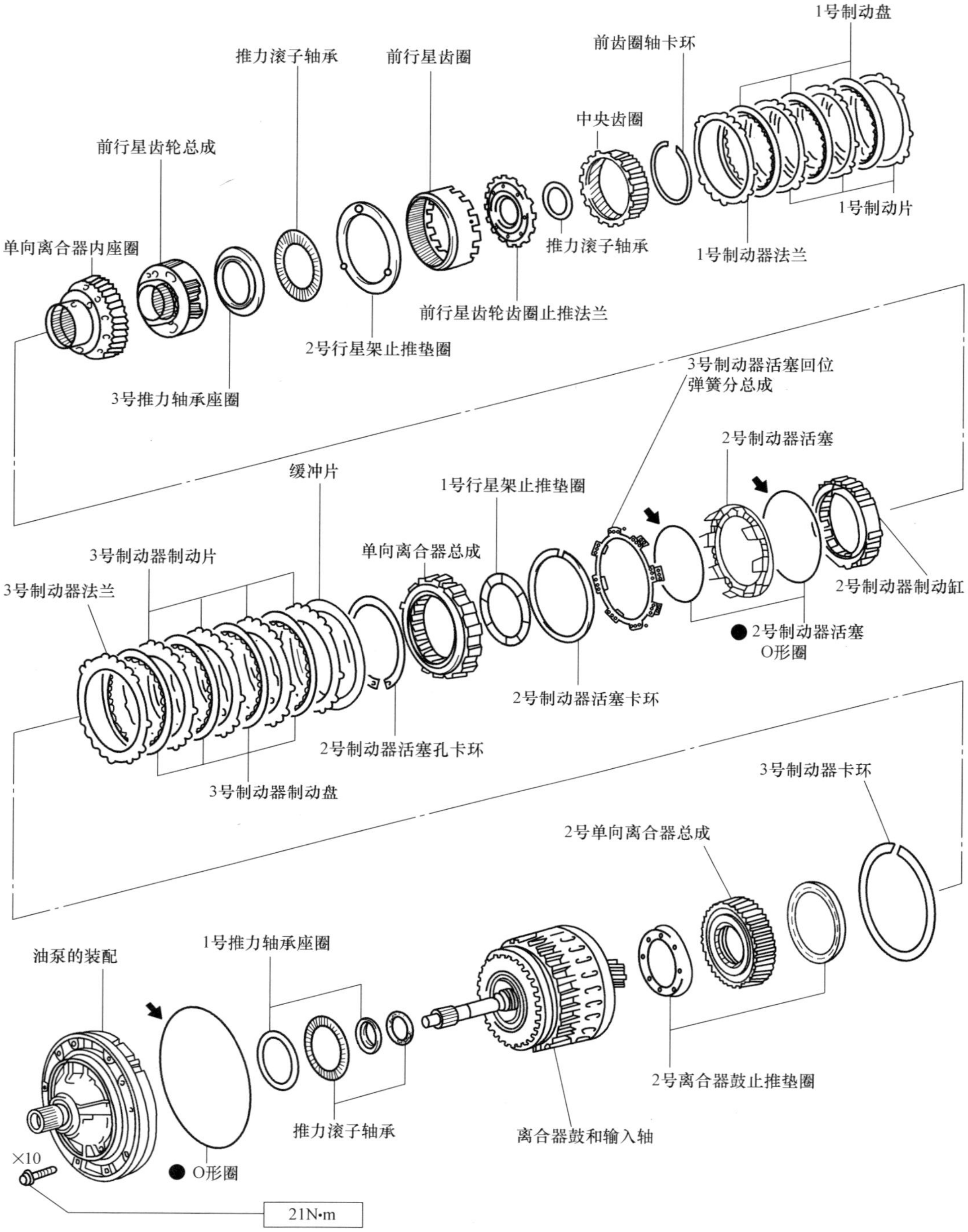

1号制动盘
前齿圈轴卡环
推力滚子轴承
前行星齿圈
中央齿圈
前行星齿轮总成
1号制动片
单向离合器内座圈
推力滚子轴承
1号制动器法兰
前行星齿轮齿圈止推法兰
2号行星架止推垫圈
3号推力轴承座圈
3号制动器活塞回位
弹簧分总成
2号制动器活塞
缓冲片
1号行星架止推垫圈
3号制动器制动片
单向离合器总成
3号制动器法兰
2号制动器制动缸
● 2号制动器活塞
O形圈
2号制动器活塞卡环
2号制动器活塞孔卡环
3号制动器制动盘
3号制动器卡环
2号单向离合器总成
1号推力轴承座圈
油泵的装配
×10
● O形圈
推力滚子轴承
离合器鼓和输入轴
2号离合器鼓止推垫圈
21N•m

● 不可重复使用零件

← 涂抹WS自动变速器油

图 5-1-43 A760E 自动变速器部件分解图（二）

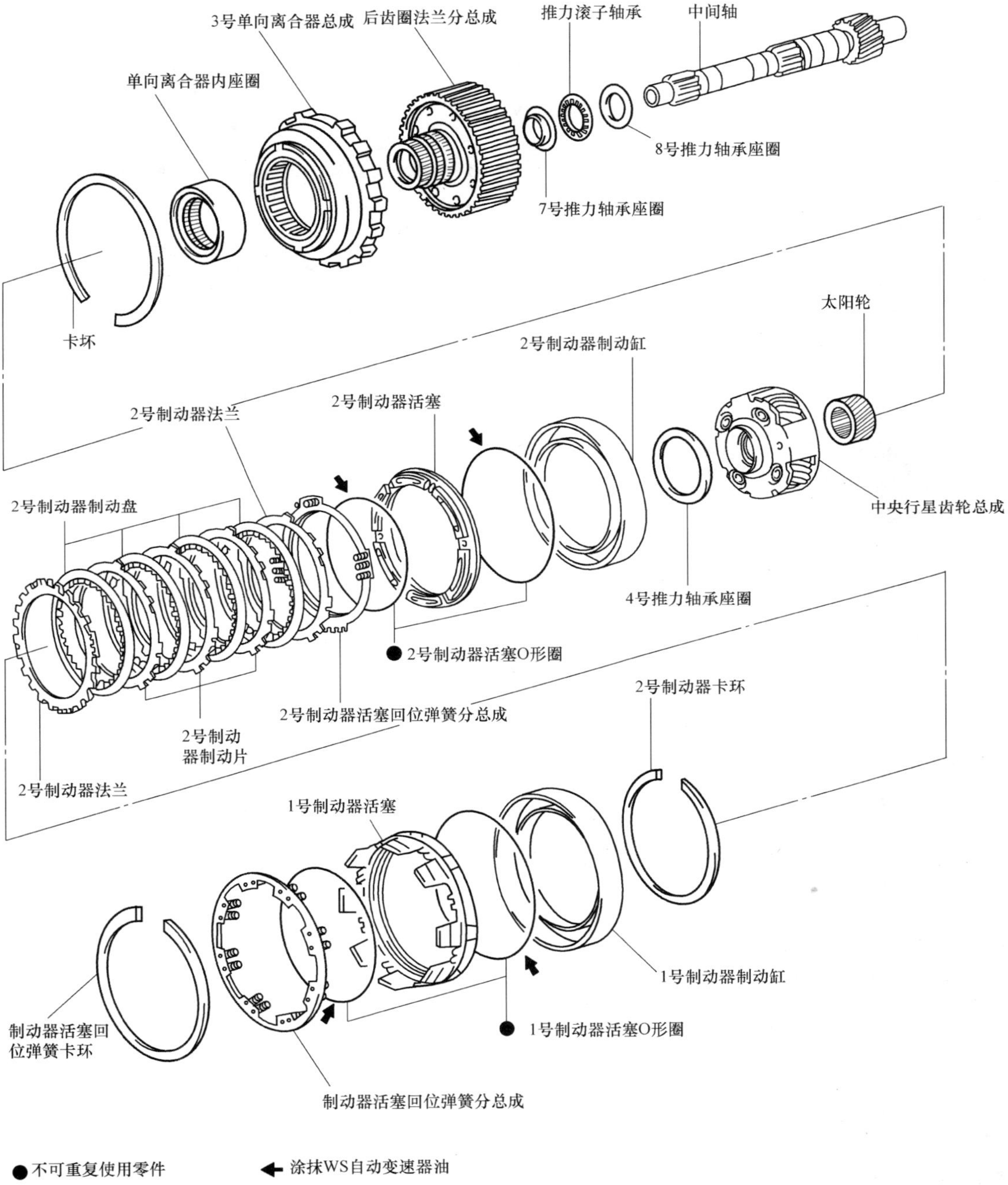

3号单向离合器总成
后齿圈法兰分总成
推力滚子轴承
中间轴
单向离合器内座圈
8号推力轴承座圈
7号推力轴承座圈
卡环
太阳轮
2号制动器制动缸
2号制动器活塞
2号制动器法兰
2号制动器制动盘
中央行星齿轮总成
4号推力轴承座圈
● 2号制动器活塞O形圈
2号制动器卡环
2号制动器活塞回位弹簧分总成
2号制动
器制动片
2号制动器法兰
1号制动器活塞
1号制动器制动缸
1号制动器活塞O形圈
制动器活塞回
位弹簧卡环
制动器活塞回位弹簧分总成

● 不可重复使用零件　　← 涂抹WS自动变速器油

图 5-1-44　A760E 自动变速器部件分解图（三）

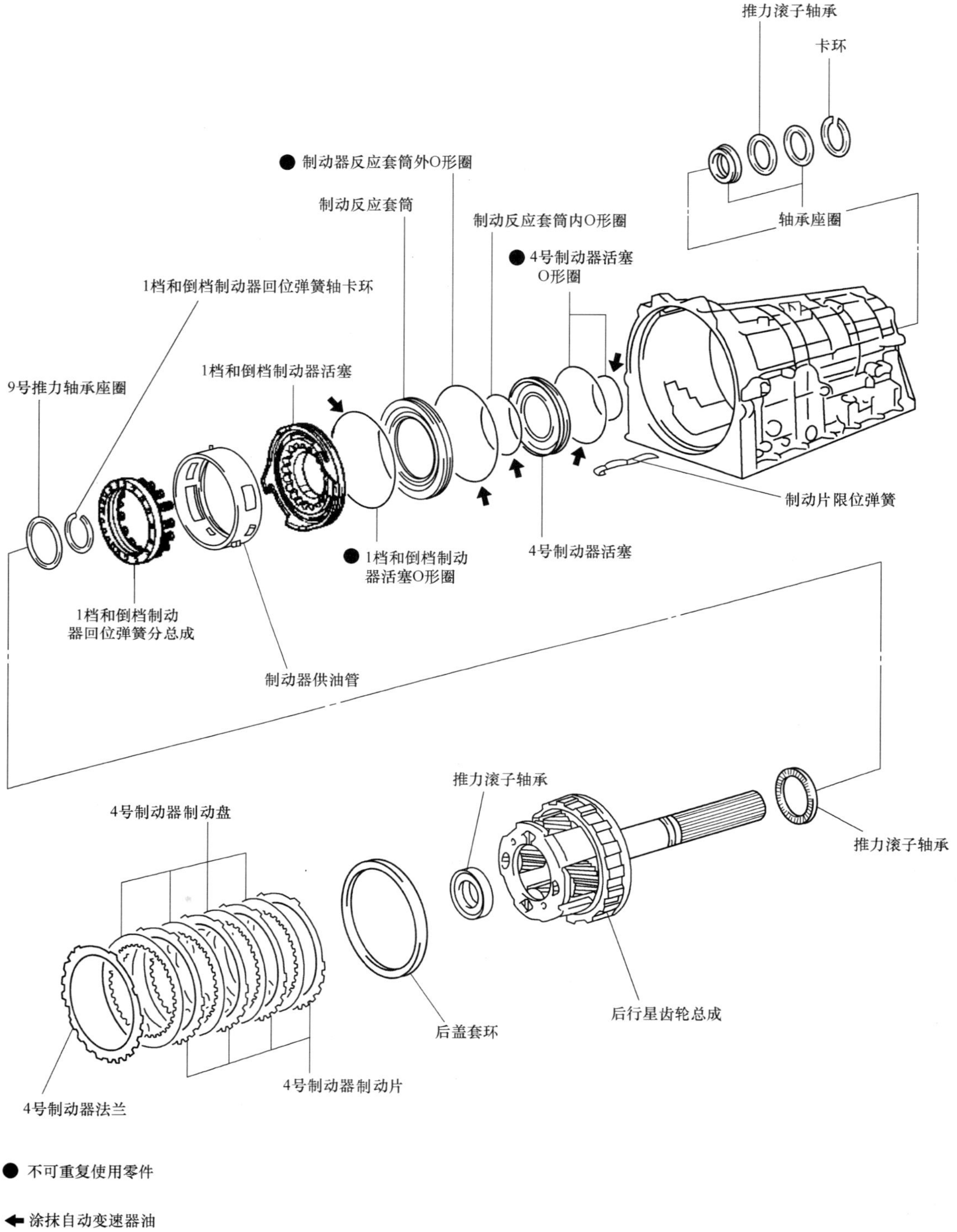

推力滚子轴承
卡环
● 制动器反应套筒外O形圈
制动反应套筒
制动反应套筒内O形圈
轴承座圈
● 4号制动器活塞O形圈
1档和倒档制动器回位弹簧轴卡环
1档和倒档制动器活塞
9号推力轴承座圈
制动片限位弹簧
● 1档和倒档制动器活塞O形圈
4号制动器活塞
1档和倒档制动器回位弹簧分总成
制动器供油管
推力滚子轴承
4号制动器制动盘
推力滚子轴承
后行星齿轮总成
后盖套环
4号制动器制动片
4号制动器法兰

● 不可重复使用零件

← 涂抹自动变速器油

图 5-1-45　A760E 自动变速器部件分解图（四）

10. 轴承及止推垫片的位置

变速器内各轴承及止推垫片的位置如图 5-1-46 所示。其规格见表 5-1-12。

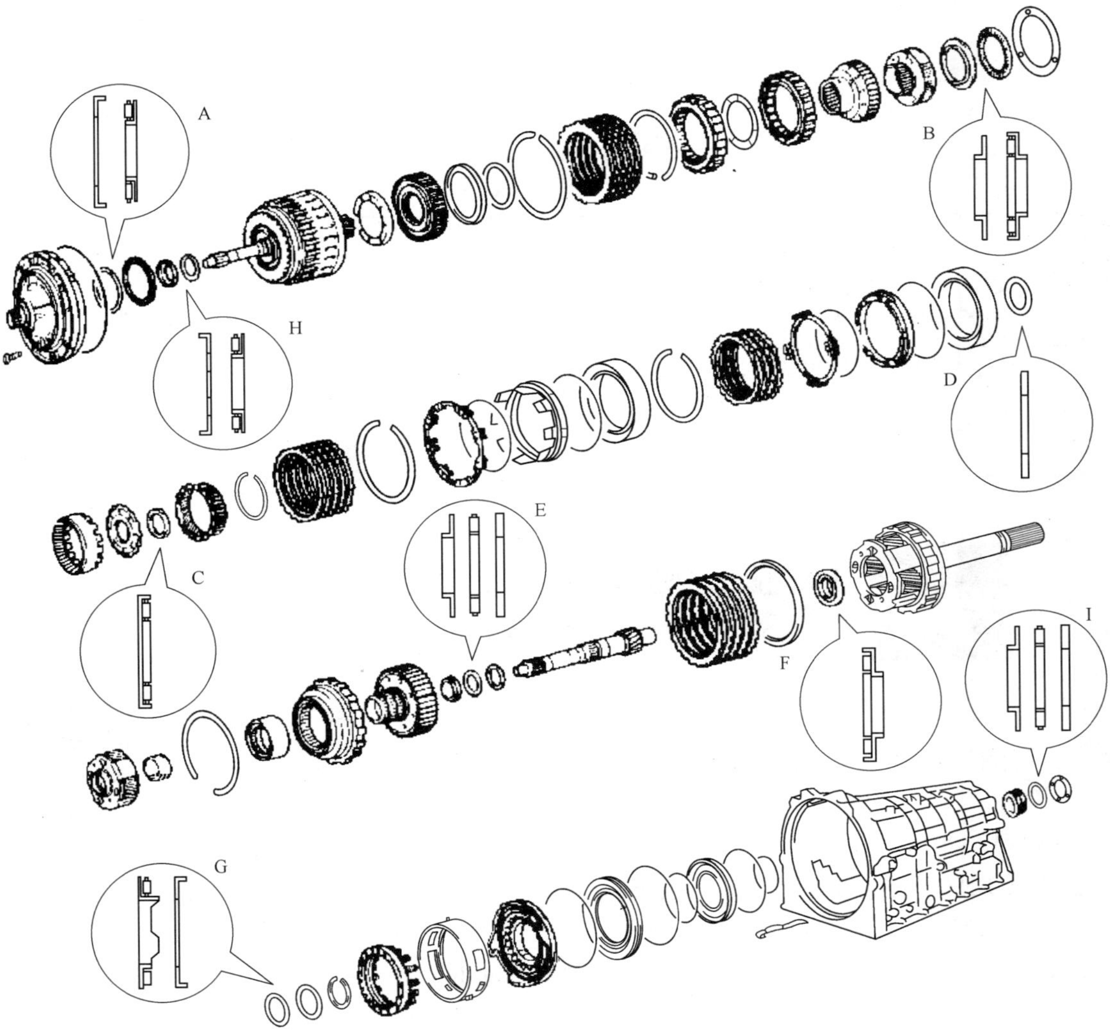

图 5-1-46 轴承及止推垫片的位置

表 5-1-12 轴承规格 （单位：mm）

标　记	前圈直径（内侧/外侧）	推力轴承直径（内侧/外侧）	后圈直径（内侧/外侧）
A	74.2/87.74	71.9/85.6	
B	38.0/57.0	43.4/58.3	
C		55.7/76.4	
D			53.7/74.0
E	33.4/49.0	32.1/49.35	32.1/49.0
F		21.5/40.8	
G		43.6/61.0	47.1/67.1
H	37.0/52.3	34.6/52.0	
I	36.9/49.7	36.1/52.5	36.1/51.0

任务二 上海别克君越、君威、雪佛兰克鲁斯—6T30/6T45 自动变速器检修

案例链接（二）别克君越 2.4 行驶中 3 档不能升 4 档

［**经过**］2014 年 1 月 24 日，2010 年生产的上海别克君越 2.4，搭载 6T45 自动变速器，行驶了 100 500km，刚过保修期。车主反映，汽车在行驶中突然 3 档不能升 4 档。

［**故障诊断**］上午 9 时许，笔者亲自开车过去修（公司离他那儿有 20km）。在回来的路上，笔者路试已经感觉到起步慢，1—3 档 40km/h 也慢，4 档上不去。回来后，立刻进行常规检查，然后连接 70000861 故障诊断仪，对车辆电气系统进行故障检测，进入“维修快速读入自适应值”。检查出故障码为 DTC P0752 和 DTC P0797。安装 EN21867 压力表检查主油压，发动机 3 000r/min 只有 1 200kPa（正常的油压为 1 860 ~ 2 275kPa）。于是，打算将自动变速器拆下解体修理。下面是 6T45 自动变速器整个检修过程。拆开自动变速器后发现，自动变速器油很脏，预感情况不妙。又用检测仪 DT—48616 检测。另外，还有行星架与齿圈连接的一组离合器摩擦片快要烧坏了，如图 5-2-1 和图 5-2-2 所示。

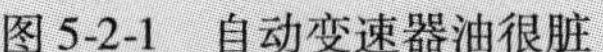
图 5-2-1 自动变速器油很脏

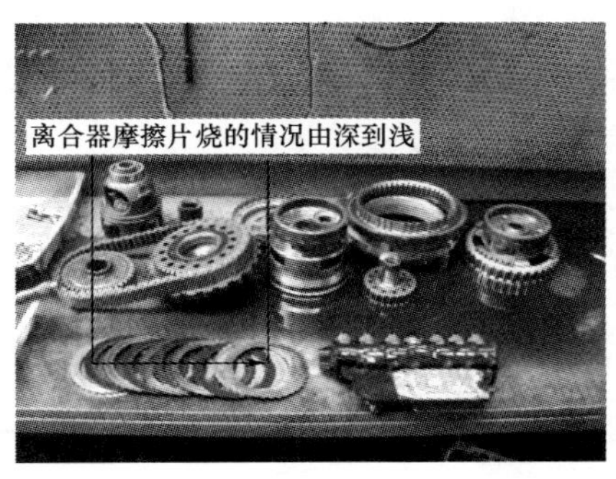

图 5-2-2 离合器摩擦片快要烧坏

特别提示：

- DTC P2719 为 C 类故障码。
- 变速器控制模块冻结变速器自适应功能。
- DTC P2720 和 P2721 为 A 类故障码。
- 根据检测到的故障，变速器控制模块将变速器默认设置为限制换档模式，即 2 档和倒档。

一、画 6T45 传动原理图

1. 根据 6T45 实物画传动原理图

拆开 6T45 后，按照实物画图。图 5-2-3 是传动立体图。图 5-2-4 是其传动简图（只需要画简图就可以了）。

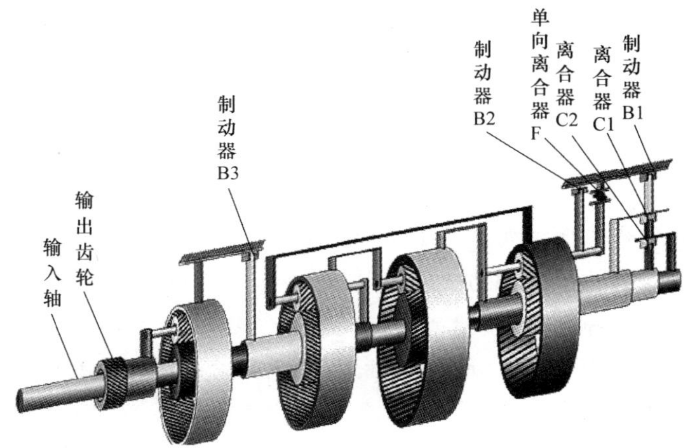

图 5-2-3 传动立体图

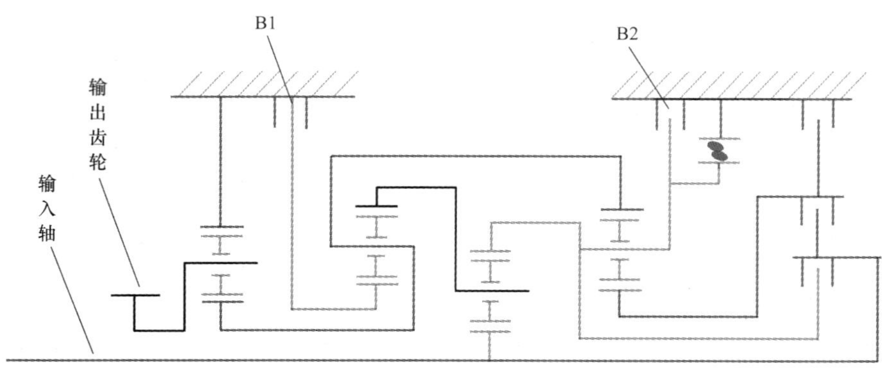

图 5-2-4 传动简图

2. 根据 6T45 传动原理图进行档位分析

6T45E 各档关键执行组件工况（档位分析）见表 5-2-1。各档传动比见表 5-2-2。

表 5-2-1 关键执行组件工况

D1/1	D2	D3	D4	D5	D6	R
B1	B1	B1	B1	C2	C2	C1
B2	B3	C1	C2	C1	B3	B2
F						

表 5-2-2 6T45E 各档传动比

变速器型号 6T40E	传动比	变速器型号 6T40E	传动比
1 档	4. 584	5 档	1
2 档	2. 964	6 档	0. 746
3 档	1. 912	R 档	2. 94
4 档	1. 446		

［**故障追踪**］拆开自动变速器后发现，行星架与齿圈连接的一组离合器摩擦片快要烧坏了。如果只是从表面现象看，离合器摩擦片烧坏，更换一组新片重新组装上去不就万事大吉了吗！可说不定过段时间又会烧坏！现在看来这是一种治标不治本的做法。

这组离合器片使用 100 000km 都没事，为什么现在就快烧坏了呢？除根据 6T45 变速器实物画出的传动原理图做档位分析，根据烧坏的离合器摩擦片（制动片也一样）进行整组更换外，还要根据原因进行追踪调查。如图 5-2-5 所示。

［**执行元件**］（执行元件是指离合器和制动器）进油通道上的守护神—电磁阀；换档质量的好坏，首先要看执行元件进油通道上的守护神—电磁阀的性能怎样？过去往往有一种错误的想法：认为解体后的变速器用万用表测量电磁阀，特别象“传感器、电磁阀之类用万用表的电阻档就可以鉴别好坏”，或用合适的交变电压测量开关式电磁阀性能，但很多时候不会发现有问题。除非完全短路或断路用万用表才能测量得到。这些检测方法在过去的开关电磁阀是有些作用。现如今开关电磁阀占总电磁阀量的百分之几不到，现在汽车自动变速器上使用的电磁阀 90% 以上是线性电磁阀，要鉴别其性能好坏必须用电磁阀测试机进行检测。如果还用老方法会给维修工作带来误判和高频率地返工。

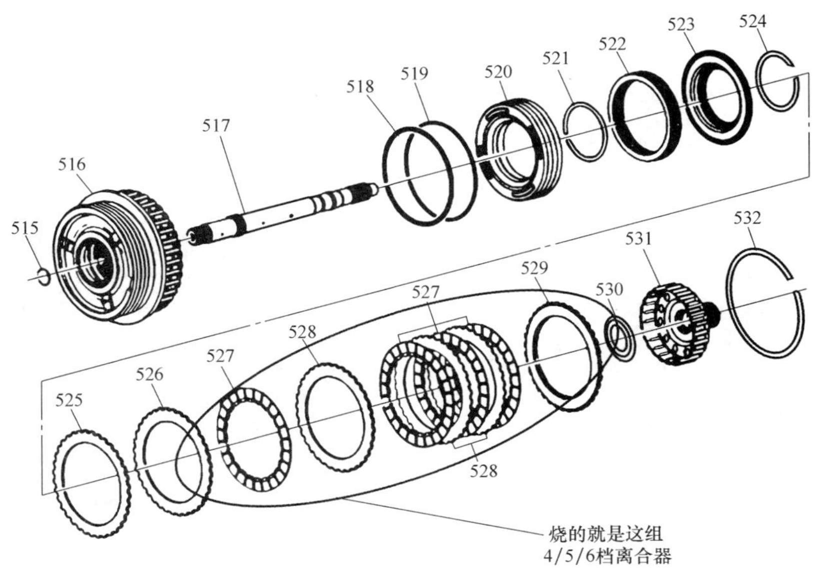

图 5-2-5　4/5/6 档离合器总成

515—涡轮轴卡环　516—3/5 档倒档和 4/5/6 档离合器壳体总成　517—涡轮轴　518—4/5/6 档离合器活塞外密封件　519—4/5/6 档离合器活塞外密封件　520—4/5/6 档离合器活塞　521—4/5/6 档离合器活塞内密封件　522—4/5/6 档离合器活塞回位弹簧总成　523—4/5/6 档离合器活塞档油板总成　524—4/5/6 档离合器活塞挡油板卡环　525—4/5/6 档离合器（波形）片　526—4/5/6 档离合器压盘　527—4/5/6 档离合器（带摩擦材料）片总成　528—4/5/6 档离合器片　529—4/5/6 档离合器底板　530—反作用托架毂推力轴承总成　531—反作用托架毂总成　532—4/5/6 档离合器底板卡环

至此，将已经检查出的故障码 DTC P0752、DTC P0797 和烧坏的摩擦片一一对应并找出对应的电磁阀为 1#压力控制电磁阀（4/5/6 档）和 4#换档电磁阀，如图 5-2-6 所示。

[检测电磁阀与阀板] 拆下电磁阀，并把电磁阀安装到电磁阀测试机上（先选择电磁阀型号通道模块），再判断一下此电磁阀是开关阀还是线性阀。可以通过观察显示屏上的油压指示坐标观看。如果频率很快上下跳动（油压上升下降很快，说明是开关阀），油压上升下降很慢为线性阀。如果是线性阀，可用手工调频检查一下它的占空比是多少。线性阀的占空比一般在 5%～35%，然后固定占空比上下限值，将此信息存储起来以备需要时调出直接使用。设置油液温度 50～80℃，开始自动检测，如图 5-2-7 所示。从检测图可以看出 4#换档电磁阀卡死在 20%左右不动，导致换档执行元件油压力不够，离合器打滑。

另外，还可以用一个好的电磁阀做测试进行比较。好的电磁阀的一条蓝色坐标是延着模板坐标框线（曲线）的中心位置缓慢地上到固定点然后又缓慢地下降到固定点，如图 5-2-8 所示。

1#电磁阀的工作情况也不稳定，如图 5-2-9 所示。其他电磁阀都很好。对于好的电磁阀可以进行脉冲清洗继续使用。对于阀板也要全面拆开清洗重新组装，还要进行阀板油压试验。因为有些地方还需要微量调整。有些阀孔或阀芯磨损过渡要作大修处理（就是铰孔换阀芯）使其达到新件工艺的 90%以上。

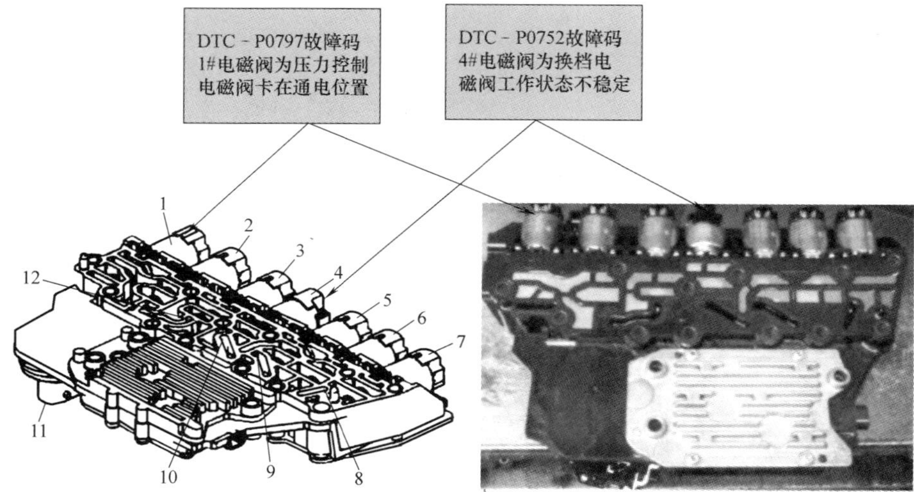

图 5-2-6 自动变速器控制模块（TCM）

1—压力控制电磁阀 3(R1/456) 2—压力控制电磁阀 2(35R)
3—变矩器离合器(TCC)压力控制(PC)电磁阀
4—换档电磁阀 1(通电/断电) 5—压力控制电磁阀 5(1234)
6—压力控制电磁阀 4(26) 7—管路压力控制电磁阀
8—变速器油压力(TFP)开关 3(26) 9—变速器油压力(TFP)开关 2(35R)
10—变速器油压力(TFP)开关 1(1234)
11—贯穿连接器 12—变速器油压力(TFP)开关 4(456/R1)

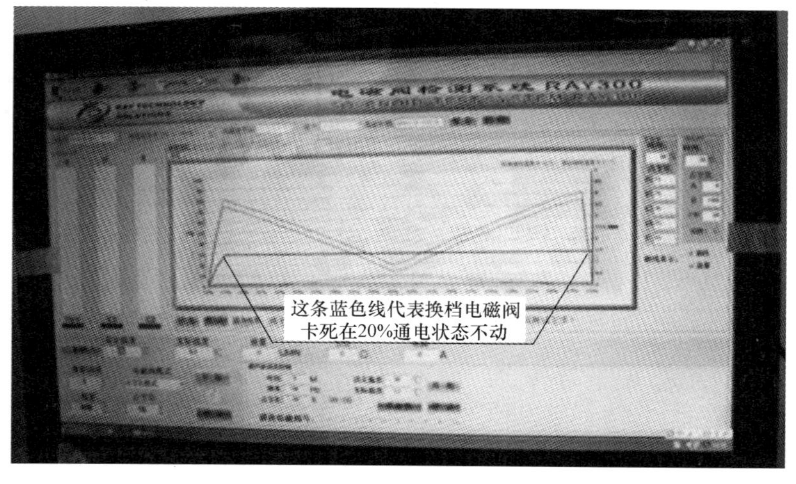

图 5-2-7 4#换档电磁阀卡死在 20% 左右不动

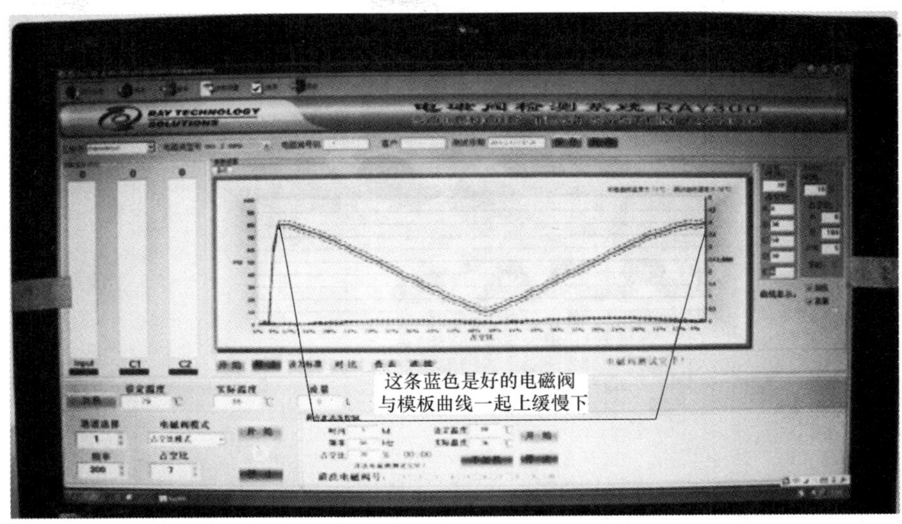

图 5-2-8 好的电磁阀测试比较

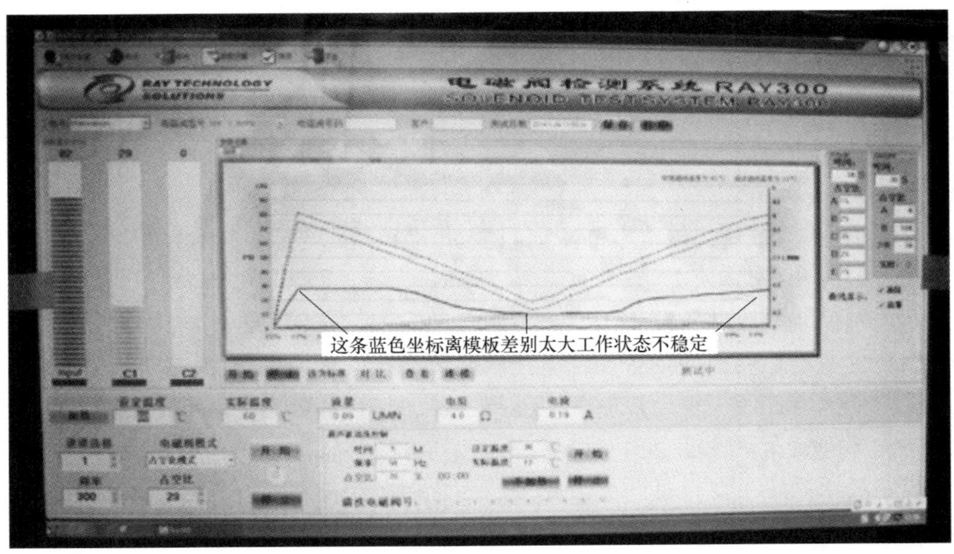

图 5-2-9 1#电磁阀的工作情况不稳定

二、6T45 维修手册提供的部分资料

1. 6T45 自动变速器识别信息

6T45 自动变速器识别信息如图 5-2-10 所示。

图 5-2-10 6T45 自动变速器识别信息
1—自动变速器的代码 2—车型年 3—变速器型号 4—变速器系列 5—生产厂源代码 6—压制年份 7—儒略历日期 8—换档/管路（A/B） 9—数字序列从每天上午 12：01 的 0001 开始

2. 变速器一般说明

6T40/45 液压自动变速器是一个全自动、6 速、前轮驱动式电子控制变速器。它主要包括一个 4 件式变矩器，一个复合式行星齿轮组，机械式离合器总成以及液压和控制系统。根据转矩大小将变速器分为两种不同规格。不同规格之间具有共同的结构，部件的区别主要取决于尺寸。

行星轮系提供 6 个前进档传动比和一个倒档。传动比的改变是全自动的，利用位于变速器内的变速器控制模块（TCM）来实现。

变速器控制模块接收并监测不同电子传感器的输入信号，并使用这些信号使变速器在最佳时刻换档。变速器控制模块指令换档电磁阀和可变排气压力控制电磁阀，以控制换档正时和换档感觉。变速器控制模块还控制变矩器离合器的接合和分离，从而使发动机实现最大燃油效率，同时不降低车辆性能。所有电磁阀，包括变速器控制模块，组装成一个独立的控制电磁阀总成。液压系统主要包括一个齿轮泵、一个控制阀体总成和壳体。液压泵保持离合器活塞作功所需的工作压力，以接合或分离摩擦部件。这些摩擦部件在接合或分离时保证了变速器的自动换档质量。本变速器使用的摩擦部件包括 3 套制动器两套离合器。其中，有一套多片式制动器和一个单向离合器的组合，通过齿轮系提供 7 种不同的传动比，6 个前进档，和一个倒档。输出齿轮组然后通过分动器主动齿轮、分动器从动齿轮和差速器总成向车轮传递转矩。

前进档位（D）应在所有正常行驶条件下采用，以获得最高的效率和燃油经济性。前进档允许变速器在 6 个前进档传动比的任一个传动比下运行。踩下加速踏板或在手动模式范围中手动选择一个较低的档位，即可通过减档或增加传动比来实现安全超车。驾驶人换档控制（DSC）或电子档位选择（ERS）：此位置（M—手动/L—低速档）允许驾驶人使用 DSC/

ERS 系统。当变速杆被移动到该位置时，驾驶人可通过使用转向盘或变速杆上的开关来加档或减档。加档需要按“ +”按钮。

3. 油泵总成

6T45 油泵总成如图 5-2-11 所示。

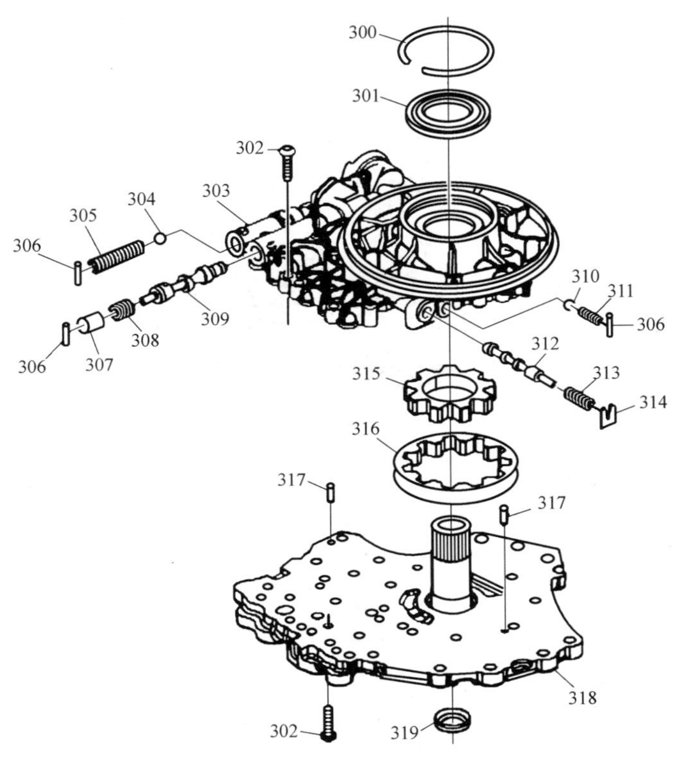

图 5-2-11 油泵总成

300—变矩器油封固顶件 301—变矩器油封总成 302—自动变速器油泵盖螺栓 303—自动变速器油泵体 304—泵喷射球阀 305—泵喷射阀弹簧 306—压力调节阀孔塞固定件 307—压力调节阀孔塞 308—压力调节阀弹簧 309—压力调节阀 310—变矩器离合器喷射球阀 311—变矩器离合器喷射球阀弹簧 312—变矩器离合器控制阀 313—变矩器离合器控制阀弹簧 314—变矩器离合器控制阀弹簧固定件 315—自动变速器油泵主动齿轮 316—自动变速器油泵从动齿轮 317—油泵盖至油泵体定位销 318—自动变速器油泵盖总成 319—变矩器油封总成

4. 控制阀体总成

6T45 控制阀体总成如图 5-2-12 和图 5-2-13 所示。

5. 衬套、轴承和垫圈定位图

6T45 衬套、轴承和垫圈定位图如图 5-2-14 所示。

6. 密封件定位图

密封件定位图如图 5-2-15 和图 5-2-16 所示。

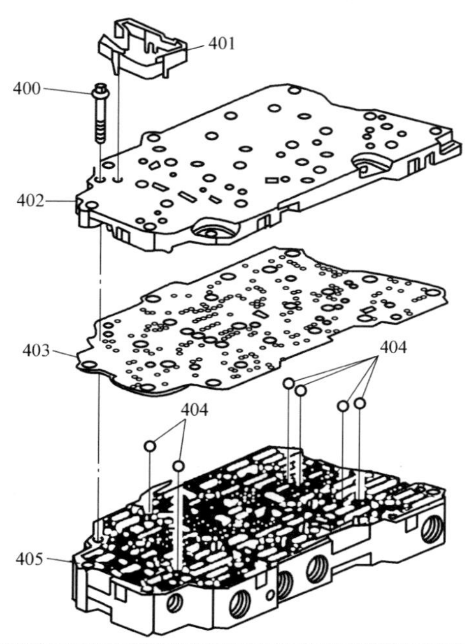

图 5-2-12 控制阀体总成（一）

400—控制阀体螺栓 401—控制电磁阀支架 402—阀筒状盖板 403—筒状盖板至阀体隔板总成 404—控制阀体单向球阀 405—控制阀体总成

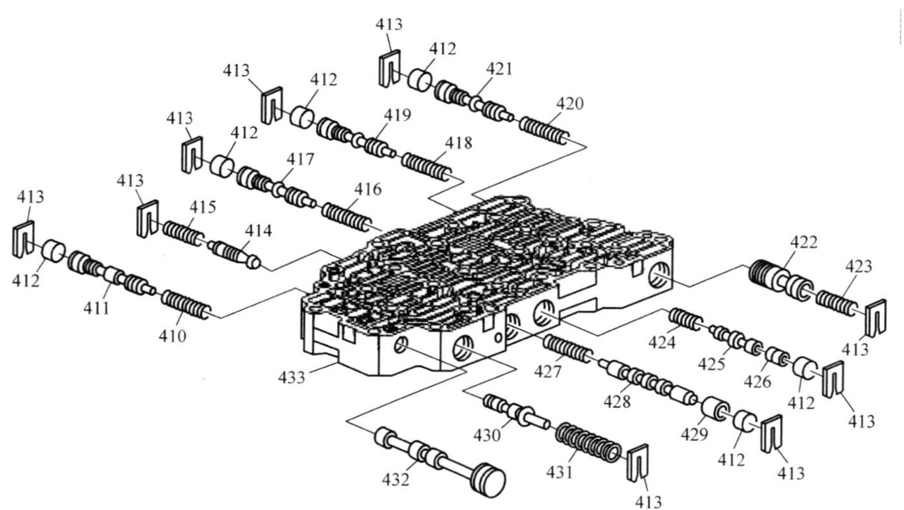

图 5-2-13 控制阀体总成（二）

410—倒档和 4/5/6 档离合器调节阀弹簧 411—倒档和 4/5/6 档离合器调节阀 412—离合器阀孔塞 413—阀弹簧固定件 414—1/2/3/4 档离合器助力阀 415—1/2/3/4 档离合器助力阀弹簧 416—1/2/3/4 档离合器调节阀弹簧 417—1/2/3/4 档离合器调节阀 418—2/6 档离合器调节阀弹簧 419—2/6 档离合器调节阀 420—3/5 档倒档离合器调节阀弹簧 421—3/5 档倒档离合器调节阀 422—离合器活塞档板进油调节阀 423—离合器活塞档板进油调节阀弹簧 424—变矩器离合器调节器接合阀弹簧 425—变矩器离合器调节器接合阀 426—变矩器离合器调节器接合往复阀 427—离合器选择阀弹簧 428—离合器选择阀 429—默认超越往复阀 430—执行器进油量限制阀 431—执行器进油量限制阀弹簧 432—手动阀 433—控制阀体总成

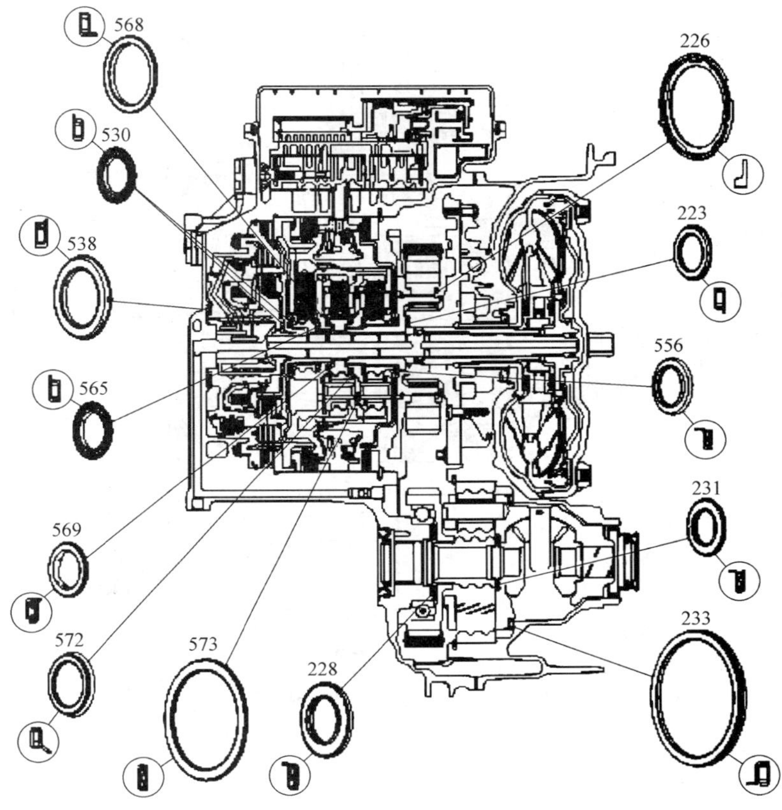

图 5-2-14 衬套、轴承和垫圈定位图

223—主动链轮轴承总成 226—主动链轮止推垫圈

228—主动链轮轴承总成 231—差速器太阳齿轮至差速器壳体轴承总成

233—前差速器外壳轴承总成 530—反作用托架毂推力轴承总成

556—输出轴太阳齿轮推力轴承总成 565—反作用太阳齿轮推力轴承总成

568—输入轴托架推力轴承总成 569—输入轴太阳齿推力轴承总成

572—输入轴太阳齿轮推力轴承总成

573—输出轴托架推力轴承总成 538—3/5 档倒档和 4/5/6 档离合器壳体推力轴承

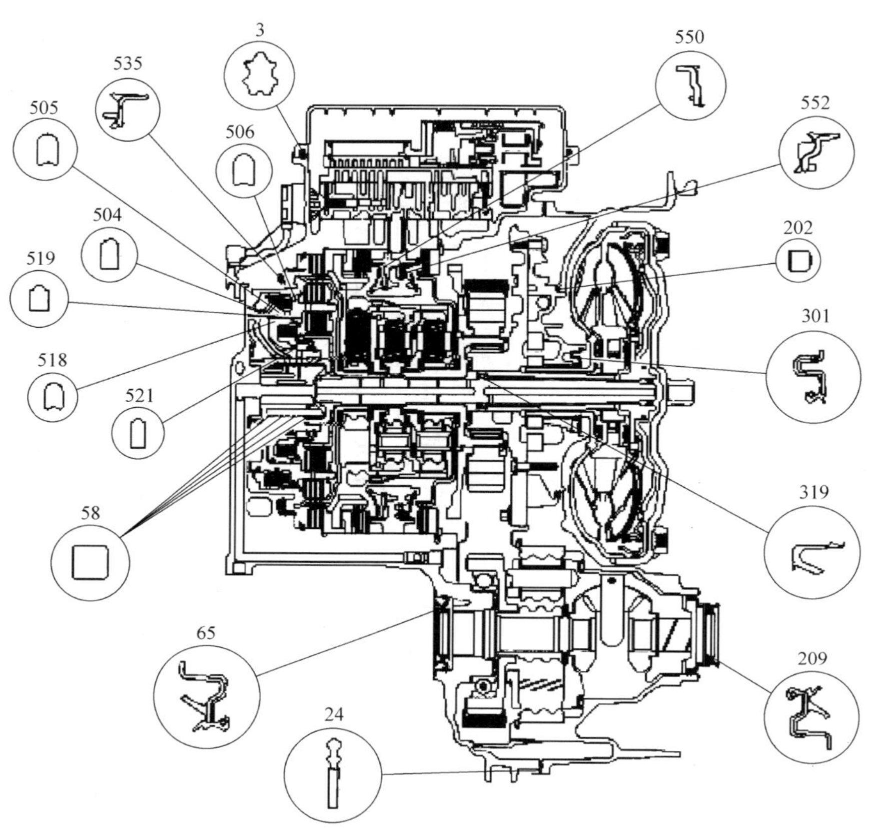

图 5-2-15 密封件定位图（一）

3—控制阀体盖衬垫 24—变矩器壳体衬垫
58—3/5 档倒档和 4/5/6 档离合器油封环 65—驱动轴油封总成
202—变矩器和差速器壳体密封件 209—前轮驱动轴油封总成
301—变矩器油封总成 319—变矩器油封总成
504—3/5 档倒档离合器活塞内密封件 505—3/5 档倒档离合器活塞内密封件
506—3/5 档倒档离合器活塞档板密封件 518—4/5/6 档离合器活塞外密封件
519—4/5/6 档离合器活塞外密封件 521—4/5/6 档离合器活塞内密封件
535—2/6 档离合器活塞总成 550—低速档和倒档离合器活塞
552—1/2/3/4 档离合器活塞

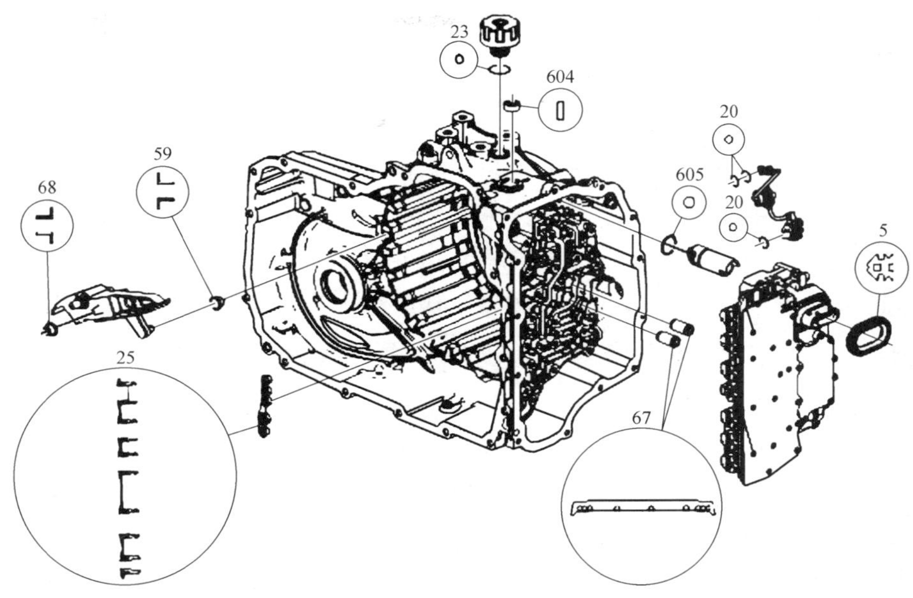

图 5-2-16 密封件定位图（二）

5—控制阀体盖孔密封件 20—自动变速器输入轴转速传感器 O 形密封圈 23—加注口盖密封件
25—自动变速器油泵密封件总成 59—传动机构润滑液密封件
67—1/2/3/4 档与低速档和倒档离合器油道 68—传动机构润滑液密封件
604—手动换档轴密封件 605—驻车棘爪执行器导管密封件

[竣工试车与维修总结] 晚上，变速器已经在总成试验台上做过试验，确认正常后装车。装检测仪路试并进行（匹配工作）恢复数据和学习。至此，圆满完成任务，故障彻底排除，如图 5-2-17 所示。

图 5-2-17 试车故障彻底排除

[维修启发] 前面已经讲过，当自动变速器出现故障时千万不要继续强迫行驶，否则会有自动变速器烧毁的危险。这个故障案例(图 5-2-5)摩擦片烧坏的颜色由深到浅，恰恰证明了这一点。因为措施比较及时，只行驶约 550km 路程。修理过程中只是更换了一组离合器片、两个电磁阀、一个大修包和 8.5L 油（ATF），避免了更大经济损失。

修理自动变速器，维修手册、专用工具和检测设备更是少不了的。自动变速器修理的常规工作在这里就不必一一说明。但以下几点要提及注意：

1）完成变速器相关维修后，执行“维修快速读入自适应值”。

2）不要使用砂纸或者鬃毛刷来清洁密封面。砂纸还会产生影响变速器功能的细砂。砂纸也能去除造成机油泄漏的金属。

3）清洗变速器部件后，要用压缩空气吹干。不要使用抹布或纸巾擦干任何变速器部件。抹布上起毛会导致部件故障。

4）不要再次使用清洗溶剂。之前用过的清洗溶剂有粉末沉淀物，会损坏部件。预备程序

① 用清洗溶剂彻底清洗变速器箱体总成，包括壳体螺纹。

② 清洗衬垫密封面。清除所有残余的衬垫材料。

③ 检查所有螺纹孔。必要时，修理任何损坏的螺纹。

5）组装时平面推力轴承、滚道、各种内部衬垫最好用凡士林，不用润滑脂（黄油）。

案例链接（三）别克君威2.4 入倒档冲击且入3 档、5 档不灵敏

[经过] 一辆新款上海通用别克新君威，配置2.4L LE5 发动机，搭载6T40E 自动变速器。行驶里程为138 009km。故障现象为入倒档冲击过大，且入3 档、5 档不灵敏。

[故障诊断] 首先确认故障现象，确如客户所述，踩制动踏板挂倒档，冲击猛烈。挂前进档入3 档、5 档不灵敏。挂前进档试车，自动模式升降档在3 档和5 档慢。在着车的状态下断开变速器控制模块连接器再挂前进档、倒档与自动模式一样。这给人的感觉是断开变速器控制模块连接器挂前进档、倒档都是以纯液压的方式工作也没有变化。

首先连接GDS + MDI，读取自动变速器故障码为DTC P0777。检查变速器油位，正常，但有烧片的焦煳味。根据先易后难，由简入繁的原则，应先检查变速器电控部分。查资料得知：这是离合器压力控制（PC）电磁阀2，卡在通电位置。经客户同意将变速器解体检查。拆开自动变速器发现离合器钢片导槽已经划伤，膜片弹簧断为三段，一组钢片摩擦片烧坏。这是直接就能看到的，如图5-2-18 所示。

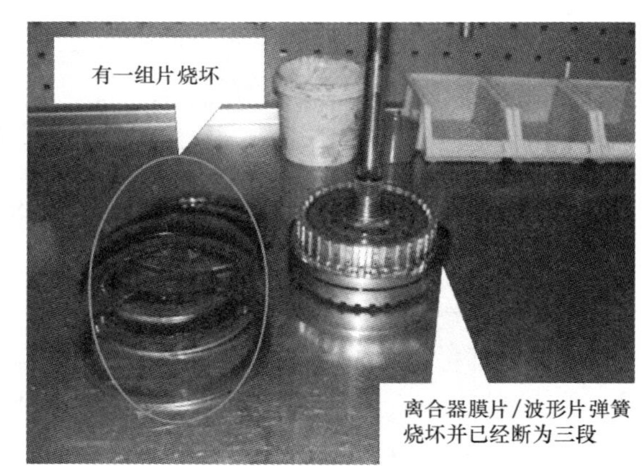

图5-2-18 离合器检查

（1）隐形故障码说明

故障码DTC P0777—离合器压力控制（PC）电磁阀2 是控制电磁阀（带阀体和变速器控制模块）总成的一部分。控制电磁阀（带阀体和变速器控制模块）总成没有可维修的零件。压力控制电磁阀2 是一个常高压力控制电磁阀，向3 档/5 档/倒档离合器调节阀提供油液压力，此调节阀调节3 档/5 档/倒档离合器的变速器油压力。变速器控制模块通过调节排出油液来控制电磁阀压力。当变速器控制模块指令电磁阀断电时，油液将停止排出且，3 档/5 档/倒档压力变高。当指令离合器压力控制电磁阀2 通电时，将调节变速器油的排放量。变速器控制模块通过高电平侧驱动器（HSD）向电磁阀供电。高电平侧驱动器保护由变速器控制模块提供电源的电路和部件。如果电路过载，驱动器将关闭。卸除过载后，高电平侧驱动器将重新设置。变速器控制模块以输入轴转速传感器（ISS）和输出轴转速传感器（OSS）发送的数据为基础，计算传动比。变速器控制模块将每个指令档位的已知变速器传动比和计算出的传动比进行比较。设置故障码的条件如下：

1）DTC P0776：当指令3档/5档/倒档离合器接合持续4.0s，且变速器输入轴转速大于预期的输入轴转速33r/min时，变速器控制模块检测到正在接合的离合器传动比错误或突然增大。

2）DTC P0777：当指令3档/5档/倒档离合器分离持续1.2s，且变速器输入轴转速小于预期的输入轴转速40r/min时，变速器控制模块检测到正在分离的离合器传动比错误或卡滞。此故障码是A类故障码。设置故障码后，变速器控制模块指令管路压力达到最大值，禁用变矩器离合器，冻结变速器自适应功能，禁用触动式加档/触动式减档。

（2）用电磁阀机检测

1）将油温设定为80℃。

2）安装相应的电磁阀模板。

3）手动找出电磁阀有效工作范围（线性阀预设占空比上限值和下限值）频率设为200～300Hz，脉宽300ms。

4）做循环检测，观察坐标，程式检测，与标准做比较。开关阀与线性阀可根据手动调试观察。

5）检查下控制阀体总成是否有阀芯卡滞、损坏、划伤孔或有碎屑。

6）检查3档/5档/倒档离合器总成是否损坏。

7）控制电磁阀是否不良。

于是，将变速器控制模块和电磁阀总成从变速器上拆下，并把每一个电磁阀都拆下，用电磁阀测试机检测发现2号电磁阀无论通电和断电均处于通电状态，而且很不规则。可以确定离合器压力控制（PC）电磁阀2确实已经失效。图5-2-19为故障电磁阀曲线。

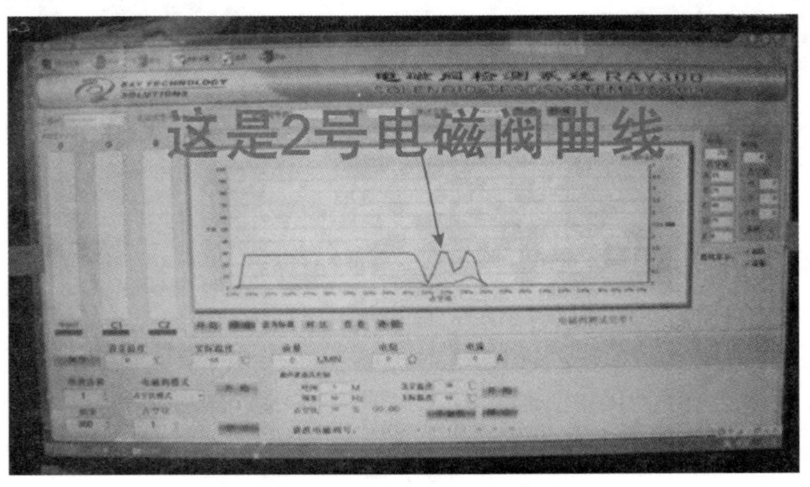

图5-2-19 故障电磁阀曲线

更换一个控制电磁阀（电磁阀有原厂产和台湾翻新产品，质量差别较大，要注意辨认），做油路板检测，合格。

[竣工试车与维修总结] 变速器已在总成试验台上做过试验确认正常后才装车。通过以上故障可见，虽然变速器控制模块的自学习功能很强大，在3档/5档/倒档离合器波形片损坏的情况下，前进档换档时和正常车相比都感觉还是有明显差别。在更换了控制电磁阀和一

组离合器片、波形片后，由于压力控制电磁阀2和变速器控制模块还未达到完美匹配。这样的车辆虽然能开，还是不能交给客户使用，还要通过装检测仪路试并进行数据恢复和学习，确认完全达到新车技术状况的90%以上才能交车。

任务三 宝马 X3—6L45E 自动变速器检修

案例链接（四）宝马 X3 入档后不能行驶

［经过］2013年7月16日，星期二。公司里拖来了一辆宝马X3，它搭载的AT型号为6L45E。据车主介绍，发动机工作正常，车辆前一段时间行驶中每个档的车速都不符合要求，后来车速越来越慢，直至现在走不动。通过检查发现没有油压，于是决定将自动变速器拆下并解体大修。下面通过这个故障案例来一起来寻找答案。

图5-3-1是拆下的6L45E自动变速器。

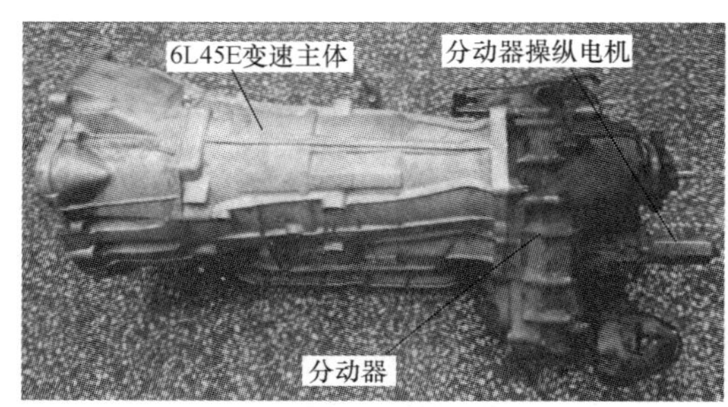

a) 6L45E自动变速器

b) 打开的6L45E自动变速器

图5-3-1 拆下的6L45E自动变速器

一、6L45E自动变速器特点

宝马X3和凯迪拉克赛威搭载的6L45E自动变速器在传动结构上与其他相似型号自动变速器比较，只是超速离合器C3安装的位置不同而已。它是一款6个前进档一个倒档的电控自动变速器。下面这些型号自动变速器的传动结构基本相似。

1）宝马X3搭载的6L45E自动变速器。

2）上海通用2007款凯迪拉克赛威SLS和凯雷德ESCALADE搭载的6L50/80E自动变速器。

3）德国ZF公司生产的6HP—26（无单向离合器）、大众09G/09D自动变速器。

4）日本AISIN（爱信）公司生产TF—60SN/TR—60SN自动变速器。

6L45E自动变速器是由一个拉维娜行星齿轮排加上一个减速行星齿轮排组合而成。凯雷德驾驶室如图5-3-2所示。6L45E自动变速器如图5-3-3所示。其传动原理如图5-3-4所示。其传动简图如图5-3-5所示。

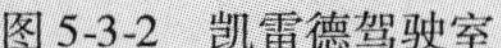
图 5-3-2 凯雷德驾驶室

图 5-3-3 6L45E 自动变速器

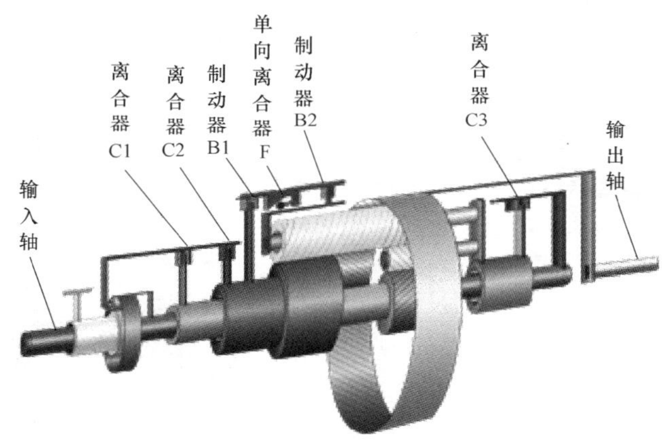

图 5-3-4 6L45E 自动变速器传动示意

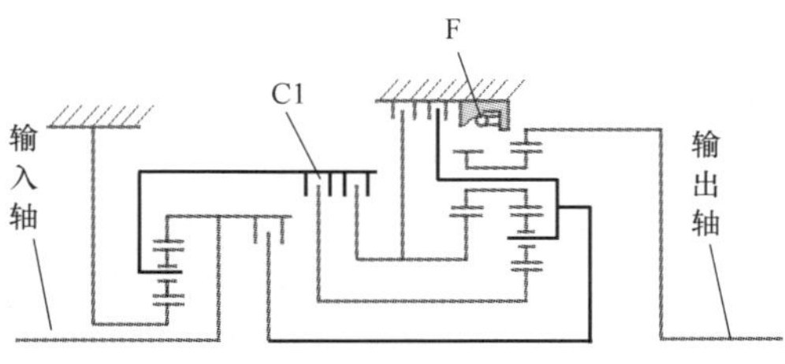

图 5-3-5 6L45E 自动变速器传动简图

各档位关键执行组件工况见表 5-3-1。各档传动比见表 5-3-2。

表 5-3-1 关键执行组件工况

D1/1	D2	D3	D4	D5	D6	R
C1	C1	C1	C1	C2	B1	C2
B2	B1	C2	C3	C3	C3	B2
F						

表 5-3-2 6L45E 各档传动比

档 位	传动比	档 位	传动比
1 档	4.065	5 档	0.853
2 档	2.371	6 档	0.674
3 档	1.551	倒档	3.2
4 档	1.157		

二、6L45E 自动变速器检修

根据故障现象，决定将自动变速器拆下进行了大修。由于自动变速器的使用者不能完全地将变速器的各种故障现象描述出来，那么，只要能够行驶的车辆，就要进行初期的道路试验。现在的问题是宝马车根本就不能行驶。

1）不能行驶也要连接诊断仪，用故障诊断仪检测，分析动态下的数据。

2）通过油压试验，判断变速器内部机械故障。

将 6L45E 自动变速器解体，把各部分零件用煤油清洗干净后发现有比较明显的 3 处故障点，见表 5-3-3。

表 5-3-3 6L45E 自动变速器解体后发现比较明显的 3 处故障点

序 号	具体故障内容和原因	图 示
1	由于没有油压，拆开发现油泵端面有又深又宽的沟槽，沟槽深度也大于 0.05mm 左右	
2	小离合器 C3 摩擦片、钢片都烧了。根据以上档位传动图可以看出，小离合器 C3 与输入轴是钢性连接，烧了是不能向公共行星架传递动力的。没有 4—6 档。参考图 5-3-4 和图 5-3-5	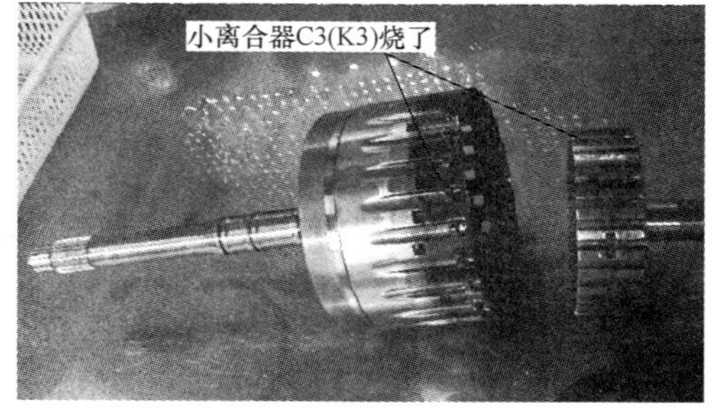

（续）

序 号	具体故障内容和原因	图 示
3	前进档离合器 C1、倒档 C2 也烧了。根据以上档位传动图可以看出，离合器 C1 接合将动力连接到后排太阳轮实现 1、2、3 档。离合器 C2 接合将动力连接到前排太阳轮实现倒档。这样看来，离合器 C1、C2、C3 都烧了当然不会有动力输出 参考图 5-3-4、图 5-3-5 和表 5-3-1	前进档离合器C1和倒档离合器C2也烧了

［小结与反思］很多汽车维修人员拆开自动变速器后看到琳琅满目的零部件并不认识它们是“干什么的”，这是能否修好自动变速器的一个关键问题。行星齿轮机构自动变速器既有外啮合齿轮又有内啮合齿轮，而且 4 个前进档以上都是串联、并联或者是换联，它们工作起来有些齿轮转得快、有些齿轮转得慢、有些顺转、有些反转、（行星轮反转、行星架还可以顺转）、有些公转、有些自转、有些执行元件（就是离合器、制动器）还会在几个档共用。这些机构一旦出现问题必定导致变速器不能正常行驶。这个宝马故障变速器的导火索是由于油泵端面磨损导致主油压过低。离合器 C1、C2、C3 在负荷下强行摩擦产生高温而烧毁，最后不能动弹...！。

任务四 宝马 523、捷豹—ZF—8HP—70 自动变速器

一、ZF—8HP—30/45/70/90 自动变速器特点

搭载在宝马车中的 8AT 变速器全是由采埃孚（ZF）所提供的，而不是宝马自己研发生产的。不过，虽然 ZF 也为其他车企提供 8AT 变速器，但谁也不像宝马那种大手笔全系采购。不管是轿车还是 SUV，从 1 系到 7 系，从 X1 到 X6，甚至连轿跑车 Z4 均使用的是 ZF 家的 8HP 系列变速器。宝马成为了 ZF 最大的买家，ZF—8HP 也变相成为宝马家族变速器的一员。下面就来重点介绍一下目前最普及的 8AT—ZF—8HP 系列，如图 5-4-1 所示。

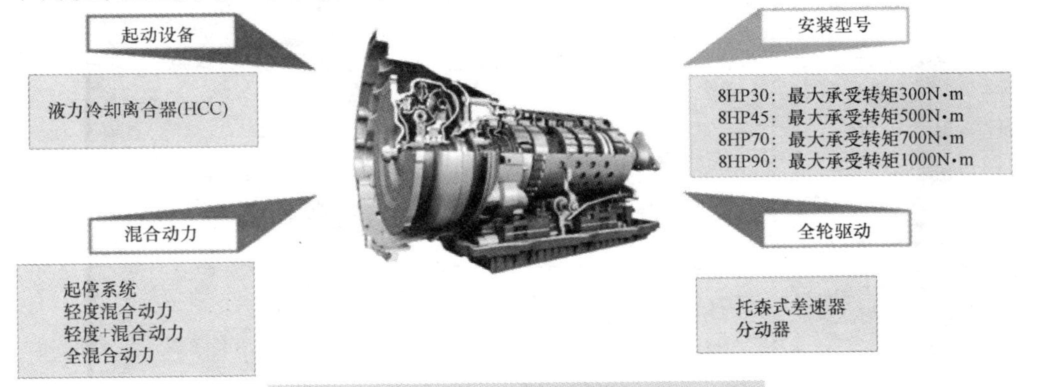

图 5-4-1 ZF—8HP—30/45/70/90 自动变速器

二、湿式起动离合器（HCC）

湿式离合器剖视图如图 5-4-2 所示。

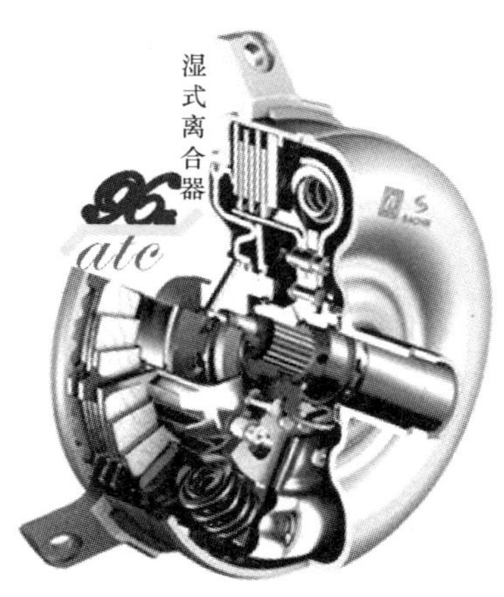

图 5-4-2　湿式离合器剖视图

相比变矩器而言，这种湿式离合器的质量惯性矩更小，尤其符合运动车型的高转矩要求。此外，由于 HCC 的加入，大大降低了液力变矩器的作用，从而可减少更多元件和独立控制机构。进而降低了质量，油耗也有所减少。据悉，8HP 比上一代 6AT 油耗降低了 6%。

利用灵活的模块化理念，ZF 的 8HP 系列可承受最大 300N · m、500N · m、700N · m 以及 1 000N · m 不等的 4 款产品，可满足所有车型的配备需求。除此之外，ZF—8HP 还能应用在各种后驱、四驱以及混合动力车型上。8AT 体积并不比 6AT 大，如图 5-4-3 所示。

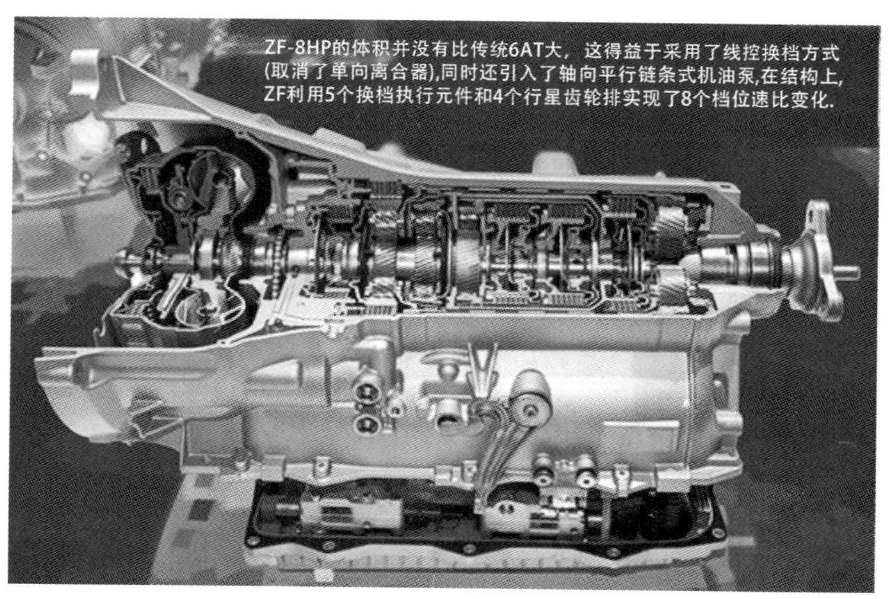

图 5-4-3　8AT 体积并不比 6AT 大

与6AT变速器相比，ZH—8PH降低了1—2档之间的速比差（由1.78降至1.5），这样能进一步改善起动时间，同时还减少顿挫感（几乎感觉不到换档冲击）。其速比范围也从6.04提升到了7.04，并通过降低转速参数优化了油耗。同时还可以在任意档位间实现跨越一个或两个档位的升降档。据官方介绍，所有档位的传动效率均高于98%。

更高的档位设置能带来更出色的平顺性、燃油经济性，但ZF—8HP在控制系统上的设计，使得8速变速器并不会因为档位数过多而影响驾驶乐趣。事实恰恰相反，更快的起动时间，更直接的动力传输，以及对驾驶意图更准确的判断和敏捷的响应，使它一样适合于那些拥有运动特征的车型。看到这里，也就不难理解为什么宝马肯不遗余力地全系采购ZF的8AT了吧。

除此之外，ZF—8HP自动变速器的优势还体现在可以直接集成混合动力模块，而无需改变安装尺寸。原因是ZF在设计8AT之初，便是按目前所有的混合动力功能设计的，因此在安装时对基础传动系统的设计不需作任何更改。因此，全混合动力版的8HP所需的安装空间与传统版本相同。混合动力电动机搭配如图5-4-4所示。

图5-4-4 混合动力电动机搭配

三、速比范围及其意义

速比范围指的是最大速比和最小速比的比值，即最低档速比除以最高档速比。简单来说，更大的速比范围可以带来更好的高速燃油经济性。速比行星轮排解剖如图5-4-5所示。

ZF—8HP—传动原理图、简图如图5-4-6所示。关键执行组件工作情况见表5-4-1。

表5-4-1 宝马7系8HP—8档AT关键执行组件工况

D1	D2	D3	D4	D5	D6	D7	D8	R
K1	K3	K1	K2	K1	K1	K1	K2	K2
B1	B1	K3	K3	K2	K2	K2	K3	B1
B2	B2	B2	B2	B2	C3	B1	B1	B2

在起动系统中，由于HCC的介入，可以完全忽略了通过液力变矩器内部换档元件的起步过程。从而使其拥有了极快的起动和换档速度。据悉，可达到0.2s以内，这跟以换档迅速著称的双离合几乎相当。但稳定程度却好了很多。

图 5-4-5 行星轮排解剖图

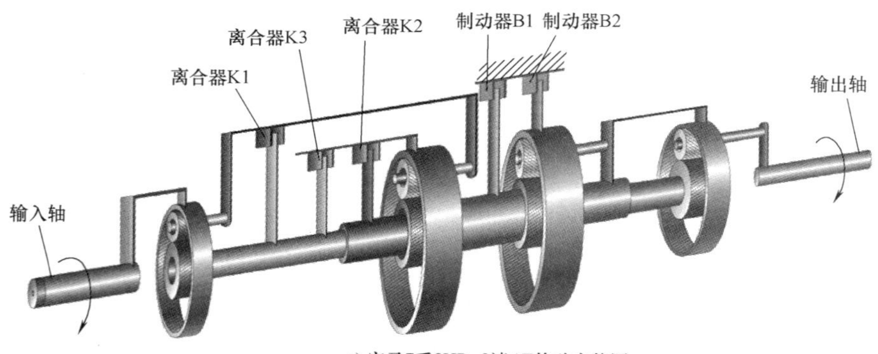

a) 宝马7系8HP−8速AT传动立体图

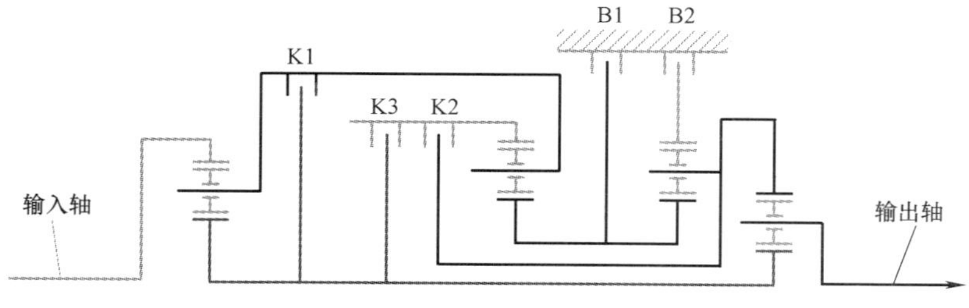

b) 宝马7系8HP−8速AT传动简图

图 5-4-6 ZF—8HP—传动原理图、简图

各档位传动比见表 5-4-2 所示。

表 5-4-2 8HP—70 各档传动比

档　位	传　动　比	档　位	传　动　比
1	4.699	6	1
2	3.130	7	0.839
3	2.104	8	0.667
4	1.667	R	3.032
5	1.285		

[**小结**] 当 10AT 还在"纸上谈兵"，9AT 还处于"零星之火"，8AT 可谓是青春正当时。它拥有媲美双离合的换档速度、CVT 的燃油经济性、MT 的动力传递感，同时还保留了 AT 自身的稳定性，看看它在各大豪华车企中高端车型上的应用，也就不难想象其实力不凡了吧。

 知识扩展（德国 ZF—9HP—28 和 ZF—9HP—48 传动路线与档位分析）

本来还陶醉在 8HP 的余兴未尽时，突然又冒出一个 9HP 来。原来还是德国 ZF 公司呀！

目前，9HP 已有两个型号：输入转矩 280/N · m 的 9HP—28（由两个拉维娜式，即 4 个行星轮排组合）主要匹配 1.4T、1.6T 乃至 2.0T 之类的中小排量增压发动机或者 3.0L 排量以下的自然吸气发动机；9HP—48（双重复合式行星轮排组合）则用来与 2.0T 及 2.0T 以上的涡轮增压发动机、3.0L 以上排量更大的自然吸气发动机组成搭档，如图 5-4-7所示。

图 5-4-7　9HP—48 双重复合式行星轮排组合

1. ZF—9HP—48 自动变速器特点

1）D1/D2/D3/D4 档的变化。D1 档是 3 级减速，3 排太阳轮驱动行星架围绕齿圈减速。而 D2 档是 4 排齿圈驱动行星架围绕太阳轮减速（稍快）3 级减速，D3 档是 3、4 排连成一整体，2 排减速至 1 排减速输出（二级减速），D4 档是一排齿圈驱动行星架减速输出（一级减速）。

2）D6/D7/D8/D9 档关键是 2 排齿圈。2 排行星架主动，行星轮逆时针转、太阳轮顺时针转，齿圈顺时针转，速度慢速、稍慢、静止、逆转，形成了档位。

3）倒档。4、3 排（辛普森看法）行星架逆时针转，导致 2 排行星架逆时针转，1 排齿圈逆时针转驱动行星架逆时针转输出。9HP—48 传动简图如图 5-4-8。换档执行元件（档位分析）和传动比见表 5-4-3。

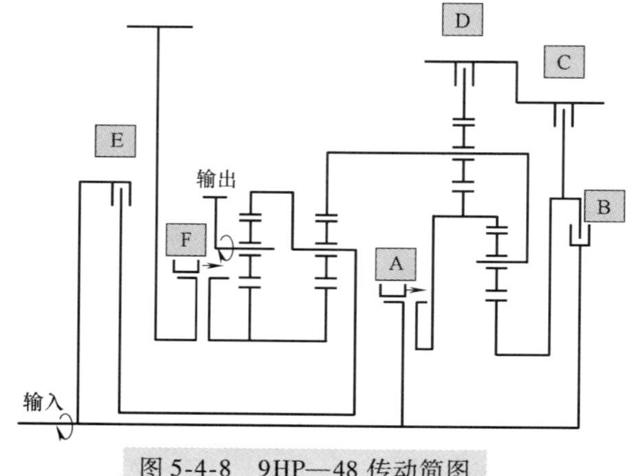

图 5-4-8 9HP—48 传动简图

2. 画 ZF—9HP—48 传动原理图和档位分析

表 5-4-3 换档执行元件和传动比

执行元件	D1：DFA	D2：CFA	D3：BFA	D4：EFA	D5：BEA	D6：CEA	D7：DEA	D8：CDE	D9：DBE	R：DBF
传动比	4.7	2.48	1.9	1.38	1	0.8	0.7	0.58	0.48	R：3.8

综合练习

填空题

1. 自动变速器主要有 4 种类型，即：________、________、________和________。

2. 自动化的手动变速器 AMT 基于________变速器，通过液压或电动装置及相应的________单元实现对起步离合器和换档________操作；国内常称之为机械式自动变速器（AutomatedMechanicalTransmission），由于换档时动力中断，所以在乘用车上________采用。

3. 液力变矩自动变速器 AT 属于最早量产应用的自动变速器，所以英语名称直接用了自动变速器，后来为区分于其他类型的自动变速器，又常称之为________自动变速器，或根据其特点称之为液力变矩自动变速器，________自动变速器等。由于采用了液力变矩器，所以________平稳，起步________性能很好，采用________系，可传递较大的转矩，利用集成于行星齿轮机构中________、制动器的交叠控制实现平稳无动力中断换档；目前，九速的液力变矩自动变速器已经批量生产。

6 项目六 CVT（无级）、DSG（双离合器直接换档）、平行轴自动变速器检修

任务一 本田 CVT、大众 CVT 自动变速器

一、CVT 无级变速器的检修

案例链接（一）飞度前进档功能不正常

［**经过**］一辆广州本田飞度搭载 CVT（无级）变速器。行驶里程为：40 000km。起动车辆后将变速杆挂入 D 位，车辆不能向前行驶，踩下加速踏板后车辆才能缓慢向前行驶。将变速杆挂入 R 位，倒档行驶功能正常。

［**故障判断与排除**］连接诊断仪，对 CVT 变速器系统进行自诊断，没有故障码。查看数据流，没有发现异常现象。连接油压表对 CVT 变速器进行油压测试，发现倒档制动器工作油压正常。前进档离合器工作油压偏低。对故障进行分析，认为造成前进档离合器工作油压偏低的原因包括前进档离合器控制阀故障，液压阀体工作不良，前进档离合器过度磨损或泄压。重新查看 CVT 变速器系统的数据流，确认前进档离合器控制阀的工作数据没有问题。拆下 CVT 变速器进行分解检查，发现前进档离台器活塞磨损严重，有明显的泄漏现象，前进档离合器的摩擦片轻微烧损。更换前进档离合器组件，安装好 CVT 变速器，试车，故障症状完全消失，检修工作结束。

［**故障总结**］CVT（无级）变速器与行星轮式自动变速器不一样，它没有固定齿轮的执行元件，而是配置两个带轮，即主动带轮和从动带轮。主动带轮和从动带轮通过钢带连接在一起。为获得不同的传动比，带轮有效直径将连续变化。变速器控制模块（TCM）根据收集相关传感器信号对电磁阀进行控制，以执行相应的操作功能。当电磁阀被激活后，相对应的液压阀在油压作用下改变位置，从而实现离合器或制动器的接合与分离。与其他自动变速器相似，如果 CVT 变速器系统发生故障，那么 D4 档位指示灯闪烁，以提醒驾驶人，故障码将储存在控制模块中。CVT 变速器没有采用液力变矩器，（日产车除外）而是采用起步离合器进行代替，实现车辆起步行驶功能。前进档和倒档的变换是通过前进档离合器和倒档制动器的作用来实现的。本例故障原因是前进档活塞离合器泄压，这与产品本身质量有关，因此故障有一定的普遍性。

1. 本田 CVT、德国大众 CVT 简介

CVT 为 Continuously Variable Transmission 的缩写，意为（传动比）可连续变化的变速器，国内一般译作“无级变速器”。目前，在国内所见较多的采用 CVT 的车型有本田飞度和奥迪 V6 2. 8，传动过程都是基于“双活塞带式传动”原理。奥迪和本田车上装载的均为 CVT。如图 6-1-1 为无级变速器与发动机连接。图 6-1-2 为无级变速器剖视图。图 6-1-3 为大众无级变速器剖视。图 6-1-4 为大众无级变速器传动。

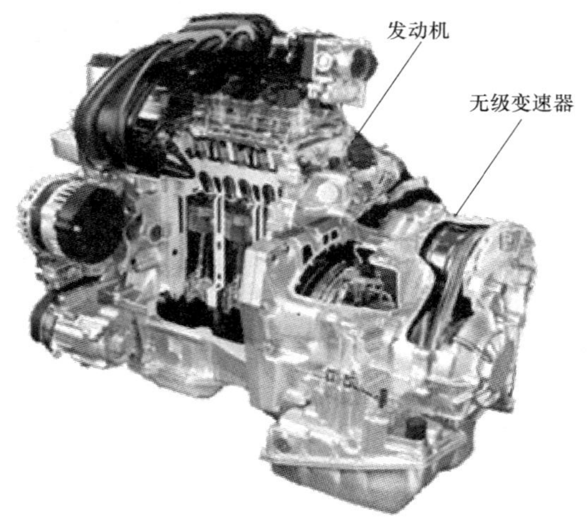

图 6-1-1　无级变速器与发动机连接

图 6-1-2　无级变速器剖视

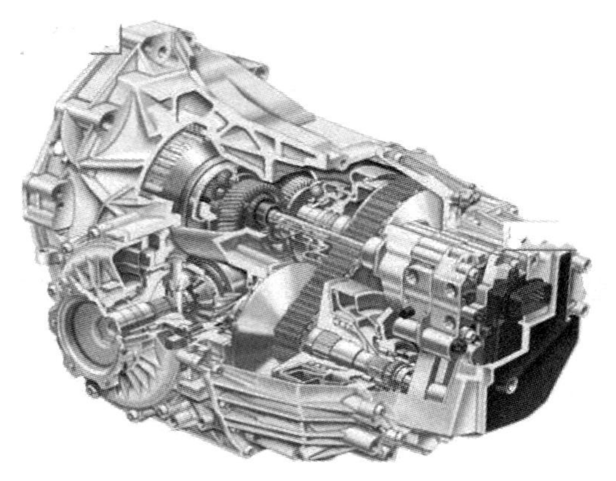

图 6-1-3　大众无级变速器剖视

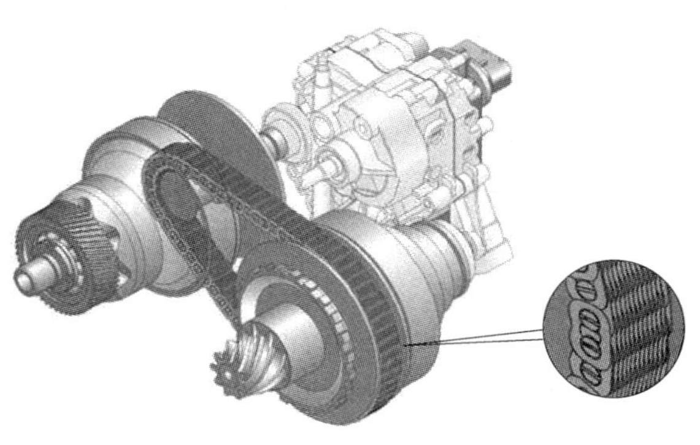

图 6-1-4　大众无级变速器传动

目前，德国大众奥迪车以及其他轿车，已采用了钢带式无级变速器。深信，无级变速器定会以其构造简单，提高汽车燃油经济性和改善驾驶的舒适性而愈来愈多地得到推广和应用。

最简单的无级变速器是 V 形钢带无级变速器。V 带将两个能够连续不断改变直径的带轮连在一起，通过改变输入、输出带轮的直径来实现无级变速。其变速原理如图 6-1-5 所示。

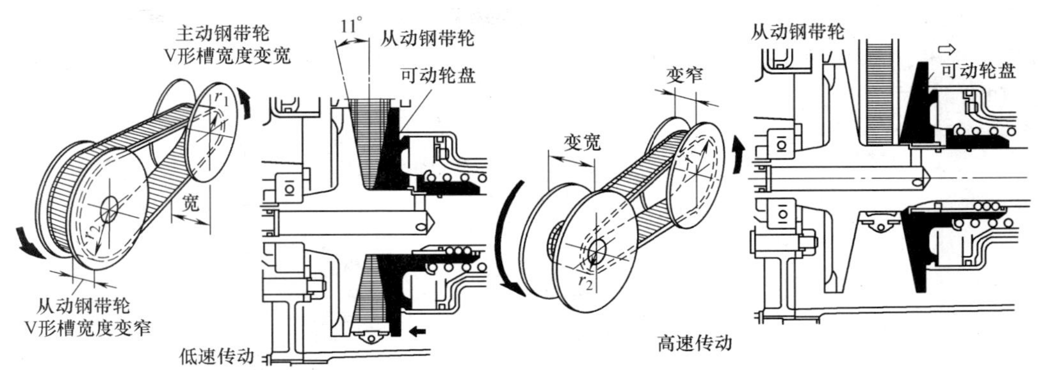

图 6-1-5　无级变速器变速原理

下面就以本田飞度轿车的无级变速器为例，说明无级变速器的结构、原理与检修。

2. 基本组成

（1）本田飞度 CVT 基本功能

CVT 的基本功能和自动变速器的功能相似，其中最重要的是 CVT 能根据实际路况提供连续变化的传动比，以保证发动机在最佳的功率范围内运行。其档位有 6 个：P（PARK，驻车）、R（REVERSE，倒档）、N（NEUTRAL，空档）、D（DRIVE，行车档）、S（SECOND，第 2 档）和 L（LOW，低速档）。其各档的主要功能见表 6-1-1。

表 6-1-1　广州本田飞度 CVT 各档位的功能

位　置	说　明
P	前轮锁定；驻车止动爪与从动带轮轴上的驻车齿轮啮合；起步离合器和前进档离合器均为分离状态
R	倒档；倒档制动器工作
N	空档；起步离合器和前进离合器均为分离状态
D	一般行车档；变速器自动进行调整，使发动机保持最佳转速，以便在所有条件下行驶
S	快速加速；变速器选择较宽范围的传动比，以取得更佳的加速效果
L	发动机制动和爬坡动力性能；变速器变换至最低传动比范围

（2）飞度 CVT 的基本组成

广州本田飞度 CVT 采用主动与从动带轮以及钢带的电控系统，它具有无级前进档变速和二级倒档变速功能，装置总成与发动机直列布置。其基本组成可以分为机械传动、电子控制、液压控制、换档控制机构 4 个部分。其机械结构如图 6-1-6 所示。

1）机械传动。带有以下 4 条平行轴：输入轴、主动带轮轴、从动带轮轴以及主传动轴。输入轴和主动带轮轴与发动机曲轴呈直线布置。主动带轮轴和从动带轮轴均由带活动和固定两种轮面的带轮构成，两个带轮通过钢带联接。

输入轴由太阳轮、行星轮、齿圈及行星架构成。主动带轮轴包括主动带轮以及前进离合器。从动带轮轴包括从动带轮、起步离合器以及与驻车齿轮一体的中间从动齿轮。主传动轴位于中间主动齿轮与主减速从动齿轮之间。主传动轴由主减速主动齿轮和中间从动齿轮组

成，中间从动齿轮用以改变旋向，因为主动带轮轴和从动带轮轴的旋向相同。当行星轮通过前进离合器和倒档制动器接合后，动力即由主动带轮轴传递至从动带轮轴，从而提供了 L、S、D 和 R 档位。

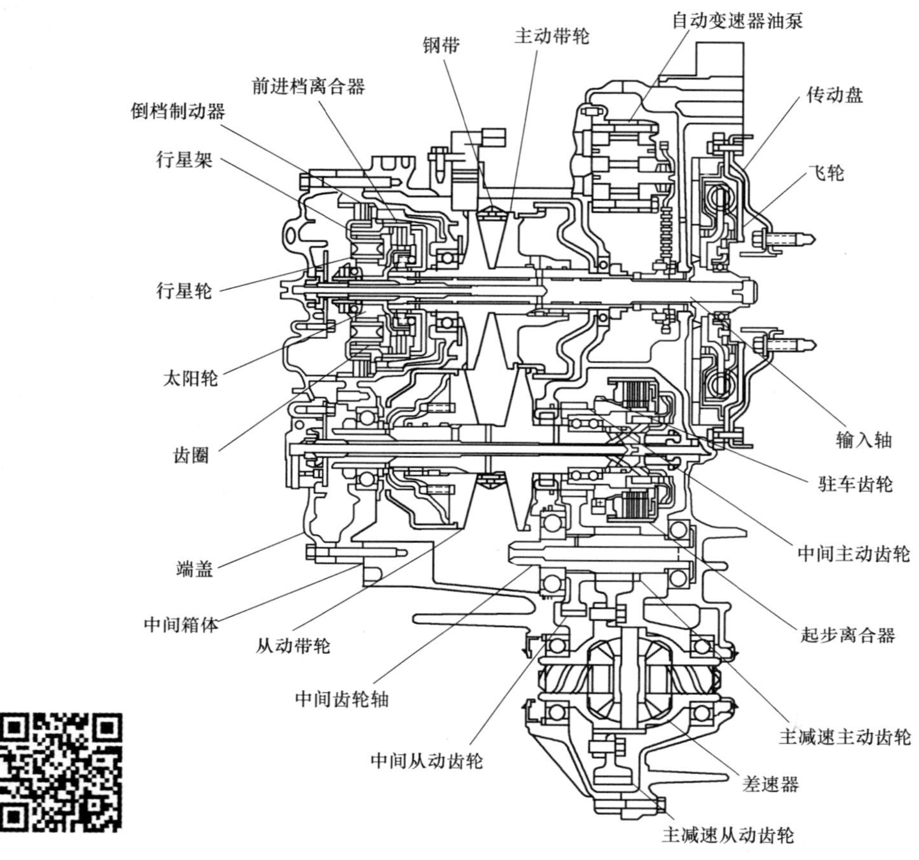

图 6-1-6　本田飞度轿车无级变速器的结构

2）电子控制。电子控制系统由动力系统控制模块（PCM）、传感器和电磁阀组成。变档采用电子控制方式，从而确保了所有条件下的驾驶舒适性。PCM 位于仪表板下部，杂物箱的后面。

3）液压控制。阀体类型包括主阀体、ATF 泵体、控制阀体、ATF 油道体以及手动阀体。ATF 泵体用螺栓固定在主阀体上，主阀体则用螺栓固定在箱壳上；控制阀体位于箱体外部，ATF 油道体定位在主阀体上，并与控制阀体、主阀体以及内部液压回路相连；手动阀体定位在中间壳体上。ATF 油泵为摆线式，其内转子通过花键与输入轴联接。带轮和离合器分别由各自的供油管供油，倒档制动器由内部液压回路供油。

4）换档控制机构。动力系统控制模块通过电磁阀，对带轮传动比变换进行控制，PCM 接收来自车辆各种传感器和开关的输入信号。PCM 操纵无级主动带轮压力控制阀和从动带轮压力控制阀，以改变带轮控制压力；主动带轮控制压力施加于主动带轮上，从动带轮控制压力施加至从动带轮上，以使带轮传动比在其有效范围内进行变换。

3. 主要部件

主要的动力流程部件有前进离合器、倒档制动器、行星轮、带轮、起步离合器，如图 6-1-7 所示。

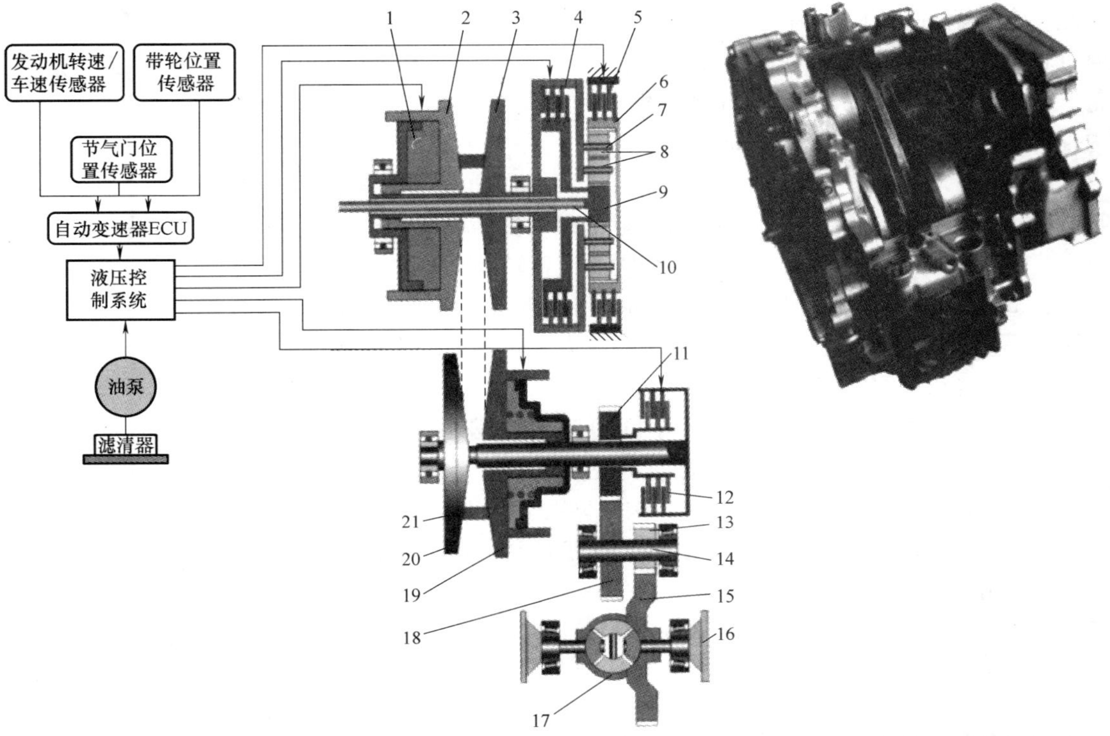

图 6-1-7 单排双级无级变速器原理及改造

1—主动带轮伺服液压缸 2—主动带轮滑动盘 3—主动带轮固定盘 4—前进档离合器 5—倒档制动器 6—齿圈 7—行星架及行星轮 8—行星轮 9—太阳轮 10—输入轴 11—中间减速主动齿轮 12—起步离合器 13—主减速器主动齿轮 14—中间轴 15—主减速器从动齿轮 16—驱动轴法兰盘 17—差速器 18—中间减速从动齿轮 19—从动带轮滑动盘 20—从动带轮固定盘 21—钢带

（1）行星轮

CVT 型自动变速器的行星齿轮机构有单排单级和单排双级两种型式，如图 6-1-8 所示。它们均由 3 个元件组成，即太阳轮、齿圈、行星架与行星轮，如图 6-1-9 所示。

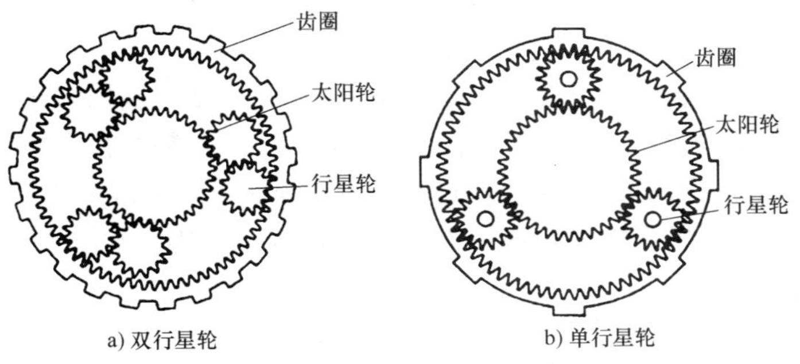

图 6-1-8 两种形式行星齿轮机构

太阳轮通过花键与输入轴连接，小行星轮安装在行星架上；行星架位于输入轴端部的太阳轮上。齿圈位于行星架内侧，它与前进离合器鼓相连。太阳轮通过输入轴将发动机动力输入至行星轮，行星架输出发动机动力。行星轮机构仅用于改变带轮轴的旋转方向。

图 6-1-9 行星排

在 D、S 和 L 位（前进档范围）时，由于前进档离合器工作将使输入太阳轮和输出齿圈锁在一起旋转，这样行星轮不自转，也不绕太阳轮公转，因而行星架将以相同的速度转动（1∶1）。

在 R 位（倒档范围）时，倒档制动器将行星架锁定，太阳轮驱动行星轮转动，行星轮自转但不绕太阳轮公转，行星轮驱动齿圈沿太阳轮相反的旋向旋转。

（2）离合器/倒档制动器

1）起步离合器。起步离合器与中间主动齿轮啮合/分离，它位于从动带轮轴的端部，安装位置如图 6-1-6 所示。起步离合器所需液压通过其位于从动带轮轴内的自动油管提供。

该型自动变速器因无液力变矩器，因此失去了自动离合器的作用。为使在停车状态下，发动机能带档怠速运转，且在起步加速时，能有液力变矩器打滑调控的作用，采用了起步离合器，其作用相当于自动变速器中的液力变矩器，可以在起步加速或带档停车时，保证发动机能稳定运转。

从以上分析中可知，这种作用是通过控制 CVT 起步离合器压力控制阀开闭的大小，而间接控制电控系统加给起步离合器液压的大小，以使离合器有不同程度的打滑。因此，加强起步离合器的润滑和冷却是十分必要的，为此在起步离合器的毂上钻有很多径向的小孔，如下图 6-1-10 所示。

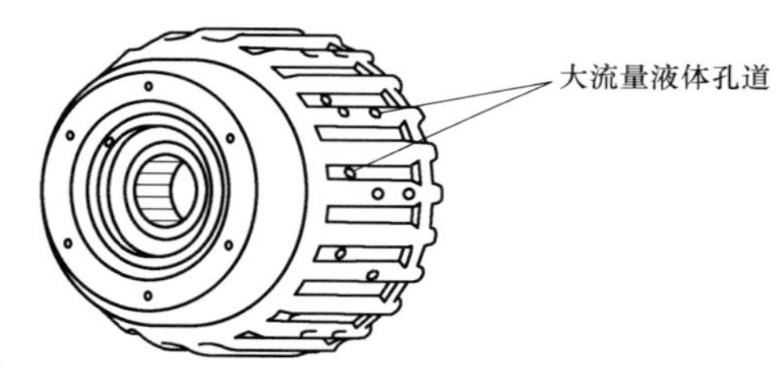

图 6-1-10 起步离合器毂钻孔示意图

从图 6-1-10 可知，这些小孔是为加大离合器润滑油的流量而设计的。如果起步离合器片磨损严重，或油压不足，汽车将无法行驶，如果起步离合器卡在接合位置，将导致发动机怠速熄火的故障。

2）前进档离合器。前进档离合器与太阳齿轮啮合/分离，工作时将输入太阳轮和输出齿圈锁在一起，它位于主动带轮轴的端部，安装位置如图 6-1-7 所示。前进档离合器所需液压通过其位于主动带轮轴内的自动油管提供。

3）倒档制动器。处于 R 位时，倒档制动器将锁定行星架，倒档制动器位于行星架周围的中间壳体内部，安装位置如图 6-1-7 所示。倒档制动器盘安装在行星架上，而倒档制动片安装在中间壳体上，倒档制动器的液压通过一个与内部液压回路相连的回路提供。

4）带轮。主动带轮和从动带轮通过钢带连接，每个带轮均有一个活动面和一个固定面，如图 6-1-11 所示。

飞度无级变速器传动比的变化是靠改变主、从动带轮的传动直径来实现线性变化的，带轮有效传动比将随接收到的来自车辆各种传感器和开关的输入信号而变化，主、从动带轮直径的改变是靠电控液压来完成的。

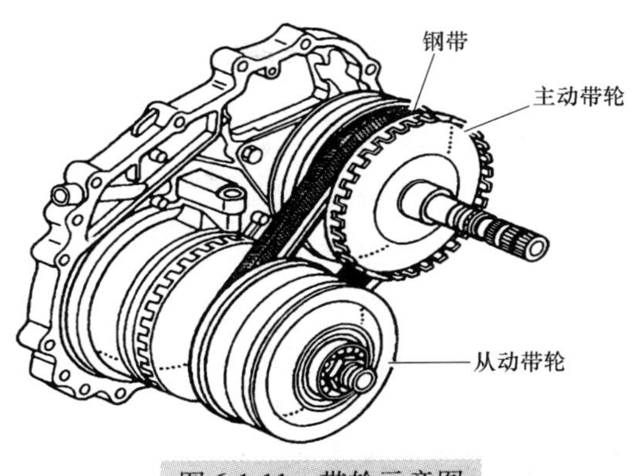

图 6-1-11　带轮示意图

要得到高带轮传动比时，从图 6-1-12 可知，只要增大主动带轮工作直径，相应减小从动带轮的直径，便可提高车速。当 ECU 控制主动带轮处于高油压而从动带轮处于低油压时，主动带轮 V 形槽便在液压作用下减小槽宽，使工作直径增大，而从动带轮因低压而增大槽宽，使从动带轮工作直径减小，于是便获得低高速。需得到低带轮传动比时，从图 6-1-13 可知，此时主动带轮处于低油压作用，于是 V 形带轮的槽宽增大，工作直径减小，而从动带轮处于高油压作用，于是从动带轮槽宽减小，工作直径增大，因此实现高传动比输出，即减速输出。

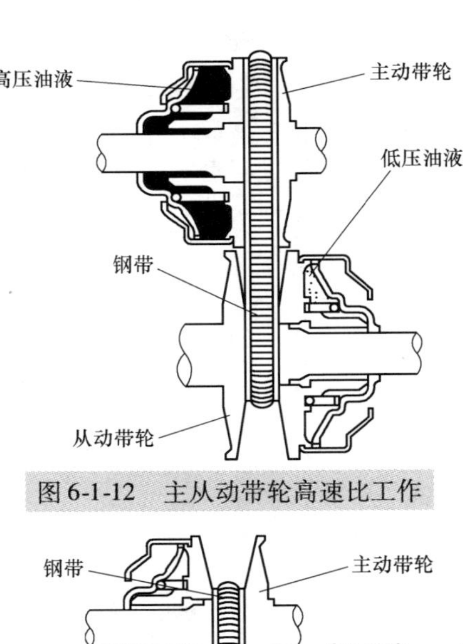

图 6-1-12　主从动带轮高速比工作

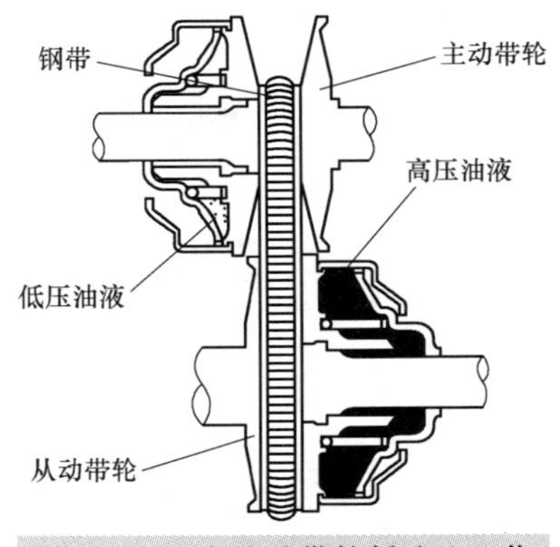

图 6-1-13　主从动带轮低速比工作

4. 无级变速器的分解

(1) 无级变速器结构

飞度无级变速器的分解图如图 6-1-14 所示。

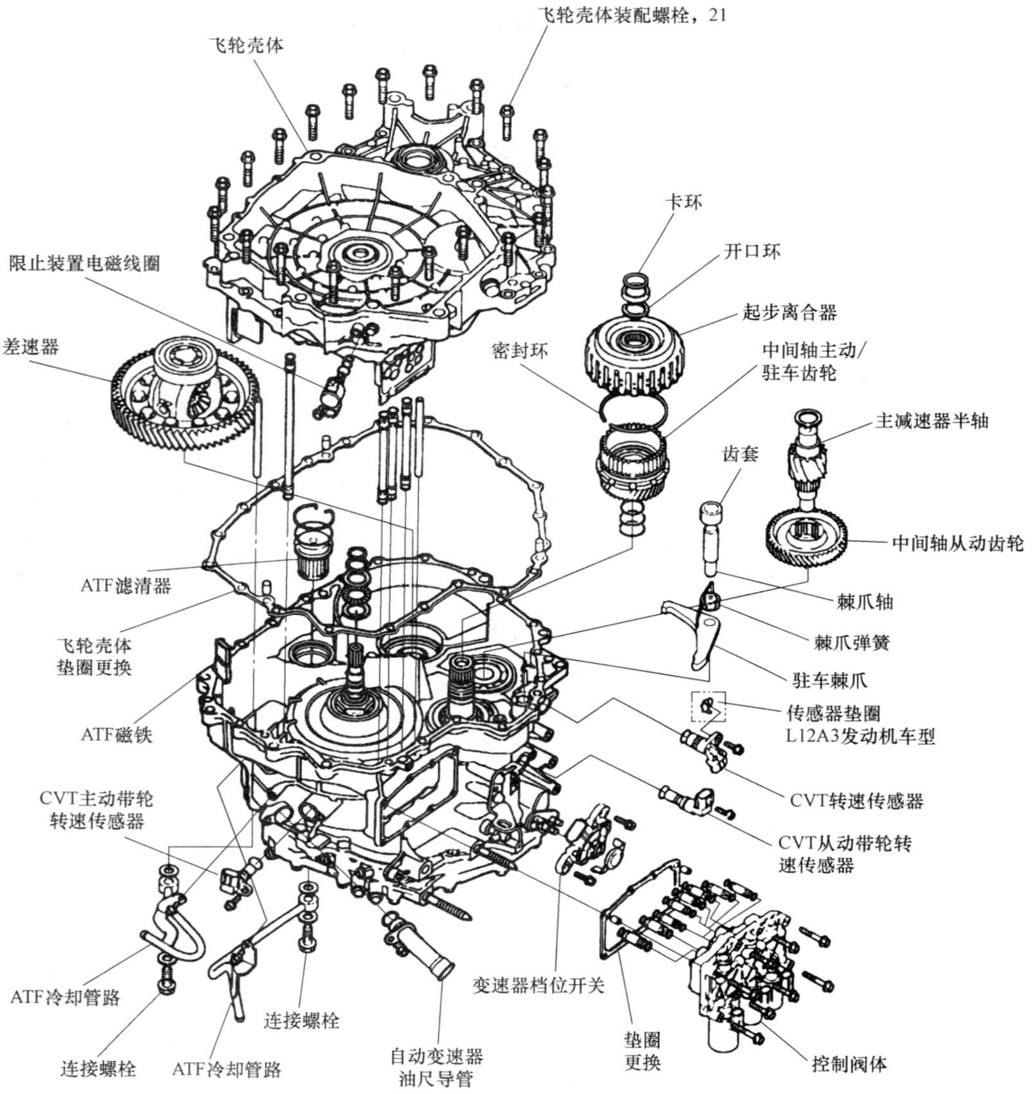

图 6-1-14 飞度无级变速器的分解图

(2) 所需专用工具

1) 起步离合器拆卸专用装置 07TAE—P4VR120。

2) 倒档制动器弹簧压缩机 07TAE—P4VR110。

二、奥迪 01J 无级变速器的结构组成

案例链接（二）变速器中部异响伴随打滑

[经过] 一辆奥迪 A6 2.8 轿车，搭载 01JFR2 型无级变速器，发动机起动后，无论在任

何档位都会从变速器中部发出异响，并且行车急加速时有打滑现象。

［故障判断与排除］通过对故障现象进行分析，这种响声很有可能是油泵产生的，因为在P位和N位时只有输入轴带动油泵旋转。于是拆下变速器的后尾壳、变速器控制单元、阀体和油泵。经检查，发现油泵驱动环损坏，主动齿轮内部的衬套严重磨损。由于衬套磨损会产生大量的金属屑，决定拆下变速器进行彻底清洗。至于变速器急加速为什么会打滑，原因是油泵磨损泄压而导致的。在清洗变速器并更换油泵后，故障排除。

案例链接（三）奥迪轿车低速、中速发抖

［经过］一辆奥迪A6 2.8轿车，搭载01JFR2型无级变速器，该车车速在10km/h、30km/h、50km/h及70km/h时车辆有抖动的感觉。

［故障判断与排除］根据该车的故障现象，我们对变速器进行了解体维修。在大修的过程中，我们发现从动摩擦带轮的2个锥面和链条已有不同程度的磨损，且被磨损的部位主要是从动摩擦带轮的下锥面。它们为什么会被磨损呢？根据该款变速器传动系统的结构特点，可以判定是由于锥面和链条间的压力不够，变速器在运行中造成打滑所致。维修该车故障的关键是要找到压力不够的原因，经过分解变速器进行检查，最终确定故障原因为油泵磨损。油泵的外齿已经烧蚀，且油泵外壳也已经磨损，在更换油泵、摩擦带轮和链条后，故障彻底排除。

案例链接（四）奥迪轿车大修后D位反应慢，加速冲击

［经过］一辆奥迪A6 2.4轿车，搭载GHL型无级变速器。由于变速器进水，该车在其他修理厂进行了变速器大修，但大修后出现了变速器入D位反应慢，加速有冲击的现象。

［故障判断］经过路试，根据该车的故障现象进行分析，认为导致该车变速器产生故障的原因主要在3个方面：

1）电控系统。依据上述分析，首先利用故障诊断仪VAS5051对变速器控制系统进行检测，但没有发现故障码。然后利用故障诊断仪读取了相关数据流，发现有ADP RUN（自适应正在运行中）显示。

2）机械故障。很有可能是离合器烧损。后来利用诊断仪对变速器控制单元进行了设定，但故障现象没有好转。由于通过诊断仪没有发现问题。便着手检查变速器。经对变速器进行认真检查，发现前进离合器供油管头部有凹瘪的痕迹，凹瘪处将特氟隆油环卡住，从而导致油压泄漏。

3）阀体油路。根据该款变速器的油路图可知；

① 前进档供油路线为油泵→离合器控制阀→安全阀→手动阀→前进档离合器。

② 倒档离合器供油路线为油泵→离合器控制阀→安全阀→手动阀→倒档离合器。将这两条供油路线相比较，故障原因可能是手动阀或离合器存在泄漏。

［故障排除］在更换油管后，故障现象消失，利用故障诊断仪读取数据流，变速器已经进入ADP OK的状态。经试车故障排除。

［故障总结］通过对多台01J型无级变速器的维修，发现该款变速器的油泵比较容易出现问题，建议广大维修人员在维修过程中注意。据了解，新款变速器的油泵已经由原来的齿轮泵改进为叶片泵，这种油泵运行更为稳定。

奥迪 01J 无级变速器，主要由减振缓冲装置、动力连接装置和速比调节变换器解体零件等构成。Multitronic 钢片链条由 1 000 多个钢片和 75 个副链销构成，在结构上比单一的钢带更加牢固，从而保证了发动机转矩输出的稳定传递，如图 6-1-15 所示。

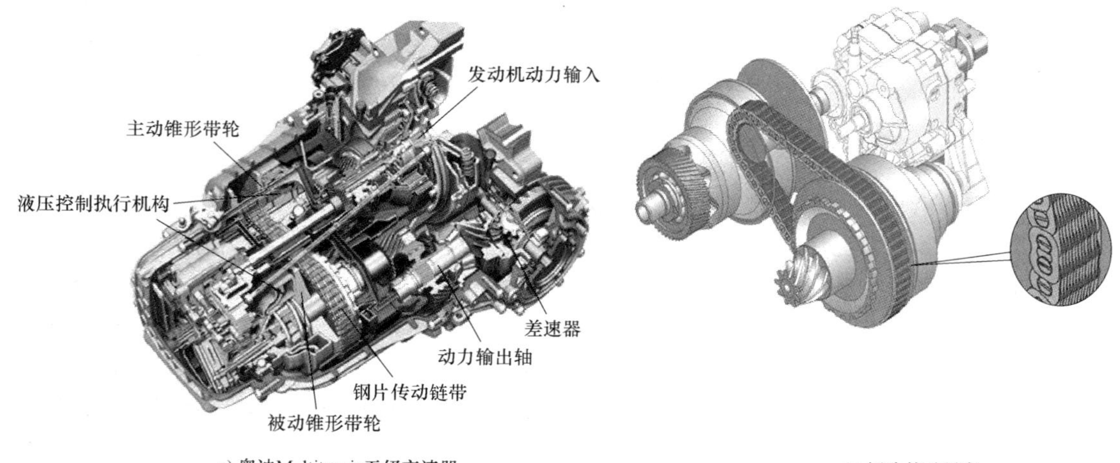

a) 奥迪Multitronic无级变速器　b) 钢片传动链条

图 6-1-15　奥迪 01J 无级变速器解剖图

发动机输出转矩通过飞轮减振装置或双质量飞轮传递给变速器，前进档和倒档各有一组湿式摩擦组件，即前进档离合器和倒档制动器，两者均为起动装置。倒档的旋转方向是通过行星轮系改变的。发动机的转矩通过减速档齿轮传递到变速器，并由此传递到主减速器，电子液压控制阀体和变速器控制单元集成为一体，位于变速器内部。各系统的作用如图 6-1-16 所示。

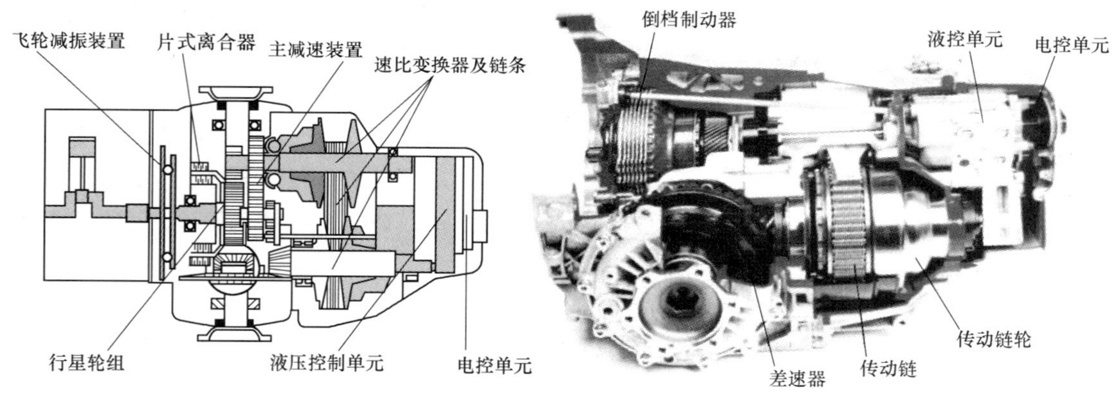

图 6-1-16　奥迪 01J 无级变速器结构简图

1. 飞轮减振装置

在往复式内燃机中，不均匀的燃烧会引起曲轴扭振，扭振被传递到变速器中会引起共振，同时会产生噪声，并使变速器部件容易过载，飞轮减振装置和双质量飞轮可减缓因发动机与变速器之间动力连接而产生的扭振，并保证发动机无噪声运转。

奥迪 V6 2.8L 发动机转矩就是通过飞轮减振装置传递到变速器的，如图 6-1-17 所示。

奥迪 A4 1.8L 四缸发动机不及六缸发动机运转平稳，因此四缸发动机使用双质量飞轮，如图 6-1-18 所示。

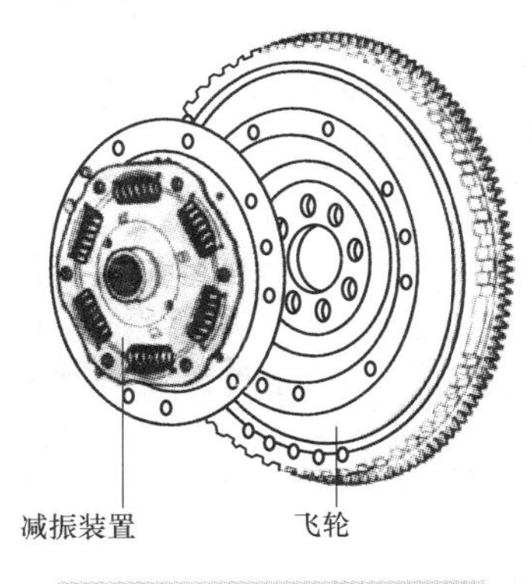

图 6-1-17 飞轮减振装置

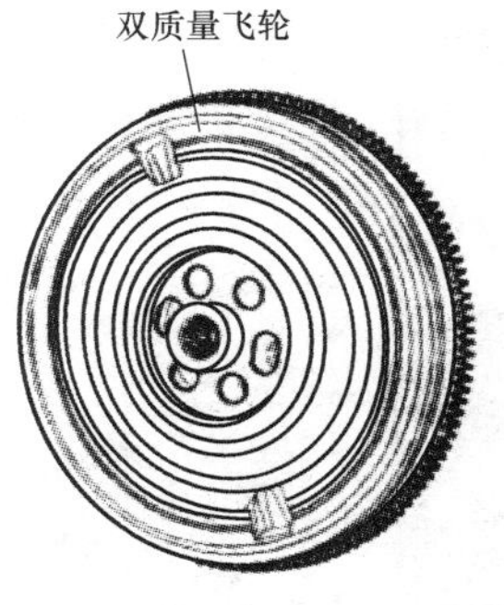

图 6-1-18 双质量飞轮

2. 前进档离合器/倒档制动器

奥迪 CVT 的起动装置是前进档离合器和倒档制动器，并配合使用反向行星架机构来实现前进档和倒档的，它们只做起动装置不改变速比，而在自动变速器里它们的功能是实现各档速比的。

与以往的多级自动变速器使用变矩器传递转矩不同，在奥迪 CVT 设计原理中，前进档和倒档均采用不同的离合器和制动器，这些组件被称为“湿式钢片离合器”或“湿式钢片制动器”，在多档自动变速器中是用来实现换档功能，称为“换档执行组件”；而在无级变速器当中，“湿式钢片离合器”和“湿式钢片制动器”是用于起步和将转矩传递给辅助减速档齿轮（其实就是转矩传递装置），如图 6-1-19 所示。起步和转矩传递过程由电子—液压控制单元监控和调整。

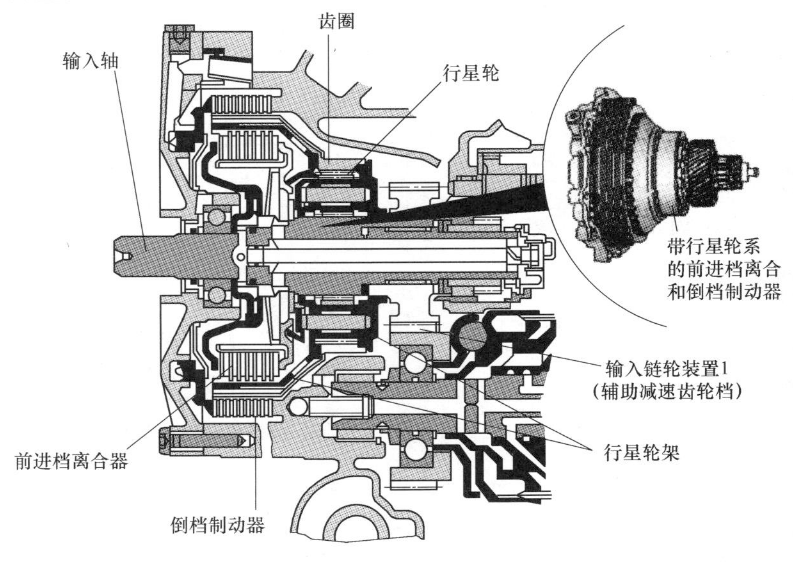

图 6-1-19 前进档离合器/倒档制动器及行星齿轮装置

3. 行星齿轮装置

奥迪 CVT 中行星齿轮装置被制造成反向齿轮装置，如图 6-1-20 所示，其唯一的功能是倒档时改变变速器输出轴的旋转方向。

前进档时，行星齿轮系的变速比为 1：1，作为输入元件的太阳轮与输入轴和前进档离合器钢片连接；作为输出元件的行星架与辅助减速档齿轮组的主动齿轮和前进档摩擦片相连接，齿圈和倒档制动器摩擦片相连接，倒档制动器钢片和变速器壳体相连接，如图 6-1-21 所示。

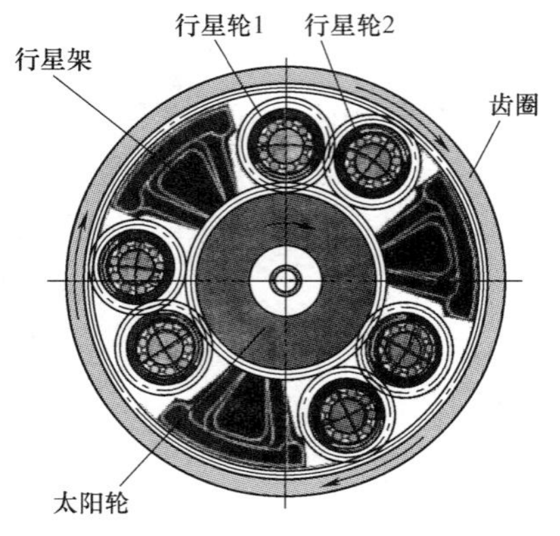

图 6-1-20 行星齿轮结构

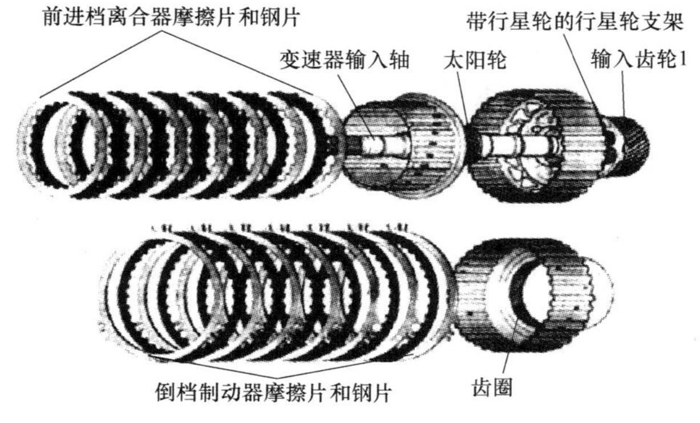

图 6-1-21 前进档离合器和倒档制动器

4. 大众 01J 无级变速器测量值通道

大众 01J 无级变速器测量值通道功能查询见表 6-1-2。

表 6-1-2 大众 01J 无级变速器测量值通道功能查询

001 1 制动灯开关 2 制动检测开关 3 变速杆锁止电磁阀 n110 4 车速	005 1 变速杆位置 2 起动锁至接通关闭 3 倒车灯开关接通关闭 4 15 号接线柱供电电压
002 1 变速杆位置 2 多功能开关的霍尔传感器位置 P ZP R ZN Ṅ D S 出现故障时显示 ER 3 tiotrnic 识别 P 0101；ZP 0100；R 0110；ZN 0010；N 0011；D 1010；S 1000 如果显示其他数字组合为有故障 4 挂入档位	006 1 变速杆位置 2 压力调节 2—N216 中的电流 3 压力调节 1—N215 中的电流 4 电磁阀 1—N88 中的电流
003 1 变速杆位置 2 tiptronic 识别 3 挂高档开关 4 挂低档开关	007 1 发动机转速 2 变速器输入转速 3 变速器输出转速 G196 4 同步标志 SY 表示变速器输入轴上的前进/倒档离合器已闭合并且不在滑动；AS 表示变速器输入轴上的前进/倒档离合器已分离或变速器处于起动阶段
004 1 变速杆位置 2 行驶方向显示 3 输出转速 1 4 输出转速 2	008 1 加速踏板位置 2 变速器输出转速实际值 3 变速器输入转速规定值 4 变速器输入转速实际值

（续）

009 1 加速踏板位置 2 强制减档开关 3 发动机实际扭矩 4 发动机转速 010 1 前进档离合器特性曲线自适应 0.25～0.32A 低于 0.25A，ATF 回路不正常；高于 0.32A，ATF 泵不正常 2 前进档自适应状态 匹配成功显示 ADP 3 G93 油温 -40～150℃ 4 离合器规定转矩 011 1 倒档离合器特性曲线自适应 2 自适应状态 3 油温 4 离合器规定转矩 012 1 前进档离合器特性匹配 2 前进档离合最大转距 3 前进档离合器特性曲线自适应 0.25～0.32A，低于 0.25A，ATF 回路不正常；高于 0.32A，ATF 泵不正常 4 空 013 1 离合器压力补偿匹配值 2 mf 压力转距传感器补偿匹配值 3 油温度 4 冷却液温度 017 1 加速踏板位置 2 发动机转速	3 发动机转矩 4 离合器转矩 018 1 转距传感器压力 0～25DAR 2 离合器规定转距 -40～640N·m 3 离合器实际压力 4 压力调节 N215 中的电流 019 1 转距传感器压力 0～25DAR 2 压力调节 N215 中的电流 3 空调状态 4 空 020 1 发动机转速 2 发动机带速转速规定值 3 变速器带速转速规定值 4 空 021 1 驱动轴输入转距 2 实际发动机转距 3 发动机规定转距 4 转距梯度 0～2550N·m 022 1 ABS 接通/关闭 2 EDL 接通/关闭 3 TCS 接通/关闭 4 ESP 接通/关闭 125 1 通过 can 接收发动机信息 2 通过 can 接收 abs 信息

奥迪 A4、A6 已经装备 CVT，称之为 01J 或 Multitronic。该款 CVT 没有液力变矩器作为发动机转矩传递元件，这就意味着当车辆起步或停车时，前进档离合器和倒档离合器必然有滑磨。当踩或松加速踏板时，离合器接合，主从动链轮开始工作，以提供合适的传动比。在摩擦带轮和离合器工作过程中会产生热量，若变速器冷却系统受阻将会引起挂档冲击故障；在手动模式 4 档，发动机转速 2 000r/min 以下，定速巡航时将有几秒的振动，但在手动模式 3 档，同样巡航车速下则不发生该故障。清洗冷却系统，更换 ATF 和外部滤芯，将会解决该故障。你会问为什么散热器和滤芯首先受阻。该故障是前进档离合器失效的先兆，开始的解决是用 7 片的摩擦片去替代 6 片的摩擦片（修理包零件号为 ZAW398001），同时用 CD-ROM（零件号为 8EO.960.961J）去刷新 TCM 单元。而现在，你需要 VIN（汽车身份证）将前进档离合器鼓和行星轮作为一个总成更换。

5. 如果你决定更换散热器和外部滤芯及 ATF，在工作前后，必须执行下述程序：

1）检查油面，若需要利用 V. A. S5162（专用工具）添加。

2）车辆悬空，利用双手检查车轮是否自由旋转。

3）观察仪表档位指示灯，从 1 档至最高档温度和加速，车速不要超过 35mile/h

（1 mile/h = 1. 6km/h）/时。

4）手动切换至 1 档。

5）缓踩制动踏板直至停车。

6）踩制动踏板，入 R 位。

7）缓踩加速踏板至倒档车速达至 12mile/h。

8）缓踩制动踏板直至停车。

9）将变速杆放至 D 位，重复 2）~8）程序，5 次以上。

10）结束操作，入 P 位并熄火。

11）通过 CAS5162 换油及加油。

12）重复 2）~9）程序，结束，落车，然后路试，你同时还要进行变速器自适过程，这项工作应在维修工作完成后随时进行，尤其是蓄电池线拔过后，其步骤如下：

① ATF 滤清器在 65℃或以上，自适应才能正确进行。

② 路面交通流量要小，以便操作自如。

③ 入 D 位，部分负荷前行 20m，然后踩制动踏板至完全停车，继续踩制动踏板 10s 以上，变速杆仍在 D 位。

④ 入 R 位。

⑤ 放松制动踏板，部分负荷倒行 20m，然后踩制动踏板至完全停车，继续踩制动踏板 10s 以上，变速杆仍在 R 位。

⑥ 重复上述步骤 5 次（在 D 位和 R 位）。当换油和自适应完成时，车辆应正常工作，若故障不能消除或很快重现，最后的机会是更换离合器片。

01J 无级变速的故障越来越多了，大部分故障以更换 TCU 和阀体解决，01J 无级变速器维修的难度体现在电液高度集成上，下手的地方实在有限，因此“数据流”阅读理解和“自适应”操作尤其重要。自适应包括前进档自适应和倒档自适应。

三、日产环形（无级）变速器简介

20 世纪 90 年代末，日产开始自行设计并生产 CVT 变速器，并且生产出了环形无级变速器（roller-based CVT），被命名为 Extroid。由于有液力变矩器，因此可以搭载在拥有更高转矩性能的车上，比如当时的日产第 10 代 Gloria 和第 11 代 Skyline GT—8。

第十一代 Skyline GT—8 V35 环形无级变速器变速机构主要由输入盘、输出盘和中间传力滚轮组成。两滚轮始终与两锥形金属盘保持接触，滚轮的位置由液压调控，根据传力滚轮位置的不同，可改变动力输出的传动比。环形无级变速器实物如图 6-1-22 所示。

图 6-1-22 环形无级变速器实物

图 6-1-23 为环形无级变速器的工作原理，左右两边的为传力滚轮，上下两个为动力的输入与输出轴，中间的是锥形盘。图中可以看出，随着传力滚轮上下移动，与锥形盘接触点发生变化，两个锥形盘的转速也会相应改变，从而形成变速的原理。

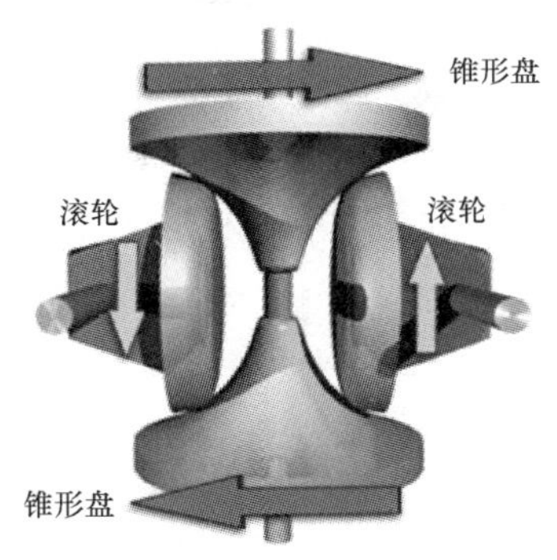

图 6-1-23 环形无级变速器的工作原理

四、奥迪 A4/A6/01J 自动变速器检修

1. 电控元件位置

（1）诊断接口

诊断接口位于驾驶人侧下方仪表板护板的下面。

（2）自动变速器控制单元 J217

自动变速器控制单元 J217 固定在自动变速器的后端，直接安装在液压控制油路板上，如图 6-1-24 所示。

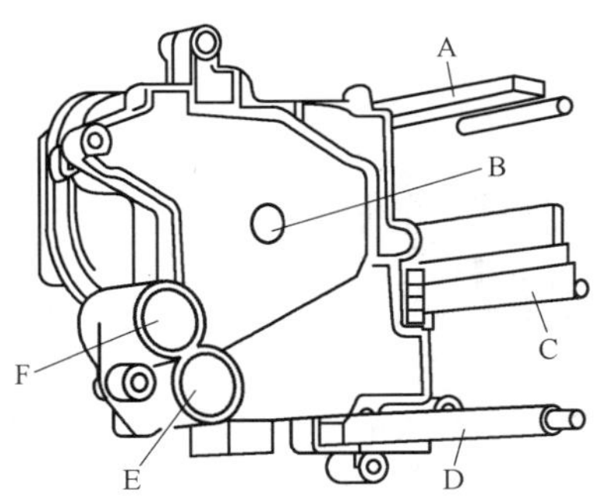

图 6-1-24 自动变速器控制单元 J217

A—自动变速器输出转速传感器 1（G195）和自动变速器输出转速传感器 2（G196） B—齿轮油温度传感器 G93 C—多功能开关 F125 D—自动变速器辅助转速传感器 G182 E—自动变速器液压压力传感器 1（G193） F—自动变速器液压压力传感器 2（G194）

（3）液压控制单元

液压控制单元用螺栓固定在自动变速器的后端，自动变速器控制单元 J217 直接装在液压控制单元上。

液压控制单元上有集成部件：自动变速器调压阀 1（N215 离合器电磁阀）、自动变速器调压阀 2（N216 传动比电磁阀）、电磁阀 1（N88）、离合器冷却阀、最低压力阀、限压阀、离合器控制阀、控制压力阀。

（4）变速杆传感器控制单元 J587 和 Tiptronic 开关 F189

变速杆传感器控制单元 J587 和 Tiptmnic 开关安装在同一个部件中。插接器如图 6-1-25 所示。控制单元 J587 和 Tiptronic 开关 F189 如图 6-1-26 所示。

（5）变速杆锁止电磁阀 N110

变速杆锁止电磁阀 N110 安装在换档操纵机构，如图 6-1-27 所示。

（6）强制降档开关 F8

如图 6-1-28 所示。

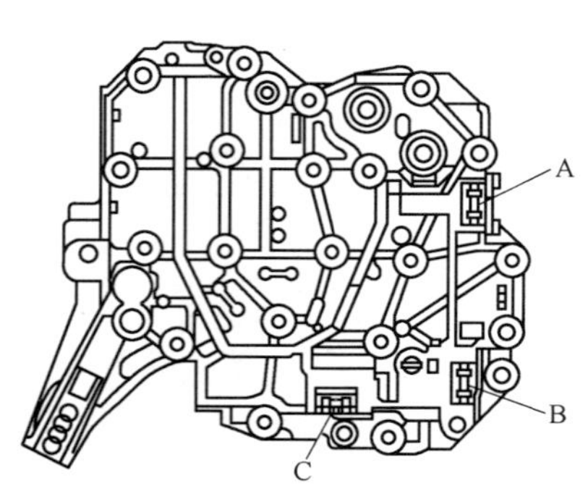

图 6-1-25　插接器
A—自动变速器调压阀 1（N215）的插接器
B—自动变速器调压阀 2（N216）的插接器
C—电磁阀 1（N88）的插接器

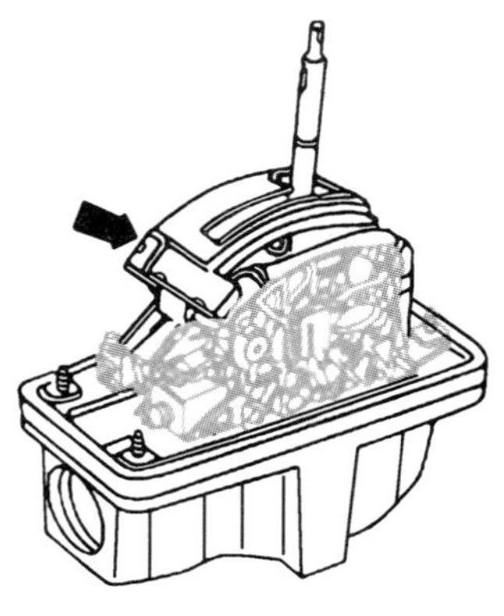

图 6-1-26　控制单元 J587 和 Tiptronic 开关 F189

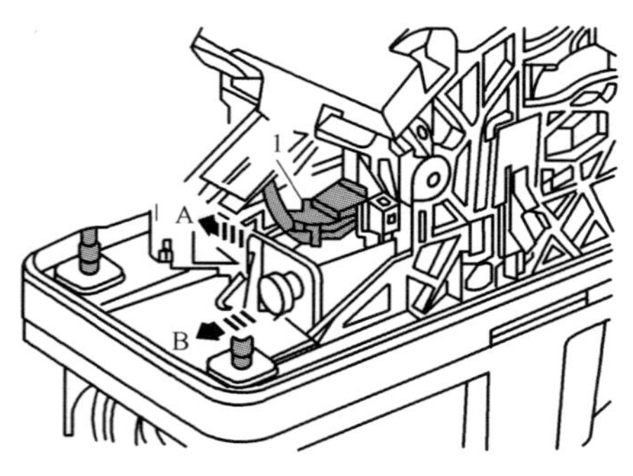

图 6-1-27　变速杆锁止电磁阀 N110

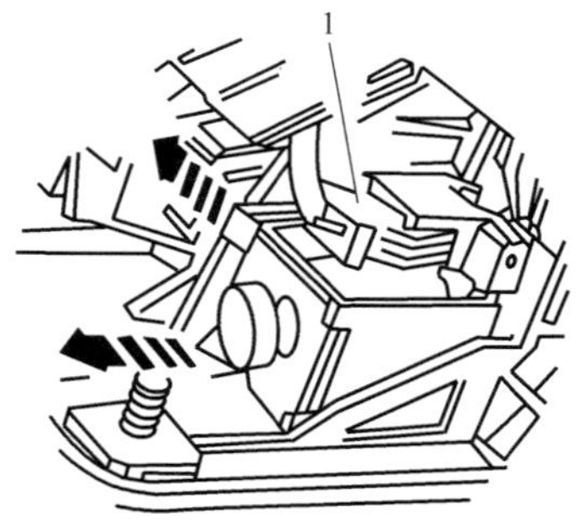

图 6-1-28　强制降档开关 F8
1—变速杆锁止电磁阀 N110

1）在带有柴油发动机的汽车上，强制降档开关 F8 与加速踏板位置传感器 G79 组成一个单元作为开关。

2）对于安装了汽油发动机的车辆，加速踏板位置传感器 1（G79）和加速踏板位置传感器 2（G185）的特定数值被保存在发动机控制单元中。加速踏板位置传感器集成在加速踏板模块内，如图 6-1-29 中箭头所示。当加速踏板位置传感器损坏时，必须更换加速踏板模块。

（7）自动变速器 P 位开关 F305

由两只微型开关组成的自动变速器 P 位开关 F305 安装在换档操纵机构内，如图 6-1-30 所示。

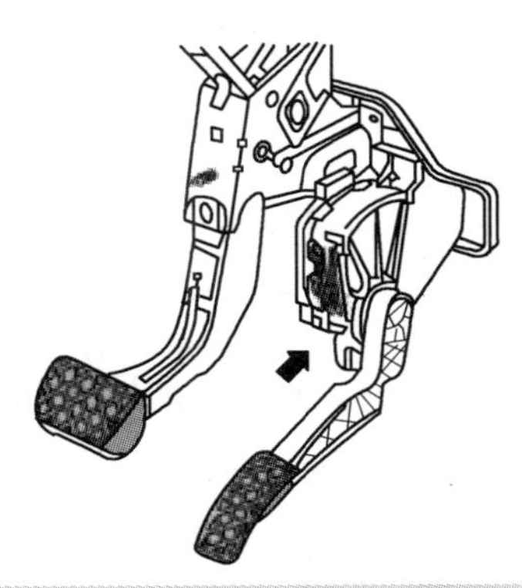
图 6-1-29 强制降档开关 F8 位置

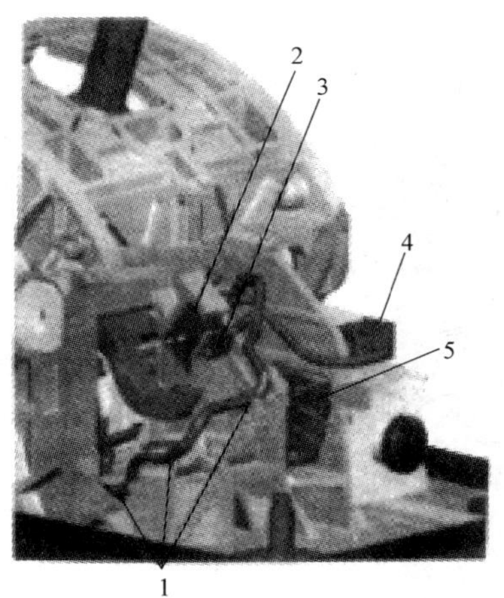

图 6-1-30 P 位开关 F305
1—换档操纵机构上的导线 2—微型开关
3—凸缘 4、5—插接器

（8）定速巡航装置开关 E45

定速巡航装置开关 E45 安装在组合开关上，如图 6-1-31 所示。

（9）变速杆位置显示屏 Y6

变速杆位置显示屏 Y6 安装在组合仪表中，如图 6-1-32 所示。

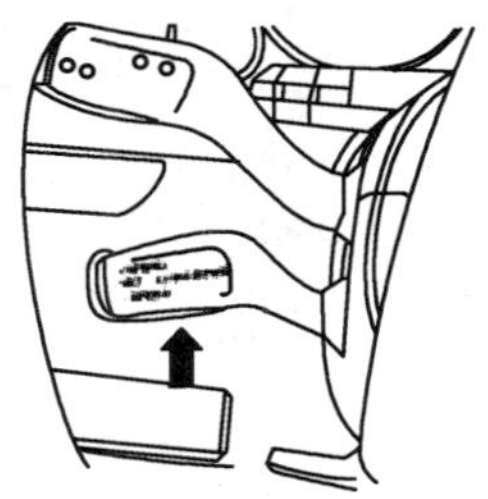
图 6-1-31 定速巡航装置开关 E45 位置

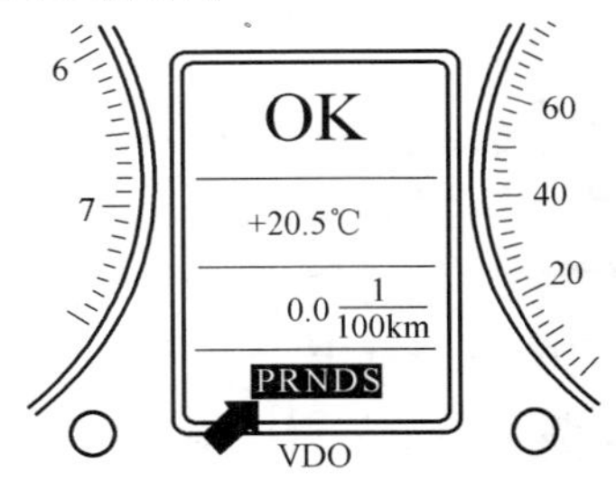

图 6-1-32 显示屏 Y6

经验与技巧

1）当出现轻微故障时，显示屏完全亮起。

2）当出现重大故障时，显示屏闪烁。

3）无显示时，表示导线损坏或变速杆位置显示屏 Y6 损坏。如果变速杆位置显示屏 Y6 损坏，则必须更换组合仪表。

（10）变速杆位置显示单元 Y26

变速杆位置显示单元 Y26 安装在控台内，如图 6-1-33 所示。

（11）拆卸

在不拆卸自动变速器总成的情况下，拆下自动变速器控制单元 J217。

1）拆下密封盖。

2）旋出螺栓，如图 6-1-34 中箭头所示，拉出自动变速器控制单元 J217。

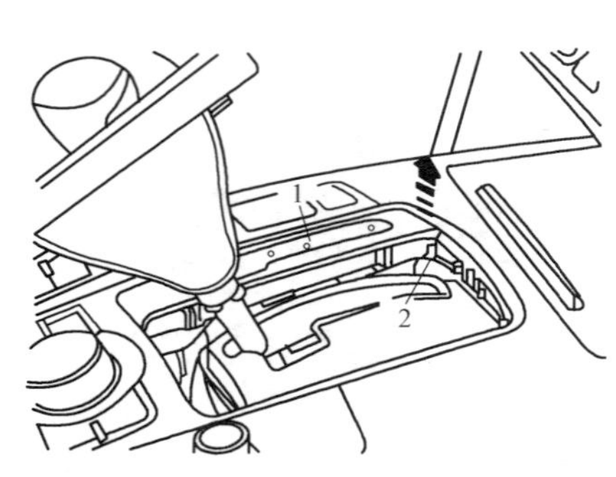

图 6-1-33 变速杆位置 Y26
1—变速杆位置显示单元 Y26 2—止动弹簧

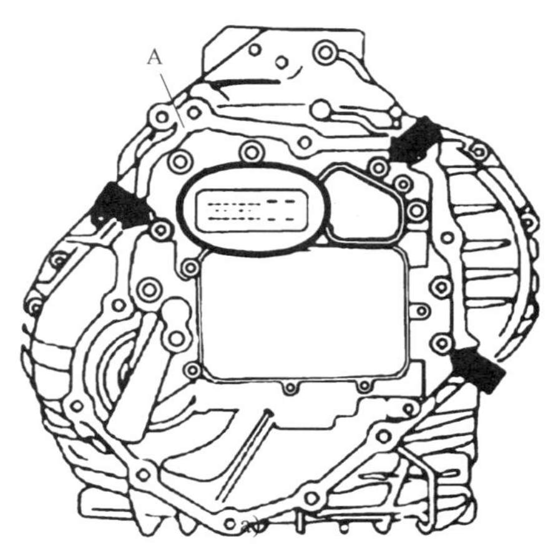

图 6-1-34 旋出 J217 螺栓
A—双唇密封环

3）将双唇密封环 A 从自动变速器控制单元 J217 上取下。

经验与技巧

存放自动变速器控制单元 J217 时，因其上面有传感器，因此要注意不要损坏控制单元上的传感器。

（12）安装

安装按与拆卸相反的顺序进行，同时注意下列事项：

1）清洁传感器 A、C 和 D 上的污物和金属屑。

2）清洁换档轴。

3）在安装自动变速器控制单元 J217 之前，在液压控制单元的 O 形环上涂 ATF。

4）安装自动变速器控制单元 J217 时，注意不要歪斜。

5）控制单元背面的插接器 A、B 和 C，必须卡止在液压控制单元上，如图 6-1-35 所示。

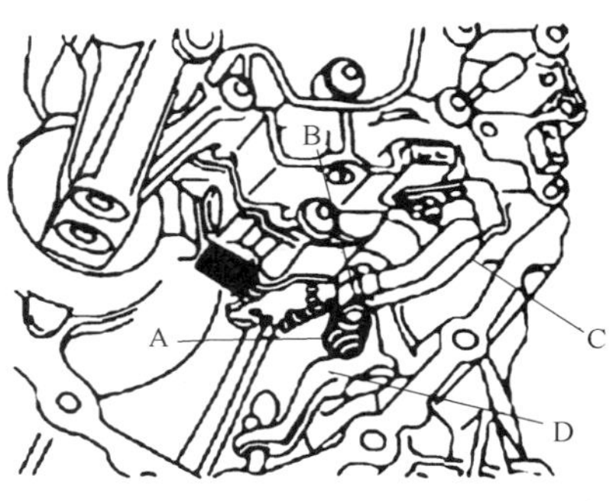

图 6-1-35 控制单元背面的插接器安装
A—弹簧 B—滚子 C—滑块 D—换档轴

6）拧紧螺栓，安装密封盖。安装后必须进行以下工作：

1）新的自动变速器控制单元 J217 设码。

2）新的自动变速器控制单元 J217 进行匹配。

（13）清洁换档轴

1）清洁。

① 拆卸密封盖。

② 拆下自动变速器控制单元 J217。

③ 清洁换档轴的卡槽。如图 6-1-35 中箭头所示。彻底清洁磁铁的接触面，使之没有金属铁屑或类似的其他脏物。注意：弹簧 A 和滚子 B 要正确固定。

④ 必要时，清除传感器 A、C 和 D 上的污物和金属屑。

2）安装。

① 安装自动变速器控制单元 J217。

② 安装密封盖。

③ 拆卸和安装液压控制单元。

3）拆卸。

① 拆下密封盖。

② 拆下自动变速器控制单元 J217。

③ 将变速杆位置滑块 C 向下从液压控制单元的支座孔中拉出，将弹簧 A 从换档轴 D 上摘下。

④ 旋出螺栓并取下液压控制单元，如图 6-1-36 所示。

注意：

绝对不允许在液压控制单元背面以长泵轴承受液压控制单元的重量，或者在此位置上将控制单元高举，否则叶片泵内部叶片会受压，这样会使泵提前损坏。

4）安装。安装按以拆卸相反的顺序进行，同时注意下列事项：

① 如图 6-1-37 所示，更新轴向密封元件 A（4 件）和 B。

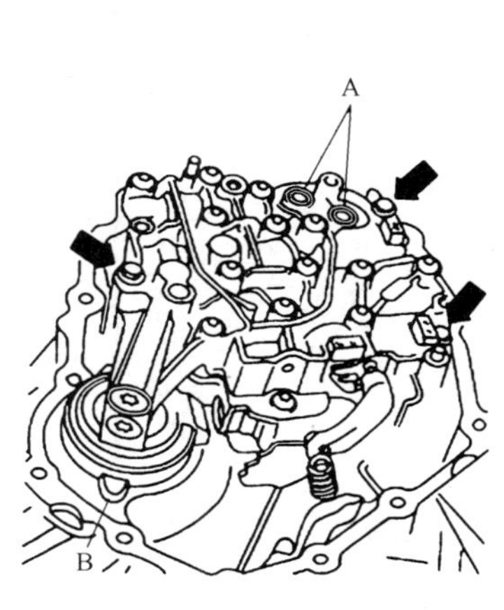

图 6-1-36 安装
A—密封环 B—固定凸耳

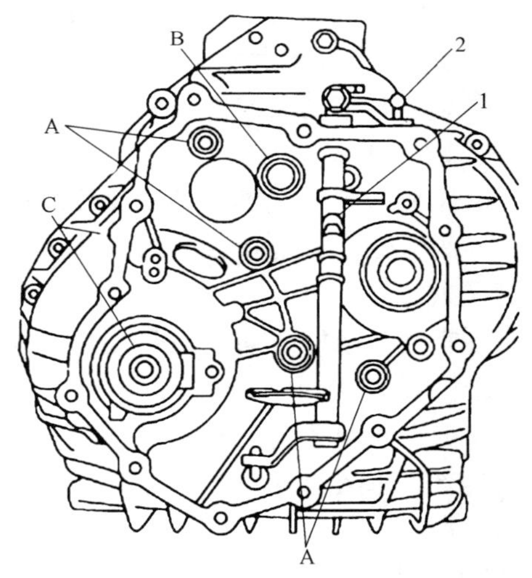

图 6-1-37 更新轴向密封元件
A—轴向密封元件 B—控制活塞 C—盖板
1—换档凸块 2—换档轴连杆

② 在安装轴向密封元件前涂 ATF。轴向密封元件 A 必须小直径朝着自动变速器装入定位位置。

③ 安装盖板 C，同时注意固定凸耳。盖板背面的固定凸耳必须插入自动变速器表面上的小孔内。

④ 将换档轴连杆 2 向前压到底，以使换档凸块 1 几乎处于垂直位置（略微向右倾斜）。

⑤ 在液压控制单元的背面将控制活塞 B 完全向内（左侧）压入，直至其卡入装配弹簧 A 内，如图 6-1-38 所示。

⑥ 将液压控制单元装入自动变速器内，此时不得歪斜。

注意：

装上液压控制单元时，换档凸块1(图6-1-37)应卡入控制活塞B上的空槽内。

⑦ 用手拧入螺栓。该螺栓(箭头1，图6-1-36)比其他两个螺栓短。

⑧ 检查盖板的位置是否正确。固定凸耳B（图6-1-36）必须放入自动变速器上的专用孔内。

2. 检查控制括塞的功能

在卡盘C或者换档轴连杆上反复向左和向右移动换挡轴。此时，控制活塞B必须响应向外和向内摆动，如图6-1-39中箭头所示。若控制活塞不移动，说明换挡凸块未卡入液压控制单元背面控制活塞的凹槽，需再次取下液压控制单元，然后重新装入。

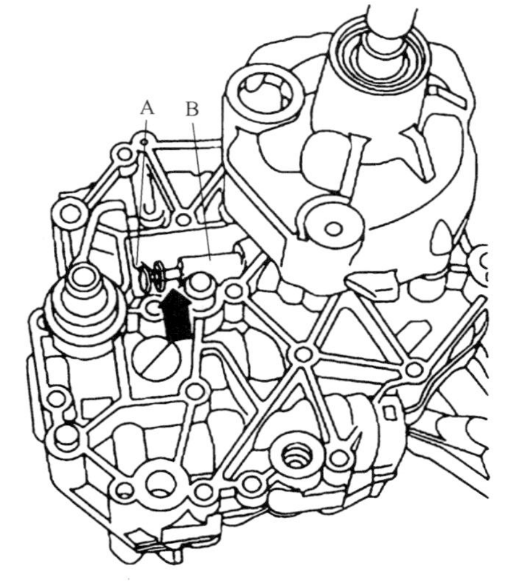

图6-1-38 直至将控制活塞卡入装配弹簧A内
A—弹簧 B—控制活塞

拧紧螺栓，如前图6-1-39中箭头所示。

3. 安装变速杆位置滑块

1）将滚子B的凸肩向下安装在变速杆位置滑块C上，如图6-1-35所示。

2）把弹簧A挂入换档轴和变速杆位置滑块。

3）将变速杆位置滑块推入液压控制单元壳体内的支座孔中。

4）将换档轴连杆2向前及和向后切换到极限位置，如图6-1-37所示。

5）卡盘将向前或向后移动，此时必须让滚子B（图6-1-35）卡入各凹槽内。变速杆位置滑块此时应分步向前或向后移动。滚子凸肩必须向下装入，以使其无法向上拉出。

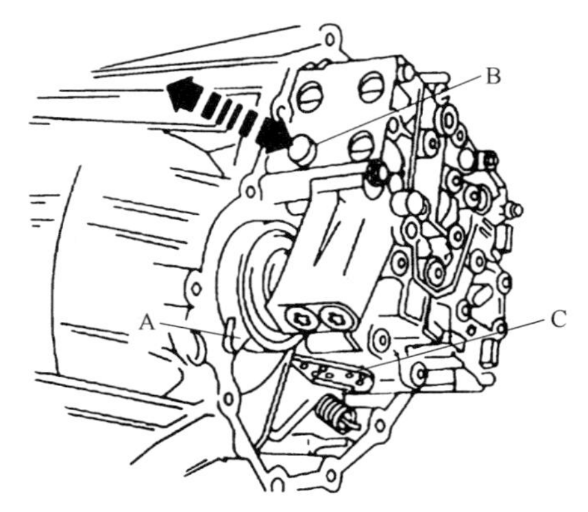

图6-1-39 活塞B的内外移动
A—定位 B—控制活塞 C—卡盘

6）清洁换档轴，安装带有新O形环的自动变速器控制单元J217，安装密封盖，然后加注ATF。

4. 拆卸和安装输入轴

（1）需要用到的专用工具

常用的专用工具为拉拔工具T40050，如图6-1-40所示。

（2）拆卸

1）彻底排放ATF。如图6-1-41中箭头所示，旋出螺栓，用塑料锤小心地敲击输入轴的法兰盖板，使输入轴的法兰盖板从密封件上脱开。

2）如图6-1-42所示，将拉拔工具T40050安装在自动变速器输入轴上，并保证其安装牢固。

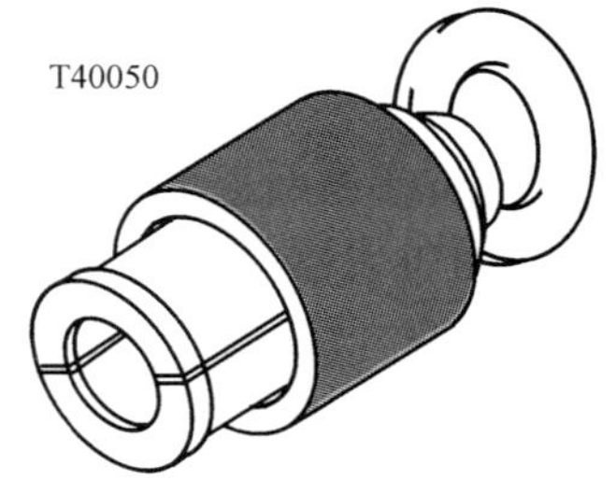

图6-1-40 拉拔工具T40050

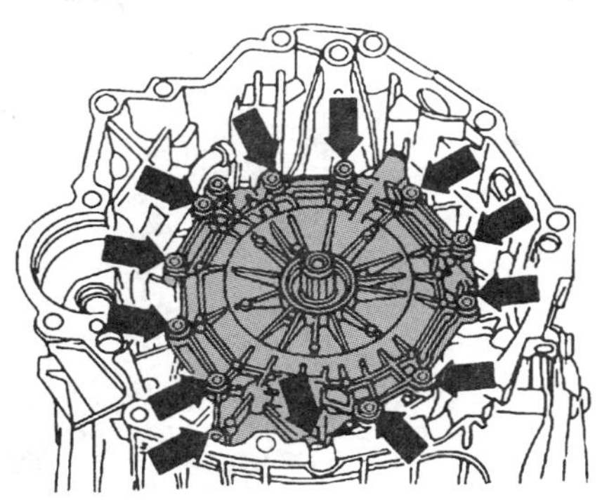

图 6-1-41 旋出螺栓

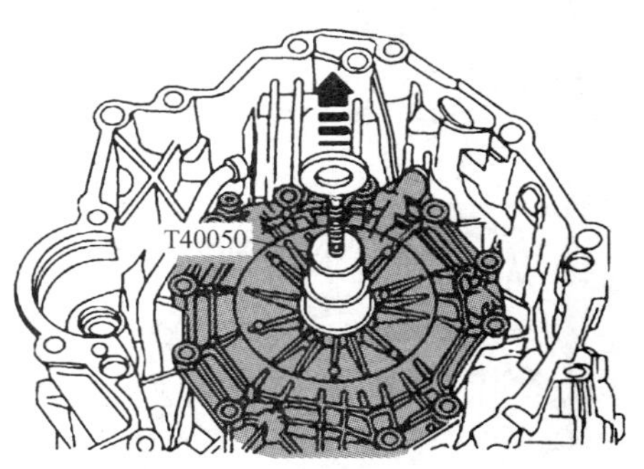

图 6-1-42 安装拉拔工具 T40050

如图中箭头所示，把拉拔工具 T40050 上的输入轴及法兰端盘和前进档离合器从自动变速器壳体中拉出。

注意：

① 输入轴不允许放在凸出的油管上，如图 6-1-43 中箭头所示，否则会损坏油管。损坏的油管会造成起动困难或者自动变速器失灵。

② 倒档离合器的摩擦片不允许从自动变速器壳体中取出。

（3）安装

安装按与拆卸相反的顺序进行，同时注意下列事项：

1）检查自动变速器组件的磨损程度，清洁自动变速器壳体和法兰端盖上的密封面。

2）如图 6-1-44 中箭头所示，检查自动变速器壳体上是否有用于法兰端盖定位的定位套及其固定情况。

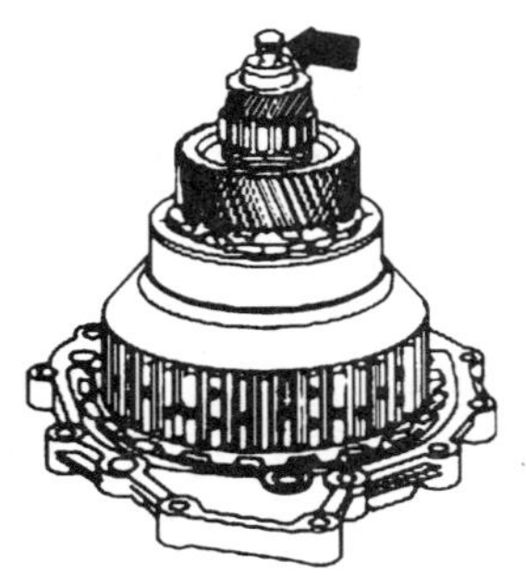
图 6-1-43 凸出的油管

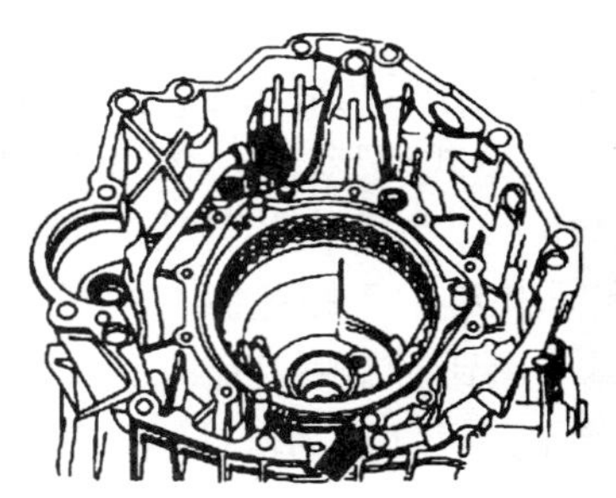
图 6-1-44 定位套及其固定情况

3）如图 6-1-45 中箭头所示，检查密封垫的状态，必要时更换。注意密封环的安装位置，要使密封唇指向法兰盖板。

4）放置纸密封垫。

5）如图 6-1-46 所示，用直尺校准倒档离合器的摩擦片，使啮合齿完全成一条直线。

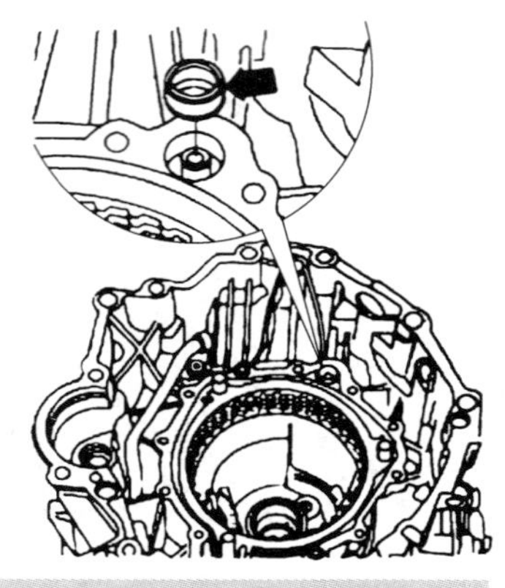

图 6-1-45 检查密封垫的状态

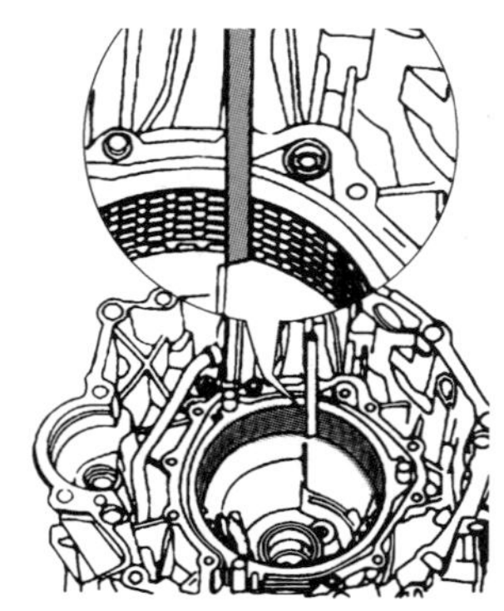

图 6-1-46 校准倒档离合器的摩擦片

6）检查油管的安装尺寸。在完全插装上油管后，油管末端至输入轴的尺寸约为 11.5mm。若尺寸较小，则可能是油管损坏，因为油管压入过深而造成末端损坏。如图 6-1-43 中箭头所示。

7）将整个输入轴装入自动变速器壳体，此时应略微来回转动输入轴，直至倒档离合器的所有摩擦片全部卡入，同时略微抬起输入轴，如图 6-1-47 所示。

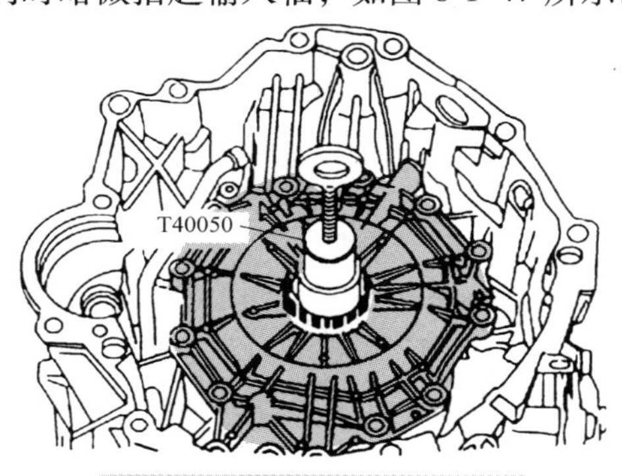

图 6-1-47 来回转动输入轴

8）在安装到最后几毫米时，向左转动输入轴，以便输入轴能卡入中间传动机构的斜齿内。

9）以交叉方式逐步拧紧螺栓，如图 6-1-41 中箭头所示。

10）添加 ATF 并在安装自动变速器之后检查并校正 ATF 的油位。

5. 拆卸和安装输入轴盖板

（1）需要用到的专用工具

需要用到的专用工具为密封环拉拔器 T40014（图 6-1-48）和压力台架 T40099（图 6-1-49）。

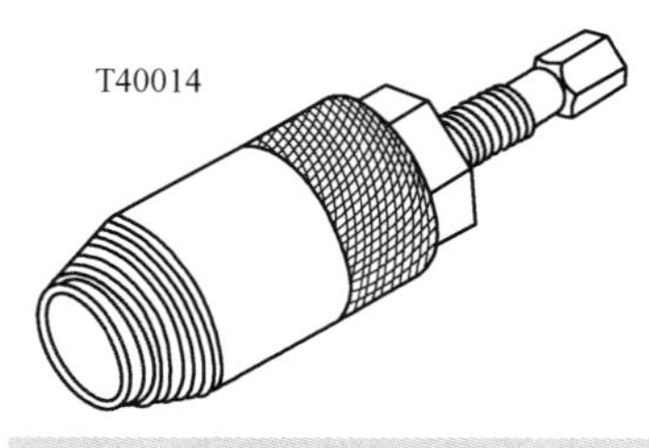

图 6-1-48 密封环拉拔器 T40014

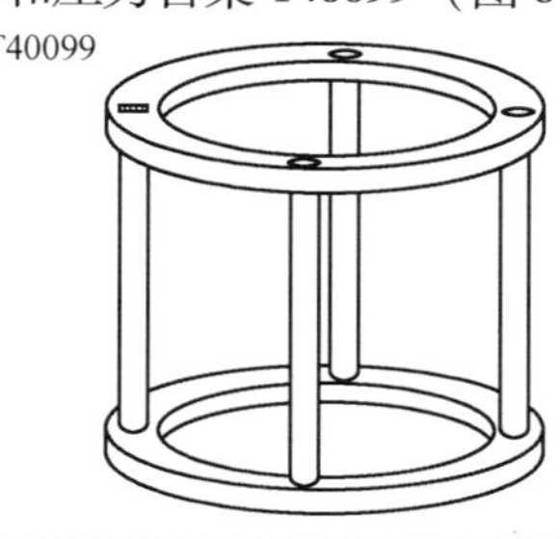

图 6-1-49 压力台架 T40099

（2）拆卸

在输入轴已拆下的情况下，进行如下操作：

1）向上拉出油管，以避免损坏油管。

2）如图6-1-50中箭头所示，检查压力台架T40099的8个螺栓。螺栓必须用25N·m的力矩拧入。

3）将输入轴放入压力台架T40099内，用手将密封环拉拔器T40014拧入输入轴密封环内，直至此工具牢固地卡入轴密封环内，然后用开口扳手拧紧此工具。

4）如图6-1-51中箭头所示，拧入后部螺栓即可将轴密封环拉出一部分。

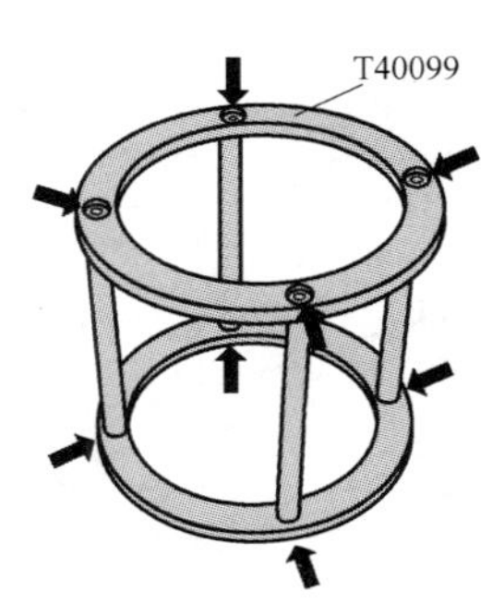

图6-1-50 检查压力台架T40099的8个螺栓

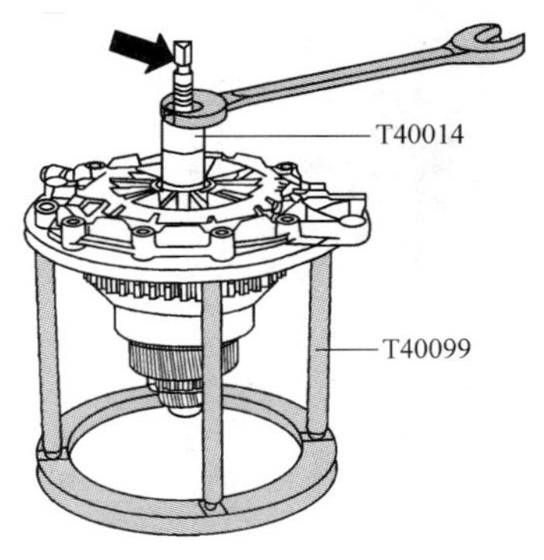

图6-1-51 拧入后部螺栓

5）用开口扳手固定住，使密封环拉拔器T40014重新又牢固地卡入轴密封环内，拧入螺栓继续拉出轴密封环。重复这一过程，直至轴密封环完全拉出。

6）如图6-1-52所示，拆下输入轴盖板卡环A，测量并记录拆下的卡环厚度。安装时必须用同样厚度的新卡环替代旧卡环。

7）清洁盖板密封面，如图6-1-53中箭头所示。

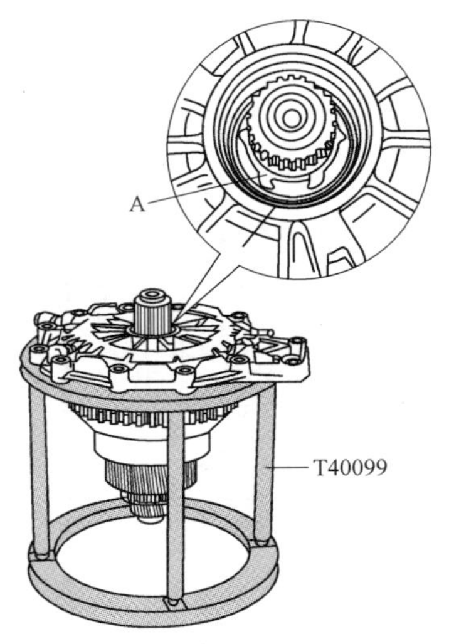

图6-1-52 拆下输入轴盖板卡环

A—卡环

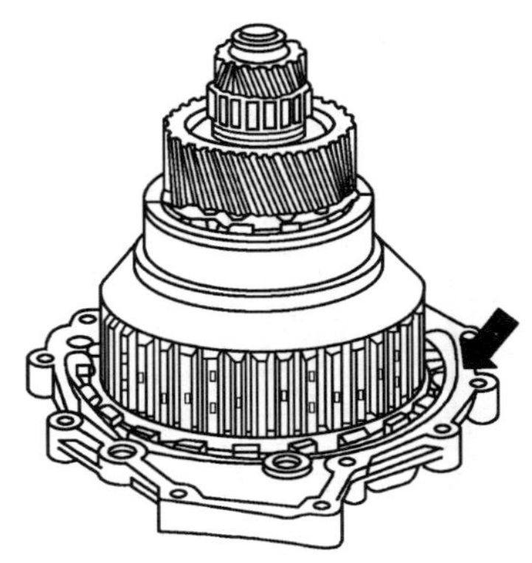

图6-1-53 清洁盖板密封面

8）图 6-1-54 为输入轴剖视图。用冰雾喷剂对输入轴进行冷却，以使盖板及球轴承 2 容易压出。

9）清洁压力台架 T40099 的表面，将输入轴放入压力台架 T40099 内。输入轴的密封面必须平齐，保持输入轴密封面和压力台架 T40099 表面之间的清洁。

10）另外从外面用冰雾喷剂冷却轴，如图 6-1-55 中箭头所示，以使盖板及轴承较易压出，从而不易损坏。

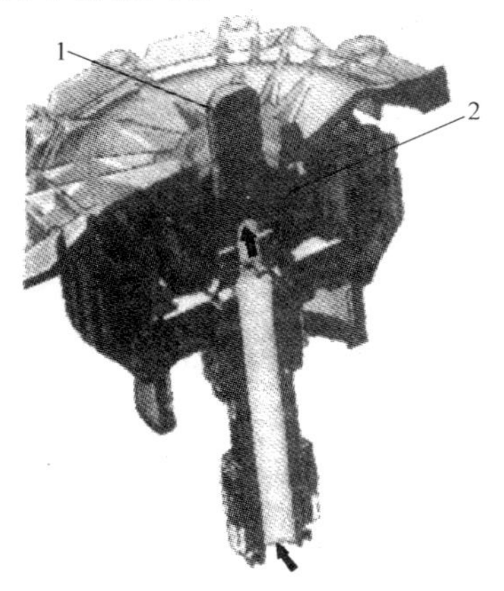

图 6-1-54 输入轴剖视图
1—内部空心 2—轴承

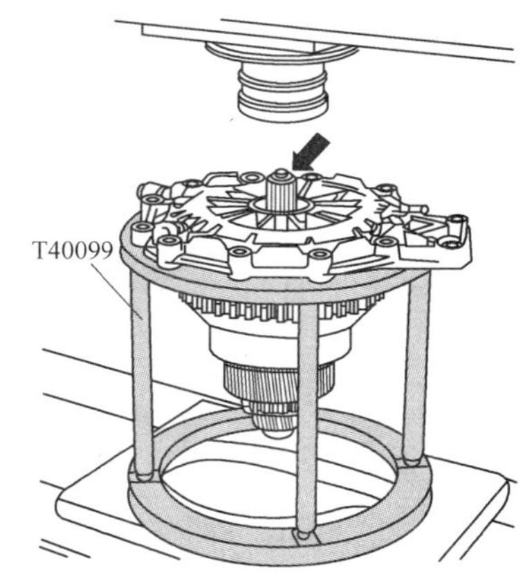

图 6-1-55 从外面用冰雾喷剂冷却轴

11）将输入轴连同压力台架 T40099 一起放到液压压力机的压板上。压力台架 T40099 应尽可能大面积地平放在液压压力机上。

12）从下面固定住轴，同时用液压压力机将轴从盖板上压出，如图 6-1-56 所示。

13）将输入轴放置在装配工具 T10219/1 上。

（3）安装

1）将轴承装入输入轴的盖板中，如图 6-1-57 所示。

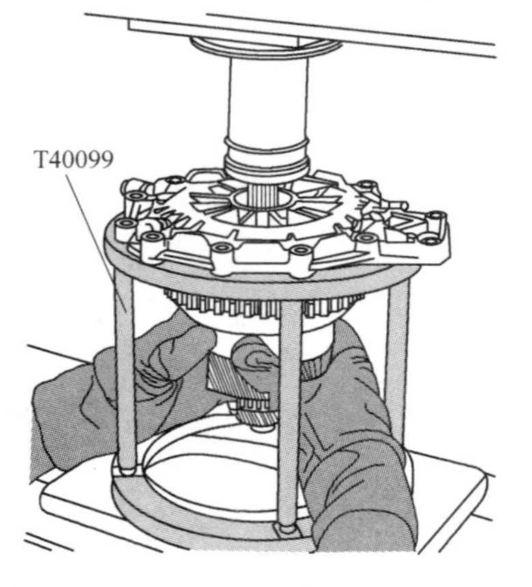

图 6-1-56 用液压压力机将轴从盖板上压出

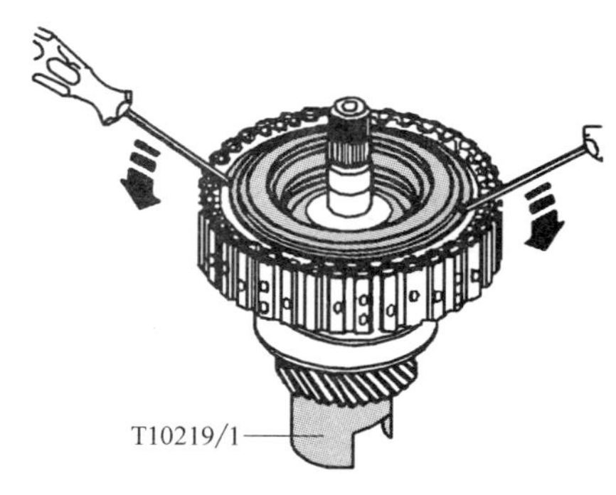

图 6-1-57 将轴承装入输入轴

2）将输入轴盖板安装在输入轴上，用手尽可能往上压，如图 6-1-58 所示。

3）将输入轴放在压板 VW401 上。

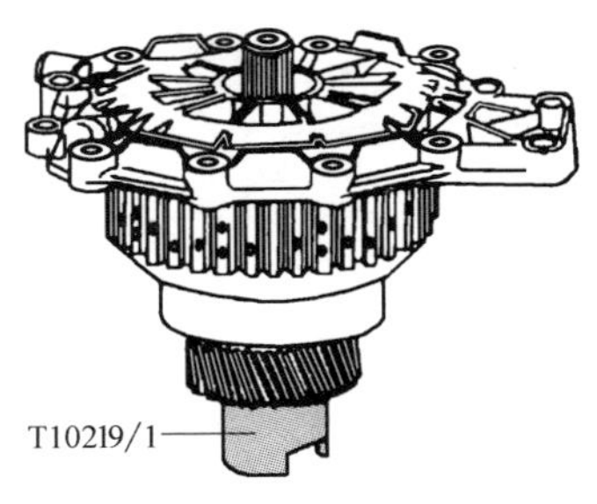

图 6-1-58 将输入轴盖板安装在输入轴上

注意：

将输入轴平直且以对中的方式放入液压压力机的压杆下面，否则在压上盖板时输入轴会翻到一侧。

4）用液压压力机将输入轴盖板 A 与管件 VW416b 按压到输入轴上，直至极限位置，如图 6-1-59 所示。

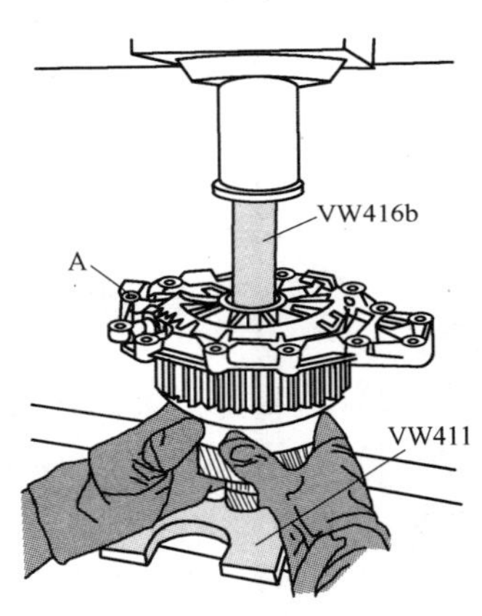

图 6-1-59 将输入轴盖板 A 与管件按压到输入轴上

5）安装输入轴盖板卡环。在安装时，必须用同样厚度的新卡环替代旧卡环 A，如图 6-1-60 所示。安装时，检查卡环的位置是否正确。

6）安装油管

① 判断自动变速器组件的磨损程度。更换油管上的 O 形环 2，如图 6-1-61 所示。油管与 O 形环 2 事先压在输入轴上，必须能感觉到油管卡止，油管上的转子叶片（箭头 A）必须全部在输入轴上。

② 将油管压在输入轴上直至下面的极限位置。在完全插装上油管后，末端至输入轴的尺寸约为 11.5mm。若尺寸较小，则可能是油管损坏，因为油管压入过深，造成末端破损；若尺寸较大，则说明压入深度不够。

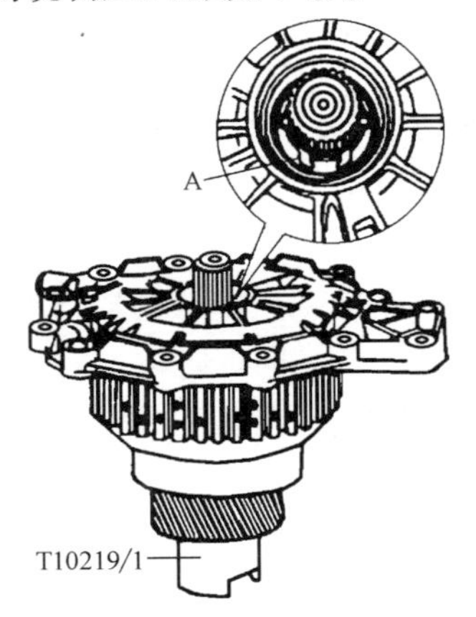

图 6-1-60 安装输入轴盖板卡环

A—卡环

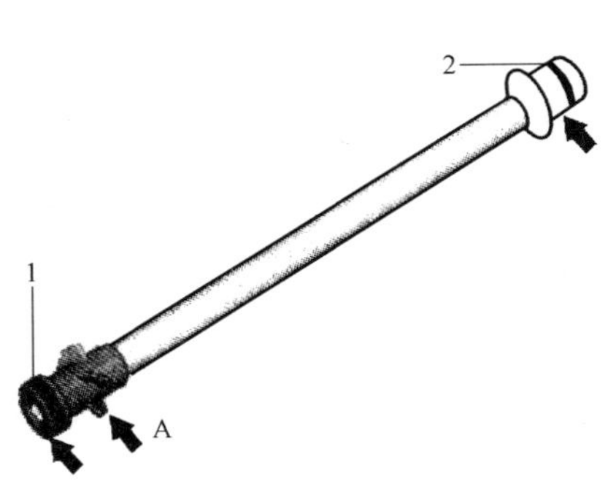

图 6-1-61 安装油管

1—卡环 2—O 形环

6. 将球轴承装入输入轴的盖板中

输入轴盖板结构如图 6-1-62 所示。

（1）拆卸

1）拆下卡环 A，如图 6-1-63 所示。

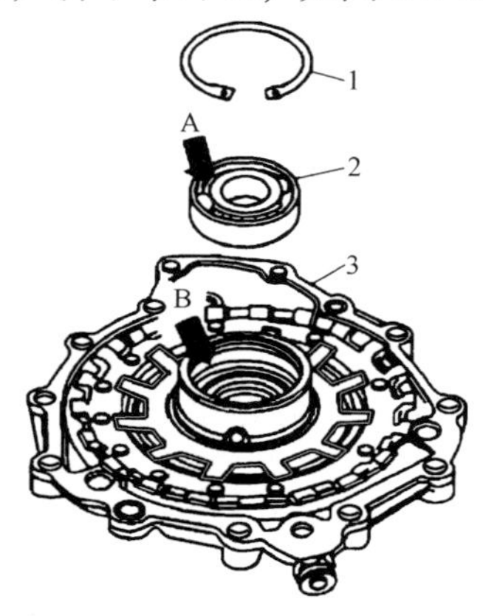

图 6-1-62　输入轴盖板结构
1—卡环（测量并每次都要更新）
2—轴承（每次都要更新）
3—输入轴盖板

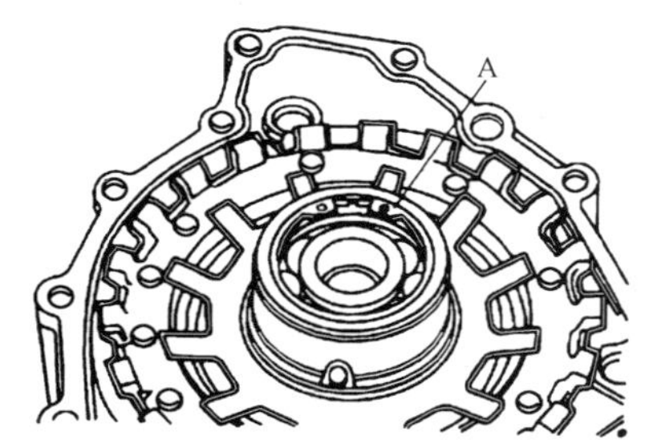

图 6-1-63　拆下卡环
A—卡环

2）测量并记录拆下的卡环厚度。注意在安装时必须用同样厚度的新卡环替代旧卡环。

3）将输入轴盖板 1 放在压力台架 T40099 上并放置在液压压力机下面，如图 6-1-64 所示。

4）用管件 VW 416b 将轴承从输入轴盖板内压出，如图 6-1-64 所示。

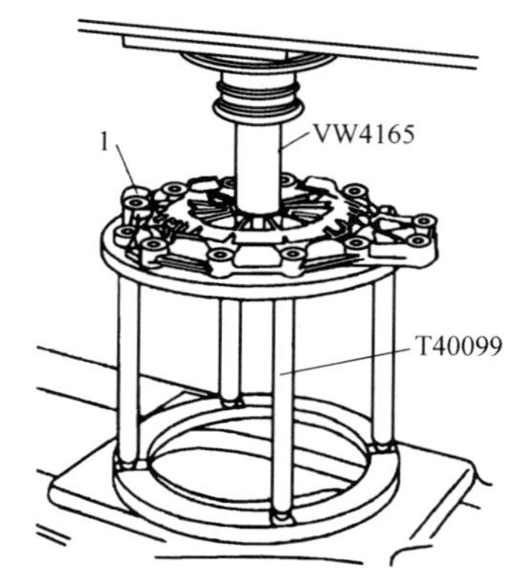

图 6-1-64　将轴承从输入轴盖板内压出
1—输入轴盖板

（2）安装

1）检查盖板密封面和盖板有无损坏。

2）密封面的表面不允许有损坏，输入轴盖板不允许有断裂或裂纹。如密封面或盖板已损坏，则更换输入轴盖板。

3）如密封面和盖板没有损坏，需更换球轴承。

首先清洁盖板内的滚珠轴承座，并注意球轴承的位置；球轴承的护圈必须向下指向盖板的方向。

球轴承的开口一侧必须指向上方，在安装轴承时必须能看到卡环槽露出，若球轴承安装错误，则可能干扰行驶过程，随后有可能损坏自动变速器。

4）将滚珠轴承齐平装上，同时用手尽可能压入。

5）将输入轴盖板放在WV401上，用管件2010将滚珠轴承压到极限位置，如图6-1-65所示。

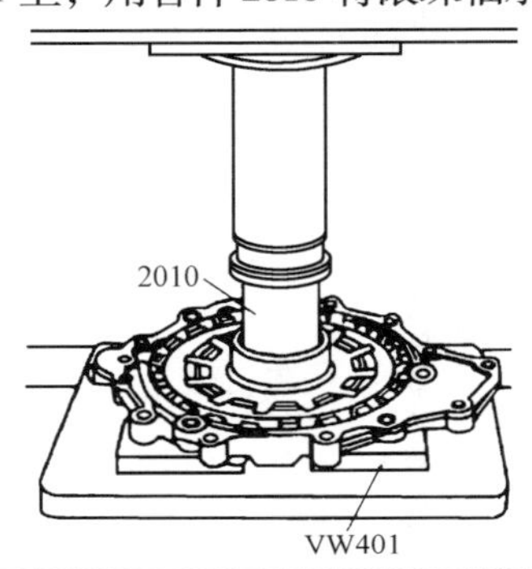

图6-1-65 将滚珠轴承压到极限位置

6）在安装时，必须用同样厚度的新卡环替代旧卡环。

7）检查卡环的位置是否正确，必要时重新再压一下滚珠轴承或使用较薄的卡环。

7. 用摩擦片修理输入轴

注意：

摩擦片的数量应与要求一致，若用错误数量的摩擦片修理会造成车辆输入轴损坏。

（1）用7个摩擦片修理的自动变速器

该自动变速器与4缸1.9L TDI发动机、4缸2.0L TDI发动机、6缸2.5L TDI发动机、6缸3.0L MPI汽油发动机和6缸3.2L FSI汽油发动机配套使用。

（2）用6个摩擦片修理的自动变速器

该自动变速器与所有其他的发动机配套使用。

8. 带7个摩擦片的输入轴结构图

带7个摩擦片的输入轴结构图如图6-1-66所示。

（1）拆装需要用到的专用工具、检测仪器以及辅助工具

拆装需要用到的专用工具、检测仪器以及辅助工具有压板VW401、密封环拉拔器T40014、装配工具T10219/1、管件2010、管件VW416b、压力台架T40099、两把直尺T40100、4个量块T40101、用于带7个摩擦片输入轴的两个塞尺T40102，数字式深度游标卡尺、V. A. S6087及冰雾喷剂，如图6-1-67所示。

（2）拆解输入轴

在自动变速器已拆下的情况下拆装输入轴。

1）拆下输入轴。从输入轴上拆下输入轴盖板，放置在装配工具T10219/1上。

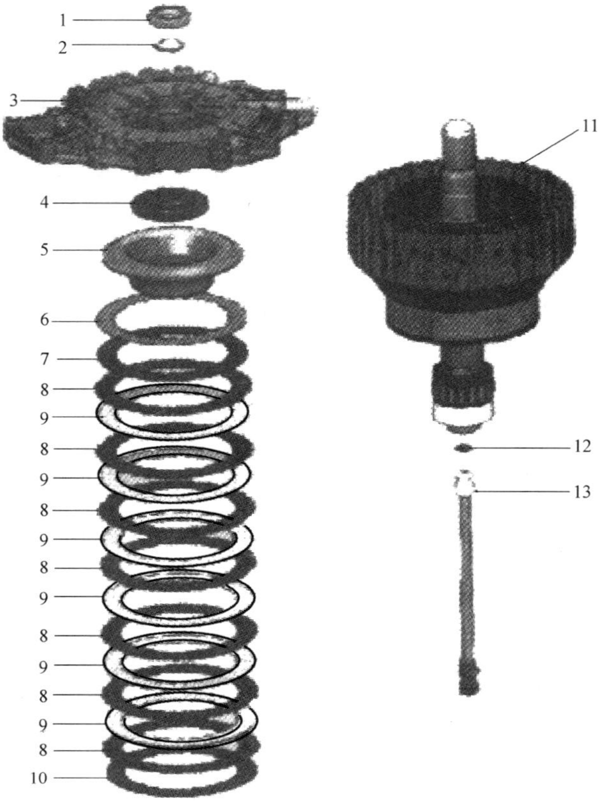

图 6-1-66 带 7 个摩擦片的输入轴结构

1—输入轴密封环 2—输入轴盖板卡环 3—输入轴盖板 4—活塞 5—压盘 6—波形弹簧垫圈 7—上部调整摩擦片 8—摩擦片（7 件） 9—外摩擦片（6 件） 10—下部调整摩擦片 11—输入轴液压缸 12—O 形环 13—油管

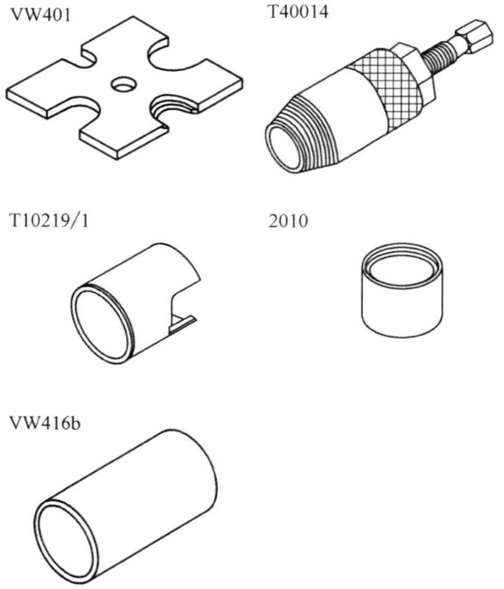

图 6-1-67 需要用到的部分专用工具、检测仪器以及辅助工具

2）用两把螺钉旋具小心地抬高压板及活塞。注意压板和活塞的内侧工作面（箭头 C）或密封面（箭头 A）在拆卸和安装轴时不允许触碰，如图 6-1-68 所示。

3）将压板 1 和活塞 2 小心地向上放到轴 3 上方，如图 6-1-69 所示。同时压板 1 和活塞 2 的内侧工作面不允许与轴接触。

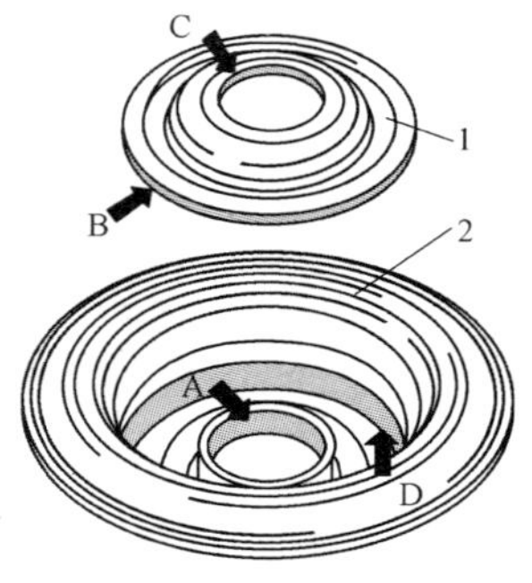

图 6-1-68 作面、密封面与轴不允许接触

1—活塞 2—压板

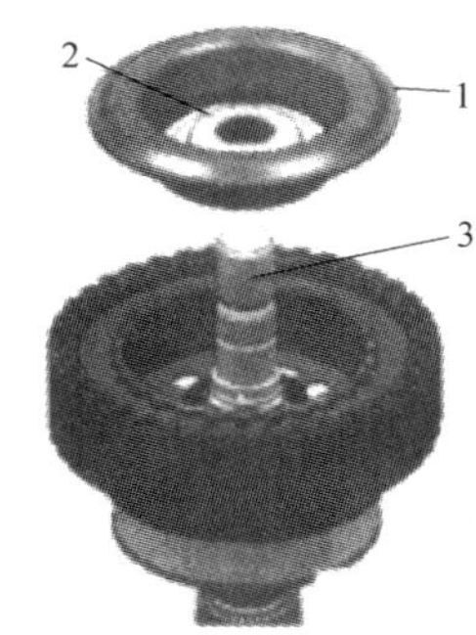

图 6-1-69 将压板和活塞向上放到轴上方

1—压板 2—活塞 3—轴

（3）拆卸摩擦片组

摩擦片组的拆卸如图 6-1-70 所示。

1）取下波形弹簧垫片 5。

2）从输入轴液压缸 A 中取出上面的调整摩擦片 4。

3）测量调整摩擦片 4 的厚度并将值记录下来。

4）从输入轴油缸 A 中取出所有摩擦片 2 和外摩擦片 3。旧式的输入轴只安装了 6 个摩擦片和 5 个外摩擦片，它们必须用带有 7 个摩擦片和 6 个外摩擦片的新摩擦片组来替换。

5）从输入轴液压缸 A 上取出最下面的调整摩擦片 1。

6）测量调整摩擦片 1 的厚度并将值记录下来。

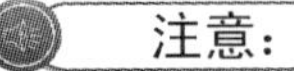
注意：

所有使用过的调整摩擦片、外摩擦片和摩擦片都必须更换，不允许再次安装，否则无法保证输入轴的功能。波形弹簧垫片可以重新使用。

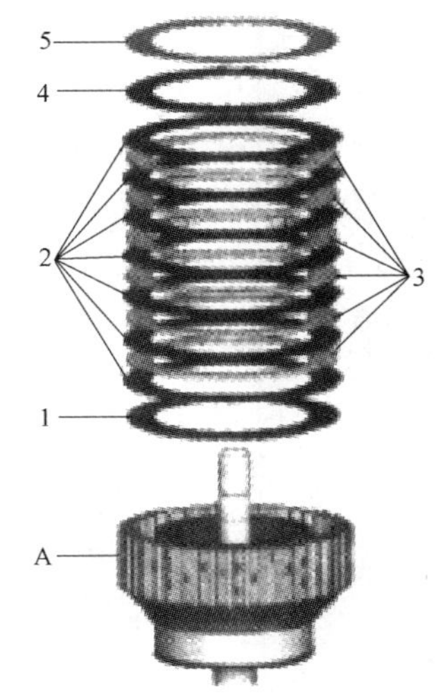

图 6-1-70 拆卸摩擦片组
1、4—调整摩擦片 2—摩擦片
3—外摩擦片 5—波形弹簧垫片

（4）组装输入轴

1）更换输入轴盖板内的球轴承。

2）调整输入轴并确定间隙。

3）将输入轴放置在装配工具 T10219/1 上。如图 6-1-71 所示。

4）将确定的下部调整摩擦片 1 装入输入轴液压缸 A。

5）现在交替地以相同的定向分别安装一个衬面摩擦片 2（7 件）和一个外摩擦片 3（6 件，厚度 1.9mm），如图 6-1-72 所示。

（5）摩擦片对准

注意：

摩擦片必须对准安装，即没有外齿的部位必须始终相互重叠。只有按此方法进行调整才正确，必要时为了安装时对准，必须在液压缸上作标记。

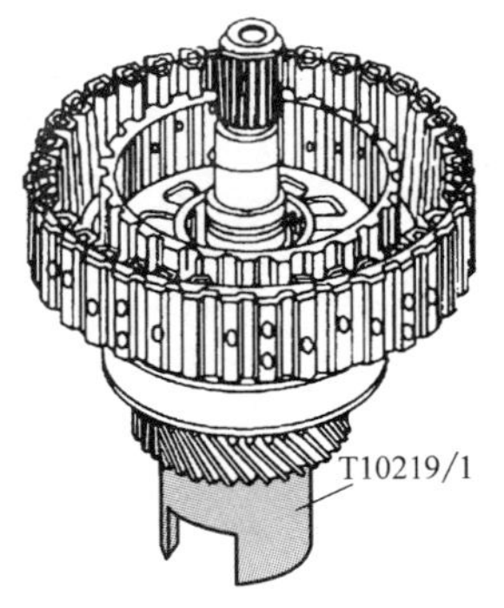

图 6-1-71 将输入轴放置在装配工具上

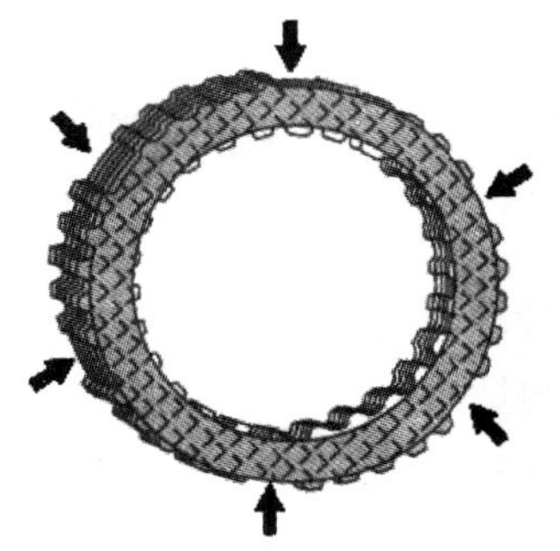
图 6-1-72 摩擦片必须对准安装

1）将确定的下部调整摩擦片 4 装入输入轴油缸 A。

2）最后安装波形弹簧垫片 5，如图 6-1-70 所示。

3）如图 6-1-68 所示，将活塞 1 压入压板 2 到极限位置。

4）如图 6-1-69 所示，将压板 1 和活塞 2 小心地向下放到轴 3 上方。同时压板 1 和活塞 2 的内侧工作面不允许与轴接触。

5）将压板和活塞均匀地压入输入轴直至极限位置。

（6）用塞尺 T40102 检查间隙

1）如图 6-1-73 所示，将两个塞尺 T40102 放入压板 A 下面。

2）用管件 VW416b 向下按压压板 A 至极限位置。

3）将两把塞尺 T40102 沿箭头方向呈圆形地在压板下面来回移动。两把塞尺 T40102 不允许歪斜；必须检查整个圆形面；两把塞尺 T40102 必须移动平顺，没有任何微小的阻力。若塞尺 T40102 以箭头方向移动时有阻力，则重新进行输入轴的调整。

注意：

必须要通过塞尺 T40102 检查间隙，否则自动变速器会在重新安装之后出现起动困难。

4）若塞尺 T40102 以箭头方向移动时未受阻，则依次安装输入轴、输入轴盖板、输入轴密封环 A（图 6-1-74），并加注 ATF。

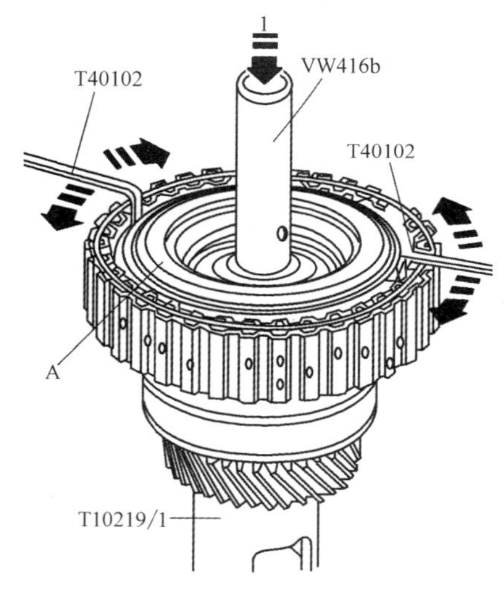

图 6-1-73 用塞尺 T40102 检查间隙

图 6-1-74 安装输入轴、输入轴盖板、输入轴密封环
A—密封环

9. 通过确定间隙用 7 个摩擦片调整输入轴

（1）测量离合器

确定离合器从最上面的调整垫片到轴上接合环（压板接合面）间的间距 K。波形弹簧垫片 1 安装在摩擦片组下面，以便于测量间距，如图 6-1-75 所示。

1）将输入轴放在装配工具 T10219/1 上，如图 6-1-71 所示。

2）如图 6-1-76 所示，将与旧的调整摩擦片有相同厚度的新的下部调整摩擦片 1 装入输入轴油缸 A。

图 6-1-75 安装摩擦片组间距 *K*
1—波形弹簧垫片

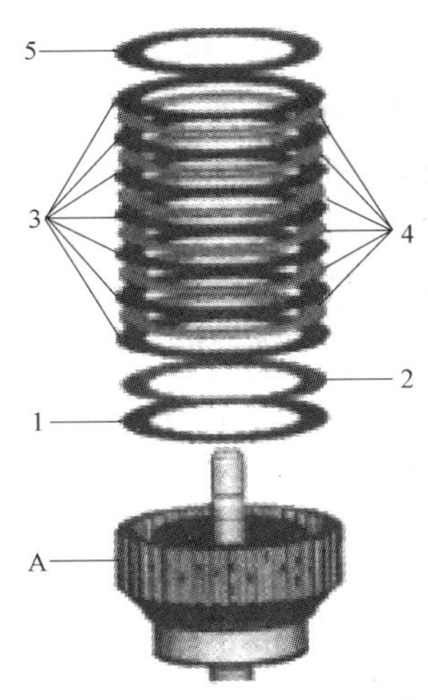

图 6-1-76 安装摩擦片组
1—下部调整摩擦片 2—波形弹簧垫片 3—衬面摩擦片 4—外摩擦片 5—上部调整摩擦片

3）安装波形弹簧垫片 2，波形弹簧垫片只是为了测量才安装在下面，在装配时应重新安装在最上面部位。

4）交替地分别安装一个衬面摩擦片 3（7 件）和一个外摩擦片 4（6 件，厚度 1. 9mm）。

5）最后将与旧的调整摩擦片有相同厚度的新的上部调整摩擦片 5 装入输入轴，如图 6-1-76 所示。

6）将 4 个量块 T40101 放在上面的调整摩擦片上，如图 6-1-77 所示。

7）在每两个量块 T40101 上面的中心位置处放上一把直尺 T40100，如图 6-1-78 所示。

8）用数字式深度游标卡尺 V. A. S 6087 测量调整摩擦片并记录测量值 *A*，如图 6-1-79 所示。测量时数字式深度游标卡尺 V. A. S 6087 必须平靠在两把直尺 T40100 上。

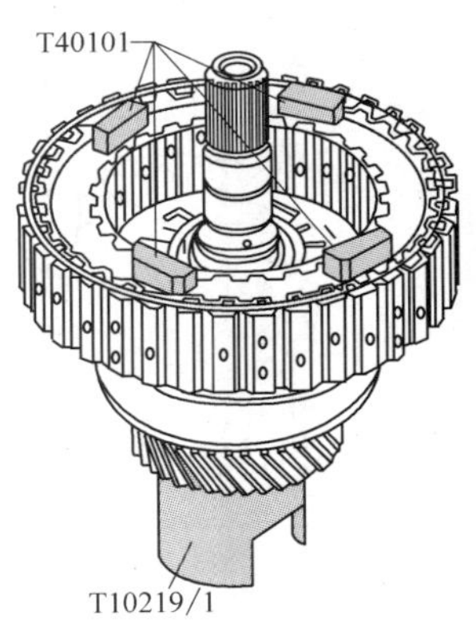

图 6-1-77 将 4 个量块 T40101 放在上面

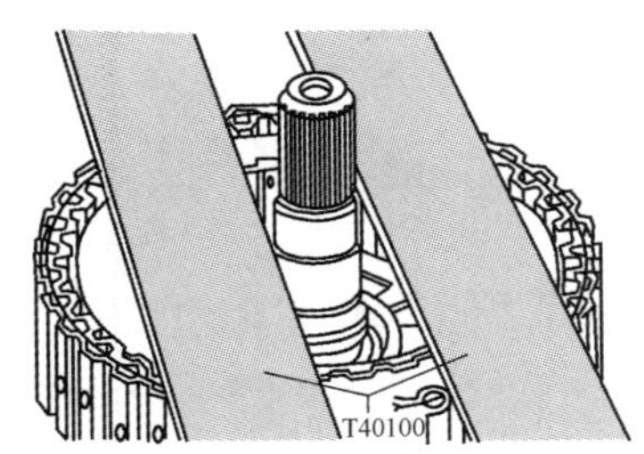

图 6-1-78 在每 2 个量块放上一把直尺

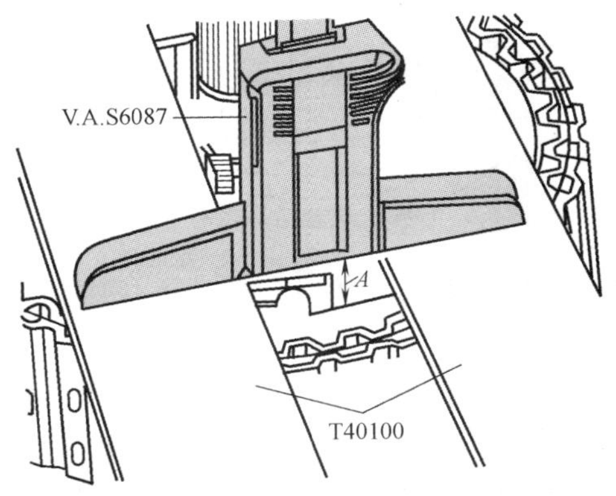

图 6-1-79 测量调整摩擦片并记录测量值 *A*

9）用数字式深度游标卡尺 V. A. S6087 测量轴上的接合环（压板的接合面）并记录测量值 B，如图 6-1-80 所示。

10）将两个测量值 B 和 A 相减，$B-A$ 即为离合器的间距 K。波形弹簧垫片 1 安装在摩擦片组下面用于测量，如图 6-1-75 所示。

11）在输入轴另一侧重复测量，按同样的方法算出离合器间距 K。

12）将 4 个量块 T40101 和两把直尺 T40100 在输入轴上部错位 90°，重复测量。

13）根据确定的 4 个离合器间距 K 求出平均值 M_K。

（2）测量压板

1）首先检查压板有无损坏，必要时更换。翻转压板，将它放置在平整且干净的表面上。

2）将两个量块 T40101 放在已清洁过的压板工作面上，如图 6-1-81 所示。量块 T40101 必须整个表面贴在干净的工作面上，不允许靠在边缘上。

3）将直尺 T40100 放在量块 T40101 的中心。用数字式深度游标卡尺 V. A. S6087 测量上面的工作面并记录测量值 A，如图 6-1-82 所示。

4）用数字式深度游标卡尺 V. A. S6087 测量下面的工作面并记录测量值 B，如图 6-1-83 所示。

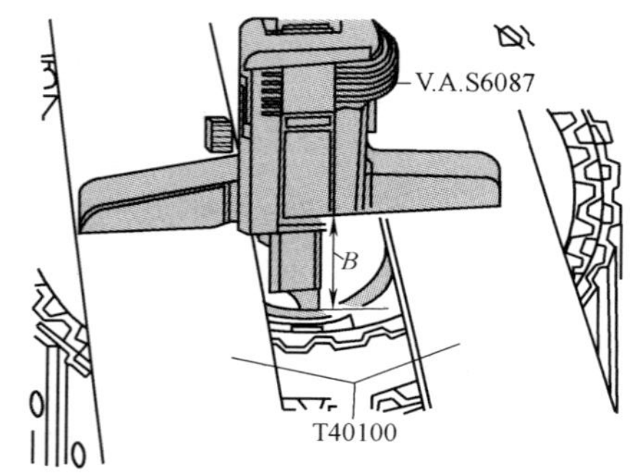

图 6-1-80 测量轴上接合环并记录测量值 B

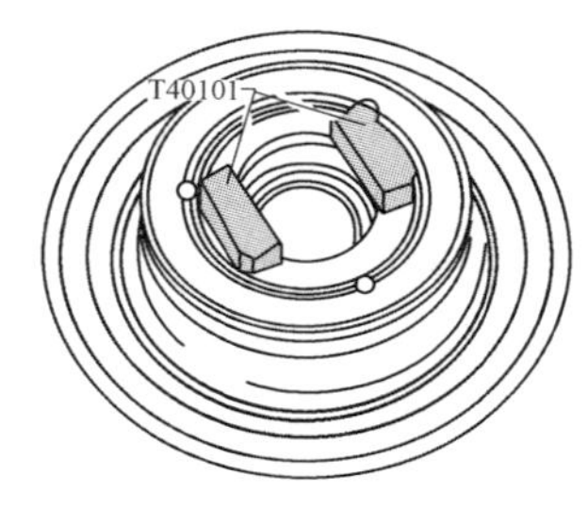

图 6-1-81 将两个量块放在工作面上

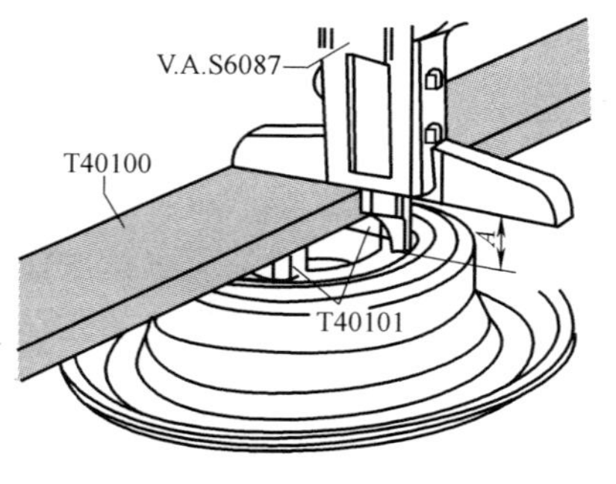

图 6-1-82 测量上面的工作面并记录测量值 A

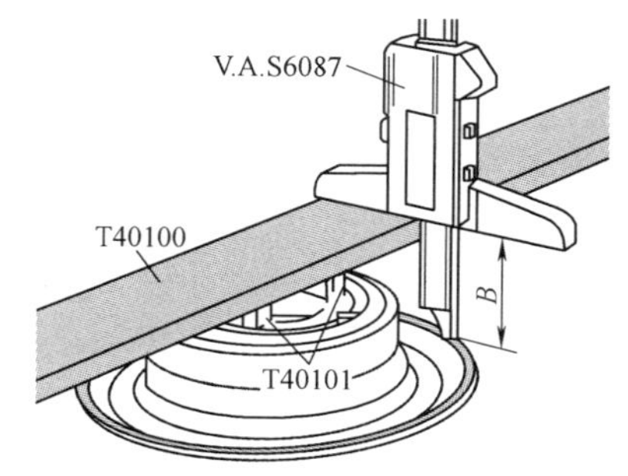

图 6-1-83 测量下面的工作面并记录测量值 B

5）将这两个测量值 B 和 A 相减，得出压板上两个工作面之间的距离 D，即 $B-A=D$。

6）将压板分别错位 120°，重复测量其他两个位置。

7）根据 3 个测量值求出压板的平均值 M_D。

（3）确定间隙见表 6-1-3。

表 6-1-3 按照以下计算方法确定间隙

	压板的平均值 M_D（数字 1 + 数字 2 + 数字 3）/3
—	离合器测量的平均值 M_K（数字 1 + 数字 2 + 数字 3 + 数字 4）/4
=	间隙

（4）下步操作

1）若未达到标准值，其操作如下：

① 测得数值过小。相应地放入较薄的调整摩擦片，必要时还需更换下面的调整摩擦片。在安装好新的调整摩擦片之后再检查间隙。

② 测得数值过大。相应地放入较厚的调整摩擦片，必要时还需更换下面的调整摩擦片。在安装好新的调整摩擦片之后再检查间隙。

可用的调整摩擦片分别为 1.90mm、2.15mm、2.65mm、2.90mm、3.15mm。间隙可通过上下调整摩擦片进行调整。

2）若达到标准值，其操作如下：

① 从输入轴液压缸 A 中取出所有的调整摩擦片、摩擦片、外摩擦片和波形弹簧垫片 5、4、3、2、1，如图 6-1-76 所示。

注意：

为了调整输入轴，波形弹簧垫片 2 只允许安装在下面的调整摩擦片 1 的上面，在组装输入轴时，波形弹簧垫片还是安装在最上面位置。

② 组装输入轴。

a. 输入轴的磨损评定。输入轴的结构如前图 6-1-66 所示。

ⓐ 检查活塞 4 和压盘 5 的磨损情况。

ⓑ 检查输入轴液压缸的工作面和密封面有无磨损，检查摩擦片造成的磨损痕迹。

ⓒ 检查油管 13 的磨损情况。

b. 对活塞和压板进行磨损检查

ⓐ 如图 6-1-68 所示，从压板 2 上拔出活塞 1。

ⓑ 检查压板的工作面或密封面有无磨损。若工作面或密封面（箭头 A）有凹槽、划伤或弯折磨合痕迹，则须更换压板 2；若工作面或密封面（箭头 D）有凹槽、划伤或弯折磨合痕迹，则须更换压扳 2 和活塞 1。

ⓒ 检查活塞 1 外圈上的密封环有无损伤，见箭头 B。检查轴上活塞 1 内圈上的工作面，见箭头 C。

若密封环已损坏，或者活塞的工作面有凹槽、划伤或弯折磨合痕迹或因磨损而导致的厚度不均匀，则须更换活塞 1。

c. 检查输入轴液压缸的工作面和密封面有无磨损

ⓐ 检查输入轴的工作面或密封面有无磨损，如图 6-1-84 中箭头 A 所示。

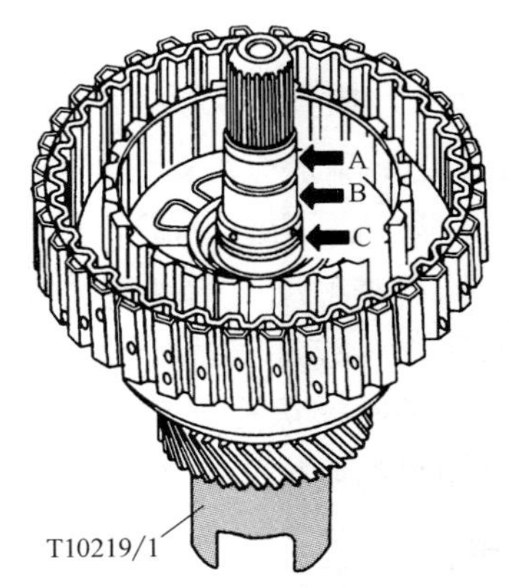

图 6-1-84 检查工作面有无磨损

注意：

因轴密封环而产生的轻微的磨合痕迹是正常的。

ⓑ 检查输入轴盖板内的滚珠轴承工作面有无磨损，如图 6-1-84 中箭头 B 所示。

ⓒ 检查轴上的密封环有无磨损，如图 6-1-84 中箭头 C 所示。

若密封环磨损或者轴上的工作面有严重的磨合痕迹或凹槽，则必须更换整个输入轴。

d. 检查输入轴液压缸内圈上有无因磨损而出现磨合痕迹

检查输入轴液压缸内圈上有无因磨损而出现磨合痕迹，如图 6-1-85 中箭头所示。若输入轴油缸内圈上摩擦片有磨合痕迹，则须更换整个输入轴。

e. 油管磨损评定

油管磨损评定如图 6-1-86 所示。

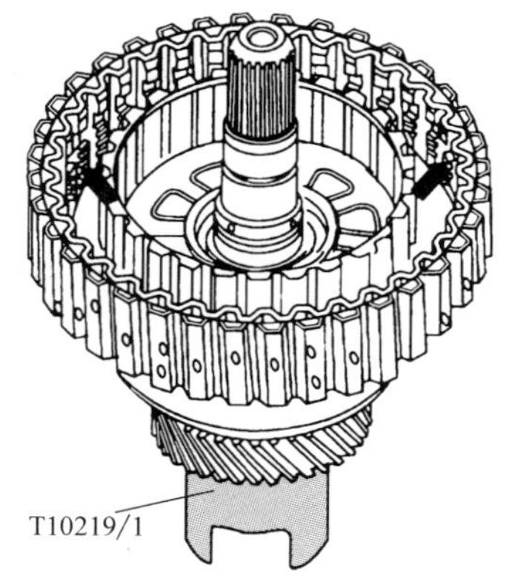

图 6-1-85 检查液压缸内圈上磨损痕迹

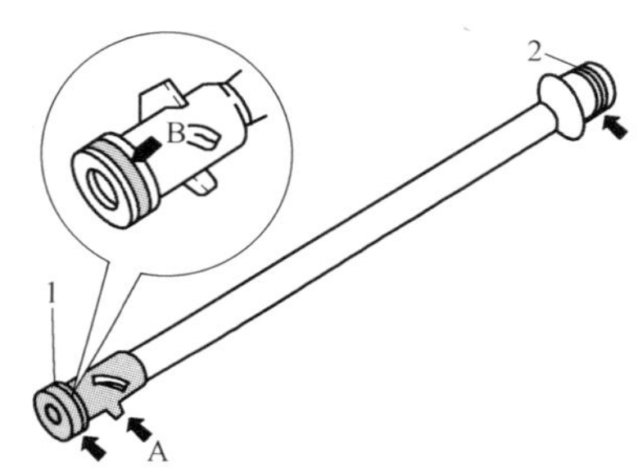

图 6-1-86 油管磨损评定
1—密封环 2—O 形环

ⓐ 检查油管上的密封环 1 有无损坏。密封环必须留有一个间隙（箭头 B）。若间隙完全没有了，则必须更换油管。

ⓑ 检查油管上的工作面和转子叶片（箭头 A）有无磨损、撕裂和损坏。若密封环 1 或转子叶片已损坏或者工作面上出现严重的磨合痕迹或凹槽，则须更换油管。O 形环 2 每次都必须更新。

3）检查引流泵中的油管工作面。

10. 射流泵的磨损判断

射流泵的磨损情况在输入轴已拆下的情况下检查。

检查射流泵的袖管工作面是否有磨痕、划伤或损坏，如图 6-1-87 中箭头所示。射流泵油管工作面上不允许出现明显的阶梯状的磨痕或划伤。若在整条油管的工作面上出现明显的阶梯状的磨痕或者损坏，则必须更新射流泵。

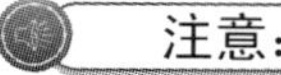

注意：

必须检查油管。

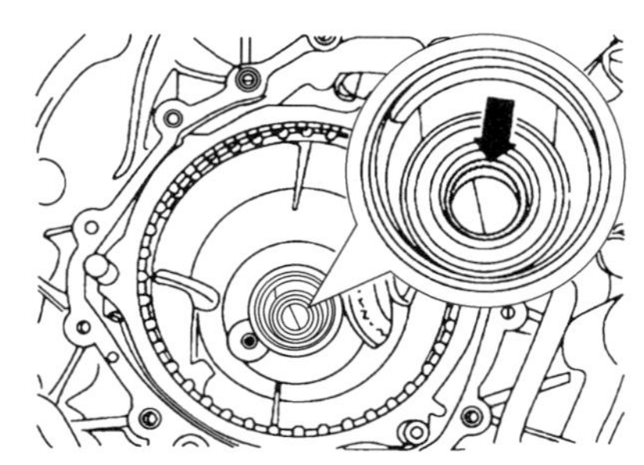

图 6-1-87 检查射流泵工作面

任务二 大众 DSG 自动变速器检修

一、DSG 自动变速器检修

案例链接（五）大众奥迪车系自动变速器出现动力中断

［经过］一辆 2008 款一汽大众迈腾 2.0T 轿车，搭载使用大众公司生产的 02E 型 6 速湿式双离合器控制变速器，简称 DSG 变速器，如图 6-2-1 所示。

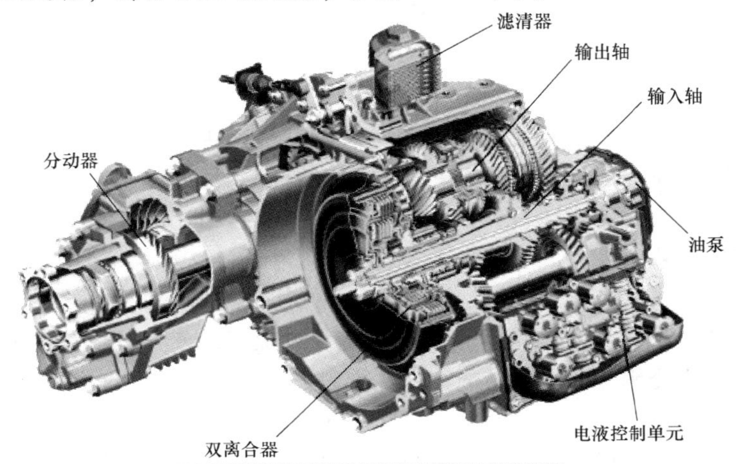

图 6-2-1 大众 02E 双离合器变速器

汽车高速行驶，在车速 120km/h 左右松抬加速踏板后再继续踩加速踏板时，出现动力中断现象，即发动机空转现象，变速器好像进入空档一样。有时在正常加速行驶时车速达到 120km/h 以上也会出现这样的问题。当出现故障时，只能靠边减速停车，停车后重新把变速杆挂入前进档位置或倒档位置，可还是不能行驶，但关断点火开关再次起动后又恢复正常，而且车速再次达到 120km/h 以上时故障现象也不会轻易出现。因此什么时间故障再现，根本没有任何规律，纯属偶发性故障。此故障的出现是很可怕的，如果车辆行驶在高速路上突然失去动力后，可能会存在较大的安全隐患，因此即使是偶发性的故障也需要及时解决。

［故障判断与排除］首先，要在了解该变速器的基本控制原理后才能作出相应的判断。02E 型 DSG 采用了两个离合器和 6 个前进档的传统齿轮变速器作为动力的传送部件，其中两个离合器取代了自动变速器的液力变矩器作为发动机的动力传输部件，因此也没有离合器踏板；而齿轮同步器则作为传动比切换变化的传输部件。

由此判定该故障的可能原因在于：

① 两个离合器突然停止工作。

② 所有齿轮同步器突然被切换到空档位置。根据这种偶发性的故障来分析机械方面的可能性几乎为零，很有可能跟整个电液控制有关。这样，接下来先简单了解一下双离合器的控制和换档控制，然后再作决定。

（1） 离合器控制

02E 变速器最主要的部位是双离合器及电液控制单元，特别是离合器的控制尤为重要。

02E 变速器的多片湿式双离合器是由电子液压控制系统来操控的。DSG 变速器的多片湿式双离合器的结构和液压式自动变速器中的离合器相似，但是尺寸要大很多。利用液压缸内的油压和活塞压紧离合器，油压的建立是由 ECU 指令电磁阀（N215 和 N216）来控制的，两个离合器的工作状态是相反的，在整个切换控制过程中采用重叠控制，但绝对不会发生两个离合器同时接合的情形，如图 6-2-2 所示。

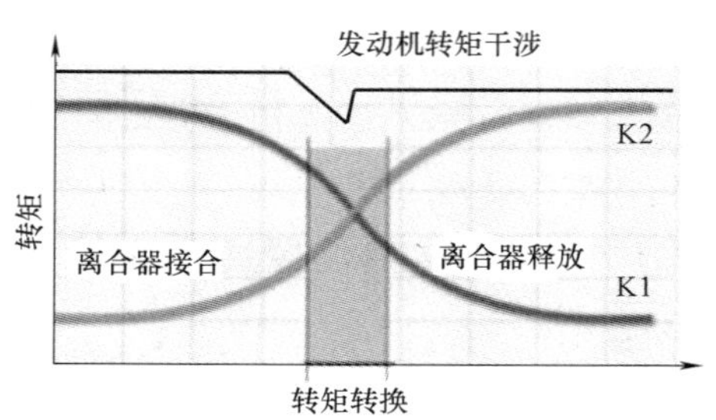

图 6-2-2 02E 双离合器控制原理坐标

双离合器除了具有交替重叠控制以外，还像奥迪 01J 型无级变速器所具有的“冷却控制”“过载保护控制”“安全切断控制”以及“匹配控制”等。

（2）换档控制

由于双离合器的使用，可以使变速器同时有两个档位在啮合，使换档操作更加快捷。因为这种变速器实际上跟传统的手动变速器没有太大的区别，大部分仍是机械齿轮传递，只不过同步器上的换档拨叉是由 ECU 通过指令电磁阀利用液压的方式来驱动，而且每一个换档拨叉上都有其位置传感器，因此，ECU 可以通过该传感器来感知其确切位置并作出相应的切换指令。

DSG 变速器的工作过程比较特别，在 1 档起步行驶时，离合器 K1 接合，通过输入轴 1 将动力传递到 1 档齿轮再输出到差速器。由于离合器 2 是分离的，这条路线实际上还没有动力在传输，是预先选好档位主要为接下来的升档做准备。当变速器进入 2 档后退出 1 档，同时 3 档预先接合，所以在 02E 变速器的工作过程中，总是有两个档位是接合的，一个正在工作，另一个则为下一步做好准备。如图 6-2-3 所示。

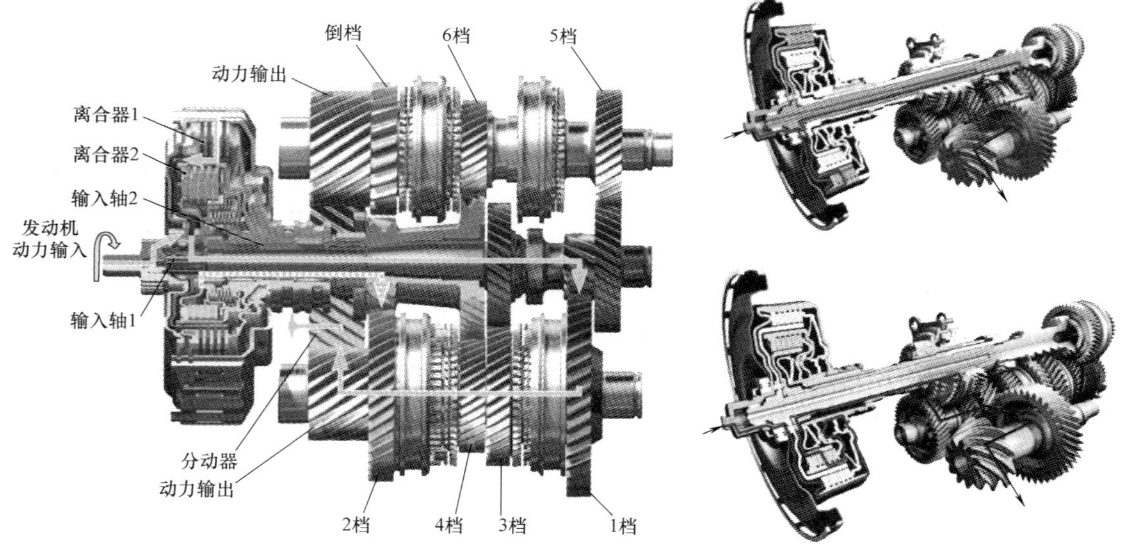

图 6-2-3 02E 变速器的工作过程

02E 变速器在降档时，同样有两个档位是接合的，如果 4 档正在工作，则 3 档作为预选档位而接合。02E 变速器的升档或降档是由 ECU 进行判断的，踩加速踏板时 ECU 判定为升档过程，作好升档准备；当踩制动踏板时，ECU判定为降档过程作好降档准备。换档拨叉是通过液压方式来驱动的，并由“锁止阀”来锁定其由液压驱动后的位置，防止两端无液压时自动退回空档位置。对02E双离合器控制变速器的控制原理了解后得知，该故障的形成绝对不会是因换档方面的原因，因为变速器的4个换档拨叉不会同时进入“N”位置。那么，能够导致车辆不能行驶的故障只能是连接发动机动力源的“离合器”或者是系统油压问题（系统主油压问题的可能性很小）。如果两个离合器都不参与工作，便会无动力输出，因此很有可能是电控系统启动了“安全切断”功能，当ECU通过监测离合器压力传感器的反馈信息的油压过高时（达到极限值时），ECU便切断到离合器的供油。

［案例小结］ 在02E双离合器控制变速器中的“安全切断”功能的主要表现是，当其中一个离合器压力传感器反馈给ECU的离合器压力过高时，便切断该离合器的油压，那么会通过另外一个离合器来完成动力传递，但车辆可能会以固定的档位仍然能够行驶。例如，监测离合器K1压力（K1压力由N215电磁阀来调节）传感器G193反馈给ECU过高油压信息时，ECU则激活安全控制电磁阀N233，以切断K1的供油，如图6-2-4所示。

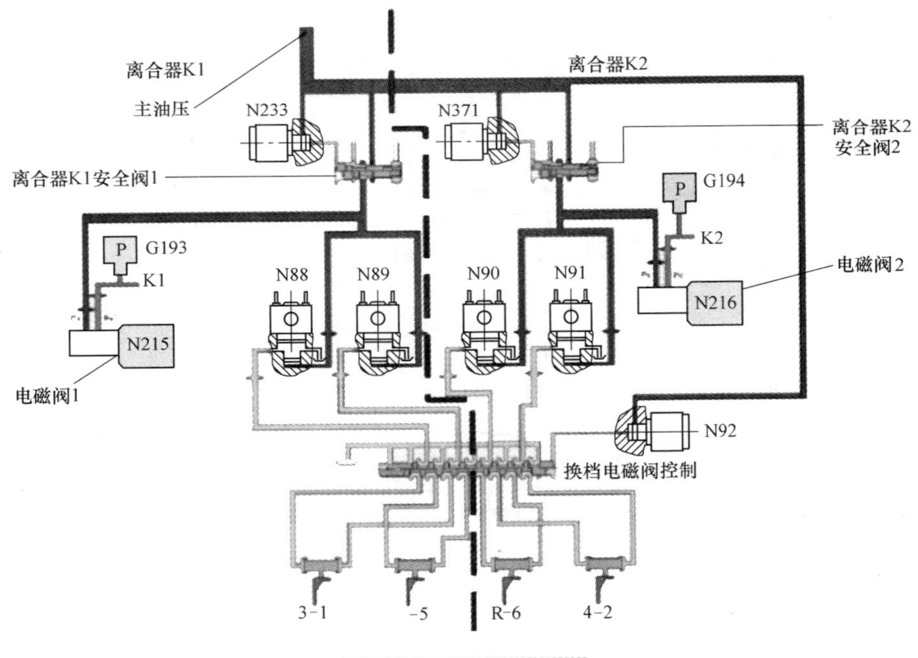

图6-2-4 安全切断阀

由于是偶发性故障，所以离合器自身应该不会存在问题，包括两个离合器的压力调控功能（N215和N216分别调控两个离合器K1和K2），同时两个油压传感器（G193、G194）几乎不可能同时反馈错误的高油压信息。因此问题就逐渐缩小在电液控制方面。

DSG自动变速器检测与诊断方法与大众自动变速器的检测与诊断技术相同，这里就不再重复。

变速器换档、离合器接合、变速器油的冷却、油压调节和安全保护。至此，最后决定需要更换电液控制单元总成，如图6-2-5、图6-2-6、图6-2-7所示。更换后通过匹配学习，故障排除。

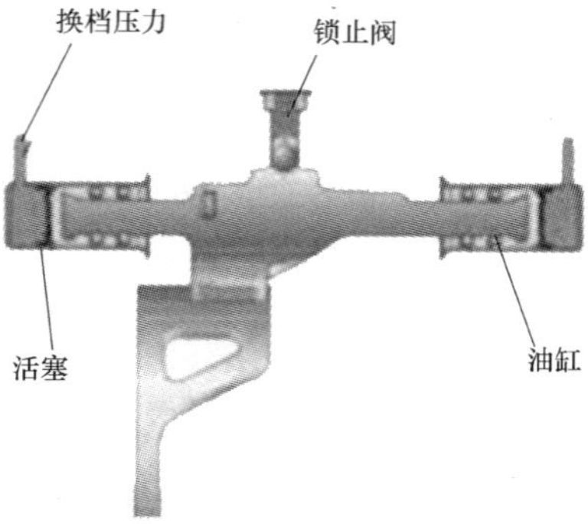

图 6-2-5 换档拨叉的工作原理

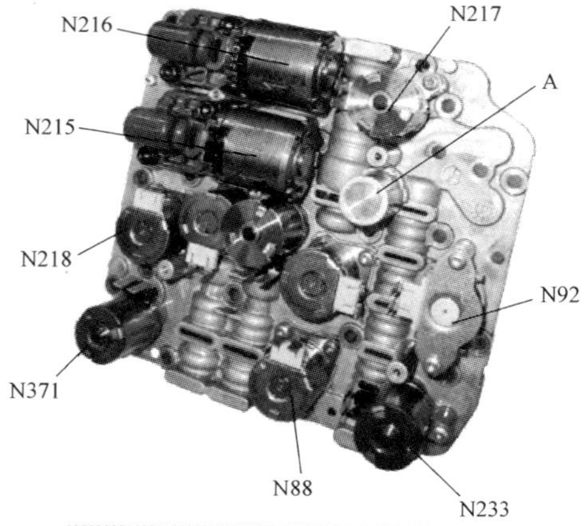

图 6-2-6 02E 电液控制单元实物

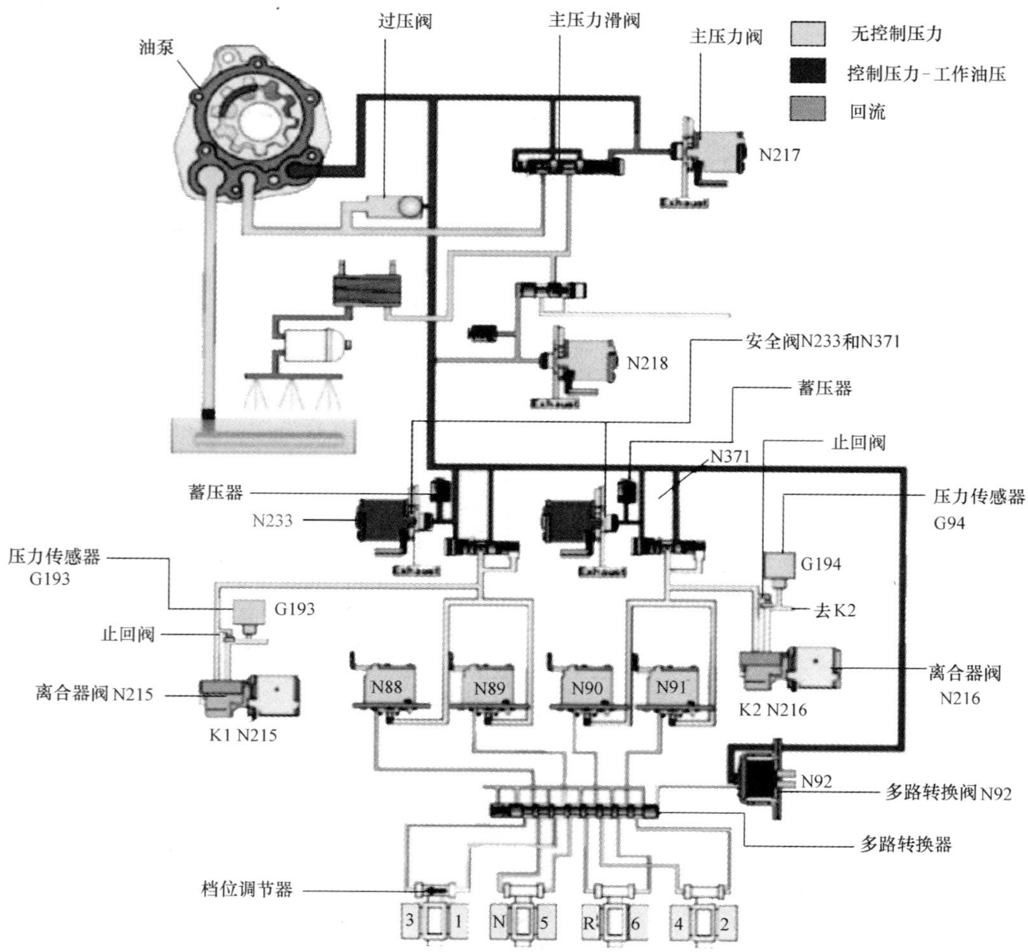

图 6-2-7 02E 双离合器控制变速器油路图

1. DSG 自动变速器

近年来，大众、沃尔沃、宝马、保时捷、奔驰等欧系车的巨头们开始猛推 DSG，其市场呼声越来越高。尤其是大众，无论是高端豪华品牌奥迪 Q5，还是中高级车型迈腾、速腾、高尔夫、尚酷等车型均搭载了 DSG，并宣布将全面“DSG 化”。DSG 到底有何独特魅力，而吸引众多以技术见长的欧系车的巨头们的青睐？据大众技术开发部相关负责人介绍，DSG 最早起源于赛车运动，经过大众汽车集团的全新研发和改进，巧妙地将手动变速器的灵活性、经济性与传统自动变速器的方便性、舒适性接合在一起，使其成为目前世界上最先进的智能变速器，并且成功地应用在了普通轿车上。其换档耗时不到 0.3s，而 F1 车手的最快换档时间也要 0.5s，因此 DSG 的换档动作迅速而平顺，瞬间完成，不产生动力间断。德国大众自 2003 年起量产，立刻受到市场的欢迎。截至目前，全球搭载 DSG 的车型已接近 200 万辆，其市场前景一片光明。

DSG 的优点：加速没有动力中断，驾驶乐趣高，比传统手动变速器还快，燃油经济性突出。DSG 变速器综合了传统手动变速器和自动变速器的各自优点，就像是两个变速器合二为一，一个离合器控制单数档位齿轮，另外一个离合器控制双数档位齿轮。也就是说，当变速器挂入 1 档时，2 档齿轮就已经齿合，等到换档时机一到，第二离合器就与发动机输出轴接合而换入 2 档。在此同时，由第一离合器所控制的 3 档齿轮组也完成齿合等待换档指令。在整个换档期间两组离合轮流工作，确保最少有一组齿轮在输出动力，令动力没有出现间断的状况。DSG 各档传动特点见表 6-2-1。

表 6-2-1　DSG 各档传动特点

说　明	传动图例
变速器的标记 MGC 或(GKF)—变速器代码 16.04.09—生产日期：2009 年 4 月 16 日 14—制造厂代号 08：28—生产时间 0239—生产序列号	MGC 16.04.09 14 08:28 0239 MGC 16.04.09 14 08:28 0239
DSG（Direct Shift Gearbox 意为直接换档变速器）属于 DCT（Dual Clutch Transmission 双离合器变速器）的一种，它最早应用与 1985 年奥迪赛车上面，而直到 20 世纪 90 年代末，大众公司才和博格华纳联手生产出适用于大批量生产的双离合变速器，并在 2002 年率先应用在大众高尔夫 R32 上	 这是双离合器实物

（续）

说　明	传动图例 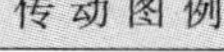
从结构上讲，DSG 是基于手动变速器衍生而来的，所以传统 AT 变速器中的液力变矩器就不复存在了。这也使得 DSG 在动力传递过程中损失更小，换档也更直接且迅速。其中两个离合器交替轮换工作的方式，跟接力赛上运动员交接棒的过程十分类似。DSG 双离合最精髓的地方在于变速器中有两个离合器互相配合工作，当 Kl 连接时 K2 处于预合状态，一旦转速达到一定程度，K2 便会立即接合，完成换档动作。随即变成 Kl 预合，如此往复	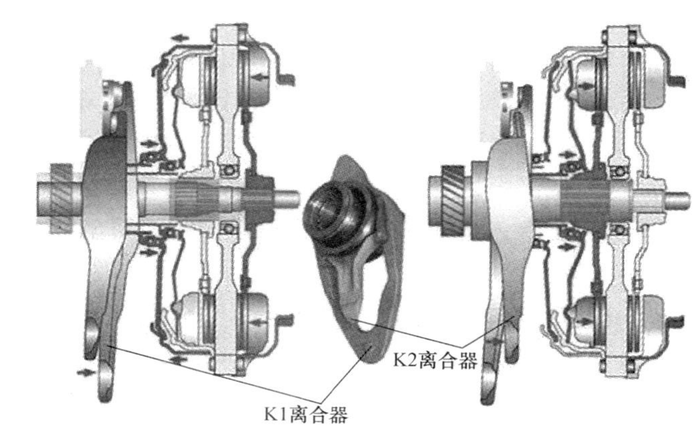
双离合器变速器省略了传统手动变速器的离合器踏板，改由电子控制液压系统对两个离合器进行控制。右图为双离合器变速器解剖图。DSG 变速器中含有两套电子控制的离合器，当变速器运作时，一组齿轮被啮合，而接近换档时，下一组段的齿轮已经被预选，但此时这组离合器仍处于分离状态	
6 速湿式双离合跟 7 速干式双离合都有哪些区别？ 从字面上来看，很容易理解“6 速”和“7 速”体现在档位数的不同，而这“湿式”和“干式”表示什么意思就不是尽人皆知的了。其实也不难想象，用一句话概括的话，就是两者对变速器机油量的需求不同。湿式需求量更多，而干式则相对就少一些。用比较直观的数据表示的话，DQ250（6 速湿式）大概需要 7.2L 变速器油，而 DQ200（7 速干式）则仅需 1.7L 变速器油	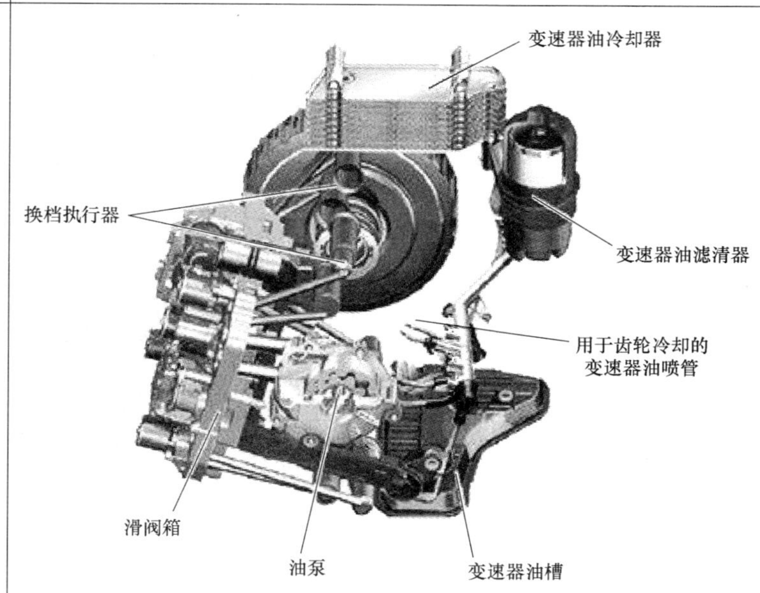

（续）

说　明	传动图例
机电控制模块（右图为7速干式DSG） 机电控制模块被喻为是整套DSG系统的大脑。通过传感器、运算/控制芯片以及液压单元和执行器来控制换档拨叉，从而切换档位。跟6速湿式DSG不同的是7速干式DSG在机电模块中还设置了油压控制模块和蓄压器，这里的机油只对机电控制模块进行冷却，专门负责保持“头脑”的冷静与清醒。而双独立油路设计也是7速干式DSG与众不同的精髓所在	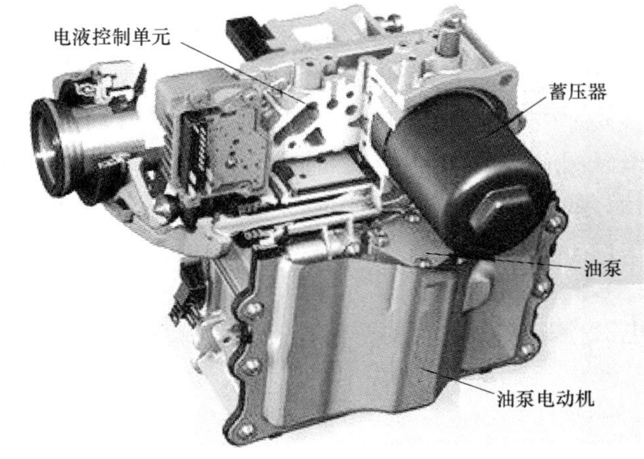
这里需要注意的是，大众7速干式DSG和6速湿式DSG由于供油方式的不同，在结构上也有所区别。由于DQ250使用单一的油液，机油用量较大，所以设计了机油槽、压力机油滤清器、机油冷却器以及机油泵等设备。而这些对于7速干式双离合的DQ200则是不需要的。 另外，由于档位数的不同，7速DSG有3根输出轴而6速DSG只有两根	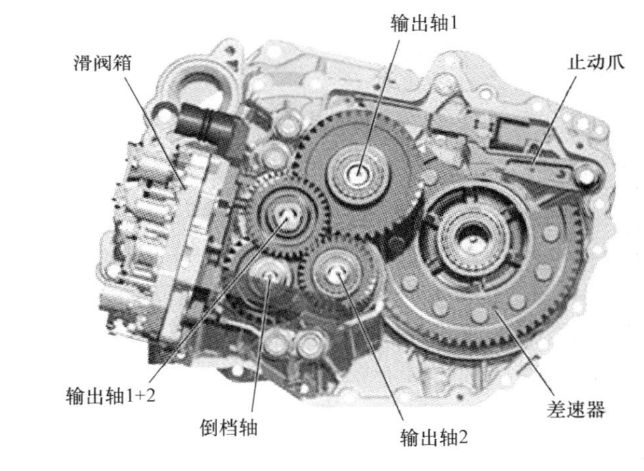

2. DSG自动变速器控制系统

电-液控制单元被集成在机电一体控制模块中。在这控制单元中，都是电磁阀、压力控制滑阀、液压选择阀以及多路转换器。此外，在液压模块中还有一个压力释放阀，它防止油压升到足以损坏液压选择阀的程度时起作用。机电控制模块信息收集与执行机构，需要采集并处理庞大的信息量来作出决策，可谓日理万机。

二、各阀的作用及故障判断

1. 各阀的故障判断

1）4个电磁阀位于机电控制装置的电液控制单元内。这些阀是开/关式阀门，用于调节换档执行器多位滑阀的所有油压。当断电时，电磁阀关闭，没有液压提供给换档执行装置。

N88—1号换档电磁阀：常闭型开关电磁阀，电阻大约8Ω，在1档和5档时传送油压。

N89—2 号换档电磁阀：常闭型开关电磁阀，电阻大约 8Ω，在 3 档和空档时传送油压。

N90—3 号换档电磁阀：常闭型开关电磁阀，电阻大约 8Ω，在 2 档和 6 档时传送油压。

N91—4 号换档电磁阀：常闭型开关电磁阀，电阻大约 8Ω，在 4 档和倒档时传送油压。

2）5 号多路转换电磁阀 N92 为常闭型开关电磁阀，电阻 15～20Ω，用来推动阀体中的多路转换阀，位于机电控制装置的电液控制单元内，使档位执行元件选择不同的档位。当激活这个电磁阀时，2 档、4 档和 6 档可以换档。当不激活电磁阀时，1 档、3 档、5 档和倒档可以换档。如果受信号故障的影响，多位滑阀处于休息位置。油压不再能激活这个阀门。可能出现换档不正确，也可能使车辆不啮合任何档位齿轮。

3）双离合器油压阀就是 1 号油压控制阀 N215 和 2 号油压控制阀 N216，位于机电控制装置的电液控制单元内，这两个油压阀是调节阀，为多片式双离合器产生控制油压。N215 用于多片式离合器 K1，N216 用于多片式离合器 K2。

N215—油压控制电磁阀 1，处于限压位置，电阻大约 5Ω。

N216—油压控制电磁阀 2，处于限压位置，电阻大约 5Ω。

发动机转矩是计算离合器油压的基础。根据多片式双离合器的实际摩擦系数，控制模块调节离合器油压。信号故障的影响。如果有一个油压控制阀发生故障，变速器的相应油路关闭。这个故障将在仪表板上显示。随发动机转矩而变化。它的失效会导致离合器提前损坏。如在作用位置上失效，会在车辆制动时导致发动机熄火。

4）主油压控制电磁阀 3N217，处于作用位置，电阻 5Ω，调节系统主油压。位于机电控制装置的电液控制单元内。它是一个调节阀。这个阀门调节机电控制装置液压系统的主油压，计算主油压最重要的因素是双离合器油压，这取决于发动机的转矩、冷却液温度和发动机转速，用来校正主油压。控制模块连续调节当前工况的主油压。因此，信号故障的影响、主油压控制阀故障，将会使用最大的主油压。故障表现为燃油消耗可能增加，换档可能变得粗暴。如失效，会进入关闭位置，主油压会维持在最高值。

5）油压控制电磁阀 4N218，处于作用位置，电阻 5Ω，调节两个离合器的冷却油压。位于电液控制单元内，这是一个调节阀，控制液压滑阀，以便调节离合器冷却油压。为了控制这个油压阀，控制模块会使用多片式双离合器油温传感器 G509 的信号。如果受信号故障的影响，油压控制阀不能驱动，最大冷却油量流经多片式离合器。此时外部温度低，这可能导致换档问题以及较多的燃油消耗。离合器油温发送器 G509 作用在此电磁阀上。在最小流量位置上失效会使离合器过热。在最大流量位置上失效，则会在周边温度较低时产生入档接合困难。

6）油压控制电磁阀 5N233，处于作用位置，电阻 5Ω，用来隔离第 1 部分齿轮传动系的安全电磁阀，使这部分传动系无法得到档位。如失效，则只有 2 档。

7）N371—油压控制电磁阀 6，处于作用位置，电阻 5Ω，用来隔离第 2 部分齿轮传动系的安全电磁阀，如失效，则只有 1 档和 3 档存在。N233 和 N371 这两个阀都是安全调节阀，调节机电控制装置阀体内的滑阀。当变速器油路发生安全的相关故障时，溢流阀切断变速器油路的相应液压。使这部分传动系无法得到档位。

2. 各阀的作用

各种信号传感器和执行机构/电磁阀的作用见表 6-2-2。

表 6-2-2　控制模块信息收集与执行机构

序号	说　明	图　例
1	变速杆杆控制单元	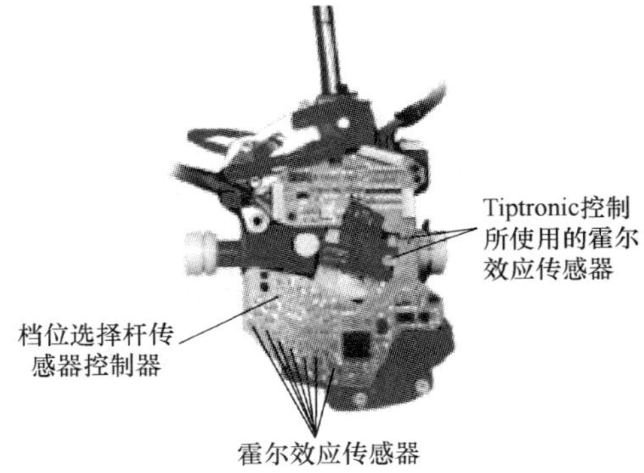
2	当取下印制电路板，就可以看到各个换档电磁阀 N89，N90，N91	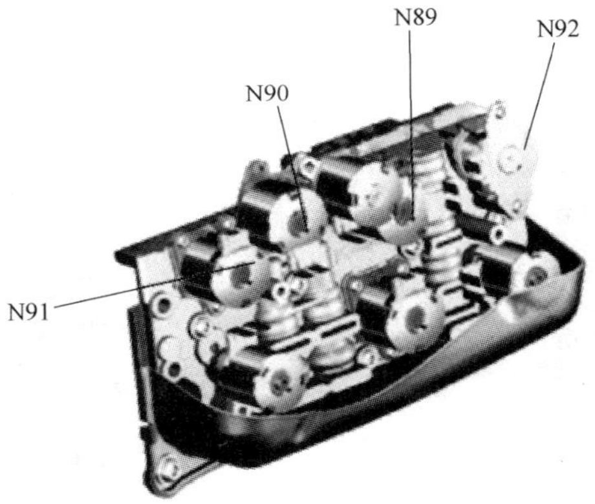
3	6 档 DSG（湿式离合器）电控单元	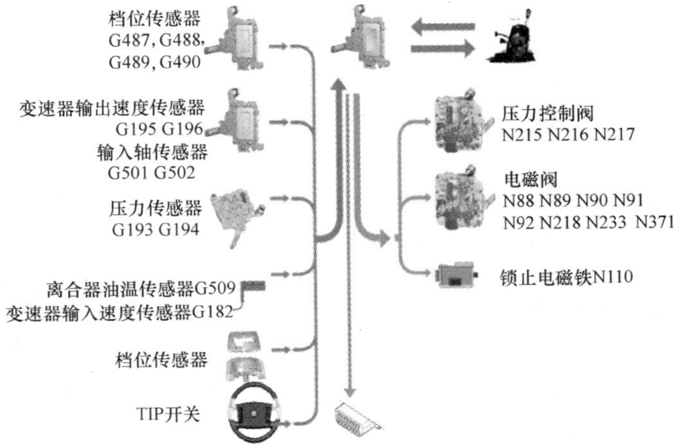

（续）

序号	说　　明	图　　例
4	7 档 DSG（干式离合器）电液控单元	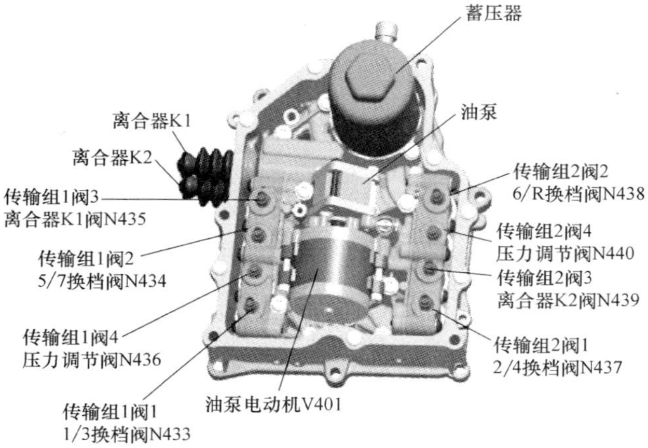 蓄压器 油泵 离合器K1 离合器K2 传输组1阀3 离合器K1阀N435 传输组1阀2 5/7换档阀N434 传输组1阀4 压力调节阀N436 传输组1阀1 1/3换档阀N433 油泵电动机V401 传输组2阀2 6/R换档阀N438 传输组2阀4 压力调节阀N440 传输组2阀3 离合器K2阀N439 传输组2阀1 2/4换档阀N437
5	电—液控制单元位置： 电—液控制单元被集成在机电一体控制模块中。在这控制单元中，都是电磁阀、压力控制滑阀、液压选择阀以及多路转换器。此外，液压模块中还有一个压力释放阀，它防止油压升得太高，损坏液压选择阀 N88—换档电磁阀 1 N89—换档电磁阀 2 N90—换档电磁阀 3 N91—换档电磁阀 4 N215—油压控制电磁阀 1（K1） N216—油压控制电磁阀 2（K2） N217—油压控制电磁阀 3（主油压） N218—油压控制电磁阀 4（冷却油） N233—油压控制电磁阀 5（安全阀 1） N371—油压控制电磁阀 6（安全阀 2） A—油压释放阀 B—印制电路板	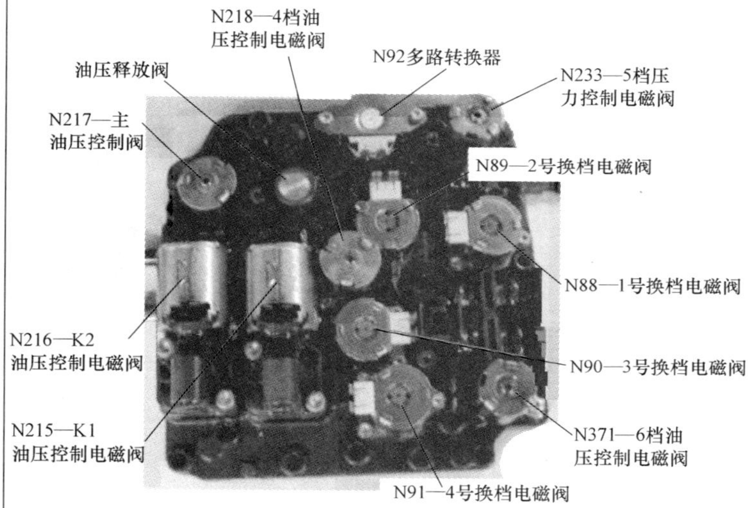 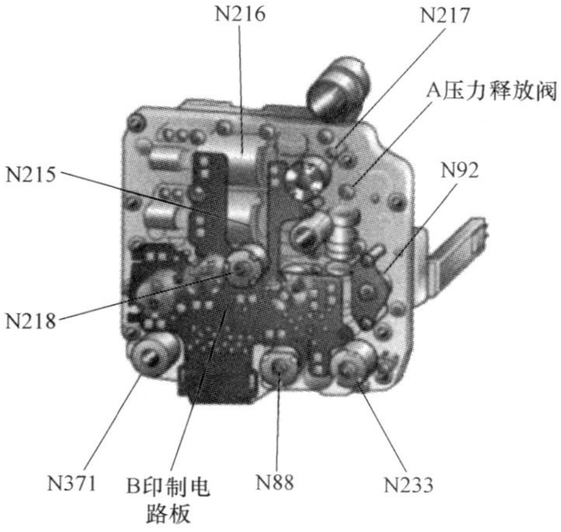 N218—4档油压控制电磁阀 N92多路转换器 油压释放阀 N233—5档压力控制电磁阀 N217—主油压控制阀 N89—2号换档电磁阀 N88—1号换档电磁阀 N216—K2油压控制电磁阀 N90—3号换档电磁阀 N215—K1油压控制电磁阀 N371—6档油压控制电磁阀 N91—4号换档电磁阀 N216 N217 A压力释放阀 N215 N92 N218 N371 B印制电路板 N88 N233

图 6-2-8 是 G501 输入传感器 1 和 G502 输入传感器 2。图 6-2-9 是输入传感器 G182。图 6-2-10 是 G195 和 G196 输出轴信号传感器。

如图 6-2-11 所示机电一体控制系统中的霍尔传感器。压力传感器、滤网、钢球与球座如图 6-2-12 所示。

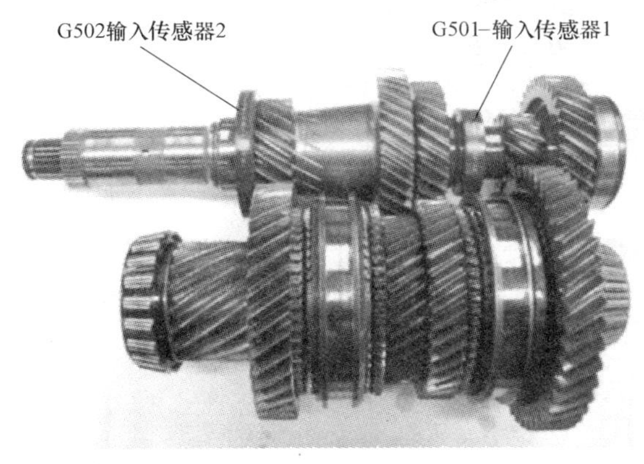

图 6-2-8　G501 输入传感器 1 和 G502 输入传感器 2

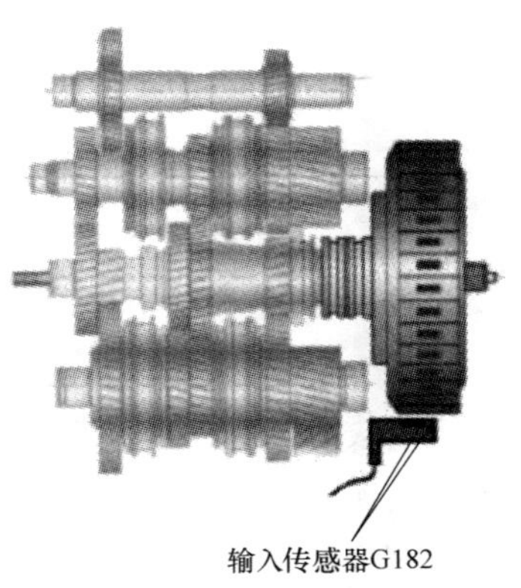

图 6-2-9　输入传感器 G182

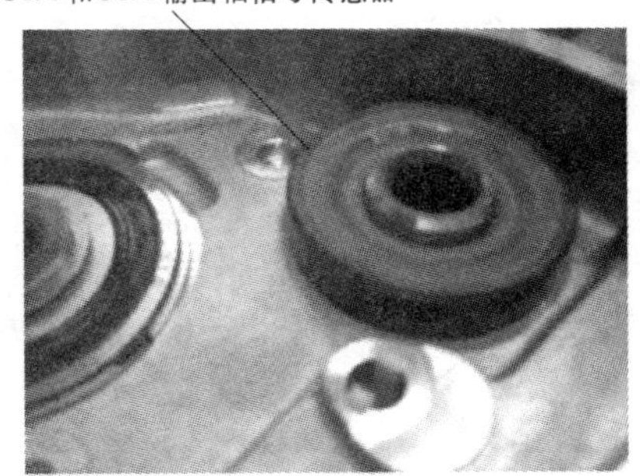
图 6-2-10　G195 和 G196 输出轴信号传感器

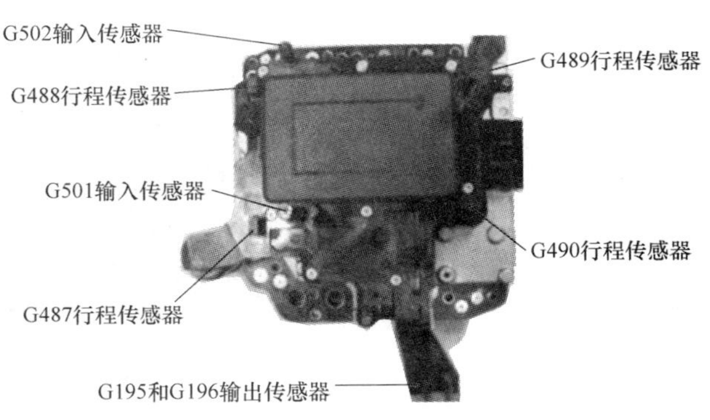

图 6-2-11　机电一体控制系统中的霍尔传感器

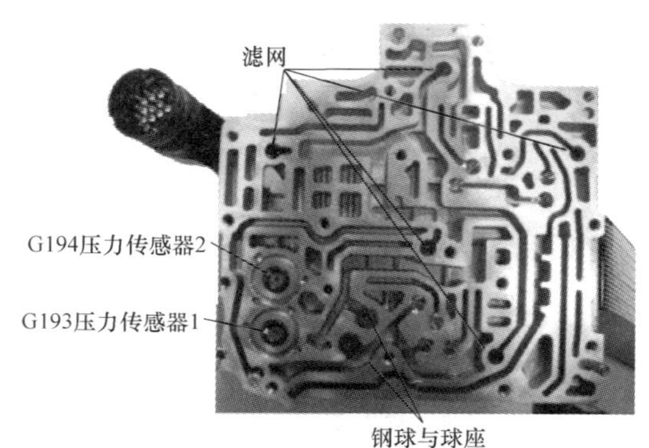

图 6-2-12 压力传感器、滤网、钢球与球座

在换档拔叉的两头分别装有一块永久磁铁。这使位于机电一体控制系统中的行程传感器可以测量到换档拔叉的精确位置。图 6-2-13 为磁性行程信号传感器。

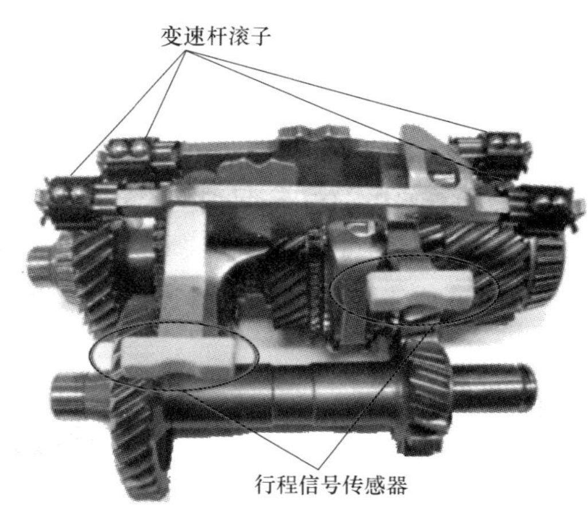

图 6-2-13 磁性行程信号传感器

各滑阀分布如图 6-2-14 所示。滑阀减振器位置分布如图 6-2-15 所示。

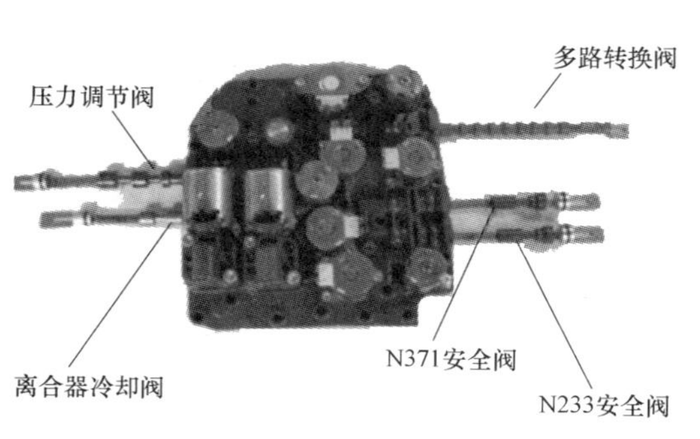

图 6-2-14 滑阀分布

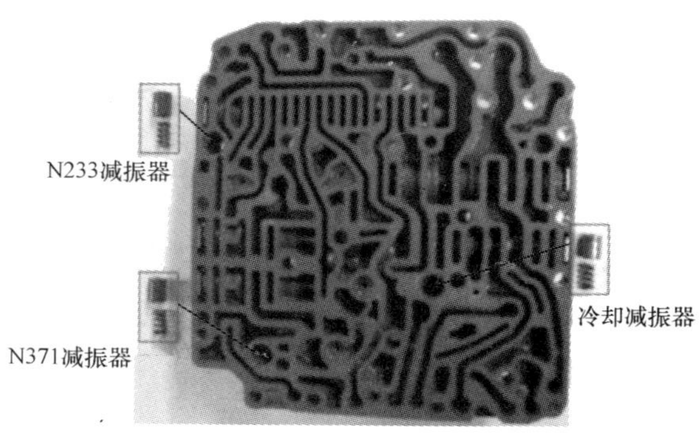

图 6-2-15 滑阀减振器位置分布

双离合器的调节步骤：使用 VW（大众）提供的 2mm 卡环（VW # 02E 398 321）来调节离合器见表 6-2-3。

表 6-2-3 大众提供的 2mm 卡环包

0.12mm（内轴读数） －0.04mm（外轴读数） ＋1.85mm（标准测量数据） ＝1.93mm（选择 1.90mm 卡环） 注意：总是选择最接近的薄卡环，绝不要使用一个更厚的卡环	

大众 6 速 DSG 各档位动力流向示意图如图 6-2-16 所示。

1档传动路线：
离合器K1→输入轴1→1档齿轮→输出轴1→差速器

2档传动路线：
离合器K2→输入轴2→2档齿轮→输出轴1→差速器

3档传动路线：
离合器K1→输入轴1→3档齿轮→输出轴1→差速器

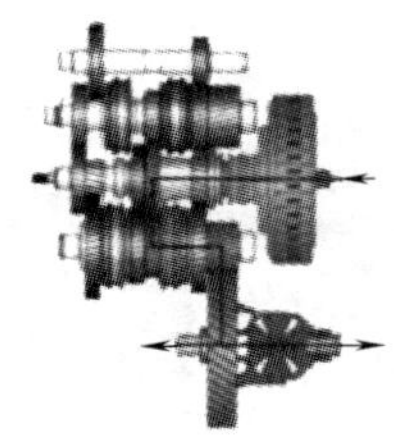

4档传动路线：
离合器K2→输入轴2→4档齿轮→输出轴1→差速器

5档传动路线：
离合器K1→输入轴1→5档齿轮→输出轴2→差速器

6档传动路线：
离合器K2→输入轴2→6档齿轮→输出轴2→差速器

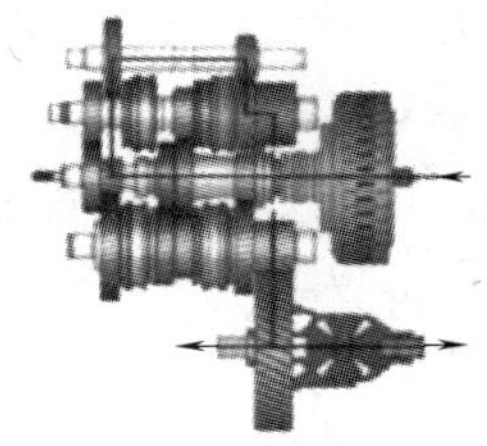

R档传动路线：
离合器K1→输入轴1→倒档齿轮轴→倒档齿轮→输出轴2→差速器

图 6-2-16 各档位动力流向示意

特别提示：

目前已知 DSG 的损坏有以下几种形式；

1）机电一体控制系统。板上的通孔被损坏；由过高的电压引起的。变速杆损坏；5 档/空档定位衬套上的一个球卡滞在电磁阀上。6 档同步环损坏。

2）油泵异响。在 1 000r/min 时产生杂音、油泵轴上的齿轮接合，更换油泵。在 4 000～6 000r/min时，所有档位都出现脉冲式的杂音；检查油面高度，或者更换油泵。

3）漏油。从散热器漏油；更换散热器上油封，并检查配合表面上是否存在气孔。离合器外壳的密封圈开裂。

特别提示：

4）双离合器。蠕行和颤抖，油压补偿不正常，升档延迟；更换双离合器。

5）紧急模式被激发。拐弯时汽车进入紧急模式；由于油面高度过低引起的。

6）离合器的匹配（重设适应值）。在任何修理后都需要通过使用VAG诊断仪对离合器进行适应值重设以进行匹配。

知识扩展：本田8速DCT变速器

本田自家研发的8速湿式双离合变速器，这款变速器在这之前就获得了很高的关注度，而在车展期间东风本田也展示了这款变速器的模型，如图6-2-17所示。

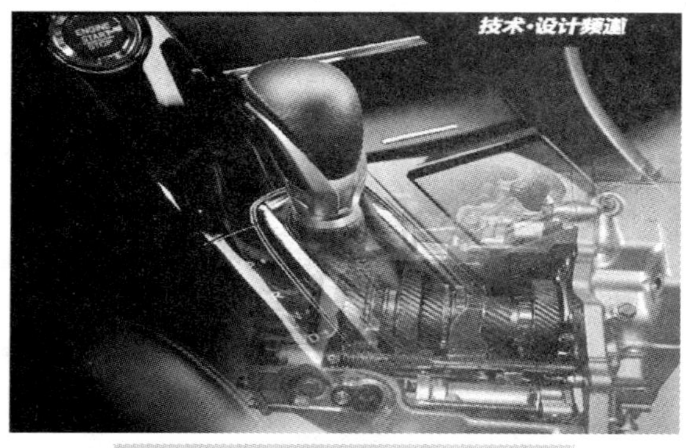

图6-2-17 本田自家研发的8速DSG

1. 全球首款8速双离合变速器

在双离合变速器领域，最常见的一般都是6速和7速两种，如福特的6速湿式双离合变速器、大众的7速干式双离合变速器等。而本田这次不仅成为了全球首次推出8速双离合变速器的车厂，也是该品牌首次推出这种规格的变速器。如图6-2-18所示。在官方的介绍中可以看到，这款变速器的最大优势还是其液力变矩器的独特设计，它在换档平顺性和换档速度方面找到了更好的解决办法。

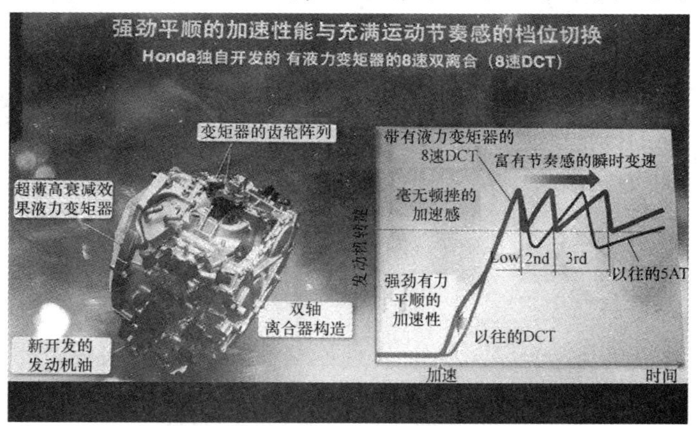

图6-2-18 全球首次推出这种规格的变速器

2. 动力传输更加“柔顺”的双离合变速器

不同于传统的双离合变速器离合器直接与传动轴相连，这款双离合配有AT变速器才有的液力变矩器，这样的设计无疑会使换档动作更为平顺，在舒适性上会有更值得期待的表现，而由于与传动轴连动的工作改由液力变矩器承担，因此离合器可以做得更小，磨损也会变得更小，相较于其他类型的双离合器变速器而言，理论上这款变速器的可靠性会更高一些。如图6-2-19和图6-2-20所示。

图 6-2-19 动力传输更加柔顺

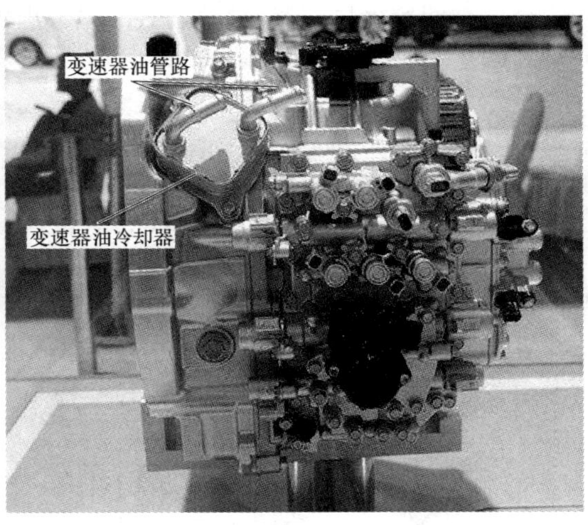

图 6-2-20 为横置式发动机设计搭载的 DCT

下面是本田 8 速双离合变速器的几个参数：

最大输入转矩	270N · m
最大传动比	6.367 ~7.0
离合器/伺服控制系统	液压控制

从图中可以看出，这台变速器是为横置式发动机设计的，而据本田之前所发布的消息称，这款变速器的油耗表现要比本田之前的 5AT 变速器节省 8%，加速表现提升 10%，这样的表现也足以说明这款变速器所要传达的理念，那就是更加节省燃油、有更多的驾驶乐趣。

任务三 平行轴式自动变速器检修

案例链接（六）雅阁轿车无倒档

雅阁轿车自动变速器前进档完全正常，而挂上倒档时汽车无法移动，且变速器内部有刺耳的金属刮擦声，经过分解自动变速器，发现倒档啮合套及倒档从动齿轮啮合面已被打坏，因而不能进入啮合。更换损坏件，变速器恢复正常。

一、本田雅阁轿车电控自动变速器概述

如果一提到本田发动机，相信很多人都能马上说出 VTEC，发烧友们还会跟你侃侃而谈 K20A 的红头魅力。但其实，本田的自动变速器也一直有它自己独特的技术，它叫做平行轴式自动变速器。无论是 4AT、5AT 还是 6AT，都是采用平行轴结构的变速器。本田的平行轴变速器就是在手动变速器的基础上发展而来，在原来同步器结合套的位置装上了几组多片离合器，液压换档机构取代了手动变速器的换档拨叉，离合器换成了液力变矩器。不过它也并不是将手动和自动变速器的优点于一身，缺点是体积大、质量大，不利于高速行驶。接下来，就一起了解平行轴式自动变速器。

本田雅阁轿车自动变速器的整体结构如图 6-3-1 所示，图 6-3-2 为齿轮配合关系和档位分析。图 6-3-3 为齿轮机构。

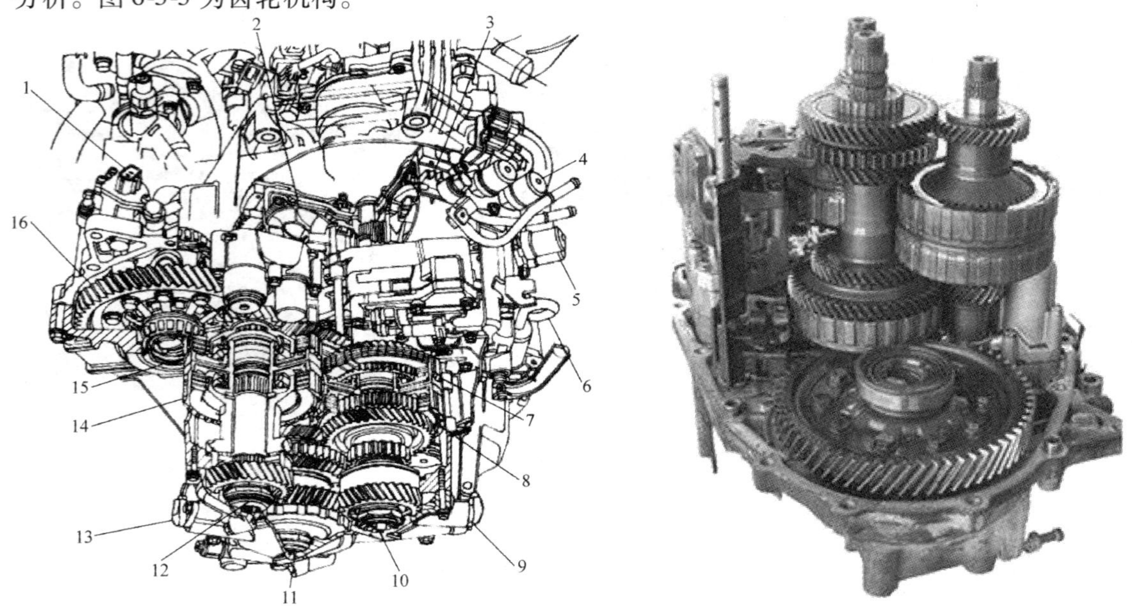

图 6-3-1 广州本田雅阁轿车自动变速器的整体结构
1—车速传感器 2—变矩器 3—环齿轮 4—锁止控制电磁阀总成 5—换档控制电磁阀总成 6—量油尺 7—3 档离合器 8—4 档离合器 9—主轴速度传感器 10—主轴 11—副轴 12—辅助轴 13—副轴速度传感器 14—2 档离合器 15—1 档离合器 16—差速器总成

1. 定轴式齿轮变速传动机构

定轴式齿轮变速传动机构主要由平行轴、各档齿轮和湿式多片离合器（以下统称离合器）等组成。平行轴为 3 根，即主轴、中间轴和副轴。

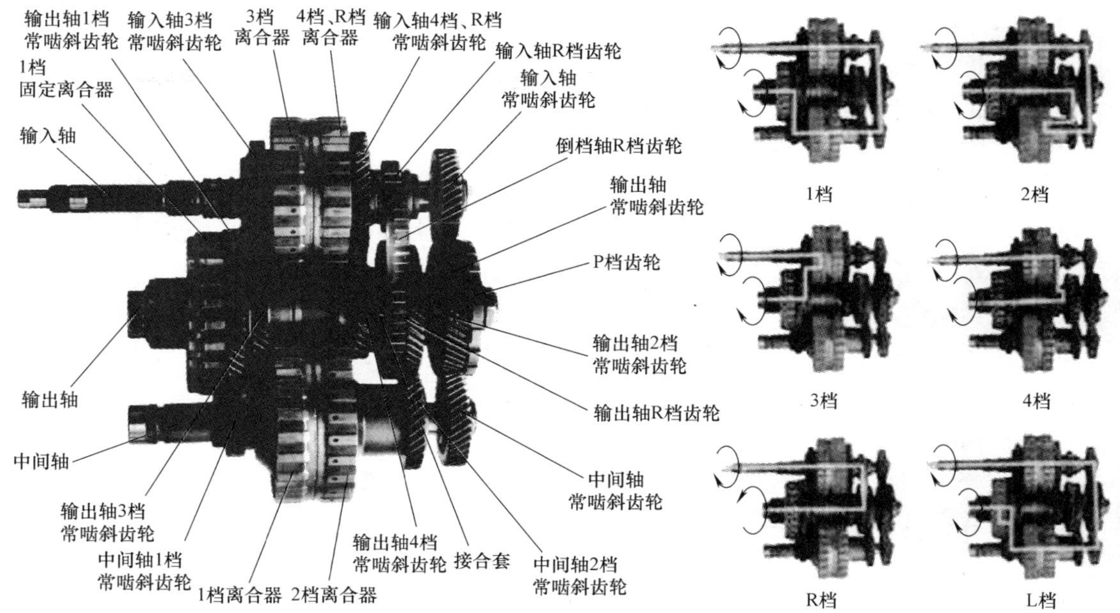

输出轴1档
常啮斜齿轮
输入轴3档
常啮斜齿轮
3档
离合器
4档、R档
离合器
输入轴4档、R档
常啮斜齿轮
输入轴R档齿轮
1档
固定离合器
输入轴
常啮斜齿轮
输入轴
倒档轴R档齿轮
输出轴
常啮斜齿轮
P档齿轮
输出轴2档
常啮斜齿轮
输出轴
输出轴R档齿轮
中间轴
中间轴
常啮斜齿轮
输出轴3档
常啮斜齿轮
中间轴1档
常啮斜齿轮
输出轴4档
常啮斜齿轮
接合套
中间轴2档
常啮斜齿轮
1档离合器
2档离合器
1档
2档
3档
4档
R档
L档
图 6-3-2　齿轮配合关系和档位分析

副轴1档齿轮
主轴3档齿轮
副轴3档齿轮
3档离合器
4档离合器
主轴4档齿轮
主轴倒档齿轮
倒档惰轮
主轴惰轮
主轴
副轴2档齿轮
副轴惰轮
停车齿轮
副轴
驻车锁销
辅助轴
辅助轴惰轮
副轴2档齿轮
副轴倒档齿轮
倒档滑套
副轴4档齿轮
伺服油缸
2档离合器
1档离合器
辅助轴1档齿轮
单向离合器
1档固定离合器
最终驱动齿轮
液力变矩器
油泵
图 6-3-3　自动变速器的齿轮机构

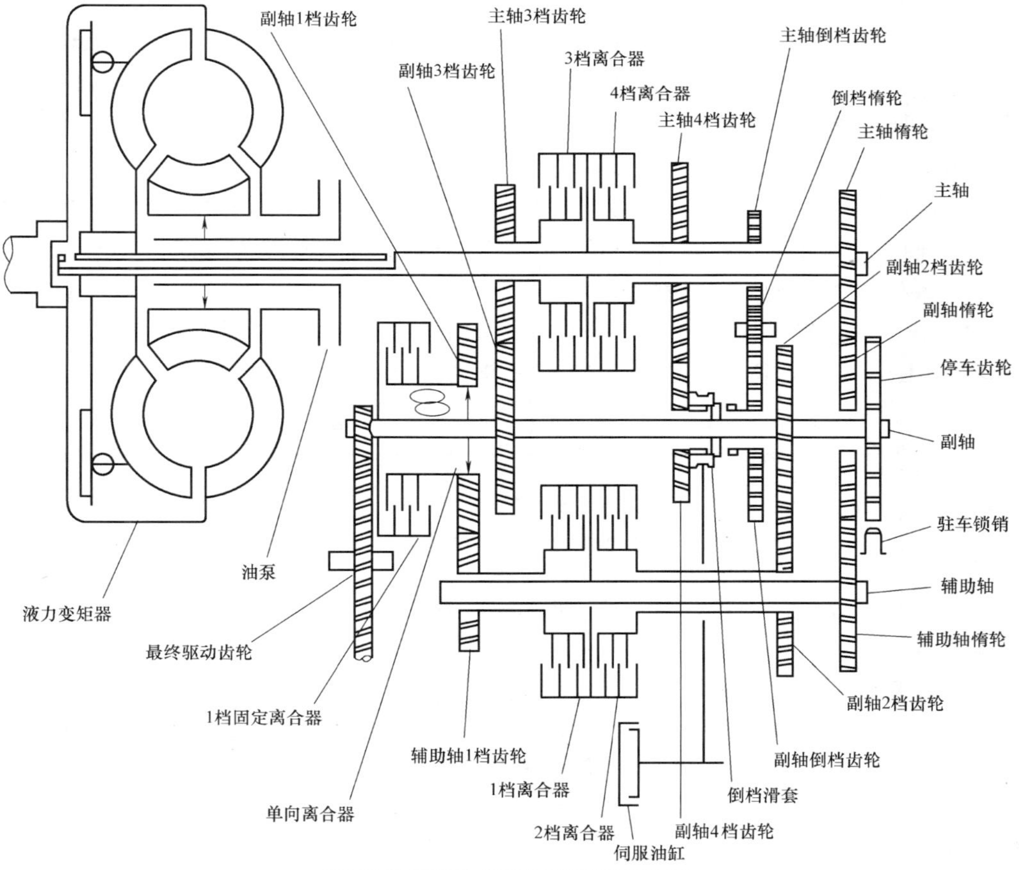

2. 离合器

（1）1 档离合器

1 档离合器可使 1 档齿轮实现啮合或脱离。1 档离合器位于副轴中部，它与 2 档离合器背向相接。1 档离合器由副轴内的 ATF 供油管提供液压。

（2）2 档离合器

2 档离合器可使 2 档齿轮实现啮合或脱离。2 档离合器位于副轴中部，它与 1 档离合器背向相接。2 档离合器由来自副轴与液压回路相连的回路提供液压。

（3）3 档离合器

3 档离合器可使 3 档齿轮实现啮合或脱离。3 档离合器位于主轴中部，它与 4 档离合器背向相接，3 档离合器由主轴内的 ATF 供油管提供液压。

（4）4 档离合器

4 档离合器可使 4 档齿轮实现啮合或脱离。4 档离合器与倒档齿轮一起位于主轴中部，4 档离合器与 3 档离合器背向相接。4 档离合器由主轴内的 ATF 供油管提供液压。

（5）1 档固定离合器

用于离合/分离 1 档或 1 档位置，它位于副轴的端部，变矩器的后面。1 档固定离合器由副轴内的油道供给压力。

（6）单向离合器

离合器固定在副轴的 1 档齿轮和 3 档齿轮中间，通过 3 档齿轮花键与副轴连接在一起，3 档齿轮为它提供内座圈表面；1 档齿轮为它提供外座圈表面；当动力从轴的 1 档齿轮传递给副轴的 1 档齿轮时，单向离合器锁止；在 D4、D3、2 位置的 1 档、2 档、3 档和 4 档时，1 档离合器和 1 档齿轮保持啮合。

但是，当 2 档、3 档、4 档离合器/齿轮在 D4、D3、2 位置作用时，单向离合器分离，这是因为副轴上的齿轮增加的转速超过了单向离合器锁止的“转速范围”。

3. MAXA 自动变速器的档位选择

MAXA 自动变速器的变速杆有 7 个位置，即 P（驻车），R（倒档），N（空档），D4（1—4 档），D3（1—3 档），2（2 档）和 1（1 档）。具体说明见表 6-3-1。

表 6-3-1 自动变速器变速杆各档位说明

档位	说明
P	驻车档。前轮锁定，驻车制动锁块与中间轴上的制动齿轮啮合，所有离合器均分离
R	倒档。倒档接合套与中间轴倒档齿轮和 4 档离合器啮合
N	空档。所有离合器均分离
D4	自动档（1—4 档）。用于一般行驶，起步行驶时，变速器将从 1 档开始，根据车辆的行驶速度和节气门位置（负荷），自动实现 1—4 档的变换。减速停车时，则自动实现 4—1 档的变换。在 3 档和 4 档时，锁止控制机构起作用
D3	自动档（1—3 档）。用于高速公路上的快加速行驶、上下坡行驶以及一般行驶。起步行驶时，变速器将从 1 档开始，根据车辆的行驶速度和节气门位置自动实现 1—3 档的变换。减速停车时则自动实现 3—1 档的变换。在 3 档时锁止控制机构起作用
2	2 档。保持在 2 档行驶，不换至高档也不降至低档。用于车辆利用发动机制动时或车辆在松软道路上的行驶，以使车辆获得更好的行驶性能
1	1 档。保持在 1 档行驶，不换至高档，用于车辆利用发动机制动时

注：变速杆在 P 位和 N 位时，发动机才能起动，否则说明自动变速器有故障。

二、电子控制系统

电子控制系统由 ECM、传感器及电磁阀组成。换档及变矩器的锁止均由电子控制，以保证在各种工况下都能舒适地驾驶。ECM 位于仪表板下方乘客脚挡处的地毯下面。电子控制系统的工作原理流程如下：

1. 换档控制

由 ECM 根据传感器传来的电信号来判断所选择的档位，并触发换档控制电磁阀 A 和 B 来控制换档。在上、下坡或减速时，采用坡度逻辑控制系统控制 D4 位置的换档。变速器在各档位时，换档控制电磁阀 A、B 的工作情况，见表 6-3-2。

表 6-3-2　换档控制电磁阀工作情况

档位＼换档控制电磁阀		A	B
D3、D4	1 档	OFF	ON
	2 档	ON	ON
	3 档	ON	OFF
D4	4 档	OFF	OFF
2	2 档	ON	ON
1	1 档	ON	OFF
R	倒档	ON	OFF

2. 锁止控制

发动机 ECU 通过传感器的输入信号来确定变矩器是否锁止，并相应地触发锁止控制。锁止控制系统及工作情况见表 6-3-3。

表 6-3-3　锁止控制系统及工作情况

锁止情况＼锁止控制电磁阀	A	B
不锁止	OFF	OFF
部分锁止	ON	OFF
半锁止	ON	ON
全锁止	ON	ON
减速时锁止	ON	负载工作（OFF← →ON）

此外，在电子控制系统中，还有坡道逻辑控制系统和减速控制。

三、自动变速器的分解

自动变速器右侧盖的分解如图 6-3-4 所示。

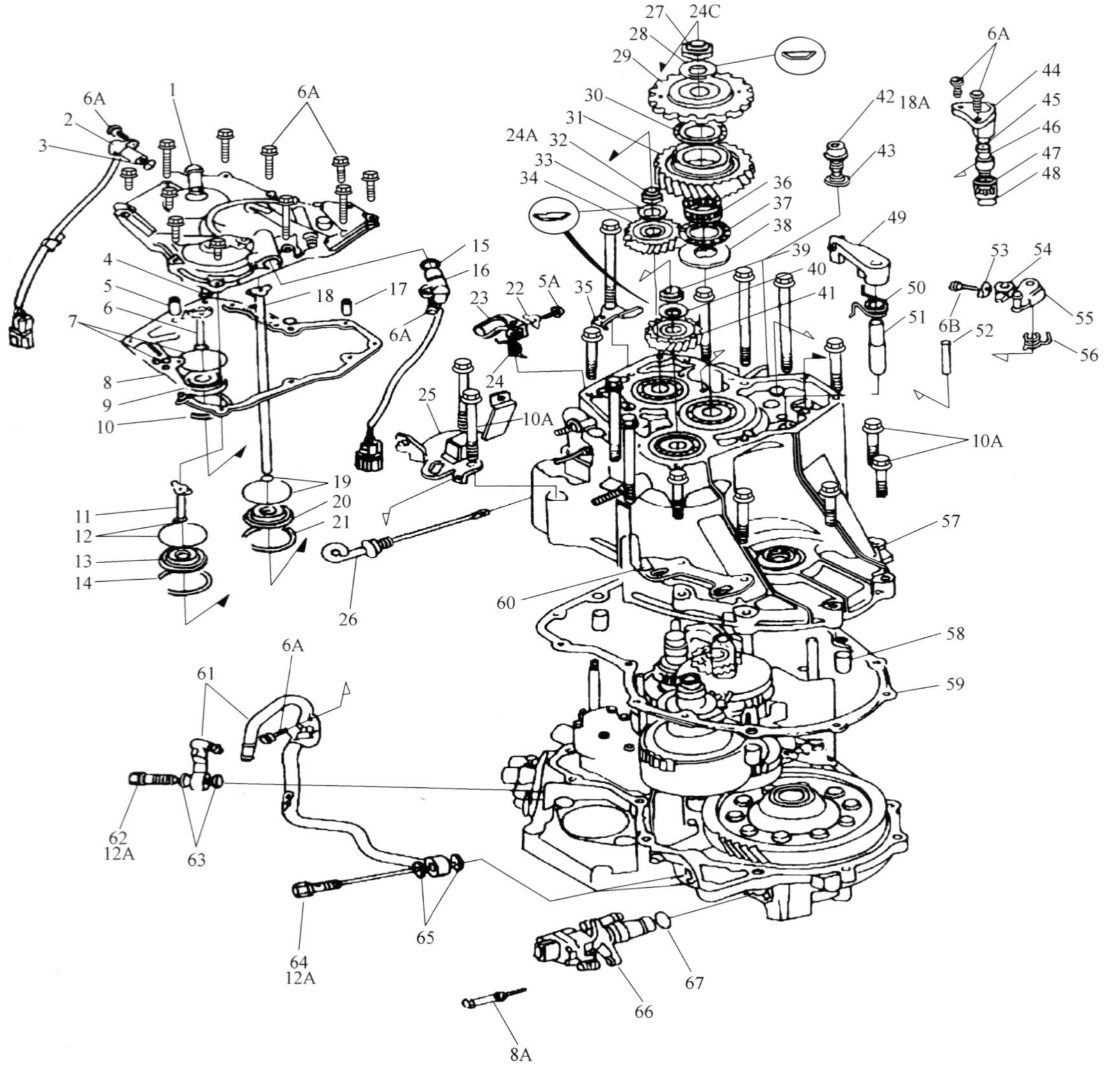

图 6-3-4　自动变速器右侧盖的分解图

1—右端盖　2—主轴转速传感器　3、4、7、12、15、19、45、48、67—O 形圈　5—定位销　6—4 档离合器供油管　8—右端盖衬垫　9—供油管导套　10、14、21—卡环　11—1 档离合器供油管　13—供油管导套　16—副轴转速传感器　17—定位销　18—1 档固定离合器供油管　20—供油管导套　22、53—锁止垫圈　23—节气门控制杆　24—节气门控制杆弹簧　25—节气门控制拉索支架/变速器吊耳　26—量油尺　27—副轴锁止螺母　28、33、40—锥形弹簧垫圈　29—驻车齿轮　30、37—推力滚针轴承　31—副轴惰轮　32—主轴锁止螺母　34—主轴惰轮　35—线束支架　36、47—滚针轴承　38—止推垫圈　39—辅助轴锁紧螺母　41—辅助轴惰轮　42—放油螺塞　43、63、65—密封垫圈　44—倒档惰轮轴固器　46—倒档惰轮轴　49—驻车制动棘爪　50—驻车制动棘爪轴　51—驻车制动棘爪轴　52—驻车制动棘爪限位器　54—驻车制动限位器　55—驻车制动杆　56—驻车制动杆弹簧　57—变速器壳体　58—定位销　59—变速器壳体衬垫　60—变速器吊耳　61—自动变速器油位冷却管　62、64—连接螺栓　66—车速传感器

1）拆下固定右端盖的 11 个螺栓，拆下右端盖。将专用工具套在主轴上，如图 6-3-5 所示，使驻车制动棘爪与驻车制动齿轮啮合。

2）用錾子切开各轴锁紧螺母的锁片，如图 6-3-6 所示，即可拆下锁紧螺母和锥形弹簧垫圈。

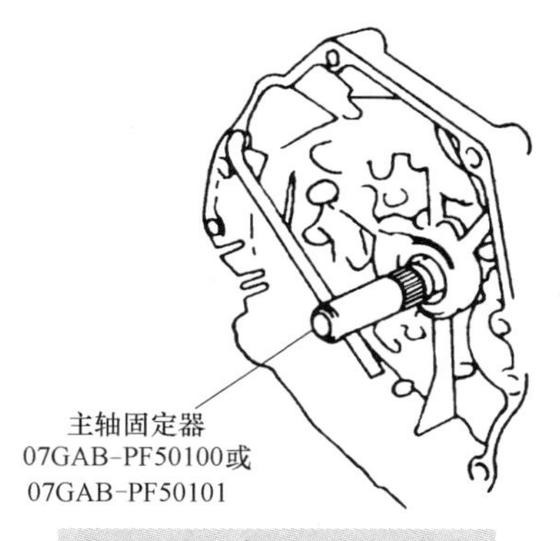

图 6-3-5 专用工具的安装

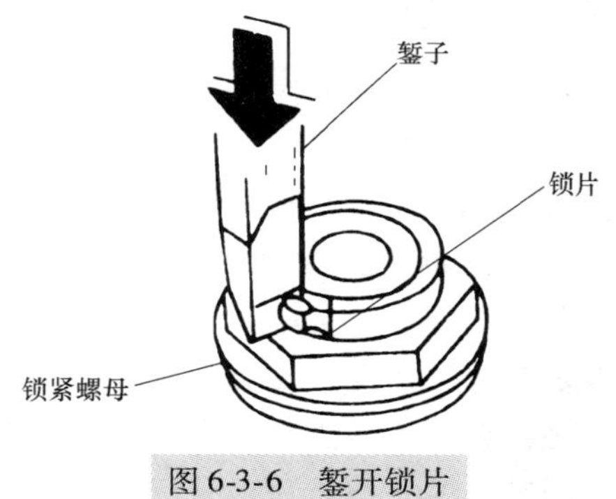

图 6-3-6 錾开锁片

特别提醒：

① 主轴锁紧螺母为左旋螺纹。

② 切勿让錾下的锁片碎屑落入自动变速器内。

3）拆下锁紧螺母后，从主轴上拆下专用工具。

4）如图 6-3-7 所示，从副轴上拆下驻车齿轮，然后再用拉力器从主轴和辅助轴上拆卸下惰轮。然后再从副轴上拆下副轴惰轮滚针轴承、推力滚针轴承及止推垫圈。再从外壳上依次拆下驻车制动棘爪、弹簧、轴和限位器。

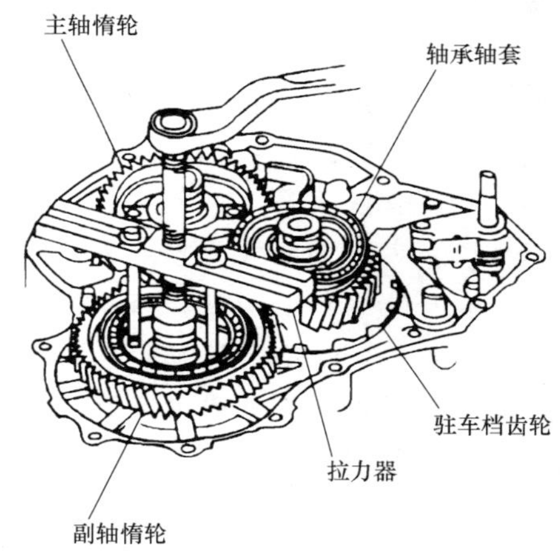

图 6-3-7 驻车齿轮拆卸

5）从节气门阀控制轴上拆下节气门控制杆和弹簧。

6）从变速器吊耳上拆 ATF 冷却器管，最后拆下变速器壳的安装螺栓。

7）如图 6-3-8 所示，用 M5 ×0. 8 的螺栓，拆下倒档惰轮轴和倒档惰轮轴固定架，即可移动倒档惰轮，使它与副轴和主轴倒档齿轮分离。如不拆下倒档齿轮，就不能将变速器壳与变矩器壳分离。倒档惰轮的分离如图 6-3-9 所示。

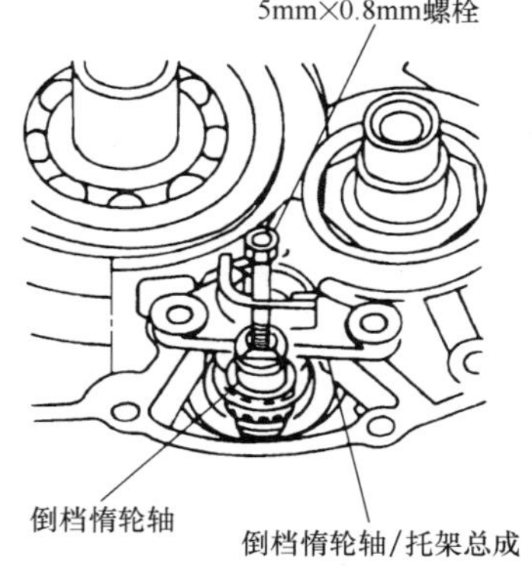

图 6-3-8 倒档惰轮轴的拆卸

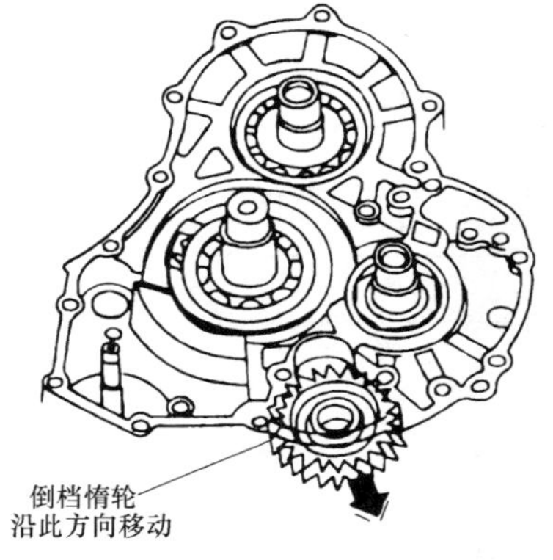

图 6-3-9 倒档惰轮的分离

案例链接（七）雅阁倒档行驶时无力

[**经过**] 2002款本田雅阁轿车自动变速器前进档完全正常，而挂上倒档行驶时汽车无力，且变速器内部有刺耳的金属刮擦声。

[**诊断与排除**] 根据上述故障现象，初步判断为倒档啮合套未能与倒档从动齿轮啮合，而引起异响。经拆检，发现倒档啮合套及倒档从动齿轮啮合面已被打坏，因而不能进入啮合。

究其原因，可能是倒档啮合套，倒档拔叉上的伺服缸内密封圈损坏，漏油而使活塞压力不足，最终导致拔叉不能将啮合套推入正常位置而引起损坏。另一个原因则是操作不当，前进档行车时，将变速杆推入倒档位置，引起强烈冲击将啮合面打坏。

由于生产过程中经过严格检验，所以排除零件尺寸及装配方面的误差引起故障的因素。将伺服缸拆下，检查内部活塞及密封圈，并未发现有任何损伤。因此可以判定故障是操作不当引起的。更换损坏的零件，装好后试车，前进档及倒档均正常，故障排除了。

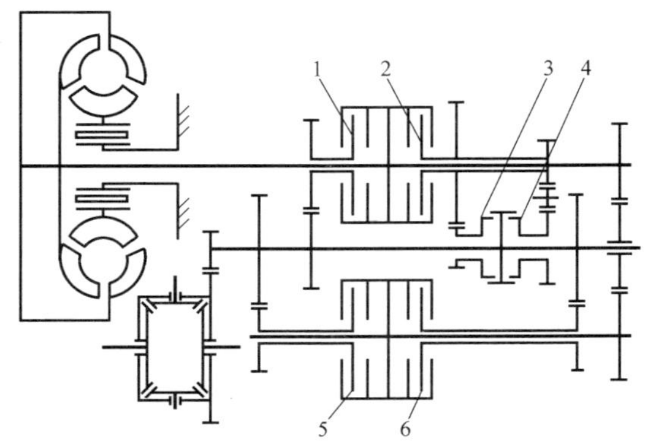

图6-3-10　本田MAXA自动变速器的传动图
1—3档离合器　2—4档和倒档离合器
3—4档伺服从动齿轮　4—倒档伺服从动齿轮
5—1档离合器　6—2档离合器

资料链接：

（1）本田MAXA自动变速器的结构

本田MAXA自动变速器的传动图如图6-3-10所示。其结构如图6-3-11所示。

（2）本田MAXA自动变速器的档位分析

本田MAXA自动变速器的档位分析见表6-3-4。

表6-3-4　本田MAXA自动变速器档位分析

变速杆位置	档　位	3档离合器	超速档倒档离合器	超速档滑套	倒档滑套	1档离合器	2档离合器
D4	1档					接合	
	2档						接合
	3档	接合					
	4档		接合	接合			
3	1档					接合	
	2档						接合
	3档	接合					
2	2档						接合
1	1档					接合	
R	倒档		接合		接合		
P/N	驻车档/空档	所有离合器均不接合					

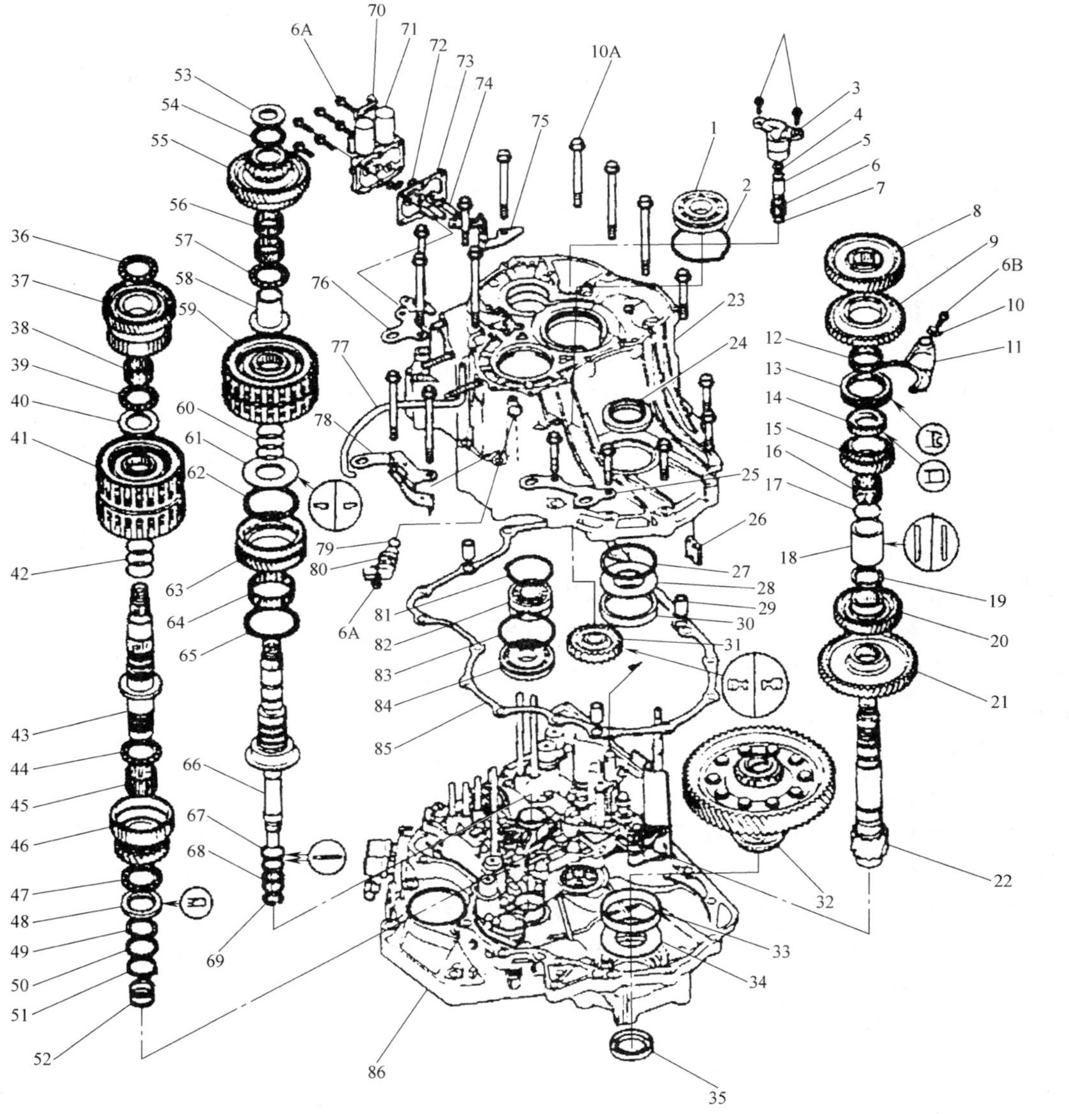

图 6-3-11 本田 MAXA 自动变速器的结构

1—中间轴变速器箱体轴承 2、17、51、81、83—弹簧卡环 3—倒档惰轮轴托架 4、7、42、60、72、79—O 形圈（更换） 5—倒档惰轮轴 6、12、16、38、45、56、64、68—滚针轴承 8—中间轴 2 档齿轮 9—中间轴倒档齿轮 10—锁紧垫圈(更换) 11—倒档换档拨叉 13—倒档接合套 14—倒档接合套轴套 15—中间轴 4 档齿轮 18—间隔轴套 19—开口销 31mm 20—中间轴 3 档齿轮 21—中间轴 1 档齿轮 22—中间轴 23—变速器箱体 24—油封（更换） 25、76—变速器吊架 26—变速器磁体 27—止推垫片 76mm（有不同尺寸规格） 28、34—止推垫圈 29—定位销 30—圆锥滚子轴承外圈 31—倒档惰轮 32—差速器总成 33—圆锥滚子轴承外圈 35—油封（更换） 36、39、44、47、54、57、62、65—推力滚针轴承 37—副轴 2 档齿轮 40—止推垫片 37 ×55mm（有不同尺寸规格） 41—1 档/2 档离合器总成 43—副轴 46—副轴 1 档齿轮 48—花键连接式垫圈 38 ×56. 5mm（有不同尺寸规格） 49—开口销 32mm 50—开口销定位环 52、67—密封圈 53—止推垫圈 27 ×47 ×5mm 55—主轴 4 档齿轮 58—4 档齿轮轴肩 59—3 档/4 档离合器总成 61—止推垫片 42 ×72mm（有不同尺寸规格） 63—主轴 3 档齿轮 66—主轴 69—定位环 70—线束夹支座 71—A/T 离合器压力控制电磁阀 A/B 总成 73—A/T 离合器压力控制电磁阀密封垫（更换） 74—ATF 供油管 75—变速器搭铁线端子支座/插头支座 77—通风管 78—变速器吊架/插头支座 80—中间轴转速传感器 82—主轴变速器箱体 84—副轴变速器箱体轴承 85—变速器箱体密封垫（更换） 86—液力变矩器壳体

综 合 练 习

（一） 填空题

1. 本田飞度无级变速器中倒档制动器的盘片弹簧安装在最________方。

2. 前进档时，前进离合器________，起步离合器________，倒档制动器________。

3. 带轮直径的大小靠________改变。

4. 本田飞度无级变速器的行星齿轮机构有________型式和________型式。

5. 本田雅阁自动变速器变速杆有 7 个位置，分别是________、________、________、________、________、________、________。

6. 双离合器自动变速器 DCT 采用双离合器及两个子传动定轴齿轮系，其中________用于汽车起步，也实现换档控制，换档装置采用手动变速器的________装置，利用液压或电动机实现操纵，其换档速度________，动态性能优越；目前批量生产的主要是________和________双离合器自动变速器。

7. 无级变速自动变速器 CVT 采用________与 V 形轮，组成一体称为 Variator（无级变速单元），依靠________传递动力，通过压力调节金属带在主从 V 形轮上半径比例可无极变速；目前无级变速自动变速器基本采用博世公司的推力钢带，LUK 公司的________带近几年也在推广中。CVT 的起步部件主要采用液力变矩器，单级________实现前进，后退及空档的转换；CVT 换“档”平稳舒适，动态性能较好，与其他变速器不同，CVT 由于换档时特别是加速换档时发动机转速________变化，驾驶人主观动感不强。

（二） 选择题

1. 本田飞度无级变速器前进档和倒档都工作的执行元件是（　　）。

A. 前进档离合器　　B. 倒档制动器　　C. 起步离合器

2. 本田飞度无级变速器有前进档无倒档，发生故障的执行元件是（　　）。

A. 前进档离合器　　B. 倒档制动器　　C. 起步离合器

3. 本田飞度无级变速器有倒档无前进档，发生故障的执行元件是（　　）。

A. 前进档离合器　　B. 倒档制动器　　C. 起步离合器

4. 本田飞度无级变速器的行星齿轮机构用来改变（　　）。

A. 速度　　B. 方向

5. 本田飞度无级变速器的带轮用来改变（　　）。

A. 速度　　B. 方向

6. 本田飞度无级变速器（　　）液力变矩器。

A. 有　　B. 没有

7. 本田雅阁轿车自动变速器的 1 档离合器在（　　）档工作。

A. 所有前进　　B. 1

（三） 问答题

1. 起步离合器上为什么要有大流量液体孔道？

2. 前进档的传动路线是怎样的？

3. DSG 自动变速器发展前景怎样？有何优点？

4. 本田雅阁轿车自动变速器的单向离合器装反会有什么样的故障现象？

项目七
自动变速器电液控制系统检修

案例链接（一）一辆卡罗拉轿车所有档位都不能起步

［经过］由于出现汽车自动变速器在所有档位都不能起步的故障，进入维修厂进行维修。根据维修接待和车间检测结果，确认是一个油路故障。为了诊断与排除自动变速器综合故障，对汽车自动变速器进行了油压试验故障诊断。

［故障导入］油泵有故障会影响自动变速器所有档位，个别档位故障与油泵无关。发动机不运转时，油泵不工作，自动变速器内无控制油压，所以发动机和车轮之间无法传递动力。因此安装自动变速器的车不能靠牵引起动发动机。由于自动变速器内没有润滑油，所以此时车辆的牵引距离与速度都受到影响。长距离牵引车辆须提起驱动轮。

［油泵常见故障］油泵常见故障有油泵齿轮磨损、泵壳裂纹、衬套磨损、油泵泄漏、油封破损及油泵端面起槽。

［油泵故障能引发的现象］如果油泵出现故障，在前进档和倒档，会出现车辆不能移动、前进档和倒档起步无力、自动变速器打滑、叶片泵故障能引起换档冲击、异响。当故障车辆被牵引时，发动机不工作，自动变速器的油泵也不工作，因此，工作油液没有输送到变速器。如果故障车辆被高速或长距离牵引，各种旋转零件上的保护润滑油膜就会消失，并会引起变速器被卡死。所以，故障车辆应在低速条件下牵引（≤30km/h）并且每次牵引距离不能超出80km。如果变速器本身有故障或者开始严重泄漏工作油液，则牵引车辆时应提起驱动轮，使其脱离地面，或者将传动轴脱开。

任务一 A341E电路图及U341E、A341E、01M/01N油路检修

一、A341E/A342E电路图

图7-1-1是丰田A340E/A341E/A342E型自动变速器相关电气元件位置图。

丰田A340E/A341E/A342E型自动变速器有4个前进档，一个倒档。这款自动变速器搭载于皇冠3.0、雷克萨斯400、富豪轿车和克莱斯勒公司合作生产的北京切诺基吉普车上。它使用三行星排辛普森行星齿轮机构，变矩器带锁止离合器，有10个（包括一个单向离合

器 F2 在内）换档执行元件。

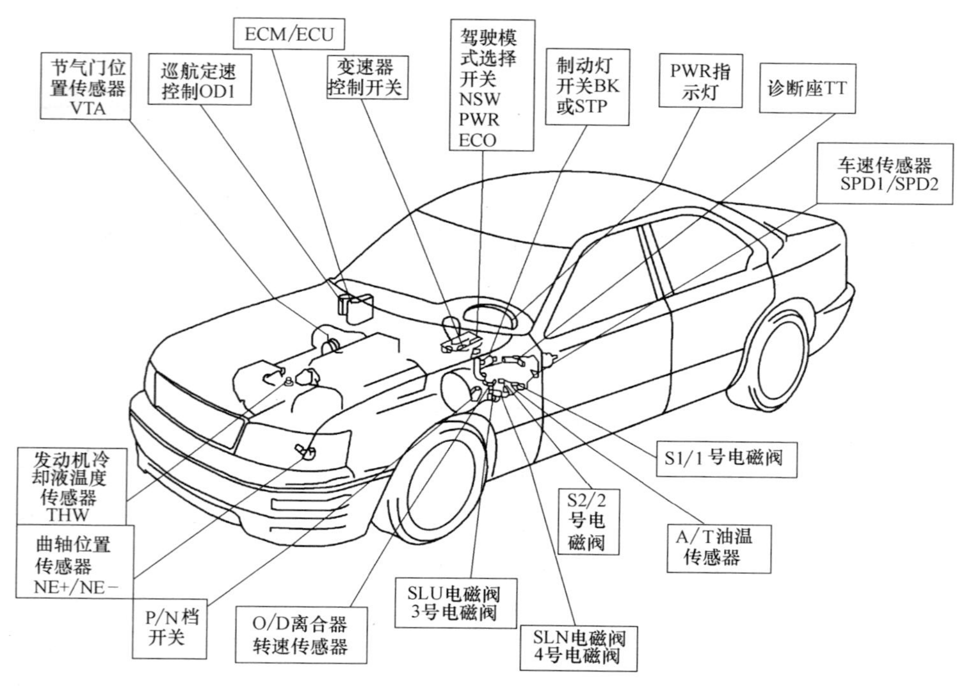

图 7-1-1　A340E/A341E/A342E 型自动变速器元件位置图

1. 换档主要信号

控制系统和发动机共同使用一个电控单元。电控单元根据两个主要信号——节气门开度和车速传感器信号对自动变速器进行换档控制和锁止离合器控制。用两个电磁阀操纵 3 个换档阀，一个电磁阀用于控制锁止离合器，另一个电磁阀用于控制主油路背压。主油路油压由节气门阀控制，节气门阀油压作用在初级调节阀下端，而便于主油路压力随节气门开度而变化。因此必须十分注意调整节气门拉线长度，否则会导致主油路压力过高或过低。

A341E、A342E 这两种自动变速器是电子智能控制，变矩器采用特大流量并且带有锁止离合器，使变矩器传动效率大大提高。行星齿轮机构换档执行元件的结构和布置方式及换档执行元件的数量、在不同档位的接合与 A340E 完全相同。

2. 辅助信号

电控系统与 A340E 相比，有较大改进。它的控制系统和发动机控制系统仍然共用一个电控单元。控制系统的功能除了换档控制和锁止离合器控制之外，还增加了改善换档质量控制和强制降档控制两项主要内容。

辅助信号如果出现制动灯亮、节气门位置处于怠速、发动机冷却液温度低于 60℃、变速器油温低于 50℃、OD/OFF 开关（关闭）、模式开关控制，则自动变速器将会有下列应对：改善换档质量（包括推迟点火时间、降低发动机转矩）借以减小换档冲击；强制降档控制（降低换档执行元件中油压增长速度），来减小换档冲击；电控单元将指令锁止离合器分离；无超速档；锁在故障档。

换档主要信号和辅助信号如图 7-1-2 所示。

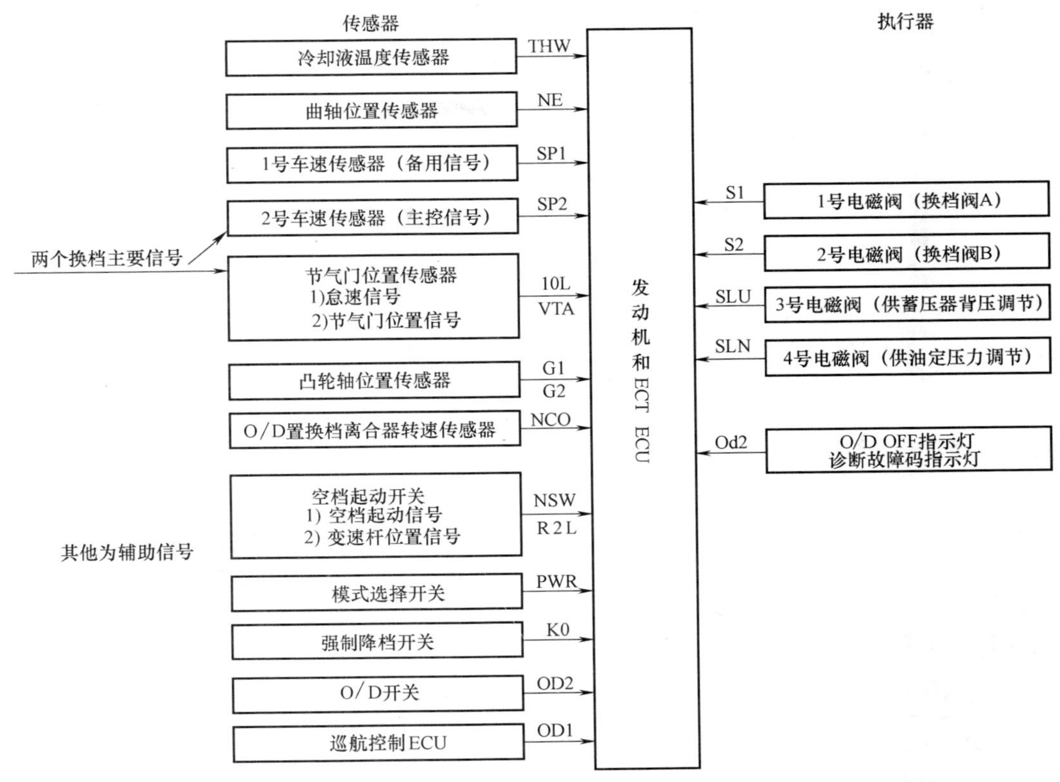

图 7-1-2 换档主要信号和辅助信号的用途

该自动变速器有两个车速传感器，一个用于车速表，一个用于电控单元换档控制。当用于换档控制的传感器损坏时，电控单元会自动用车速表传感器信号进行换档控制。电控单元还能根据档位开关、超速档开关、制动灯开关信号以及冷却液温度信号，选择不同的控制程序，以满足不同道路条件对自动变速器的要求。当超速档主开关接通且变速杆在 D 位时才可以进行超速档行驶；但如果冷却液温度低于 60℃、变速器油温低于 50℃，则禁止进入超速档。当汽车以巡航方式超速档行驶，如果其实际车速比巡航设定车速低 4km/h 时，便退出超速档，直到实际车速达到设定巡航车速时才可能重新换入超速档。

控制单元还设有摸式选择开关，电控单元会根据模式开关信号按不同摸式进行换档控制。电控系统使用 4 个电磁阀，其中两个（1#、2#）用于换档控制，另外两个（3#、4#），一个用于锁止离合器控制，一个用于油压控制。用于油压控制的油压电磁阀是线性脉冲式电磁阀，以控制前进档减振器活塞背压，减缓换档执行元件的油压增长速度，减小换档冲击。

电控系统还增加了输入轴转速传感器，它能更精确地测定转速，使换档和锁止过程更加准确。例如。线性脉冲式锁止电磁阀控制锁止离合器的接合力，使接合过程更加柔和，减小接合时的冲击力。

A341E 和 A342E 型自动变速器的差别仅在于超速行星排齿轮参数和超速档传动比不同，其他方面完全相同。所以，皇冠 3.0 轿车的 A340E 型自动变速器和雷克萨斯 LS400 轿车 A341E、A342E 型自动变速器在结构上是相同的，维修方法也基本相同。雷克萨斯 LS400 轿车 A341E/A342E 电路结构图如图 7-1-3 所示。

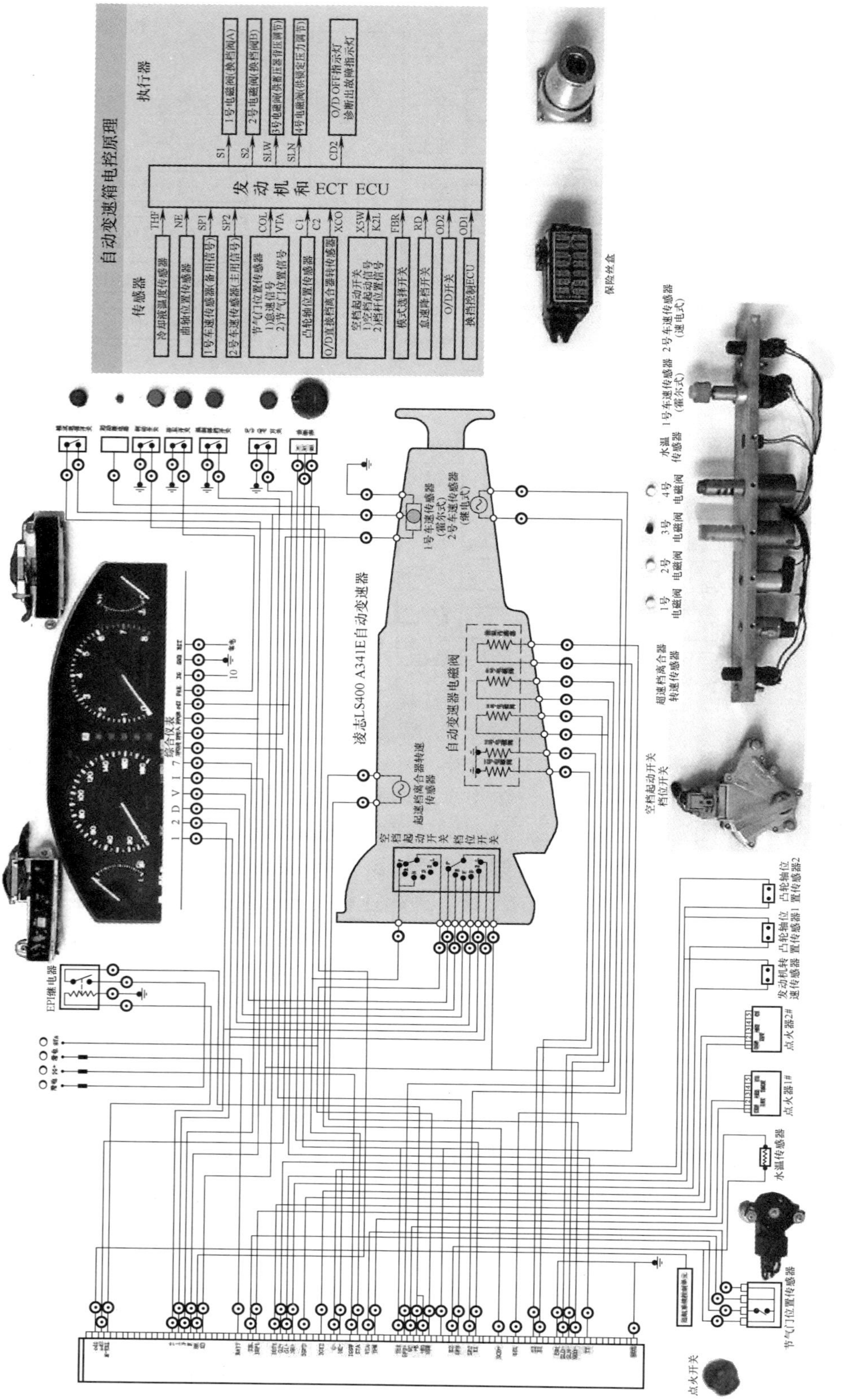

自动变速箱电控原理

传感器
冷却液温度传感器 THF
曲轴位置传感器 NE
1号车速传感器(备用信号) SP1
2号车速传感器(主用信号) SP2
节气门位置传感器 1)怠速信号 2)节气门位置信号 COL VTA
凸轮轴位置传感器 C1 C2
O/D直接档离合器转传感器 XCO
空档起动开关 1)空档起动信号 2)档杆位置信号 X5W K2L
模式选择开关 FBR
怠速降档开关 RD
O/D开关 OD2
换档控制ECU OD1

发动机和 ECT ECU

执行器
S1 1号电磁阀(换档阀A)
S2 2号电磁阀(换档阀B)
SLW 3号电磁阀(供蓄压器背压调节)
SLN 4号电磁阀(供锁定压力调节)
CD2 O/D OFF指示灯 诊断出故障指示灯

保险丝盒

EPI继电器

综合仪表

凌志LS400 A341E自动变速器

空档起动开关 档位开关

起速档离合器转速传感器

自动变速器电磁阀

1号车速传感器 (霍尔式) 2号车速传感器 (继电式)

点火开关

节气门位置传感器　水温传感器　点火器1#　点火器2#　发动机转速传感器　凸轮轴位置传感器1　凸轮轴位置传感器2

空档起动开关 档位开关

超速档离合器转速传感器　1号电磁阀　2号电磁阀　3号电磁阀　4号电磁阀　水温传感器　1号车速传感器(霍尔式)　2号车速传感器(速电式)

图 7-1-3　雷克萨斯 LS400 轿车 A341E/A342E 电路图

二、油泵检修

油泵由液力变矩器外壳延伸套驱动（有些 AT 是一条细轴驱动，还有链条驱动的）。发动机不工作时，油泵不工作，自动变速器内无控制油压。自动变速器常用的是内啮合的齿轮泵。较小的内齿轮是主动齿轮，安装在较大的外齿轮中。外齿轮是从动齿轮，偏心地安装在泵体中。在内外齿轮之间安装一个月牙形的隔块，将内外齿轮之间的容积分为两部分，因此这种泵俗称月牙泵。机油泵主动齿轮由变矩器驱动，在齿轮转动时，月牙形隔块一侧的容积因齿轮退出啮合而增大是进油腔，另一侧容积因齿轮进入啮合而减小出油腔。在进油腔产生一定的真空度将自动变速器油吸入机油泵内，油液充满齿槽在齿轮转动时被带入月牙形隔块的另一侧，在出油腔内因齿轮进入啮合，齿轮之间的间隙减小，容积减小使油液压力增加，从出油口排出进入液压回路。

由于主动齿轮转动一圈油泵输出的油量是固定的，因此齿轮泵是一种定量油泵。由于机油泵由变矩器驱动，其转速与发动机转速完全相同，则机油泵的输出油量和压力实际上是在很大的范围内变化，在某些转速下机油泵的输出压力可能高于变速器工作需要的压力，这时，除了机油泵消耗的发动机功率会增加以外，过高的油压还会引起油液的渗漏。

为避免这种现象的出现，现在有些公司生产的自动变速器在主油道上设置了限压阀。注意：当采用手动变速器的车辆起动系统发生故障时，可借用外力人推或溜车的方法起动发动机。但是，这个方法不适用于采用自动变速器的车辆。因为尽管推动车辆能使输出轴转动，但是油泵不会对液压控制系统供给工作油液压力。因此，行星齿轮装置不会接受到工作油液的压力。即使变速杆置于 D 位，但变速器油泵仍处于空档状态（不转），输出轴的动力无法传递至发动机。图 7-1-4是卡罗拉 U341E 油泵结构图。

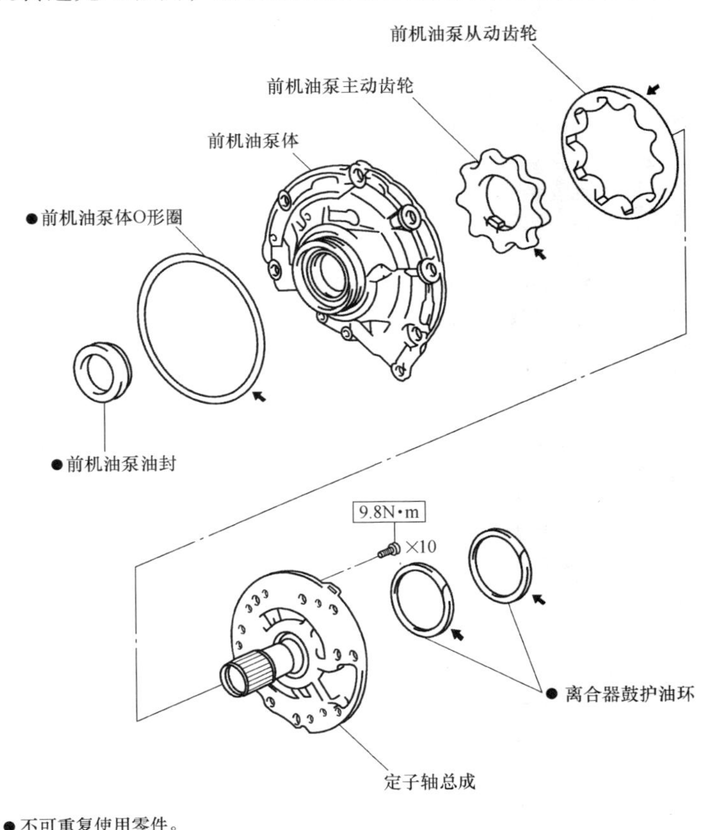

图 7-1-4 卡罗拉 U341E 油泵结构图

1. 油压供应系统

油泵用于输送工作油液至液力变矩器，润滑行星齿轮装置，对液压控制系统提供工作压，U341E 自动变速器油泵结构见表 7-1-1。

表 7-1-1　油泵的拆卸步骤

序　号	分解步骤	图　　示
1	这是卡罗拉 U341E 油泵在自动变速器上的安装位置	
2	油泵的主动齿轮转动时，主动齿轮与从动齿轮的轮齿在月牙形隔离墙的一侧不断地脱离啮合，在另一侧不断地进入啮合。主、从齿轮在脱离啮合的一侧容积增大，从而产生真空，油液被大气压力压入直到充满整个容积；在进入啮合的一侧容积减小，从而产生挤压，不断挤压油液，迫使油液通过出口进入液压回路	
3	用 SST 从机油泵体上拆下前机油泵油封 SST 09308—00010	
4	用 SST 将前机油泵油封安装至机油泵体 油封嵌入深度： -0. 15 ~ 0. 15 mm	

2. 油泵检测

油泵衬套的检测步骤见表 7-1-2。

表 7-1-2　油泵衬套的检测步骤

序　号	检测及安装步骤	图　示
1	取出封油环	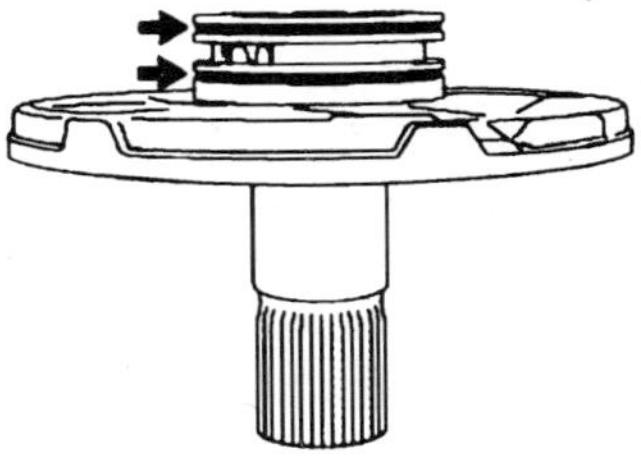
2	检查 3 个间隙	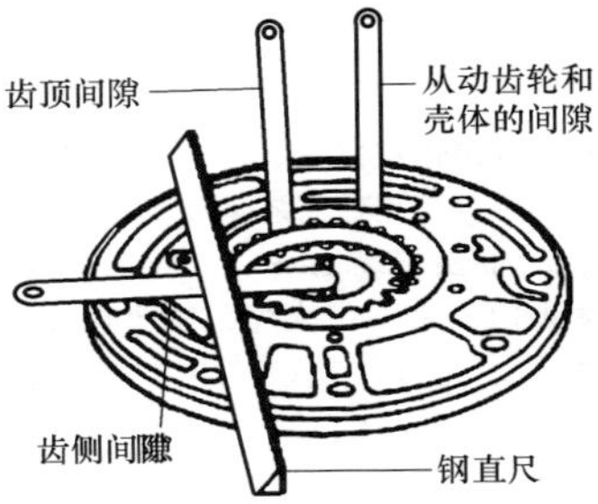 齿顶间隙 从动齿轮和壳体的间隙 齿侧间隙 钢直尺
3	检查从动齿轮壳体间隙 将从动齿轮推向壳体的一侧，用塞尺测量间隙 标准壳体间隙：0. 07 ~0. 15mm 最大壳体间隙：0. 3mm 如果壳体间隙大于最大值，则更换主动齿轮，从动齿轮或泵体	 从动齿轮
4	检查从动齿轮齿顶间隙 测量从动齿轮的齿顶与泵体月牙形件之间的间隙 标准齿顶间隙：0. 11 ~0. 14mm 最大齿顶间隙：0. 3mm 如果齿顶间隙大于最大值，则更换主动齿轮，从动齿轮或泵体	

（续）

序　号	检测及安装步骤	图　示
5	检查两齿轮端面间隙 使用直尺和塞尺测量两齿轮端面间隙 标准端面间隙：0.02～0.05mm 最大端面间隙：0.1mm 如果端面间隙大于最大值，则更换主动齿轮、从动齿轮或泵体	
6	检查油泵体衬套 使用千分表测量油泵体衬套内径 最大内径：38.19mm 如果内径大于最大值，则更换油泵体	
7	检查泵盖衬套 使用千分表测量泵盖衬套内径 最大内径：前端　21.58mm； 后端　27.08mm 如果内径大于最大值，则更换泵盖	

3. 主油路油压测试

油压测试在项目三中已介绍，这里不再重复。

为确保自动变速器及时而准确地自动升降档，并为改善换档质量，还要重点检查自动变速器内的许多阀，这些阀分别装在几个阀体总成内。这些阀可划分为调节液压的调压阀；打开或关闭油道的开关阀、手控制阀；改善换档质量的节流阀、单向球阀、辅助调压阀；控制换档的换档阀电磁阀、锁止离合器、主油压和背压用的电磁阀。另外还有减压阀、泄压阀、滑行调节阀等，见表 7-1-3。

主油压和背油压试验如图 7-1-5 所示。主调压阀各个工况的检测如图 7-1-6 所示。

表 7-1-3 液压控制系统主要油压油路的功能

油压名称	功能
主油路油压	主油路油压由主调压阀调节，是自动变速器中最基本，最重要的油压。它的作用是使变速器中所有离合器和制动器工作，而且也是自动变速器中其他所有油压（如调速器油压、节气门油压等）的来源
变矩器和润滑用油压	变矩器和润滑油压由次调压阀产生，为变矩器供应变速器油，润滑变速器壳体和轴承等，并且将油送至油冷却器
节气门油压	节气门油压由节气门阀调节的节气门油压，随加速踏板踩下的程度相应增加或减小。调速器阀调节的调速器油压则与车速相对应。这两种油压之差，是决定换档点的因素

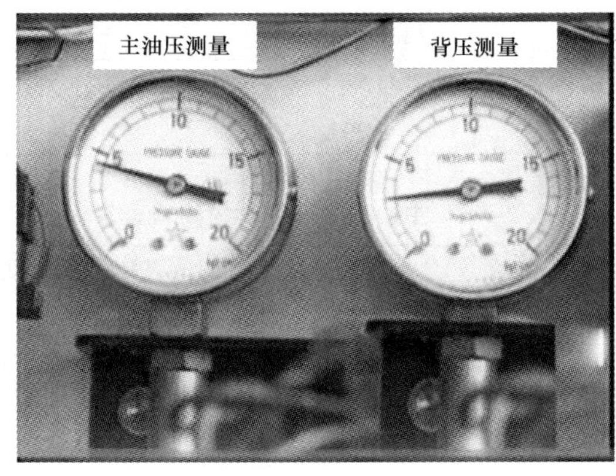

图 7-1-5 主油压和背油压试验

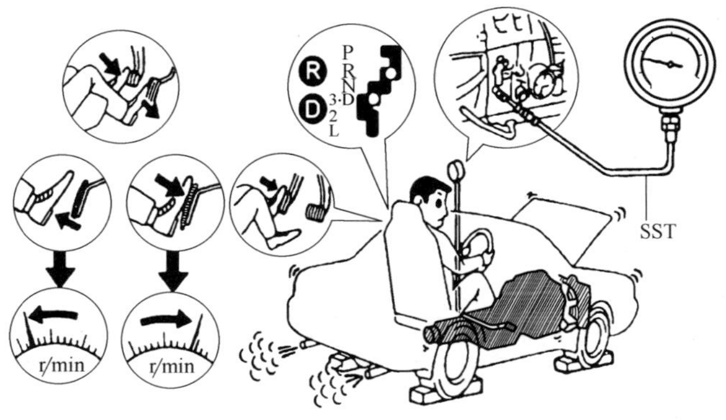

图 7-1-6 主调压阀工作检测

4. 主调压阀工作原理

1）油泵是由发动机传动的，发动机的转速升高油泵油压也会随之升高，过高的油压会对液压系统产生破坏性，因此需要用主调压阀来将超过规定值的高压油进行降压调整以达到其符合规定的工作油压。至于发动机在怠速时主油路油压低于工作油压主调压阀是不能够将其调高的。也就是说，主调压阀是一个只能降压而不能升压的调压阀。

2）工作油压的油道都是并联在油泵出来主油道上的，在整个主油路中只要有一个缺口

泄油整个主油路压力也会随之下降。

3）从表 7-1-1 可知，油泵将油送入主调压阀，主调压阀一端作用着弹簧力和节气门油压，另一端则作用着主油道压力油经节流孔送入的主油压，两端压力的抗衡，调整出随节气门开度和车速变化而变化的主油压。该主油压送入手控阀，节气门阀或其他调压阀调压，以满足自动变速器对各种油压的要求。

主油路油压的规定值见表 7-1-4。若主油路油压测量值与规定值不相符，可以在表 7-1-5 中查找可能的原因。

表 7-1-4　U341E 主油路油压规范值

速　　度	主油路油压/kPa	
	D 位	R 位
怠速	372 ~ 412	553 ~ 623
失速	1 120 ~ 1 230	1 660 ~ 1 870

表 7-1-5　主油路油压测试故障检查表

分　　析	可 能 原 因
如果所有档位上的测量值都较高	· 换档电磁阀 SLT 故障 · 调压器阀故障
如果所有档位上的测量值都较低	· 换档电磁阀 SLT 故障 · 调压器阀故障 · 机油泵故障
只有 D 位的压力低	· D 位油路漏油 · 前进档离合器故障
如果只有 R 位的压力低	· R 位油路漏油 · 倒档离合器故障 · 1 档和倒档制动器故障

三、液压控制原理及检修油路的升、降档规律

1）液压控制原理。电液控制基本原理如图 7-1-7 所示。

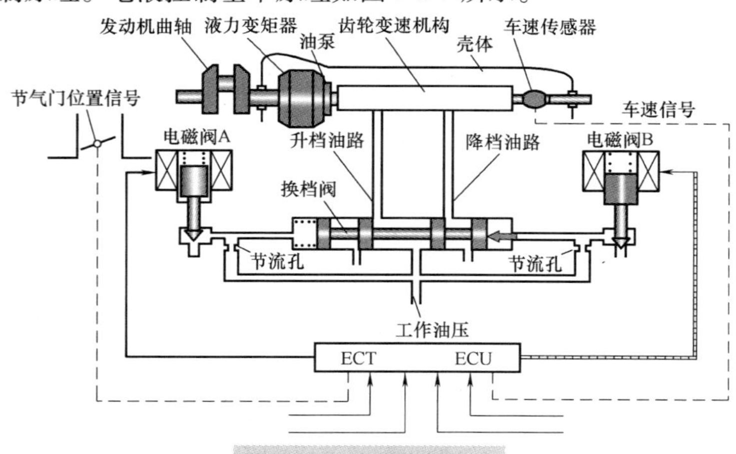

图 7-1-7　液压控制原理

2）发动机起动，直接离合器 C0 就通油接合，C0 油路不经过手动阀而是直接在主油路上取油，这样就可以缩短进档时间。当变速杆在所有前进档时，只接合一个执行元件。C1 油路不经过换档阀，而要经过手动阀。1 档要经过手动阀但不经过换档阀。升 2 档要经过 1 档/2 档换档阀。升 3 档要经过 2 档/3 档换档阀。升 4 档要经过 3 档/4 档换档阀。4 个前进档有 3 个换档阀一个手动阀。

3）增加一个档位就增加一个执行元件，每减少一个档位就减少一个执行元件。3 档进 4 档 C0 油路与 B0 油路交换；反之，则反。后面保持 3 档油路不变。

4）手动 1、2 档与 D 位 1、2 档也只增加一个执行元件，也就具有经济模式和手动模式交换一个执行元件。下面根据这个油路规律来将几个不同型号的自动变速器举例说明。图 7-1-8是（辛普森式）丰田 A341E 自动变速器升、降档油路规律。

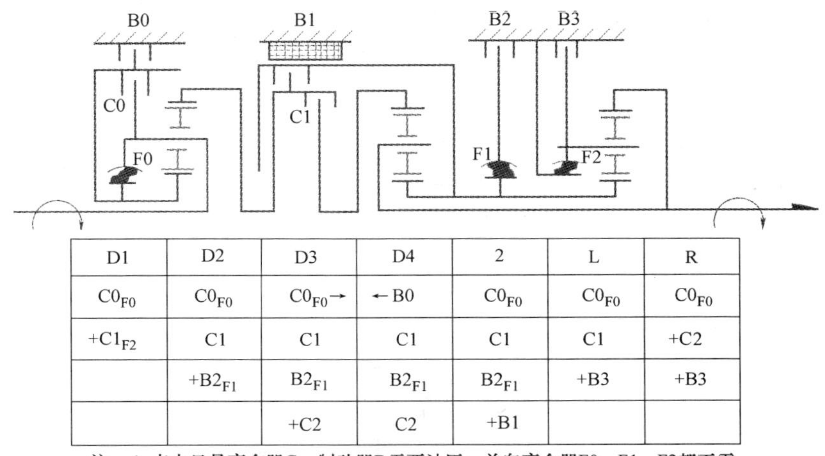

D1	D2	D3	D4	2	L	R
$C0_{F0}$	$C0_{F0}$	$C0_{F0}$→	←B0	$C0_{F0}$	$C0_{F0}$	$C0_{F0}$
+$C1_{F2}$	C1	C1	C1	C1	C1	+C2
	+$B2_{F1}$	$B2_{F1}$	$B2_{F1}$	$B2_{F1}$	+B3	+B3
		+C2	C2	+B1		

注：1. 表中只是离合器C、制动器B需要油压。单向离合器F0、F1、F2都不需要油压，在分析档位时，唯独F2在D1档时充当了执行元件的“角色”。
2.“←→”表示交换一条油路；“+”表示增加一条油路。图7-1-9~图7-1-11同

图 7-1-8 （辛普森式）丰田 A341E 自动变速器升、降档油路规律

5）神龙富康 AL4 自动变速器升、降档油路规律，如图 7-1-9 所示。

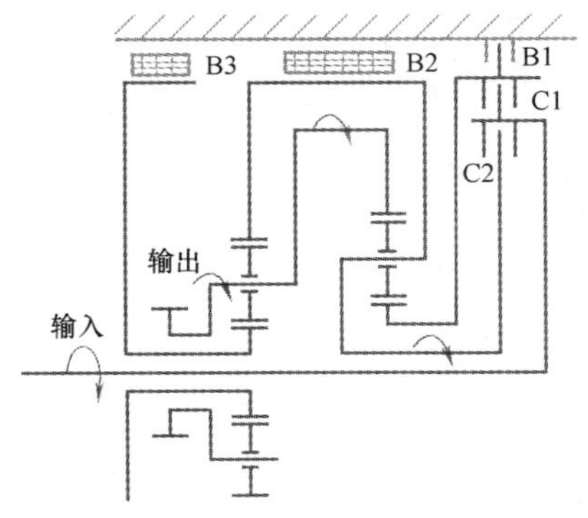

D位				R位
D1/L	D2/2	D3/3	D4/4	倒
C1 ←→	C2	C2	C2	+C1
B3	B3 ←→	C1 ←→	B1	+B2

图 7-1-9 （辛普森改进型）AL4 自动变速器升、降档油路规律

6）上海大众 01V（5HP—19）自动变速器升、降档油路规律。如图 7-1-10 所示。

7）ZF—9HP—48 自动变速器升、降档油路规律。如图 7-1-11 所示。

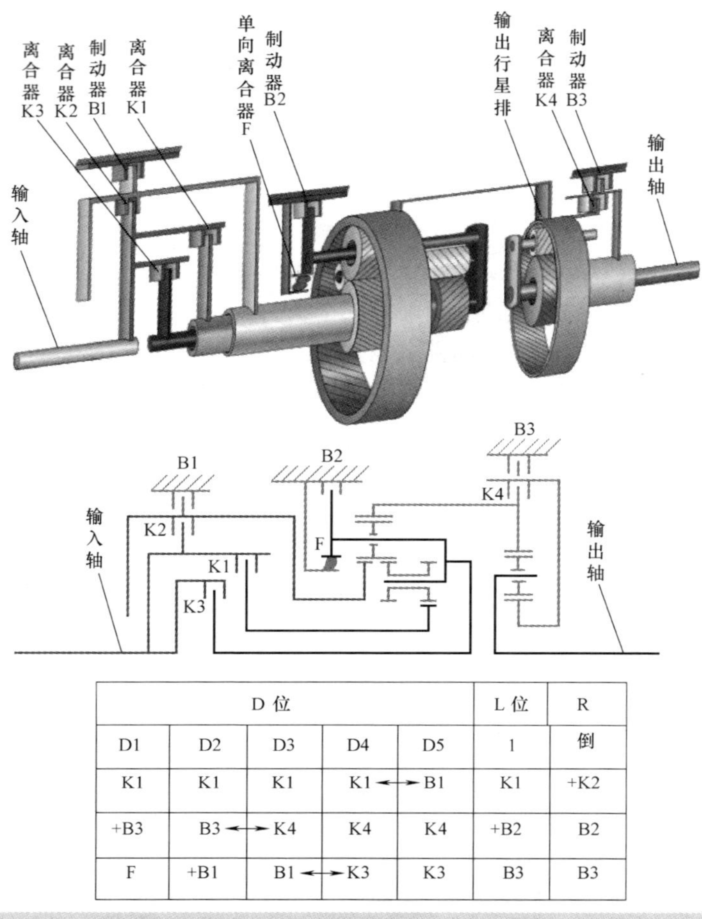

D 位					L 位	R
D1	D2	D3	D4	D5	1	倒
K1	K1	K1	K1 ←→ B1		K1	+K2
+B3	B3 ←→ K4		K4	K4	+B2	B2
F	+B1	B1 ←→ K3		K3	B3	B3

图 7-1-10 （拉维娜式）01V（5HP—19）自动变速器升、降档油路规律

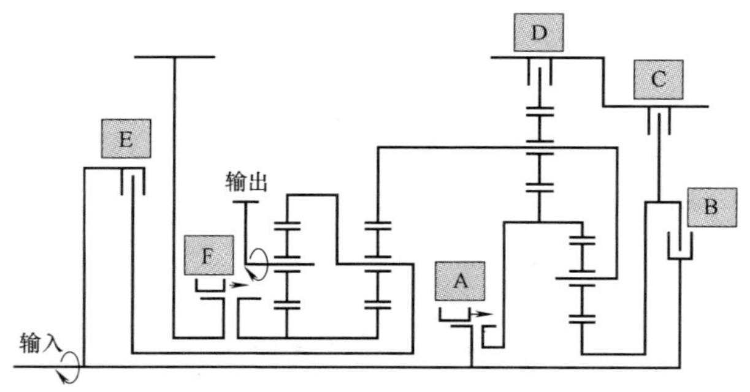

执行元件	D1:	D2:	D3:	D4:	D5:	D6:	D7:	D8:	D9:	R:
	A	A	A	A	A	A	A ←→ C	C ←→ B	B	B
	F	F	F	F ←	E	E	E	E	E	+ F
	+D ←→	C ←→	B ←→	E →	B ←→	C ←→	D	D	D	D
传动比	4.7	2.48	1.9	1.38	1	0.8	0.7	0.58	0.48	R:3.8

注：表内的F不再表示单向离合器，而是表示执行元件接合套。

图 7-1-11 （复合式）ZF—9HP—48 自动变速器升、降档油路规律

8）各种阀的工作原理

① 主调压阀工作原理（辛普森式自动变速器配套）如图 7-1-12 所示。

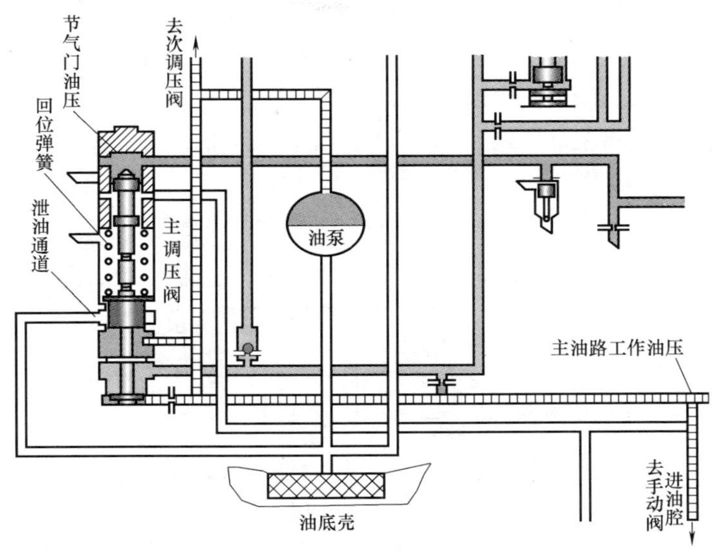

图 7-1-12 主调压阀工作原理

② 次调压阀工作原理如图 7-1-13 所示。次调压阀是把主调压阀从主油路泄出的压力油，经次调压阀调节出变矩器油压和经节流后的变速器润滑油压，次凋压阀一端作用着弹簧弹力，另一端作用着变矩器油经节流孔送入的节气门反馈油压，两者的抗衡，调节出一个随主油压变化而变化的变矩器油压和润滑油压。

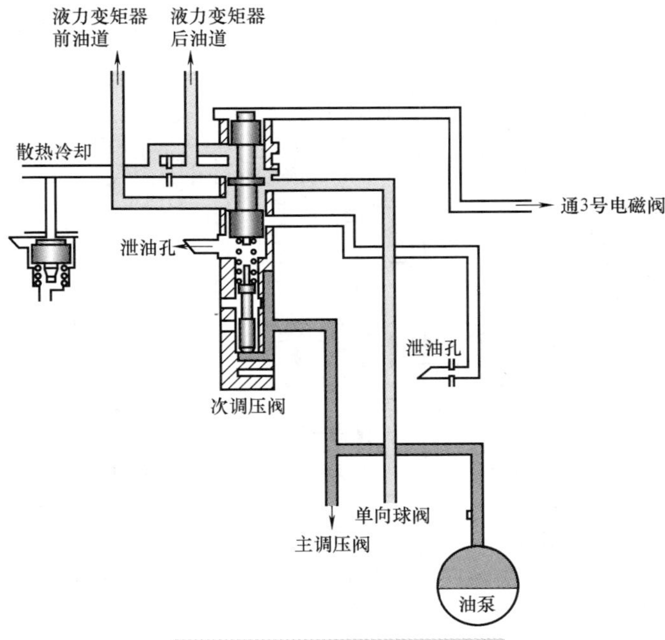

图 7-1-13 次调压阀工作原理

③ 节气门工作原理如图 7-1-14 所示。节气门是将主油压经调节，调出节气门油压，主油压送入节气门后，节气门一端作用着节气门开度的力，另一端作用着反馈回来的节气门油压和节气门油压经减压后的油压，几种压力的抗衡调出随节气门开度和车速变化的节气门油压。调出的节气门油压送入主调压阀的一端，参与主油压的调整。另一方面，送入减压阀，经减压阀凋压后，回馈给节气门油压调节阀，以便根据汽车负荷及车速修正节气门油压。节气门油压还送入储能器调压阀，以便将主油压调节成随节气门油压变化而变化的储能器背压。

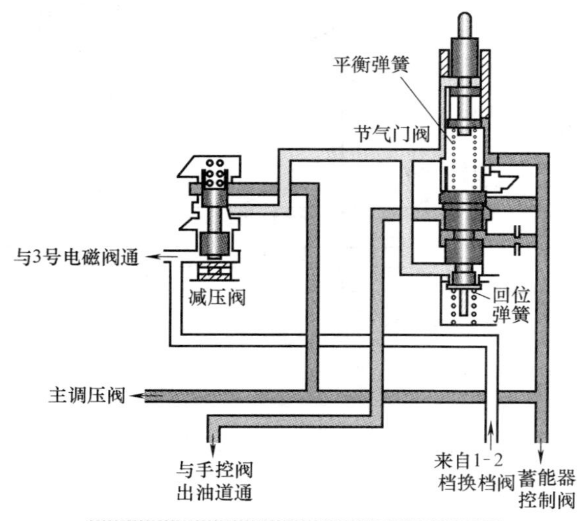

图 7-1-14 节气门、减压阀工作原理

④ 减压阀工作原理如图 7-1-14 所示。减压阀把节气门油压调节成反馈给节气门的修正油压，以便根据车速和负荷修正节气门油压以达到修正主油压的目的。它的一端作用着弹簧弹力，另一端作用着主油路的压力油，两者抗衡决定了反馈给节气门的修正油压的大小。这个反馈油压在低档或倒档时油压减低，以增大节气门油压，修正主油压，使主油压相应增高。

大众 01N 电控自动变速器调压原理如图 7-1-15 所示。

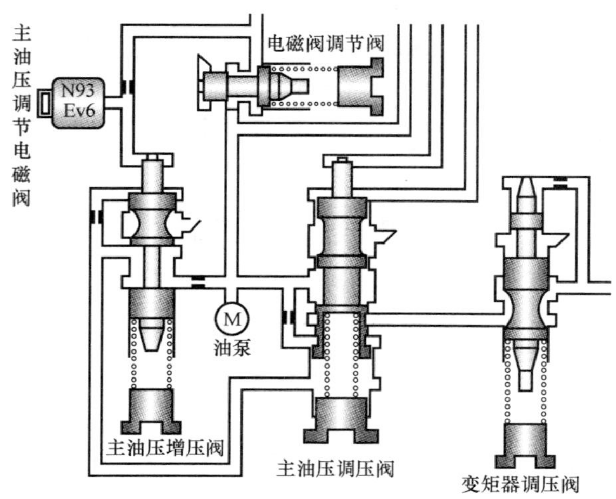

图 7-1-15 大众 01N 电控自动变速器调压原理

重要提示：

最初的辛普森式自动变速器用节气门（机械）拉索来调整节气门阀液压，后来自动变速器不再采用（机械）拉索了，但节气门开度信号与换档匹配液压是一个重要液压信号还必须保留。它的属性改为电磁阀控制液压阀门，其用途与前同，如果换档品质不好应重点检查这个阀。

9）电控自动变速器换档控制原理。电控自动变速器换档控制原理如图7-1-16和图7-1-17所示。电控自动变速器增加了控制ECU和与之相关的传感器和执行器，车速和发动机负荷被车速传感器和节气门位置传感器分别转换成电信号输入ECU，ECU经过分析、对比、运算后发出相应的电压信号给液压控制系统，再由液压控制系统（电磁阀）控制换档阀进行档位的变换。

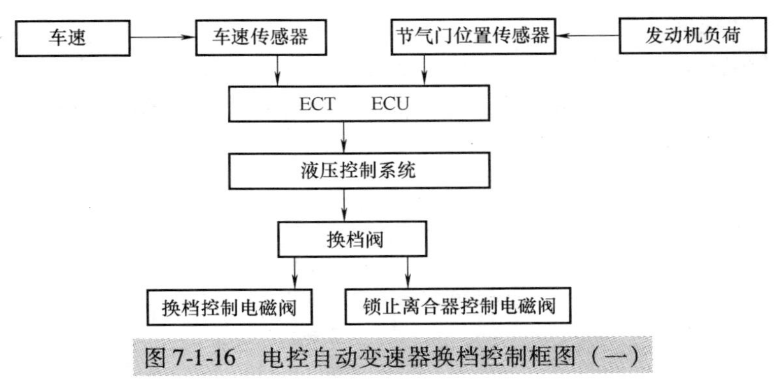

图7-1-16 电控自动变速器换档控制框图（一）

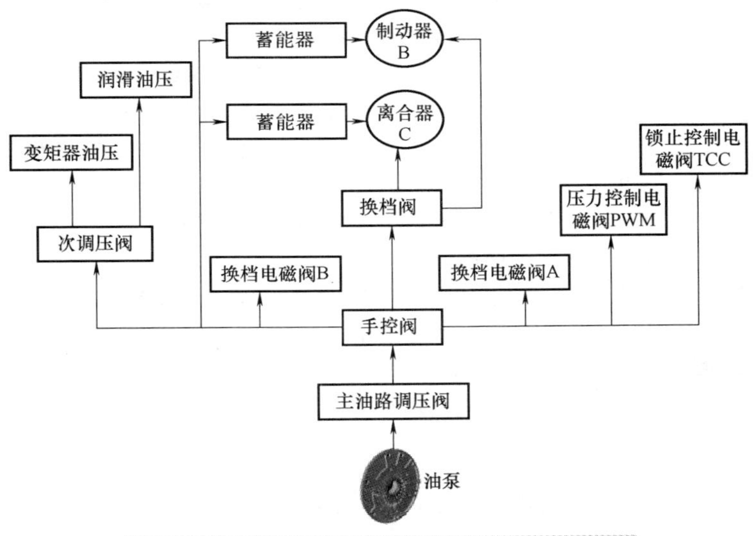

图7-1-17 电控自动变速器换档控制框图（二）

四、A341E各档总油路分析

丰田A341E自动变速器变速杆位置顺序为P—R—N—D—2—L。手控阀摇臂控制手控阀，手控阀有6个相应位置控制油路转换。手控阀共有7道油路，其中第二道油路是进油

路，其余为出油路。A341E 自动变速器升、降档油路规律参见图 7-1-8 所示。

当变速杆在 D 位，手控阀第二道油路进油，第三道油路出油，主油路压力油经手控阀第三道油路通往离合器 C1 和蓄能器 C1。汽车在 D1 档范围内行驶时，ECU 根据档位开关信号，节气门位置信号以及车速传感器信号使 1 号电磁阀通电，2 号电磁阀断电，3 号电磁阀断电，以便使离合器 C0、C1 工作，汽车便进入 D1 档。汽车在 D1 档时，其油路见表 7-1-6。

1 号电磁阀接通，使 1 号电磁阀泄油口打开，于是将 2-3 档换档阀上端油压泄掉，使 2-3 档换档阀在弹簧作用下上行，使 2-3 档换档阀把主油道的液压油送入 3-4 档换档阀的下端，使 3-4 档换档阀上行，以便打开 C0 油道，通过 3-4 档换档阀把主油道压力油送给离合器 C0。

2 号电磁阀断电，使 2 号电磁阀泄油口关闭，于是，主油道的压力油便一方面送入 3-4 档换档阀上端待命，另一方面进入 1-2 档换档阀上端，将 1-2 档换档阀压下，把通往制动器 B2 的油道切断，并在此为 D2 档待命。

3 号电磁阀断电，使电磁阀泄油口打开，于是把锁止继动阀上方的油压泄掉，使变矩器油从液力变矩器的前方进入液力变矩器，以解除锁止离合器的锁止。

4 号电磁阀通电根据所换档位调整压力。

表 7-1-6　D1 档油路走向

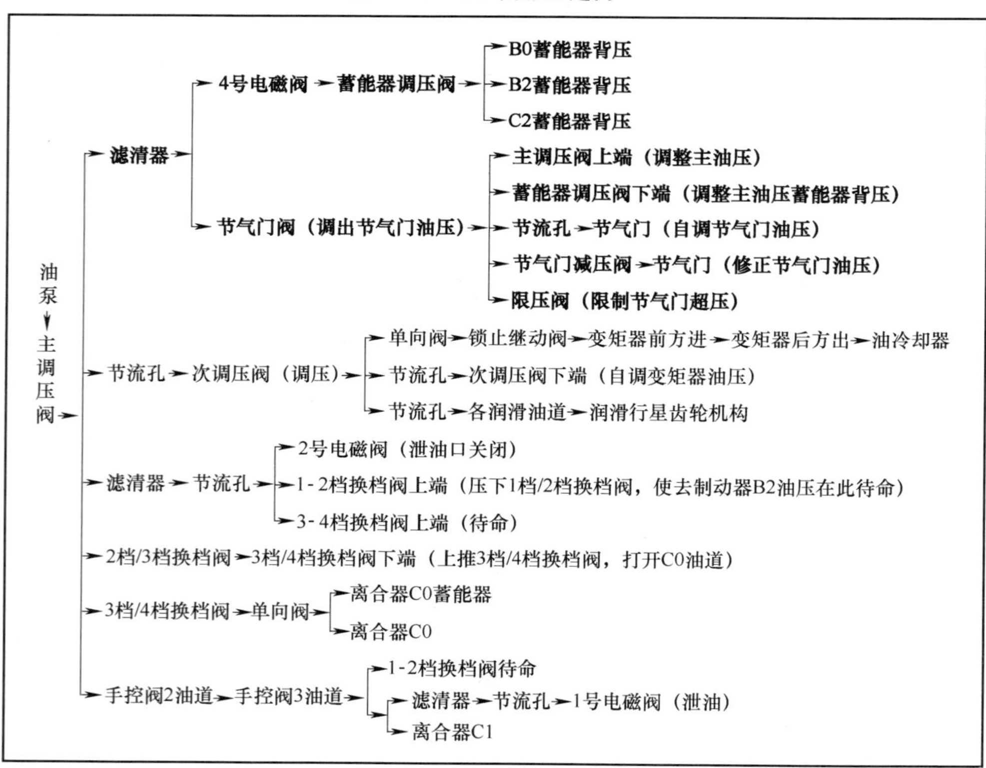

注：在 D1 档油路走向中，上部加粗的字体部分为固定的主油路走向，在后面的油路分析中不再描述。

各档油路走向如图 7-1-18 至图 7-1-22 所示（见彩页）。

综上所述，电控自动变速器液压控制系统各换档阀，在不同档位时所处的位置见表 7-1-7。

表 7-1-7 换档阀的位置

变速杆位置	档 位	1 号电磁阀	2 号电磁阀	1-2 档换档阀	2-3 档换档阀	3-4 档换档阀
P	驻车档	通电	断电	下行	上行	上行
R	倒档	通电	断电	上行	上行	上行
N	空档	通电	断电	下行	上行	上行
D	1	通电	断电	下行	上行	上行
	2	通电	通电	上行	上行	上行
	3	断电	通电	上行	下行	上行
	4	断电	断电	上行	下行	下行
2	1	通电	断电	下行	上行	上行
	2	通电	通电	上行	上行	上行
	3	断电	通电	上行	下行	上行
L	1	通电	断电	下行	上行	上行
	2	通电	通电	上行	上行	上行

五、A341E 阀体的检修

不论是哪一种型号的控制系统，其阀板的检修方法基本相同的。下面以雷克萨斯 LS400 轿车 A341E 自动变速器为例说明电控自动变速器的阀体检修。A341E 下阀板分解如图 7-1-23所示。

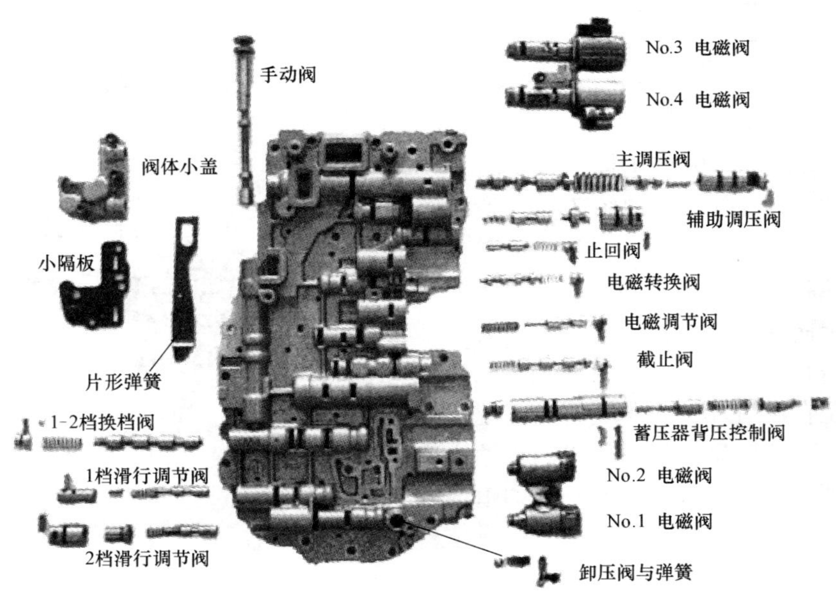

图 7-1-23 A341E 下阀板分解图

1. 阀体总成的分解

图 7-1-24 为 A341E 自动变速器的阀体总成。自动变速器的分解步骤如下：

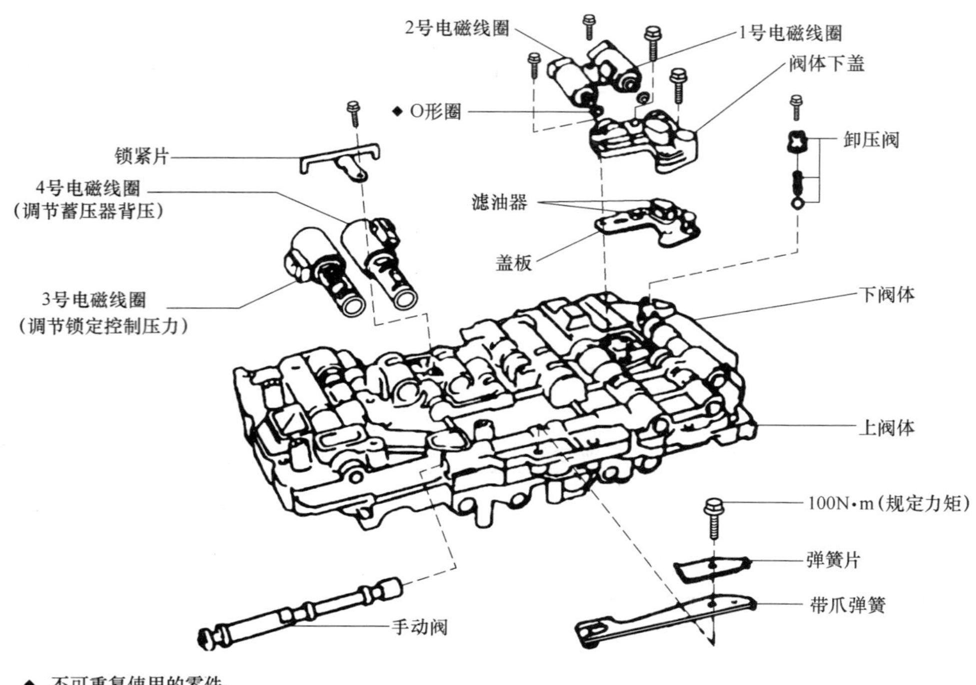

图 7-1-24 阀体总成

分解阀板时应特别小心，不能丢失或分散小的节流阀、安全阀、随动阀和有关的弹簧。

1）拆下带爪弹簧和弹簧片。

2）拆下手动阀。

3）拆下 1、2、3、4 号电磁线圈，并从 1 号和 2 号电磁线圈上拆下 O 形圈和锁紧片。

4）拆下滤油器和卸压阀。

5）翻转总成并拆下 28 个螺栓。

6）将上下阀板分开，如图 7-1-25 所示。在拿起上阀板时，为了防止上阀板油道内的单向节流阀球阀掉落，应将上下阀板之间的隔板和上阀板一同拿起，并将上阀板油道一面朝上放置，用木锤轻轻敲击隔板，防止小的球阀粘在隔板上，然后再取下隔板。特别是在没有详细技术资料的情况下检查自动变速器时，更要特别注意。如果阀板油道内的某个球阀或其他小零件掉出，由于阀板油道的形状十分复杂，往往因找不到这些小零件的原有位置而不能正确安装，导致修理后的自动变速器工作异常。

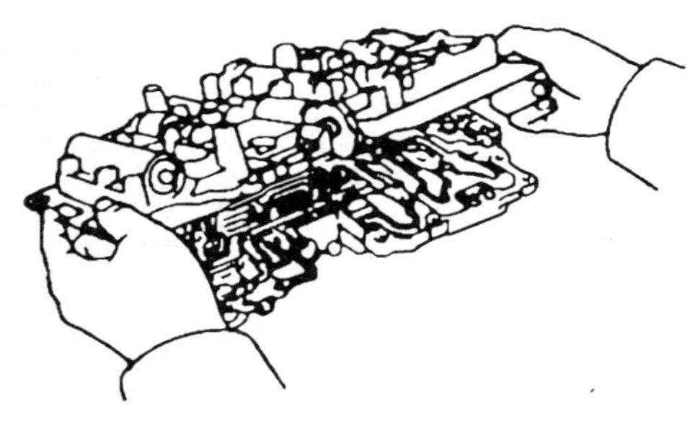

图 7-1-25 将上下阀板分开

从上阀板一侧取下隔板，取出上阀板油道内的所有单向阀球阀。按顺序拆出上阀板中所有的控制阀。在拆出每个控制阀时，应先取出锁销和档塞，再让阀芯和弹簧从阀孔中自由落出。若阀芯在阀孔中有卡滞，不能自由落出，可用木锤或橡皮锤敲击阀板，将阀芯振出，不要用铁丝或钳子伸入阀孔去取阀芯，以免损坏阀孔内径或阀芯。按图 7-1-22 所示拆出下阀板中所有的控制阀。

2. 上阀体

（1）上阀体零部件分解

上阀体零件的分解如图 7-1-26 所示。

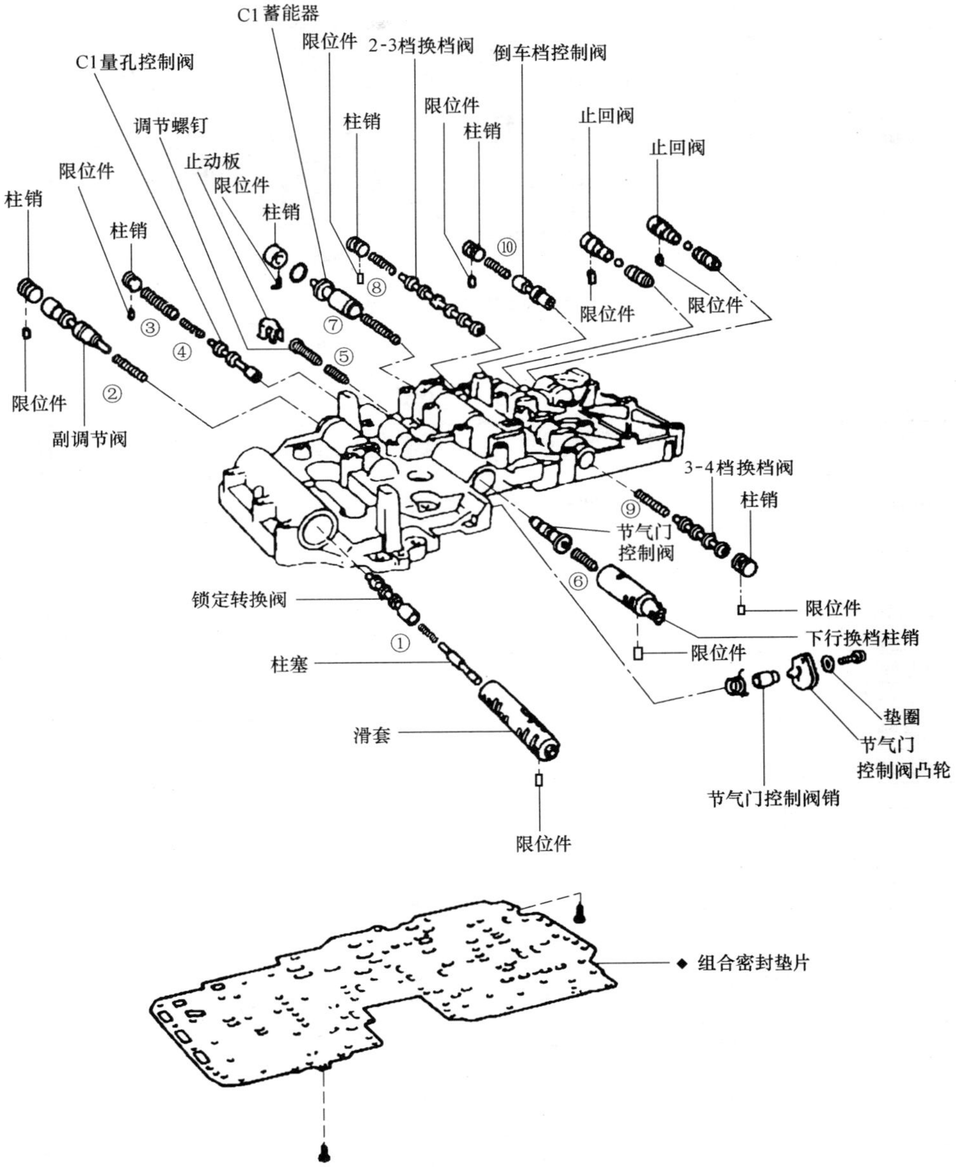

◆ 组合密封垫片

◆ 不可重复使用的零件

图 7-1-26 上阀体零部件分解图

①～⑩—弹簧

（2）上阀体剖面图

上阀体剖面图如图 7-1-27 所示。

（3）上阀体弹簧规格

上阀体弹簧规格见表 7-1-8。

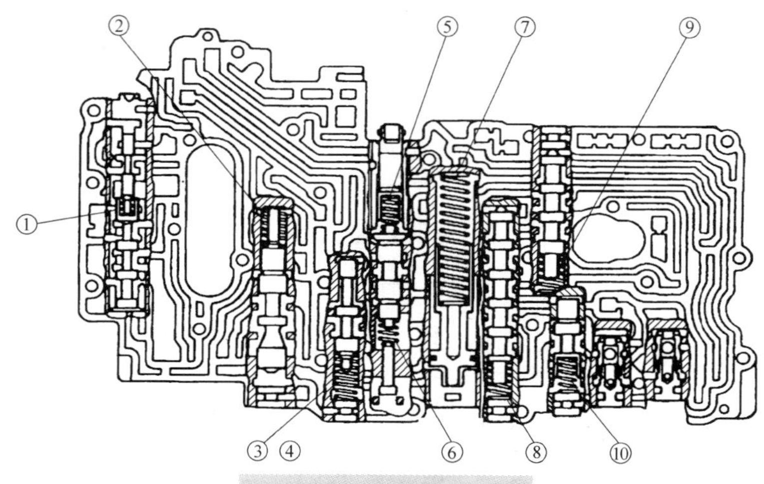

图 7-1-27　上阀体剖面图

①~⑩—弹簧

表 7-1-8　上阀体弹簧规格

弹　簧		自由长度/mm	弹簧外径/mm	总　圈　数	颜　色
①	锁定继动阀	23.42	5.86	12.25	红
②	副调节阀	36.78	9.22	13.50	—
③	C1 量孔控制阀	37.13	11.14	11.25	白
④	C1 量孔控制阀	21.50	7.76	11.50	—
⑤	节气门控制阀	27.25	8.73	12.50	黄
⑥	节气门控制阀	17.50	7.20	10.25	红
⑦	C1 蓄压器	75.26	15.02	17.06	粉红
⑧	2-3 档换档阀	30.77	9.70	10.50	紫
⑨	3-4 档换档阀	30.77	9.70	10.50	紫
⑩	倒档控制阀	25.58	8.64	8.75	—

注：当重新装配时请参照上述弹簧规格以有助于区别不同的弹簧。

（4）上阀体限位件的位置

上阀体限位件的位置如图 7-1-28 所示。上阀体限位件的规格见表 7-1-9。

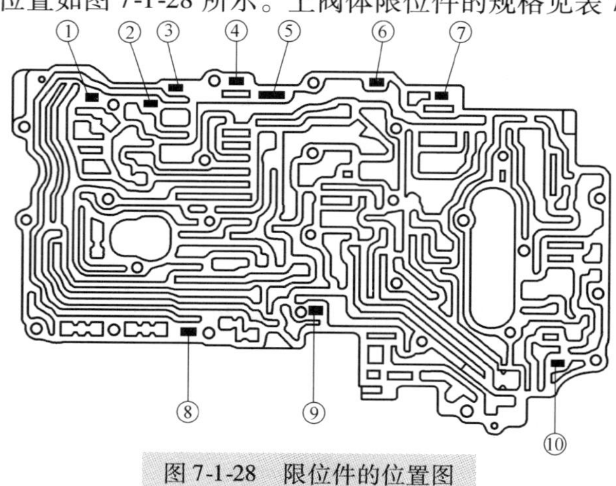

图 7-1-28　限位件的位置图

①~⑩—弹簧

表 7-1-9　上阀体限位件规格　（单位：mm）

限位件		高	宽	厚度	限位件		高	宽	厚度
①	止回阀	10.0	5.0	3.2	⑥	C1 量孔控制阀	12.5	5.0	3.2
②	止回阀	21.2	5.0	3.2	⑦	副调节阀	10.0	5.0	3.2
③	倒档控制阀	16.0	5.0	3.2	⑧	3 档/4 档换档阀	11.5	5.0	3.2
④	2 档/3 档换档阀	12.5	5.0	3.2	⑨	节气门控制阀	21.2	5.0	3.2
⑤	C1 蓄压器	37.2	5.0	3.2	⑩	锁定继动阀	21.2	5.0	3.2

（5）止回球的位置

止回球的位置如图 7-1-29 所示。止回球的规格见表 7-1-10。

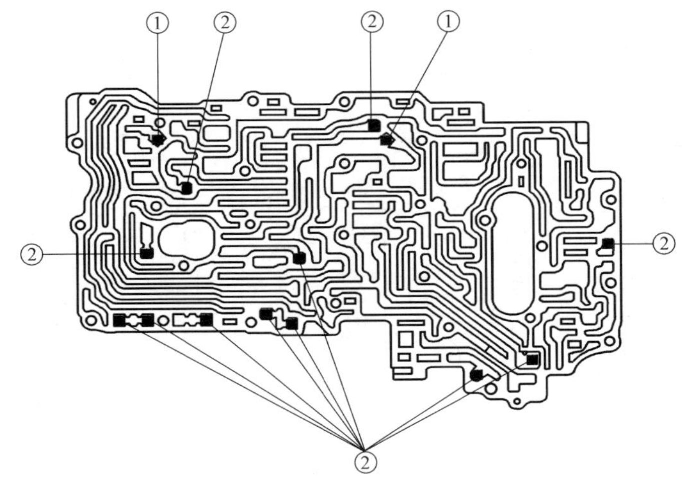

图 7-1-29　止回球的位置图

①②—止回球

表 7-1-10　止回球规格　（单位：mm）

止回球		直径
①	橡胶球	6.35
②	橡胶球	5.54

3. 下阀体

（1）下阀体零部件分解

下阀体零部件分解如图 7-1-30 所示。

（2）阀体剖面图

阀体剖面图如图 7-1-31 所示。

（3）阀体弹簧规格

阀体弹簧规格见表 7-1-11。

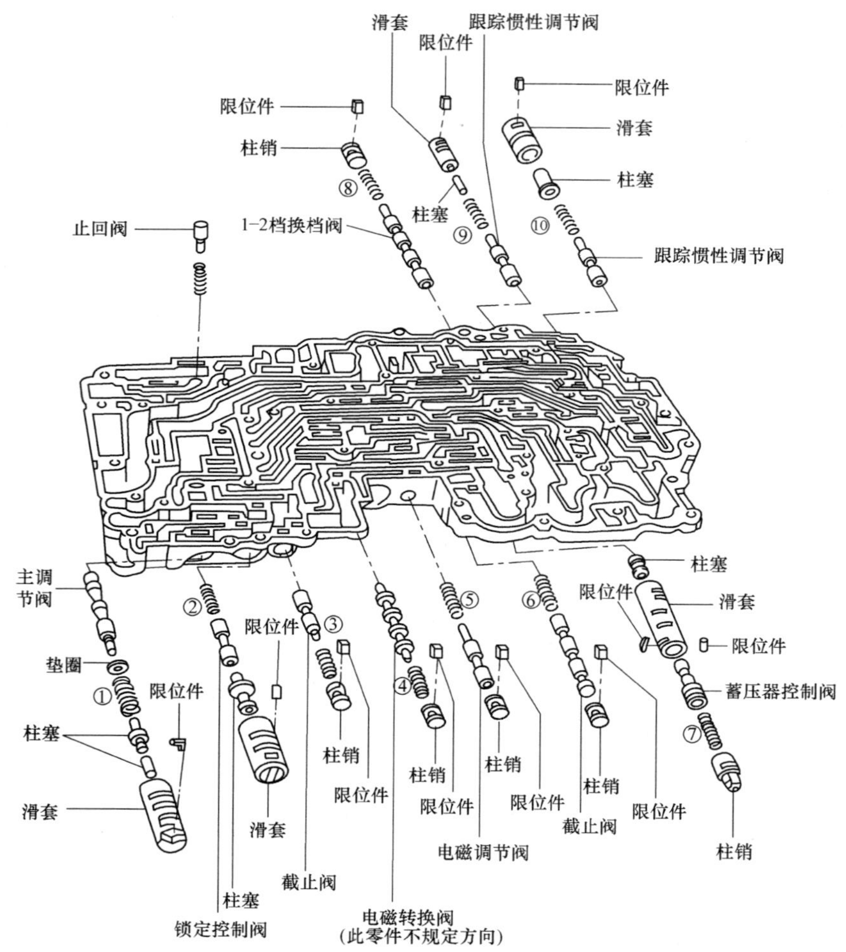

图 7-1-30 下阀体零部件分解图
①~⑩—弹簧

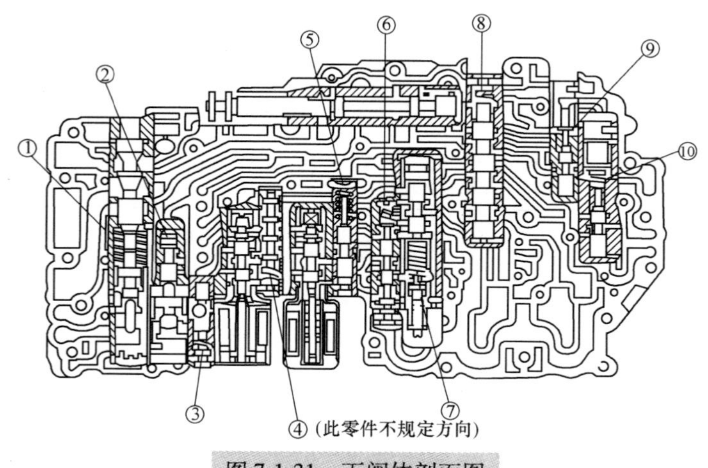

图 7-1-31 下阀体剖面图
①~⑩—弹簧

表 7-1-11 阀体弹簧规格

弹簧		自由长度/mm	弹簧外径/mm	总圈数	颜色
①	主调节阀	40.62	16.88	9.50	红
②	锁定控制阀	18.52	5.30	12.75	白
③	回位阀	18.80	7.48	7.50	—
④	电磁继动阀	18.80	7.48	7.50	—
⑤	电磁调节阀	30.63	7.99	15.25	—
⑥	截止阀	20.30	6.10	12.75	—
⑦	蓄压器控制阀	34.50	8.85	12.50	—
⑧	1-2 档换档阀	30.77	9.70	10.50	紫
⑨	跟踪惯性调节阀	19.73	8.04	9.80	—
⑩	跟踪惯性调节阀[①]	26.11	8.04	10.75	—
		26.71		11.50	淡绿
		27.41		11.75	黄

①安装 3 种弹簧中的一种。当重新装配时，可参照上述弹簧规格以有助于区别不同的弹簧。

(4) 限位件的位置

限位件的位置如图 7-1-32 所示。限位件的规格见表 7-1-12。

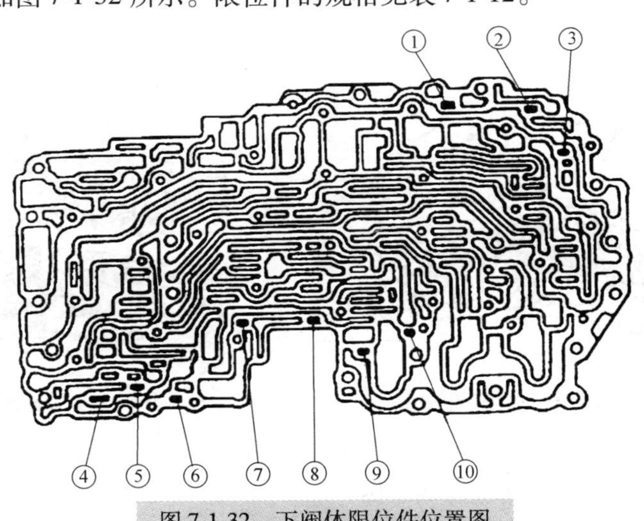

图 7-1-32 下阀体限位件位置图

①~⑩—限位件

表 7-1-12 限位件规格 (单位：mm)

限位件		高	宽	厚度	限位件		高	宽	厚度
①	1-2 档换档阀	14.5	5.0	3.2	⑥	回位阀	8.5	5.0	3.2
②	跟踪惯性调节阀	14.5	5.0	3.2	⑦	电磁继动阀	12.5	5.0	3.2
③	跟踪惯性调节阀	14.5	5.0	3.2	⑧	电磁调节阀	14.5	5.0	3.2
④	主调节阀	13.0	5.0	3.2	⑨	截止阀	19.0	5.0	3.2
⑤	锁定控制阀	14.5	5.0	3.2	⑩	蓄压器控制阀	29.0	5.0	3.2

4. 阀体零件的检修

1）将上、下阀板的所有控制阀的零件用清洁的煤油或酒精清洗干净。

2）检查控制阀阀芯表面，如有轻微刮伤痕迹，可用金相砂纸抛光。

3）检查诸阀弹簧有无损坏，测量各阀弹簧的长度，如不符合规定要求，应更换。各阀弹簧的自由长度见表 7-1-12。

4）检查滤油器，如有损坏或堵塞，应更换。

5）检查隔板，如有刨伤或损坏，应更换。

6）更换隔板上的纸质衬垫。

7）更换所有塑胶球阀。

8）如控制阀卡死在阀孔中，应更换阀板总成。

5. 阀体总成的装配

1）将清洗后的上下阀板和所有控制阀零件放在干净的液压油中，将它浸泡几分钟。

2）按图 7-1-26 和图 7-1-30 所示拆卸相反的顺序安装上、下阀体各控制阀。注意各控制阀弹簧的安装位置，切不可将各控制阀的弹簧装错。

3）按图 7-1-29 所示位置，将上阀板油道内的球阀装入。

4）将组装的密封垫装在上阀体上，应对准组装密封垫的每一个螺栓孔并装上螺钉，如图 7-1-33 所示。

5）将带密封垫的上阀体装到下阀体上，应保证对准密封垫和阀体的每一个螺栓孔，如图 7-1-34 所示。

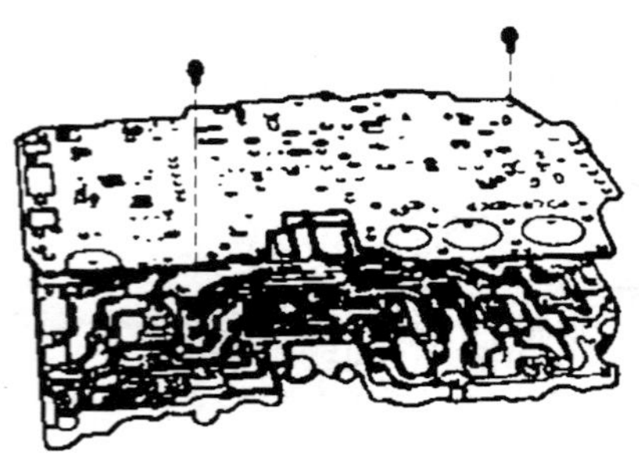

图 7-1-33　将组装的密封垫装在上阀体上

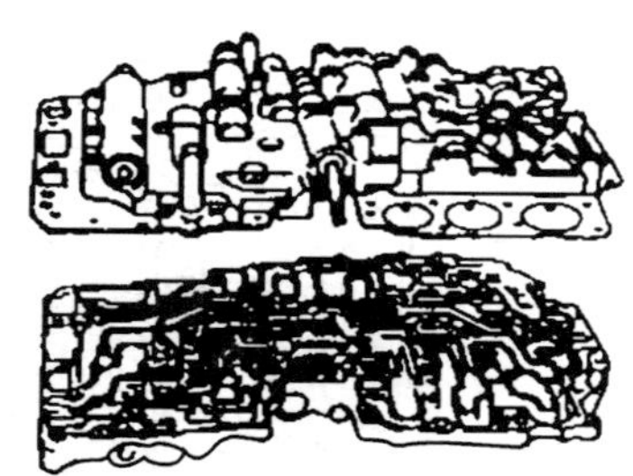

图 7-1-34　将带密封垫的上阀体装到下阀体上

6）安装 28 个螺栓到上阀体，弹簧长度为 A 螺栓 45mm、B 螺栓 35mm、C 螺栓 20 mm，拧紧力矩为 6. 1N · m，如图 7-1-35 所示。

7）安装滤油器、卸压阀和 4 个电磁线圈。

8）安装手动阀，如图 7-1-36 所示。

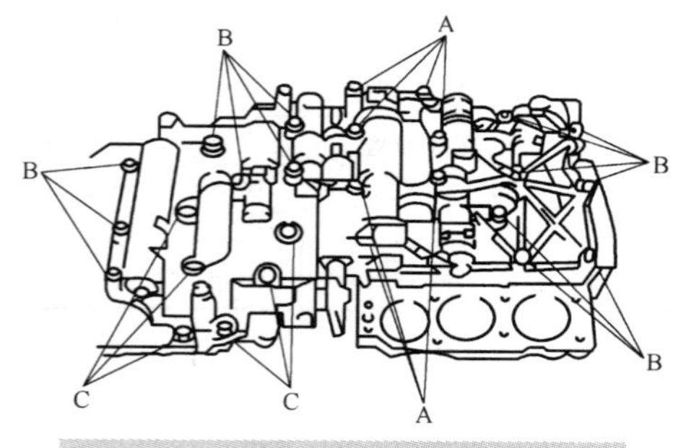

图 7-1-35　安装 28 个螺栓到上阀体

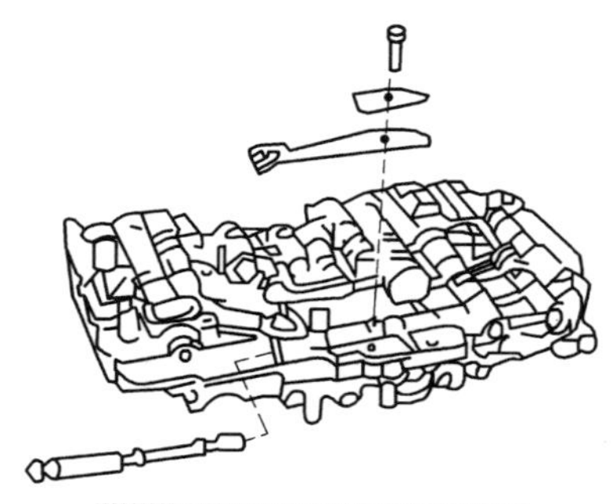

图 7-1-36　安装手动阀

9）安装带爪弹簧，拧紧力矩为 10N · m。

10）确保手动阀运动平稳。

六、大众 01M/01N 各档油路分析

1. 01M 阀体

01M 液压阀体中共有 17 个滑阀，重要的滑阀有主调压阀，主油压增压阀（出厂时已调好，一般不需要拆卸此阀，图中没有显示该阀）、液力变矩器压力调节阀、手动阀、K1 换档阀、K3 换档阀、B2 换档阀、换档平顺阀、液力变矩器锁止离合器控制阀以及各协调阀。3 个换档电磁阀 N88、N89、和 N90 分别控制每个换档执行元件；N88 控制 1 档/3 档离合器 K1，N89 电磁阀控制 2 档/4 档离合器 B2，N90 电磁阀控制 3 档/4 档离合器 K3。剩下的两个执行元件倒档离合器 K2 和低倒档制动器 B1，则是由手动阀来控制的。N88、N89、N90 为换档电磁阀；N91 为锁止电磁阀；N92、N94 为换档平顺控制电磁阀；N93 为主油压电磁阀。

故障预示：在 01M 自动变速器各种常见故障中，液压系统里的电磁阀问题较多。因此维修时一定要注意检查电磁阀的性能。再就是 N90 电磁阀密封不良也是实际维修经常出现的问题（如果电气性能正常，是不会出现故障码的），使 K3 处于半结合状态，造成档位运动干涉，导致换 2 档时有倒拖的感觉。阀体分解如图 7-1-37 和图 7-1-38 所示。

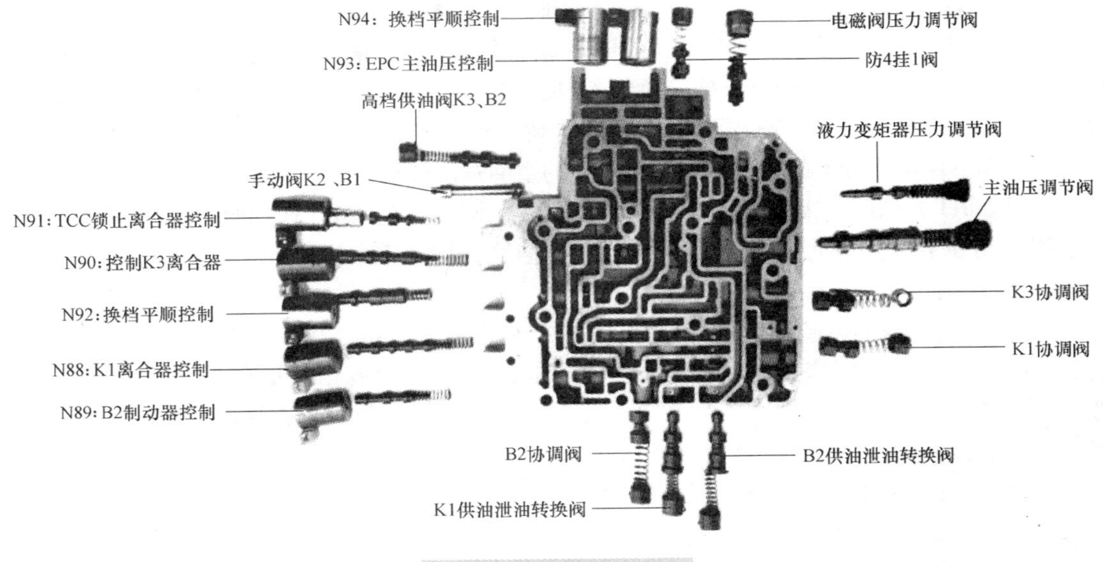

图 7-1-37 上阀体分解

2. P 位油路

变速杆在 P 位时手动阀油路是关闭的，控制 ECU 对 3 个换档电磁阀（N88、N89 和 N90）的指令是："101"（由于电磁阀是供电的，1 表示 ECU 控制搭铁；0 表示未控制），也就是 ECU 对 N88 和 N90 两个电磁阀发出搭铁指令。由于 01M 自动变速器所有 7 个电磁阀都是在断电状态下泄油的，就是电磁阀在 ECU 不控制时泄油孔始终是打开状态。因此当 ECU 对 N88 和 N90 两个电磁阀发出搭铁指令后，两个电磁阀的泄油孔关闭，此时 N88 电磁阀作用的 K1 换档阀和 N90 电磁阀作用的 K3 换档阀处就有了电磁阀调节压力，该压力能够克服

两个滑阀上端的弹簧压力而位移，N89 电磁阀没有受到控制，其泄油孔是打开的，所以在其所作用的 B2 换档阀处没有电磁阀调节压力。由于手动阀处于关闭状态，因此，在 K1、K3 及 B2 换档阀处不能形成系统油压，所以变速器所有元件不工作，也就没有动力输出，此时变速器的机械锁将变速器输出轴锁住不能移动。P 位油路如图 7-1-39 所示（见彩页）。

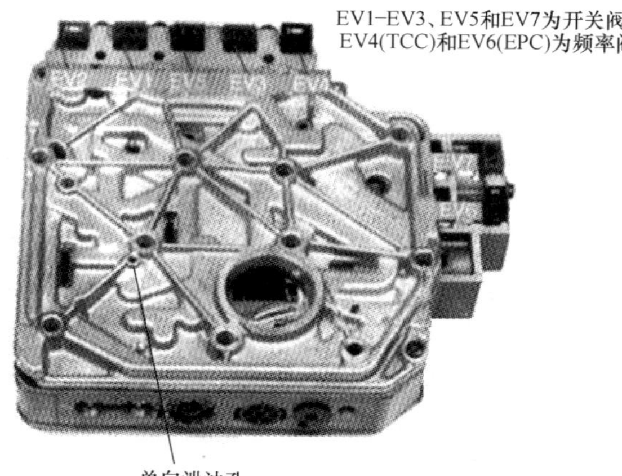

图 7-1-38 下阀体

3. D1 档油路

当变速杆置于 D 位时，由于手动阀开启 3 条油路：一条通往 B1 供给阀，传递到 K1、K3、B2 协调阀没有弹簧的一侧，该油路由 N92 电磁阀来控制以改善换档质量；另一条则通过高档供油阀接通 B2 换档阀和 K3 换档阀。此时，ECU 对 3 个换档电磁阀的指令由 P 位的“101”状态改为“001”状态，变化的电磁阀是 N88。当 N88 电磁阀由通电状态变为断电状态时，N88 电磁阀泄油孔打开，将 K1 换档阀下端电磁阀的调节压力释放掉，K1 换档阀在弹簧力的作用下回到原始位置，此时，来自手动阀处的主油路油压经 K1 换档阀→K1 供油↔泄油转换阀→K1 协调阀及一个节流球接通到 K1 离合器上，这样便形成 D 位的 1 档动力传递。电磁阀 N89 断电，作用在 B2 换档阀下端的电磁阀调节压力被 N89 泄油孔释放掉，B2 换档阀在弹簧力的作用下保持在最下端，这样来自手动阀的主油路油压被截止；N90 电磁阀通电泄油孔关闭，此时在 K3 换档阀下端便形成电磁阀调节压力，该压力克服 K3 换档阀上端弹簧力推动滑阀上移，切断了来自手动阀的主油路油压。D1 档油路如图 7-1-40 所示（见彩页）。

4. D2 档油路

当 ECU 指令换档电磁阀实现 2 档时，3 个换档电磁阀的指令由 1 档时的“001”状态变为 2 档时“011”。此时变化的电磁阀为 N89 电磁阀，当电磁阀由断电状态变为通电状态时泄油孔关闭，此时，在 B2 换档阀下端建立起电磁阀调节压力，该压力克服 B2 换档阀上端弹簧压力推动滑阀上移，此时来自手动阀的主油路油压被接通，通过 B2 换档阀→B2 供油↔泄油转换阀→B2 协调阀→B2 制动器。这样由于 N88 电磁阀仍然处于断电状态而打开 K1 离合器的油路，K1 工作动力从后太阳轮输入，制动器 B2 工作固定了前太阳轮实现 2 档动力传递。N90 电磁阀通电，K3 换档阀处的主油路油压仍然处于截止状态。

如果 N90 电磁阀密封不良，就会部分接通 K3 油路，使 K3 处于接合和半接合状态，所以在换 2 档时会出现严重的档位干涉故障。D2 档油路如图 7-1-41 所示（见彩页）。

5. D3 档油路

当 ECU 指令换档电磁阀实现 3 档时，3 个换档电磁阀的指令由 2 档时的“011”状态变为 3 档时“000”。此时 N89、N90 两个电磁阀均由通电状态变为断电状态，N89 电磁阀断电，作用在 B2 换档阀下端的电磁阀压力被电磁阀泄油孔释放掉，B2 换档阀在上端弹簧力的作用下又回到原始位置，这样就把去往 B2 制动器的油路切断，B2 制动器停止工作；N90 电磁阀断电又将 K3 换档阀下端的电磁阀调节压力通过泄油孔释放掉，因此 K3 换档阀在上端弹簧力的作用下回到最下端，这样便把来自手动阀的主油路油压经过 K3 换档阀，再经过 K3 协调阀接通到 K3 离合器上。N88 电磁阀仍然处于断电状态而打开 K1 离合器的油路，K1 和 K3 两个离合器接合便形成直接档 3 档油路。

如果在 2 档换 3 档时，K3 和 B2 切换油路，当变速器的工作压力调整稍微有些偏差时，易造成2—3 档正时问题，产生动力干涉和动力中断故障。D3 档油路如图 7-1-42 所示（见彩页）。

D3 档锁止离合器接合油路：

当发动机以液压方式传递动力时，ECU 未对锁止离合器的 N91 电磁阀发出控制指令，因此变矩器的液压油路如下：

变矩器压力调节阀→变矩器锁止离合器控制阀→输入轴→变矩器释放压力油路（A 油路）→锁止离合器活塞前方→回油油路。当变速器实现动力 3 档控制时，ECU 便对 N91 电磁阀发出控制指令，这样 N91 电磁阀的泄油孔会由原来的全开状态逐渐地变为全闭状态，因此，在 TCC 锁止控制阀的下端逐渐建立起电磁阀调节压力，该压力会逐渐改变 TCC 锁止控制阀的位置，这样就会改变变矩器的工作油路，此时，由变矩器压力调节阀调节出的变矩器工作压力会经过变矩器锁止离合器控制阀（位置改变）→变矩器 TCC 锁止控制油路→锁止离合器活塞后方→回油油路。此时，发动机转速和输入轴转速（即变矩器的泵轮和涡轮转速达到同步转速）形成动力 3 档。

如果 01M 变速器油路中，与 N91 电磁阀紧挨着的 TCC 锁止阀的套管内侧易产生磨损，从而造成锁止力矩偏差或干涉的故障出现。D3 档锁止离合器接合油路如图 7-1-43 所示。

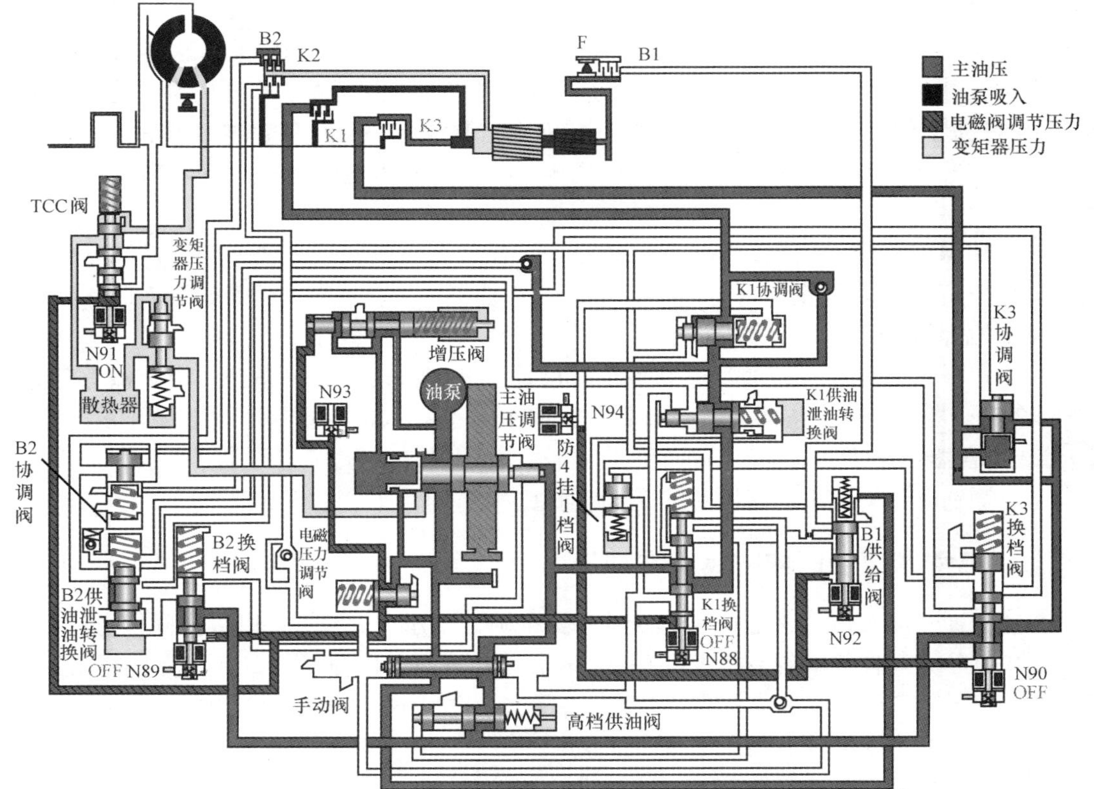

图 7-1-43 D3 档锁止离合器接合油路

6. D4 档油路

当 ECU 指令换档电磁阀实现 4 档时，3 个换档电磁阀的指令由 3 档时的“000”状态变为 4 档时“110”。此时变化的为 N88 和 N89 两个电磁阀，电磁阀 N88 由断电状态变为通电状态，此时电磁阀 N88 的泄油孔由原来的打开状态变为关闭状态，这样在 K1 换档阀的下端便建立起电磁阀调节压力，该压力克服换档阀上端弹簧压力推动滑阀上移切断了去往 K1 离合器的油路，K1 离合器停止工作；N89 电磁阀由断电状态变为通电状态时，泄油孔由打开状态变为关闭状态，这样在 B2 换档阀的下端又建立起电磁阀调节压力，该压力克服 B2 换档阀上端弹簧压力推动换档阀上移，来自手动阀的主油路油压接通到 B2 制动器上；N90 电磁阀仍然处于断电状态 K3 离合器油路仍然在接通。因此就形成了 K3 离合器由行星架输入，前太阳轮被制动器 B2 固定的超速档。

如果手动阀位置不正确时会直接影响 4 档。在打滑的同时一般会出现 01192 和 00652 的故障码。D4 档油路如图 7-1-44 所示（见彩页）。

D4 档锁止离合器接合油路：

当发动机以液压方式传递动力时，ECU 未对锁止离合器的 N91 电磁阀发出控制指令，因此变矩器的液压油路为

变矩器压力调节阀→变矩器锁止离合器控制阀→输入轴→变矩器释放压力油路（A 油路）→锁止离合器活塞前方→回油油路

当变速器实现动力 4 档控制时，ECU 便对 N91 电磁阀发出控制指令，这样 N91 电磁阀的泄油孔会由原来的全开状态逐渐地变为全闭状态，因此在 TCC 锁止控制阀的下端逐渐建立起电磁阀调节压力，该压力会逐渐改变 TCC 锁止控制阀的位置，这样就会改变了变矩器的工作油路，此时，由变矩器压力调节阀调节出的变矩器工作压力会经过变矩器锁止离合器控制阀（位置改变）→变矩器 TCC 锁止控制油路→锁止离合器活塞后方→回油油路。此时，发动机转速和输入轴转速（即变矩器的泵轮和涡轮转速达到同步转速）形成动力 4 档。

如果 01M 变速器油路中，N91 电磁阀是占空比型电磁阀，从 2 档开始，TCM 便根据车速和负荷来实现 TCC 锁止，以提高传动效率。D4 档锁止离合器接合油路如图 7-1-45 所示。

7. R 位油路

当变速杆置于 R 位时，通过改变手动阀位置打开两条油路；一条经一个节流球迅速接通到 K2 离合器上，另一条也是经一个节流球通过 B1 供给阀阻尼孔接通到低/倒档制动器 B1 上。K2 离合器工作驱动前排太阳轮顺时针转输入，B1 制动器固定了行星架，这样便在前排实现了齿圈逆时针转输出的倒档。R 位油路如图 7-1-46 所示（见彩页）。

七、自动变速器阀体的真空测试法

自动变速器的阀体一直是修理者感到比较麻烦的部分，一般都是以置换阀体总成了事。其问题关键还是阀体故障的诊断难以掌握，在很多情况下，修理工只知道更换了阀体故障就解决了，却不知道到底是阀体的那部分出了问题。一般来说，阀体的检测需要价值高昂的阀体测试仪，但它有 3 个缺点而无法被广泛应用。

第一，阀体测试仪价格昂贵，而且每种阀体都需要配备专用的阀体测试板，成本不菲，是一般小型修理厂无法承受的。

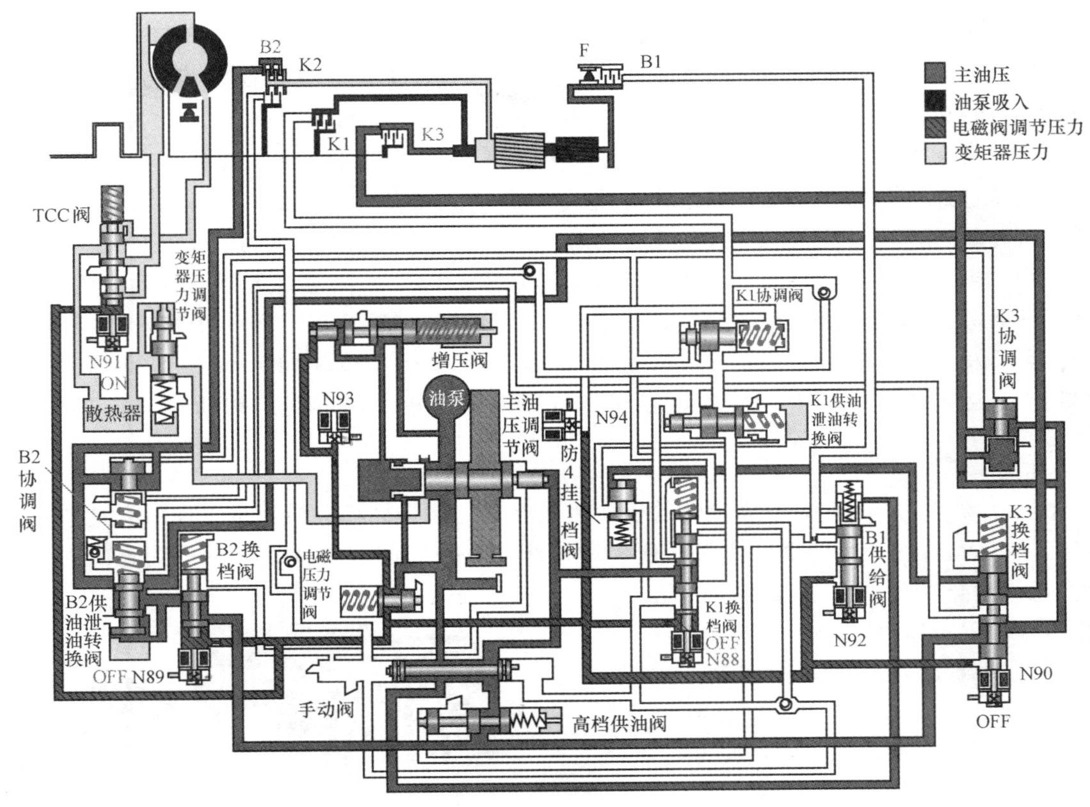

图 7-1-45　D4 档锁止离合器接合油路

第二，也是最主要的原因，阀体测试仪将阀体作为一个总成来测试，如果要确认阀体内具体的失效部位，则需要操作人员从总体的测试数据中具体分析，这是一般一线修理工所难以做到的。

第三，或是由于具体的阀体测试仪的问题，或是由于操作人员的问题，国内很多有阀体测试仪设备的修理厂都反应阀体测试仪在测试比较新款的电控变速器时并不太准确。基于这些现实问 题，美国索奈克斯公司整理出了一套利用真空来测试阀体磨损情况的方法，简单有效，特别适合于小型的修理厂和一线的操作人员。

以国内最常见的大众 01N/01M 阀体为例，在图 7-1-47 中已经标出了所有需要测试的测试点。如果排除人为因素，阀体的自然磨损是有规律可循的，随着里程数增加，阀体内可能出现磨损失效的地方不外乎有限的几个地方，只要针对这些地方抽真空，然后和标准值进行比较就能快捷地判断出阀体的哪个位置的状态如何了。

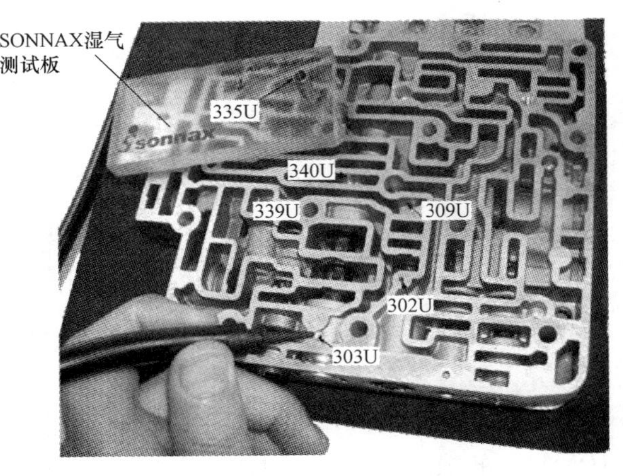

图 7-1-47　大众 01N/01M 阀体的正面测试点

检测故障解释：

310L—换档电磁阀供给油路没有换档。310L—5TCC 电磁阀供给油路 TCC 锁止故障。341L—TCC 增压阀套 TCC 锁止故障。335U—TCC 作用阀 TCC 打滑。301L—作用在主调压阀上的电磁阀调节阀信号换档冲击。320L—作用在主调压阀上的降压油路（在 P 档时作用）高主油压，入档冲击，D 档怠速时发动机熄火。303U—作用在主调压阀上的增压信号换档疲软。340U—主调压阀上的平衡油路 D 档或 R 档时主油压过高，发动机熄火，换档冲击，变矩器故障。302U—增压调节阀上的主油路入口（测量时需移动阀的位置以封闭测量油路），升档时发动机空转（出现空档）。309U —增压调节阀的平衡油路换档冲击，主油压过高。301L2—电磁阀调节阀油路（测量时需移动阀的位置）换档问题。305L—电磁阀调节阀的平衡油路换档问题。339U—变矩器调节阀平衡油路变矩器压力过高。

图 7-1-48 是大众 01N/01M 阀体的反面测试点图。如果仔细分析，会发现所有这些标出的测试点都和这几个阀有关：主调压阀、增压阀、电磁阀调节阀及处于一个阀孔内的 TCC 锁止阀和锁止增压阀，以及各个封堵油路的端塞。TCC 锁止增压阀和阀套是最经常出现磨损和卡阀的地方，大家已经熟知，而同一孔内的锁止阀也会使阀孔磨损。现在用真空测试法，通过测试图 7-1-47 中的 335U 节流孔就可以知道其阀孔的磨损情况了。此外，主调压阀也是常出现问题的地方，但是一般由于此处的磨损用眼睛看比较难以判断，因此很多人并不注意这个地方。如果主油压的变化不稳定，或者入档时档位啮合滞后，或者怠速时发动机熄火，很多情况下都和这个主油压调节阀孔有关。用真空测试法，立刻就可以测出这个阀孔的磨损状态，然后决定是否需要修复。对几个滑阀端塞（俗称堵头）的检测也很重要，如果这些端塞不彻底掉出阀体，一般不会注意它们是否漏油，也没有简单合适的方法去测量，但是这些端塞的泄漏会直接影响到变速器的换档质量。它们分大号（用于主调压阀上）、中号、小号以及带棘齿的可调端塞（用于增压阀上的）。在里程数比较高的阀体中，由于这些端塞是塑料材质，容易老化变性，因此，最好更换以 SONNAX 的铝制端塞，密封效果更好。

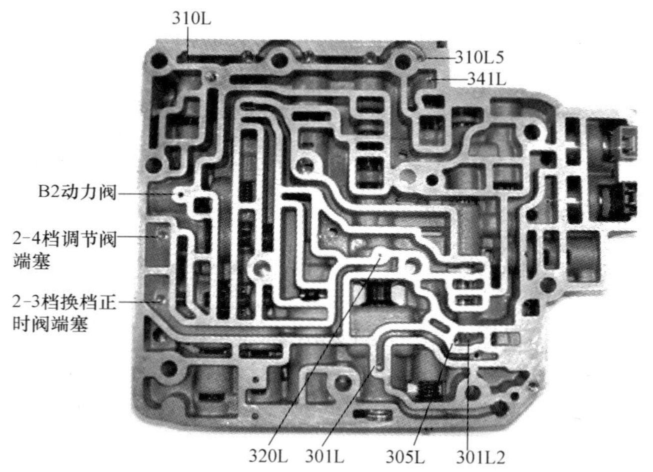

图 7-1-48 大众 01N/01M 阀体的反面测试点图
310L—换档电磁阀供给油路没有换档
310L5—5TCC 电磁阀供给油路 TCC 锁止故障
341L —TCC 增压阀套 TCC 锁止故障
301L— 作用在主调压阀上的电磁阀调节阀信号换档冲击
320L—作用在主调压阀上的降压油路（在 P 档时作用）
高主油压，入档冲击，D 位怠速时发动机熄火
301L2—电磁阀调节阀油路（测量时需移动阀的位置）换档问题
305L—电磁阀调节阀的平衡油路换档问题

真空测试的检验数据标准。如果用量程为 101. 6kPa 的真空压力表来测量，67. 72kPa 以

上的测量读数为可用。原厂新件的读数一般在 74. 5 ~77. 9kPa，用 SONNAX 改进型阀的读数一般在 77. 9 ~84. 7kPa，57. 6 ~64. 3kPa 的读数说明阀孔或阀有磨损，而 54. 2kPa 以下则说明严重磨损。这里需要注意的是，美国一般用的量程为 101. 6kPa 的真空压力表相当于我国用的 0. 1MPa 的真空压力表。这个标准不但适用于大众 01M/01N 阀体，也普遍适用于其他阀体。图 7-1-49 是真空测试设备的制作和校验。此设备可以自制，所有部件都可以从市场上购得。它们包括一台真空泵、一个 0. 1MPa 的真空压力表、T 形头和一个带调节口的连接管、塑料软管、一个橡皮头以及一个滤网。可以使用各种各样的真空泵，但要有效使用真空测试法，泵的真空容量必须达到 3CFM，真空容量太小的泵会影响准确性。真空泵的读数会随着使用时间而发生变化，因此需要在每次使用前都进行校验。具体方法是取下塑料软管上的橡皮吸头，装上另一个橡皮头或其他任何堵头，只要其带有一个 0. 9mm 直径的小孔，这时打开真空泵，看看真空读数是否能到 20. 3kPa，如果偏离了，就需要调整图 7-1-49 中金属连接管上的节流孔（这个管子可以在五金店买到现成的)，直到读数回到 20. 3kPa，这样就完成了真空泵的校验，然后换上原来的橡皮吸头就可以进行真空测试了。有时候在使用过程中，阀体上的 ATF 油以及其他杂质会被吸入软管中影响真空读数，因此，建议在使用真空测试法时，先吹干阀体，同时再在软管上接一个滤网，这样不但可以提高测量准确度，而且也会延长设备使用寿命。

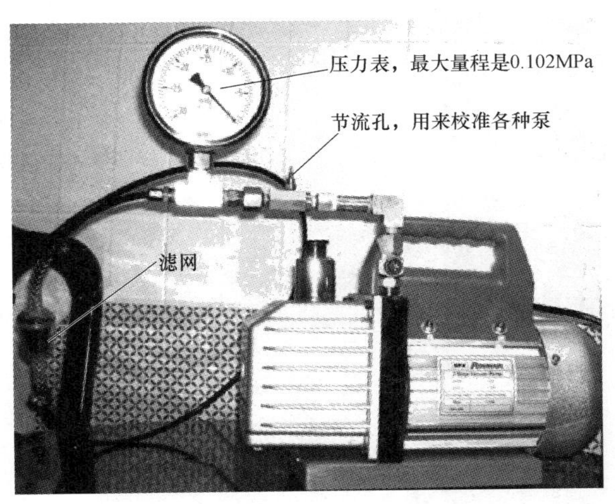

图 7-1-49 真空测试设备的制作和校验

真空测试法在其他阀体上的应用。真空测试法可以应用在很多阀体上，如果测试点像大众 01M/01N 阀体上的小节流孔，那就可以使用如图 7-1-50 中的橡皮吸嘴来进行测试。如果测试点是不规则形状，则需使用图 7-1-49 中显示的 SONNAX 湿气测试板，板上有小孔，可以将橡皮嘴插入这个小孔对油路抽真空，而湿气测试板则封闭其余的区域。

图 7-1-50 为湿气测试板和真空测试用的橡皮吸嘴。图 7-1-51 检测 5HP—19 阀体上的 TCC 控制阀。

图 7-1-50 湿气测试板和真空测试用的橡皮吸嘴

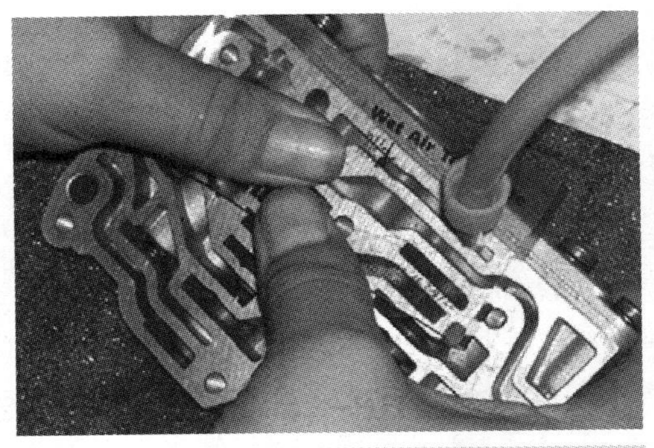
图 7-1-51 检测 5HP—19 阀体上的 TCC 控制阀

AFL 阀孔很容易磨损，而导致电磁阀工作不正常，很多人会忽略检查这个阀孔而误认为是电磁阀出问题了。现在只有在图中显示的小节流孔处用真空吸一下就可以知道这里的磨损情况了。图 7-1-52 为测试 4T65E 阀体盖板上的 AFL 阀。

4T65E 阀体中还有几个常见的故障点可以用真空测试法来测量，效果很好，它们是图 7-1-53中的增压阀，图 7-1-54 中的 TCC 锁止作用阀和图 7-1-55 中的 TCC 锁止调压阀。增压阀的磨损表现在阀套内部，用眼睛难以观测。它的磨损既会导致倒档冲击，也会导致升档乏力（尤其是 1-2 档），这主要是由于其阀套内部磨损区域的不同所造成的。因此，既需要测量其倒档油路，也需要测量其 EPC 油路以及低速/1 档油路。

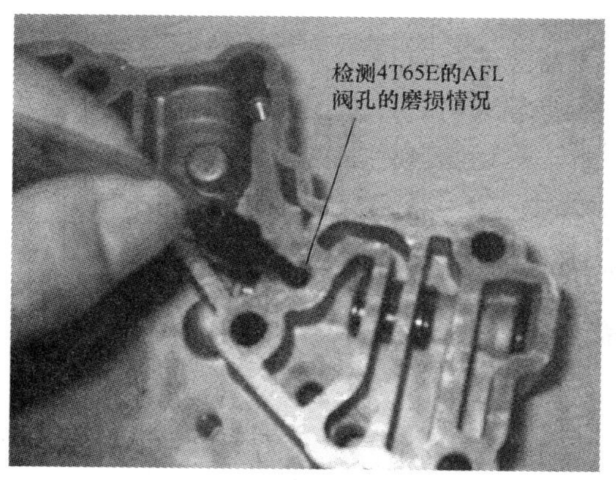

图 7-1-52 测试 4T65E 阀体盖板上的 AFL 阀

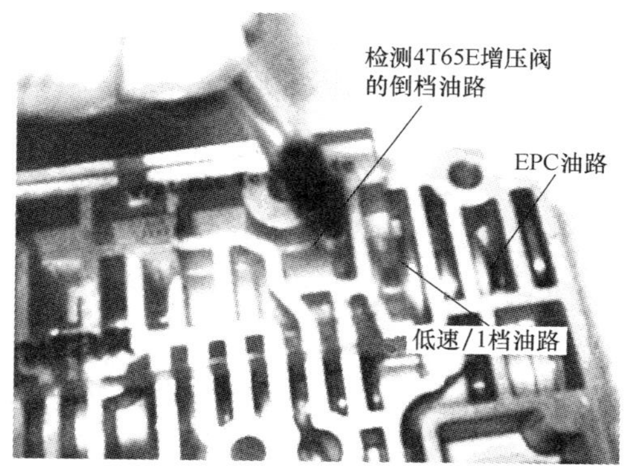

图 7-1-53 测试 4T65E 的增压阀油路

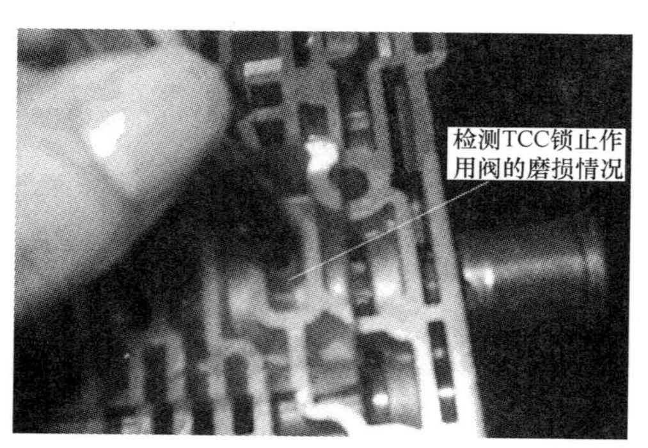

图 7-1-54 测试 4T65E 的 TCC 锁止阀油路

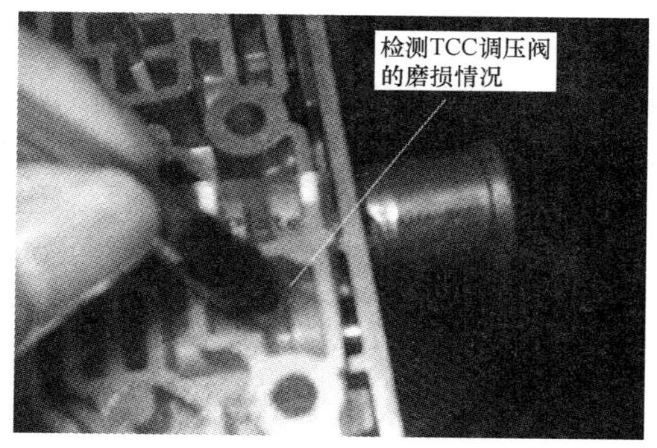

图 7-1-55 测试 4T65E 的 TCC 调压阀油路阀体

4T65E 的 TCC 调压阀油路阀体测试方法有很多，但目前还是真空测试法最实用和最有效的。

任务二 ZF—6HP—××变速器 D 制动器设计原理、典型故障诊断与排除

一、ZF—6HP—××变速器 D 制动器设计原理

多年来，随着市场使用中信息反馈的变化，ZF 公司从结构与控制中（软件与硬件）也

经历了一次重大更新。因此在后市场维修中从2006年开始划分界限，也就是2006年前的6HP—××为老款型号。2006年后为新款型号。无论是新款还是老款，发现在6HP—××变速器5个元件当中唯独制动器D在设计中出现了D1、D2两个制动器油缸，而且D1、D2两个制动器都设计了制动器控制阀和保持阀（相当于一个元件由4个阀门来控制），那么，这两个制动器（D1、D2）是基于什么设计理念，变速器在运行时D1、D2又是如何工作的，这是大家当前想要知道的问题。因此接下来就通过从该元件的作用、结构以及电子控制等几个方面充分解析制动器D的设计原理。

首先来认识一下制动器D这个元件在该变速器中的作用。在6HP—××系列自动变速器中的制动器D，也称D1/倒档制动器，该制动器在P—R—N—D1位参与工作（图7-2-1和表7-2-1）；它负责后排那维拉行星齿轮机构行星架的制动与释放过程，当制动器D参与工作行星架被制动时，即可实现D1/倒档的动力传递功能。

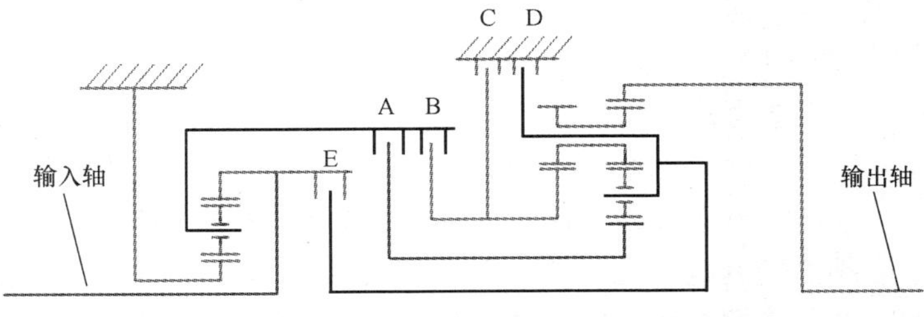

图7-2-1 6HP—×× 1档、倒动力传递简图

表7-2-1 6HP—××档位分析

D1	D2	D3	D4	D5	D6	R
A	A	A	A	B	C	B
D	C	B	E	E	E	D

在电子控制中，6HP—××系列变速器均具有打滑自适应功能，而这一功能的实现恰恰又是借助于制动器D来完成的。在车辆停止而发动机怠速运行时，会进行充油压力的自适应，即ECU慢慢降低离合器（或制动器）控制压力，直至识别出一定的打滑量，使变转器的输出转矩以刚能“拉转”离合器或制动器为基准；通过压力的自适应适配，可以补偿换档执行元件摩擦系数的变化，并抑制冲击和坐车现象的出现，最终ECU通过学习并存储一个最佳值。具体来讲，当变速器未处于动力档（P位/N位）时，发动机刚刚起动后车辆静止状态（此时一定是制动停车状态），由于制动器D的工作会给输入轴（变转器涡轮）一个轻微转矩的扰动，这一点微妙的变化瞬间就会被ECU识别到，因此这时ECU就进行了初期时的制动器D的自适应过程，而真正所谓的“打滑自学习”是发生在挂动力档车辆未起步前。这也是经常所说的N-D和N-R的入档品质自学习，由于在没有挂动力档之前制动器D早早就接合了，挂前进档时离合器A通过调节来接合，挂倒档时离合器B通过调节来接合。为了使每一次的挂档感觉都能舒适地完成，在6HP—××系类变速器当中出于技术原因，制动器D就是借助打滑自适应来完成其最佳工作状态的学习过程，并通过不断的调节来满足自适应条件；当制动器D打开到一定打滑量出现程度时，执行元件就会再闭合。打滑自适应条件是，故障存储器内无故障存储、发动机怠速、ATF温度在75～100°C之间、踩下制动器并由N位入D位、车辆停止（识别出无车速的时间必须超过6s），利用同样的方法来完成倒档位置的制动器D的自适应过程。为使打滑自适应学习值能被精确、快速计算出来，并在一定界限范围内得到快速的补偿修正；6HP—××系列自动变速器的制动器D在

设计中采用了 D1、D2 两个控制液压缸，D1 工作容积大，对压力反映较慢；而 D2 工作容积小、对压力反映较快；D1、D2 在 EDS-4 电磁阀控制下同步工作，可使制动器 D 迅速完成打滑自适应过程。这一过程也体现在 2-1 档、停车制动时，是引发 1-2 档、2-1 档、停车时冲击的根本原因之一。

另外，6HP—××系列变速器还具有换档过程中的充油压力自适应功能（换档点自适应功能），除了制动器 D 设有此项功能外，其他 4 个元件（A、B、C、E）均具备充油压力的自适应功能，也是通过涡轮转速曲线，即所谓的切入点与转速梯度来确定自适应压力值。这是因为当变速器换档传动比改变时发动机转速都会有微量的变化，继而对输入轴（涡轮）转速也形成转速上的变化，这样，ECU 在完成换档品质控制功能的基础上也完成了参与的换档执行元件本身的自适应，而在 6HP—××系列自动变速器 5 个元件中的制动器 C，还具备最明显的快速自适应元件。那么，这一功能的实现完全是借助于该变速器对终端换档执行元件的控制，采用一对一功能来实现的（老款仅有 EDS4 电磁阀既控制制动器 D，还要控制离合器 E）结果。其实说穿了就是在 6HP—××系列变速器中的各离合器或制动器控制压力与各个对应电磁阀的控制电流之间的关系，在设计上是由电磁阀工作特性曲线和随动液压滑阀来确定的，这些特性曲线取决于某些部件的实际公差，并随使用程度而不断变化并适时得以修正。

总而言之，无论是打滑自适应功能还是换档自适应功能，ECU 总是要学习电磁阀电流与阀门弹簧硬度以及终端元件所确定的压力之间的对应关系。制动器 D 打滑量由 TCM 根据输入轴转速传感器 G182 信号，通过精确计算涡轮转速获得，并由 TCM 控制电磁阀 EDS-4 的控制电流，使打滑量与电磁阀 EDS-4 控制电流之间，形成一较完美的比例关系，这就算完成了打滑自适应学习过程（在维修时可观察相应的数据流组验证）。自动变速器在行驶过程中，除了换档点自适应外，还会进行换档元件 A、B、C 和 E 的脉动自适应，也就是说，各换档元件根据实际控制需要，将被以脉动形式（即有节奏地）激活工作；由于离合器 E 负责输入轴与后排那维拉行星齿轮机构行星架的连接与释放，离合器 E 接合时方可实现 4/5/6 档动力传递功能，与制动器 D 没有条件冲突。因此老款 6HP—××变速器的制动器 D 可与离合器 E 公用电磁阀 EDS-4 控制；那么 ECU 则采用分段记忆、档位激活的法则工作（通过该变速器油路图即可得知）。接下来，通过制动器 D 的实物结合其工作油路再次进行学习总结。

目前，一些新型自动变速器的离合器结构有所变化，那就是通过使用一个俗称“副活塞”（在 6HP 里翻译过来叫挡板）的元件与离合器主活塞间形成动态离心压力腔（也叫压力平衡腔），注意这个“副活塞”仅有外部密封圈并没有内部密封圈，由于离合器属于旋转部件，因此借助于两个活塞之间的离心压力来实现元件接合时的缓冲及释放过程，最终目的是改善换档质量（利用平衡腔内的动态离心油压为主活塞内的油压实现缓冲）。而在 6HP—××变速器当中 A、B、E 均是带有压力平衡腔的离合器，但在制动器上使用两个活塞目前还是首例。而在 6HP—××变速器里制动器 D 就是使用两个活塞（一大一小），如图 7-2-2 和图 7-2-3 所示。

在制动器 D 未解体之前，进行该元件的加压试验，如图 7-2-4 所示。从整个结构（小活塞 D2 安装在大活塞 D1 里面，然后是碟形回位弹簧及卡簧）及压力试验后的结果看到主活塞（大活塞）D1 工作后的复位过程是靠碟形弹簧来实现的，而通过 D2 活塞供油孔给小活塞 D2 打压再次释放后碟形弹簧并不能使 D2 复位，必须再次给 D1 加压后一起使 D1 和 D2 同时回位。

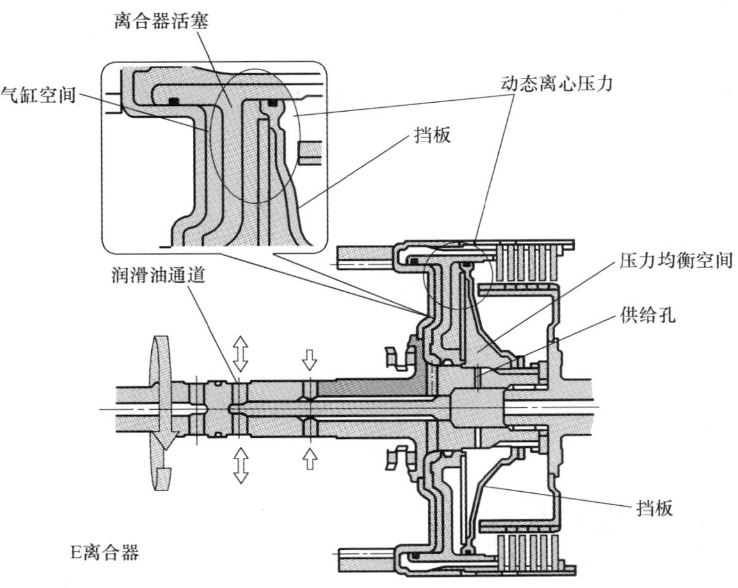

图 7-2-2 新式离合器的结构原理图（6HP 中的 E 离合器）

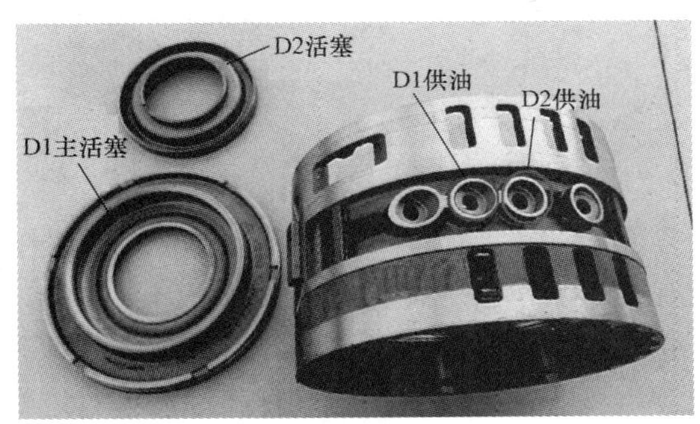

图 7-2-3 制动器 D 结构实物图

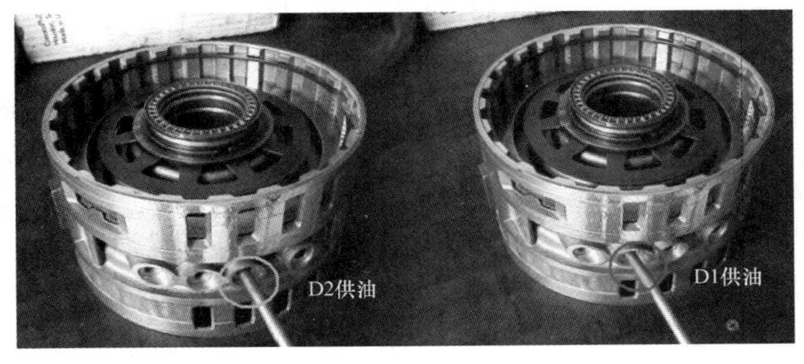

图 7-2-4 制动器 D 活塞 D1 和 D2 供油孔位置

与离合器不同的是活塞 D2 内外均有密封圈，否则是不会动作的，它不像离合器那样能够旋转并借助动态离心压力来实现缓冲能力。D2 活塞的外密封圈被安装在活塞 D1 的内侧，内密封圈被安装在制动器 D 鼓上，这样在 D1 和 D2 之间就形成一个密封空间，当有油压进入时 D2 就会在 D1 上动作。D2 动作后并不能使制动器 D 摩擦组件接合产生摩擦力。只有当油压作用到 D1 活塞室里制动器 D 摩擦组件才能正式工作，产生足够的摩擦力将行星排中的行星架制动，才能实现前进 1 档和倒档功能。很明显，假如 D2 油缸先进油或与 D1 同时进油，当 D1 动作时，D2 内的平衡压力就会给 D1 活塞移动时一个缓冲作用，最终得以该行星排中的行星架平稳制动，这在变速器进行 2-1 档时起到了换档平顺的效果。另外，D1 单独工作时，D2 也不受影响，同时，即便 D2 始终进油也不影响变速器各档位的切换，因此在制动器 D 进行打滑自适应和 2-1 档时，D2 都发挥了及其重要的作用，如图 7-2-5 和图 7-2-6 所示。

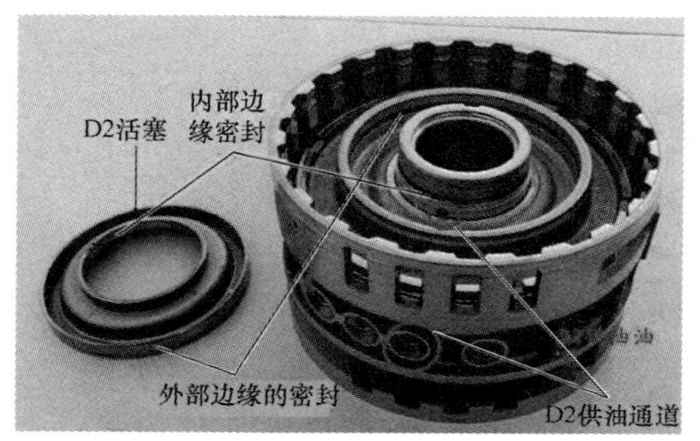

图 7-2-5 制动器 D 活塞 D2 及供油

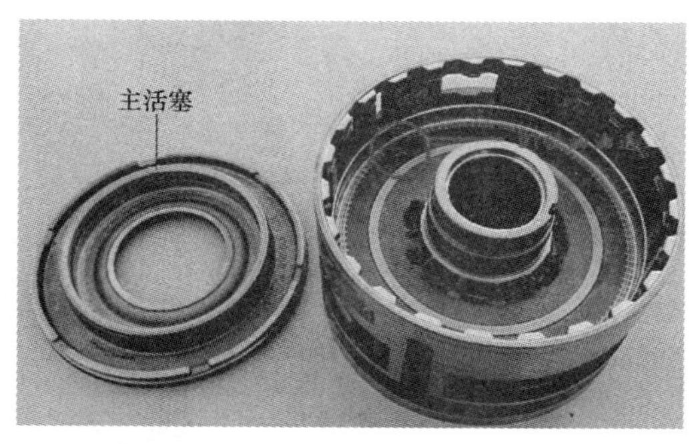

图 7-2-6 制动器 D 活塞 D1 及供油

接下来再从液压油路方面看一下制动器 D 在不同档位下的工作状态。其实 6HP—××系列变速器液压油路方面有 4 个版本（大体是各有两个版本新款和老款）：老款两种即电子变速杆和非电子变速杆，新款也是两种即电子变速杆和非电子变速杆。最为关键的并不是带不带电子变速杆，而在于新款和老款的 5 个换档执行元件与之对应控制的高频率电磁阀上的区别，那就是老款的 6HP 中 EDS4 号电磁阀既控制制动器 D，同时还控制离合器 E，而新款的 6HP 当中制动器 D 是由 EDS6 号电磁阀控制，离合器 E 仍然是由 EDS4 号电磁阀来控制，所有元件均采用独立控制式。其他的我们暂且不去了解，就制动器 D 来说，早期的 EDS4 是一个反比例控制类型的高频率电磁阀。而新型的 EDS6 则是一个正比例控制类型的高频率电磁阀。因此不同时期的制动器 D 的油路控制区别还是比较大。

在老款 6HP 系列变速器当中并没有对制动器 D 的 D1 和 D2 有过多的描述，无论从制动器 D 机械结构还是从其液压油路中分析，都要比新型 6HP 系列（D 是独立控制）中“D”制动器的控制策略差得很多。所以说制动器 D 的 D1 和 D2 更容易在新型 6HP 当中显而易见地暴露出其设计机理来。这样，就分别从制动器 D 的老款与新款油路中来探索其设计上的真正用意。早期 6HP 的制动器 D 油路的接合与释放过程，从换档执行元件工作状态表得知，制动器 D 是在 P、R、N、D1 位置工作的，见表 7-2-2 和图 7-2-7 所示，而在其他档位均是分离状态，同时也并没有对制动器 D 的 D1 和 D2 有任何说明。在 P/N 起动发动机时，制动器 D 瞬间接合由于无其他元件参与，因此无动力传递过程，不必考虑其因压力的高低或与接合速度的关系而引起车身的振动，但由于制动器 D 的工作加之车辆输出部分是处于静止状态，因此也会给输入部分的涡轮一个很小的转矩扰动，这样 ECU 也会对制动器 D 的接合有一个压力调节的自适应过程。

表 7-2-2 老款非电子变速杆式 6HP 换档元件与电磁阀工作状态表

位置 / 档位	电磁阀工作逻辑									离合器工作逻辑					
	MV			P – EDS						传动离合器				制动离合器	
	1	2	3	1	2	3	4	5	6	A	B	E	WK	C	D
P = 驻车档							x	-x-							•
R = 倒车档	x	x	x				x	-x-			•				•
N = 空档	x	x	x				x	-x-							•
D1 档	x	x	x	x			x	-x-	-x-	•			•		•
D2 档	x	x	x	x		x		-x-	-x-	•			•	•	
D3 档			x	x	x			-x-	-x-	•	•		•		
D4 档	x		x	x			x	-x-	-x-	•		•	•		
D5 档	x		x		x		x	-x-	-x-		•	•	•		
D6 档	x		x			x	x	-x-	-x-			•	•	•	

x 已启动
-x- 视情况而定的控制
• 已关闭

挂前进档或挂倒档后，如果变速器在未满足打滑自适应要求时，制动器 D 处于一个保持状态，其工作压力处于满足前进 1 档或倒档的起步转矩就足够了；如果在满足变速器打滑自适应要求（油温、怠速、从 N 位开始信息、制动时间保持信息、故障存储器状态等）执行该项目操作时，ECU 会逐渐提高 EDS4 电磁阀的控制电流，以降低制动器 D 控制压力，一直到其有滑转（微量打滑在 5 ~ 20r/min）然后逐渐降低 EDS4 电磁阀的控制电流，使制动器 D 再接合（这个信息的监控是通过输入轴转速传感器 G182 精确计算到的），通过反复的接合与分离过程，ECU 最终确定并得到一个最佳精准自适应匹配值同时也完成了制动器 D 打滑自适应的过程。

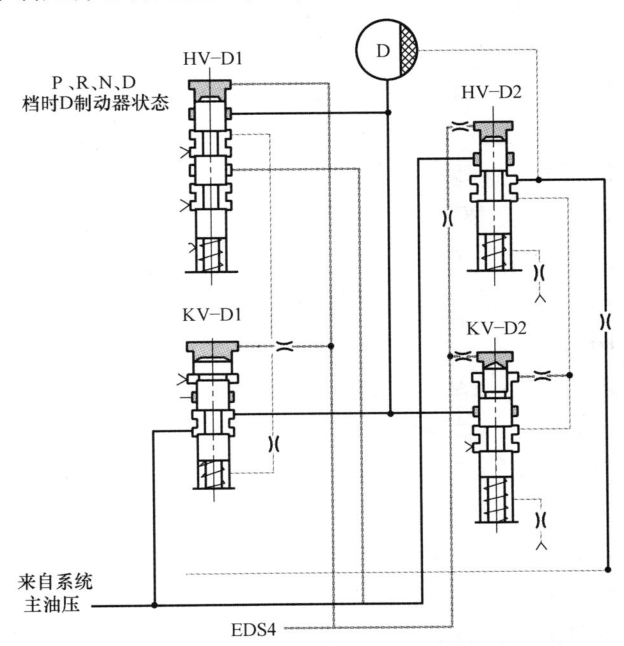

图 7-2-7 制动器 D 起动发动机后的状态

当变速器离开倒档和前进，1 档进入 2、3、4、5、6 档后，制动器 D 一直处于

分离状态，如图 7-2-8 所示，也就是 D1 压力腔和 D2 压力腔均没有油压保持。

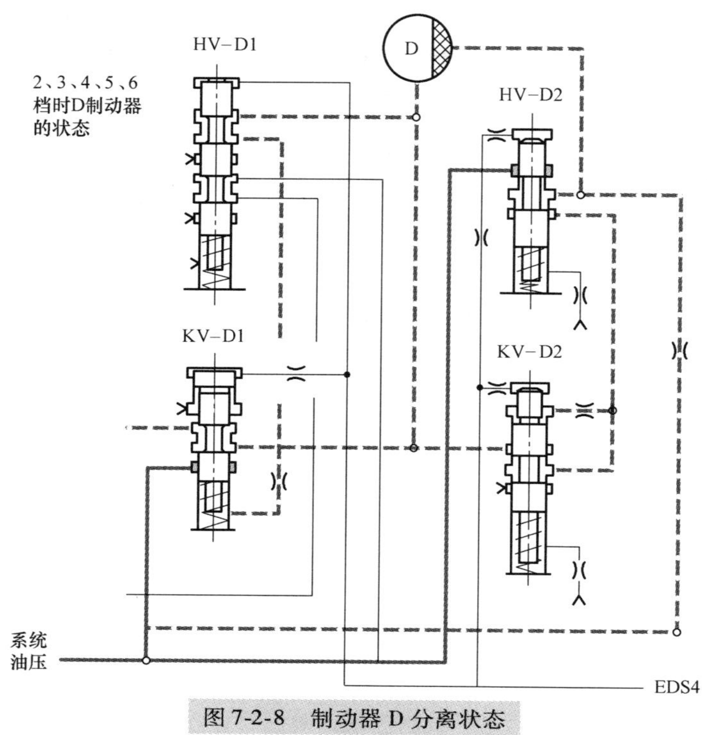

图 7-2-8　制动器 D 分离状态

从制动器 D 的接合及分离状态来看，似乎并没有看出该制动器使用 D1 和 D2 两个油腔的真实用意，其实并不是这样，刚才只是看了制动器 D 的初期接合过程和其他档位的释放过程，但并没有去学习它再次重新启动过程，那就是当变速器执行 2-1 档时和前面已经讲过的原地打滑自适应过程，如图 7-2-9 所示。当变速器执行 2-1 档时，制动器 D 首先要完成其预充油过程，这个过程是变速器即将要切换到 1 档前来完成的，此时制动器 D 的 D1 油路完成的基础油压（预充油）还不能足以使活塞 D1 动作，恰恰是处于要动作的临界点，这时，由 ECU 对 EDS4 电磁阀的电流控制的 D2 油腔也充入了一点压力油，当切换 1 档的瞬间 ECU 要通过 EDS4 完成制动器 D 的快速充油时间，此时由于 D2 油腔有预存油压力，该压力便给 D1 内的系统

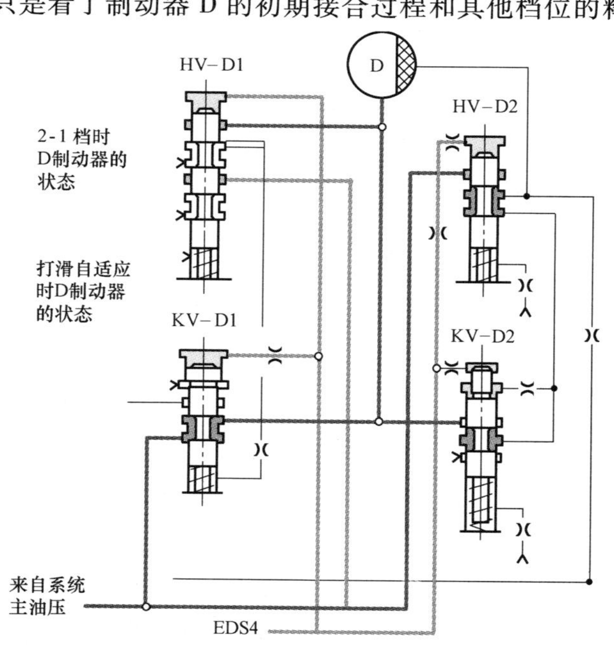

图 7-2-9　制动器 D 重新启动过程
（并不是重新起动发动机过程）

工作压力实现一个缓冲，制动器 D 完成平稳接合过程，这样，就避免了 2-1 档时的冲击。当进行该变速器的打滑自适应学习功能时（N-D 或 N-R），ECU 也是不断通过改变 EDS4 电磁阀电流大小来实现这一过程的，那么在改变电磁阀电流大小过程中，就会使“D”制动器 D2 腔进油，因此当制动器 D 每一次重新接合时 D2 腔的平衡压力也会给 D1 压力腔的油压一个缓冲，同时，由于反作用力的原因也加快了制动器 D 的打滑自适应过程，让制动器 D 尽快完成自学习（注意：在 2-1 档及打滑自适应方面的缓冲控制并不理想，这是因为 D2 腔并没有提前的预充油过程）。

综上所述，我们基本掌握了老款 6HP 系列变速器在制动器 D 中使用 D1 和 D2 两个压力腔的设计原理。大体来讲，D1 是工作腔而 D2 是平衡腔，因此，其真正目的就是要尽快完成制动器 D 的打滑自适应功能，而是要保证变速器 2-1 档时的换档品质，但由于设计上的问题，ECU 对 EDS4 不能采用分段记忆控制功能，换句话讲，就不能让一个 EDS4 分别控制 E 和 D 两个元件，这样大家便会知道早期车辆常犯的 2-1 档冲击故障原因了。

最后再来看一下新款 6HP 系列变速器对制动器 D 的控制，根据其换档执行元件工作状态表便可知道制动器 D 的 D1 和 D2 两个油压腔在不同档位时的状态见表 7-2-3。

表 7-2-3　13 新款非电子变速杆式 6HP 换档元件与电磁阀工作状态表

POS/Gear	Pressure controller logic							Clutch logic						
	P-EDS							Clutch					Brake	
	1	2	3	4	5	6	7	A	B	E	WK	C	D1	D2
P = Park	0	0	0	0	0	1	0	0	0	0	0	0	1	0
R = R gear	0	0	1	0	0	1	+/-	0	1	0	0	0	1	0
N = Neutral	0	0	0	0	0	1	0	0	0	0	0	0	1	1
D,1st gear	1	+/-	0	0	0	1	+/-	1	0	0	+/-	0	1	0
D,2nd gear	1	+/-	0	0	1	0	+/-	1	0	0	+/-	1	0	1
D,3rd gear	1	+/-	1	0	0	0	+/-	1	1	0	+/-	0	0	1
D,4th gear	1	+/-	0	1	0	0	+/-	1	0	1	+/-	0	0	1
D,5th gear	0	+/-	1	1	0	0	+/-	0	1	1	+/-	0	0	1
D,6th gear	0	+/-	0	1	1	0	+/-	0	0	1	+/-	1	0	1
Emergency R gear	0	0	1	0	0	0	1	0	1	0	0	0	1	0
Emergency 3rd gear	0	0	1	0	0	0	1	1	1	0	0	0	0	1
Emergency 5th gear	0	0	1	0	0	0	1	0	1	1	0	0	0	1

很显然，在新款 6HP 系列变速器当中，对制动器 D 的 D1 和 D2 有了详细的说明，与老款 6HP 系列变速器相同的是，当变速器处于 P、R、D 位 1 档时，油压仅通过 D1 油压腔进入使其工作的，如图 7-2-10 所示，而不同的是当变速器执行在其他前进档位时以及变速杆处于 N 位时 D2 腔内是有预存油压的，同时，独立控制制动器 D 的 EDS6 是一个正比例控制类型的电磁阀以及控制油路也有所不同。

当变速器离开前进 1 档切换进入到 2、3、4、5、6 档后，虽然制动器 D 是分离状态（D1 压力腔无工作油压），但 D2 腔内仍然建立着预存油压力，如图 7-2-11 所示。这样，当变速器再次启动 2-1 档时，制动器 D 的接合一定会是相当的平顺，提高了变速器的 2-1 档感觉。

当变速器变速杆处于 N 位时，ECU 驱动 EDS6 电磁阀又是一个范围内的控制电流，此时

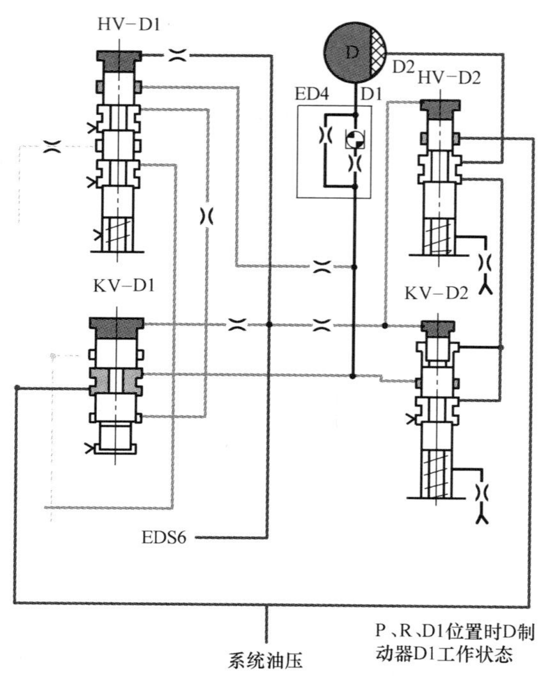

图 7-2-10 制动器 D 在 P 位起动发动机后及挂入 R 位或 D 位 1 档时的状态

系统油压即可进入制动器 D 的 D1 油压腔内，同时也进入到 D2 油压腔内，如图 7-2-12 所示，这种设计恰恰是为了尽快满足该变速器对制动器 D 的打滑自适应，也刚好弥补了老款变速器在这方面的不足。

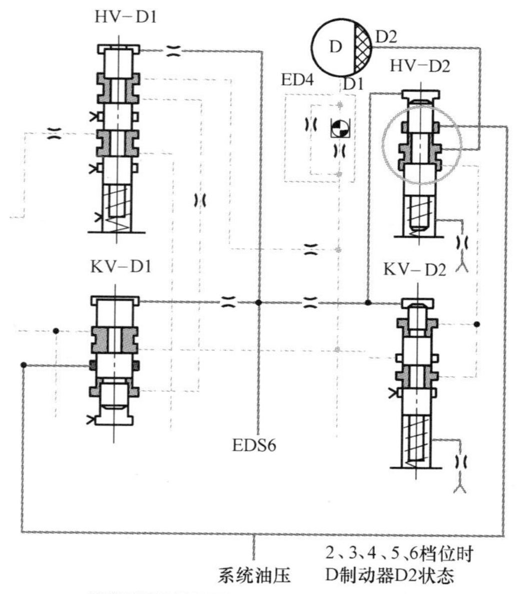

图 7-2-11 制动器 D 在其他前进档位时的状态

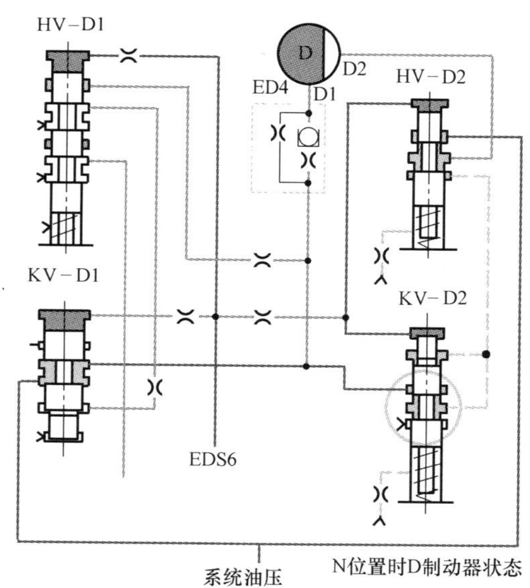

图 7-2-12 制动器 D 在 N 位时的状态

[小结] 新款6HP系类变速器的制动器D采用D1和D2两个油压腔的设计，既保证了自动变速器2-1档的平顺性，同时也真正满足了该变速器的打滑自适应要求。因此在维修中大家就会发现2-1档冲击的故障在新款6HP里不见了，并且大修变速器或更换变速器主要部件后的自适应很快就完成了。

从老款到新款，6HP变速器制动器D采用D1和D2两个油压腔的设计原理在新款中表现更为突出。

二、自动变速器典型故障诊断与排除

汽车自动变速杆在使用中，随着技术状况的下降会出现一系列故障，常见的故障会通过一定的现象特征表现出来，不同车型由于结构上有所不同，其故障原因也会有所差异，但故障产生的常见原因和诊断排除方法是基本相同的。

1. 汽车不能行驶故障的诊断

(1) 故障现象

1) 无论变速杆位于倒档、前进档或前进低档，汽车都不能行驶。

2) 冷车起动后汽车能行驶一小段路程，但热车状态下汽车不能行驶。

(2) 故障原因

1) 自动变速杆油底渗漏，液压油全部漏光。

2) 变速杆和手动阀摇臂之间的连杆或拉索松脱，手动阀保持在空档或停车档位置。

3) 油泵进油滤网堵塞。

4) 主油路严重泄漏。

5) 油泵损坏。

(3) 故障诊断与排除

1) 检查自动变速器内有无液压油。其方法是拔出自动变速杆的油尺，观察油尺上有无液压油。若油尺上没有液压油，说明自动变速杆内的液压油已漏光。对此，应检查油底壳，液压油散热器、油管等处有无破损而导致漏油。如有严重漏油处，应修复后重新加油。

2) 检查自动变速器变速杆与手动阀摇臂之间的连杆或拉索有无松脱。如果有松脱，应予以装复，并重新调整好变速杆的位置。

3) 拆下主油路测压孔上的螺塞，起动发动机，将变速杆拨至前进档或倒档位置，检查测压孔内有无液压油流出。

4) 若主油路侧压孔内没有液压油流出，应打开油底壳，检查手动阀摇臂轴与摇臂间有无松脱，手动阀阀芯有无折断或脱钩。若手动阀工作正常，则说明油泵损坏。对此，应拆卸分解自动变速器，更换油泵。

5) 若主油路测压孔内只有少量液压油流出，油压很低或基本上没有油压，应打开油底壳，检查油泵进油滤网有无堵塞。如无堵塞，说明油泵损坏或主油路严重泄漏，对此，应拆卸分解自动变速器，予以修理。

6) 若冷车起动时主油路有一定的油压，但热车后油压即明显下降，说明油泵磨损过甚。对此，应更换油泵。

7) 若测压孔内有大量液压油喷出，说明主油路油压正常，故障出在自动变速器中的输入轴，行星排或输出轴。对此，应拆检自动变速器。

汽车不能行驶的故障诊断与排除程序如图 7-2-13 所示。

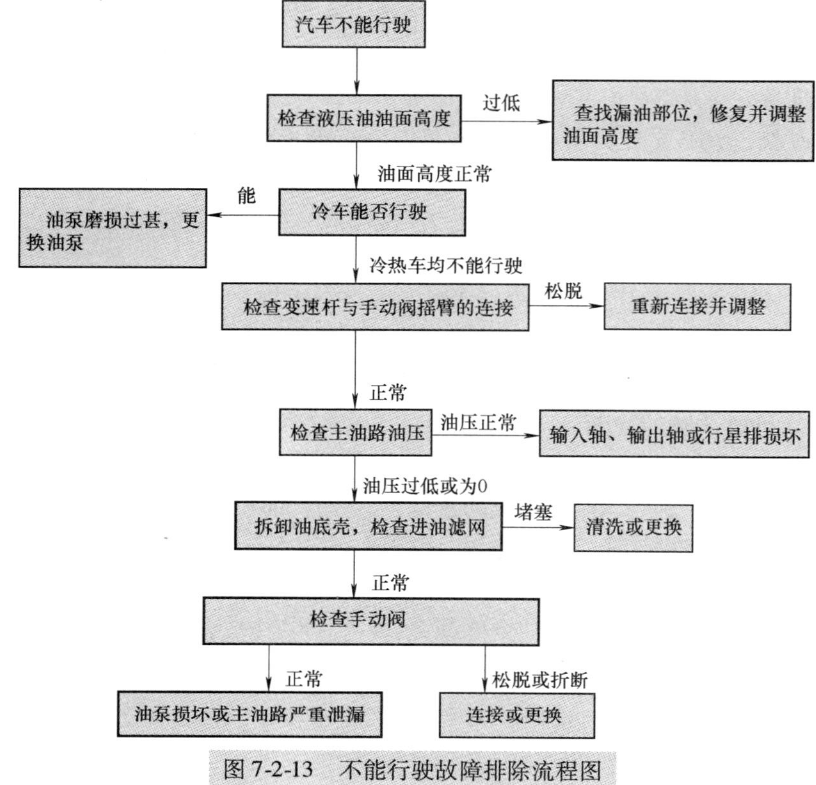

图 7-2-13 不能行驶故障排除流程图

2. 无前进档故障的诊断

（1）故障现象

1）汽车倒档行驶正常，在前进档时不能行驶。

2）变速杆在 D 位时不能起步，在 S 位、L 位（或 2 位、1 位）时可以起步。

3）前进离合器严重打滑。

4）前进单向超越离合器打滑或装反。

5）前进离合器油路严重泄漏。

6）变速杆调整不当。

（2）故障诊断与排除

1）检查变速杆的调整情况。如果异常，应按规定程序重新调整。

2）测量前进档主油路油压。若油压过低，说明主油路严重泄漏，应拆检自动变速器，更换前进档油路上各处的密封圈和密封环。

3）若前进档的主油路油压正常，应拆检前进离合器。如摩擦片表面粉末冶金有烧焦或磨损过甚，应更换摩擦片。

4）若主油路油压和前进离合器均正常，则应拆检前进单向超越离合器，按照《自动变速器维修手册》所述方法检查前进单向超越离合器的安装方向是否正确以及有无打滑。如果装反，应重新安装；如有打滑，应更换新件。

自动变速器无前进档的故障诊断与排除程序如图 7-2-14 所示。

3. 无倒档故障的诊断

（1）故障现象

汽车在前进档能正常行驶，但在倒档时不能行驶。

（2）故障原因

1）变速杆调整不当。

2）倒档油路泄漏。

3）倒档及高档离合器或低档及倒档制动器打滑。

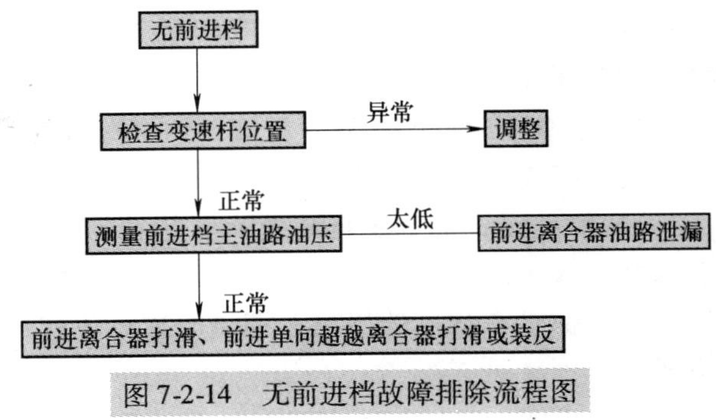

图 7-2-14 无前进档故障排除流程图

（3）故障诊断与排除

1）检查变速杆的位置。如有异常，应按规定程序重新调整。

2）检查倒档油路油压。若油压过低，则说明倒档油路泄漏。对此，应拆检自动变速器，予以修复。

3）若倒档油路油压正常，应拆检自动变速器，更换损坏的离合器片或制动器片（制动带）。自动变速器无倒档的故障诊断与排除程序如图 7-2-15所示。

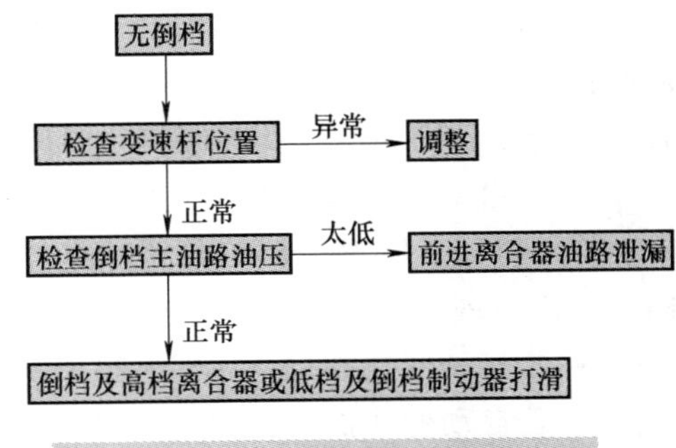

图 7-2-15 无倒档故障排除流程图

4. 自动变速器打滑故障的诊断

（1）故障现象

1）起步时踩下加速踏板，发动机转速很快升高但车速升高缓慢。

2）行驶中踩下加速踏板加速时，发动机转速升高但车速没有很快提高。

3）平路行驶基本正常，但上坡无力，且发动机转速很高。

（2）故障原因

1）液压油油面太低。

2）液压油油面太高，运转中被行星排剧烈搅动后产生大量气泡。

3）离合器或制动器摩擦片、制动带磨损过甚或烧焦。

4）油泵磨损过甚或主油路泄漏，造成油路油压过低。

5）单向超越离合器打滑。

6）离合器或制动器活塞密封圈损坏，导致漏油。

7）减振器活塞密封圈损坏，导致漏油。

（3）故障诊断与排除

打滑是自动变速器中最常见的故障之一。虽然自动变速器打滑往往都伴有离合器或制动器摩擦片严重磨损甚至烧焦等现象，但如果只是简单地更换磨损的摩擦片而没有找出打滑的真正原因，则会使修后的自动变速器使用一段时间后又出现打滑现象。因此，对于出现打滑的自动变速器，不要急于拆卸分解，应先做各种检查测试，以找出造成打滑的真正原因。

1）对于出现打滑现象的自动变速器，应先检查其液压油的油面高度和品质。若油面过

低或过高，应先调整至正常后再做检查。若油面调整正常后自动变速器不再打滑，可不必拆修自动变速器。

2）检查液压油的品质。若液压油呈棕黑色或有烧焦味，说明离合器或制动器的摩擦片或制动带有烧焦，应拆修自动变速器。

3）做路试，以确定自动变速器是否打滑，并检查出现打滑的档位和打滑的程度。将变速杆拨入不同的位置，让汽车行驶。若自动变速器升至某一档位时发动机转速突然升高，但车速没有相应地提高，即说明该档位有打滑。打滑时发动机的转速愈高，说明打滑愈严重。

根据出现打滑的规律，还可以判断是哪一个换档执行元件产生打滑的：

① 若自动变速器在所有前进档都有打滑现象，则为前进离合器打滑。

② 若自动变速器在变速杆位于 D 位时的 1 档有打滑，而在变速杆位于 L 位或 1 位时的 1 档不打滑，则为前进单向超越离合器打滑。若不论变速杆位于 D 位或 L 位或 1 位时，1 档都有打滑现象，则为低档及倒档制动器打滑。

③ 若自动变速器只在变速杆位于 D 位时的 2 档有打滑，而在变速杆位于 S 位或 2 位时的 2 档不打滑，则为 2 档单向超越离合器打滑。若不论变速杆位于 D 位或 S 位或 2 位时，2 档都有打滑现象，则为 2 档制动器打滑。

④ 若自动变速器只在 3 档有打滑现象，则为倒档及高档离合器打滑。

⑤ 若自动变速器只在超速档时有打滑现象，则为超速制动器打滑。

⑥ 若自动变速器在倒档和高档时都有打滑现象，则为倒档及高档离合器打滑。

⑦ 若自动变速器在倒档和 1 档时都有打滑现象，则为低档及倒档制动器打滑。

4）对于有打滑故障的自动变速器，在拆卸分解之前，应先检查自动变速器的主油路油压，以找出造成自动变速器打滑的原因。自动变速器不论前进档或倒档均打滑，其原因往往是主油路油压过低。若主油路油压正常，则只要更换磨损或烧焦的摩擦元件即可。若主油路油压不正常，则在拆修自动变速器的过程中，应根据主油路油压，相应地对油泵或阀根据具体情况进行检修，并更换自动变速器的所有密封圈和密封环。

自动变速器打滑故障诊断与排除程序如图 7-2-16 所示。

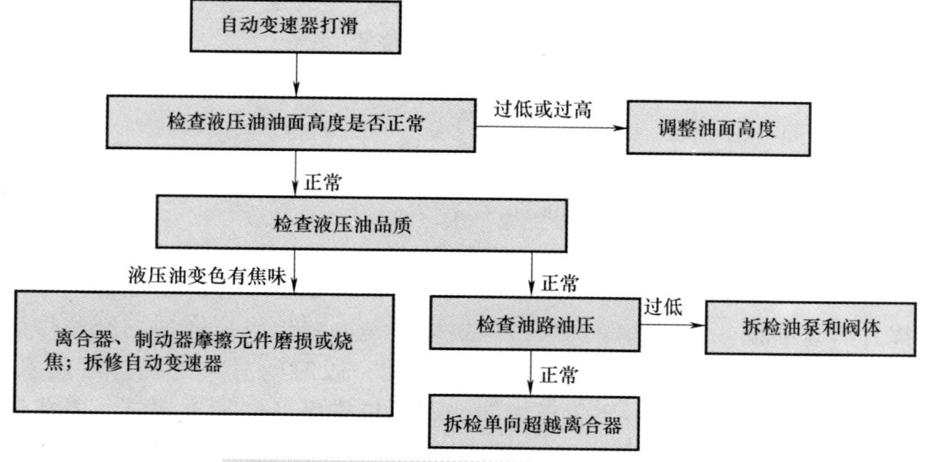

图 7-2-16 自动变速器打滑故障排除流程图

5. 无发动机制动故障的诊断

（1）故障现象

1）在行驶中，当变速杆位于前进低档（S、L 或 2、1）位置时，松开加速踏板，发动机转速降至怠速，但汽车没有明显减速。

2）下坡时，变速杆位于前进低档，但不能产生发动机制动作用。

（2）故障原因

1）档位开关调整不当。

2）变速杆调整不当。

3）2 档强制制动器打滑或低档及倒档制动器打滑。

4）控制发动机制动的电磁阀有故障。

5）阀板有故障。

6）自动变速器打滑。

7）ECU 有故障。

（3）故障诊断与排除

1）对于电子控制自动变速器，应先进行故障自诊断，按所显示的故障码查找故障原因。

2）做道路试验，检查加速时自动变速器有无打滑现象。如有打滑，应拆修自动变速器。

3）如果变速杆位于 S 位时没有发动机制动作用，但变速杆位于 L 位时有发动机制动作用，则说明 2 档强制制动器打滑，应拆修自动变速器。

4）如果变速杆位于 L 位时没有发动机制动作用，但变速杆位于 S 位时有发动机制动作用，则说明低档及倒档制动器打滑，应拆修自动变速器。

5）检查控制发动机制动的电磁阀线路有无短路或断路；电磁阀线圈电阻是否正常；通电后有无工作声音。如有异常，应修复或更换。

6）拆卸阀板总成，清洗所有控制阀。阀心如有卡滞可抛光后装复。如抛光后仍有卡滞，应更换阀板。

7）检测 ECU 各端子电压。要特别注意与节气位置传感器、档位开关连接的各端子的电压。如有异常，应做进一步的检查。

8）更换一个新的 ECU 试一下。如果故障消失，说明原 ECU 损坏，应更换。自动变速器无发动机制动的故障诊断与排除程序如图 7-2-17所示。

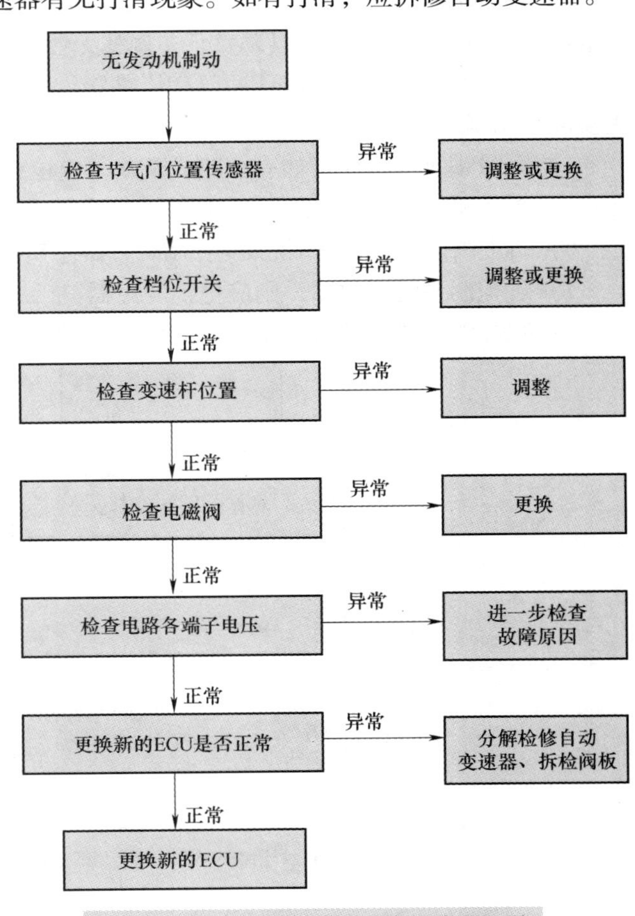

图 7-2-17　无发动机制动故障排除流程图

6. 无锁止故障的诊断

（1）故障现象

1）汽车行驶中，车速、档位已满足锁止离合器起作用的条件，但锁止离合器仍没有产生锁止作用。

2）汽车油耗较大。

（2）故障原因

1）液压油温度传感器有故障。

2）节气门位置传感器有故障。

3）锁止电磁阀有故障或线路短路、断路。

4）锁止控制阀有故障。

5）变矩器中的锁止离合器损坏。

（3）故障诊断与排除

1）对于电子控制自动变速器，应先进行故障自诊断，检查有无故障码。如有故障码，则可按显示的故障码查找相应的故障原因。与锁止控制有关的部件包括液压油温度传感器、节气门位置传感器、锁止电磁阀等。

2）检查节气门位置传感器。如果在一定节气门开度下的节气门位置传感器输出电压过高或电位计电阻过大，应予以调整。若调整无效，应更换节气门位置传感器。

3）打开油底壳，拆下液压油温度传感器。检测液压油温度传感器。如不符合标准，应更换液压油温度传感器。

4）测量锁止电磁阀。如有短路或断路，应检查电路。如电路正常，则应更换电磁阀。

5）拆下锁止电磁阀，进行检查。如有异常，应予以更换。

6）拆下阀板。分解并清洗锁止控制阀。如有卡滞，应抛光装复。如不能修复，应更换阀板。

7）若控制系统无故障，则应更换变矩器。

自动变速器无锁止故障诊断与排除程序如图7-2-18所示。

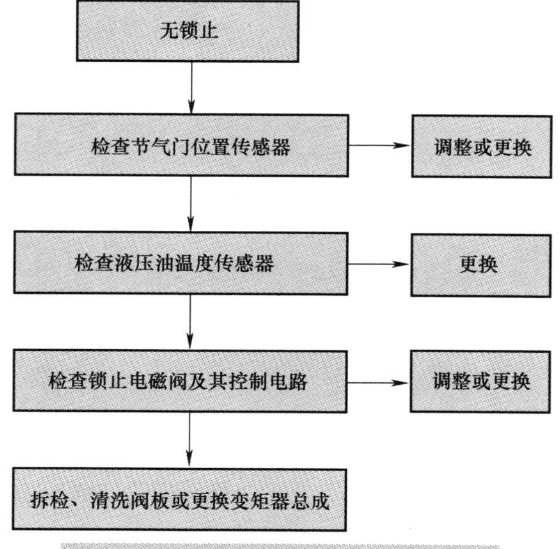

图7-2-18 无锁止故障诊断排除流程图

案例链接（二）车辆行驶无力，热车时尤其明显

［**车型**］丰田皇冠3.0型轿车，自动变速器型号是A340E。

［**故障现象**］该车冷车时动力尚可，热车时行驶无力，一个小台阶要深踩加速踏板才能爬上去。在起步时，要深踩加速踏板，给油充分才可慢慢起步，行驶时车辆行驶无力，车速可达到80km/h以上。

［**诊断与排除**］从故障现象上分析，故障应由液压油泄漏引起的。为进一步判断故障，通过对自动变速器做失速、时滞、液压试验，确定故障的具体部位。

起动发动机，让车辆上路运行，待发动机达到正常工作温度，自动变速油温达到70～80℃，检查自动变速器油面正常，调整发动机怠速转速约为800r/min；拉紧驻车制动，并用垫木垫住4个车轮。

（1）失速试验

左脚踩住制动踏板，起动发动机，将自动变速器变速杆挂至D位，然后用右脚将加速踏板快速踏到底，读取发动机转速。标准值为（2 350±150）r/min，而该车却达到2 800 r/min；同样，试验R位失速转速也为2 800r/min。R位和D位的失速转速均比标准值高的原因有自动变速器管路压力过低；O/D单向离合器故障。

（2）时滞试验

起动发动机，踏住制动踏板，将自动变速器变速杆从N位分别挂至D位和R位，用秒表记下从将变速杆移到档位到有振动感觉的时间。D位迟滞时间的标准值为1.2s，R位迟滞时间的标准值为1.5s。经检查，时滞时间均长于标准值。R、D位迟滞时间均过长的原因有自动变速器管路压力过低；O/D单向离合器故障。

（3）液压试验

将液压油压力表接到自动变速器主油道上，起动发动机，分别记录下D位和R位在怠速和失速时的油压值。标准值：D位，怠速时为363～422kPa，失速时为902～1 147kPa；R位，怠速时为500～598kPa，失速时为1 236～1 589kPa。实际测试值均比标准值低。

引起R位、D位油压值较低的原因如下：

1）节气门拉线失调。

2）节气门阀失效。

3）调速阀失效。

4）油泵失效。

5）O/D直接离合器失效。

分析失速、迟滞、液压试验结果，结合车辆道路试验的实际情况，可判定自动变速器油泵有故障。将自动变速器拆下，松开油泵总成固定螺栓后，取出油泵总成。解体油泵总成，取出卸压阀和弹簧，检查正常，进行油泵的检测，其中，油泵主、从动齿轮的间隙，标准值为0.07～0.15mm，极限值为0.3mm；油泵从动齿齿顶与月牙板之间的间隙，标准值为0.11～0.14mm，极限值为0.3mm；油泵主、从动齿轮与泵体的端隙，标准值为0.05～0.2mm，极限值为0.3mm。经检测，油泵的从动齿与油泵壳体之间的间隙、从动齿齿顶与月牙板之间的间隙均较大，但未超限；主、从动齿轮与泵体的端隙达到0.4mm，已超限。这样，就可确定故障是由油泵磨损引起的，而不需要拆检阀体、离合器、制动器等部件了。

更换油泵后，故障排除。

案例链接（三）雷克萨斯300，AT维修后不能行驶，熄火几分钟后又可行驶

［**车型**］丰田雷克萨斯300轿车，自动变速器为A341E型。

［**故障现象**］一辆皇冠轿车的自动变速器在解体修理后，两天内行驶正常。两天后再行驶中突然出现发动机继续工作，而车辆不能行驶的故障。此时，关掉发动机停5~6min后，再重新起动发动机，车辆又能正常行驶。但行驶一段时间后又重复上述故障。

［**诊断与排除**］在检查中发现，正常行驶时油面正常，而不能行驶时油面指示偏高，观察油中有许多泡沫，油温也偏高。

拆下变速器机油盘，发现有许多金属磨粒和杂质，再仔细观察滤网，上面同样附有许多金属磨粒和其他杂质。首先对油质进行了检查。该车所用是DEXRON—IIATF220型油。发现其色泽与优质油差不多，但黏度和气味相差很大。于是，清洗滤网后更换了优质自动变速器油，该车一直运行正常。新修自动变速器正处于走合期，磨粒比较多，加上劣质油的作用，使磨损加剧。当油泵工作时，许多磨粒和其他杂质附着在滤网上，将滤网堵死，油泵不能将油泵入液压管路内，使车辆不能运动，而此时油流回机油盘，使油面增加。当关掉发动机后，附着在滤网上的一些杂质下沉；重新起动发动机后，油又能进入滤网，车辆又能正常行驶，直到滤网堵住。

案例链接（四）雪佛兰景程2.0（1档升2档提速缓慢，并且3档升不上4档）

［**报修**］雪佛兰景程2.0　搭载4HP—16自动变速器，汽车已经行驶105 000km。故障诊断及检修见表7-2-4。

表7-2-4　雪佛兰景程1档升2档提速缓慢，并且3档升不上4档诊断及检修

序　号	过程描述	图　例
1	故障起因，在11月15日，车主曾经打过电话说：汽车出现提速慢现象。当时汽车在外地，12月1日回来做模拟路试；1—2档缓慢，2—3档正常，然后再升4档就出现“矬车”冲击，故障灯闪一下。如果均匀加速有4档，快加速不升4档并且上坡无力 诊断：接诊断仪，先外部电路检查。油压试验正常，时滞试验2档、4档有问题。做动态数据流分析时，发动机3 000r/min。48km/h还在3档。存储故障码为P0783，清除后试车故障码又出现。查资料，3—4档故障 至此，决定将自动变速器解体检查。为了配件方便，需要查看自动变速器型号	查看自动变速器型号 PART NO 96330485 SERIAL NO. 4HP-16 GM DAE
2	从自动变速器里放出来的油变颜色了，是近期高温所致	这是雪佛兰景程高温故障自动变速器里放出自动变速器油颜色变成了凉茶色

（续）

序号	过程描述	图例
3	将液力变矩器剖开发现摩擦材料也磨光了	压盘背面的摩擦材料都磨光了
4	发现2-4档制动器的活塞内裙上有10mm的一个破口。根据故障现象分析，考虑4HP—16为辛普森改进型自动变速器确认制动器B1活塞出问题。这个制动器刚好就是在2档和4档时制动前太阳轮的，当活塞裙部漏油导致在2档和4档制动力矩不足而打滑。当然2档提速慢、也没有4档。后来更换了损坏零件试车故障排除	发现故障点是：2-4档制动器活塞内裙上有10mm宽的缺口

综合练习

（一）填空题

1. 自动变速器失速试验时，应把变速器油温升到并保持在正常油温，每次连续试验时间不超过________秒。

2. 主油路油压试验时，前进档油压________倒档油压。

3. 自动变速器从低档换高档瞬间，发动机转速将________，从高档换低档瞬间，发动机转速将________。

4. 发动机只能在P位、N位才能起动，如果在P位、N位以外的档位能起动发动机，则应调整________。

（二）选择题

1. 讨论检查ATF（自动变速器油）时，同学甲说：如果ATF呈深褐色并有烧焦的味道，那么ATF已经过热了。同学乙说：若ATF呈乳白色，这说明发动机冷却液已泄漏到ATF的冷却器中。请问谁正确？（　　）

A. 甲正确　B. 乙正确　C. 两人均正确　D. 两人均不正确

2. 甲同学说：自动变速器油面过低，则油泵在吸油时可能吸入空气，将使换档过程中出现打滑和接合延迟现象，并使变速器发热和加速磨损。乙同学说：若油面过高，也将因齿轮等零件部件搅拌而形成泡沫，同样也会产生过热和打滑，加速油液的氧化。请问谁正确？（　　）

A. 仅甲正确　B. 仅乙正确　C. 甲和乙都正确　D. 甲和乙都不正确

3. 甲同学说：在具体进行自动变速器的故障诊断和维修之前，首先要搞清楚维修的是哪一类型（液力或电控）自动变速器。乙同学说：不管是哪一类自动变速器，都要先拆解自动变速器。请问谁正确？（　　）

A. 仅甲正确　　B. 仅乙正确　　C. 甲和乙都正确　　D. 甲和乙都不正确

4. 甲同学说：就电控自动变速器故障诊断来说，首先要按照电子控制系统、液压控制系统和机械系统依次诊断，确定故障部位。乙同学说：首先要进行自动变速器的基本检查和调整，然后按照电子控制系统，液压控制系统和机械系统依次诊断，确定故障部位。请问谁正确？（　　）

A. 仅甲正确　　B. 仅乙正确　　C. 甲和乙都正确　　D. 甲和乙都不正确

（三）问答题

1. 节气门拉索的调整与主油压有什么关系？
2. 前进档和倒档均主油压偏低的原因是什么？
3. 如何检查自动变速器有无发动机制动作用？
4. 在6HP—××系列自动变速器中的制动器D设计优点是什么？

参 考 文 献

[1] 薛庆文，闫冬梅. 汽车自动变速器原理与检修教程［M］. 北京：机械工业出版社，2013.
[2] 徐家顺. 自动变速器动力分析与故障诊断 拉维娜式分册 彩色图解［M］. 北京：机械工业出版社，2014.
[3] 徐家顺. 自动变速器动力分析与故障诊断 复合式分册 彩色图解［M］. 北京：机械工业出版社，2014.

D1档油路：变速杆在D位汽车刚刚起步，1#电磁阀开，2#电磁阀关。此时的直接离合器C0早已通油接合（C0取之于主油道油压，发动机起动就通油）。因为手动阀在D位，手动阀的右端出油去前进离合器C1，汽车以1档时速行驶。

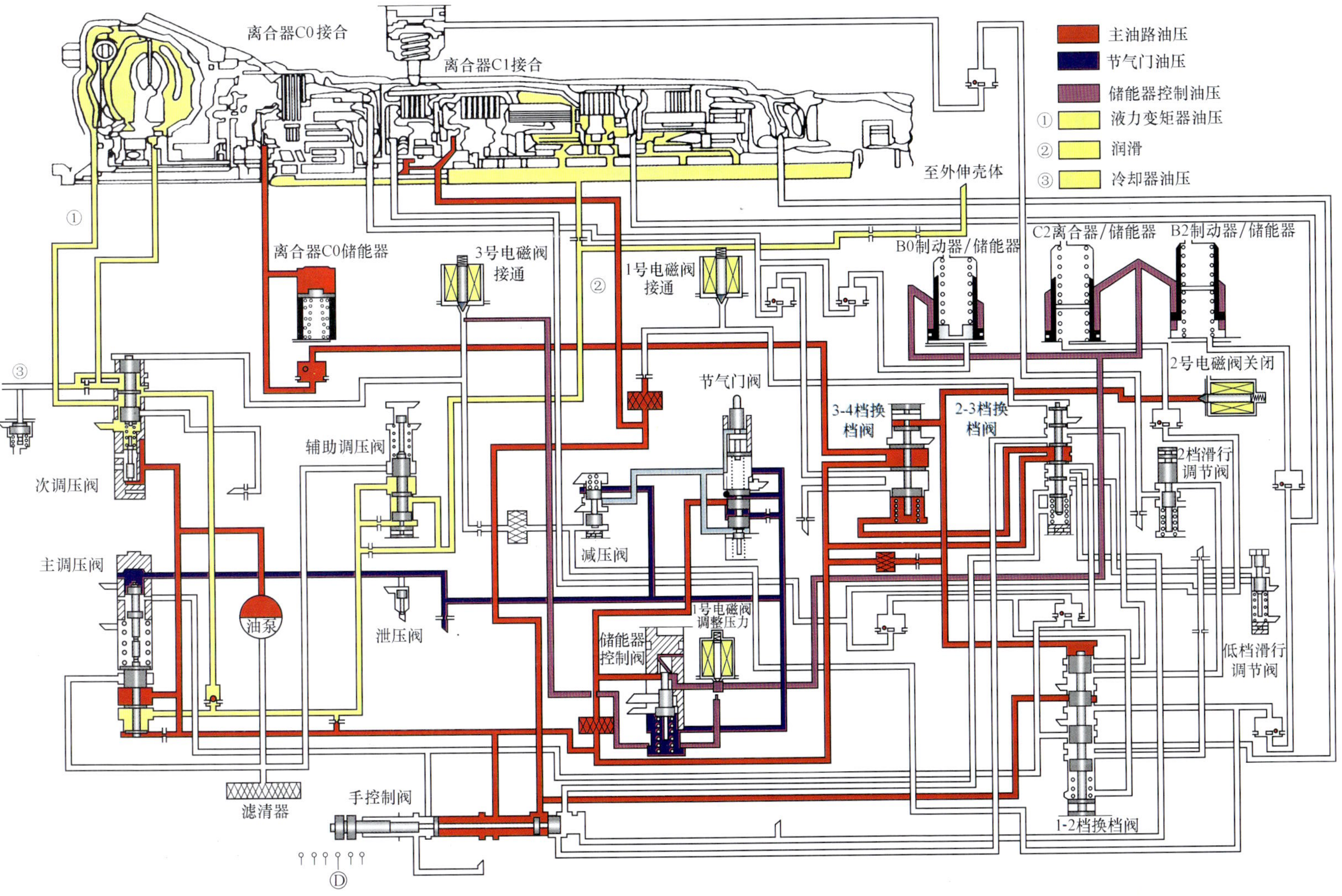

图 7-1-18　D1 档油路

D2档油路：当达到D2档车速时，除了保留D1所有执行元件继续通油接合外，ECU还将2号电磁阀打开，这样1-2档换档阀上端油压泄掉，下端弹簧复位，接通了去制动器B2的油路，汽车升至2档。

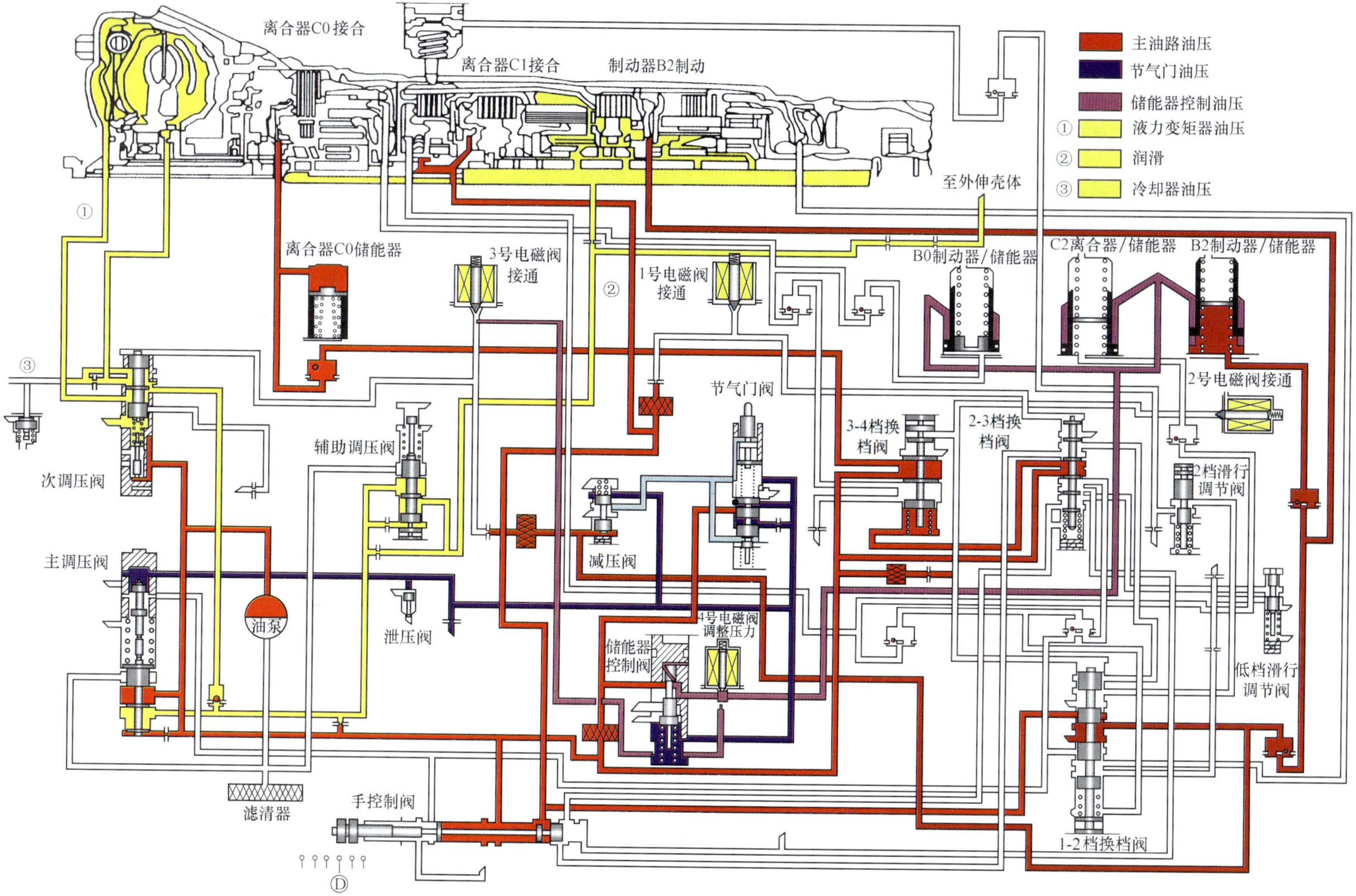

离合器C0接合
离合器C1接合
制动器B2制动
主油路油压
节气门油压
储能器控制油压
① 液力变矩器油压
② 润滑
③ 冷却器油压
至外伸壳体
离合器C0储能器
3号电磁阀接通
1号电磁阀接通
B0制动器/储能器
C2离合器/储能器
B2制动器/储能器
2号电磁阀接通
节气门阀
3-4档换档阀
2-3档换档阀
2档滑行调节阀
次调压阀
辅助调压阀
减压阀
主调压阀
油泵
泄压阀
4号电磁阀调整压力
储能器控制阀
低档滑行调节阀
滤清器
手控制阀
1-2档换档阀

图 7-1-19 D2 档油路

D3档油路：当达到D3档车速时，除了保留D1、D2档所有执行元件继续通油接合外，ECU还将1号电磁阀关断，这样在2-3档换档阀上端的中间接通了去倒档离合器C2的油路，汽车升至3档（在D位3档时，所有能转的元件一起公转，为了降档方便，B2虽然通油接合，但中间有个单向离合器F1内圈管太阳轮顺时针转打滑不起作用）。

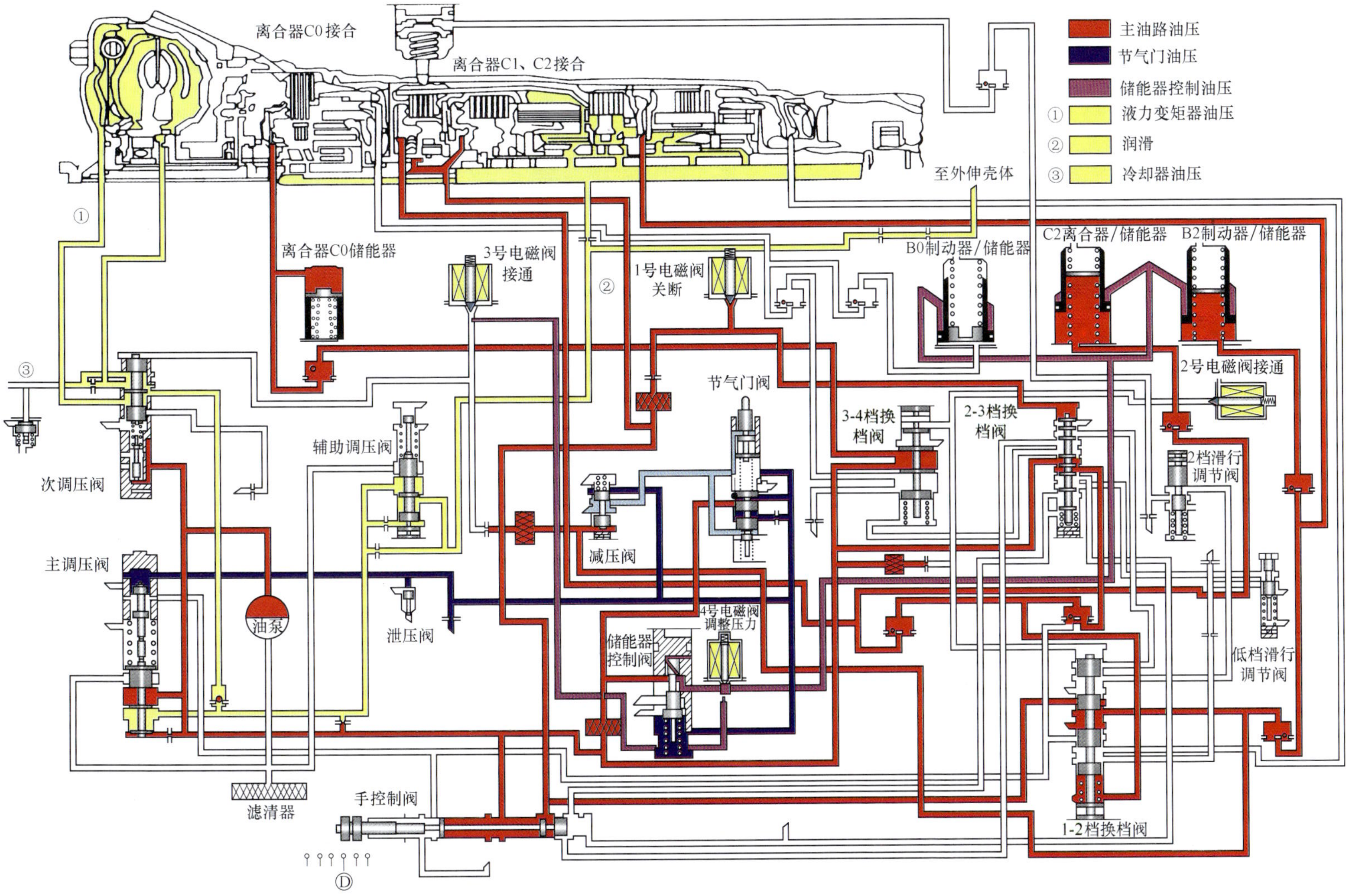

图 7-1-20　D3 档油路

D4档油路：当达到D4档车速时，传动的中、后排行星齿轮机构，除了保留D1、D2、D3档所有执行元件继续通油接合外，ECU还将1号电磁阀关断，2号电磁阀关断，这样在3档/4档换档阀上端形成油压，阀的中间切断了去离合器C0的油路，并将此油路切换至超速档制动器B0，汽车升至4档。

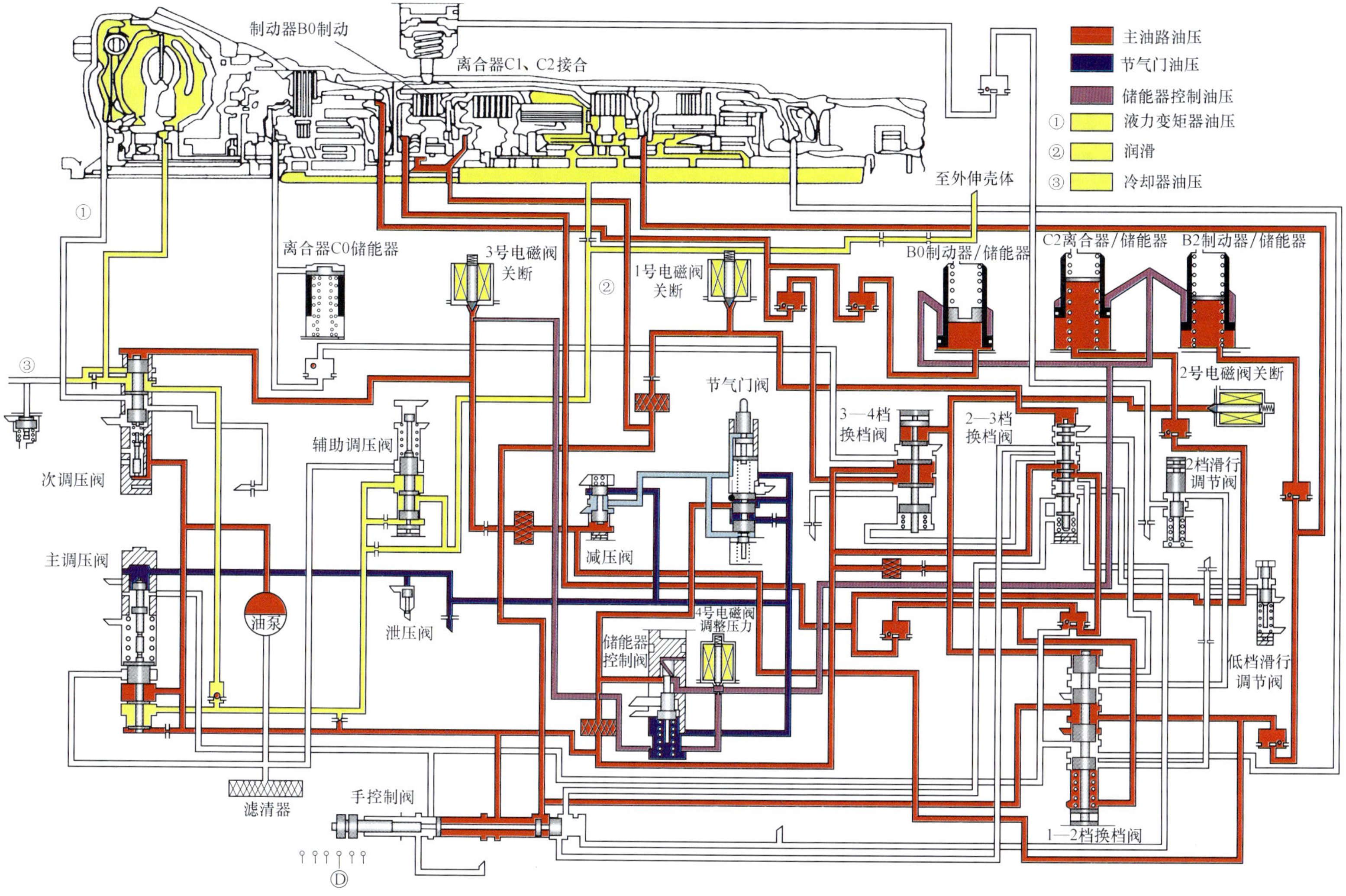

图 7-1-21　D4 档油路

R档油路：当变速杆在R位汽车倒车起步，手动阀接通了去倒档离合器C2和制动器B3的油路（直接离合器C0保持前进档油路不变）。

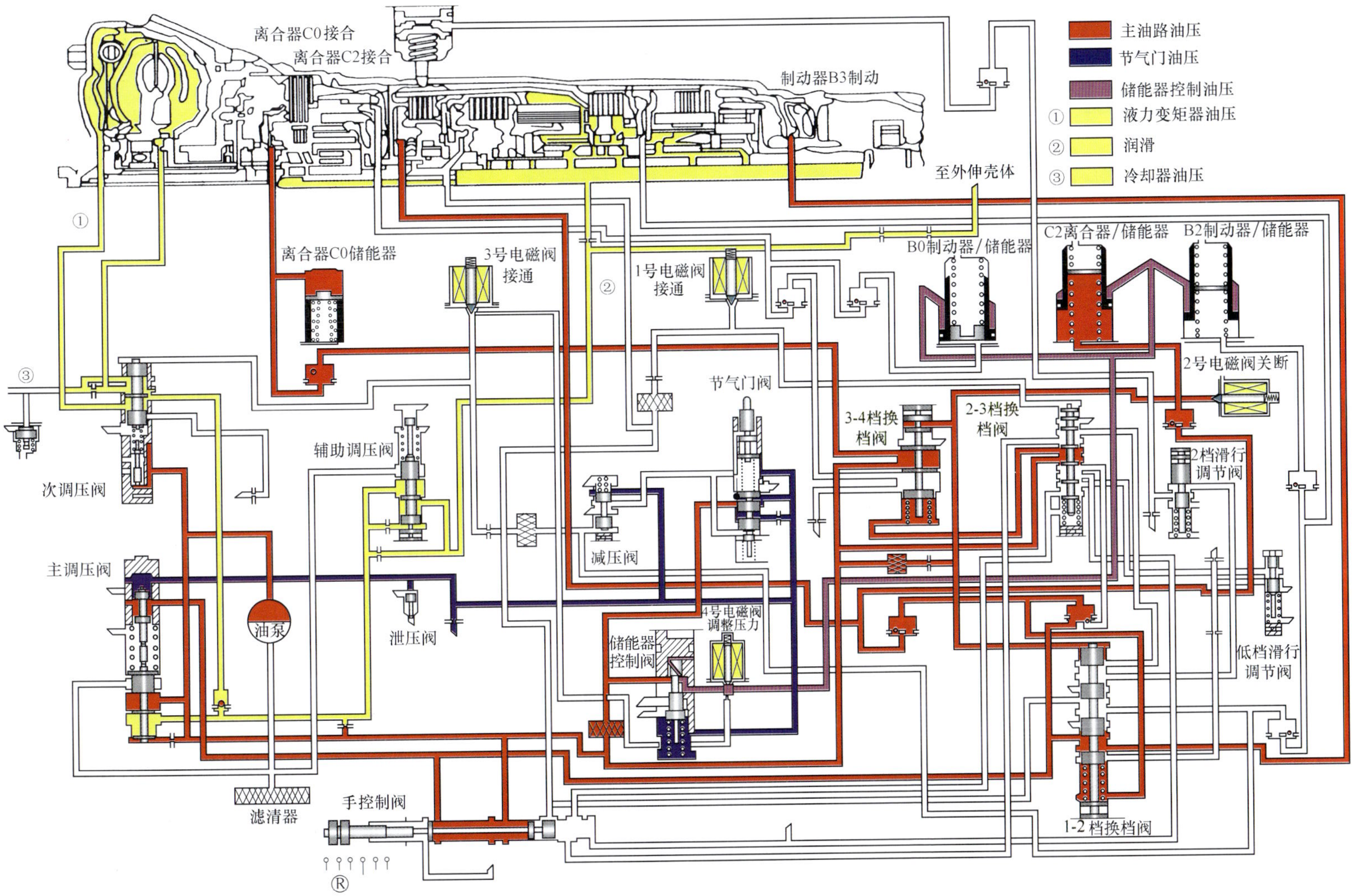

图 7-1-22　R 档油路

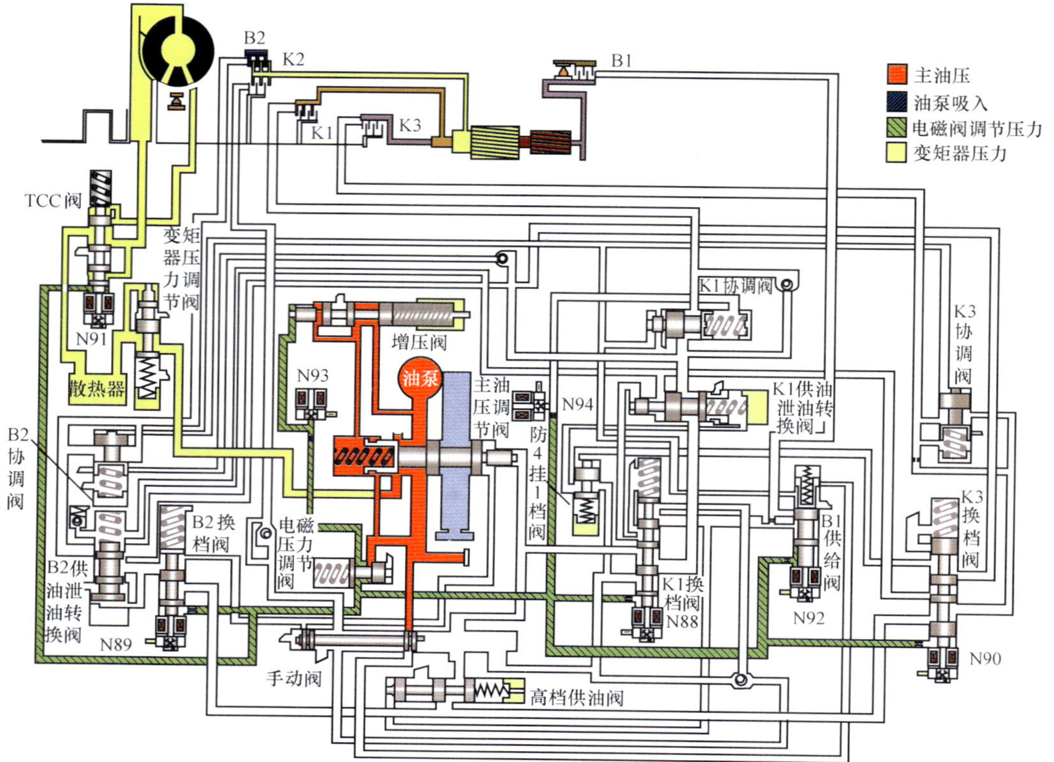

图 7-1-39　P 档油路

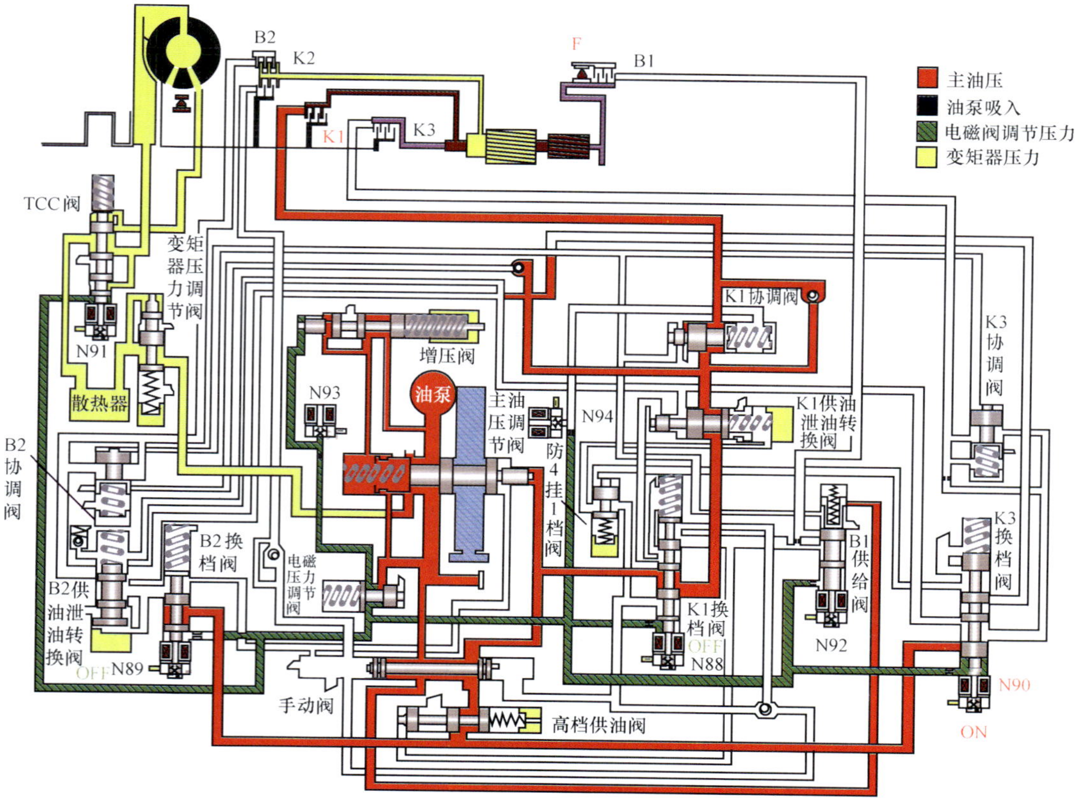

图 7-1-40　D1 档油路

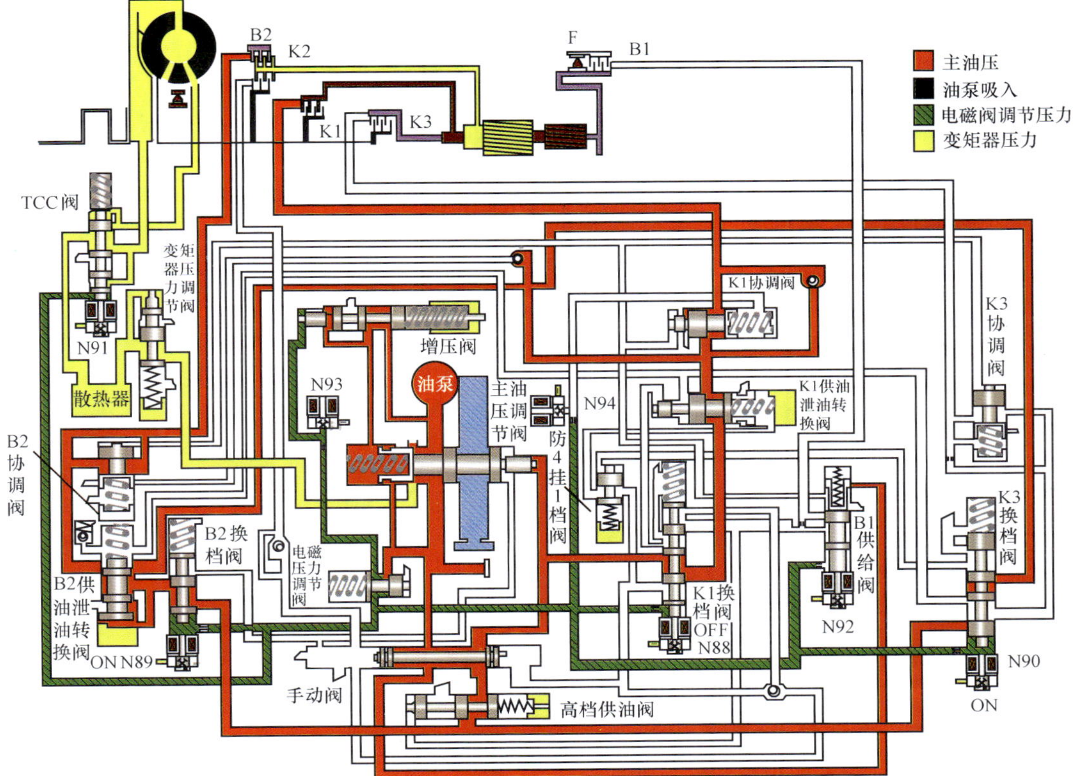

图 7-1-41　D2 档油路

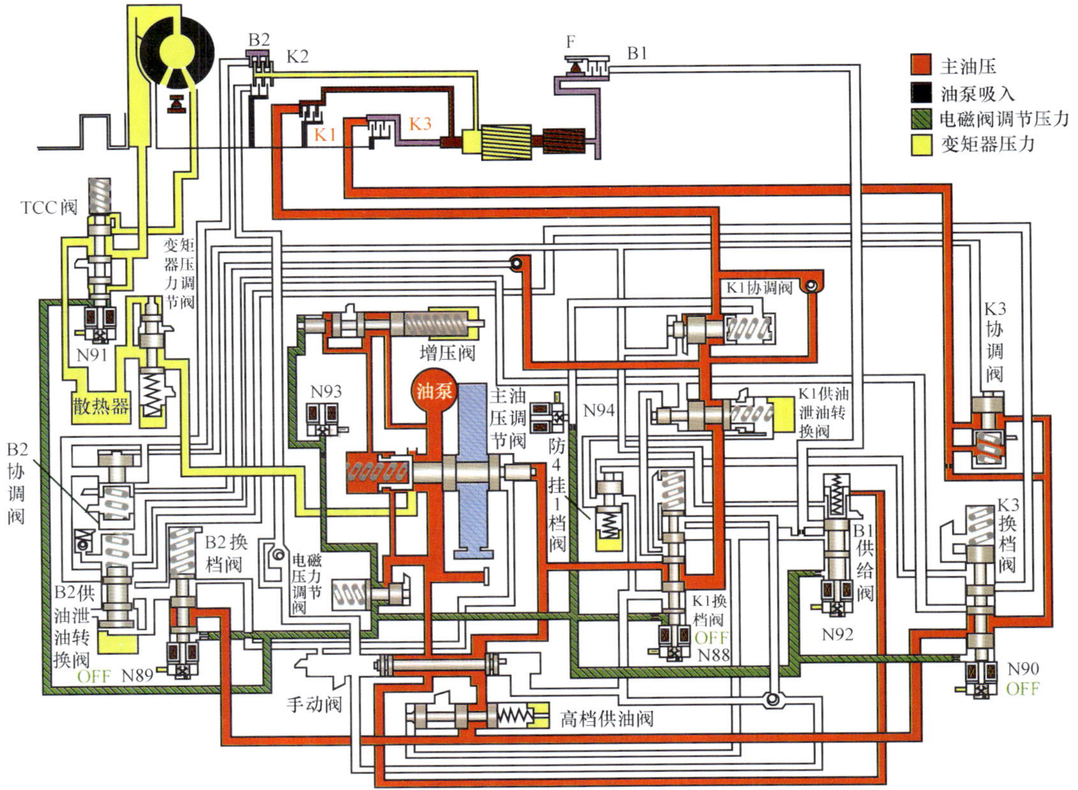

图 7-1-42　D3 档油路

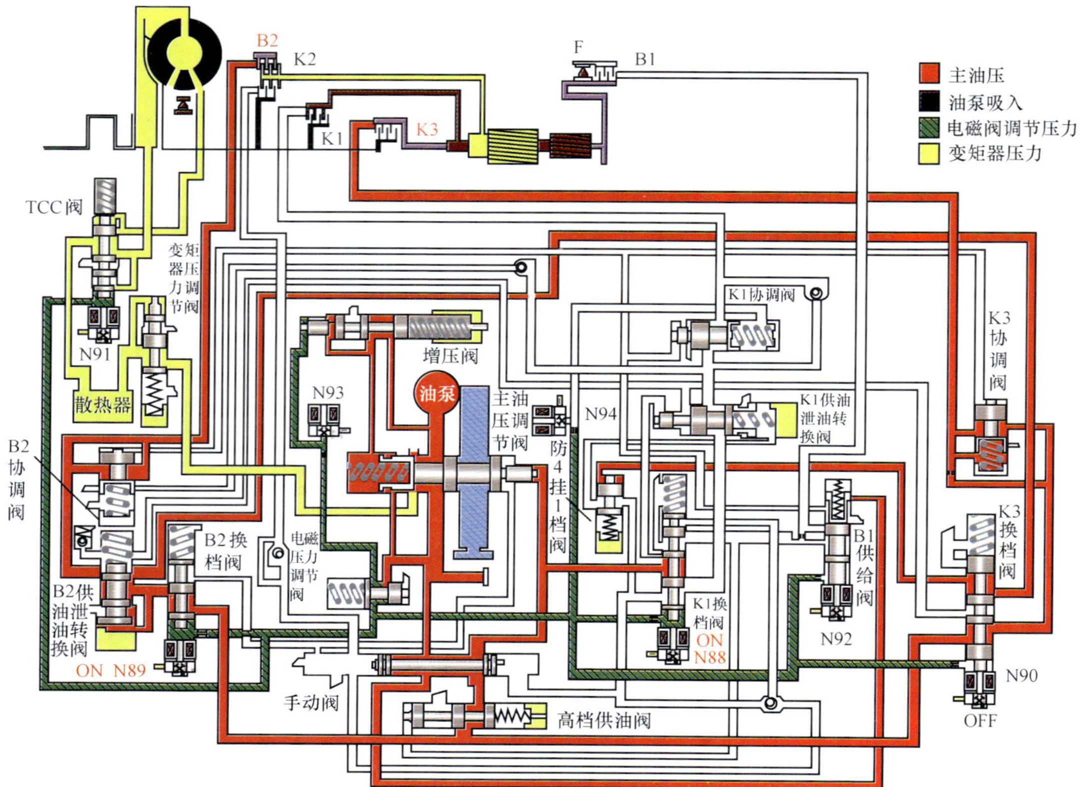

图 7-1-44 D4 档油路

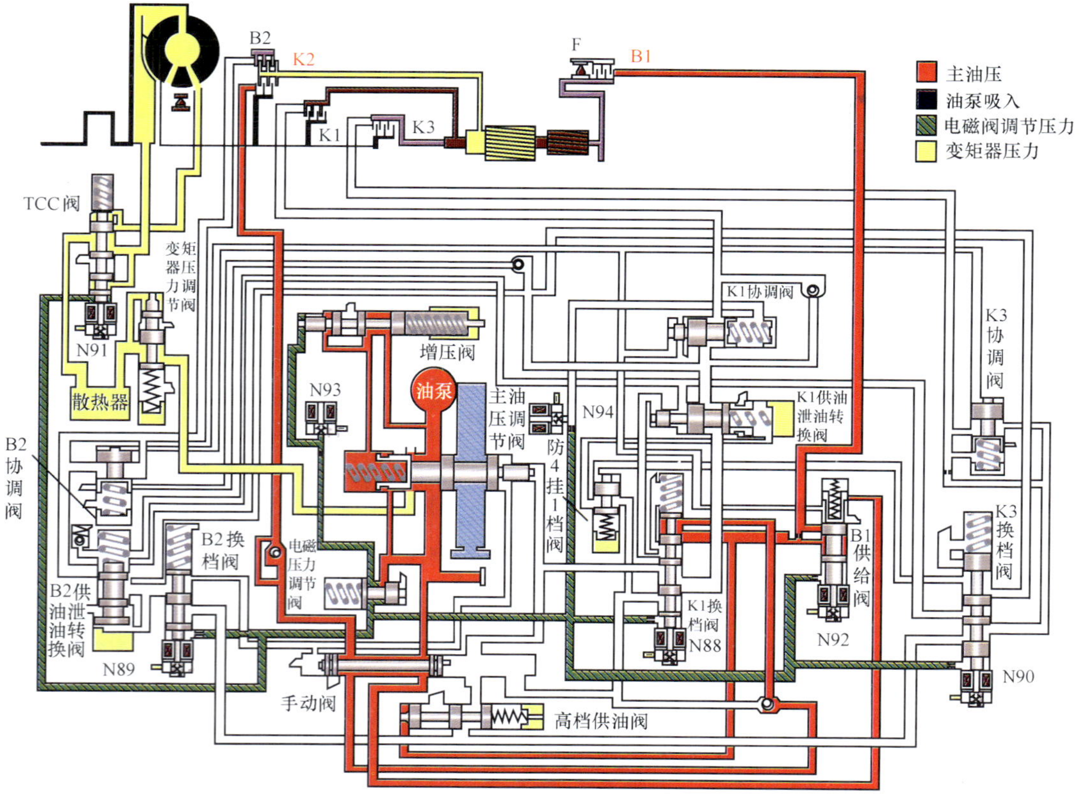

图 7-1-46 R 档油路